3 Entdecken und Verstehen

Arbeitsbuch für Gesellschaftslehre/Weltkunde

Herausgegeben von
Dr. Thomas Berger-v. d. Heide

mit Beiträgen von

Dr. Thomas Berger-v. d. Heide,
Dr. Michael Berger, Peter Fischer, Prof. Dr. Martina Flath,
Tanja Laspe, Udo Margedant, Susanne McClelland,
Ulrich Mittelstädt, Karl-Heinz Müller,
Hans-Otto Regenhardt, Ellen Rudyk,
Dr. Cornelius Schley, Gabriele Schreder,
Reinhard Zinner

Beratende Mitarbeit
Gerd Bartosz

in Zusammenarbeit
mit der Verlagsredaktion

Cornelsen

Redaktion Johannes Völker

Bildredaktion Christina Sandig, Elke Schirok

Illustration Klaus Becker, Oberursel; Matthias Pflügner, Berlin; Dieter Stade, Hemmingen; Michael Teßmer, Hamburg; Hans Wunderlich, Berlin

Grafik Dr. Volkhard Binder, Berlin; Franz-Josef Domke, Hannover; Elisabeth Galas, Bad Neuenahr

Kartenherstellung Elisabeth Galas, Bad Neuenahr; Peter Kast, Ingenieurbüro für Kartographie, Schwerin

Umschlaggestaltung Klein & Halm Grafikdesign, Berlin

Umschlagbild Die Aufnahme zeigt den Fehmarnsund und die Fehmarnsund-Brücke. © Norddeutsche-Luftbild, Barmstedt.

Technische Umsetzung zweiband.media, Berlin

www.cornelsen.de

1. Auflage, 3. Druck 2014

Alle Drucke dieser Auflage sind inhaltlich unverändert und können im Unterricht nebeneinander verwendet werden.

Druck Stürtz GmbH, Würzburg

ISBN 978-3-06-064108-6

PEFC
PEFC/04-31-1404

PEFC zertifiziert
Dieses Produkt stammt aus nachhaltig bewirtschafteten Wäldern und kontrollierten Quellen.

www.pefc.de

Liebe Schülerinnen und Schüler,

mit dem dritten Band eures Arbeitsbuches für das Fach **„Gesellschaftslehre"/ „Weltkunde"** könnt ihr im Unterricht und zu Hause wichtige Informationen zur Geschichte des Nationalsozialismus und der Geschichte unseres Staates erarbeiten. Die politische Ordnung der Bundesrepublik und die Probleme des Sozialstaates sind weitere wichtige Inhalte dieses Buches. Einen Schwerpunkt dieses Bandes bilden wirtschaftliche und umweltpolitische Themen: der Strukturwandel der Wirtschaft, der nachhaltige Umgang mit Rohstoffen, der globale Klimawandel und die Frage des Zusammenlebens in der Welt im Zeitalter der Globalisierung. Schließlich geht es am Ende des Buches um die Frage wie der Frieden in der Welt erhalten werden kann und welche Rolle die Großmächte dabei spielen.

Damit ihr euch in eurem Buch besser zurechtfindet, stellen wir euch wichtige Seiten vor: Die **Auftaktseiten** zeigen euch mit Bildern und einem Einleitungstext, worum es in dem Kapitel geht und was ihr euch selbst erarbeiten könnt.

Auf den **Themendoppelseiten** wird ein Sachverhalt mit Texten, Bildern und Grafiken so dargestellt, dass ihr ihn mithilfe der Fragen erarbeiten und verstehen könnt. Die Überschrift auf der linken Seite sagt euch, worum es geht.

Die **Methodenseiten** leiten euch schrittweise dazu an, wie ihr fach- und sachgerecht unterschiedliche Materialien (z. B. Karten, Texte, Diagramme) auswerten könnt.

Die Schlussseiten eines Kapitels heißen „**Check: Das kann ich schon** …". Diese Seiten helfen euch zu überprüfen, ob ihr den fachlichen Inhalt und die Methoden des Kapitels schon beherrscht. Sie können auch als Vorbereitung für einen Test dienen.

Wenn ihr alles gut durchgearbeitet habt, seid ihr „**kompetent**", das heißt, ihr verfügt über wichtige Fähigkeiten in eurem Fach.

Wenn ihr den Autorinnen und Autoren mitteilen wollt, wie ihr dieses Buch findet, könnt ihr an den Cornelsen Verlag, Mecklenburgische Straße 53, D-14197 Berlin, schreiben. Wir freuen uns auf eure Rückmeldung.

5 Deutschland nach 1945 120

6 Die politische Ordnung der Bundesrepublik Deutschland 150

7 Wirtschafts- und Sozialpolitik 182

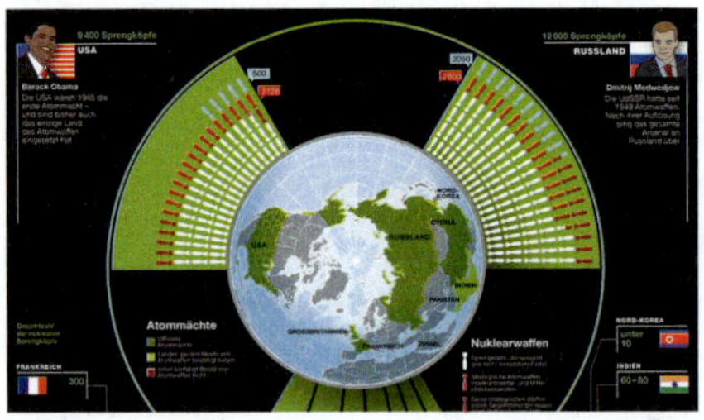

8 Weltmächte: Russland und USA 206

9 Projekt China 236

10 Der globale Klimawandel 250

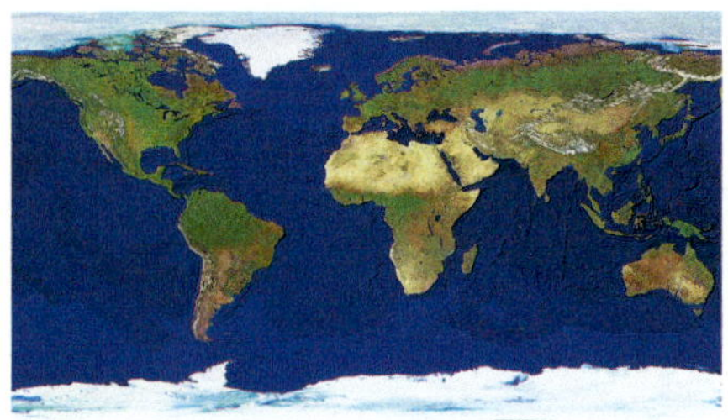

11 Eine Welt – viele Welten? 268

12 Europäische Einigung und internationale Friedenssicherung 300

Anhang

1 Familienpolitik – Politik mit der Familie

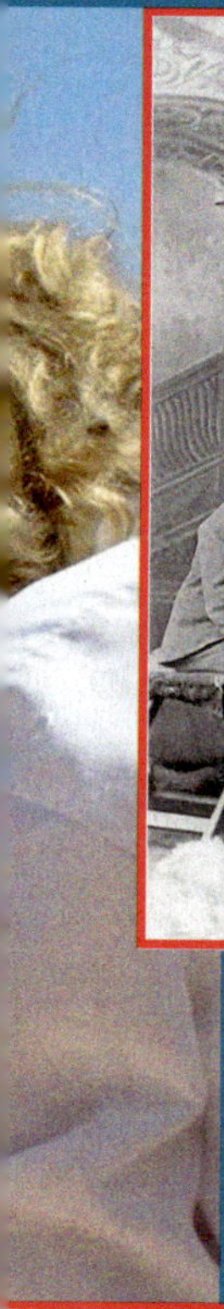

„Alles bewegt sich fort und nichts bleibt.“ Dies wussten schon die alten Griechen vor über 2500 Jahren. Im besonderen Maße gilt diese Aussage für die Art und Weise, wie Menschen zusammenleben. Die klassische Familie, Eltern und Kinder, ist durch eine Vielzahl unterschiedlicher Lebensformen ergänzt worden. Die „richtige“ Lebensform gibt es nicht, kann es auch nicht geben.

In diesem Kapitel könnt ihr erarbeiten

- wie sich die verschiedenen Lebensformen entwickelt und gewandelt haben,
- ob die Gleichberechtigung von Mann und Frau sich auch in der Familie durchgesetzt hat,
- wie die Politik Familien fördert und mit den Familien „Politik“ macht.

Mit Hilfe eines Rollenspiels könnt ihr Konflikte analysieren und verdeutlichen.

Familie hat viele Gesichter

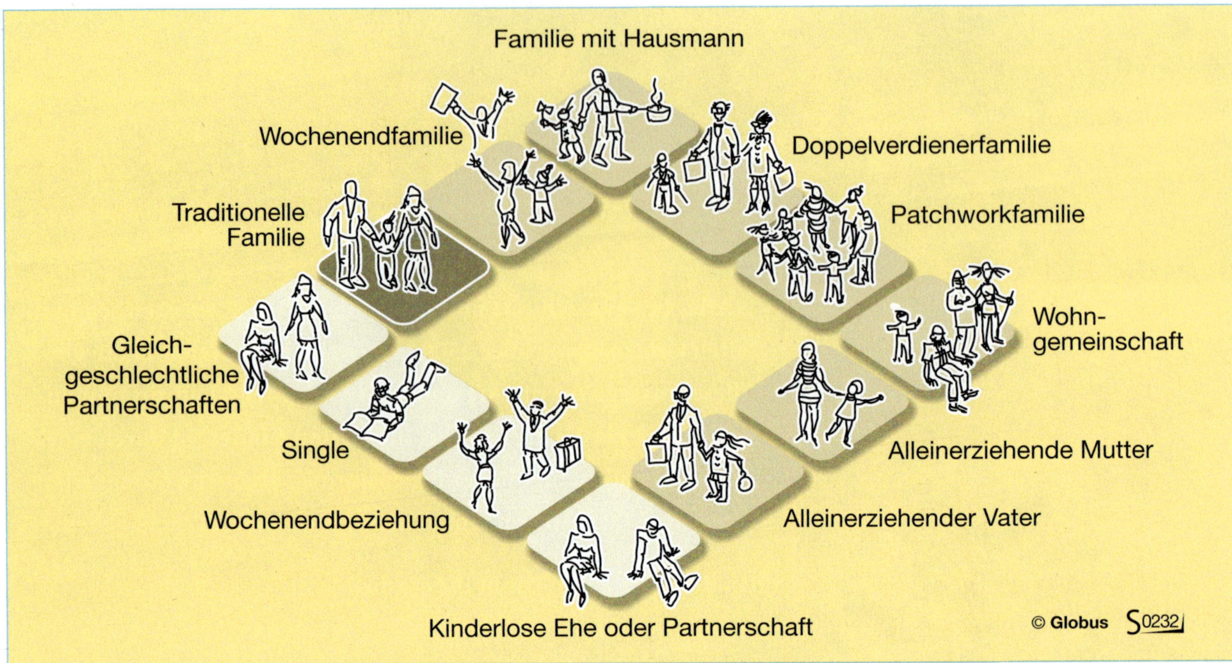

M 1 Vielfältige Lebensformen.

M 2 Zeitungsanzeigen.

M 3 Kinder sprechen über ihre Familie

Ronja: Ich wohne bei meiner Mama und Frank, das ist ihr Lebenspartner. Mein Papa hat seit zwei Jahren eine neue Familie. Meinen Geburtstag feiern wir aber alle miteinander. Dann kommen auch die beiden Kinder der Freundin meines Papas aus ihrer vorherigen Ehe und natürlich das süße Baby von meinem Papa und ihr.

Kerem: Da hast du es gut. Unsere Großeltern sehen wir immer nur im Urlaub. Nur Mama, Papa und meine zwei Geschwister leben hier in Deutschland. Als meine Großeltern vor drei Jahren Rentner wurden, zogen sie wieder in die Türkei.

Liliane: Ihr habt wenigstens viele Menschen um euch. Seit meine Mama und mein Papa getrennt leben, sehe ich meinen Papa nur zweimal im Monat. Und gemeinsame Familienfeste sind bei uns nicht drin. Wenn mein Papa mich abholt, gibt es oft Streit zwischen den beiden. Gerne hätte ich noch eine Schwester oder einen Bruder.

Sandra: Mein Bruder ärgert mich nur. Ist das dann besser? Jedenfalls fühle ich mich manchmal trotzdem allein, obwohl ich Mama, Papa und noch einen Bruder habe.

Irma: Du hast es noch besser als ich. Mein Vater ist Lkw-Fahrer und die ganze Woche in Europa unterwegs. Ich sehe ihn meist nur am Wochenende. Unter der Woche sind meine Mutter und ich alleine.

Familie im Wandel

Schon seit der Mitte des 19. Jahrhunderts lebten immer häufiger nur noch die Eltern und die Kinder in einer Familie, der **Kernfamilie**, zusammen. Die Großeltern und andere Verwandte lebten in ihren eigenen Familien. Im Alter zogen sie auf das Land zu ihren Kindern.

Wegen der hohen Sterblichkeit der Frauen bei der Geburt von Kindern war die Dauer einer Ehe oft kürzer als heute.

Heute ist es nicht mehr möglich, von der typischen Familie zu sprechen. Neben alleinerziehenden Müttern und Vätern gibt es Wohngemeinschaften mit mehreren Familien. Paare leben zusammen, ohne verheiratet zu sein. Zugleich hat die Zahl der Scheidungen zugenommen. Nach einer Scheidung leben die Eltern häufig mit einem neuen Partner zusammen. In diesen **Patchworkfamilien** (englisch: *patchwork* = Flickenteppich) wohnen dann vielleicht Kinder aus früheren Beziehungen der Eltern und Kinder aus der neuen Beziehung.

M4 Eheschließungen – immer später?

In einem Zeitungsartikel hieß es 2009:

Mit der Eheschließung warten junge Menschen immer länger. Seit Mitte der 1970er-Jahre ist in Deutschland das durchschnittliche Heiratsalter ständig gestiegen. Im Jahr 2006 waren ledige Männer bei der Hochzeit im Durchschnitt 33 Jahre alt. Frauen, die zum ersten Mal heirateten, waren im Schnitt 30 Jahre alt.

M5 Lebensformen in der Zukunft

Der Wissenschaftler Ulrich Beck schreibt über Formen des Zusammenlebens:

Es ist nicht mehr klar, ob man heiratet, wann man heiratet,
ob man zusammenlebt und nicht heiratet, heiratet und nicht zusammenlebt, ob man ein Kind innerhalb oder außerhalb einer Familie bekommt oder aufzieht.

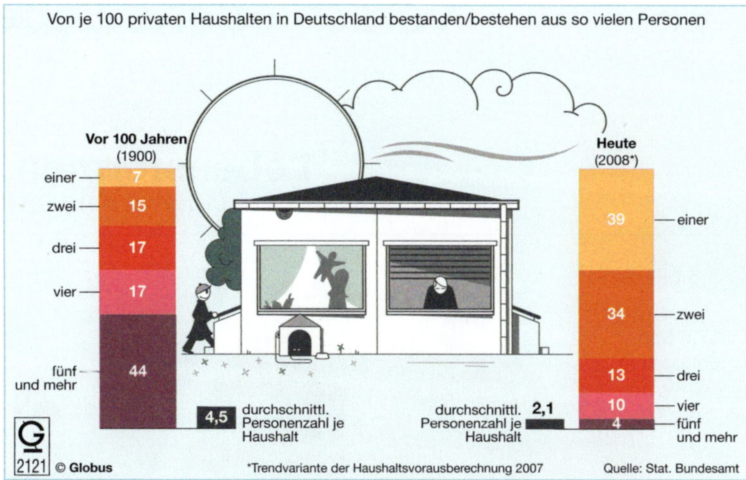

M6 **Personenzahl in einem Haushalt 1900 und 2008.**

M7 **Eine sogenannte Patchworkfamilie:** Die Eltern Jutta und Gottfried Sirotek brachten jeweils drei Kinder aus erster Ehe in ihre neue Partnerschaft ein. Foto, 2002.

1. Besprecht mit eurer Nachbarin, eurem Nachbarn die Vor- und Nachteile der in M1 dargestellten Lebensformen. Nennt eine Lebensform, die ihr heute für euch gut findet.
2. Untersucht M3. Welche Familienformen werden in M3 beschrieben?
3. Lest die Anzeigen in M2 und ordnet sie den Angaben in M1 zu.
4. Schreibt einen Bericht über „Die Familie im Wandel" (M4 – M7).

Verschiedene Lebensformen

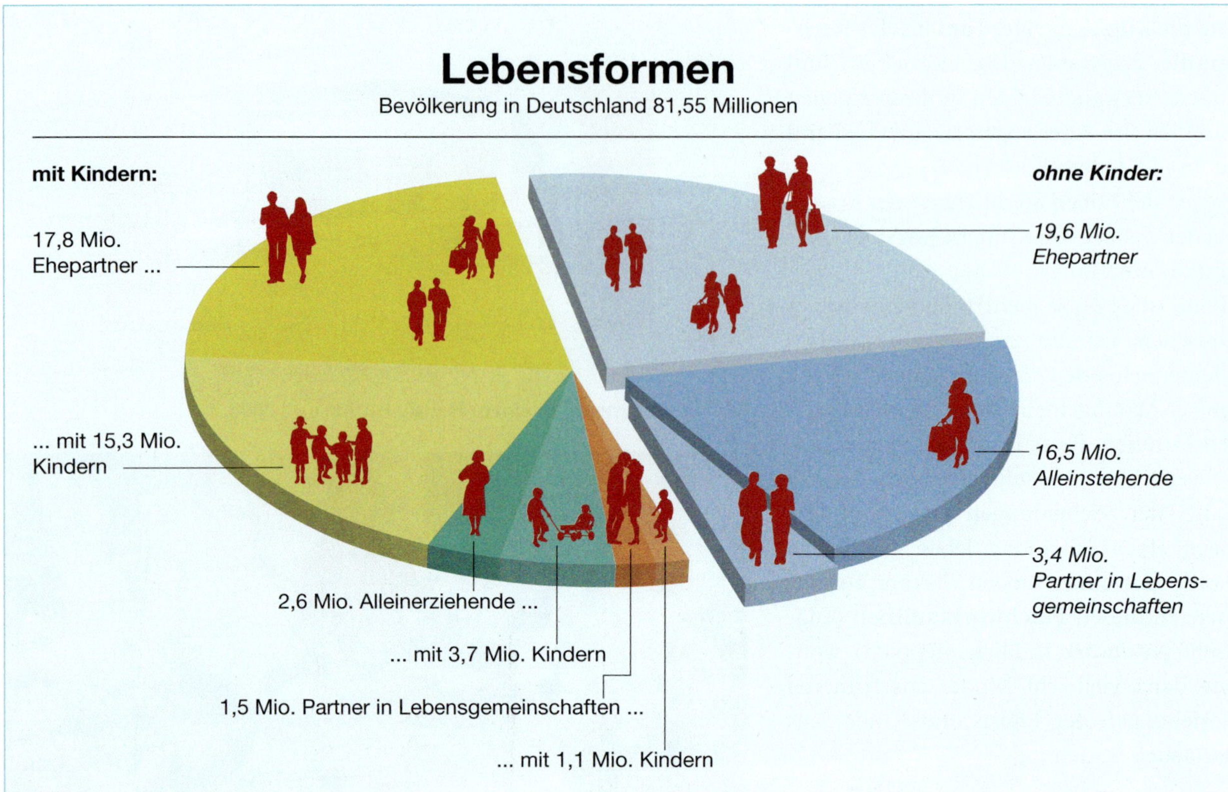

M 1 So leben die Deutschen im Jahr 2007.

Die Normalfamilie ein Auslaufmodell?

***Stieffamilien**
Familien, in denen ein Kind (unter 18 Jahren) bei einem leiblichen Elternteil lebt und dieser mit einem neuen Partner zusammenlebt, der nicht Vater oder Mutter des Kindes ist. Dieser ist dann im Verhältnis zum Kind Stiefvater bzw. Stiefmutter. Heute spricht man von Patchworkfamilien (vgl. S. 11). Im Märchen wird die Stiefmutter oft als böse dargestellt.

M 2 Björn Schwentker schrieb 2006 in der Zeitung „Die Zeit":
Seit 30 Jahren sinkt der Anteil der Ehe im Vergleich zu anderen Familienformen. Eine wachsende Zahl von Kindern wird inzwischen nichtehelich geboren: In den alten Bundesländern heute jedes fünfte Kind – in den Siebzigern (1970–1980) war es gerade mal jedes zwanzigste. Im Osten sind nichteheliche Geburten mit über 50 Prozent inzwischen sogar der Normalfall. Gleichzeitig etablieren sich neue Familienformen. Im Jahr 2000 gab es in Deutschland 1,8 Millionen Alleinerziehende, um die Hälfte mehr als noch Mitte der Siebziger. Der Anteil der nichtehelichen Lebensgemeinschaften hat sich seitdem im Westen sogar verzwölffacht. Und auch die eheliche Familie ist nicht mehr das, was sie einmal war. Weil inzwischen fast jeder zweite Bund geschieden wird, viele aber erneut heiraten, nimmt die Zahl der Stieffamilien* zu. Heute sind das bereits sieben Prozent aller Lebensgemeinschaften mit Kindern.

Mehr Kinder

M 3 In dem Artikel heißt es weiter:
[...] Eltern in Stieffamilien bekommen wahrscheinlich sogar mehr Kinder als solche in ungeschiedenen Ehen, wie die

amerikanische Forscherin Elizabeth Thomson herausfand. Für verschiedene europäische Länder wies sie nach: Geschiedene mit Kindern wollen mit ihrem neuen Partner noch weitere Kinder bekommen, auf die sie sonst verzichtet hätten. Offenbar, sagt die Soziologin, sei es ein Grundbedürfnis, auch mit dem neuen Partner wieder eine „richtige Familie" zu gründen. Es scheint fast so, als ob mehr Familienformen auch zu mehr Familien führen – und nicht zu weniger.

Familie – nur anders

M4 Weiter schrieb Björn Schwentker:

„Die Familie ist – nur, weil sie in ihrer traditionellen* Form jetzt zu scheitern beginnt – ja nicht als solche gescheitert", sagt Familienforscher Johannes Huinink. Für den Menschen sei sie nach wie vor die umfassendste Beziehung, die er erfahren könne. [...] Auch nach der Familie kommt die Familie. Aber es ist eine andere Familie. Welche der vielen möglichen Formen sie haben wird, ist offen und jedem Paar selbst überlassen. Sicher scheint dem Soziologen allerdings zu sein: Eheliche Familien wird es immer weniger geben. [...]

Familie macht glücklich

M5 In einer Untersuchung von 2006 heißt es:

72 % der Jugendlichen sind 2006 der Meinung, dass man eine Familie braucht, um wirklich glücklich leben zu können (2002: 70 %). Mädchen und junge Frauen sind im Vergleich zu Jungen und jungen Männern weiterhin stärker familienorientiert (76 % zu 69 % 2002), wünschen sich häufiger Kinder (69 % zu 57 % im Jahr 2002.

Alleinerziehend – direkter Weg in die Armut?

M6 Die Zeitschrift „Focus" berichtete:

Rund 650 000 Alleinerziehende leben von Hartz IV*, meldet das Institut für Arbeitsmarkt- und Berufsforschung der Bundesagentur für Arbeit (IAB) in einer aktuellen Analyse. Damit liege das Armutsrisiko Alleinerziehender in Deutschland bei 36 Prozent – fast doppelt so hoch wie das in Paarhaushalten mit Kindern. Zudem steckten Alleinerziehende besonders lange in der Armutsfalle: Nach zweieinhalb Jahren käme nur rund die Hälfte ohne staatliche Unterstützung aus, in anderen Bedarfsgemeinschaften* seien es über zwei Drittel. Besonders dramatisch sei die Lage für junge Mütter mit Kleinkindern, erklärt das Nürnberger Institut in seinem Hintergrundbericht. [...]

Die größte Problemgruppe sind demzufolge jüngere, ledige Alleinerziehende mit Kleinkindern. Viele hätten nicht die nötige Lebenserfahrung, um Haushalt, Kinder und die Sicherung des Einkommens alleine zu organisieren. [...] Kind statt Beruf: für junge Frauen der sichere Weg aufs Abstellgleis.

***traditionell**
Herkömmlich.

***Hartz IV**
Bezeichnung für Sozialgesetze, die die Unterstützung Arbeitsloser und Bedürftiger regeln.

***Bedarfsgemeinschaften**
Bezeichnung für Personen, die in einem Haushalt von unterstützungsbedürftigen Menschen leben.

1 Beschreibt mit M 1 die verschiedenen Lebensformen und notiert ihre zahlenmäßige Größe in eure Arbeitsmappe.

2 Untersucht mit M 2 bis M 5, wie sich das Bild der Familie wandelt. Notiert einige Sätze zu diesen Inhalten in eure Arbeitsmappe.

3 Führt in der Klasse eine Umfrage zum Thema „Familie" („Was ist gut?, Was nervt?") durch.

4 Schildert mithilfe von M 6 Probleme von Alleinerziehenden.

5 Führt mit eurem Nachbarn, eurer Nachbarin oder in eurer Tischgruppe ein Gespräch über die Lebensform, die ihr heute für euch selbst gut findet.

Gleichberechtigung von Mann und Frau

M 1 Aufgabenteilung im Haushalt.

Geteilter Haushalt?

Die Gleichberechtigung von Mann und Frau ist im Grundgesetz* der Bundesrepublik Deutschland (Artikel 3 GG) verankert. Danach darf niemand u. a. wegen seines Geschlechts benachteiligt werden. Doch trotz dieser Gleichheit vor dem Gesetz bestehen im Alltag noch immer erhebliche Unterschiede. Erwerbstätige Frauen und Männer müssen Familie, Haushalt und Beruf miteinander vereinbaren. Oftmals haben Männer, die nach der Arbeit nach Hause kommen, Feierabend, während auf erwerbstätige Frauen der zweite Arbeitsplatz wartet. Man spricht deshalb auch von der **Doppelbelastung** der Frau.

***Grundgesetz (GG)**
Verfassung der Bundesrepublik Deutschland.

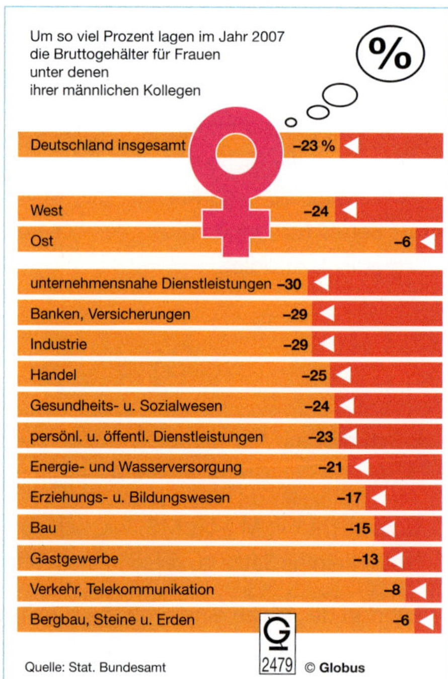

M 2 Gleichberechtigung?

Gleiche Chancen in Schule und Beruf?

Frauen ordnen ihre beruflichen Wünsche oft der Familie unter. Doch mehr und mehr sind Frauen heute nicht mehr bereit, auf ihre **persönlichen Perspektiven** zu verzichten. Der Beruf bedeutet für sie mehr als bezahlte Arbeit. Er fördert die Selbstständigkeit und finanzielle Sicherheit, er bringt Anerkennung und neue Kontakte. Gerade bei den veränderten Familienverhältnissen ist es für Frauen heute wichtig, finanziell unabhängig zu sein, damit sie z. B. bei einer Scheidung nicht in materielle Not geraten.

Obwohl schon seit einigen Jahren mehr Mädchen als Jungen Abitur machen und der Anteil der Hochschulabsolventen nahezu gleich ist, schlägt sich diese Entwicklung noch nicht im Anteil von Frauen in **Führungspositionen** nieder. Vor allem im oberen Management sind nach wie vor kaum Frauen anzutreffen. Auch in der Politik sind Frauen trotz steigenden Anteils noch immer unterrepräsentiert.

M3 DIE ZEIT berichtet 2006:
Zurück am Herd

Zuerst die gute Nachricht: Frauen sind immer gebildeter. In der Schulbildung haben sie die Männer inzwischen überholt, 40,6 Prozent der Frauen bis 30 Jahre hatten im Jahr 2004 Abitur. Von den Männern waren es nur 37,8 Prozent. [...] Hurra, möchte man angesichts solcher Zahlen rufen. Denn wo Bildung immer wichtiger wird, sollten die Frauen ja nun gesellschaftlich und beruflich auf dem Vormarsch sein.
Die gesellschaftliche Emanzipation der Frauen gerät vielmehr ins Stocken. Immer noch ist die Benachteiligung nach dem Geschlecht auf dem Arbeitsmarkt üblich. Manch Grund für diese Ungleichbehandlung ist eher harmlos: Zum Beispiel werden typische Frauenberufe schlechter entlohnt als typische Männerjobs. Kriminell wird es allerdings, wenn derlei Strukturunterschiede gar nicht existieren. Hier diskriminieren Arbeitgeber die Frauen direkt. Sie verdienen weniger als ein Mann, der genau den gleichen Job macht. Nur, weil sie Frauen sind.
Nicht viel besser sieht es bei der Verteilung der Arbeitszeit zwischen den Geschlechtern aus. Die Zahl der Frauen, die voll beschäftigt sind, hat stark abgenommen: von 1991 bis 2004 um 1,6 Millionen. Die Frauenquote stieg nur, weil gleichzeitig 1,8 Millionen Frauen mehr in Teilzeit arbeiteten. Unter den Frauen mit Kindern arbeitet nur noch ein Fünftel ganztags. Die Erwerbstätigkeit von Männern nimmt hingegen zu, wenn Kinder im Haushalt sind. In Deutschland dominiert immer noch das klassische Ernährermodell: Der Mann verdient das Geld, die Frau steigt aus dem Job, mindestens aber aus der Vollzeitarbeit, aus – und kümmert sich um die Kinder. Da tröstet auch der Hinweis nicht, dass es in anderen EU-Ländern ähnlich ist.
Insgesamt kein gutes Zeugnis. Und schon ist sie da: die Schuldfrage. Unter medialem Generalverdacht stehen traditionell die Männer. [...] So hätten Befragungen ergeben, dass inzwischen sehr viele Männer gerne eine aktivere Erzieherrolle einnehmen und dafür weniger arbeiten wollten. Andere Erhebungen allerdings zeigen: Sie tun es nicht.

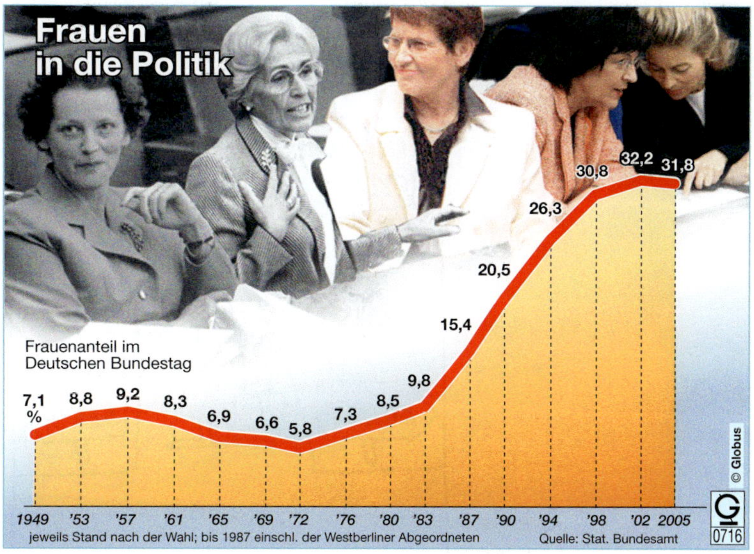

M4 Frauenanteil im Deutschen Bundestag 1949–2005.

M5 Entwicklung der gesetzlichen Gleichstellung

Bürgerliches Gesetzbuch (BGB) 1896 – § 1354
Dem Manne steht die Entscheidung in allen das gemeinschaftliche Leben betreffenden Angelegenheiten zu, er bestimmt insbesondere Wohnort und Wohnung.

Bürgerliches Gesetzbuch (BGB) 1900 – § 1356
Die Frau ist [...] berechtigt und verpflichtet, das gemeinschaftliche Hauswesen zu leiten. [...]

Bürgerliches Gesetzbuch (BGB) seit 1977 – § 1356
(1) Die Ehegatten regeln die Haushaltsführung im gegenseitigen Einvernehmen. Ist die Haushaltsführung einem der Ehegatten überlassen, so leitet dieser den Haushalt in eigener Verantwortung.
(2) Beide Ehegatten sind berechtigt, erwerbstätig zu sein. Bei der Wahl und Ausübung einer Erwerbstätigkeit haben sie auf die Belange des anderen Ehegatten und der Familie die gebotene Rücksicht zu nehmen.

1 Gleichberechtigung im Haushalt: Beschreibt die Aufgabenverteilung in eurer Familie und vergleicht mit M 1.

2 Fasst die Veränderungen des § 1356 BGB zusammen (M 5). Erarbeitet mit Stichworten eine Diskussion eines Ehepaares über die beiderseitige Erwerbstätigkeit (2. Absatz, neueste Fassung).

3 Berichtet über den aktuellen Stand der Gleichberechtigung (M 1 bis M 4). Entwerft in Gruppen Plakate darüber, was ihr euch in dieser Hinsicht noch für die Zukunft wünscht.

Vereinbarkeit von Beruf und Familie

M 1 Karikatur: Renate Alf.

Zu wenige Betreuungsplätze

Frauen wollen heute mehrheitlich beides: in einer Partnerschaft oder Familie leben und Kinder aufziehen sowie einen interessanten und anspruchsvollen Beruf erlernen und ihn auch ausüben.

Öffentliche Kinderbetreuung und familienfreundliche Arbeitszeitmodelle sind Voraussetzungen dafür, dass Frauen und Männer Familie, Haushalt und Beruf miteinander vereinbaren können. Für die Betreuung von Klein- und Kindergartenkinder gibt es, oft auf privater Basis, ausreichende Betreuungseinrichtungen.

Mit dem Schuleintritt der Kinder ist es für viele Mütter und Väter aber nicht mehr möglich, den ganzen Tag zu arbeiten.

Das liegt daran, dass es kaum noch Hilfe z. B. von den Großeltern gibt, vor allem fehlen aber genügend Ganztagsschulen.

Auch Arbeitgeber können durch flexible Arbeitszeiten oder andere **familienfreundliche** Maßnahmen dazu beitragen, dass sich Familie und Beruf vereinbaren lassen.

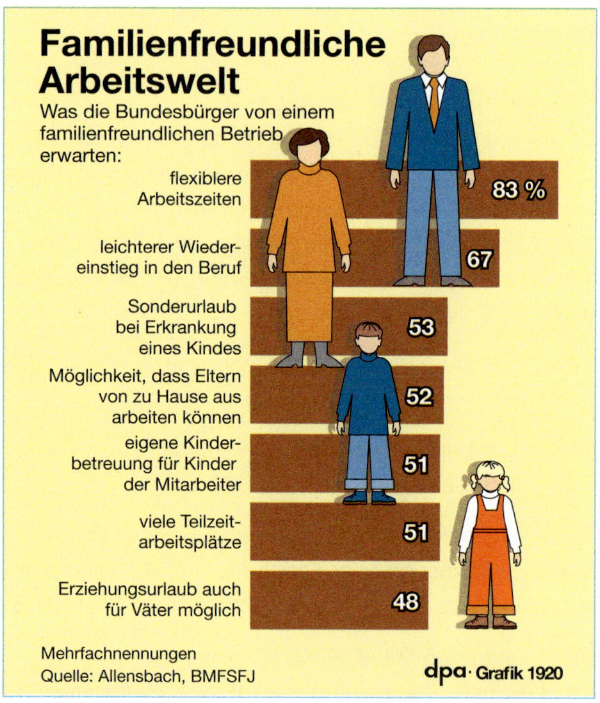

M 2 Wünsche an einen familienfreundlichen Betrieb.

M 3 Väter bei der Kinderbetreuung?

M4 Blick in den Betriebskindergarten eines Unternehmens. Foto, 2007.

M6 Familienfreundlicher Telearbeitsplatz. Foto, 2005.

Betreuungsplätze

M5 Die Bundesregierung veröffentlichte 2009 folgende Mitteilung:

[…] Im März 2008 wurden insgesamt 364 190 Kinder unter drei Jahren, knapp 18 Prozent, in Tageseinrichtungen und Tagespflege betreut. Im Vergleich zu 2007 ist das ein Zuwachs von 2,3 Prozent. Damit wurden circa 153 000 zusätzliche Plätze für unter Dreijährige […] geschaffen.

In den westlichen Bundesländern wird jedes 8. Kind (12,2 Prozent) tagsüber außer Haus betreut, in den östlichen Bundesländern sind es knapp die Hälfte der unter Dreijährigen.

Da bis 2013 bundesweit für 35 Prozent aller unter Dreijährigen Betreuungsplätze zur Verfügung stehen sollen, muss das Angebot an Plätzen in den westlichen Bundesländern noch deutlich steigen.

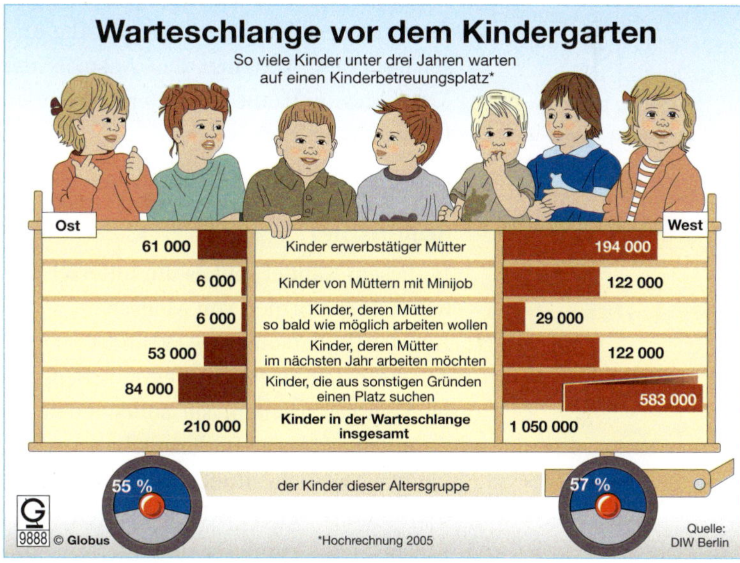

M7 Warten auf einen Betreuungsplatz.

1. Die Vereinbarkeit von Familie und Beruf ist immer noch schwierig. Wertet M3–M7 aus und notiert, welche Maßnahmen Familien dabei unterstützen.
2. Besprecht mit eurer Nachbarin, eurem Nachbarn Möglichkeiten der besseren Kinderbetreuung und notiert eure Vorschläge (M2–M7).

METHODE

Konflikte analysieren und verdeutlichen

Konflikte

Konflikte (Streitereien) entstehen aus unterschiedlichen Wünschen und Interessen. Das kennt ihr von zu Hause – z. B. wenn ihr noch eine Fernsehsendung sehen wollt, eure Eltern aber der Ansicht sind, dass ihr schlafen gehen sollt.
Konflikte lassen sich lösen, wenn man die unterschiedlichen Interessen untersucht, die sich hinter ihnen verbergen.

Rollenspiel

Besonders deutlich kann man Konflikte und die hinter ihnen steckenden Interessen mit kleinen Rollenspielen hervorheben. Dabei kommt es nicht auf die schauspielerischen Begabungen an, sondern darauf, dass in den Argumenten und spielerischen Aktionen das Ausmaß des Konfliktes und die dahinter stehenden Interessen deutlich werden.

Konfliktanalyse durch ein Rollenspiel

In diesem Kapitel geht es um unterschiedliche Lebensformen von Menschen.
Auf den Rollenkarten S. 19 sind verschiedene Einstellungen zu diesen Lebensformen aufgeschrieben, sie sollen euch als Grundlage für euer Rollenspiel dienen. Ihr könnt zusätzliche Rollenkarten schreiben und damit weitere Möglichkeiten eines Rollenspiels zum Thema „Streit um Lebensformen" erarbeiten.

Grundregeln:

Jeder Mitspieler spielt den Standpunkt seiner Rollenfigur. Die anderen Mitspieler hören zu und versuchen, den Standpunkt des anderen nachzuvollziehen, und spielen ihre Rolle.
Die Zuschauer (Mitschülerinnen und Mitschüler) beobachten das Spiel und bewerten, wie überzeugend die Rollen gespielt wurden. Sie stellen fest, ob eine überzeugende Lösung im Spiel gefunden wurde und ob die unterschiedlichen Interessen deutlich wurden.

M 1 Checkliste für eine Konfliktanalyse durch ein Rollenspiel:
1. Schritt: Vorbereitung
2. Schritt: Durchführung
3. Schritt: Auswertung

zu 1.: Vorbereitung
Um welches Problem geht es? Was soll mit dem Rollenspiel geklärt werden? Welche Rollen gibt es? Wo findet die Handlung eigentlich statt? Auf einer Situationskarte wird die Ausgangslage beschrieben.

zu 2.: Durchführung
Auf Rollenkarten wird die jeweilige Rolle näher bestimmt. Sie werden als „Drehbuch" an die einzelnen Spieler verteilt. Hier wird festgelegt: Welche Einstellungen werden vertreten? Welche Ziele will der Einzelne erreichen? Wie soll er auftreten? Die Rollen werden verteilt.

zu 3.: Auswertung
Für jeden Spieler sind mehrere Beobachter zuständig. Sie beobachten und untersuchen folgende Punkte: Hat sich der Spieler an seine Rolle gehalten und diese verständlich dargestellt? Haben seine Argumente überzeugt? Hat der Spieler laut und deutlich gesprochen?
Ist der Konflikt und eine mögliche Konfliktlösung deutlich geworden?

Abschließend solltet ihr sammeln, was ihr bei einer erneuten Konfliktanalyse besser machen könnt.

M2 Während eines Rollenspiels …

Gudrun, 23, lebt mit Franz unverheiratet zusammen, sie haben ein zweijähriges Kind. Ihre Ausbildung dauert noch ein Jahr, diese will sie unbedingt beenden. Sie fordert von Franz, dieses Jahr noch am Ort zu bleiben und die angebotene Stelle auszuschlagen und sich eine andere Arbeit am Ort zu suchen. In einer heftigen Diskussion mit Franz sagt sie: „Lieber bleibe ich hier und erziehe unser Kind allein, als dass ich meine Ausbildung so kurz vor dem Ende aufgebe."

Franz, 25, hat sein Studium abgeschlossen und hat Aussicht auf eine Stelle in einem 300 Kilometer entfernten Ort. Bedingung ist, dass er dort wohnt. Er lebt mit Gudrun, 23, unverheiratet zusammen. Sie haben ein zweijähriges Kind.
Franz fordert von Gudrun, ihre jetzige Ausbildung, die in einem Jahr beendet wäre, aufzugeben und mit ihm in die neue Stadt zu gehen, wo sie aber ihre Ausbildung nicht fortsetzen kann.

Helga, Mutter von Franz, 50, fordert Gudrun auf, Franz zu heiraten und mit ihm an den neuen Ort zu gehen, wo Franz seine erste Stelle bekäme. Schließlich sei sie auch mit ihrem Mann damals mitgezogen und hätte ihren Beruf aufgegeben. Sowieso sollten Franz und Gudrun diese „komische Lebensform" aufgeben und endlich heiraten, das meinten schließlich auch die anderen Verwandten.

1 Bildet kleine Gruppen, um das Rollenspiel vorzubereiten. Ergänzt die drei Rollenkarten oder schreibt neue. Wählt dann Mitschülerinnen und Mitschüler für die Rollen aus.

2 Führt das Rollenspiel mit unterschiedlichen Besetzungen durch.

3 Stellt fest, in welchem eurer Rollenspiele der Konflikt am besten dargestellt wurde.

4 Führt eine Abstimmung durch, um zu erfragen, welche Konfliktlösung die meisten in der Klasse unterstützen.

Politik für Familien

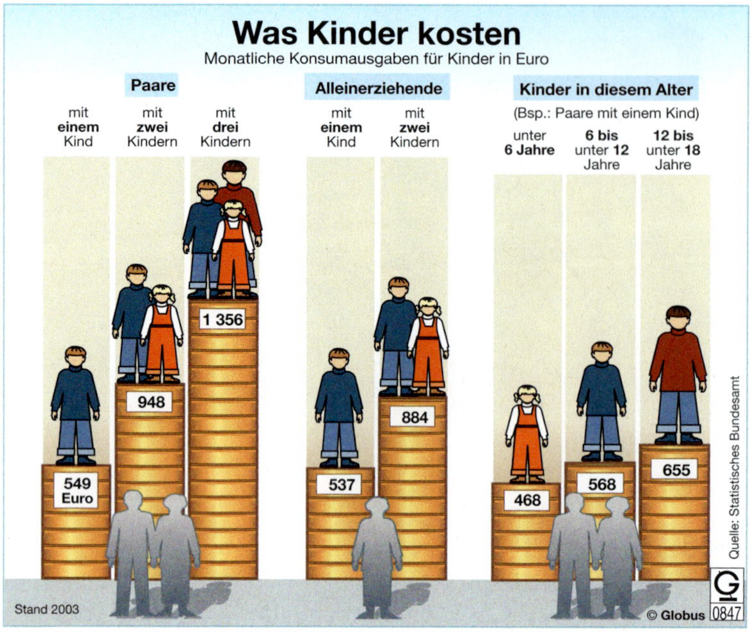

M 1 Durchschnittliche Monatsausgaben für Kinder.

M 3 Artikel 6 Grundgesetz

(1) Ehe und Familie stehen unter dem besonderen Schutze der staatlichen Ordnung.

(2) Pflege und Erziehung der Kinder sind das natürliche Recht der Eltern und die zuvörderst ihnen obliegende Pflicht. Über ihre Betätigung wacht die staatliche Gemeinschaft.

(3) Gegen den Willen der Erziehungsberechtigten dürfen Kinder nur auf Grund eines Gesetzes von der Familie getrennt werden, wenn die Erziehungsberechtigten versagen oder wenn die Kinder aus anderen Gründen zu verwahrlosen drohen.

(4) Jede Mutter hat Anspruch auf den Schutz und die Fürsorge der Gemeinschaft.

(5) Den unehelichen Kindern sind durch die Gesetzgebung die gleichen Bedingungen für ihre leibliche und seelische Entwicklung und ihre Stellung in der Gesellschaft zu schaffen wie den ehelichen Kindern.

Was bedeutet Familienpolitik?

Kinder sind für jede Gesellschaft wichtig. Die heutigen Kinder finanzieren zum Beispiel mit ihren Steuern und Abgaben in einigen Jahren die Renten der gesamten älteren Generation. Zugleich kosten Kinder die Eltern viel Geld.

Unter **Familienpolitik** versteht man alles, was eine Regierung tut, um den Familien zu helfen. Zur Familienpolitik gehören zum Beispiel Gesetze, die festlegen, dass Familien mit Kindern nicht so viel Steuern zahlen müssen wie kinderlose Menschen, oder auch Leistungen wie das Kindergeld. Durch ein neues Gesetz, das Kinderbetreuungsgesetz, sollen bis zum Jahr 2013 zusätzliche Plätze in Kindertagesstätten, Krippen oder bei Tagesmüttern entstehen. Ein besseres **Betreuungsangebot** gibt Kindern mehr Chancen, es macht den Familienalltag leichter und lässt Zeit für den Beruf. Genau das ist es, was sich viele Eltern und Alleinerziehende heute wünschen.

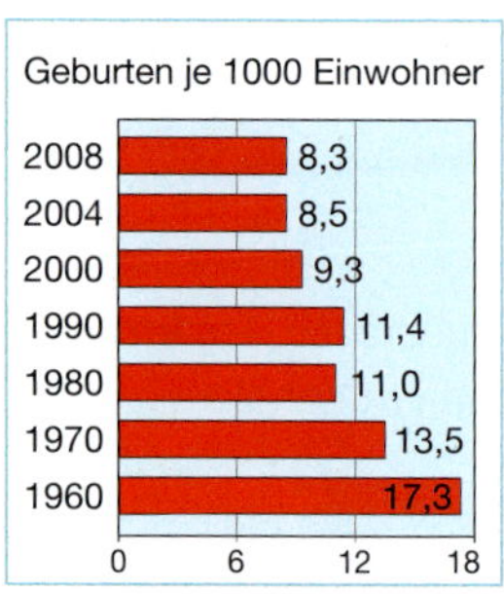

M 2 Entwicklung der Zahl der Geburten je 1000 Einwohner 1960–2008.

M 4 Familienförderung

Elternzeit Erwerbstätige Eltern können nach der Geburt ihres Kindes insgesamt drei Jahre Elternzeit in Anspruch nehmen. Die Elternzeit kann sowohl allein als auch gemeinsam genommen werden.

Elterngeld Eltern, die sich in den ersten 14 Lebensmonaten ihres Kindes vorrangig selbst der Betreuung des Kindes widmen wollen und deshalb nicht voll erwerbstätig sind, haben Anspruch auf Elterngeld. Das Elterngeld wird an Vater und Mutter für maximal 14 Monate gezahlt, beide können den Zeitraum frei untereinander aufteilen. Ersetzt werden 67 Prozent des wegfallenden Einkommens, maximal 1800 Euro im Monat.

Mütter und Väter ohne Einkommen erhalten 300 Euro im Monat.

Kindergeld Das Kindergeld für das erste und zweite Kind beträgt 184 Euro pro Monat. Für das dritte Kind zahlt der Staat 190 Euro, für alle weiteren 215 Euro. Kindergeld gibt es für alle Kinder bis zum 18. Geburtstag, für arbeitslose Kinder bis zum 21. Lebensjahr, für Kinder, die sich in der Ausbildung befinden und nicht mehr als 8004 Euro verdienen, bis zum 27. Geburtstag.

Mutterschutz Sechs Wochen vor dem Geburtstermin und acht Wochen nach der Entbindung dürfen Mütter nicht arbeiten. Es gelten zudem ein besonderer Kündigungsschutz und Mutterschutzvorschriften am Arbeitsplatz.

Mutterschaftsgeld Während des Mutterschutzes besteht für gesetzlich Versicherte Anspruch auf Mutterschaftsgeld in Höhe des durchschnittlichen Nettogehalts. Die Kosten finanzieren die gesetzliche Krankenkasse und der Arbeitgeber.

Förderung über die Steuer Familien mit Kindern werden „Kinderfreibeträge" bei der Festsetzung der Steuern gewährt, die zu einer geringeren Steuerzahlung führen. Ebenso können Kinderbetreuungskosten bei der Steuererklärung* geltend gemacht werden. Beides hilft nur Familien, die Steuern zahlen.

Betreuungsplätze Bis 2013 soll es für 35 % aller Kinder unter drei Jahren einen Betreuungsplatz (Krippe oder Kindergarten) geben, ab 2013 haben Kinder darauf einen Rechtsanspruch*.

Betreuungsgeld Ab 2013 soll es für jedes Kind bis zu drei Jahren, das Eltern zu Hause betreuen, ein Betreuungsgeld in Höhe von 150 Euro geben. Offen ist noch, ob dieser Betrag in bar oder als Gutschein ausgezahlt wird.

(Alle Angaben nach dem Stand vom August 2010, nach den Sparbeschlüssen der Bundesregierung kann es ab 2011 zu Änderungen kommen.)

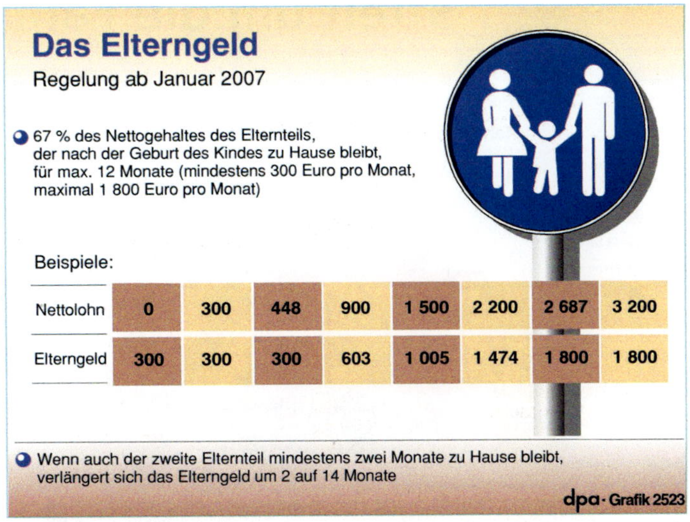

Nettolohn	0	300	448	900	1 500	2 200	2 687	3 200
Elterngeld	300	300	300	603	1 005	1 474	1 800	1 800

M 5 Das Elterngeld.

Vorbild Frankreich?

M 6 „DIE ZEIT" berichtete 2004:

Das Besondere an der französischen Familienpolitik ist nicht die europäische Spitzenquote von 1,9 Kindern pro Frau. Bemerkenswert ist vor allem, dass 80 Prozent der Französinnen mit zwei Kindern ihrem Beruf nachgehen – in Deutschland sind es nur knapp 60 Prozent. Und es fällt auf, dass der Kinderwunsch mit zunehmender Bildung und gehobener Berufsposition nicht wie üblich sinkt, sondern steigt. Eine Französin kann heute sicher sein, dass weder Heirat noch Geburt sie aus der Bahn werfen. So hat fast jedes dritte Kind einen Platz in der Kinderkrippe, die Mehrzahl wird von einer der 500 000 professionellen Kinderfrauen betreut und vom dritten Lebensjahr an bis zum Abitur gibt es Ganztagsschulen.

***Steuererklärung**
Angaben über das Einkommen gegenüber dem Finanzamt. Aufgrund dieser Angaben werden die Steuern festgesetzt.

***Rechtsanspruch**
Durch ein Gesetz festgelegter Anspruch gegenüber dem Staat für alle Bürger.

1 Beschreibt mit euren Worten, was unser Grundgesetz über die Förderung von Familien aussagt (M 3).

2 Untersucht M 4 und notiert die verschiedenen Unterstützungsformen in eure Arbeitsmappe. Prüft, welche Formen des Zusammenlebens bisher nicht gefördert werden (vergleicht M 1 S. 12).

Streit um die Familienpolitik

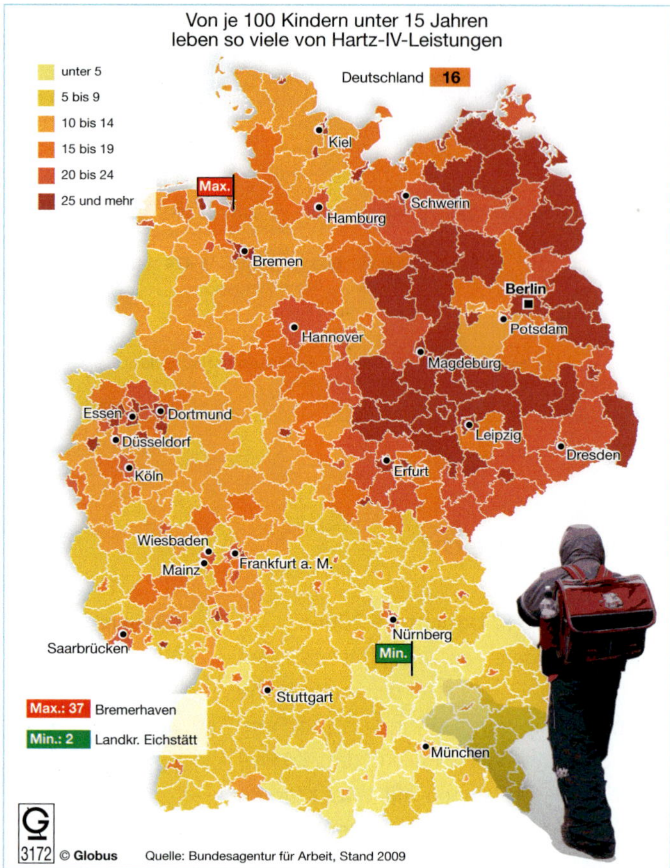

M 1 Kinder in „Hartz-IV"-Familien.

M 2 Ursula von der Leyen, CDU, damalige Bundesministerin für Familie, Senioren, Frauen und Jugend, am 11. November 2009 im Deutschen Bundestag:

Politik für Familien ist Politik für die Zukunft. Wer die Zukunft gewinnen will, muss bereit sein, neue Wege zu gehen und neue Akzente zu setzen. […]

Ausbau der Kinderbetreuung

Es gibt kaum ein Thema, bei dem verpasste Chancen so augenfällig werden, wie das der Kinderarmut. 2,4 Millionen Kinder leben in Armut. Kinderarmut hat viele Gesichter. Sie hat zunächst das Gesicht der Bildungsarmut. Deshalb werden wir den Ausbau einer qualitativ hochwertigen Kinderbetreuung weiter vorantreiben. Die heute vorgelegten Zahlen sind ermutigend. Trotz der Wirtschaftskrise hat sich die Zahl der Bewilligungen für die Schaffung neuer Plätze in diesem Jahr im Vergleich zum Jahr 2008 verdreifacht. Es ist ein Volumen von 150 000 Plätzen. Aber ich sage auch deutlich: Dies reicht nicht. […]

Betreuungsgeld

Wenn Armut Bildungsarmut bedeutet, dann heißt dies, dass die Kinder, die zu Hause zu wenig Ansprache, keine Alltagsstruktur oder zu wenig Förderung erhalten, vor allem davon profitieren, wenn sie mit Gleichaltrigen zusammen sind, weil sie dadurch spielerisch Sprache, Fantasie und Kreativität entwickeln, weil sie dadurch spielerisch mit anderen ihre Welt entdecken. Deshalb möchte ich die kommenden drei Jahre dafür nutzen, mit Ihnen die gesellschaftspolitische Diskussion darüber zu führen, wie ein Betreuungsgeld so ausgestaltet werden kann, dass es Kinder nicht von Anfang an von so wichtigen Lernorten ausschließt. […]

Höheres Kindergeld

Kinderarmut hat auch das Gesicht der materiellen Armut. Ein Kind bringt sicherlich ganz viel Liebe und Lebensfreude in eine Familie hinein. Aber es kostet auch Geld, und mehrere Kinder kosten mehr Geld. Deshalb ist es richtig, das Kindergeld zu erhöhen; denn Kindergeld verhindert das Abrutschen in Armut. Hätten wir kein Kindergeld in diesem Land, dann läge die Armutsquote von Kindern nicht bei 14 Prozent, sondern mehr als doppelt so hoch bei 30 Prozent. […]

Die größte Gruppe der Kinder in Armut sind Kinder von Alleinerziehenden. Sie brauchen neben den bereits erwähnten Hilfen – gute Kinderbetreuung, Kinderzuschlag, materielle Hilfen – vor allem Netze der Unterstützung. [...]

M3 In derselben Debatte im Deutschen Bundestag antwortete die SPD-Abgeordnete Dagmar Ziegler:

Der Koalitionsvertrag* von Schwarz-Gelb sieht in der Familienpolitik eine Erhöhung des Kindergeldes und des Kinderfreibetrages vor. Die Financial Times Deutschland titelte letzte Woche – wie ich finde, zutreffend –: „Goldene Zeiten für reiche Eltern". In der Tat profitieren Eltern mit höherem Einkommen davon; denn der Steuervorteil durch den Freibetrag ist höher als das Kindergeld, und von der Erhöhung des Kindergeldes um 20 Euro haben Eltern im Arbeitslosengeld-II-Bezug (Hartz IV) gar nichts. Die geschatzten Kosten von rund 4,6 Milliarden Euro hätten wir besser in Infrastrukturen* für Kinder investieren sollen.

M4 Jörn Wunderlich, Abgeordneter der Partei Die Linke, sagte:

Im Kampf gegen Kinderarmut müssen endlich konkrete Maßnahmen auf die Tagesordnung. Über zweieinhalb Millionen Kinder in Deutschland leben unterhalb der Armutsgrenze. Doch weder eine realistische Höhe des Regelsatzes noch eine existenzsichernde Grundsicherung für Kinder werden irgendwie in Betracht gezogen. Beschämend! Zu den Kinderregelsätzen im Rahmen von Hartz IV ist nichts geplant. Die Devise heißt: Abwarten!

Das Betreuungsgeld, das geplant ist, ist fatal und diskriminierend – konservativer* geht es eigentlich nicht mehr.

Das Betreuungsgeld ist frauenfeindlich, bildungsfeindlich und wird verstärkt zum Ausstieg junger Frauen aus dem Berufsleben führen.

Interessant ist auch: Warum soll das Betreuungsgeld gerade im Jahr 2013 eingeführt werden? Ich erinnere daran: Im Jahr 2013 soll es einen Rechtsanspruch auf einen Kindergartenplatz für alle Kinder geben. Es ist längst klar, dass die Zahl der Plätze dem Anspruch nicht gerecht wird, dass Plätze fehlen werden. Also muss man etwas machen. Die Zahl der Kitaplätze verstärkt ausbauen? Nein, weit gefehlt. Stattdessen will diese Regierung durch finanzielle Anreize die Kinder aus den Kindergärten verbannen, um so ihre verfehlte Politik zu kaschieren. [...]

***Koalitionsvertrag**
Vertrag zwischen den Parteien, die eine Regierung bilden.

***Infrastrukturen**
Öffentliche Einrichtungen.

***konservativ**
Das Bestehende bewahren wollen.

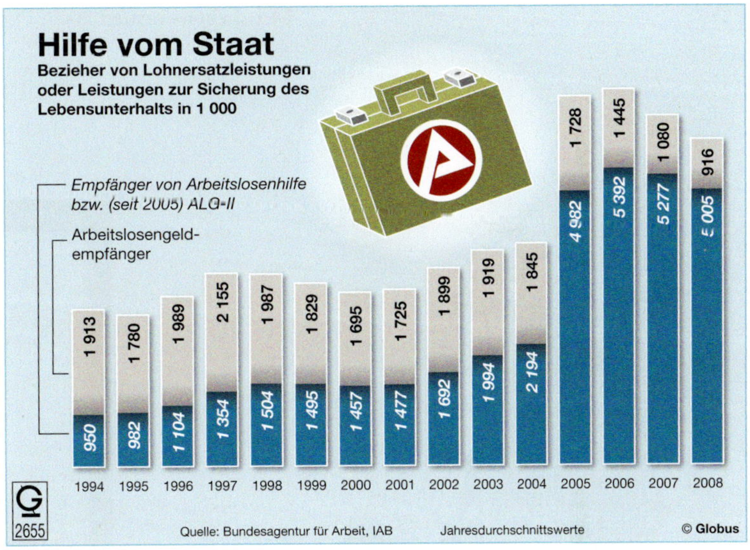

M5 Hilfe vom Staat. Zahl der Empfänger 1994–2008.

1 Bildet Gruppen und teilt M2 bis M4 unter euch auf. Untersucht jeweils, was die Politiker im Deutschen Bundestag auf Fragen zu Kinderarmut, Kindergeld und Betreuungsgeld sagen. Notiert die Ergebnisse und vergleicht die Aussagen im Gespräch mit der Klasse.

2 Erkundigt euch zu Hause, ob es noch mehr Förderungsmöglichkeiten für Familien gibt, und ergänzt euren Katalog aus Frage 2, S. 21.

3 Setzt M1, M5 und die Ergebnisse eurer Untersuchung aus Frage 1 in eine Beziehung.

4 Beurteilt, ob die Fördermaßnahmen für Familien ausreichend sind.

Check: Das kann ich schon …

Wichtige Begriffe erklären

- ✓ Kleinfamilie
- ✓ Patchworkfamilie
- ✓ Familienpolitik
- ✓ Gleichberechtigung
- ✓ Vereinbarkeit von Familie und Beruf
- ✓ Hartz IV
- ✓ Elterngeld
- ✓ Kindergeld

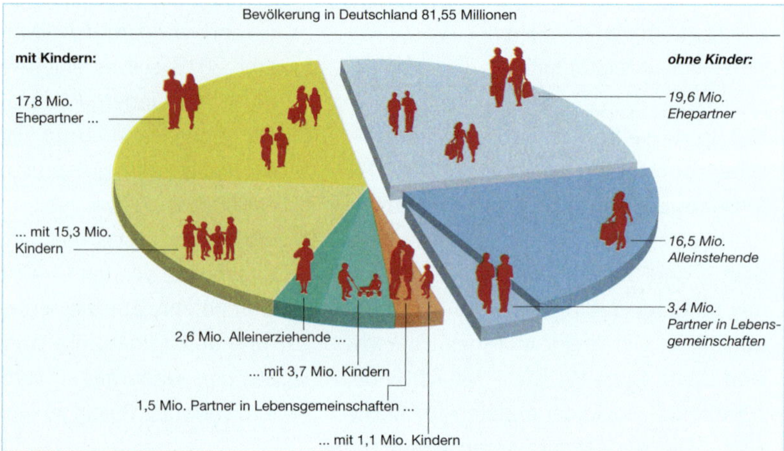

M 1 Lebensformen 2007.

„Und welcher Elternteil soll es unterzeichnen? Mein leiblicher Vater, mein Stiefvater, der dritte Mann meiner Mutter, meine wirkliche Mutter oder die vierte Frau meines leiblichen Vaters, die bei uns wohnt?"

M 2 Karikatur.

M 3 Familie im 19. Jahrhundert. Foto.

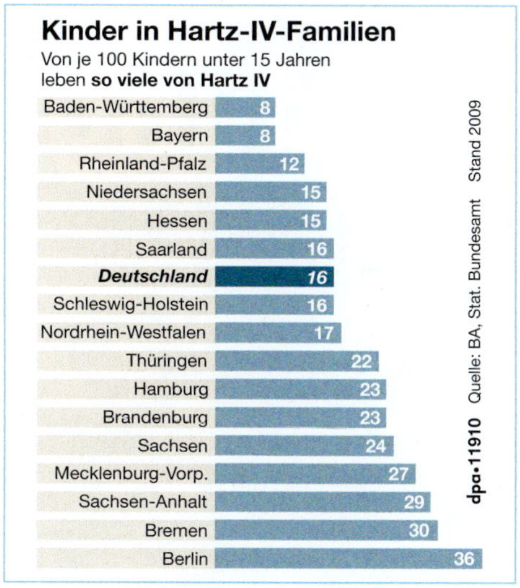

M4 Kinder in Hartz-IV-Familien.

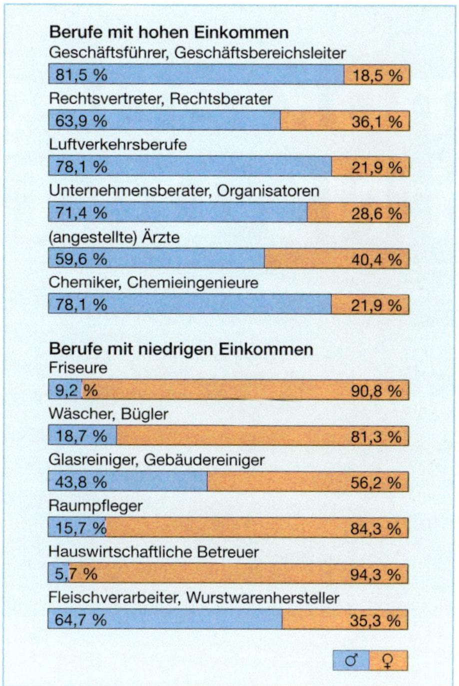

M5 Anteile von Männern und Frauen in Berufen mit niedrigen oder hohen Einkommen.

Fachliche Kompetenz

1 Erklärt euch gegenseitig die wichtigen Begriffe (Kasten) und schreibt die Bedeutung der Begriffe in eure Arbeitsmappe.

2 Notiert Ursachen für den Wandel der Lebensformen.

3 Beschreibt einige Maßnahmen, wie der Staat Familien unterstützt.

Methodenkompetenz

4 Erläutert, wie man ein Rollenspiel vorbereitet und durchführt.

Urteils- und Handlungskompetenz

5 Untersucht M4 und erklärt mögliche Ursachen dafür, dass in Brandenburg, Sachsen, Mecklenburg-Vorpommern, Sachsen-Anhalt und Berlin der Anteil der Kinder in Hartz-IV-Familien höher als in den anderen Bundesländern ist.

6 Wertet M5 aus und benennt Gründe für die unterschiedliche Verteilung.

7 Jede/-r notiert für sich auf einem Zettel ohne Namen, welche Lebensform sie/er zurzeit für erstrebenswert findet. Sammelt die Zettel ein und wertet eure Meinungsäußerungen an der Tafel aus.

8 Interpretiert M6 und macht Vorschläge, wie sich die Situation verändern lässt.

M6 Karikatur.

2 Demokratiegründung und NS-Diktatur

A. Paul Weber ahnte in seiner 1932 entstandenen Zeichnung „Das Verhängnis“ voraus (großes Bild): Millionen liefen mit anfänglich blinder Begeisterung hinter den Hakenkreuzfahnen her – der Weg führte sie direkt in ein Massengrab, das am Ende rund 57 Millionen Tote barg.

In diesem Kapitel könnt ihr erarbeiten,

- wie es zur Gründung der ersten deutschen Demokratie 1918/1919 kam,
- warum diese Demokratie 1933 unterging,
- wie der Alltag der Menschen unter der NS-Diktatur aussah,
- warum die Nationalsozialisten ihre jüdischen Mitbürger verfolgten und im Zweiten Weltkrieg Millionen Juden aus ganz Europa ermordeten,
- wer Widerstand gegenüber der NS-Herrschaft leistete,
- wie es zum Zweiten Weltkrieg kam und welche Folgen er für die Menschen hatte.

Am Ende des Kapitels könnt ihr die nationalsozialistische Propaganda analysieren.

Die Novemberrevolution

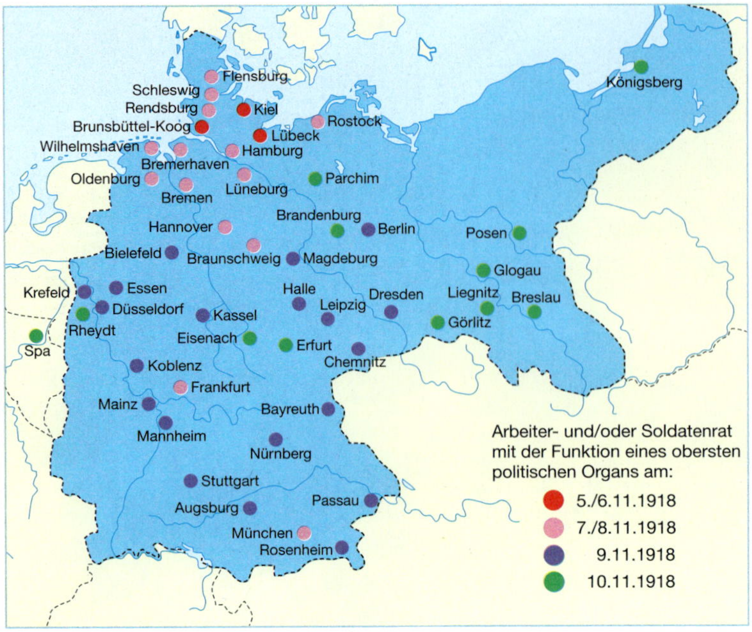

M 1 **Die Novemberrevolution 1918 in Deutschland.**

Der Aufstand der Matrosen

Das Ende des Ersten Weltkriegs stand bevor, nachdem Deutschland im August 1918 eine große militärische Niederlage in Frankreich erlitten hatte. Die Oberste Heeresleitung (OHL) glaubte nicht mehr an einen Sieg und stellte ein **Friedensersuchen** an den amerikanischen Präsidenten Wilson. Die Waffenstillstandsverhandlungen, die nun begannen, zogen sich jedoch wegen der harten Bedingungen der Alliierten hin.

Im Oktober 1918 wurde in ganz Deutschland bekannt, dass Waffenstillstandsverhandlungen eingeleitet worden waren. Die deutsche Seekriegsführung bereitete aber in Wilhelmshaven noch einen großen Angriff auf England vor. Als der Befehl zum Auslaufen kam, verweigerten Matrosen und Heizer am Abend des 29. Oktober den Gehorsam. Auf mehreren Großkampfschiffen löschten sie die Feuer unter den Kesseln und machten die Geschütze unbrauchbar. Die beginnende **Meuterei*** wurde aber niedergeschlagen. Viele Matrosen wurden verhaftet, der Angriff abgesagt und ein Teil der Flotte wurde nach Kiel verlegt.

Die Mannschaften auf den Kriegsschiffen in Kiel solidarisierten sich jedoch mit ihren verhafteten Kameraden, für die sie Todesurteile befürchteten. So flammte der Aufstand am 3. November von neuem auf. Soldaten, Matrosen und Arbeiter der Kieler Werften übernahmen die Gewalt in der Stadt und bildeten einen **Arbeiter- und Soldatenrat***.

Ihre Hauptforderungen waren die Freilassung aller politischen Gefangenen, straffreie Rückkehr der Matrosen auf die Schiffe sowie Rede- und Pressefreiheit.

***Arbeiter- und Soldatenräte**
In den Fabriken von Arbeitern und in den Kasernen von Soldaten gewählte Vertretungen, die die bisherige Obrigkeit ersetzen sollen; ein nationaler Rätekongress aus Delegierten der regionalen Räte erhob den Anspruch, das oberste politische Machtorgan zu sein.

***Spartakusbund**
Von der SPD abgespaltene linksextreme Gruppe um Karl Liebknecht und Rosa Luxemburg.

***Meuterei**
Aufstand.

Die Ausrufung der Republik

Auch in Berlin hatte sich ein Arbeiter- und Soldatenrat gebildet. Er forderte die Abdankung des Kaisers, Schaffung einer sozialen Republik sowie Übergabe der Regierungsgewalt an die Arbeiter- und Soldatenräte. Tausende von Menschen zogen am Morgen des 9. November auf das Regierungsviertel Berlins zu, um diese Forderungen durchzusetzen.

Das Herannahen der Massendemonstration setzte den kaiserlichen Reichskanzler Prinz Max von Baden stark unter Druck. Als der Kaiser sich mittags immer noch weigerte, zurückzutreten, verkündete von Baden eigenmächtig dessen **Abdankung**. Aber die Massen waren nicht mehr zurückzuhalten. Am Mittag des 9. November 1918 versammelte sich die Menge vor dem Reichstag. Es wurde bekannt, dass Karl Liebknecht, der Führer des Spartakusbundes*, eine sozialistische Republik ausrufen wollte. Anhänger der SPD drängten ihr Vorstandsmitglied Philipp Scheidemann, dem zuvorzukommen.

M 2 Philipp Scheidemann (SPD) ruft am 9. November 1918 die Republik aus. Foto.

M 3 Demonstranten auf dem Weg zum Berliner Schloss. Foto, 1918.

Q 1 Philipp Scheidemann sagte gegen 14 Uhr:

[…] Das deutsche Volk hat auf der ganzen Linie gesiegt. Das alte Morsche ist zusammengebrochen; der Militarismus ist erledigt. Die Hohenzollern* haben abgedankt! Es lebe die deutsche Republik! Der Abgeordnete Ebert ist zum Reichskanzler ausgerufen worden. Ebert ist damit beauftragt worden, eine neue Regierung zusammenzustellen. Dieser Regierung werden alle sozialistischen Parteien angehören. Jetzt besteht unsere Aufgabe darin, diesen glänzenden Sieg, diesen vollen Sieg des deutschen Volkes nicht beschmutzen zu lassen, und deshalb bitte ich Sie, sorgen Sie dafür, dass keine Störung der Sicherheit eintrete! Wir müssen stolz sein können in alle Zukunft auf diesen Tag! Nichts darf existieren, was man uns später wird vorwerfen können! Ruhe, Ordnung und Sicherheit, das ist das, was wir jetzt brauchen! […] Es lebe die deutsche Republik! […]

Q 2 Um 16 Uhr hielt Karl Liebknecht, Anführer des Spartakusbundes, eine Rede. Er sagte:

[…] Der Tag der Revolution ist gekommen. Wir haben den Frieden erzwungen. […] Das Alte ist nicht mehr! […] Parteigenossen, ich proklamiere* die freie sozialistische Republik Deutschland, die alle Stämme umfassen soll, in der es keine Knechte mehr geben wird. […] Wir müssen alle Kräfte anspannen, um die Regierung der Arbeiter und Soldaten aufzubauen und eine neue staatliche Ordnung des Proletariats zu schaffen, eine Ordnung des Friedens, des Glücks und der Freiheit unserer deutschen Brüder und unserer Brüder in der ganzen Welt. Wir reichen ihnen die Hände und rufen sie zur Vollendung der Weltrevolution auf. […]

***proklamieren**
Etwas öffentlich ausrufen.

***Hohenzollern**
Deutsches Fürstengeschlecht, stellte ab 1701 die preußischen Könige und ab 1871 die deutschen Kaiser.

1 Nennt die Gründe, die die Matrosen und Heizer zum Aufstand trieben.

2 Erläutert mit M 1 die Ausbreitung der Aufstände.

3 Beschreibt M 3. Beachtet die Gesichter der Menschen, ihre Haltung und Kleidung.

4 Vergleicht die beiden Redeauszüge und schreibt Stichworte der Hauptforderungen in zwei Spalten mit der Überschrift „Scheidemann" und „Liebknecht" auf (Q 1, Q 2).

Scheidemann	Liebknecht
Das Volk hat gesiegt	Ziel: sozialistische Republik
…	…

5 Notiert aus eurer Zusammenstellung jeweils das Ziel der künftigen Politik der SPD und des Spartakusbundes.

Kampf um eine neue demokratische Ordnung

M 1 **Der Berliner Soldatenrat tagte im November 1918 im Reichstag.** Foto.

***Regime**
Begriff für ein in der Regel negativ bewertetes, weil unterdrückerisches Herrschaftssystem.

***MSPD**
Mehrheitssozialisten; Bezeichnung für die SPD nach Abspaltung der USPD im Jahr 1917.

***USPD**
Unabhängige Sozialdemokratische Partei Deutschlands; linksextreme Abspaltung von der SPD.

***Volksmarinedivision**
Bezeichnung für eine militärische Einheit von politisch linksgerichteten Matrosen.

Bildung einer Regierung

Am nächsten Tag, dem 10. November 1918, bildete die SPD eine provisorische Regierung: Sie nannte sich **„Rat der Volksbeauftragten"**. Sie bestand aus Mitgliedern der MSPD* und der USPD*. Inzwischen hatte sich die Kriegslage für Deutschland noch weiter verschlechtert. So schloss die provisorische Regierung schon am 11. November den Waffenstillstand mit den Alliierten. Um die Mittagszeit dieses Tages wurden die Kampfhandlungen an allen Fronten eingestellt.

Rätekongress

In vielen Betrieben und Truppenteilen waren inzwischen **Arbeiter-** bzw. **Soldatenräte** gewählt worden. Vom 16. bis 21. Dezember 1918 fand im preußischen Abgeordnetenhaus in Berlin ihr erster Gesamtkongress statt. Zwei Drittel der Delegierten gehörten der gemäßigten MSPD an und ein Drittel der linksextremen USPD. Der Spartakusbund war nicht zugelassen.

Die Entscheidung über die künftige Verfassung Deutschlands war die wichtigste Aufgabe des Kongresses. Dabei ging es um die Frage, ob Deutschland nach russischem Vorbild eine **Räterepublik*** oder eine **parlamentarische Demokratie*** nach westlichem Vorbild werden sollte. Nach heftigen Debatten lehnte der Rätekongress am 18. Dezember 1918 mit 344 gegen 98 Stimmen den Antrag ab, den Arbeiter- und Soldatenräten die höchste gesetzgebende und vollziehende Gewalt zuzugestehen. Das war die grundsätzliche Entscheidung für eine parlamentarische Demokratie.

Aufstände

Einige Beschlüsse des Kongresses zur Demokratisierung des Heeres waren sowohl bei der Obersten Heeresleitung (OHL) als auch bei linken Soldatenräten auf heftigen Widerstand gestoßen. Eine Abteilung der linksextremen Volksmarinedivision* besetzte aus Protest mit Waffengewalt das Berliner Schloss. Diese Meuterei konnte der Rat nicht hinnehmen, zumal ein Regierungsmitglied als Geisel genommen worden war. So schloss der Vorsitzende des Rats, Ebert, mit dem Chef der Obers-

M2 Barrikadenkämpfe im Berliner Zeitungsviertel. Foto, 1919.

M3 Revolutionäre Soldaten am Brandenburger Tor in Berlin. Foto, 1919.

ten Heeresleitung (OHL), Groener, ein Bündnis. Groener ließ Reichswehrtruppen in Berlin einmarschieren, um die gegen den Rat meuternden Matrosen niederzuwerfen. Dies führte wiederum zu einer breiten Aufstandsbewegung von Arbeitern und Soldaten gegen die Regierung Ebert/Scheidemann.

Niederschlagung

Mit den Worten „Meinetwegen, einer muss der Bluthund werden, ich scheue die Verantwortung nicht!“ übernahm Gustav Noske (MSPD) den Oberbefehl, um die Aufstände niederzuschlagen. Zu diesem Zweck wurden regierungstreue Freikorps* zusammengestellt. In Berlin wüteten die Kämpfe eine Woche lang. Zu den Opfern gehörten auch die Führer des Spartakusbundes, Karl Liebknecht und Rosa Luxemburg. Sie wurden am 15. Januar 1919 von Freikorps-Offizieren ermordet. Auch in anderen Teilen Deutschlands kam es zu Aufständen, die auf Weisung der nun allein regierenden MSPD-Regierung Ebert/Scheidemann von Militär und Freikorps niedergeschlagen wurden.

Wahlen zur Nationalversammlung

Am 19. Januar 1919 fanden die Wahlen zur **deutschen Nationalversammlung** statt. Es gingen 83 Prozent der Wahlberechtigten zur Wahl. Zum ersten Mal durften auch die Frauen wählen. 54 Prozent der abgegebenen Stimmen stammten von Frauen.

Wegen der Gefahr weiterer Unruhen in Berlin wurde Weimar zum Tagungsort der Nationalversammlung bestimmt. Hier hoffte man, unter dem Schutz eines Freikorps ungestört tagen zu können.

***Freikorps**
Soldaten der ehemaligen kaiserlichen Armee, die sich nach der Revolution 1918 freiwillig in einer Art Privatarmee organisierten und in der Regel konservative bis antidemokratische Positionen vertraten.

***parlamentarische Demokratie**
Regierungsform, bei der die wichtigsten Entscheidungen von einem Parlament getroffen werden, das aus einer freien Wahl hervorgegangen ist. Die gewählten Volksvertreter von Parteien repräsentieren das Volk. Das Parlament wählt und kontrolliert die Regierung und ist auch verantwortlich für die Gesetzgebung.

***Räterepublik**
Regierungsform, bei der die Herrschaft von direkt gewählten Räten ausgeht. Wahlberechtigt sollen nur Arbeiter und Soldaten sein. In der Räterepublik gibt es keine Gewaltenteilung und keine Parteien, weil die Räte den einheitlichen Volkswillen verkörpern sollen.

1 Berichtet über die Arbeit des Rätekongresses und seine Entscheidung für eine Verfassung Deutschlands. Prüft, ob diese Entscheidung voraussehbar war.

2 Beschreibt, was M2 und M3 über die Lage in Berlin im Januar 1919 deutlich machen.

3 Bewertet die Höhe der Wahlbeteiligung und den Anteil der Stimmen von Frauen.

4 Erklärt euch gegenseitig mithilfe der Erklärungen in der Randspalte die Begriffe „Räterepublik“ und „parlamentarische Demokratie“.

Die Weimarer Verfassung

M 1 Friedrich Ebert (1871–1925), Mitglied der SPD, war von 1919 bis 1925 der erste Reichspräsident der Weimarer Republik. Foto.

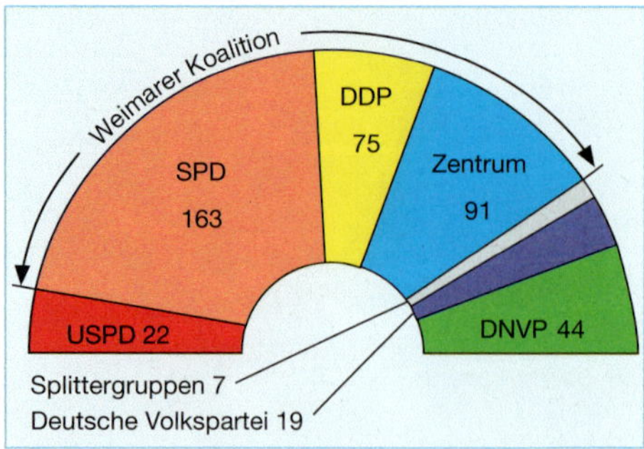

M 2 Sitzverteilung der Parteien nach der Wahl zur Nationalversammlung 1919.

***Souverän**
(franz. = „eigenständiger und unumschränkter Herrscher"); vom Souverän geht die Macht im Staat aus. In einer Monarchie ist dies der König, in einer Demokratie das Volk.

***Volksbegehren**
Das Recht einer Mindestzahl stimmberechtigter Bürger, dem Parlament einen Gesetzentwurf vorzulegen und dessen Erlass zu verlangen; dies kann in Form eines Volksentscheids erfolgen.

Nationalversammlung

Die Wahlen zur Nationalversammlung hatten inmitten der Januarunruhen stattgefunden. Am 6. Februar 1919 trat die Versammlung in Weimar zusammen. Sechs Parteien und mehrere Splittergruppen waren in diesem Parlament vertreten. Am 11. Februar wählte man Friedrich Ebert zum **Reichspräsidenten** und zwei Tage später die erste demokratische Regierung Deutschlands (SPD, DDP, Zentrum).

Weimarer Verfassung

Nach langen Diskussionen in der Nationalversammlung wurde die Verfassung am 11. August 1919 in Kraft gesetzt.

Q 1 Der erste Artikel der Verfassung lautet:
[…] Das Deutsche Reich ist eine Republik. Die Staatsgewalt geht vom Volke aus. […]

Dem Volk als dem eigentlichen Souverän* war die unmittelbare Mitwirkung an der Staatspolitik durch direkte Wahlen des Reichspräsidenten, der Mitglieder des Reichstages und der Länderparlamente gegeben. Außerdem wurde die Mitwirkung durch Volksbegehren* und Volksentscheide geregelt.

Beide Verfahren wurden in der **Weimarer Republik** angewandt und führten jeweils zu heftigen politischen Auseinandersetzungen. Im Grundgesetz der Bundesrepublik Deutschland sind beide Verfahren nicht vorgesehen.
In einem zweiten Hauptteil der Verfassung werden die Grundrechte aufgeführt:
- die Gleichheit aller vor dem Gesetz, auch der Frauen (Art. 109, 119, 128),
- die Unverletzlichkeit der Person (Art. 114), der Wohnung (Art. 115) und des Post- und Fernmeldegeheimnisses (Art. 117),
- die Freiheit der Meinungsäußerung in Wort und Bild sowie die Pressefreiheit (Art. 118),
- die Versammlungs- und Glaubensfreiheit (Art. 123),
- die Vereinsfreiheit (Art. 124),
- die Freiheit des Eigentums (Art. 153).

Neben diesen schon 1848 verkündeten Grundrechten wurden neue Rechte in der Verfassung verankert:
- der Schutz der Jugend,
- das Recht auf Unterhaltszahlung bei unverschuldeter Arbeitslosigkeit,
- die Anerkennung der Gewerkschaften als Tarifpartner.

Die Verfassung galt als sehr demokratisch und freiheitlich. Ein neues Wahlrecht nach dem Verhältniswahlrecht* ermöglichte auch sehr kleinen Parteien die Mitwirkung im Parlament.

Rechte des Reichspräsidenten

Die Verfassung gab dem Reichspräsidenten eine große Machtfülle, besonders für Notzeiten. Er war Oberbefehlshaber der Wehrmacht, er ernannte und entließ den Reichskanzler und auch die Minister. Der Reichstag musste aber die Ernannten mit Mehrheit bestätigen. Weiterhin konnte der Reichspräsident den Reichstag auflösen.

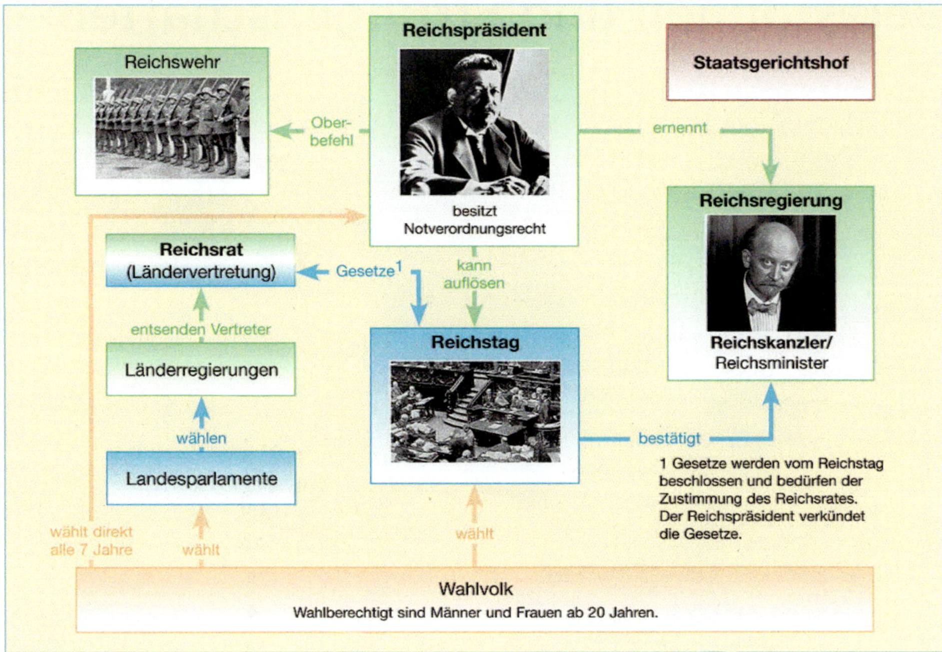

M3 Weimarer Verfassung.

M4 Paul von Hindenburg (1847–1934), war von 1925–1934 Reichspräsident. Foto, 1932 bei einer Rundfunkansprache.

Gewaltenteilung
- gesetzgebende Gewalt
- ausführende Gewalt
- richterliche Gewalt

Gefahr für die Demokratie

Die Machtfülle des Reichspräsidenten in Notzeiten wurde ab 1930 selbst zu einer Gefahr für die Demokratie. Das Notverordnungsrecht nach Art. 48 (2) der Verfassung erlaubte es dem Reichspräsidenten die Grundrechte außer Kraft zu setzen und für eine bestimte Zeit Notverordnungen mit Gesetzeskraft zu erlassen.

Q2 Artikel 48 (2):
Der Reichspräsident kann, wenn im Deutschen Reiche die öffentliche Sicherheit und Ordnung erheblich gestört oder gefährdet wird, die […] nötigen Maßnahmen treffen, erforderlichenfalls mithilfe der bewaffneten Macht einschreiten. Zu diesem Zweck darf er vorübergehend die in den Artikeln 114, 115, 117, 118, 123, 124 und 153 festgesetzten Grundrechte […] außer Kraft setzen. […]
(3) Von allen gemäß […] Abs. 2 dieses Artikels getroffenen Maßnahmen hat der Reichspräsident unverzüglich dem Reichstag Kenntnis zu geben. Die Maßnahmen sind auf Verlangen des Reichstags außer Kraft zu setzen […]

Da es in der Schlussphase der Weimarer Republik (1930–1933) im Reichstag keine regierungsfähigen Mehrheiten mehr gab, konnten die Gegner der demokratischen Ordnung mithilfe der Notverordnungen des Reichspräsidenten Paul von Hindenburg schrittweise die demokratische Ordnung beseitigen (siehe S. 37).

***Verhältniswahlrecht**
Bei diesem Wahlrecht werden alle abgegebenen Stimmen im Verhältnis zueinander bei der Verteilung der Sitze im Parlament berücksichtigt. Im Mehrheitswahlrecht, wie im Kaiserreich und in Großbritannien, werden nur die Stimmen der stärksten Partei bei der Verteilung der Abgeordnetensitze berücksichtigt. Eine 5 %-Klausel wie in unserem Wahlrecht gab es nicht.

1 Untersucht M3 und erklärt den Aufbau der Verfassung und das Zustandekommen von Gesetzen.

2 Zeigt mithilfe von M3 die Elemente der Gewaltenteilung in der Weimarer Verfassung.

3 Begründet, warum die Weimarer Verfassung den Zeitgenossen als sehr freiheitlich galt. Berücksichtigt dabei die Regelungen im Kaiserreich.

Belastungen und Errungenschaften

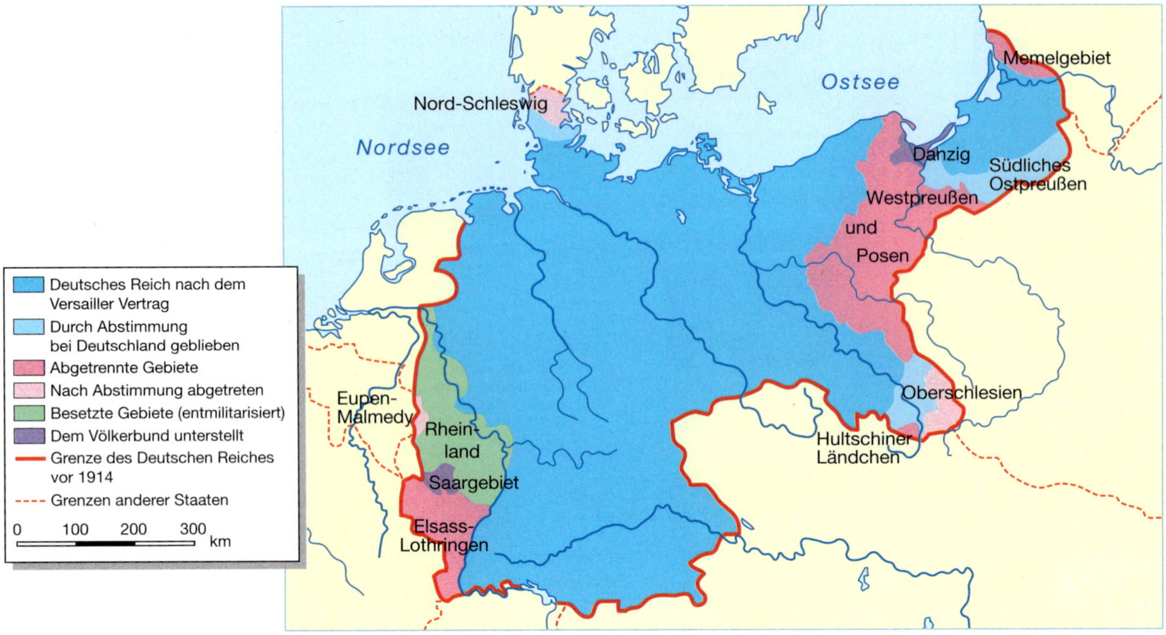

M 1 **Deutschlands Gebietsverluste in Europa durch den Versailler Vertrag.**

***Reparationen**
Zahlungen Deutschlands an die Siegermächte, mit denen Deutschland für die durch seine Aggression verursachten Zerstörungen und Kosten des Ersten Weltkrieges aufkommen sollte.

***Völkerbund**
Vorläuferorganisation der UNO, 1919 gegründet, mit dem Sitz in Genf. Ziel war es, kriegerische Konflikte durch Verhandlungen zwischen den Nationen zu verhindern.

Der Friedensvertrag von Versailles

Der 1919 in Versailles abgeschlossene **Friedensvertrag** enthielt auf Drängen Frankreichs besonders harte Friedensbedingungen für Deutschland.
Er schrieb deutsche Gebietsabtretungen, die Abrüstung der deutschen Armee und das Verbot der allgemeinen Wehrpflicht vor. Weitere Punkte waren die Wiedergutmachung der alliierten Kriegsschäden und mögliche Eingriffsrechte der Alliierten in Deutschland. Deutschland musste alle Kolonien abtreten, für alle Kriegsschäden aufkommen und **Reparationen*** zahlen; die Höhe der Zahlungen sollte erst später festgelegt werden. Das deutsche Heer wurde auf 100 000, die Marine auf 15 000 Mann beschränkt. Schwere Waffen, Flugzeuge und U-Boote wurden dem deutschen Heer verboten. Deutschland blieb vom **Völkerbund*** vorläufig ausgeschlossen.
Die Siegermächte lehnten fast alle deutschen Einwände und Forderungen ab. Sie zwangen die neue demokratische Regierung Deutschlands im Juni 1919 zur Unterschrift.
In der deutschen Bevölkerung hatte man den Ersten Weltkrieg aufgrund der Propaganda als einen aufgezwungenen Verteidigungskrieg verstanden. Deshalb war man empört und wütend über den Versailler Vertrag. Die innenpolitischen Gegner der neuen deutschen Demokratie benutzten die im Vertrag festgeschriebene Alleinschuld Deutschlands am Ersten Weltkrieg (Artikel 231) dazu, die junge deutsche Demokratie mit Hassparolen („Vaterlandsverräter“) zu bekämpfen.

Putschversuche

Von links und rechts unternahmen Gegner der Republik Putschversuche. Als im Frühjahr 1920 die Freikorps aufgelöst werden sollten, widersetzten sich einige und marschierten in Berlin ein. Sie erklärten die Regierung für abgesetzt. Der extrem nationalistische Wolfgang Kapp ernannte sich selbst zum Reichskanzler. Dagegen riefen die Gewerkschaften und die SPD zum Generalstreik auf. Als dieser im ganzen Reich befolgt wurde, brach der so genannte Kapp-Putsch zusammen.

Ruhrbesetzung

Eine sehr große Belastung für Deutschland waren die Reparationen und der Wertverlust des Geldes. In der Zeit von 1919–1923 verlor die deutsche Währung stark an Wert, am 18. Oktober 1923 kostete ein Pfund Butter 572 500 000 Mark. Das Geld war praktisch wertlos. Durch die **Inflation*** verloren viele Menschen ihre Ersparnisse.

Als Deutschland Ende 1922 mit Holz- und Kohlelieferungen im Verzug war, ließ die französische Regierung Soldaten ins Ruhrgebiet einmarschieren, um auf diese Weise die Reparationszahlungen zu sichern und Deutschland gleichzeitig wirtschaftlich zu schwächen. Daraufhin rief die Reichsregierung die Menschen an der Ruhr zum **passiven Widerstand*** auf. Aufgrund der wirtschaftlichen Not gab die Reichsregierung im September 1923 den passiven Widerstand gegen die Besetzung des Ruhrgebietes auf.

Hitlerputsch

In dieser verworrenen Situation versuchte Adolf Hitler* die Macht in München an sich zu reißen. Hitler war damals der Vorsitzende der rechtsradikalen Nationalsozialistischen Deutschen Arbeiterpartei (NSDAP), einer völlig unbedeutenden politischen Splittergruppe in Bayern.

Als am Abend des 8. November 1923 führende Politiker in München im Bürgerbräukeller versammelt waren, drang Hitler mit Waffengewalt in den Saal ein. Er erklärte die Reichsregierung in Berlin und die bayerische Landesregierung in München für abgesetzt. Die Polizei beendete den Putsch vor der Feldherrnhalle in München, zu der die Putschisten marschiert waren. Es gab Tote und Verwundete.

1924 wurde Hitler zu fünf Jahren Zuchthaus verurteilt, davon musste er aber nur neun Monate wegen „guter Führung“ absitzen. In der Haft schrieb er sein Buch „Mein Kampf“, in dem er seinen Hass gegen die demokratische Ordnung und seinen Rassenhass darlegte (siehe S. 42).

Ausbau des „sozialen Netzes“

Noch 1918 wurden in den Betrieben **Betriebsräte** eingesetzt und der Achtstundentag eingeführt. 1923 wurde die Arbeitszeit wieder verlängert. Das Sozialversicherungssystem wurde schrittweise weiter ausgebaut.

Die Krankenkassen mussten neben den Heilbehandlungskosten für die Versicherten auch die Kosten für die Familienangehörigen übernehmen. Den Frauen der Versicherten standen bei Geburten zehn Wochen Krankengeld und die Erstattung der Entbindungskosten zu. Die Leistungen der Rentenversicherung wurden deutlich angehoben. 1927 wurde die **Arbeitslosenversicherung** gesetzlich eingeführt.

Wohnungsbauvereine und Genossenschaften unternahmen zusammen mit den Städten und Gemeinden große Anstrengungen, menschenwürdige Wohnungen zu schaffen.

M 2 Adolf Hitler (geb. 20. 4. 1889, Selbstmord am 30. 4. 1945), seit 1921 Vorsitzender der Nationalsozialistischen Deutschen Arbeiterpartei (NSDAP), unternahm 1923 einen Putschversuch in München. In der Festungshaft 1923/24 verfasste er seine Programmschrift „Mein Kampf“. 1933 Reichskanzler geworden beseitigte Hitler mit der NSDAP die demokratische Ordnung und errichtete eine Diktatur, die 1939 den Zweiten Weltkrieg auslöste. Foto, 1923. Hitler übt die Rede.

***passiver Widerstand**
Friedliche Verweigerung der Mitarbeit.

***Inflation**
Entwertung des Geldes. Diese kann langsam (schleichend) oder sehr schnell (Hyperinflation) geschehen.

1 Erläutert die Bestimmungen des Versailler Vertrages und seine Folgen. Benutzt dazu M 1.

2 Notiert Stichworte zu den Krisen und Belastungen der jungen Demokratie. Nennt dabei Ziele der Gegner der Republik.

3 Beschreibt den Ausbau des sozialen Netzes in der Weimarer Republik. Erkundigt euch bei euren Eltern nach der heutigen sozialen Sicherung und berichtet der Klasse.

Der Untergang der Weimarer Republik

M 1 **Aktienkurse in den USA 1929/30.**

Der Börsenkrach in New York

***Antisemitismus**
Seit Ende des 19. Jahrhunderts gebräuchlicher Begriff für „Judenhass" oder „Judenfeindlichkeit".

Der Zusammenbruch der New Yorker Börse am Donnerstag, dem 24. Oktober 1929, löste eine weltweite, lang andauernde **Wirtschaftskrise** aus. Der Tag ging als „Schwarzer Donnerstag" in die Geschichte ein. Viele amerikanische Aktienkäufer hatten mit geliehenem Geld auf immer höher steigende Aktienkurse gesetzt. Da die Lage der US-Industrie in der wirtschaftlichen Realität diesen überhöhten Kursen nicht entsprach, kam es zu Panikverkäufen der Spekulanten und zum Zusammenbruch der Börse. Etwa 10 000 Banken wurden zahlungsunfähig, Millionen von Menschen wurden in den USA arbeitslos.

In Europa und besonders in Deutschland waren die Auswirkungen der Wirtschaftskrise verheerend. Bis zum Jahre 1932/33 stieg die Zahl der Arbeitslosen auf durchschnittlich sechs Millionen registrierte Arbeitslose. Die erst 1927 gegründete Arbeitslosenversicherung brach zusammen.

Der Zusammenbruch des politischen Systems

In der Weltwirtschaftskrise von 1929 bis 1933 zerbrach aber auch das parlamentarische Regierungssystem der Weimarer Republik. In schnell aufeinander folgenden Wahlen gewannen die Partei der äußersten Rechten (NSDAP) und die Partei der äußersten Linken (KPD) hohe Stimmenanteile. Beide Parteien lehnten das demokratische System ab. Die Parteien der Mitte waren untereinander zerstritten und konnten so auch keine stabilen Regierungsbündnisse bilden. In dramatischer Weise stieg der Stimmenanteil der rechtsextremen „Nationalsozialistischen Deutschen Arbeiterpartei" (NSDAP) unter ihrem „Führer" Adolf Hitler. Ihr Stimmenanteil stieg von drei Prozent im Jahre 1928 auf 32 Prozent im Jahre 1932. In diesem Aufstieg spiegelte sich der **Vertrauensverlust** der Demokratie von Weimar. Viele Menschen waren von der demokratischen Ordnung enttäuscht, da sie die wirtschaftliche Not nicht beseitigen konnte.

Hitlers Versprechen

Die Versprechen Hitlers, die Demokratie abzuschaffen und den Menschen Arbeit zu verschaffen, fanden immer mehr Zuspruch. Im Unterschied zu den anderen Parteien führten er und seine Partei einen kämpferischen Wahlkampf. Die NSDAP setzte ansprechende Plakate und Filme ein. Bei Massenauftritten trat Hitler den Menschen wie ein Retter in der Not gegenüber. Dabei benutzte er bewusst auch religiöse Formeln und Rituale. Die NSDAP war die erste „Volkspartei", die mit ihren Versprechen fast alle Schichten erreichte. Um Hitler zu wählen, musste man nicht alles gut finden.

Hitler versprach

- schnell Arbeit zu verschaffen,
- das demokratische System zu beseitigen,
- den Vertrag von Versailles mit seiner Aussage, Deutschland sei am Ersten

Weltkrieg allein schuldig, zu bekämpfen und

- ein neues Deutschland mit einer schlagkräftigen Armee zu schaffen.

Vor allem aber beschuldigte er unablässig die Juden, die eine Minderheit von 0,5 Prozent der Bevölkerung ausmachten, an der wirtschaftlichen und politischen Krise Deutschlands schuld zu sein. Dieser brutale **Antisemitismus*** wurde von vielen seiner Wähler unterstützt oder zumindest hingenommen.
Viele Menschen konnten sich nicht vorstellen, dass Hitler seine Aussagen über die „Beseitigung“ der Juden verwirklichen würde.

Ein Feind der Republik wird Reichskanzler

Aber auch die anderen Parteien trugen ihren Anteil am Untergang der Weimarer Republik. SPD und KPD bekämpften sich gegenseitig, statt sich gemeinsam gegen Hitler zu verbünden. Die Regierung des Zentrumsabgeordneten Brüning versuchte ab 1928 ohne Parlament, nur mit **Notverordnungen** (siehe S. 33) des Reichspräsidenten zu regieren. Brünings Wirtschaftspolitik des „Gesundsparens“ verschärfte aber die wirtschaftliche und politische Krise. Der Reichspräsident von Hindenburg, der im Ersten Weltkrieg die Oberste Heeresleitung (OHL) leitete, war kein Freund der Demokratie, hielt sich aber an die Vorschriften der Verfassung. Unter dem Einfluss seiner Ratgeber ernannte der über 80-jährige Reichspräsident auf dem Höhepunkt der politischen Krise Adolf Hitler am 30. Januar 1933 zum Reichskanzler. Die führenden Persönlichkeiten aus Wirtschaft, Landwirtschaft und der Reichswehr unterstützten Hitlers Ernennung. Sie begrüßten die Übergabe des Reichskanzleramtes an Adolf Hitler, den größten Feind der demokratischen Ordnung.

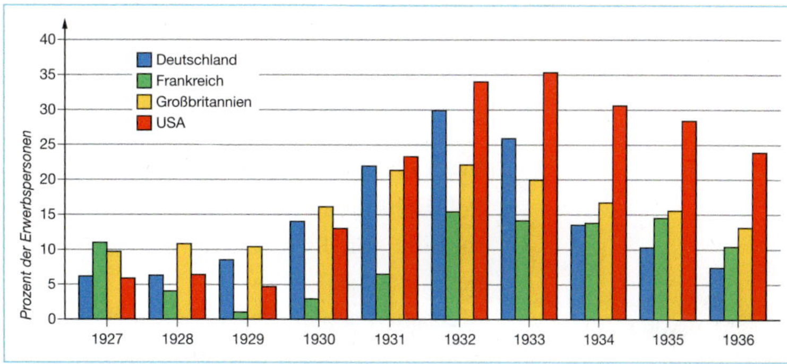

M2 Arbeitslosigkeit in Deutschland (D), Frankreich (F), Großbritannien (GB) und den USA in Prozent der Erwerbspersonen.

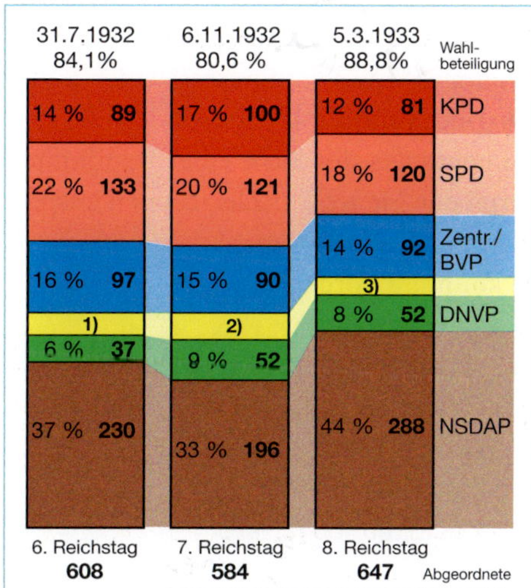

	1)		2)		3)	
DStP	1 %	4	1 %	2	1 %	5
DVP	1 %	7	2 %	11	1 %	2
Sonstige	3 %	11	3 %	12	2 %	7

M3 Ergebnisse der Reichstagswahlen 1932/1933.

M4 Plakat der NSDAP, um 1932.

1 Wertet M 1 und M2 aus und stellt einen Bezug zur Weltwirtschaftskrise her.

2 Erklärt, was Hitler den von der Wirtschaftskrise betroffenen Menschen versprach.

3 Beschreibt die Folgen der Wirtschaftskrise für das politische System der Weimarer Republik. Bezieht M3 und M4 mit ein.

METHODE

Politische Plakate deuten

Was ist ein politisches Plakat?

Politische Parteien versuchen, Wähler mithilfe von Plakaten für sich zu gewinnen.
Menschen sehen Plakate im Vorbeigehen, d. h., sie schauen nur wenige Sekunden darauf oder nehmen sie sogar nur unbewusst wahr. In dieser kurzen Zeit sollen die Plakate auf den Betrachter wirken und ihn möglichst beeinflussen.
Plakate sind also keine „objektiven" Darstellungen eines Ereignisses, einer Situation oder eines Problems, sondern sie stellen etwas aus der Sicht einer bestimmten Partei dar. Sie wollen Zielgruppen ansprechen und beeinflussen.
So könnt ihr vorgehen:

M 1 Checkliste: Politische Plakate untersuchen

1. Schritt: Beschreibung
- Beschreibt das Bild und notiert alles, was ihr auf dem Plakat seht.
- Wer und was ist dargestellt?

2. Schritt: Kontext des Plakats
- Wer „spricht" hier? Von welcher Partei stammt das Plakat?
- Was wisst ihr über die Ziele dieser Partei?
- Auf welches konkrete Ereignis bezieht sich das Plakat?

3. Schritt: Zielgruppe
- Wen soll das Plakat ansprechen?

4. Schritt: Art der Darstellung
- Mit welchen Mitteln arbeitet das Plakat? – Übertreibung, Angst einflößend, beruhigend …
- Wie werden Personen dargestellt?
- Welche Symbole und Farben werden benutzt und was bedeuten sie?
- Hetzt das Plakat gegen bestimmte politische oder ethnische Gruppen auf?

5. Schritt: Beurteilung
- Wie beurteilt ihr die Darstellung?
- Arbeitet das Plakat realistisch?
- Arbeitet das Plakat „fair"?

M 2 Plakat der Nationalsozialistischen Deutschen Arbeiterpartei (NSDAP) 1932.

Beispiel: Plakat der NSDAP von 1932 (M 2)

1. Schritt: Beschreibung

Eine Faust schlägt auf ein Parlament mit Rängen. Menschen laufen weg. Die Faust ist wesentlich größer als die Menschen. Papiere fliegen umher. Auf den Papieren steht: „Volksbegehren" … Oberhalb der Hand befindet sich ein Hakenkreuz …

M 3 **Plakat der Partei „Zentrum".**

2. Schritt: Kontext des Plakats

Das Plakat stammt vom „Völkischen Block". Das Hakenkreuz zeigt, dass der „Völkische Block" etwas mit Hitlers NSDAP zu tun hat. Diese Partei kämpft gegen die parlamentarische Demokratie.

3. Schritt: Zielgruppe

Das Plakat soll Menschen ansprechen, die gegen das parlamentarische System sind oder die in diesem System die Ursache für ihre Probleme sehen.

4. Schritt: Art der Darstellung

Die Vertreter der parlamentarischen Demokratie sind der Faust unterlegen. Sie werden als unfähig und feige dargestellt. Deshalb laufen sie auch weg. Das Symbol „Hakenkreuz" ist deutlich erkennbar, zusammen mit der Faust ersetzt es das parlamentarische System.

Das Bild erinnert an die Redewendung: „Mit der Faust auf den Tisch schlagen".

Kommunistische Partei Deutschlands (KPD)

Beseitigung aller Parlamente; Ersetzen des kapitalistischen Ausbeutungsverhältnisses durch die sozialistische Produktionsordnung. Dazu Beseitigung der politischen Macht der Bourgeoisie und deren Ersetzung durch die Diktatur des Proletariats.

Sozialdemokratische Partei Deutschlands (SPD)

Die Sozialdemokratische Partei […] betrachtet die demokratische Republik als die durch die geschichtliche Entwicklung unwiderruflich gegebene Staatsform. […] Sie kämpft um die Herrschaft des im freien Volksstaat organisierten Volkswillens über die Wirtschaft, um die Erneuerung der Gesellschaft im Geiste sozialistischen Gemeinsinns. […]

Zentrum

Die Stellung der Zentrumspartei wird durch die christliche Staatsauffassung und durch den überlieferten Charakter als Verfassungspartei bestimmt. Jeden gewaltsamen Umsturz der verfassungsmäßigen Zustände lehnt sie grundsätzlich ab.

Nationalsozialistische Deutsche Arbeiterpartei (NSDAP)

[…] Damit ist die [nationalsozialistische] Bewegung aber antiparlamentarisch, und selbst ihre Beteiligung an einer parlamentarischen Institution kann nur den Sinn einer Tätigkeit zu deren Zertrümmerung besitzen, zur Beseitigung einer Einrichtung, in der wir eine der schwersten Verfallserscheinungen der Menschheit zu erblicken haben.

M 4 **Ziele der wichtigsten Parteien am Ende der Weimarer Republik.** Aus den Parteiprogrammen der jeweiligen Parteien.

5. Schritt: Beurteilung

Das Parlament wird so dargestellt, als könne die Faust es ohne große Probleme zertrümmern. Das Plakat prangert das parlamentarische System an. Der Demokratie wird die Schuld für „alles" gegeben. Zusammenhänge werden nicht dargestellt.

Das Plakat arbeitet unrealistisch. Eine Zertrümmerung der Demokratie soll die Lösung „aller" Probleme sein. Das Plakat drückt aus, dass es höchste Zeit wird, das schwache System zu zerstören. So wirkt die Faust zwar gewalttätig, aber sie „räumt auf".

1 Untersucht das Plakat M 3 mithilfe der Checkliste.

2 Nennt mithilfe der Plakate und M 4 die Ziele der Parteien der Weimarer Republik: Welche Staatsform wollen sie verwirklichen? Sind sie „staatstragend" oder „republikfeindlich"?

3 Informiert euch, welche heutigen Parteien in der Bundesrepublik als Nachfolgeparteien betrachtet werden könnten.

Hitler kommt an die Macht

M 1 Fackelzug der Nationalsozialisten in Berlin am 30. 1. 1933. Das Foto wurde 1935 nachgestellt.

Q 1 Joseph Goebbels, als „Propagandaminister*" zuständig dafür, die Politik der neuen Regierung populär zu machen, kommentierte den Fackelzug am 30. 1. 1933 im Radio:
Das, was wir unten erleben, die Tausende und Zehntausende von Menschen, die in einem sinnlosen Taumel von Jubel und Begeisterung der neuen Staatsführung entgegenrufen, das ist wirklich die Erfüllung unseres geheimsten Wunsches. [...] Man kann mit Fug und Recht sagen: „Deutschland ist am Erwachen."

M 3 Der britische Historiker Alan Bullock bewertete später das Ereignis folgendermaßen:
Die Nazipropaganda hat später aus Hitlers Machtübernahme die Legende einer großen nationalen Erhebung gemacht. Die Wahrheit ist viel einfacher. Hitler [ist] 1933 nicht durch eine unaufhaltsame revolutionäre oder nationale Bewegung an die Macht getragen worden, ja nicht einmal durch einen Wahlsieg, sondern aufgrund politischen Paktierens mit der „alten Verbrecherclique", die er in den früheren Monaten rücksichtslos angegriffen hatte. Hitler hat die Macht nicht ergriffen, er ist durch Hintertreppenintrigen* in sein Amt geschoben worden.

Adolf Hitler wird Reichskanzler

***Propaganda**
Meinungsbeeinflussung zur Durchsetzung bestimmter politischer Ideen.

***Intrige**
Hinterhältige Machenschaft.

Am 30. Januar 1933 wurde Adolf Hitler, der Führer der Nationalsozialistischen Deutschen Arbeiterpartei (NSDAP), zum Reichskanzler der deutschen Republik ernannt.

Bei den Wahlen zum Reichstag 1932 hatte die NSDAP zwar die meisten Stimmen, aber nicht die absolute Mehrheit erhalten. Allein regieren konnte sie daher nicht. Dazu brauchte sie eine Mehrheit im Parlament und das Vertrauen des Reichspräsidenten von Hindenburg. Hitlers neue Regierung war deshalb eine **Koalitionsregierung**. Dies bedeutet, dass noch Mitglieder anderer Parteien an der Regierung beteiligt waren. Außer Hitler gehörten der neuen Regierung nur zwei weitere Nationalsozialisten (Goebbels, Göring) als Minister an.

Der 30. Januar 1933 wurde von den Nationalsozialisten dennoch als „**Tag der Machtergreifung**" gefeiert.

M 2 Hitler bei seiner ersten Rundfunkansprache als Reichskanzler am 31. 1. 1933. Foto.

Rascher Ausbau der Diktatur

Am 27. Februar 1933 brannte das Reichstagsgebäude, der Sitz des Parlaments der Republik. Sofort wurden die Kommunisten beschuldigt, den Reichstag angezündet zu haben. Gleichzeitig nahm Hitler den Reichstagsbrand zum Anlass, schon am 28. Februar eine „**Notverordnung**" zu erlassen, in der wesentliche Grundrechte der deutschen Bürger wie die freie Meinungsäußerung und die Versammlungsfreiheit außer Kraft gesetzt wurden. Aufgrund vorbereiteter Listen wurden noch in der Nacht 4000 Kommunisten und viele andere Gegner der Nationalsozialisten verhaftet.

Am 23.3.1933 wurde aus der Republik endgültig eine **Diktatur***, die Alleinherrschaft der Nationalsozialisten. Mit dem „Gesetz zur Behebung der Not von Volk und Reich" („**Ermächtigungsgesetz**"), das die Nationalsozialisten einbrachten, sollte sich das Parlament selbst entmachten und die Macht auf eine einzige Person – Hitler – übertragen. Die Verfassung der Republik wurde gewissermaßen außer Kraft gesetzt. Das Gesetz wurde angenommen – allerdings war zuvor erheblicher Druck der Nationalsozialisten auf die verbliebenen Parlamentarier ausgeübt worden. Zudem waren erklärte Gegner schon verhaftet worden und konnten somit nicht abstimmen.

Q2 Auszug aus dem Ermächtigungsgesetz vom 24.3.1933:

Artikel 1: Reichsgesetze können auch durch die Reichsregierung beschlossen werden.

Artikel 2: Die von der Reichsregierung beschlossenen Gesetze können von der Reichsverfassung abweichen.

Q3 Auszug aus der Rede des SPD-Abgeordneten Otto Wels, der die Ablehnung des Gesetzes begründet hatte. Wels sprach, während die SA* den Saal umstellt hatte und die KPD-Abgeordneten bereits verhaftet waren:

[...] Nach den Verfolgungen, die die Sozialdemokratische Partei in der letzten Zeit erfahren hat, wird billigerweise niemand von ihr verlangen oder erwarten können, dass sie für das hier eingebrachte Ermächtigungsgesetz stimmt. Die Wahlen vom 5. März haben den Regierungsparteien (NSDAP und DNVP) die Mehrheit gebracht und damit die Möglichkeit gegeben, streng nach Wortlaut und Sinn der Verfassung zu regieren. Wo diese Möglichkeit besteht, besteht auch die Pflicht. [...]

Wir deutschen Sozialdemokraten bekennen uns in dieser geschichtlichen Stunde feierlich zu den Grundsätzen der Menschlichkeit und der Gerechtigkeit, der Freiheit und des Sozialismus. [...] Wir grüßen die Verfolgten und Bedrängten. Wir grüßen unsere Freunde im Reich. Ihre Standhaftigkeit und Treue verdienen Bewunderung, ihr Bekennermut, ihre ungebrochene Zuversicht verbürgen eine hellere Zukunft. [...]

Terror der neuen Machthaber

Die Ausschaltung der demokratischen Einrichtungen war von **Terror** gegen Andersdenkende begleitet. Ende Juli 1933 waren fast 30000 Menschen aus politischen Gründen in Haft. Man schätzt die Gesamtzahl der Verhafteten allein in den ersten sechs Monaten auf 100000. Manche Häftlinge wurden nach Wochen oder Monaten wieder freigelassen. Andere blieben bis zum Ende der nationalsozialistischen Diktatur in Haft. Viele Opfer starben an den Folgen der Haft und der Folter.

M4 Reichstagsbrand in Berlin. Foto, 27.2.1933.

***Diktatur**
Auf unbeschränkte Vollmacht einer Person oder Gruppe gegründete Herrschaft in einem Staat.

***SA**
Kampfverband der Nationalsozialisten.

1 Beschreibt den Fackelzug (M 1) und die Rede von Propagandaminister Goebbels (Q 1): Wo fand der Fackelzug statt? Welche Stimmung sollte verbreitet werden?

2 Klärt, welche Rechte sich die Regierung mit dem Ermächtigungsgesetz verschaffte. Welche Institution wurde entmachtet? Vergleicht dazu Schaubild M 3 von S. 33.

3 Erläutert, warum das Ermächtigungsgesetz ein großer Schritt zur Abschaffung der Demokratie war.

4 Erklärt mit welcher Begründung sich die SPD gegen das Ermächtigungsgesetz wandte (Q 3).

5 Fasst die Stufen zur Abschaffung der Demokratie in Stichworten zusammen.

Rassismus und Antisemitismus

Hitlers Überzeugungen

Schon 1925 offenbarte Hitler in „Mein Kampf" seine Gedankenwelt. Dort legte er seine politischen Ziele und Vorstellungen für jedermann nachlesbar dar. Auch bei öffentlichen Auftritten und später in Rundfunkreden bekannte sich Hitler immer wieder zu den Kernpunkten seiner Weltanschauung:

Hitler verkündete eine wissenschaftlich unhaltbare, aber manchen Deutschen schmeichelnde „Rassenlehre" von der biologischen Überlegenheit der Deutschen. Wie in der Tierzucht gebe es auch bei Menschen „höher stehende und minderwertige Rassen".

Die Deutschen seien – laut Hitler – die reinste und hochwertigste Rasse und daher auch berechtigt, die minderwertigen zu beherrschen oder zu vernichten. Für diese erfundene „Herrenrasse" benutzte Hitler den Begriff „Arier".

M 1 Titelseite des NS-Propagandablattes „Der Stürmer", Januar 1936.

Der Antisemitismus

In seine Rassenlehre baute Hitler auch seinen Hass gegen die jüdische Bevölkerung ein.

Q 1 In „Mein Kampf" schrieb Hitler über die Juden als „rassischen" Gegner:

[…] Den wichtigsten Gegensatz zum Arier* bildet der Jude. Er ist und bleibt der ewige Parasit*, ein Schmarotzer*, der wie ein schädlicher Bazillus* sich immer mehr ausbreitet, sowie nur ein günstiger Nährboden dazu einlädt. Die Wirkung seines Daseins aber gleicht ebenfalls der von Schmarotzern; wo er auftritt, stirbt das Wirtsvolk nach kürzerer oder längerer Zeit ab. […]

***Arier**
Nach Meinung der Nationalsozialisten Angehörige eine indogermanischen Herrenrasse im Gegensatz zu den Juden, die als Semiten bezeichnet wurden.

***Parasit**
Kleinste Lebewesen, die sich von einem anderen Lebewesen ernähren; das Wirtstier wird geschädigt oder getötet.

***Schmarotzer**
Deutscher Ausdruck für Parasit.

***Bazillus**
Negative Bezeichnung für krankmachende Bakterien.

An allem, was Hitler als Übel in der Welt zu erkennen glaubte, gab er „den Juden" die Schuld.

Hitler machte die Juden
- für die deutsche Niederlage im Ersten Weltkrieg,
- für die Revolution von 1918/19,
- für die ihm verhasste Demokratie,
- für den amerikanischen Kapitalismus
- und für den „russischen Bolschewismus" verantwortlich.

Der Antibolschewismus*

Der **Kampf gegen den Kommunismus** oder Bolschewismus war ein weiterer Hauptbestandteil der NS-Ideologie. Unablässig beschworen die Nationalsozialisten die Gefahr einer bevorstehenden, Deutschland in Not und Chaos stürzenden kommunistischen Verschwörung. Dieses Schreckensbild diente dabei als Rechtfertigung für das rücksichtslose Vorgehen gegen KPD, SPD und die Gewerkschaften im eigenen Land.

„Lebensraum im Osten"

Ein etwaiger Krieg gegen die Sowjetunion sollte neben der Vernichtung des Kommunismus noch einem anderen Ziel dienen.

Q2 Aus Hitlers „Mein Kampf":

[…] Wir Nationalsozialisten (müssen) unverrückbar an unserem außenpolitischen Ziel festhalten, nämlich dem deutschen Volk den ihm gebührenden Grund und Boden auf dieser Erde zu sichern. Und diese Aktion ist die einzige, die vor Gott und der deutschen Nachwelt einen Bluteinsatz gerechtfertigt erscheinen lässt. […] Deutschland wird entweder Weltmacht oder überhaupt nicht sein. […] Wenn wir aber in Europa von neuem Grund und Boden reden, können wir in erster Linie nur an Russland und die ihm untertanen Randstaaten denken. […] Das Riesenreich im Osten ist reif zum Zusammenbruch. Und das Ende der Judenherrschaft in Russland wird auch das Ende Russlands als Staat sein. […]

Führerprinzip

Auch seinen Hass auf das parlamentarische System der Weimarer Republik verschwieg Hitler nicht und fand damit die Zustimmung vieler Deutscher. Demokratie, Toleranz anderer Meinungen und Mehrheitsentscheidungen waren für ihn Zeichen der Schwäche. Er setzte die „unbedingte Führerautorität" dagegen.

Q3 Aus einer Rede Hitlers:

[…] Es kann nur einer befehlen. Einer befiehlt und die anderen gehorchen. Da sagt man: wieso, wieso? Wieso muss ich gehorchen? – Wieso? Weil nur auf dem Weg etwas zu erreichen ist und weil wir Männer genug sind einzusehen, dass das, was notwendig ist, auch zu geschehen hat, und weil darum nicht mit dem Einzelnen diskutiert wird. Es ist ganz zwecklos, jedem Einzelnen dann zu sagen: Natürlich, wenn du dann nicht willst, dann brauchst du natürlich nicht nachfolgen. Nein, so geht das einfach nicht! Die Vernunft hat auch ein Recht und damit eine Pflicht. Sie hat das Recht, sich zu diktatorischer Gewalt zu erheben, und die Pflicht, die anderen zu zwingen, dem zu gehorchen. […]

M2 Propagandaplakat der NSDAP.

***Antibolschewismus**
Ausdruck der zur Zeit der Weimarer Republik weit verbreiteten Angst vor dem Kommunismus. Dabei bezogen sich die Befürchtungen auch auf die Nachrichten von den blutigen Ereignissen der russischen Oktoberrevolution von 1917 und den Jahren danach.

1 Stellt dar, womit Hitler die Juden vergleicht (Q 1).

2 Beschreibt, wie Q 1 auf euch wirkt.

3 Erläutert die außenpolitischen Ziele Hitlers. Mit welchen Mitteln sollen diese Ziele erreicht werden (Q 2)?

4 Beurteilt, was dies für die betroffenen Menschen bedeutete.

5 Untersucht Q 3 und erläutert, wie Hitler seinen Anspruch auf unbedingten Gehorsam aller Menschen unter seiner Führung begründete.

6 Analysiert M 2 mithilfe der Methodenseiten 38/39.

Alltag unter der NS-Diktatur

M 1 Sammlung des Winterhilfswerks 1934 in Kiel. Foto.

Die Gleichschaltung

Zur Erringung der vollkommenen Alleinherrschaft im Staat strebte Hitler die Kontrolle sämtlicher staatlicher Behörden, Organisationen, der Medien, Verbände und Vereine durch die Nationalsozialisten an. Man nennt diesen Vorgang „**Gleichschaltung**".

In allen noch nicht nationalsozialistisch geführten Ländern hatten in den ersten Märztagen 1933 SA- und SS*-Trupps gewaltsame Ausschreitungen und Krawalle organisiert. Der nationalsozialistische Reichsinnenminister Frick setzte daraufhin per Verordnung nationalsozialistische Reichskommissare als Statthalter der Reichsregierung ein und entmachtete damit die gewählten Regierungen. Die von den Nationalsozialisten verursachten Krawalle dienten dafür als Vorwand.

Das Ende der Gewerkschaften

Im Mai 1933 beseitigten die Nationalsozialisten in einer überraschenden Aktion die Gewerkschaften. Einen Tag zuvor, am 1. Mai 1933, war der von den Nazis zum Feiertag erhobene „Tag der Arbeit" mit Parolen wie „Ehret die Arbeit und achtet die Arbeiter" begangen worden. Am 2. Mai stürmten dann SA-Trupps Gewerkschaftshäuser, beschlagnahmten Gewerkschaftskassen und verhafteten zahlreiche Arbeitnehmervertreter.

Der Einparteienstaat

Am 22. Juni 1933 wurde die SPD verboten. Büros, Zeitungen und Vermögen der Sozialdemokraten waren schon zuvor beschlagnahmt worden. Diesem Druck gaben die anderen Parteien in Deutschland schließlich nach und lösten sich selbst auf. Im Juli 1933 erklärte Hitler die NSDAP per Gesetz zur alleinigen Staatspartei, die Bildung anderer Parteien wurde verboten.

Sammlung für das Winterhilfswerk

Um die Not der Arbeitslosen zu lindern, veranstalteten die Nationalsozialisten großangelegte Sammelaktionen. Die Bevölkerung wurde aufgefordert, Kleider, Lebensmittel und Geld für die Arbeitslosen zu spenden. Die bekannteste Einrichtung zur Linderung der Not der Arbeitslosen war das „Winterhilfswerk", zu dessen Gunsten alle Deutschen einmal im Monat auf ihren Sonntagsbraten verzichten sollten.

Q 1 Anfang November 1933 konnten Göttinger Bürger folgenden Aufruf in ihrer Zeitung lesen:

[...] Das Eintopfgericht – Tischkameraden der Nation.

Der Sonntag ist der zweite Sonntag des Eintopfgerichtes. [...] Die gesamte Bevölkerung Göttingens wird aufgerufen, sich ausnahmslos zu beteiligen. SS-Männer werden die durch das Eintopfgericht ersparten Beträge in allen Haushaltungen einkassieren. [...] Die Volksgenossen, die

M2 Das Winterhilfswerk führt eine Altkleidersammlung durch. Plakat, 1934.

in Gaststätten das Eintopfgericht einnehmen, erhalten dort eine Quittung als Ausweis. Bei der Straßensammlung werden Ansteckblumen – Narzissen – als Ausweis abgegeben. Am Sonntag darf kein Göttinger ohne diese Ansteckblume angetroffen werden! […]

Nach 1935 wurden ohne Wissen der Bevölkerung Teile der für das Winterhilfswerk gesammelten Gelder für Rüstungszwecke ausgegeben.

Überwachung und Freizeitangebote

Mit der Auflösung aller privaten Vereine und Berufsverbände versuchten die Nationalsozialisten, die Bürger gleichzuschalten. An die Stelle der Vereine und der Berufsverbände traten Untergliederungen der Partei, die möglichst alle Bürger erfassen sollten.
Haus- und Blockwarte sorgten darüber hinaus für die Überwachung des Einzelnen auch zu Hause. Im öffentlichen Leben wurde der Hitlergruß eingeführt. An die Stelle der Gewerkschaften trat die „Deutsche Arbeitsfront“ (DAF), ein Zusammenschluss von Arbeitern und Unternehmern. Die DAF sollte soziale Verbesserungen in den Betrieben erreichen.

„Kraft durch Freude“ – KdF

Eine der größten Unterorganisationen der DAF war die Organisation **„Kraft durch Freude“ (KdF)**. Sie lockte die Arbeiterinnen und Arbeiter mit Freizeitangeboten, wie Wanderfahrten, Tagesausflügen und sogar Seereisen, die ausgesprochen günstig waren und sich großer Beliebtheit erfreuten.
Die Nationalsozialisten versprachen zudem die Konstruktion eines für jedermann erschwinglichen **„Volkswagens“**. Die KdF verteilte nun Sparkarten, auf denen Marken zum Kauf des 990 Reichsmark teuren Autos gesammelt werden konnten. Doch die 360 000 Besteller, von denen 60 000 das Auto bereits voll bezahlt hatten, gingen mit Kriegsbeginn leer aus. Das Geld floss vollständig in die Rüstungsproduktion von Militärfahrzeugen. Kein einziger der „KdF-Volkswagen“ wurde an seinen Käufer ausgeliefert.

M3 Werbeprospekt für den KdF-Wagen, 1938.

M4 Auf der Insel Rügen war die KdF-Erholungsanlage Prora für 20 000 Menschen geplant, zu der 1935 der Grundstein gelegt wurde. Der Rohbau war 1939 fertig. Statt der glücklichen Urlauber (s. Werbeplakat von 1939) wurden im Krieg allerdings Verwundete, Evakuierte und Flüchtlinge provisorisch untergebracht. Die Anlagen bestehen heute noch und können zum Teil besichtigt werden.

1 Notiert die einzelnen Schritte zum Aufbau der NS-Herrschaft in eure Arbeitsmappe.

2 Beschreibt das Vorgehen der Nationalsozialisten zur „Gleichschaltung“ der Länder.

3 Spielt folgende Szene: Ihr sitzt am Sonntag im November 1933 am Mittagstisch, es gibt Braten. Ein SS-Mann klingelt …

4 Notiert Gründe dafür, warum Menschen bereit waren, für das Winterhilfswerk zu sammeln und zu spenden (Q 1, M 1, M 2).

5 Schreibt einen Bericht über den Alltag in den ersten Jahren der nationalsozialistischen Herrschaft. Bezieht dabei M 3 und M 4 mit ein.

METHODE

Propagandafotos untersuchen

M 1 Hitler beim Reichserntedankfest auf dem Bückeberg bei Hameln 1934. Foto von Heinrich Hoffmann.

Fotos als Mittel der Propaganda

Wie viele andere technische Neuentwicklungen wie z. B. den Rundfunk und den Film, so nutzten die Nationalsozialisten auch die Fotografie für ihre Zwecke. Ihre Pressefotografen arbeiteten nach genauen Anweisungen. Besonders die Person Hitlers, aber auch wichtige Ereignisse sollten die Menschen unter einem nationalsozialistischen Blickwinkel sehen. Dem entsprach z. B. die Darstellung Hitlers als „Führer“ und der Bevölkerung als gehorsame „Gefolgschaft“.

Hitler hatte einen eigenen Fotografen, Heinrich Hoffmann. Der Aufbau von Hoffmanns Fotos prägt das Bild der Menschen von Hitler bis heute. Hoffmann machte nicht nur einfach Aufnahmen von Hitler. Er plante seine Fotos und setzte Hitler so in Szene. Hoffmann veränderte z. B. die normale Aufnahmeperspektive, und er stilisierte in seinen Bildern Hitler so zum „Führer“. Eine zuspitzende Bildgestaltung und Bildbearbeitung sollte jeweils Hitlers Führerrolle betonen und herausarbeiten.

Diese Bilder von Hitler wurden massenhaft verbreitet. Der Bevölkerung sollte auf diese Weise der Anspruch Hitlers als „Führer“ als etwas Selbstverständliches erscheinen.

M 2 Checkliste: Untersuchung von Propagandafotos

1. Schritt: Fragen zum Foto
- Wann ist das Foto entstanden?
- Wo wurde es aufgenommen?
- Gibt es eine Bilderklärung?
- Welche Informationen enthält sie?
- Warum wurde es aufgenommen?
- Wie ist der Zustand des Fotos?

2. Schritt: Fragen zum Motiv
- Was ist dargestellt?
- Welche Einzelheiten, z. B. an den Personen, der Kleidung, am Gebäude, an der Umgebung fallen auf?

M3 Reichsparteitag in Nürnberg. Foto von Heinrich Hoffmann.

- Gibt es wichtige Dinge, die mit dem Motiv zusammenhängen, aber nicht auf dem Foto zu sehen sind?
- Welche weiteren Informationen wären zum besseren Verständnis des Motivs nötig?

3. Schritt: Ergänzende Arbeitsschritte
- Welche Personengruppen sind zu sehen?
- In welchem Größenverhältnis zu den anderen Personen wird Hitler gezeigt?
- Aus welcher Perspektive (von oben, von unten, aus gleicher Höhe) wird Hitler abgebildet?
- Wie reagieren die anderen Menschen auf Hitler in dem Bild?
- Woran erkennt man, dass das Bild ein Propagandafoto ist?

Beispiel für eine Lösung der ergänzenden Arbeitsschritte zu Abbildung M1

- SA-Männer bilden ein Spalier. Hinter Hitler folgen uniformierte Mitarbeiter, im Hintergrund sieht man verschwommen weitere Teilnehmer der Veranstaltung.
- Der auf den Betrachter zugehende oder scheinbar zuschwebende Hitler überragt seine Begleitung.
- Hitler ist von oben fotografiert, sodass es scheint, dass er direkt auf den Betrachter zugeht. Das V-förmige Spalier verstärkt den Eindruck.
- Die Menschen sehen ihm entgegen oder zu ihm.
- Hitler wird zum von den Menschen erwarteten Führer, Erlöser stilisiert. Das Bild nutzt religiöse Bildtraditionen, z.B. das Fahnenmeer von Fronleichnamsprozessionen und den in der Mitte der Prozession gehenden Priester.
- Der gesamte Aufbau lässt den propagandistischen Zweck erkennen: Der aus dem Bildmittelpunkt aufsteigende Hitler ist unaufhaltsam.

1 Untersucht zunächst M1 mithilfe der allgemeinen Arbeitsschritte und notiert eure Antworten.

2 Analysiert nun M3 mit den genannten Arbeitsschritten und schreibt eine ausformulierte Analyse in eure Arbeitsmappe.

Jugend im Nationalsozialismus

M 1 Morgenappell in einer Schule. Foto, 1938.

M 2 „Wir deutsches Jungvolk in der Hitlerjugend“. Plakat, 1938.

M 3 HJ-Gruppe mit Zugführer. Foto, 1935.

Beeinflussung in der Schule

Die Beeinflussung der Kinder und Jugendlichen im Sinne des Nationalsozialismus begann schon im Kindergarten. Dort beteten die Kinder vor dem Essen: „Händchen falten, Köpfchen senken und an Adolf Hitler denken. Er gibt uns täglich' Brot, er hilft aus aller Not.“

Der Schulunterricht setzte diese Beeinflussung fort. Die Lehrer wurden deshalb dazu gedrängt, in die NSDAP einzutreten. Wer das nicht wollte, konnte entlassen werden. Alle Fächer sollten nun im nationalsozialistischen Sinn unterrichtet werden. Ein neues Fach **„Rassenlehre“** wurde eingeführt. Der Sportunterricht bereitete die Jungen nun auf den Militärdienst vor, indem z. B. Handgranatenwerfen geübt wurde. Die Erziehung der Mädchen zielte auf ihre spätere Rolle als Hausfrau und Mutter, welche die Nationalsozialisten vor allem für die Frauen vorsah. Sie bekamen frühestens ein Jahr nach der Schulentlassung eine Lehrstelle. 1938 wurde das **„Pflichtjahr“** eingeführt: Alle unverheirateten Frauen unter 25 Jahren mussten ein Jahr in der Haus- oder Landwirtschaft tätig sein, bevor sie einen Beruf ausüben durften.

Das Leben in der Hitlerjugend

Die „Pimpfe“ und die „Jungmädel“ trafen sich wöchentlich für je zwei Stunden zu einem Heim- und einem Sportnachmittag, für die Jungen kamen Gelände- und Schießdienst hinzu. Die Jugendlichen der **HJ*** und des **BDM*** kamen nur am Abend zusammen, weil sie bereits in einem Ausbildungsverhältnis standen. Monatlich gab es in allen Organisationen je eine Fahrt und einen Gruppenappell. Die Fahrt sollte besonders der Eingliederung aller Mitglieder, die ja aus allen Bevölkerungsschichten kamen, und der Förderung des Gemeinschaftsgeistes dienen. Durch Sportwettkämpfe und Prüfungen (z. B. Jungmädelprobe, JM-Leistungsabzeichen) trat jedoch auch von Anfang an der Wettkampfcharakter in diese Gemeinschaften.

Wenn die Jugendlichen auf Fahrt waren, war das Leben im Lager durch einen strengen Tagesablauf bestimmt. Von ca.

M 4 **BDM-Fahnenzug.** Foto, 1936.

M 5 **Hitlerjungen üben den Löscheinsatz im Gaskrieg.** Foto, um 1943.

5.30 Uhr morgens bis zum Zapfenstreich um ca. 21.00 Uhr wurden die Jugendlichen in nationalsozialistischer Weltanschauung unterrichtet, sangen, führten Sport- und Geländeübungen durch und mussten z. B. zum „Schuh- bzw. Fingernagelappell" antreten. Abends saß man am Lagerfeuer.

Sondereinheiten in der Hitlerjugend

In der HJ konnten sich die Jungen, im Interesse ihrer beruflichen und militärischen Weiterbildung, bestimmten Sondereinheiten anschließen. Das bedeutete – zusätzlich zum üblichen HJ-Dienst – weitere Nachmittage der Ausbildung in der Motor-HJ, Flieger-HJ, Nachrichten-HJ oder der Reiter-HJ. Für die Mädchen bestand die Möglichkeit zur Fortbildung im Gesundheits- oder Haushaltsdienst.

Eine besondere Bedeutung innerhalb der Hitlerjugend kam der Sondereinheit „HJ-Streifendienst" zu, der dienstliche Vergehen und Disziplinverstöße der Jugendlichen aufdeckte und den jeweiligen Vorgesetzten meldete. Im Anschluss daran konnte der/die Betroffene einer ganzen Reihe von Ordnungsmaßnahmen unterzogen werden, die z. B. von einer einfachen Verwarnung über die Aberkennung eines Dienstgrades bis hin zum kompletten Ausschluss aus der Organisation reichen konnten.

Strenge Ordnung und Disziplin

Gerade diese strenge Ordnung lehnten auch einige Jugendliche ab. So gab es z. B. die „**Swing-Gruppen***", die durch ihre auffällige Kleidung und Haartracht ihre Sympathie mit der amerikanischen Musikrichtung des Swing zum Ausdruck brachten. Die **Edelweiß-Piraten*** waren unorganisierte Gruppen, die sich nach 1940 in Großstädten bildten. Sie wollten sich den Zwängen und der Überwachung der Hitlerjugend entziehen. Diese beiden Gruppierungen konnten die Nationalsozialisten nie ganz für sich vereinnahmen.

1 Beschreibt M 1. Aus welchem Zusammenhang kennt ihr das Wort „Appell"? Vermutet, wie dieser Appell ablief.

2 Listet auf, womit man sich in der Hitlerjugend beschäftigte und was verlangt wurde.

3 Erstellt mithilfe der Materialien dieser Doppelseite eine Wandzeitung zum Thema „Jugend im NS-Staat".

***Swing-Gruppen**
Jugendliche der Mittel- und Oberschicht, die sich für die amerikanische Swing-Musik begeisterten.

***Edelweiß-Piraten**
Unorganisierte Gruppen von jugendlichen Widerstandskämpfern, überwiegend im Rheinland und im Ruhrgebiet vertreten.

***HJ/*BDM**
Hitlerjugend und Bund Deutscher Mädel; Staatsjugendverband seit 1936.

Die Verfolgung der Juden

M 1 Der sogenannte „Judenstern".

M 2 **Aufruf zum Boykott jüdischer Geschäfte in Essen.** Foto, 1933.

Aus Verleumdung wird Verfolgung

Sofort nach der Machtübertragung an Hitler begann die Verfolgung der Deutschen jüdischen Glaubens. Nicht als Religionsgemeinschaft, sondern als „minderwertige Rasse" waren sie zum Feind der „arischen" Volksgemeinschaft erklärt worden. Als Auftakt der systematischen **Judenverfolgung** in Deutschland gilt zum einen die Einführung des sogenannten „Arierparagrafen"*, der Juden aus dem öffentlichen Dienst ausschloss. Zudem war bereits für den 1. April 1933 reichsweit zum **Boykott** jüdischer Geschäfte aufgerufen worden. „Arier" wurden aufgefordert, auch künftig keine jüdischen Kinos und Theater mehr zu besuchen, sich nicht von Juden unterrichten, ärztlich behandeln oder gesetzlich vertreten zu lassen. In den Folgemonaten wurden an Betriebe von jüdischen Eigentümern kaum noch Aufträge vergeben.

Es zeigte sich aber schnell, dass sich dieses Vorgehen negativ auf die deutsche Gesamtwirtschaft auswirkte, und so stellten die Nazis ihren „Judenboykott" vorerst ein.

***„Arierparagraf"**
Paragraf 3 des sogenannten „Gesetzes zur Wiederherstellung des Berufsbeamtentums" vom 7. April 1933 verbot – mit wenigen Ausnahmen – die Beschäftigung von „Nichtariern" im öffentlichen Dienst. Als „nichtarisch" galt, wer einen jüdischen Eltern- oder Großelternteil hatte. Die Nationalsozialisten unterschieden zwischen „Voll-", „Halb-" und „Vierteljuden".

Doch Beschimpfungen und Verfolgungen der Juden im täglichen Leben nahmen weiter zu und veranlassten bis 1938 über 220 000 jüdische Bürger, aus Deutschland auszuwandern. Ihnen folgten bis 1941 weitere 100 000.

Q1 Der damals 16-jährige Gerhard Moss aus Hamburg berichtete rückblickend:

[...] Bis [...] 1936 etwa ließ ich als echter HSV-Anhänger kein Fußballspiel [...] aus. Bis dann Juden der Besuch von Fußballspielen verboten wurde! – Ich erinnere mich an einen Sonntagnachmittag. Wir fuhren zum Café Randel in Wellingsbüttel, um wie so oft zuvor [...] dort Kaffee zu trinken. Aber wir mussten dieses Mal wieder umkehren, denn am Eingang hing ein großes Schild: „Juden ist der Zutritt verboten!". Wir fanden auch kein anderes Lokal mehr. Überall hingen solche Schilder. Einmal fuhren wir im Sommer an die Ostsee. Da waren Transparente über die Straße gespannt: „Hier scheint den Juden die Sonne nicht."

Die Juden werden zu Sündenböcken

Die von den Nationalsozialisten verbreiteten Vorurteile gegenüber den Juden wurden von vielen Deutschen geteilt oder hingenommen. Seit der Mitte des 19. Jahrhunderts waren sie in Deutschland immer wieder aufgekommen. Sie entstanden unter anderem aus Neid über den Erfolg von Juden in Handel und Bankgewerbe. Auch die herausragende Stellung jüdischer Gelehrter an den Universitäten erweckte Missgunst. Dabei übersahen viele Menschen, dass die Mehrzahl der Juden in ebenso einfachen Verhältnissen lebte wie die übrigen Deutschen. Mit insgesamt etwa 526 000 Personen machten sie eine

Minderheit von 0,5 Prozent der deutschen Bevölkerung aus.

Die Nürnberger Gesetze

Eine neue Stufe der Demütigung und Verfolgung setzte 1935 mit dem Erlass der „Nürnberger Gesetze“ ein. Sie waren die Grundlage der weiteren Verfolgung der Juden in Deutschland. Darin hieß es unter anderem:

Q2 Reichsbürgergesetz

- Reichsbürger ist nur der Staatsangehörige deutschen und artverwandten Blutes, der durch sein Verhalten beweist, dass er gewillt und geeignet ist, in Treue dem Deutschen Reich und Volk zu dienen.
- Nur der Reichsbürger kann als Träger der vollen politischen Rechte das Stimmrecht in politischen Angelegenheiten ausüben und ein öffentliches Amt bekleiden.
- Ein Jude kann nicht Reichsbürger sein. Ihm steht ein Stimmrecht in politischen Angelegenheiten nicht zu; er kann ein öffentliches Amt nicht bekleiden.

M3 Anti-jüdische Boykottaktion am 1. April 1933 in Rendsburg. Foto.

Q3 Gesetz zum Schutz des deutschen Blutes und der deutschen Ehre […]

- Eheschließungen zwischen Juden und Staatsangehörigen deutschen und artverwandten Blutes sind verboten. Trotzdem geschlossene Ehen (Mischehen) sind nichtig. […]
- Juden dürfen weibliche Staatsangehörige deutschen oder artverwandten Blutes unter 45 Jahren nicht in ihrem Haushalt beschäftigen.

Nun waren die Bürger jüdischen Glaubens auch juristisch aus der Volksgemeinschaft ausgeschlossen. Vor jeder Eheschließung oder bei Bewerbungen musste der Nachweis der **„arischen Abstammung“** erbracht werden. Den Juden wurde es verboten, Bibliotheken, Theater, Kinos und Badeanstalten zu besuchen. Parkanlagen und öffentliche Verkehrsmittel blieben ihnen zunehmend verwehrt. Auch wurden auf Veranlassung der Gestapo* jüdische Kulturschaffende zur Gründung des „Reichsverbands der jüdischen Kulturbünde in Deutschland“ gezwungen. So war es den Nationalsozialisten möglich, die jüdischen Kultur- und Sportvereinigungen noch stärker zu kontrollieren.
1938 wurden Kapitalvermögen und Grundeigentum der Juden eingezogen. Zudem erhielten sie eine Kennkarte mit aufgedrucktem „J“ und einen Zwangsvornamen: „Sara“ bzw. „Israel“. Ab 1941 mussten alle Juden in der Öffentlichkeit einen gelben Stern tragen.

M4 Die SS zwingt Juden aus Alzey (Rheinland-Pfalz), die Wände von anti-nationalsozialistischen Wahlkampfparolen zu säubern. Foto, 1933.

***Gestapo**
Abkürzung für geheime Staatspolizei. Diese wurde 1933 geschaffen, um als politische Polizei rücksichtslos gegen Gegner der Nationalsozialisten vorzugehen.

1 Erläutert, was die Nationalsozialisten mit dem Boykott am 1. 4. 1933 erreichen wollten (M2, M3).

2 Beschreibt, wie es euch anstelle des 16-jährigen Gerhard Moss wohl zumute gewesen wäre (Q1).

3 Listet auf, was den Juden aufgrund der Nürnberger Gesetze verboten war (Q2, Q3).

4 Erarbeitet Gründe, warum viele Juden trotz der Verfolgung nicht auswanderten.

Massenmorde in Vernichtungslagern

M 1 Auf dem Weg in die Gaskammern. Foto, 1942.

M 2 Bei der „Selektion“ auf der Rampe von Auschwitz. Foto, 1942.

M 3 Waggon der Deutschen Reichsbahn, der für den Transport von Menschen in die Konzentrationslager benutzt wurde. Foto, Neuengamme, 2004.

Organisierter Massenmord

Am 20. Januar 1942 beschlossen führende NS-Führer die „Endlösung der Judenfrage“ auf der sogenannten **„Wannsee-Konferenz“** in Berlin, während des Zweiten Weltkrieges. Gemeint war die massenweise Ermordung von Juden in Konzentrationslagern. Diese Lager lagen in den von Deutschland besetzten Gebieten in Osteuropa, vor allem in Polen, der Tschechoslowakei und Russland. Eng zusammengepfercht wurden Juden in Viehwaggons, zumeist ohne jegliche Versorgung mit Essen oder Trinken, dorthin aus allen besetzten Gebieten verschleppt.
Bereits Ende 1941 hatte man mit Vergasungen begonnen, um den geplanten millionenfachen Mord möglichst effektiv durchführen zu können. Nach der Ankunft in den Lagern wurden die Juden von SS-Ärzten begutachtet und „selektiert“, d. h. ausgesondert. Arbeitsfähige brachte man zu Tausenden in primitiven Baracken unter, sie mussten Schwerstarbeit leisten. Die nicht Arbeitsfähigen, vor allem Frauen, Kinder und alte Menschen, wurden sofort in die **Gaskammern** geschickt.

Q 1 Der SS-Offizier Kurt Gerstein berichtete über eine Massenvergasung im Vernichtungslager Belzec:

[…] Die Kammern füllen sich. Gut vollpacken – so hat es der Hauptmann Wirth befohlen. Die Menschen stehen einander auf den Füßen. 700 bis 800 auf 25 Quadratmetern, in 45 Kubikmetern! […] Die Türen schließen sich. […] Mit den Dieselauspuffgasen sollen die Menschen zu Tode gebracht werden. […] Von der anderen Seite öffnen Männer vom Arbeitskommando die Holztüren. […] Wie Basaltsäulen stehen die Toten aufrecht aneinandergepresst in Kammern. Es wäre auch kein Platz, hinzufallen oder auch nur sich vornüber zu neigen.
Selbst im Tod kennt man die Familien. Sie drücken sich, im Tode verkrampft, noch die Hände, sodass man Mühe hat, sie auseinanderzureißen, um die Kammern für die nächste Charge freizumachen. Man wirft die Leichen, nass von Schweiß und Urin, kotbeschmutzt, Menstruationsblut an den Beinen, heraus. Kinderleichen fliegen durch die Luft. Man hat keine Zeit, die Reitpeitschen der Ukrainer sausen auf die Arbeitskommandos. Zwei Dutzend Zahnärzte öffnen mit Haken den Mund und sehen nach Gold. Gold links, ohne Gold rechts. Andere Zahnärzte brechen mit Zangen und Hämmern die Goldzähne und Kronen aus den Kiefern. […]

Q 2 Rudolf Höß, Kommandant von Auschwitz, erklärte am 5. April 1946 eidesstattlich:

[…] Ich befehligte Auschwitz [vom 1. Mai 1940] bis zum 1. Dezember 1943 und schätze, dass mindestens 2 500 000 Opfer dort durch Vergasung und Verbrennung hingerichtet wurden […]; mindestens eine weitere halbe Million starb durch Hunger und Krankheit. [...] Die zur Vernichtung bestimmten Juden wurden zu den Krematorien geführt. Im Auskleidungsraum wurde ihnen gesagt, dass sie hier nun zum Baden und zur Entlausung kämen. [...] Nach der Entkleidung gingen die Juden in die Gaskammer [...] Zuerst kamen die Frauen mit den Kindern hinein, hernach die Männer. Die Tür wurde schnell zugeschraubt und das Gas sofort durch die Decke in einem Luftschacht bis zum Boden geleitet. [...] Durch das Beobachtungsloch in der Tür konnte man sehen [...], dass ungefähr ein Drittel sofort tot war. Die anderen fingen an zu taumeln, zu schreien und nach Luft zu ringen. In wenigen Minuten lagen alle. Nach wenigstens 20 Minuten regte sich keiner mehr. [...]

Mitwirkung und Mitschuld

Ohne die Mitwirkung zahlreicher Menschen und vieler Behörden, etwa der Reichsbahn, hätte der Massenmord an den Juden nicht verwirklicht werden können. Die Angst, selbst Opfer der Mordmaschinerie zu werden, hinderte viele Menschen, aktiven Widerstand gegen den Massenmord zu leisten oder gegen ihn zu protestieren.

Nach vorsichtiger Schätzung fielen etwa sechs Millionen Juden der „Endlösung" zum Opfer, davon wurden allein drei Millionen Juden in den Vernichtungslagern durch Gas fabrikmäßig getötet. Einheiten der SS erschossen etwa 1,25 Millionen Juden in den besetzten Gebieten Osteuropas.

Gegen die massenweise Ermordung der Juden durch die SS regte sich in Deutschland kein Widerstand. Viele, die davon wussten oder etwas ahnten, schwiegen. Auch die beiden großen Kirchen protestierten nicht gegen die Verfolgungen und den **Massenmord** an den Juden.

Andere Opfer der Nationalsozialisten

Millionen anderer Menschen wurden ebenso wie die Juden Opfer der nationalsozialistischen Vernichtungspolitik. Viele Gegner der Nationalsozialisten, wie Sozialdemokraten, Kommunisten oder Christen beider Konfessionen und Zeugen Jehovas, wurden verfolgt und in Konzentrationslager gebracht. Auch Homosexuelle wurden als „Volksfeinde" verfolgt und Zehntausende in Konzentrationslagern ermordet.

Nach dem Ausbruch des Krieges töteten die Nationalsozialisten etwa 200 000 psychisch Kranke und Behinderte durch Gas oder Gift. Geistliche der katholischen und evangelischen Kirche protestierten jedoch gegen diese Aktion, woraufhin sie zeitweilig eingestellt wurde.

Ein ähnliches Schicksal wie die Juden erlitten die **Sinti und Roma***. Mehr als 250 000 Angehörige der Sinti und Roma wurden in Vernichtungslager gebracht und getötet. Nach dem Entzug der Bürgerrechte im Jahr 1935 konnten die Sinti und Roma in Deutschland jederzeit verhaftet und in Lager eingesperrt werden. Von den 30 000 Sinti und Roma, die 1939 in Deutschland lebten, überlebten nur 5000 das Ende der nationalsozialistischen Gewaltherrschaft.

M4 Leichengrube im KZ Bergen-Belsen. Das Foto entstand nach der Befreiung der Überlebenden im April 1945.

***Sinti und Roma**
Sammelbezeichnung für weltweit verbreitete Minderheitsgruppen, deren kulturelle Zusammengehörigkeit vor allem in ihrer Sprache, dem Romani, liegt. Die Sinti bilden dabei die mitteleuropäische Gruppe, die Roma entstammen im Wesentlichen dem außerdeutschen Sprachraum. Unter den Nationalsozialisten von Beginn an verfolgt, war das Zentrum des späteren Völkermords an den Sinti und Roma vor allem das KZ Auschwitz.

1. Vergleicht die Sprache von Gerstein und Höß miteinander. Stellt sie in Zusammenhang mit dem Inhalt (Q 1, Q 2).
2. Berichtet über Opfer der nationalsozialistischen Mordaktionen (M 1–M 4).
3. Neonazis sprechen heute von der so genannten Auschwitzlüge. Recherchiert, was sie darunter verstehen, und widerlegt ihre Aussage.
4. Auch heute gibt es Verleumdungen gegen Minderheiten. Nennt Beispiele und Möglichkeiten, was man dagegen tun kann.

Die Aufrüstung

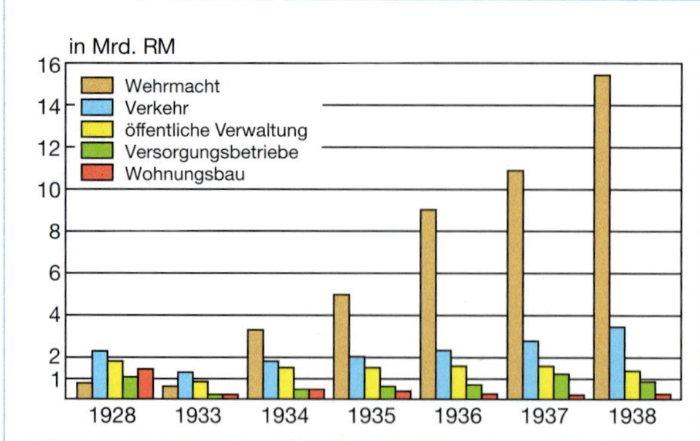

M 1 **Die öffentlichen Ausgaben im Deutschen Reich (1928–1930).**

Produktion in 1000 Tonnen			
	1928	**1936**	**1939**
Eisenerz	2089	2259	3928
Aluminium	33	95	194
Flugbenzin	–	43	302
Benzin	–	1214	1633
Selbstversorgungsgrad in Prozent			
	1927/28	**1938/39**	
Brotgetreide	79	115	
Kartoffeln	96	100	
Fleisch	91	97	
Fett	44	57	

M 2 **Produktionszahlen der deutschen Wirtschaft 1928–1939.**

Aufrüstung seit 1933

Durch staatlich gesteuerte **Vierjahrespläne*** richteten die Nationalsozialisten alle wirtschaftlichen Maßnahmen auf die Rüstung aus. Die Bewirtschaftung der Rohstoffeinfuhren und die besondere Förderung der Produktion einheimischer Rohstoffe und Ersatzstoffe sollten die deutsche Wirtschaft unabhängig von Einfuhren machen. Schon im Dezember 1933 garantierte die NS-Regierung dem IG-Farben-Konzern* im sogenannten Benzinvertrag die Abnahme von Benzin, das aus Kohle gewonnen wurde. Die Produktion von Benzin aus Kohle war deutlich teurer als das aus Erdöl gewonnene Benzin. Nach 1936 stellten die immer stärker werdenden staatlichen Lenkungsmaßnahmen die Industrieproduktion fast ausschließlich in den Dienst der Aufrüstung.

Die Versorgung der Bevölkerung wurde bewusst nachrangig behandelt. Statt der dringend benötigten Wohnungen wurden die Mittel der Bauindustrie überwiegend für rüstungswichtige Objekte eingesetzt. 1939 wurden im Deutschen Reich 100 000 Wohnungen weniger fertiggestellt als 1929.

***Vierjahresplan**
Festlegung der wirtschaftlichen Investitionen, Ausrichtung, Betriebs- und Produktionszahlen für einen Zeitraum von vier Jahren im Vorraus.

***IG Farben**
Aus dem Chemiekonzern IG Farben (Interessengemeinschaft Farbenindustrie, 1925 durch Firmenübernahme der BASF gegründet) gingen nach dem Krieg Firmen wie Agfa, BASF, Cassella Farbwerke, Farbenfabriken Bayer, Farbwerke Hoechst und andere hervor.

Industrie und Nationalsozialisten

Die innere Ordnung in den Industriebetrieben hatten die Nationalsozialisten durch die Zerschlagung der Gewerkschaften 1933 in ihrem Sinne geregelt. Der Einsatz der Gestapo in den Rüstungsbetrieben brach jeden Widerstand gegen die Aufrüstungspolitik. Die Unternehmer, seit 1934 „Führer des Betriebes“ mit alleiniger Entscheidungsgewalt, arbeiteten im Rahmen der Vierjahrespläne eng mit den Nationalsozialisten zusammen.

Die deutsche Rüstungs- und Schwerindustrie waren besonders an den Militärprogrammen Hitlers interessiert, da hier die größten Aufträge ergingen. Die politische Zielsetzung der Nationalsozialisten wurde daher auch aktiv unterstützt oder doch zumindest als notwendiges Übel mitgetragen. Im Zweiten Weltkrieg beteiligten sich viele deutsche Firmen an der Eroberungspolitik durch die Übernahmen von Firmen in den eroberten Gebieten.

1 Beschreibt mithilfe des Textes die Zusammenarbeit von Industrie und Nationalsozialisten. Notiert Stichworte.

Besuch einer Gedenkstätte

METHODE

M 1 Grab von Anne Frank und ihrer Schwester Margot auf dem Gelände des ehemaligen KZ Bergen-Belsen. Foto.

M 2 Blick in die Gedenkstätte Neuengamme mit den Namenslisten der getöteten Opfer. Foto.

In den KZ-Gedenkstätten werden die Gräueltaten der Nationalsozialisten und das Leiden der Häftlinge besonders eindrucksvoll gezeigt. Den Besuch einer solchen Gedenkstätte sollte man gut planen.

M 3 Checkliste: Besuch einer Gedenkstätte:

1. Schritt: Unterlagen besorgen

Besorgt euch schon vor dem Besuch der Gedenkstätte offizielles Begleitmaterial.

2. Schritt: Planung

- Informationen einholen:
  - Ausstellungskatalog
  - Internetberichte von ehemaligen Häftlingen
- Zusammenarbeit mit anderen Fachlehrern, z. B. dem Religionslehrer
- Aufbau der Gedenkstätte erläutern
- Führung in Anspruch nehmen (rechtzeitige Anmeldung bedenken)
- Vorbereitendes Material besorgen
- Organisation der Fahrt mit Zug oder Bus und Klärung der Finanzierung (möglicherweise gibt es hierfür Zuschüsse)
- Erwartungen klären: Ein Gedenkstättenbesuch ist kein lustiger Wandertag!

3. Schritt: Auswertung

- Gefühle während des Besuchs
- Was haben wir Neues erfahren, was wussten wir schon?
- Wie wirkte die Darstellung?
- Welche zusätzlichen Informationen fehlten? Wie können wir sie beschaffen?
- Welche Lehren kann man aus dem Besuch ziehen?
- Auswertung der Fragebögen, Vertiefung des Themas:
- Zeitzeugen einladen
- Filme: „Holocaust", „Schindlers Liste" zur Veranschaulichung der damaligen Ereignisse

1 Erkundigt euch nach einer Gedenkstätte zur Geschichte des Nationalsozialismus in eurer näheren Umgebung und bereitet einen Besuch dieser Gedenkstätte vor.

2 Präsentiert die Ergebnisse eures Besuchs in Form einer Wandzeitung oder einer kleinen Ausstellung.

Der Weg in den Zweiten Weltkrieg

M 1 Karikatur aus der amerikanischen Zeitschrift „The Nation“ zu Hitlers „Friedensrede“ vom 17. Mai 1933 im Deutschen Reichstag.

***Revision**
Prüfung, Änderung.

***Appeasement-Politik**
(engl. = Beschwichtigung) Der Begriff kennzeichnet die Politik der damaligen britischen Regierung durch Zugeständnisse an Hitler unter allen Umständen einen neuen Krieg zu vermeiden.

Voraussetzungen für einen Krieg

Hitlers Überzeugungen liefen im Kern darauf hinaus, dass Deutschland unter nationalsozialistischer Führung einen neuen Krieg führen würde. Viele Menschen verschlossen vor dieser Einsicht ihre Augen. Hitler behauptete bereits 1925 in seinem Buch „Mein Kampf“, dass die Deutschen Angehörige einer Herrenrasse seien und das Recht hätten, ihren Lebensraum auf Kosten angeblich niedriger Rassen mit Gewalt, also durch Krieg, zu erweitern. Deutschland habe eine zu kleine Fläche, um das eigene Volk zu ernähren. Offen nannte er „Russland und die ihm untertanen Randstaaten“ als Ziele seiner **Kriegspolitik**. Eng verbunden mit dieser Lebensraumideologie war Hitlers Judenhass. Bis 1938 verschleierte Hitler aber seine Absichten und hielt „Friedensreden“.

Friedensreden und Aufrüstung

Q 1 Kurz nach der Machtübertragung erklärte Adolf Hitler am 17. Mai 1933 vor dem Reichstag:
[...] Indem wir in grenzenloser Liebe und Treue an unserem eigenen Volkstum hängen, respektieren wir die nationalen Rechte auch der anderen Völker aus dieser selben Gesinnung heraus und möchten aus tief innerstem Herzen mit ihnen in Frieden und Freundschaft leben. [...] Die deutsche Regierung wünscht sich über alle schwierigen Fragen politischer und wirtschaftlicher Natur mit den anderen Nationen friedlich und vertraglich auseinanderzusetzen. Sie weiß, dass jeder militärische Akt in Europa, auch im Falle seines vollständigen Gelingens, gemessen an seinen Opfern in keinem Verhältnis steht zu möglichem, endgültigem Gewinn. [...]

Noch in vielen anderen Reden zwischen 1933 und 1938 betonte Hitler seinen Willen zum Frieden. Aber bereits drei Tage nach seiner Ernennung zum Reichskanzler versprach er der Reichswehrführung, aufzurüsten und die allgemeine Wehrpflicht einzuführen.
1938 formulierte Hitler in einer geheimen Rede vor deutschen Verlegern unverblümt seine Methoden: Durch die Betonung des deutschen Friedenswillens habe er Deutschland die Zeit zum Aufrüsten verschafft. Nun müsse er das Volk auf einen Krieg vorbereiten.

Revision* des Versailler Vertrages

Durch viele Einzelaktionen hatte Hitler den Versailler Vertrag verletzt: die Stationierung deutschen Militärs im Rheinland 1936 und an der Ruhr, die neuerliche Aufrüstung und Erhöhung der Truppenstärke, der Bruch von Zahlungsverpflichtungen. Doch die Lage in Europa hatte sich seit dem Ersten Weltkrieg wirtschaftlich und politisch so entwickelt, dass die ehemaligen Hauptgegner Frankreich und Großbritannien an einem Konflikt mit Deutschland nicht interessiert waren.

Appeasement-Politik*

Großbritannien und Frankreich wollten einen möglichen Krieg unter allen Umständen vermeiden. Gegen den Einmarsch deutscher Truppen in Österreich im März 1938 protestierten sie nur schwach, ebenso gegen die Eingliederung Österreichs in das Deutsche Reich. Die Regierungen in Großbritannien und Frankreich fürchteten den Ausbruch eines neuen großen Krieges und hofften, diese Gefahr zu bannen, indem sie Deutschland so weit wie möglich gewähren ließen. Hitler war daher bemüht, bei jedem seiner Schritte zu versichern, dies sei nun die letzte Forde-

M2 **Erweiterungen des deutschen Machtbereichs bis Juni 1940.**

rung Deutschlands gewesen. So wurde zunächst nichts gegen die aggressive Politik Deutschlands unternommen.

Münchener Abkommen

Bereits im Mai 1938 drohte Hitler erneut mit Krieg, um seine Forderungen nach Abtretung des Sudetenlandes durch die Tschechoslowakei an Deutschland durchzusetzen. Daraufhin trafen sich die Regierungschefs Italiens, Frankreichs, Großbritanniens und Deutschlands im September 1938 in München. Die betroffene Tschechoslowakei wurde nicht eingeladen. Im **Münchener Abkommen** (29.9.1938) billigten die drei Mächte die deutschen Forderungen nach Abtretung des Sudetenlandes und vereinbarten dafür mit Deutschland den Fortbestand der restlichen Tschechoslowakei. Diese musste die Münchener Entscheidung ohnmächtig hinnehmen. Es schien, als ob durch das britische und französische Entgegenkommen gegenüber Hitler der Frieden in Europa noch einmal gerettet worden sei.

„Protektorat“ Böhmen und Mähren

Entgegen Hitlers Versicherung, nach dem „Anschluss“ des Sudetenlandes keine Gebietsansprüche mehr zu stellen, überfielen deutsche Truppen am 15. März 1939 die Rest-Tschechoslowakei. Böhmen und Mähren wurden als „Protektorat*“ dem Reich ebenso eingegliedert wie das Memelland. Die Slowakei wurde ein „selbstständiger“ Staat unter deutscher Oberhoheit.

***Protektorat**
Wörtlich Schutzgebiet. Ein bisherig selbstständiger Staat wird (meist gewaltsam) unter die Oberhoheit eines anderen Staates gestellt, wobei die innere Verwaltung bei den Behörden des Landes verbleibt.

1 Zählt auf, welche Ziele Hitler für seine künftige Politik formuliert (Q 1).

2 Beschreibt die Karikatur (M 1) und stellt Vermutungen an, was der Zeichner 1933 damit sagen wollte. Setzt die Karikatur in Beziehung zu Q 1.

3 Erläutert, in welcher Form und in welchem Sinne Hitler jeweils die öffentliche Meinung beeinflusst hat.

4 Versetzt euch in die Lage eines Tschechen und beurteilt das Münchener Abkommen.

5 Untersucht mithilfe von M 2 die schrittweise Erweiterung des deutschen Machtbereichs. Notiert dazu Stichworte und Daten.

6 Beschreibt die Vorgehensweise Hitlers und bewertet die Politik Großbritanniens und Frankreichs aus heutiger und damaliger Sicht.

Der Krieg wird zum Weltkrieg

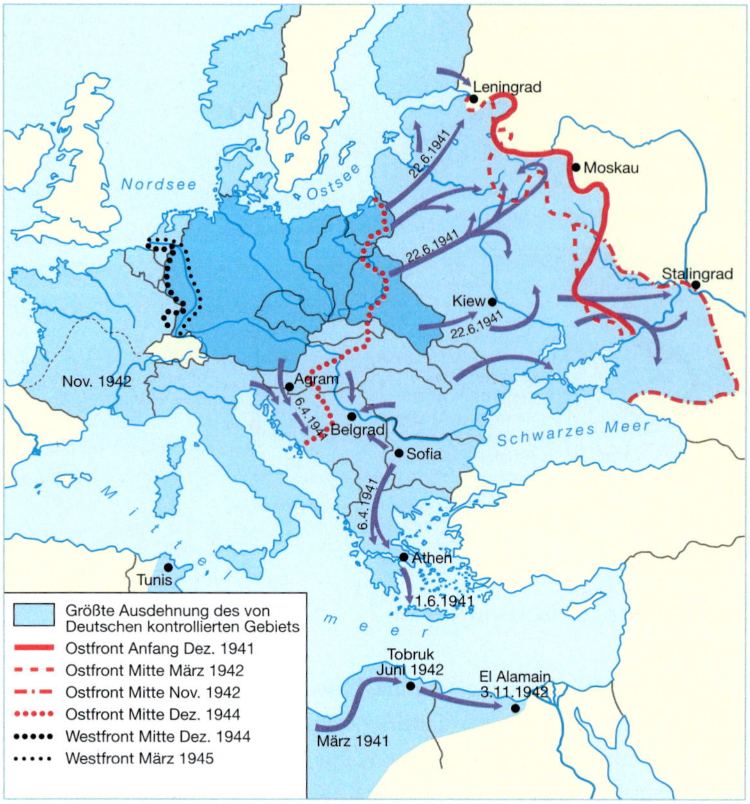

M 1 **Größte Ausdehnung des deutschen Machtbereichs im Verlauf des Zweiten Weltkriegs.**

Der Hitler-Stalin-Pakt von 1939

Am 23. August 1939 schlossen das nationalsozialistische Deutschland und die Sowjetunion völlig überraschend einen gegenseitigen **Nichtangriffspakt**. Die Sowjetunion sagte sogar die Lieferung wichtiger Rohstoffe und Erze zu, die Deutschland für die Kriegführung benötigte.

In einem geheimen Zusatzprotokoll teilten beide Länder Gebiete in Osteuropa für den Fall eines Krieges unter sich auf und vereinbarten die nördliche Grenze Litauens als Grenze ihres jeweiligen Einflussbereiches. Ostpolen sollte nach dieser Vereinbarung an die Sowjetunion fallen.

***Blitzkrieg**
Bezeichnung für einen schnellen, erfolgreichen Angriffskrieg.

***kapitulieren**
In aussichtsloser Lage alle Kriegshandlungen aufgeben.

Der Zweite Weltkrieg beginnt

Am Morgen des 1. September 1939 überschritten deutsche Truppen ohne Kriegserklärung die polnische Grenze. Großbritannien und Frankreich erklärten Deutschland daraufhin den Krieg, kamen aber Polen nicht mehr rechtzeitig zu Hilfe. Nach 18 Tagen war Polen besiegt. Bereits am 17. September 1939 marschierte auch die Sowjetunion in Polen ein und besetzte Ostpolen bis zur Weichsel. Dies entsprach dem Abkommen vom August 1939.

Überfall auf Europa

Zunächst schien es, als ob Deutschland bald ganz Europa in einem **Blitzkrieg*** unterwerfen könne. Mit der Blitzkriegsstrategie wollte die Militärführung verhindern, dass das Deutsche Reich wegen fehlender Rohstoffreserven in einem länger andauernden Krieg besiegt werden würde: Ab April 1940 wurden in weiteren Feldzügen Dänemark und Norwegen besetzt. Das Deutsche Reich kontrollierte nun den Nord- und Ostseehandel. Vor allem aber wurden wichtige Erzlieferungen gesichert.

Im Mai 1940 befahl Hitler den Angriff auf Frankreich: Unter Bruch der **Neutralität** Belgiens stießen die deutschen Panzertruppen nach Westen vor; zudem besetzten Fallschirmjäger und Panzertruppen die Niederlande. Als die französischen Truppen im Juni kapitulierten*, befand sich Hitler auf dem Höhepunkt seiner Macht. Die deutsche Bevölkerung bejubelte seine Erfolge.

Am **22. Juni 1941** überfiel die deutsche Wehrmacht auf Weisung Hitlers überraschend auch die Sowjetunion und eröffnete damit eine zweite Kriegsfront. Bis zu diesem Zeitpunkt hatte die UdSSR das Deutsche Reich mit Rohstoffen, vor allem Erzen und Getreide, beliefert. Nach ersten

Vorstößen kam der Vormarsch der deutschen Truppen mit dem Wintereinbruch zunächst zum Erliegen.
In den eroberten Gebieten errichteten die Deutschen eine **brutale Besatzungsherrschaft**. Beteiligt daran waren neben regulären Truppen der Wehrmacht auch Einheiten der SS und der Polizei. Sie führten insbesondere die Verfolgung von Juden durch, verschleppten sie oder ermordeten sie vor Ort.

Kriegseintritt der USA und Krieg in Asien

Japan, auf dessen Hilfe Hitler gesetzt hatte, griff am 7. Dezember 1941 die US-Marine in **Pearl Harbor** auf Hawaii an und eroberte in der Folgezeit große Teile des Pazifikraumes und Südostasiens – Indochina, Sumatra, Java, Borneo, die Philippinen, Celebes und Neuguinea.
Hitler ergriff die Gelegenheit zur Kriegserklärung an die USA. Die USA waren durch ihre Rüstungslieferungen bereits seit 1939 wenigstens indirekt an der britischen Kriegsführung beteiligt. Seit März 1941 konnte Großbritannien im Rahmen eines Leih- und Pachtgesetzes amerikanische Kriegsmaterialien in unbegrenzter Höhe ohne Gegenleistung erhalten. Im November 1941 wurde auch die Sowjetunion in dieses Programm einbezogen, da sie sich nach dem deutschen Überfall vom politischen Gegner zum militärischen Verbündeten gewandelt hatte. Mit dem Kriegseintritt Japans und der USA wurde der europäische Krieg an der Jahreswende 1941/42 endgültig zum **Weltkrieg**.

Anti-Hitler-Koalition

Präsident Roosevelt vereinbarte mit dem britischen Premierminister Churchill, die größte Anstrengung zunächst gegen das Deutsche Reich zu richten, das mit seinem Bombenkrieg für die Zivilbevölkerung in den englischen Städten eine massive Bedrohung darstellte. Gemeinsam mit der Sowjetunion gründeten die beiden westlichen Alliierten die **Anti-Hitler-Koalition.**

M 2 In London nach einem deutschen Luftangriff im September 1940. Foto.

Q 1 Auf einer Konferenz in Casablanca im Jahr 1943 erklärten Roosevelt und Churchill:
[...] In Anbetracht der gesamten Kriegslage sind wir mehr denn je davon überzeugt, dass nur eine totale Beseitigung der deutschen und japanischen Kriegsmacht der Welt den Frieden bringen kann. Dies führt zu der einfachen Formulierung der Kriegsziele, welche eine bedingungslose Kapitulation Deutschlands, Japans und Italiens zum Inhalt hat. Die bedingungslose Kapitulation dieser Mächte kann allem Ermessen nach den Weltfrieden für Generationen sichern.

1 Fasst mithilfe der Karte M 1 und des Textes das Kriegsgeschehen in Europa bis zum Winter 1941/1942 zusammen.
2 Stellt die Bedeutung der Ereignisse des Jahres 1941 dar.
3 Beschreibt mithilfe von Q1 die Kriegsziele der Amerikaner und Briten.

Verbrechen an der Zivilbevölkerung

M 1 **„Vergeltungsaktion" an polnischen Partisanen.** Foto, 1942.

M 2 Stellvertretend für Verbrechen von Einheiten der SS, aber auch der Wehrmacht stehen vor allem folgende Orte:

Pančevo: Als Vergeltungsmaßnahme für die Erschießung zweier SS-Männer trieben Wehrmachtsangehörige die Einwohner der serbischen Stadt zusammen. Am 22. April 1941 wurden insgesamt 36 Menschen getötet.

Lidice: Als Rache für die Ermordung des deutschen „Reichsprotektors in Böhmen und Mähren", Reinhard Heydrich, ermordete die SS 1942 alle Männer (rund 190 Personen) des tschechischen Dorfes Lidice. Frauen und Kinder wurden in Konzentrationslager verschleppt.

Oradour-sur-Glane: Im französischen Oradour ermordeten im Juli 1944 SS-Einheiten alle 642 Einwohner auf barbarische Weise.

Warschau: Der Aufstand der polnischen Juden im Warschauer Getto wurde im April/Mai 1943 blutig niedergeschlagen. Die Überlebenden wurden in Konzentrationslager gebracht und ermordet. Im August 1944 erschossen Wehrmachtstruppen nach Beginn des Warschauer Aufstandes etwa 15 000 Menschen. Warschau wurde völlig zerstört.

***Freischärler**
Eigenständig handelnde Kampftruppen, die nicht einem Armeebefehl unterstanden (z. B. Widerstandskämpfer).

***Kriegsverbrechen**
Als Kriegsverbrechen werden Handlungen von Angehörigen eines kriegführenden Staates betrachtet, die gegen Strafvorschriften des Staates oder internationale Strafbestimmungen verstoßen.

Besatzungsherrschaft der Deutschen

Ende 1942 war das Deutsche Reich auf dem Höhepunkt seiner Macht und hatte große Teile Europas erobert (vgl. Karte, S. 58). In den einzelnen Ländern wurde eine deutsche Besatzungsherrschaft errichtet. In vielen Ländern, die von Deutschland besetzt wurden, kam es zu **Kriegsverbrechen*** an der Zivilbevölkerung – besonders im Osten, vor allem in Polen und in der Sowjetunion.

„Leitlinien für den Krieg im Osten"

Entsprechend den Vorgaben Hitlers erließ die Wehrmachtsführung Anweisungen zur Art der Kriegsführung im Osten.

Q 1 In einem Befehl vom 13. 5. 1941 für den Russlandfeldzug stand:

Freischärler* sind durch die Truppe im Kampf oder auf der Flucht schonungslos zu erledigen.

[…] Für die Handlungen, die Angehörige der Wehrmacht und des Gefolges gegen feindliche Zivilpersonen begehen, besteht kein Verfolgungszwang, auch dann nicht, wenn die Tat zugleich ein militärisches Verbrechen oder Vergehen ist.

Mitschuld der Wehrmacht

Nach dem Zweiten Weltkrieg leugneten ehemalige Soldaten der Wehrmacht lange Zeit die aktive Mitwirkung der Wehrmacht an Kriegsverbrechen. Allein die SS habe solche Verbrechen begangen. Die historische Forschung hat diese Darstellungen widerlegt und gezeigt, dass besonders im Krieg gegen Russland auch die Wehrmacht an Kriegsverbrechen beteiligt war.

Zwangsarbeit

Die Kriegsjahre zwischen 1939 und 1945 führten zu einem Mangel an Arbeitskräften in Deutschland, denn die Wehrmacht und die SS-Truppen brauchten Männer für den Krieg. Zur Vermeidung eines Zusammenbruchs der Wirtschaft kamen die Nazis auf die Idee, Menschen aus ganz Europa nach Deutschland zu verschleppen, um sie als **Zwangsarbeiter** in den Betrieben einzusetzen. Kriegsgefangene und KZ-Häftlinge wurden zur Arbeit in der Landwirtschaft und der Rüstungsindustrie gezwungen – beispielsweise in Munitionsfabriken. Die im „Arbeitseinsatz“ Befindlichen wurden bei den Bauern oder in der Nähe der Rüstungsbetriebe in Lagern untergebracht.

Die Gesamtzahl der Deportierten und Kriegsgefangenen, die in Deutschland arbeiten mussten, betrug 1942 etwa sechs Millionen. Je nach Herkunft wurden die Zwangsarbeiter sehr unterschiedlich behandelt: Mehr noch als Franzosen oder Niederländer wurden Polen oder Russen misshandelt und gedemütigt.

Q2 Der Deutsche Max Kirsten, der als Reparaturschlosser in einem Barackenlager gearbeitet hatte, erinnerte sich später:

[…] Die Wohnbedingungen in den Baracken waren unmenschlich. Es gab keine Bettwäsche, einfache Bretter und darauf Stroh. Das waren die Bettstellen. Zwei Decken hatte jeder – eine zum Zudecken, die andere mussten sie auf das Stroh legen, wenn sie nicht direkt darauf liegen wollten. Sie konnten sich auch nirgendwo anders als in diesem Raum aufhalten. […]

Bei geringsten Verstößen gegen Arbeitsanweisungen, Lagerdisziplin, Verhaltensordnungen wurden die Zwangsarbeiter streng bestraft. Essenentzug und körperliche Misshandlungen waren üblich. Viele der verschleppten Frauen wurden zudem zwangssterilisiert: Damit sollte verhindert werden, dass „fremdvölkische Kinder“ im Deutschen Reich aufwuchsen, gleichzeitig blieb die Arbeitskraft der Frau ohne Unterbrechung erhalten.

In der Frage der Entschädigungen für die geleistete Zwangsarbeit wurde nach dem Krieg zunächst keine allgemeine Lösung gefunden. Viele Menschen blieben ganz ohne Entschädigung. Erst im Jahr 2000 haben die Bundesregierung und die Industrie eine Regelung für alle diejenigen Überlebenden beschlossen, die bis dahin noch nicht entschädigt worden waren.

M3 Zwangsarbeiterinnen aus Osteuropa beim Arbeitseinsatz in Deutschland. Foto, 1942.

M4 Kriegsgefangene Belgier und Franzosen in Itzehoe. Foto.

1 „Übersetzt“ den Befehl Q 1. Was wird darin ausgesagt? Vermutet, welchen Zweck dieser Befehl erfüllen sollte.

2 Sucht die Orte der Kriegsverbrechen aus M 2 im Atlas.

3 Informiert euch in arbeitsteiliger Gruppenarbeit über die genannten Kriegsverbrechen und berichtet darüber.

4 Schildert das Leben der Zwangsarbeiterinnen und -arbeiter (Q 2, M 3).

5 Begründet, warum nur wenige Deutsche versuchten, den ausländischen Menschen zu helfen.

Das Ende rückt näher

M 1 Friedrich Paulus (geb. 23. 9. 1890, gest. 1. 2. 1957), Feldmarschall und Oberbefehlshaber der 6. Armee vor Stalingrad, wurde 1953 aus der Kriegsgefangenschaft entlassen und ließ sich in der DDR nieder. Foto.

M 2 Etwa 108 000 deutsche Soldaten in russische Kriegsgefangenschaft. 40 000 von ihnen starben noch auf dem Weg in die Lager. Zehntausende weitere fielen dort Krankheiten zum Opfer. Nur etwa 5000 kehrten nach Deutschland zurück. Foto, 1943.

M 3 Leichen gefallener deutscher Soldaten der 6. Armee vor Stalingrad. Foto, 1943.

Stalingrad

1942 wurde an der Ostfront der deutsche Vorstoß gestoppt. Bei **Stalingrad** an der Wolga entbrannte eine Schlacht, in deren Verlauf im November 280 000 deutsche Soldaten eingekreist wurden. Die Schlacht von Stalingrad tobte zwei Monate lang. Sowohl die Kämpfe als auch die furchtbare Kälte (um –30 °C) forderten auf beiden Seiten zahlreiche Opfer. Hinzu kam, dass die Luftunterstützung für die Eingekesselten weitgehend fehlschlug. Die Luftwaffe verlor etwa 8000 Mann und rund 500 Flugzeuge.

Ende Januar 1943 gaben die völlig aufgeriebenen deutschen Truppen auf. Hitler, der eine **Kapitulation** abgelehnt hatte, sprach von „Feigheit vor dem Feind". Etwa 146 000 Soldaten waren allein auf deutscher Seite ums Leben gekommen; 108 000 wurden in sowjetische Kriegsgefangenschaft überführt, wobei allein auf dem Weg in die Lager 40 000 von ihnen an Entkräftung starben. Bis 1956 kehrten nur 5000 von den ehemals 280 000 Soldaten zurück.

Die Verluste auf sowjetischer Seite wurden auf etwa 500 000 Mann geschätzt. Darüber hinaus waren etwa 50 000 Bewohner Stalingrads durch die deutsche Belagerung ums Leben gekommen, weitere 65 000 Menschen im Verlauf der Kämpfe als Zwangsarbeiter nach Deutschland verschleppt worden. Die Stadt war völlig vernichtet.

Q 1 Ein geheimer Lagebericht der Gestapo beschreibt die Reaktion der deutschen Bevölkerung auf die Niederlage:

[…] Die Meldung […] hat im ganzen Volk eine tiefe Erschütterung ausgelöst. […] In erster Linie ist es die Höhe der Blutopfer, nach denen die Bevölkerung fragt. […] Die einen erklären, Gefangenschaft sei schlimmer als der Tod, weil die Bolschewisten die lebend in ihre Hände gefallenen Soldaten unmenschlich behandeln würden. Andere wiederum meinen, es sei doch ein Glück, dass nicht alle gefallen seien, so sei doch noch Hoffnung, dass später einmal ein Teil von ihnen in die Heimat zurückkehre. […] Allgemein ist die Überzeugung vorhanden, dass Stalingrad einen Wendepunkt des Krieges bedeute.

„Totaler Krieg" …

Q2 Am 18. Februar 1943 rief Reichspropagandaminister Goebbels im Berliner Sportpalast ausgesuchte Parteianhänger unter großem Beifall zum „totalen Krieg" auf:

[…] Die Engländer behaupten, das deutsche Volk habe den Glauben an den Sieg verloren. Ich frage euch: Glaubt ihr mit dem Führer und mit uns an den totalen Sieg des deutschen Volkes? Ich frage euch: Seid ihr entschlossen, dem Führer in der Erkämpfung des Sieges durch dick und dünn und unter Aufnahme auch der schwersten persönlichen Belastungen zu folgen? […] Ich frage euch, wollt ihr den totalen Krieg, wollt ihr ihn wenn nötig totaler und radikaler, als wir ihn uns heute überhaupt nur vorstellen können? […] Ich frage euch, ist euer Vertrauen zum Führer heute größer […] und unerschütterlicher denn je? […]

Entgegen der NS-Ideologie wurden nun immer mehr **Frauen dienstverpflichtet**: zu Verwaltungsaufgaben, als „Luftwaffenhelferinnen" bei der Flugabwehr oder in der Rüstungsindustrie. Millionen von Verschleppten, Kriegsgefangenen und KZ-Häftlingen mussten in Landwirtschaft und Industrie Zwangsarbeit leisten.

… und Kriegsmüdigkeit

Im August 1940 hatte die deutsche Luftwaffe mit der Bombardierung englischer Städte den Luftkrieg gegen die britische Zivilbevölkerung eröffnet. Im Gegenzug erfolgten seit 1943 fast täglich **britische und amerikanische Luftangriffe** auf deutsche Städte. Allein über Berlin wurden bis 1945 mehr als 50 000 Tonnen Bomben abgeworfen. Die Nächte in den Luftschutzkellern, der Verlust von Hab und Gut, extreme Versorgungsengpässe, die Suche nach Vermissten und die Trauer um Tote führten dazu, dass die propagandistischen Durchhalteparolen in der Zivilbevölkerung immer weniger Resonanz fanden.

Hinzu kamen die schlechten Nachrichten von der Front: Nach dem Sieg von Stalingrad drängte die sowjetische Armee 1943 die deutschen Truppen zurück. Auf dem Kriegsschauplatz in Nordafrika wurde das deutsche Afrikakorps von einer amerikanisch-britischen Armee zur Kapitulation gezwungen. Im Sommer 1944 landeten alliierte Truppen in der **Normandie** und konnten nach schweren Kämpfen Frankreich von der deutschen Besatzungsmacht befreien.

M4 Hannover nach einem alliierten Luftangriff. Foto, 1943.

M5 Zuhörer der Goebbels-Rede im Berliner Sportpalast. Foto, 1943.

1 In den Texten dieser Doppelseite stehen viele Zahlen. Besprecht gemeinsam, was sich dahinter an Schicksalen verbirgt.

2 Bewertet die Rolle Hitlers in den Geschehnissen um die Schlacht von Stalingrad.

3 Erklärt die verschiedenen Einschätzungen des Schicksals der Kriegsgefangenschaft (Q 1).

4 Stellt das Ziel der Goebbels-Rede (Q 2) dar.

5 Überlegt gemeinsam, wodurch die Begeisterung des Publikums zu erklären ist (Q 2, M 5).

6 Findet heraus, welche Ziele die Alliierten mit der massiven Bombardierung der deutschen Städte verfolgten und berichtet darüber.

Nicht alle waren einverstanden

Dietrich Bonhoeffer, evangelisch, sagte:

Die Kirche bekennt ihre Furchtsamkeit, ihr Abweichen, ihre Zugeständnisse. Sie hat […] den Ausgestoßenen und Verachteten die schuldige Barmherzigkeit verweigert. Sie war stumm, wo sie hätte schreien müssen.

Aus der Predigt des Bischofs von Galen vom 13. Juli 1941:

Keiner von uns ist sicher […], dass er nicht eines Tages in den Kellern und Konzentrationslagern der Geheimen Staatspolizei eingesperrt wird. […] Darum rufe ich laut: Wir fordern Gerechtigkeit. Bleibt dieser Ruf ungehört, so wird unser deutsches Volk und Vaterland […] an innerer Fäulnis und Verrottung zugrunde gehen.

Q 1 Stellungnahmen aus dem kirchlichen Widerstand.

Was bedeutet Widerstand in einer Diktatur?

Hitler und seine nationalsozialistische Partei trafen von Anfang an auch auf energischen Widerspruch. Kommunisten, Sozialdemokraten, viele freiheitlich denkende oder christlich orientierte Menschen hatten andere Ideale als die neuen Machthaber. Politische Gegner wurden aber nach der „Machtergreifung" von 1933 rasch zum Schweigen gebracht. Die **Geheime Staatspolizei („Gestapo")** und ihre Helfer aus den nationalsozialistischen Organisationen hielten Augen und Ohren offen: Wer allzu deutlich widersprach, war seines Lebens nicht mehr sicher. Ein großer Teil der Bevölkerung nahm die Nationalsozialisten nicht ernst oder war mit der neuen Politik im Großen und Ganzen einverstanden. Erst als die Kriegserfolge ausblieben, wurden viele wach – den Mut zu aktivem Widerstand aber hatten nur wenige. Das Risiko, wie ein Verbrecher behandelt oder als Volksverräter hingerichtet zu werden, war für viele zu hoch.

Die Gründe der Menschen, die sich dennoch gegen Hitler und die Nationalsozialisten stellten, waren verschieden, ihr Ziel aber war dasselbe: Sie wollten das Ende der nationalsozialistischen Diktatur.

Christlicher Widerstand

Der Widerstand der Christen war nicht in Gruppen organisiert. Es gab einzelne Pfarrer und Priester, die gegen die Diktatur predigten. Ein bekannter Vertreter war der katholische Bischof von Münster, Clemens August **Graf von Galen**, ein anderer der evangelische Pfarrer Dietrich **Bonhoeffer**, der kurz vor Kriegsende, am 9. April 1945, im Konzentrationslager Flossenbürg ermordet wurde.

Widerstand politischer Gruppen

Am besten organisiert war der Widerstand der Kommunisten, Sozialdemokraten und der Gewerkschafter. Sie arbeiteten im Geheimen und verteilten z. B. Flugblätter in Waffenfabriken, auf denen sie dazu aufriefen, langsam und ungenau zu arbeiten. Diese Gruppen verübten auch Anschläge auf Rüstungsbetriebe. Viele büßten ihren Einsatz mit Haft, Folter oder mit dem Tod.

Jugend im Widerstand

Eine der bekanntesten Widerstandsgruppen war die „**Weiße Rose**", eine Vereinigung Münchner Studenten um die Geschwister Hans und Sophie **Scholl** und den Professor Kurt Huber. In Flugblättern forderten sie zum Sturz der Diktatur auf. Am 18. Februar 1943 verteilten Hans und Sophie Scholl Flugblätter in der Münchner Universität. Dabei wurden sie entdeckt und daraufhin angezeigt. Sie wurden verhaftet und vier Tage später hingerichtet.

Q 2 Aus den Flugblättern der Weißen Rose:

Im Namen der deutschen Jugend fordern wir vom Staat Adolf Hitlers die persönliche Freiheit, das kostbarste Gut […] zurück, um das er uns in der erbärmlichsten Weise betrogen hat. […] Der deutsche Name bleibt für immer geschändet, wenn nicht die deutsche Jugend endlich aufsteht.

Widerstand im Militär

Angehörige des Militärs organisierten sich in Gruppen, um die Macht in Deutschland zu übernehmen und das Land vor der Vernichtung zu bewahren. 1944 übernahm Oberst Claus **Graf von Stauffenberg** die Ausführung eines solchen Plans.

Q3 So begründeten von Stauffenberg und seine Mitverschwörer ihr Vorhaben:

Unser Ziel ist die wahre, auf Achtung, Hilfsbereitschaft und soziale Gerechtigkeit gegründete Gemeinschaft des Volkes. Wir wollen Gottesfurcht anstelle von Selbstvergottung, Recht und Freiheit anstelle von Gewalt und Terror, Wahrheit und Sauberkeit anstelle von Lüge und Eigennutz. […] Wir wollen mit besten Kräften dazu beitragen, die Wunden zu heilen, die dieser Krieg allen Völkern geschlagen hat, und das Vertrauen zwischen ihnen wieder neu zu beleben. […] Wir erstreben einen gerechten Frieden, der an die Stelle der Selbstzerfleischung und Vernichtung der Völker friedliche Zusammenarbeit setzt.

Als hoher Offizier hatte von Stauffenberg Zugang zum Führerhauptquartier. Am 20. Juli 1944 wurde er zu einer Besprechung mit Hitler gerufen. Dabei stellte von Stauffenberg eine Aktentasche mit einer Bombe unter dem Verhandlungstisch neben Hitler ab und verließ den Raum. Die Bombe explodierte und tötete mehrere Menschen, Hitler selbst wurde jedoch nur leicht verletzt. Von Stauffenberg und die anderen beteiligten Offiziere wurden noch in derselben Nacht festgenommen und erschossen.

Widerstand Einzelner

Einzelne Bürger verübten Attentate auf Hitler – beispielsweise der Schreiner Hans Georg **Elser** aus Hermaringen in Württemberg. Er wollte 1939 Hitler im Münchner Bürgerbräukeller mit einer Bombe töten, um den Ausbruch des Zweiten Weltkrieges zu verhindern. Der Anschlag scheiterte jedoch. Insgesamt wurden auf Adolf Hitler 42 Attentate verübt, die er alle überlebte.

Der 17-jährige Helmuth **Hübener** aus Hamburg schrieb auf seiner Schreibmaschine Flugblätter gegen die Nationalsozialisten und den Krieg. Um Informationen zu bekommen, hörte er den Londoner Rundfunk ab. Mit diesem Wissen wollte er Lügen der staatlichen **Propaganda** richtigstellen. 1942 wurde er deshalb zum Tod verurteilt und hingerichtet.

Q4 Das Flugblatt Helmuth Hübeners:

Ja, Hitler ist schuld, dass das Volk muss berappen. Von seinem Vorrat, dem ohnehin schon knappen. Für Hitlers Irrtum zahlt das Volk nun die Kosten. Was hilft's, Russland bleibt ein verlorener Posten. Dass Stalin sein Heer jetzt zum Siege hinführt, das hatte der Führer nicht einkalkuliert! Im Jahr einundvierzig wird alles gebrochen, so hatte der Führer dereinst keck versprochen. Jetzt trägt der Soldat für den Irrtum die Leiden, während Hitler verspricht: „Dieses Jahr wird entscheiden!" Es wird sich entscheiden, wenn alles sich „rührt"! (Und dann hat auch Hitler sich auskalkuliert!)

Geschichtsforscher nennen nicht jede Aktion gegen den Nationalsozialismus „Widerstand". Sie unterscheiden zwischen „Protest", „Verweigerung", „Nichtanpassung" und „Widerstand, der den Sturz der Regierung will".

M1 Weiße Rose. Foto.

M2 Oberst Claus Graf von Stauffenberg. Foto.

M3 Helmuth Hübener. Foto.

1 Auf dieser Doppelseite werden Gruppen und Einzelpersonen vorgestellt, die sich gegen das NS-Regime gestellt haben. Erarbeitet mithilfe der Texte und Materialien, welche Gruppen und Einzelpersonen es gab, worin ihr Protest bestand und was ihre Motive waren. Bedenkt dabei, welches Risiko die Menschen eingingen, einem gut organisierten Terrorstaat zu trotzen.

2 Erläutert die Unterschiede zwischen den im Autorentext genannten Begriffen im letzten Absatz.

3 Ordnet die aufgeführten Begriffe den Beispielen auf dieser Doppelseite zu. Begründet eure Entscheidungen.

Kriegsende in Europa und Asien

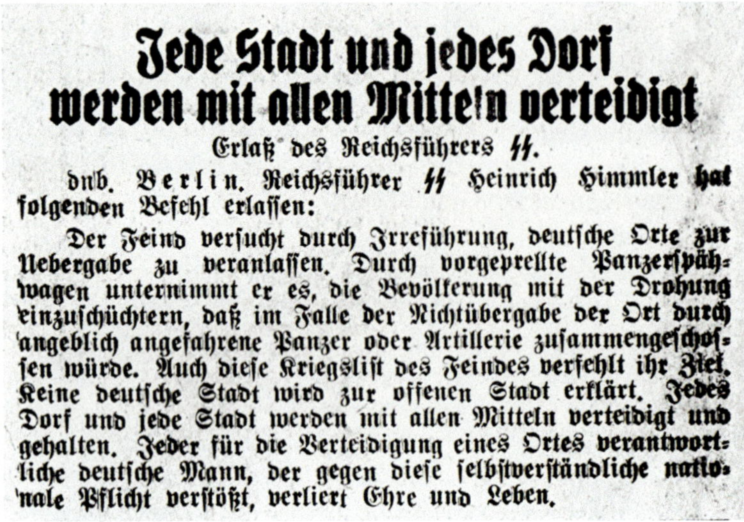

Jede Stadt und jedes Dorf werden mit allen Mitteln verteidigt

Erlaß des Reichsführers SS.

dnb. Berlin. Reichsführer SS Heinrich Himmler hat folgenden Befehl erlassen:

Der Feind versucht durch Irreführung, deutsche Orte zur Uebergabe zu veranlassen. Durch vorgeprellte Panzerspähwagen unternimmt er es, die Bevölkerung mit der Drohung einzuschüchtern, daß im Falle der Nichtübergabe der Ort durch angeblich angefahrene Panzer oder Artillerie zusammengeschossen würde. Auch diese Kriegslist des Feindes verfehlt ihr Ziel. Keine deutsche Stadt wird zur offenen Stadt erklärt. Jedes Dorf und jede Stadt werden mit allen Mitteln verteidigt und gehalten. Jeder für die Verteidigung eines Ortes verantwortliche deutsche Mann, der gegen diese selbstverständliche nationale Pflicht verstößt, verliert Ehre und Leben.

M1 Ausschnitt aus der Titelseite der Lauenburgischen Landeszeitung vom 13. April 1945.

***Volkssturm**
Regionale Kampfeinheiten aus allen noch nicht zur Wehrmacht eingezogenen Männern zwischen 16 und 60 Jahren, die meist nur im Umgang mit der Panzerfaust unterwiesen waren; sein Einsatz war Teil des „totalen Krieges", militärisch aber sinnlos.

M2 **Überlebende der Bombenangriffe auf Mannheim.** Foto, 1944.

Deutsche auf der Flucht

Zum Jahreswechsel 1944/1945 hatten die Alliierten die deutschen Grenzen erreicht. Bereits im Oktober war die **Rote Armee** in ostpreußisches Gebiet vorgedrungen. Vor den vorrückenden Soldaten, die sich mit Plünderungen, Vergewaltigungen und Morden für den brutalen Terror der Deutschen in der UdSSR rächten, flohen nun Millionen von Menschen – meist Frauen und Kinder – aus den deutschen Ostgebieten. In scheinbar endlosen **Flüchtlingstrecks** versuchten sie, nach Westen zu gelangen. Doch nicht zuletzt, weil die Nationalsozialisten mit ihren Durchhaltebefehlen die rechtzeitige Flucht der Menschen verhindert hatten, verloren unter den chaotischen Umständen im Winter 1944/1945 Schätzungen zufolge etwa 2,8 Millionen Menschen ihr Leben. Und indem sie Gräueltaten der sowjetischen Soldaten noch ausschmückte, versuchte die nationalsozialistische Führung ein weiteres Mal, durch Propaganda den Widerstandswillen der Bevölkerung zu stärken.

Volkssturm und Verwüstungen

Gegen die heranrückenden Alliierten mobilisierten die Nationalsozialisten den sogenannten **Volkssturm***, in den vor allem Jugendliche und Alte eingezogen wurden. Für kurze Zeit machten in den bereits verlorenen Gebieten junge **Partisanen**, die sich „**Werwölfe**" nannten und unter Führung der SS standen, mit Sabotageakten und Selbstmordanschlägen von sich reden. Gegen Zivilisten und Soldaten, die den Widerstand gegen die Alliierten aufgeben wollten, wurden ohne jegliches Gerichtsverfahren Todesurteile verhängt und vollstreckt.

Q1 **Am 19. März 1945 erließ Hitler für das Reichsgebiet den „Nero-Befehl". Er sah vor, alle militärischen Anlagen, Verkehrs-, Nachrichten-, Industrie- und Versorgungsanlagen sowie Sachwerte zu zerstören. Dazu überliefert ist folgende Äußerung Hitlers:**

[…] Wenn der Krieg verloren geht, wird auch das Volk verloren sein. Es ist nicht notwendig, auf die Grundlagen, die das deutsche Volk zu seinem primitivsten Weiterleben braucht, Rücksicht zu nehmen. Im Gegenteil ist es besser, selbst diese Dinge zu zerstören. Denn das Volk hat sich als das schwächere erwiesen, und dem stärkeren Ostvolk gehört ausschließlich die Zukunft. Was nach diesem Kampf übrig bleibt, sind ohnehin die Minderwertigen, denn die Guten sind gefallen. […]

Nach erbitterten Kämpfen trafen sich am 25. April 1945 amerikanische und sowjetische Einheiten in **Torgau** an der Elbe. Am 7. Mai 1945 wurde die **bedingungslose Kapitulation** durch die Führung der deutschen Wehrmacht in Reims unterzeichnet,

Gesamtverluste: rund 55 Millionen Tote (Erster Weltkrieg: rund 10 Millionen Tote)		
Land	**Soldaten**	**Zivilisten**
Deutschland	5250000	500000
Sowjetunion	20600000	7000000
USA	259000	
Großbritannien	386000	62000
Frankreich	810000	470000
Polen	4250000	4200000
ferner 1,5 Mio. in den von der Sowjetunion 1939 annektierten polnischen Ostgebieten		
Italien	330000	k. A.
Rumänien	378000	k. A.
Ungarn	420000	280000
Jugoslawien	1690000	1200000
Finnland	84000	k. A.
Norwegen	10000	k. A.
Dänemark	1400	k. A.
Bulgarien	20000	k. A.
Griechenland	160000	140000
Belgien	88000	76000
Niederlande	210000	198000
Japan	1800000	600000

M3 Die Toten des Zweiten Weltkriegs.

sie trat am 9. Mai in Kraft. Hitler hatte zuvor, am 30. April, im Bunker der Reichskanzlei in Berlin Selbstmord begangen. In allen deutschen Gebieten übernahmen nun die Siegermächte die Regierungsgewalt.

Das Kriegsende in Asien

Die Alliierten konnten bis zum Frühjahr 1945 die von den Japanern eroberten Gebiete in Südostasien zurückerobern. Die Kämpfe wurden unter hohen Verlusten auf beiden Seiten geführt. Doch auch als die USA die Lufthoheit* über Japan bereits errungen hatten, lehnte Kaiser Hirohito die Kapitulation noch ab. Der Krieg ging weiter.
In dieser Situation entschied sich der neue amerikanische Präsident Truman für den Einsatz einer neuen Waffe mit bis dahin ungekannter Zerstörungskraft: Am 6. August 1945 wurde über der japanischen Hafenstadt Hiroshima die erste **Atombombe** gezündet. Durch den sich unmittelbar in der Stadt ausbreitenden Feuersturm starben fast 100 000 Menschen sofort, weitere 40 000 erlagen innerhalb weniger Monate ihren Strahlenverletzungen und Verbrennungen.
Hiroshima war fast völlig zerstört. Doch erst nachdem auch die Sowjetunion Japan den Krieg erklärt und die USA am 9. August mit einer weiteren Atombombe die Stadt Nagasaki zerstört hatte, war Japan zur Kapitulation bereit – damit war der Zweite Weltkrieg beendet.

M4 Hiroshima nach dem Abwurf der Atombombe. Foto, 1945.

***Lufthoheit**
(im militärischen Sinn)
Die Kontrolle des Luftraums eines Landes, sodass in diesem kein Angriff von gegnerischen Flugzeugen befürchtet werden muss. Der Boden unter diesem Luftraum kann jedoch noch von dem Gegner militärisch kontrolliert werden.

1 Berichtet über die Situation der deutschen Zivilbevölkerung in den letzten Kriegsmonaten (M1, M2, Q1).

2 Informiert euch in der Schulbibliothek oder im Internet über die Auswirkungen des Abwurfs der Atombomben (M4).

3 Nehmt Stellung zu der von US-Präsident Truman vertretenen Auffassung, die Atombombe sei als „militärische Waffe" einzusetzen und habe den Krieg gegen Japan verkürzt (M3, M4).

Grundüberzeugungen der Rechtsextremisten

***Bundesamt für Verfassungsschutz**
Eine staatliche Einrichtung, deren Aufgabe es ist, die freiheitliche demokratische Grundordnung der Bundesrepublik Deutschland zu schützen und Bestrebungen dagegen zu überwachen.

M 1 Wahlwerbung der NPD. Plakate, 2009.

Rechtsextremistische Parteien

Die NPD (Nationaldemokratische Partei Deutschlands) ist eine rechtsextremistische Partei. So werden Parteien und Gruppen bezeichnet, die vom Bundesamt für Verfassungsschutz* in Deutschland beobachtet werden, weil sie ähnliche Ziele verfolgen wie früher die NSDAP (Nationalsozialistische Deutsche Arbeiterpartei).
Neben der NPD gilt auch die DVU (Deutsche Volksunion) als rechtsextremistisch. Bis zum Jahr 2007 wurden auch die „Republikaner“ noch so eingestuft, jetzt hat der Verfassungsschutz diese Einschätzung zurückgenommen.

Rechtsextremisten in den Parlamenten

Nur wenige Menschen bekennen sich öffentlich zu rechtsextremistischen Parteien. 2008 hatte die NPD 7000 Mitglieder und die DVU 6000. Dies ist aber nur die „Spitze des Eisberges“, denn rechtsextremistische Parteien werden von sehr viel mehr Menschen gewählt. 2009 erhielt die NPD in Sachsen 5,6 Prozent der Wählerstimmen und 8 Sitze im Landesparlament und in Mecklenburg-Vorpommern errang sie 7,3 Prozent und 6 Sitze. In der Bremer Bürgerschaft sitzt ein DVU-Abgeordneter.

Rechtsextremismus im Zentrum der Gesellschaft

Bis Anfang der 1990er-Jahre haben Wissenschaftler vor allem über rechtsextremistische Parteien geforscht. Erst mit den Übergriffen auf Flüchtlingsheime zwischen 1991 und 1993 stellten sie sich verstärkt die Frage, wo die Ursachen dafür lagen. Durch Befragungen wurde untersucht, ob auch Menschen außerhalb dieser Parteien Sympathien für deren Ideen haben. Die Ergebnisse zeigen, dass eine größere Zahl von Menschen viele dieser Ideen teilten.

M 2 Grundüberzeugungen der Rechtsextremisten

1. Die Idee von der natürlichen Ungleichheit der Menschen, mit den Vorstellungen,
   - dass die „nordeuropäischen Rassen“ von Natur aus höher stehen als andere, „minderwertige“ Menschen (Rassismus);
   - dass bestimmte Menschen innerhalb einer Rasse ebenfalls „minderwertiger“ sind (gruppenbezogene Menschenfeindlichkeit),
   - dass auch Mann und Frau von Natur aus nicht gleichberechtigt im Leben stehen können,
   - dass man auf Deutschland extrem stolz sein kann (Nationalismus),
   - dass der Stärkere das Recht hat, sich immer durchzusetzen.
2. Die Idee von der Gewaltanwendung als wichtigstes Mittel bei der Lösung von Streitigkeiten zwischen Menschen und Staaten. Dazu gehören
   - die Betonung autoritärer Umgangsformen,
   - die Ablehnung demokratischer Willensbildung in gewählten Parlamenten,
   - das Eintreten für autoritäre Staatsformen oder das „Führertum“,
   - das Recht der „Höherwertigen“, gegen Andersdenkende auch Gewalt anzuwenden.

Als politische Extremisten werden Menschen bezeichnet, die die bestehende Ordnung gewaltsam oder mit undemokratischen Mitteln in ihrem Sinne verändern wollen. Rechtsextremisten streben diese Änderung an.

Behauptungen	Stimme überwiegend oder voll und ganz zu
Im nationalen Interesse ist unter bestimmten Umständen eine Diktatur die bessere Staatsform.	9,0 %
Ohne Judenvernichtung würde man Hitler heute als großen Staatsmann ansehen.	11,6 %
Was Deutschland jetzt braucht, ist eine einzige starke Partei, die die Volksgemeinschaft verkörpert.	26,1 %
Wir wollen einen Führer haben, der Deutschland zum Wohle aller mit starker Hand regiert.	15,4 %
Wie in der Natur sollte sich in der Gesellschaft immer der Stärkere durchsetzen.	17,7 %
Die Ausländer kommen nur hierher, um unseren Sozialstaat auszunutzen.	36,9 %
Auch heute noch ist der Einfluss der Juden zu groß.	17,9 %
Wir sollten endlich wieder Mut zu einem starken Nationalgefühl haben.	39,5 %
Eigentlich sind die Deutschen anderen Völkern von Natur aus überlegen.	14,8 %
Wenn Arbeitsplätze knapp werden, sollte man die Ausländer wieder in ihre Heimat zurückschicken.	34,9 %
Die Verbrechen des Nationalsozialismus sind in der Geschichtsschreibung stark übertrieben worden.	8,3 %
Was unser Land heute braucht, ist ein hartes und energisches Durchsetzen deutscher Interessen gegenüber dem Ausland.	30,8 %
Die Juden arbeiten mehr als andere Menschen mit üblen Tricks, um das zu erreichen, was sie wollen.	13,8 %
Das oberste Ziel der deutschen Politik sollte es sein, Deutschland die Macht und Geltung zu verschaffen, die ihm zusteht.	28,4 %
Es gibt wertvolles und unwertes Leben.	10,2 %
Die Bundesrepublik ist durch die vielen Ausländer in einem gefährlichen Maße überfremdet.	39,1 %
Die Juden haben einfach etwas Besonderes und Eigentümliches an sich und passen nicht so recht zu uns.	13,5 %
Der Nationalsozialismus hatte auch seine guten Seiten.	11,0 %

M3 Rechtsextremistische Einstellungen in der deutschen Bevölkerung, 2006. Repräsentativbefragung der Friedrich-Ebert-Stiftung von 5000 Bundesbürgern.

1 Vergleicht die Grundüberzeugungen der heutigen rechtsextremistischen Parteien mit der NS-Ideologie auf den Seiten 42/43.

2 Schaut euch M 1 an und erläutert, wie die NPD die Wählerinnen und Wähler anspricht.

3 Vergleicht die Fragen in der Tabelle M 3 mit den rechtsextremistischen Grundüberzeugungen (M 2).

4 Stellt fest, welche Behauptungen in M 3 in der Bevölkerung den größten Rückhalt finden.

5 Erstellt mithilfe von M 3 einen Fragebogen für eine Umfrage. Stellt die Ergebnisse eurer Umfrage der Klasse vor.

Jugendliche und Rechtsextremismus

***agitieren**
Aggressive Tätigkeit, um andere zu beeinflussen, vor allem in politischer Hinsicht.

***Individualität**
Merkmale und Eigenschaften, die die Besonderheit eines Menschen ausmachen.

***Subkultur**
Bezeichnung für eine Untergruppe in einer Kultur oder Gesellschaft, die sich von den dort vorherrschenden Regeln abgrenzt.

Skinheads und andere Gruppen

Die meisten Menschen mit rechtsextremistischen Einstellungen fallen öffentlich nicht auf. Anders ist dies bei Jugendlichen. Sie sind oft bereit, **Gewalt gegen Andersdenkende** auszuüben, und kleiden sich besonders. Diese mit Bomberjacken, Krempeljeans und Stiefeln bekleideten, Glatzen tragenden Jugendlichen werden als Skinheads bezeichnet. Ihre Zahl wird von Jugendforschern mit rund 10 000 angegeben.
Allerdings ist die Szene nicht eindeutig. Ungefähr 80 Prozent von ihnen entwickeln jedoch eine Nähe zum Rechtsextremismus. Es gibt aber auch unpolitische oder linke Gruppen.
Warum sich Jugendliche gerade der „subkulturellen* Skinheadszene" anschließen ist unklar. In einer Zusammenfassung von Befragungen betroffener Jugendlicher ist zu lesen, dass vor allem Erlebnisse in Schule, Beruf und Gleichaltrigengruppen dafür verantwortlich sind.

M 1 CDs von Musikgruppen, die im niedersächsischen Verfassungsschutzbericht 2008 als rechtsextremistisch und antisemitisch eingestuft wurden.

M 2 In der Zusammenfassung heißt es:

[…] Bereits vor der Hinwendung zur rechten Skinheadszene ist das Gefühl mangelnder Unterstützung und fehlenden sozialen Anschlusses vorherrschend. Häufig gibt es […] mit Lehrkräften [und] Mitschülerinnen und Mitschülern Konflikte. Mit dem Leistungsprinzip […] haben die Befragten zwar grundsätzlich keine Probleme, es erweist sich aber […] als problematisch, als den eigenen Ansprüchen oft nicht entsprochen werden kann. […] Mit der erfolgreichen Anbindung an eine entsprechende Clique verändern sich auch die […] Wahrnehmungen der Befragten. An die Stelle einer bis dahin lamentierenden [jammernden] Haltung tritt ein durch den Rückhalt in der Gruppe abgesichertes kämpferisches und agitierendes* Auftreten, […]
Die Suche nach solchem Anschluss hat […] offenbar auch etwas mit […] fehlenden Möglichkeiten zu tun, Individualität* und persönliche Unverwechselbarkeit auszubilden. Gerade über die Teilhabe an einer mit Stärke oder wenigstens Standfestigkeit [verbundenen] Gruppe soll Selbstwertgefühl gewonnen werden. […]

Zur Bestätigung dieses Selbstwertgefühles dient auch die Bereitschaft zu Gewalttätigkeit und Schlägereien. Deshalb sind in den Gruppen auch nur wenige Mädchen vertreten. Sie werden als „Reenes" bezeichnet. An den unmittelbaren Gewalttaten beteiligen sie sich aber kaum. Sie unterstützen aber oft die männlichen Jugendlichen in der Gruppe.

Musik als Einstiegsdroge

Viele der Jugendlichen, die sich den Skins anschließen, sind noch nicht rechtsextrem, sondern wollen nur zu einer Gruppe gehören, in der sie Stärke zeigen können. Besonders über die dort vorzugsweise gehörte Musik entwickeln sie dann jedoch oft nach und nach rechtsextremistische Einstellungen.

1 Findet anhand von M 1 und des Textes heraus, warum Jugendliche sich zu Skinheads hingezogen fühlen können.

2 Untersucht die CD-Hüllen (M 1) und stellt fest, ob sie für rechtsextremistisches Gedankengut werben.

Die Gründung der Demokratie

In der **Revolution 1918** wurde die erste deutsche Demokratie, die Weimarer Republik gegründet. Sie scheiterte in der Wirtschaftskrise 1929–1933, als die Menschen angesichts der hohen Arbeitslosigkeit das Vertrauen in die demokratische Ordnung verloren.

Errichtung der NS-Diktatur

Mit der Übertragung der Macht an Adolf Hitler begann am 30. Januar 1933 der Aufbau der **nationalsozialistischen Diktatur**. Mit Notverordnungen und dem Ermächtigungsgesetz (30. 3. 1933) wurde die demokratische Ordnung der Weimarer Verfassung zerstört.
Innerhalb von 18 Monaten gelang es den Nationalsozialisten, durch die „Gleichschaltung“ aller Behörden im Reich und in den Ländern die Macht in ihren Händen zu sichern.

Verfolgung und Ermordung der Juden

In besonderem Maße wurden die Juden Opfer des nationalsozialistischen Terrors. Mit den Nürnberger Gesetzen 1935 und der Reichspogromnacht am 9./10. 11. 1938 begann die **systematische Judenverfolgung**. Eine ständige Verschlechterung ihrer Situation und die politische Entrechtung kennzeichneten die Lebensverhältnisse der Juden bis 1939. Nach Beginn des Zweiten Weltkriegs begann die massenweise Ermordung der Juden in den Vernichtungslagern (z. B. Auschwitz) – fast sechs Millionen Juden verloren ihr Leben. Ein ähnliches Schicksal erlitten Sinti und Roma.

Deutschland entfesselt den Zweiten Weltkrieg

Seit 1933 hatte die deutsche Wirtschafts- und Außenpolitik auf den **Zweiten Weltkrieg** hingearbeitet. Er begann mit dem Einmarsch deutscher Truppen in Polen. Entsprechend den Vereinbarungen im Hitler-Stalin-Pakt teilten Deutschland und die Sowjetunion Osteuropa unter sich auf. Nach dem schnellen Sieg über Polen und Frankreich befahl Hitler den Angriff auf die Sowjetunion. Einheiten der SS und der Wehrmacht verübten in den eroberten Gebieten **unmenschliche Verbrechen** an Zivilbevölkerung und Kriegsgefangenen.

Widerstand

Wenige Menschen, darunter Pfarrer und Pastoren, setzten ihr Leben aufs Spiel, um Verfolgten des NS-Regimes zu helfen. Die beiden großen Kirchen leisteten keinen Widerstand. Verschiedene **politische Widerstandsgruppen** organisierten im Krieg den Widerstand. Ein Attentat auf Hitler am 20. Juli 1944 scheiterte.

1928 / 1933

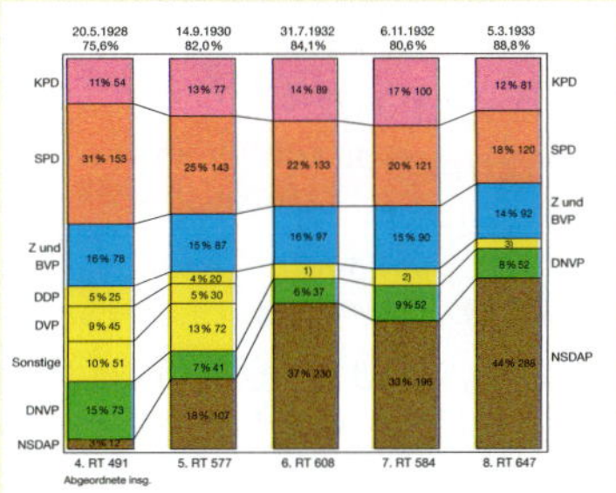

Die erste deutsche Demokratie scheitert am mangelnden politischen Rückhalt im Volk.

30. Januar 1933

Hitler wird Reichskanzler.

1. September 1939

Mit dem deutschen Überfall auf Polen beginnt der Zweite Weltkrieg.

8./9. Mai 1945

Die bedingungslose Kapitulation der deutschen Wehrmacht beendet den Krieg in Europa.

Check: Das kann ich schon …

Wichtige Begriffe erklären

- ✓ Revolution 1918/19
- ✓ Vertrag von Versailles
- ✓ Weltwirtschaftskrise 1929
- ✓ NS-Ideologie
- ✓ Antisemitismus
- ✓ „Machtübertragung"
- ✓ Hitlerjugend
- ✓ Propaganda
- ✓ SS und SA
- ✓ Konzentrationslager
- ✓ Zweiter Weltkrieg 1939–1945
- ✓ Luftkrieg
- ✓ Zwangsarbeit
- ✓ Widerstand
- ✓ 20. Juli 1944
- ✓ Rechtsextremismus

M 1 **Reichsparteitag.** Foto, 1934.

M 2 **„Auch Du gehörst dem Führer".** BDM-Plakat, 1936.

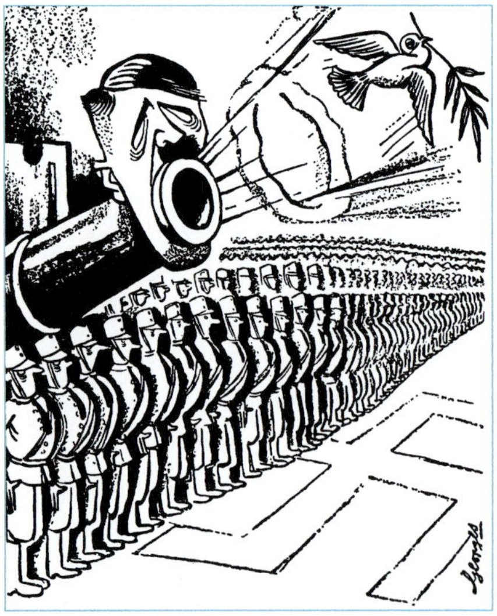

M 3 **Karikatur aus der amerikanischen Zeitschrift „The Nation" zu Hitlers „Friedensrede" vom 17. Mai 1933 im Deutschen Reichstag.**

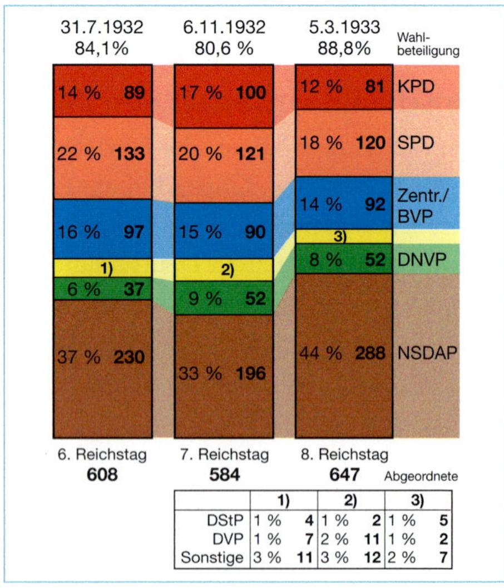

	1)		2)		3)	
DStP	1 %	4	1 %	2	1 %	5
DVP	1 %	7	2 %	11	1 %	2
Sonstige	3 %	11	3 %	12	2 %	7

M 4 **Ergebnisse der Reichstagswahlen 1932/1933.**

M5 Eine Gruppe von Kindern nach der Befreiung des Vernichtungslagers Auschwitz. Foto, 1945.

M6 Blick auf die Dresdner Innenstadt. Foto, 1945.

M7 Aktienkurse in den USA 1929/30.

Fachliche Kompetenz

1 Erklärt euch gegenseitig die wichtigen Begriffe (Kasten) und schreibt die Bedeutung der Begriffe in eure Arbeitsmappe.

2 Beschreibt die Gründung der ersten deutschen Demokratie, der Weimarer Republik, in den Jahren 1918/19.

3 Nennt Gründe für den Untergang der Weimarer Republik 1932/1933 (M4, M7).

4 Erläutert wesentliche Elemente der nationalsozialistischen Ideologie (M1, M2).

5 Schreibt einen kurzen Bericht, wie die Nationalsozialisten bis 1934 ihre Macht ausbauten und festigten.

6 Berichtet über die Verfolgung und Ermordung der Juden (M5).

7 Beschreibt den Weg in den Zweiten Weltkrieg und seine Folgen (M3, M6).

8 Entwerft eine „Mindmap" zum Thema „Widerstand gegen den Nationalsozialismus".

Methodenkompetenz

9 Zeigt an M1, dass dieses Foto ein Propagandafoto ist (siehe S. 46/47).

Urteils- und Handlungskompetenz

10 Untersucht M2 und prüft, ob euch Angebote der Hitlerjugend damals angesprochen hätten.

11 Entwerft ein Plakat zu einem dieser Themen:
- Bilanz des Zweiten Weltkrieges
- Nie wieder Krieg!
- Millionen Tote mahnen
- Das wahre Gesicht des Nationalsozialismus
- Schon vergessen?

12 Auch heute gibt es wieder Menschen, die rechtsextreme Ansichten vertreten oder rassistische Vorurteile äußern. Stellt fest, ob es Gemeinsamkeiten bzw. Unterschiede zur damaligen NS-Ideologie gibt.

13 Erläutert, warum Deutschland aufgrund seiner Geschichte von 1933 bis 1945 eine besondere Beziehung zum Staat Israel und zu den Juden in der Welt hat.

3 Wirtschaft im Strukturwandel

Schlittschuhlaufen zwischen Förderanlagen und Schornsteinen? Nein – neue Möglichkeiten der Nutzung im Ruhrgebiet! Die sanierte Kokerei gehört zum Weltkulturerbe der Zeche Zollverein in Essen. Nur ein Beispiel für den wirtschaftlichen Wandel und das neue Gesicht des Ruhrgebietes. Dieser Veränderungsprozess von Betrieben und Wirtschaftsräumen findet überall und ständig statt.

In diesem Kapitel könnt ihr unter anderem erarbeiten,
- wie der Strukturwandel im Ruhrgebiet sich auf den Raum und die Menschen auswirkte,
- wie Leipzig zu einem modernen Dienstleistungszentrum wurde
- und welche Veränderungen gegenwärtig die Landwirtschaft in Deutschland durchläuft.

Daneben könnt ihr mithilfe von WebGIS selbstständig geographisch relevante Informationen abrufen und verarbeiten.

Das Ruhrgebiet gestaltet seine Zukunft

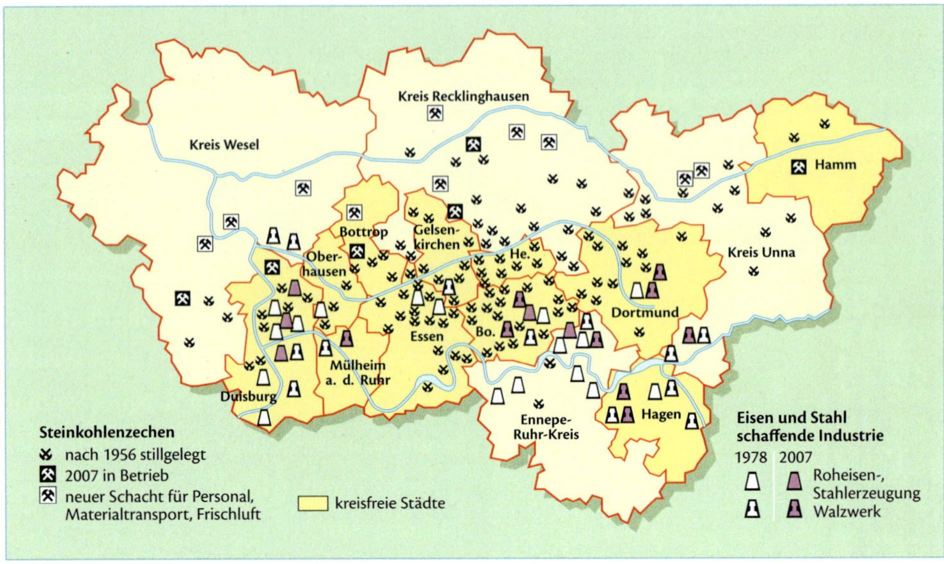

M 1 Veränderungen der Eisen- und Stahlindustrie und des Steinkohlenbergbaus im Ruhrgebiet.

Essen	
1961	749 040
1990	582 447
2008	582 140

Ruhrgebiet	
1961	5 674 223
1990	5 396 208
2008	5 396 208

M 2 Entwicklung der Einwohnerzahlen von Essen und im gesamten Ruhrgebiet.

***Strukturwandel**
Veränderungen in der Wirtschaft durch Veränderungen in Angebot und Nachfrage. Dieser ständig ablaufende Prozess führt zu Anpassungen in Betrieben, Branchen und Wirtschaftsräumen.

Das Ruhrgebiet in der Krise

Das Ruhrgebiet war bis etwa 1960 einseitig auf die Schwerindustrie und industrielle Großbetriebe mit Massenproduktion ausgerichtet. Ein Strukturwandel* wurde als unnötig angesehen, da Kohleförderung und Eisen- und Stahlproduktion als langfristige **Wachstumsmotoren** eingestuft wurden.

Etwa ab 1960 ging aber der Steinkohlenabsatz stark zurück, denn die wichtigsten Großabnehmer – die chemische Industrie, die Stahlindustrie und die Stromerzeugung – nutzten verstärkt billigeres Erdöl als Energieträger. Hinzu kam die Konkurrenz von preiswerter Steinkohle aus dem Ausland. In der Folgezeit geriet auch die Stahlindustrie in eine Krise, denn viele Metallteile – z. B. an Maschinen und Fahrzeugen – wurden durch Kunststoffe ersetzt. Die Folge waren Betriebsschließungen oder die Konzentration der Produktion auf wenige leistungsfähige Standorte.

Hohe Arbeitslosigkeit

Zu den Folgen der Krise gehörten eine hohe Arbeitslosigkeit und eine stetige Abwanderung der Bevölkerung. Auch die großen Umweltbelastungen sowie die geringe Qualifikation vieler Arbeitskräfte stellten kaum Anreize für die Ansiedlung neuer Wirtschaftsbranchen dar.

Von 1960 bis heute verlor die Kohlen- und Stahlindustrie rund eine halbe Million Arbeitsplätze. Allerdings werden auch heute noch etwa zehn Prozent der Steinkohlen- und Rohstahlproduktion der Europäischen Union im Ruhrgebiet erzeugt. Die Förderung von Steinkohlen soll in den nächsten Jahren auslaufen.

Umdenken und Umstrukturieren

Die **Umstrukturierung** des Ruhrgebietes ist ein schwieriger und lang andauernder Prozess. Er bedeutet u. a. Veränderungen von Landschaft, Städten und Siedlungen, Industriebetrieben und Dienstleistungsanbietern. Aber auch einen Bewusstseins-

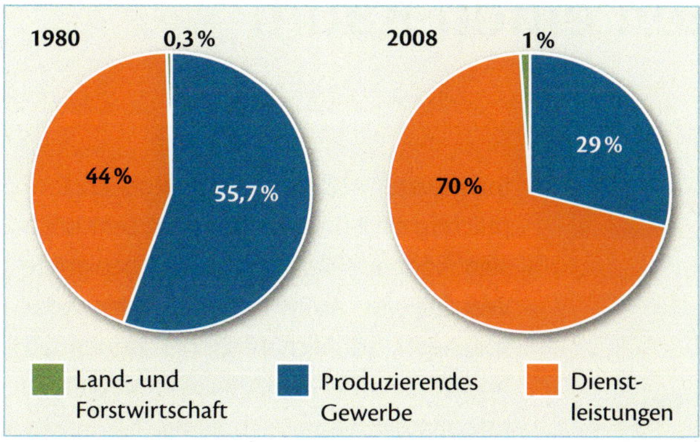

M 3 Beschäftigte im Ruhrgebiet nach Wirtschaftssektoren 1980 und 2008.

M 4 „Technologiepark Phoenix" in Dortmund auf dem Gelände eines ehemaligen Stahlwerks. Luftbild, 2007.

wandel der Bevölkerung weg vom überholten Bild des alten „Kohlenpotts". Folgende Maßnahmen kennzeichnen den **Strukturwandel** im Ruhrgebiet seit den 1970er-Jahren: Moderne Industriebranchen, die auf neue Technologien orientiert sind, wie der Fahrzeugbau und die Elektrotechnik/Elektronik, wurden angesiedelt. Zu diesem Zweck entstanden an den Rändern vieler Großstädte Industrie- und Gewerbeparks sowie später Technologiezentren. Anreize für Investitionen wurden über zahlreiche staatliche Förderprogramme geschaffen. Auch die Unternehmen vollzogen einen Umwandlungsprozess. Aus traditionellen Schwerindustrieunternehmen wie Mannesmann entstanden neue Technologiekonzerne, in diesem Fall D2, heute Vodafone.

Der Abbau von Umweltbelastungen

Der Abbau von **Umweltbelastungen**, die Beseitigung bzw. Sanierung von Halden und alten Industrieanlagen (Altlasten) sowie die Neugestaltung von Wohnsiedlungen führten zu einer spürbaren Verbesserung der Lebensqualität im Ruhrgebiet. Alte Industrieflächen wurden und werden umgestaltet. Beispielhaft dafür steht der Bau des CentrO in Oberhausen als eines der größten Einkaufszentren Europas auf einem alten Hüttengelände.

Kampf um Arbeitsplätze

Trotz aller Fortschritte ist die Erfolgsbilanz der wirtschaftlichen Umstrukturierung und Erneuerung des Ruhrgebietes nicht ungetrübt. So liegt die **Arbeitslosigkeit** immer noch deutlich über dem Bundesdurchschnitt und es gehen immer noch mehr Arbeitsplätze verloren, als neu entstehen. Deshalb setzt das Ruhrgebiet verstärkt auf neue Ideen. Perspektiven sieht man in innovativen Branchen wie der **Mikro- und Nanotechnologie** sowie der Ansiedlung vielfältiger Dienstleistungsunternehmen.

1965/1966	2500
1985/1986	100000
2007/2008	152543

M 5 Studentenzahlen an Hochschulen im Ruhrgebiet.

1 Beschreibt die geographische Lage und Größe des Ruhrgebietes (M 1, M 2). Benutzt dazu auch einen Atlas.

2 Erläutert am Beispiel des Steinkohlenbergbaus und der Stahlindustrie die Strukturkrise im Ruhrgebiet und deren Folgen (M 1–M 3).

3 Beschreibt den Strukturwandel und die verschiedenen Ursachen mit M 1 bis M 5 in einem kurzen Bericht.

4 Informiert euch im Internet über das Projekt „Zukunftsstandort Phoenix" in Dortmund (M 4).

5 Verfolgt in den Medien Berichte über das Ruhrgebiet und stellt die Kernaussagen der Klasse in einem Kurzvortrag vor.

METHODE

Wir untersuchen einen Raum mit WebGIS

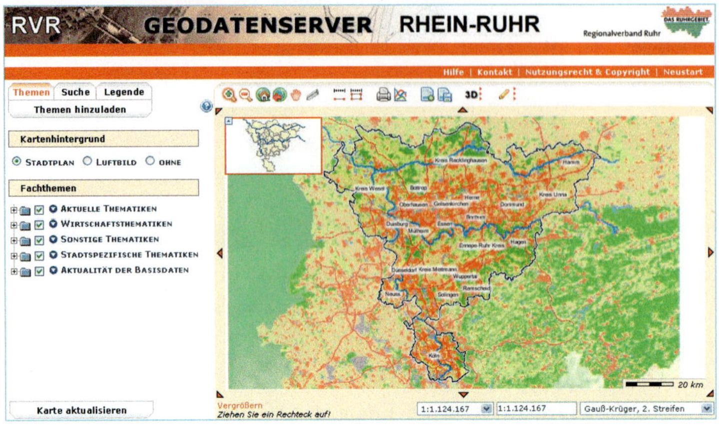

M 1 Startseite des Geodatenservers Rhein-Ruhr. Screenshot, 2010.

WebGIS

Geographische Informationssysteme (GIS) sind Computerprogramme, die Daten für einen bestimmten Raum (z.B. Landkreis, Stadt, Deutschland) speichern und durch Tabellen oder Karten veranschaulichen. Wenn diese Daten – auch Geodaten genannt – über das Internet den Nutzern zur Verfügung gestellt werden, spricht man von WebGIS.
Navigationssysteme für Autos, Vorhersagekarten der Meteorologen oder auch die Anzeige der Wartezeit auf einen Bus basieren alle auf Geodaten. Ein bekanntes GIS ist Google Earth. Daten aus einem WebGIS haben den Vorteil, dass in der Regel keine Installation eines Programmes auf dem eigenen Computer erforderlich ist.

M 2 Checkliste für die Arbeit mit einem WebGIS:

1. Schritt: Sucht nach einem geeigneten WebGIS (GeoServer):
Recherchiert im Internet mit den Suchbegriffen „Geoinformation“, „Geodaten“, „GIS“, „WebGIS“, „Geodienst“ und der Angabe eures Bundeslandes, Wohnortes oder dem Namen der Heimatregion. Berücksichtigt bei eurer Suche, dass Geodaten privater Anbieter in der Regel kostenpflichtig sind und diese Kosten sehr hoch sein können. Versucht daher geeignete WebGIS vor allem von Behörden oder sonstigen staatlichen Einrichtungen zu finden. Einen ersten Anlaufpunkt bieten:
http://www.webgis-schule.de
http://geoportal.bkg.bund.de

2. Schritt: Informiert euch auf der Startseite über die Angebote des jeweiligen WebGIS (zumeist in der linken Spalte der Startseite zu finden) und wählt einen Anbieter für eure Arbeit.

3. Schritt: Macht euch mit den Funktionen des ausgewählten WebGIS vertraut. Dazu zählen insbesondere die Werkzeuge des Programms und die Navigationsmöglichkeiten.

4. Schritt: Wählt einen konkreten Untersuchungsraum, den ihr mithilfe des WebGIS bearbeiten wollt und für den Geodaten vorliegen.

5. Schritt: Betrachtet die in der Datenbank vorliegenden Themen und Karten.
Wählt eine oder mehrere der bereits vorhandenen Karten aus, die ihr für eure Arbeit verwenden könnt. Falls die gewünschten Karten nicht bereits vorliegen: Wählt aus der Datenbank Themen aus und erstellt daraus mit dem Karteneditor neue aussagekräftige Karten. Ihr könnt diese dann ausdrucken (Kosten!) und für eure Arbeit verwenden.

6. Schritt: Bewertet die Arbeit mit dem WebGIS:
Welche Informationen haben wir erhalten? Waren die Geodaten für uns nützlich? Steht die notwendige Zeit für die Arbeit mit dem WebGIS in einem sinnvollen Verhältnis zu den erzielten Ergebnissen? Was können wir beim nächsten Einsatz von WebGIS ohne großen Aufwand besser machen?

Beispiel für die Untersuchung mithilfe von WebGIS unter dem Stichwort: „Ruhrgebiet“.

Zu Schritt 1.: Wir geben die Suchbegriffe „Geodaten“ und „Ruhrgebiet“ ein und finden in der Ergebnisliste den Link „Geodatenserver – Metropole Ruhr“ unter http://www.metropoleruhr.de/regionalverband-ruhr/karten-geodaten/geodienste-portale/geodatenserver.html

Unter dem Menü „Karten & Geodaten“ finden wir den Unterpunkt „Geodienste & Portale“; darunter den Link „Geodatenserver“.

Zu Schritt 2.: Der Geodatenserver mit dem Namen „LuKaS“ (Abkürzung für Luftbild- und Karten-Server) macht verschiedene Angebote. So ermöglicht er eine kostenlose digitale Reise durch das Ruhrgebiet, das Bergische Land und das Rheinland. Dabei präsentiert er hochaufgelöste Luftbilder aus dem Jahr 2009. Der Server zeigt Points-of-Interest, ermöglicht die Suche von Orten, zeigt die „Route Industriekultur“ und weist auf freie Gewerbeflächen hin.

Zu Schritt 3.: Falls ihr Probleme bei der Bedienung habt: Die Hilfefunktionen des jeweiligen Programmes helfen in der Regel weiter (siehe M 3).

Zu Schritt 4.: Wir nutzen die Informationen des WebGIS zunächst für einen Überblick zum Ruhrgebiet (M 4).

Zu Schritt 5.: Der Geodatenserver Metropole Ruhr liefert umfangreiche Informationen zur Bevölkerungsentwicklung im Ruhrgebiet (M 5). Aber auch für Städte und Gemeinden sind in der Regel Informationen vorhanden.

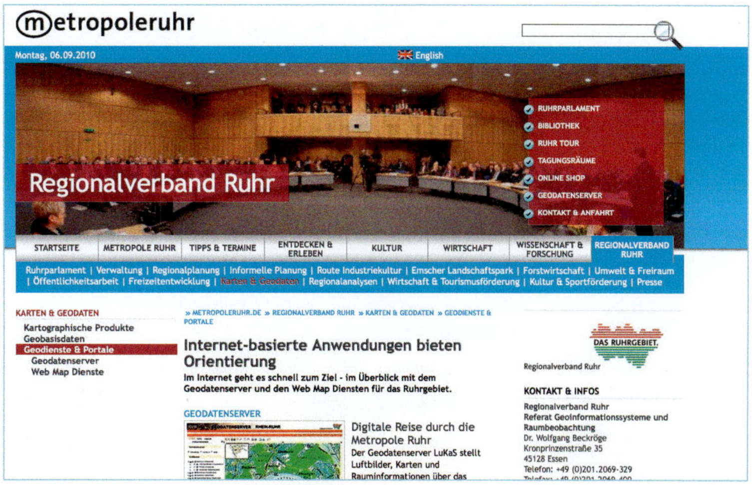

M 4 Angebote des Geodatenservers Metropole Ruhr. Screenshot, 2010.

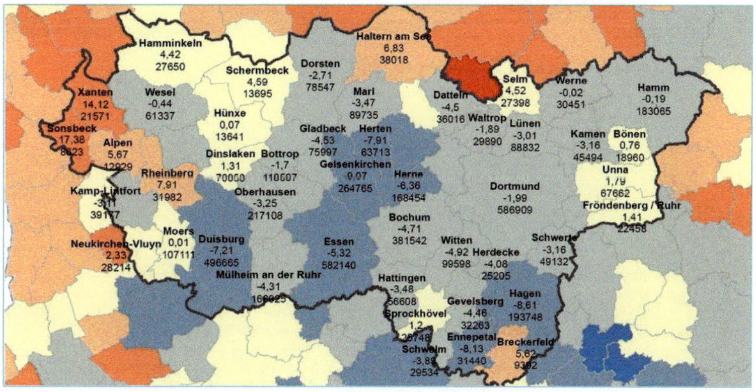

M 5 Bevölkerungsentwicklung im Ruhrgebiet. Stand 2009. Screenshot.

M 3 Informationen der Hilfe-Funktion zu den Elementen der Internetseite. Screenshot, 2010.

1 Sucht für euren Heimat- oder Schulort nach Informationen mithilfe von WebGIS. Berücksichtigt dabei die Methoden-Schritte 1–6.

2 Beschreibt mithilfe der WebGIS die Bevölkerungsentwicklung im Ruhrgebiet (M 5).

Vom Stahlkocher zum Ferienmacher

M 1 Elektrostahlwerk in Peine. Foto, 2007.

M 2 TUI-Hotel bei Jandia (Fuerteventura). Foto, 2008.

TUI Travel PLC	TUI Hotels & Resorts	TUI Cruises
TUI Travel	**TUI Hotels & Resorts**	**Kreuzfahrten**
Pauschalreisen Expeditionen und Studentenreisen	15 Hotelmarken in 31 Ländern mit rund 297 Hotels und 180 000 Betten, zum Beispiel: Riu, Robinson	Hapag-Lloyd-Kreuzfahrten TUI Cruises

M 3 Gegenwärtige Struktur des TUI-Konzerns.

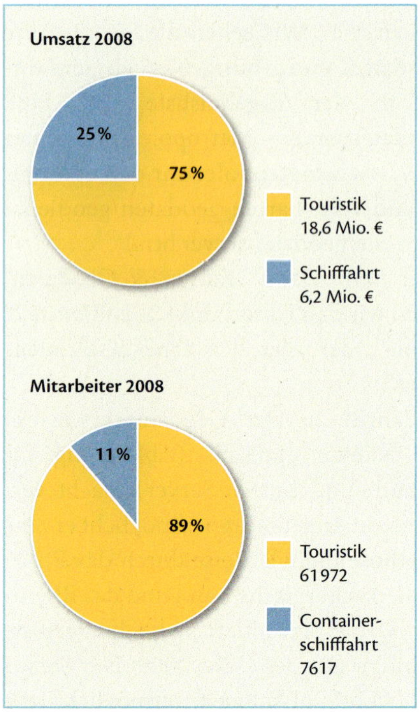

M 4 Umsatz und Mitarbeiter des TUI-Konzerns 2008.

Vom Produzenten zum Dienstleistungsanbieter

Unternehmen müssen sich ständig an neue wirtschaftliche und gesellschaftliche Bedingungen anpassen. Hierzu zählen: die Ansprüche der Konsumenten und Märkte; der wissenschaftlich-technische Fortschritt sowie die daraus resultierende Möglichkeit, neue Produkte zu entwickeln, die zum Teil weltweit produziert und verkauft werden. Ebenso wie die Umstrukturierung einzelner Wirtschaftsbereiche – zum Beispiel der Landwirtschaft (siehe S. 90 ff.) – wird auch der Anpassungsprozess innerhalb von Unternehmen als **Strukturwandel** bezeichnet.

In der deutschen Wirtschaft hat sich in den letzten Jahrzehnten vor allem die Bedeutung der Industriebranchen verändert. Waren es Mitte des 20. Jahrhunderts die

Textilindustrie, der Bergbau und die Eisen- und Stahlerzeugung, sind es heute die Hightech- und Medienbranche, die Biotechnologie und das Informationswesen. Von den traditionellen rohstoff- und arbeitskräfteintensiven Branchen geht der Trend hin zu modernen kapital-, wissenschafts- und technologieintensiven Unternehmen. Damit ist auch ein Wandel in der Arbeitswelt einhergegangen. Landwirtschaft und Industrie bieten immer weniger Arbeitsplätze, neue Arbeitsplätze entstehen vor allem im Bereich der Dienstleistungen.

Der Strukturwandel zwingt zu Entscheidungen

M 5 Die Süddeutsche Zeitung berichtete im August 2010:

[…] Nach einer Fast-Pleite im letzten Jahr hat Hapag-Lloyd überraschend den höchsten Quartalsgewinn der Firmengeschichte erzielt. […] Große Erleichterung auch bei der Führung der TUI AG in Hannover. […] Denn noch 2009 hatte sie Milliarden in die Rettung der Reederei gepumpt. […] Für die TUI stellt sich nun eine spannende Frage: Eigentlich wollte der Konzern die restlichen Anteile an der Reederei verkaufen; doch nun entpuppt sie sich als Gewinnbringer. TUI hatte 2008 die „Zwei-Säulen-Strategie", basierend auf Reisegeschäft und Schifffahrt, geplant aufzugeben. […] Nun will sich TUI erst einmal nicht von Hapag-Lloyd trennen […]

Für Unternehmen ist es überlebenswichtig, die richtigen betriebswirtschaftlichen Entscheidungen zur richtigen Zeit zu treffen. Häufig geht es bei diesen langfristigen Weichenstellungen für die Entwicklung des Unternehmens darum, sich von unrentablen Geschäftsbereichen zu trennen und Gewinn versprechende Geschäftsfelder zu entwickeln oder zu kaufen.

1924	„Preußische Bergwerks- und Hütten-Aktiengesellschaft" (Preussag) in Berlin gegründet Preussag ist in der Grundstoffgewinnung und -verarbeitung mit den Schwerpunkten Steinkohle, Salze, Erdöl, Nichteisen-Metalle, Stahl- und Energieerzeugung tätig
1964	Preussag engagiert sich verstärkt im Transportwesen sowie im Wasserwerk- und Brunnenbau
1989	Zusammenschluss von Preussag und Salzgitter AG (Stahlerzeugung) zu einem Konzern, der zu den größten in Deutschland gehört
1997	Erwerb von Hapag-Lloyd (Reiseveranstalter)
1998	Mehrheit an TUI (Reiseveranstalter) wird übernommen. Logistikgeschäft wird gebündelt, komplette logistische Dienstleistungsangebote können angeboten werden Stahlerzeuger Salzgitter wird verkauft
1999	Preussag Anthrazit in Deutsche Steinkohle AG eingebracht
2000	Erwerb der Thomson Travel Group TUI-Gruppe wird einer der größten Touristik-Konzerne weltweit und deckt 70 Prozent des europäischen Reisemarktes ab
2002	Umbenennung der Preussag in TUI
2003	Verkauf des Energie-Bereichs an die österreichische OMV (Österreichische Mineralöl Verwaltung) Gründung der TUI China und TUI Austria
2004	Ausbau des ertragsstarken Bereiches „Schifffahrt" Gründung der TUI Russia
2006	Expansion der TUI im Fluggeschäft unter der Marke TUIfly.com. Einstieg in den Kreuzfahrt-Premium-Markt mit der Marke TUI Cruises über eine Zusammenarbeit mit dem Weltmarktführer Carnival
2007	TUI AG und die britische First Choice Holidays schmieden gemeinsam einen der größten Reisekonzerne der Welt: TUI Travel

M 6 Umstrukturierung eines deutschen Unternehmens – von der Preussag zu TUI.

Flexibilisierung und Internationalisierung, Entwicklung neuer Produkte sowie die Erschließung neuer Märkte und Kunden heißen die Gebote der Zeit.

1 Untersucht M 1 bis M 4. Informiert euch über Standorte des Unternehmens in Norddeutschland.

2 Notiert Stichworte zum Umbau des Unternehmens (M 5, M 6). Formuliert dann einen zusammenfassenden Satz über den Strukturwandel.

3 Erarbeitet eine Wandzeitung „Strukturwandel bei TUI" und verwendet dabei M 1 bis M 6 und Material aus dem Internet.

Dienstleistungen auf dem Vormarsch

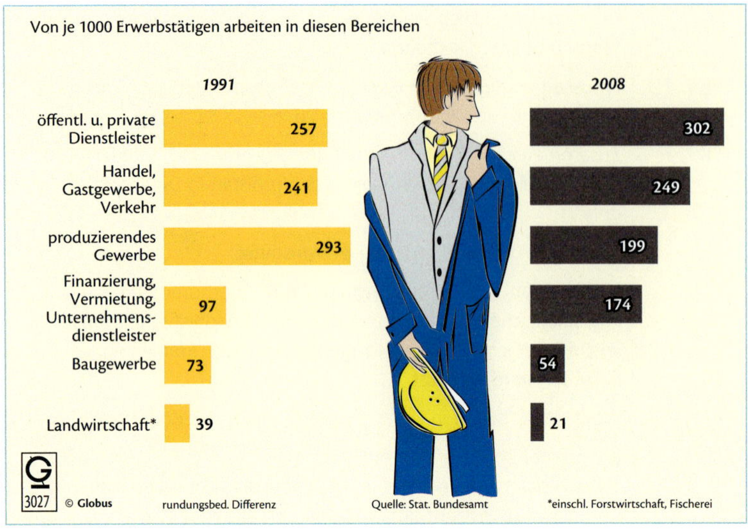

M 1 Wandel der Arbeitswelt in Deutschland 1991–2008.

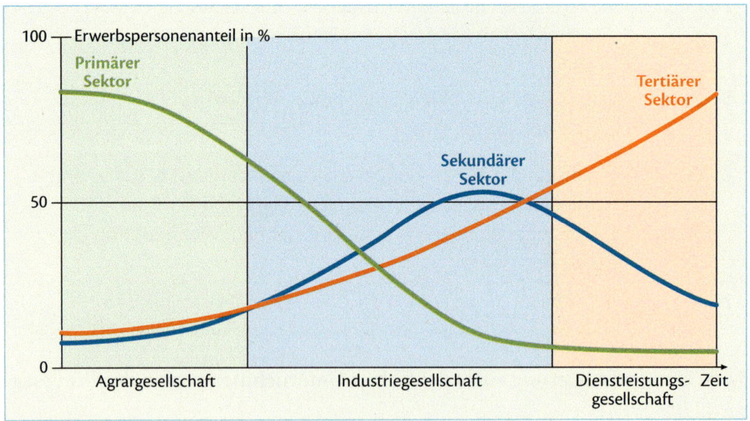

M 2 Modell zur Entwicklung der Wirtschaftssektoren.

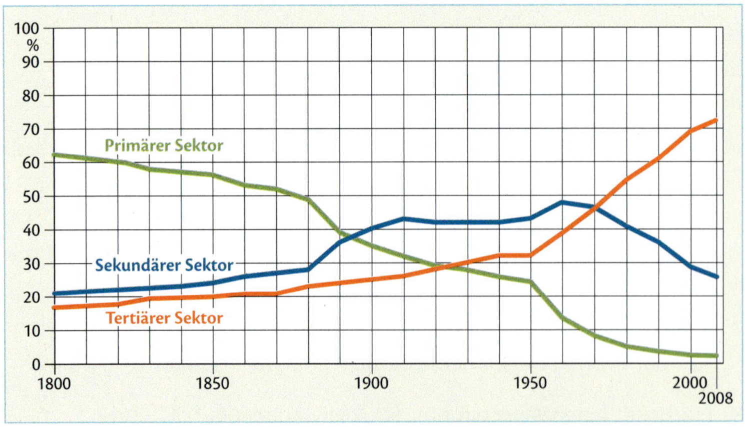

M 3 Zahl der Erwerbstätigen je Wirtschaftssektor in Deutschland (in %).

Wirtschaftssektoren

Die Tätigkeiten in der Wirtschaft werden in Sektoren unterteilt. Der erste – **der primäre Sektor** – umfasst die Land- und Forstwirtschaft sowie die Fischerei. Im zweiten – dem **sekundären – Sektor** werden Stoffe sowie Güter in der Industrie und im Handwerk zu höherwertigen Waren verarbeitet. Im **tertiären Sektor** stehen Dienstleistungen im Vordergrund.

Was sind Dienstleistungen?

Eine Kassiererin, ein Rechtsanwalt, ein Taxifahrer, eine Lehrerin, eine Mitarbeiterin in einem Callcenter und ein Nachrichtensprecher haben trotz unterschiedlicher beruflicher Ausbildung eines gemeinsam: Sie produzieren Güter, die weder angefasst noch transportiert oder gelagert werden können.

Die Beschäftigten arbeiten in verschiedenen Dienstleistungsbereichen – zum Beispiel im Handel, in Banken, im Bildungsbereich, in der Gastronomie oder im Gesundheitswesen. Auch im Bereich der Informationstechnologie entstehen neue Arbeitsplätze.

Viele Beschäftigungen sind mit dem sekundären Sektor verzahnt. Industrieprodukte erfordern Forschung und Entwicklung, Qualitätskontrolle, Service, Werbung und Vertrieb. Der Dienstleistungsanteil gewinnt daher in den Unternehmen immer stärker auch an Bedeutung. Maschinen beispielsweise werden in der Regel mit einem Wartungsvertrag verkauft.

Dienstleistungen mit Zukunft

In Zukunft sind neue Arbeitsplätze in den Bereichen Forschung und Entwicklung, Organisation und Rechtsberatung sowie Ausbildung zu erwarten. Auch im Umweltschutz wird mit einer Zunahme von

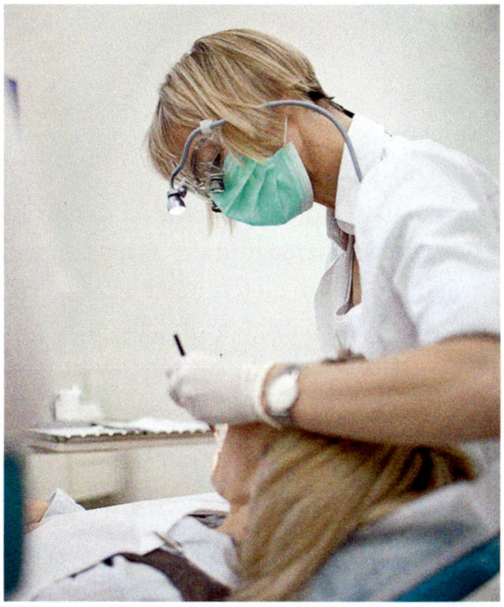

M4 **Zahnärztin in ihrer Praxis.** Foto, 2010.

Arbeitsplätzen gerechnet. Bereits heute sind im Bereich Forschung und Entwicklung sowie in der Informationstechnologie überdurchschnittlich viele Personen mit einem Hoch- oder Fachschulabschluss tätig.

Kreditinstitute und Unternehmensdienstleister, die Manager beraten, Daten verarbeiten oder Marketing betreiben, haben innerhalb des Dienstleistungssektors den größten Anteil an der Wirtschaftsleistung.

Räumliche Auswirkungen

Viele Regionen werden durch spezielle **Dienstleistungsangebote** geprägt. Das können Finanzzentren sein wie Frankfurt am Main, Wissens- und Technologiezentren wie im Umland von München, Messestandorte wie Hannover, Medienschwerpunkte wie Hamburg, aber auch Tourismusregionen.

In den Städten hat sich die City zu einem bevorzugten Standort für Kreditinstitute, Arzt- und Rechtsanwaltspraxen, Hauptverwaltungen von großen Unternehmen und kulturellen Einrichtungen entwickelt. Am Stadtrand siedeln sich flächenintensive Großhandelsunternehmen und Einzelhandelszentren an.

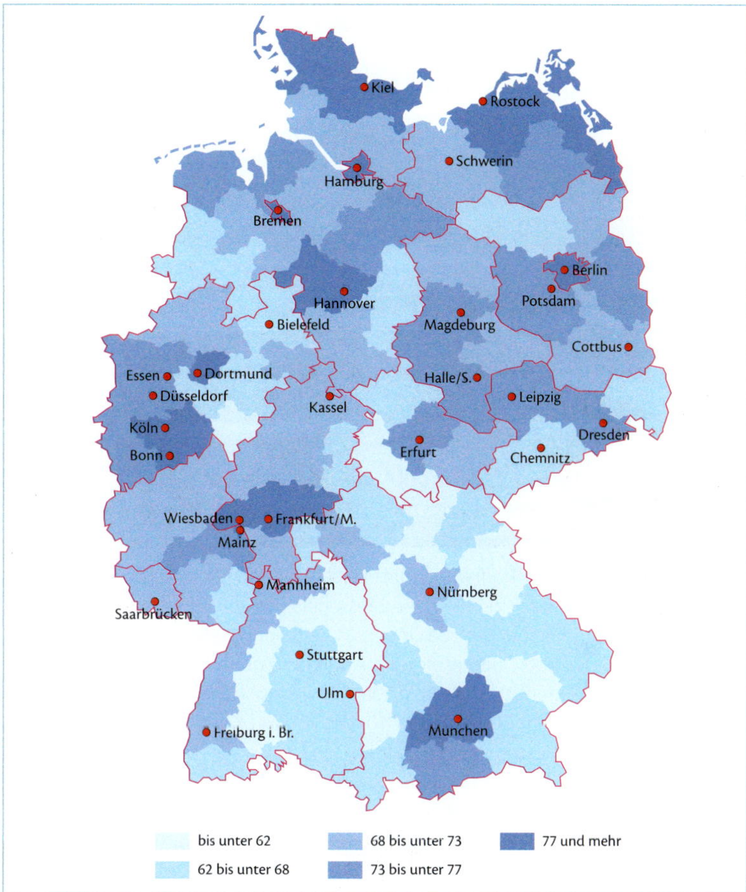

M5 **Erwerbstätige im Dienstleistungssektor je 100 Erwerbstätigen 2005.**

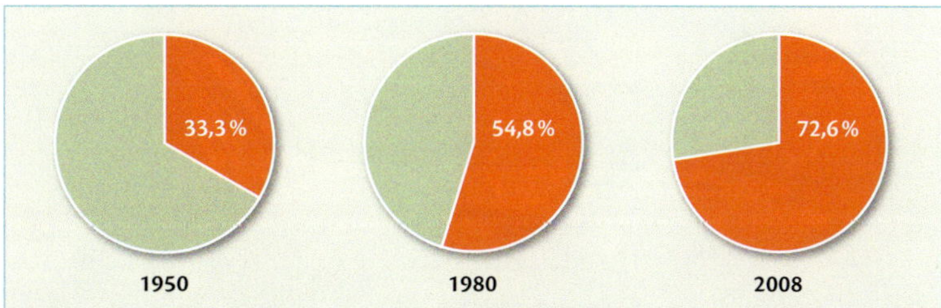

M6 **Entwicklung der Zahl der Erwerbstätigen (in %) im tertiären Sektor in Niedersachsen 1950–2008.**

1 Untersucht die Entwicklung des Dienstleistungssektors in Deutschland (M1, M3, M5) und formuliert euer Ergebnis schriftlich.

2 Erklärt den Wandel der Beschäftigungsanteile in den Wirtschaftssektoren (M2).

3 Beschreibt und erklärt die Verteilung der im tertiären Sektor Beschäftigten in Deutschland (M5).

4 Erläutert die Entwicklung des Dienstleistungssektors in Niedersachsen (M6). Vergleicht mit den Angaben in M3 und M5.

Leipzig – ein vielseitiger Dienstleistungsstandort

Mit seiner 800-jährigen Tradition gehört Leipzig zu den ältesten Messestädten der Welt. Das 1996 eingeweihte neue Messegelände am Nordrand der Stadt verfügt über fünf miteinander verbundene Ausstellungshallen und eine Freifläche von etwa 70 000 Quadratmetern. Außerdem gehört zur neuen Leipziger Messe ein Kongresszentrum. Die Leipziger Messegesellschaft beschäftigt rund 400 Mitarbeiter. Im Jahr 2008 fanden 40 Messen und Kongresse statt, darunter so bedeutende Messen wie die Games Convention, die Leipziger Buchmesse und die zweitgrößte Automesse Deutschlands, die Auto Mobil International. Für die nächsten Jahre ist geplant, weitere informative Fachmessen anzubieten, die als Weiterbildungsangebot für Fachkräfte aus dem In- und Ausland dienen sollen.

M1 Blick auf das Messegelände. Foto, 2008.

Leipzig liegt in der Mitte Europas und ist ein wichtiger Verkehrsknotenpunkt. Dort kreuzen sich gut ausgebaute Autobahnen in West-Ost-Richtung mit Autobahnen, die in Nord-Süd-Richtung führen und Leipzig als Ring umschließen. Leipzig ist auch ein bedeutender Knotenpunkt im Eisenbahnverkehr. Der Leipziger Hauptbahnhof verfügt über 24 Bahnsteige und ist damit einer der größten Bahnhöfe Europas.

M2 Autobahn- und Flughafenanbindung. Foto, 2008.

Das neue Leipzig

Das **Dienstleistungsgewerbe** ist der größte Wirtschaftsbereich in der Stadt Leipzig. Im Jahr 2008 arbeiteten mehr als 62 Prozent der Beschäftigten im Bereich der Dienstleistungen. Leipzig hat nach 1990 eine sprunghafte Entwicklung in diesem Bereich erlebt. Die Stadt ist ein Zentrum für öffentliche Verwaltungen sowie Sitz des Bundesverwaltungsgerichts. Zahlreiche Banken und Versicherungen haben sich in der Stadt angesiedelt. Mit 62 Finanzunternehmen ist Leipzig der bedeutendste Finanzplatz in Mitteldeutschland.

Touristenstadt

Auch als Ziel in- und ausländischer **Touristen** gewinnt Leipzig zunehmend an Bedeutung. 2008 wurde erstmals die „Millionengrenze“ bei den Gästeankünften überschritten. Anziehungspunkte sind die historischen Gebäude der Innenstadt, vielfältige Kulturveranstaltungen von Klassik bis Pop und der Freizeitpark „BELANTIS“ im Süden der Stadt.

In den letzten Jahren wurde der **Flughafen** Leipzig/Halle um zwei Start- und Landebahnen erweitert. Im Bereich Luftfrachtverkehr konnte Leipzig/Halle damit zum drittgrößten Umschlagplatz in Deutschland aufrücken und seine Stellung im Flugverkehr nach Osten ausbauen. Seit dem Jahr 2008 nutzt die Deutsche Post den Flughafen Leipzig/Halle als europäisches DHL-Drehkreuz für den Paket- und Briefexpressdienst. Täglich fliegen über 50 DHL-Frachtflugzeuge den Flughafen an. Pro Nacht werden bis zu 2000 Tonnen umgeschlagen. Wenn der Ausbau des Flughafens 2012 abgeschlossen ist, sind dort rund 3500 Arbeitsplätze entstanden.

Leipzig ist ein bedeutender Standort für die Verteilung und den Versand von Waren sowie für viele Dienstleistungen, die rund um diesen Bereich angesiedelt sind. Das sind zum Beispiel Speditionsunternehmen, Versandzentren mit großen Flächen für Lagerung, Sortierung und Verladung, Großmärkte sowie IT-Unternehmen. Alle diese Dienstleistungen werden unter dem Begriff Logistik zusammengefasst.
Auch der weltgrößte Internet-Einzelhändler Amazon hat im August 2006 in Leipzig ein neues Logistikzentrum eröffnet. Auf einer Fläche von ungefähr elf Fußballfeldern lagert das gesamte, bei Amazon.de erhältliche Produktsortiment von Büchern, Spielwaren, Artikeln für Haus und Garten bis zur Unterhaltungselektronik.

M3 Großlager des Internetanbieters Amazon. Foto, 2008.

Die Stadt Leipzig verfügt über eine Vielzahl an national und international anerkannten Forschungs- und Bildungseinrichtungen. Hierzu gehören zum Beispiel die Universität Leipzig, mehrere Fachhochschulen und zahlreiche Forschungsinstitute. Die Leipziger Universität ist über 600 Jahre alt und damit die zweitälteste Universität in Deutschland, an der heute etwa 30 000 Studierende eingeschrieben sind. Von großer Bedeutung ist die enge Zusammenarbeit zwischen Forschungseinrichtungen und Wirtschaftsunternehmen. Diese stellt sicher, dass die Forschungsergebnisse zügig in die Praxis überführt werden.

Leipzig ist ein traditioneller Medienstandort für Verlage, der sich in den letzten Jahren durch die Informations- und Kommunikationstechnologie sprunghaft entwickelt hat. Über 30 000 Beschäftigte sind in der Medienwirtschaft tätig. An der Spitze der Medienwirtschaft steht das Rundfunk- und Filmwesen mit fast 10 000 Beschäftigten. Auch der Mitteldeutsche Rundfunk (MDR), der Fernseh- und Hörfunkprogramme für Sachsen, Sachsen-Anhalt und Thüringen produziert, hat seit 1992 seinen Sitz in Leipzig. Als Medienunternehmen ist der MDR der größte Arbeitgeber in der Region.

M4 Hochhaus in der Leipziger Innenstadt. Luftbild, 2008.

M5 In einem Forschungslabor der Universität Leipzig. Foto, 2008.

1 „Leipzig liegt in der Leipziger Tieflandsbucht." Überprüft diese Aussage und benennt weitere Merkmale, die die geographische Lage Leipzigs beschreiben. Benutzt dazu euren Atlas.

2 Stellt aus M 1 bis M 5 in einer Tabelle zusammen, was Leipzig als Dienstleistungszentrum kennzeichnet.

3 Vergleicht die Aussagen für Leipzig mit eurer nächstgelegenen größeren Stadt.

4 Recherchiert im Internet und erarbeitet einen Kurzvortrag zu Leipzigs Standortvorteilen.

Die Slowakei – ein neuer Autobauer Europas

Stärken	Schwächen
• anhaltender Aufschwung und lange industrielle Tradition • niedrige Steuerbelastung, einheitlicher Steuersatz von 19 Prozent • günstige Produktionsfaktoren, darunter vor allem niedrige Löhne • gut ausgebildete und motivierte Arbeitskräfte • liberales Arbeitsrecht • lokale Zulieferer gut verfügbar	• zunehmende Verknappung von Fachkräften, häufiger Wechsel • mangelhafte Transportinfrastruktur, da Autobahnnetz erst im Aufbau • mangelhafte Transparenz bei Ausschreibungen • schwach entwickelte Forschung und Entwicklung
Chancen	**Risiken**
• Umschlagplatz für das Osteuropa-Geschäft • weiterhin deutlich wachsende Binnennachfrage • kostengünstige Strukturen für Industrieansiedlungen • breites Flächen- und Objektangebot in Gewerbeparks • Nutzung öffentlicher und EU-Fördermittel, Investitionshilfen	• hohe Abhängigkeit der Wirtschaft vom Export • einseitige Ausrichtung auf Kfz- und Elektroindustrie • weitere Zunahme des Facharbeitermangels • schnell steigende Lohnkosten • Zunahme der großen regionalen Entwicklungsunterschiede

M 1 Analyse der wirtschaftlichen Stärken, Schwächen, Chancen und Risiken in der Slowakei.

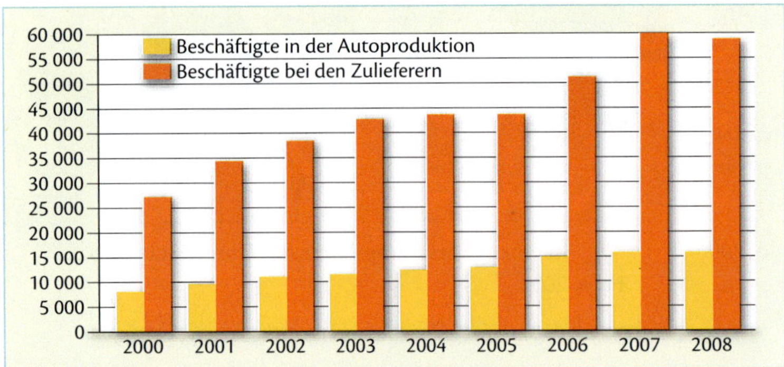

M 2 Beschäftigtenzahl in der Automobil- und Zuliefererindustrie in der Slowakei 2000–2008.

Auf dem Sprung zur europäischen Auto-Großmacht

Volkswagen hatte bereits 1991 den Anfang gemacht und einen staatlichen Automobilproduzenten gekauft – die Automobilwerke in Bratislava. Der kleine Produktionsbetrieb war eine Nebenstelle der damaligen tschechischen Skoda-Werke. Mittlerweile sind mit VW Slovakia, dem umsatzstärksten Unternehmen des Landes, rund 300 Zulieferfirmen verbunden. Neu angesiedelt haben sich der französische Konzern PSA Peugeot-Citroën und der südkoreanische Autobauer Kia Motors.

Da nach der politischen Wende 1992 die früher beherrschende Rüstungsindustrie und chemische Industrie nahezu zum Erliegen gekommen waren, holte der Staat durch Förderungsbeihilfen ausländische Unternehmen in das Land. Er vereinfachte das Steuersystem und veränderte die arbeitsrechtlichen Bedingungen zugunsten der Arbeitgeber. Für ausländische Investoren sind außerdem die Personalkosten ein wichtiger Faktor bei der Standortwahl. Im verarbeitenden Gewerbe kostete 2008 eine Arbeitsstunde in der Slowakei durchschnittlich 7,20 Euro, in Deutschland 33,90 Euro. Dabei ist zu bedenken, dass im Großraum Bratislava zum Teil doppelt so hohe Löhne bezahlt werden wie im Landesdurchschnitt.

Abhängig von der Autoindustrie

Beinahe die gesamte **Autoproduktion** geht in den Export. Die Slowakei rühmt sich deshalb, bezogen auf ihre 5,4 Millionen Einwohner, der größte Autoproduzent der Welt zu sein. Die Autoindustrie erwirtschaftet ein Viertel des Bruttoinlandsproduktes.

Allerdings verursachte die internationale Wirtschaftskrise 2008 und 2009 auch in der Automobilindustrie Produktionseinbrüche. In Zukunft wollen die Autowerke vorrangig Kleinwagen bauen, speziell für den osteuropäischen Markt.

Wegen der einseitigen Ausrichtung auf die Automobilindustrie setzt die Regierung

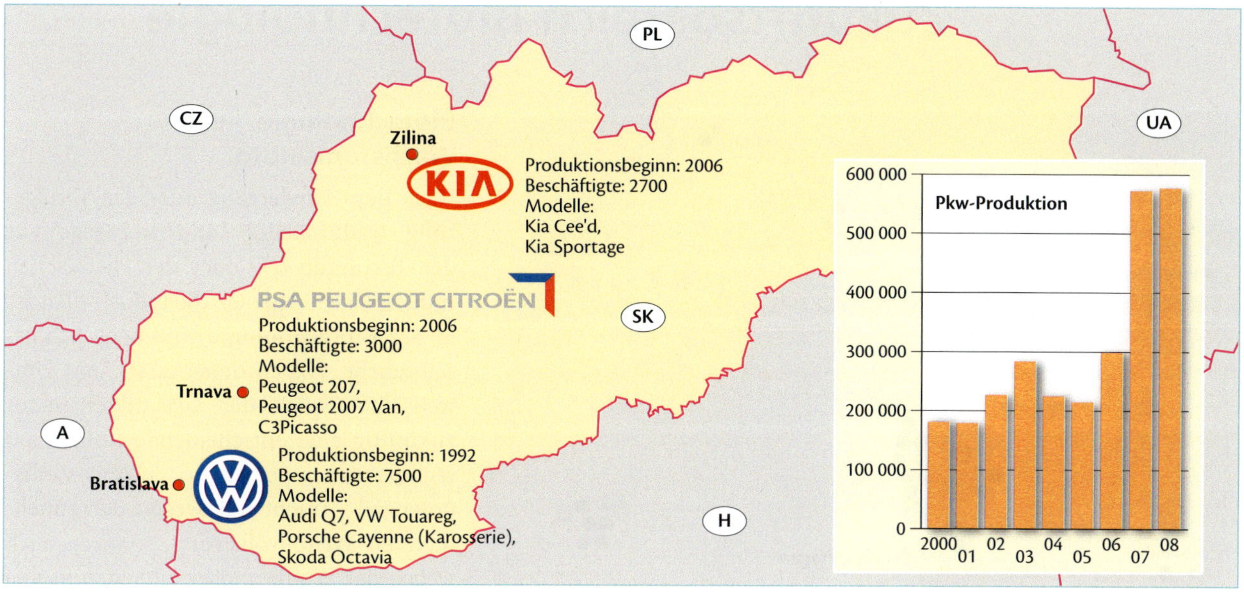

M3 Standorte und Entwicklung der Pkw-Produktion in der Slowakei 2000–2008.

Land	1999	2008
Belgien	917 513	680 131
Deutschland	5 309 524	5 526 882
Finnland	33 903	18 000
Frankreich	2 784 469	2 145 935
Großbritannien	1 786 624	1 446 619
Italien	1 410 459	659 221
Niederlande	262 242	59 223
Österreich	123 586	125 436
Polen	546 843	840 000
Portugal	186 996	132 241
Rumänien	88 313	231 056
Schweden	213 895	252 287
Serbien	3 816	9 818
Slowakei	128 503	575 766
Slowenien	118 132	180 233
Spanien	2 281 617	1 943 049
Tschechien	348 482	933 312
Ungarn	125 889	324 359

M4 Automobilproduktion in Europa 1999 und 2008.

M5 Auto aus slowakischer Produktion. Foto, 2010.

auf weitere Branchen wie die Elektroindustrie. Schon heute zählt die Slowakei zu den führenden europäischen Herstellern von LCD-Fernsehgeräten und -Monitoren.

1 Erstellt eine Tabelle zur Entwicklung der Automobilindustrie in der Slowakei. Begründet die Standortwahl (M 1–M 4).

2 Analysiert die Pkw-Produktion. Erklärt, warum die Slowakei sich als größten Autoproduzenten der Welt bezeichnet (M 2, M 3).

3 Erarbeitet ein Diagramm zur Automobilproduktion in Europa und wertet es aus. Berücksichtigt besonders die Slowakei (M 4).

4 Versetzt euch in die Rolle eines Investors. Erstellt eine Übersicht mit Pro- und Kontra-Argumenten in Bezug auf eine Standortwahl in der Slowakei (M 1–M 4).

Zukunftsbereich Biotechnologie

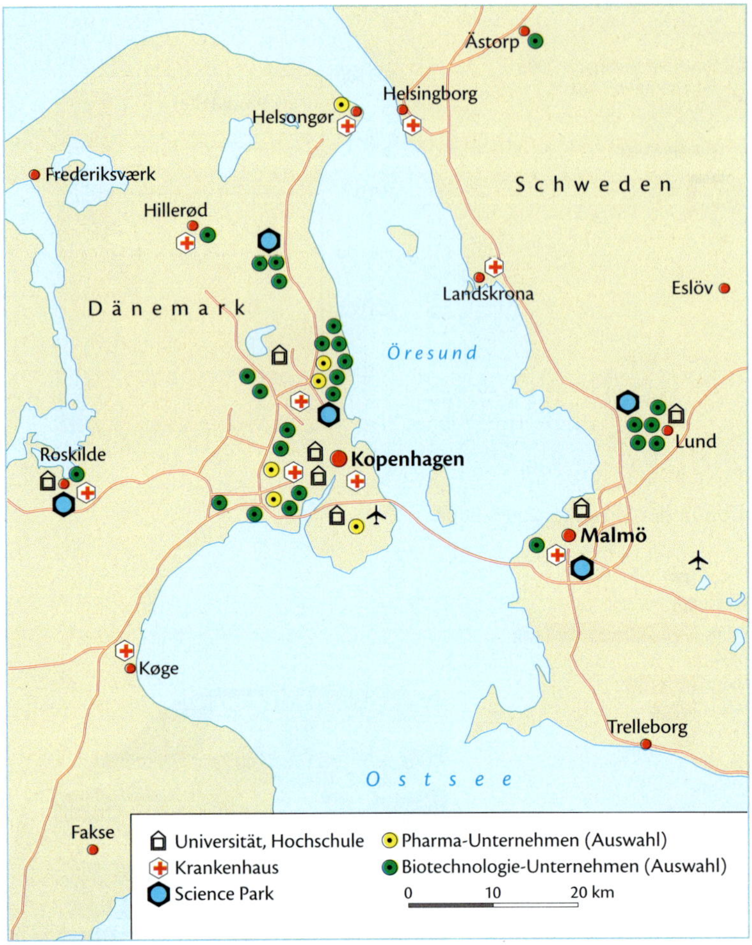

M 1 Medicon Valley.

3,5 Millionen Einwohner
40 000 Beschäftigte in der Biotechnologie
12 Universitäten und Fachhochschulen
32 Krankenhäuser, davon elf Universitätskrankenhäuser
6 Wissenschaftsparks
6 Gründerzentren

In der Forschung und/oder in der Produktion tätig:

- rd. 100 (rote) Biotechnologie-Unternehmen
- rd. 25 Pharma-(Arzneimittel-)Unternehmen
- 100 medizintechnische Unternehmen

Multinationale Firmen mit Forschungsabteilungen und Niederlassungen:

- 200 Pharma-Unternehmen
- 170 medizintechnische Unternehmen
- 30 Investoren/Kapitalgeber

M 2 Medicon Valley im Überblick.

Biotechnologie – ein Wachstumsmotor

Nach dem Niedergang oder der Verlagerung traditioneller Industriezweige wie der Textilindustrie oder der chemischen Industrie sehen gerade die Industrieländer in der **Biotechnologie** eine neue Schlüsselbranche. Neben dem Agrar- und Umweltsektor spielt der Gesundheitssektor zukünftig eine entscheidende Rolle. Hier rechnet man mit einem hohen Wachstumspotenzial – nicht nur wegen der zunehmenden Weltbevölkerung, sondern auch wegen der Wohlstandskrankheiten in den Industrieländern. Die Alterung der Gesellschaft erfordert neue Vorsorge- und Behandlungsformen. Die „rote Biotechnologie“ hat sich zum Ziel gesetzt, zum Beispiel für Volkskrankheiten wie Herz-Kreislauf-Erkrankungen, Diabetes oder Krebs wirksamere Behandlungsmethoden mit weniger Nebenwirkungen zu entwickeln.

Öresund-Region

Die Universitäten in Kopenhagen, Roskilde, Malmö und Lund sind schon lange auf biologische und medizinische Forschung spezialisiert. Große dänische Pharmaunternehmen wie Novo Nordisk, Lundbeck und LEO Pharma haben sich bereits vor über hundert Jahren in der Region angesiedelt. Auf schwedischer Seite entstand 1983 um die Universität Lund ein Wissenschaftspark.

Die Gründer orientierten sich am amerikanischen Modell, Forschungseinrichtungen und Unternehmen wie im Silicon Valley zusammenzuführen. Drei Jahre später gründeten dänische Forscher einen **Wissenschaftspark** in Kopenhagen. Ein Erfolg stellte sich jedoch erst ein, nachdem sich das Pharma-Unternehmen Novo Nordisk beteiligte. Die neue Öresund-Brücke trägt zur intensiven Zusammenarbeit bei.

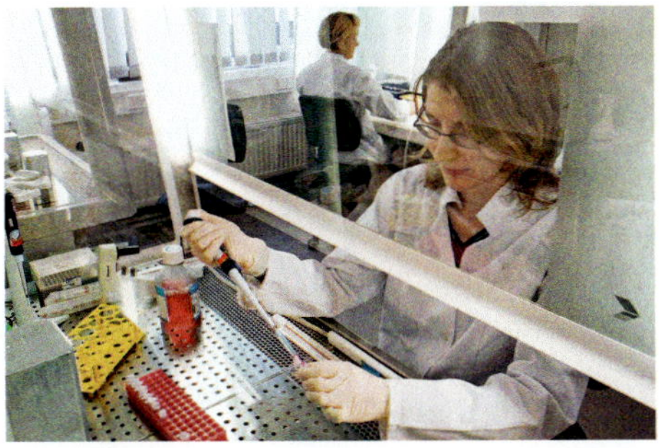

M3 Arbeit in einer Forschungseinrichtung.

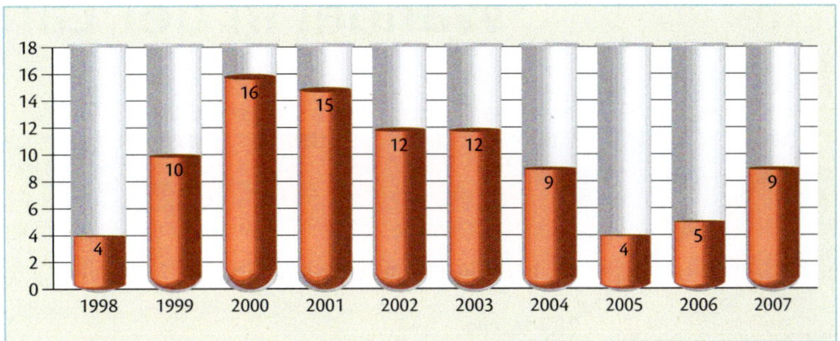

M4 Neugründungen von Biotechnologie-Unternehmen im Medicon Valley.

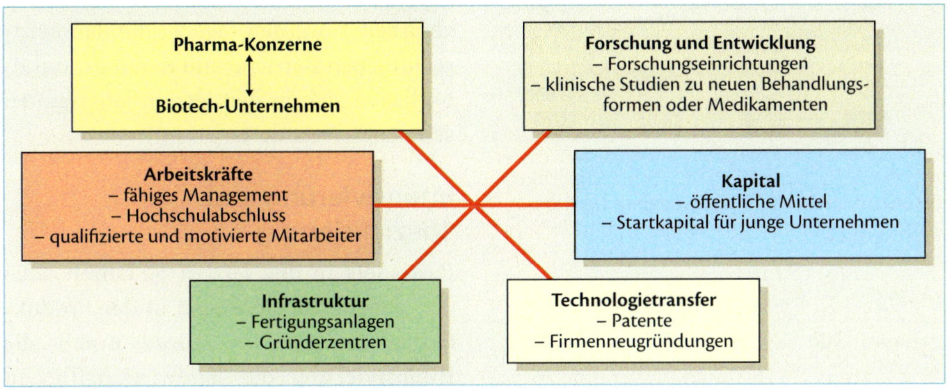

M5 Schlüsselfaktoren für ein erfolgreiches Netzwerk.

Neue Strukturen

1997 beschlossen staatliche Stellen und private Unternehmer der biomedizinischen Industrie in Kopenhagen und dem südlichen Schweden, eine grenzübergreifende Region zu schaffen und diese international zu vermarkten. Ihr Ziel: eine der attraktivsten Biotechnologie-Regionen in Europa zu werden.

Den Kern von **Medicon Valley** bilden die Biotechnologie- und Pharmazieunternehmen. Die Pharmaindustrie wirkt dabei als Hauptmotor. Nur die wenigsten Biotech-Betriebe können infolge der hohen Entwicklungskosten ein Produkt so weit entwickeln, dass es als Endprodukt verkauft werden kann. Die pharmazeutischen Konzerne betreiben eigene Forschungslabors, vergeben aber auch Aufträge an Biotech-Unternehmen. Viele solcher Unternehmen wurden von ehemaligen Angestellten der Pharmaindustrie gegründet.

Zweig	Anwendungsgebiete
Grüne Biotechnologie	Landwirtschaft, Pflanzenbiotechnologie
Rote Biotechnologie	Medizin und Pharmazeutik
Blaue Biotechnologie	Produkte aus dem Meer
Weiße Biotechnologie	neue Produkte, Industrieprozesse
Graue Biotechnologie	Abfallwirtschaft
Braune Biotechnologie	Technik, Umwelt

M6 Einteilung der Biotechnologie.

1 Beschreibt die Lage des Medicon Valley und informiert euch über die Bedeutung des Medicon Valley (M 1, M 2).

2 Erläutert die Standortvoraussetzungen für Medicon Valley (M 1, M 2).

3 Begründet den Erfolg von Medicon Valley (M 4, M 5).

4 Informiert euch in Lexika oder im Internet über die wirtschaftliche Bedeutung der Biotechnologie (z. B.: www.biotechnologie.de).

5 Erkundigt euch über Biotechnologiezentren in eurer Region und ordnet sie den verschiedenen Zweigen (M 6) zu.

Wandel in der Landwirtschaft

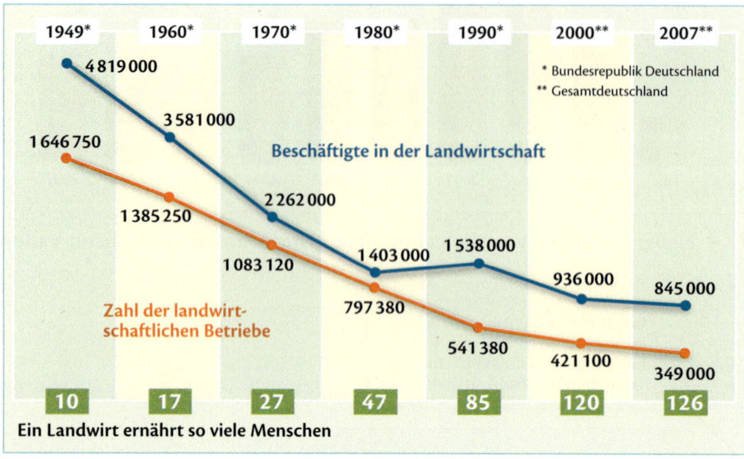

M 1 Veränderungen in der deutschen Landwirtschaft. Angaben bis 1990 beziehen sich auf das frühere Bundesgebiet.

Landwirtschaft im Jahrhundertvergleich – tierische Leistungen				
Erzeugnis	**Einheit**	**um 1900**	**um 1950**	**2007**
Milchleistung	kg/Kuh	2165	2480	6852
Legeleistung	Eier/Henne		120	292
Durchschnittliches Schlachtgewicht				
Rinder	kg	248	254	337
Schweine	kg	91	100	94

Landwirtschaft im Jahrhundertvergleich – Hektarerträge				
Erzeugnis	**Einheit**	**um 1900**	**um 1950**	**2007**
Weizen	dt*	18,5	27,3	72,1
Roggen	dt	14,9	24,0	49,2
Kartoffeln	dt	129,8	224,1	397,9
Zuckerrüben	dt	276,8	345,5	593,0

Angaben für 1950 beziehen sich auf das frühere Bundesgebiet
Quelle: Statistisches Bundesamt *dt = Dezitonne = 100 kg

M 2 Entwicklung der Produktivität der deutschen Landwirtschaft 1900–2007.

Landwirte – mehr als Lebensmittelerzeuger

Die deutsche Landwirtschaft erzeugt gegenwärtig etwa 90 Prozent dessen, was wir essen und trinken. Daneben liefert sie nachwachsende **Rohstoffe** wie Raps und Kartoffeln, die in der Industrie zu Non-Food-Produkten wie Biodiesel und Stärke verarbeitet werden. Doch die landwirtschaftlichen Betriebe und deren Produktion haben sich in den letzten Jahrzehnten sehr stark verändert.

Intensivierung und Spezialisierung

Besonders in den letzten 50 Jahren wurden enorme Steigerungen in der Produktivität erzielt. Dies wurde durch die **Intensivierung** der landwirtschaftlichen Produktion ermöglicht. Maschinen und technisch modern ausgerüstete Ställe ersetzten Zugtiere sowie Arbeitskräfte. GPS-gelenkte Traktoren, computergesteuerte Fütterungsanlagen sowie Melkroboter erleichtern die Arbeit und ermöglichen eine Steigerung der Produktion. Die Landwirtschaft wurde umfassend mechanisiert und automatisiert.

Hochleistungsfähiges Saatgut ermöglicht höhere Ernteerträge. Milchkühe wurden zum Zwecke einer höheren Milchleistung gezüchtet, Schweine zur Erzeugung größerer Schinken. Vor allem für die technische Ausrüstung der Betriebe, aber auch für den Kauf von Saatgut und Tieren benötigen die Landwirte viel Geld. Der Kapitaleinsatz in der Landwirtschaft hat sich beträchtlich erhöht.

Landwirtschaftliche Betriebe sind heute auf die Produktion weniger Erzeugnisse spezialisiert – beispielsweise auf den Anbau von Getreide, Zuckerrüben oder auf die Milchviehhaltung mit Futteranbau, die Hähnchenmast, die Legehennenhaltung.

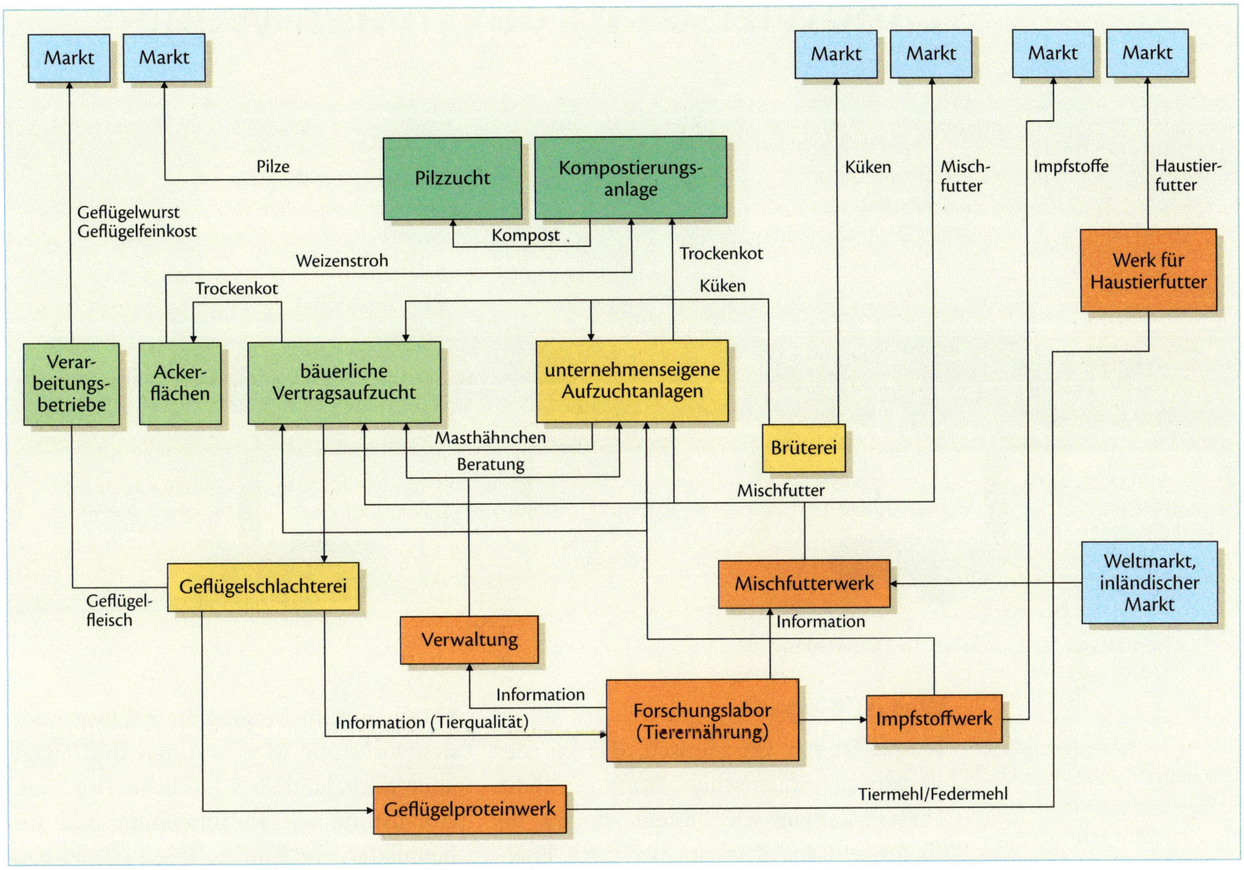

M 3 **Produktionsverbund und organisatorische Verflechtungen in der agrarindustriellen Geflügelerzeugung.**

Agrarindustrielle Unternehmen

Die stark angestiegene Nachfrage an Geflügelfleisch führte in den letzten Jahren zur Entstehung von Betrieben mit zum Teil über 30 000 Stallplätzen. Die Mehrzahl der Landwirte in der Hühnermast ist durch Verträge an agrarindustrielle Unternehmen gebunden. Die Landwirte stellen ihre Arbeitskraft, die Stallanlagen bzw. Wasser und Energie für die Ställe zur Verfügung. Sie führen also lediglich die Geflügelmast durch, während alle anderen Bereiche im Besitz des Unternehmens sind: Brüterei, Mischfutterwerk, Schlacht- und Transportbetriebe. Auch die Vermarktung des Geflügelfleisches liegt in der Hand des agrarindustriellen Unternehmens.

Aus betriebswirtschaftlichen Gründen ist die **Geflügelfleischproduktion** zunehmend in bestimmten Gebieten konzentriert. In Niedersachsen sind dies vor allem die Landkreise Cloppenburg, Emsland und Vechta. Neuerdings entstehen auch Großbetriebe im Bereich der südlichen Lüneburger Heide.

1 Untersucht M 1 und beschreibt die Veränderungen in der deutschen Landwirtschaft.

2 Erläutert mit M 2 die Leistungssteigerungen in der Landwirtschaft. Notiert Stichworte.

3 Schreibt einen Bericht zum Thema „Agrarindustrielle Unternehmen in der Geflügelerzeugung" (M 3).

4 Ladet einen Landwirt aus eurer Umgebung zu einem Gespräch über diese neue Form der landwirtschaftlichen Produktion ein.

Landwirtschaft auf neuen Wegen

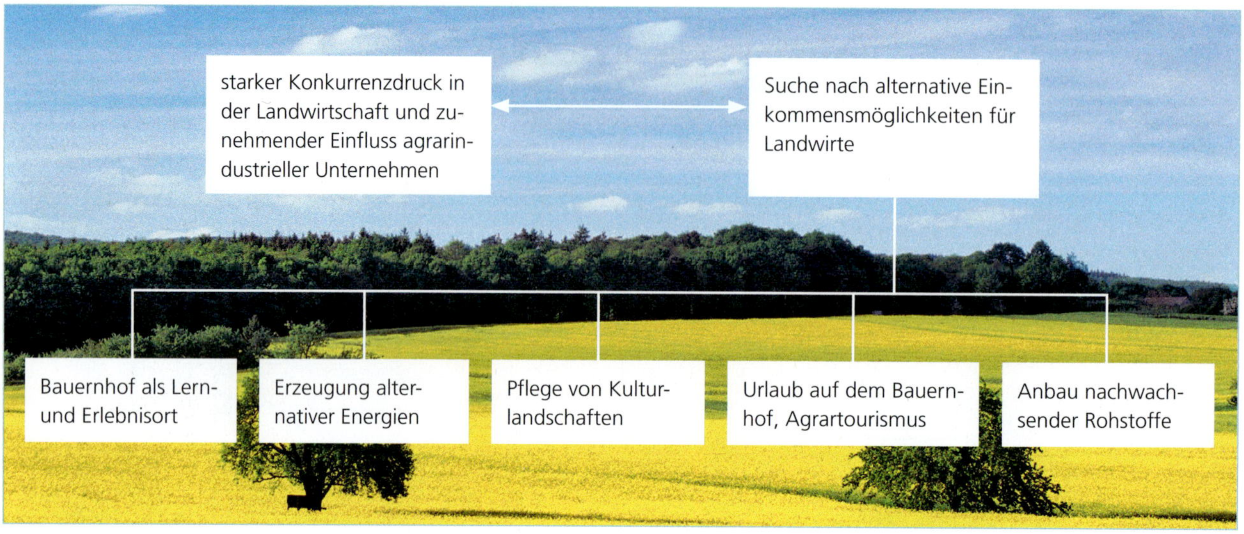

M 1 Alternativen für Landwirte in Deutschland.

***Nachhaltigkeit**
Nachhaltigkeit/nachhaltige Entwicklung ist ein Leitbild für eine zukunftsfähige, langfristig für alle Menschen tragbare Entwicklung. Wirtschaftliche Entwicklung, intakte Umwelt und sozialer Zusammenhalt werden als gleichrangige Ziele verstanden.

Was ist Biogas?

Biogas ist ein Gasgemisch, das bei der Vergärung organischer Stoffe entsteht. Dieses Gasgemisch besteht zu 50 bis 70 Prozent aus dem hochwertigen Energieträger Methan, zu 30 bis 40 Prozent aus Kohlendioxid sowie aus Spuren von Stickstoff, Wasserstoff und anderen Gasen. Der Energiewert von Biogas ist vom Methangehalt abhängig und liegt durchschnittlich bei sechs Kilowattstunden pro Kubikmeter. Das entspricht dem Heizwert von etwa 0,6 Litern Heizöl. Der Prozess der Methangasbildung erfolgt unter Luftabschluss durch **Mikroorganismen**. Wissenschaftler sehen in der Nutzung von Biomasse die größten Möglichkeiten für die Erzeugung erneuerbarer Energien.

Stoffe für die Biogasanlage

Für die Erzeugung von Biogas können verschiedene organische Stoffe genutzt werden. In der Landwirtschaft wird als Basismaterial meist Rinder- oder Schweinegülle oder Mist verwendet. Diese Stoffe bringen eine relativ geringe Ausbeute an Biogas. Zur Erhöhung des Gasertrages kommen zum Beispiel die nachwachsenden Rohstoffe Mais, Roggen und Silage, aber auch landwirtschaftliche Rest- und Abfallstoffe wie Kartoffelkraut und Rübenblätter zum Einsatz. Diese Gärsubstrate erzeugen etwa die zehnfache Menge an Biogas im Vergleich zu Gülle.

Vorteile der Biogaserzeugung

Der wichtigste Vorteil von Biogasanlagen ist die Verminderung des Ausstoßes von Schadstoffen wie Methangas und Kohlendioxid für die Energieerzeugung. Kohlendioxid wird nur in der Menge freigesetzt, die vorher durch die Photosynthese bei der Biomasseproduktion gebunden wurde.

Biogas ist ein erneuerbarer Energieträger. Deshalb tragen Biogasanlagen zur Schonung der Vorräte an Kohle, Erdöl und Erdgas bei. Gleichzeitig entsteht in der Biogasanlage als Gärrest Biogasgülle. Diese Biogasgülle ist ein hochwertiger, pflanzenverträglicher Dünger. Biogasgülle kann Mineraldünger ersetzen und so Wasserressourcen schonen. Da die geruchsintensiven Stoffe in der Gülle bei der Vergärung

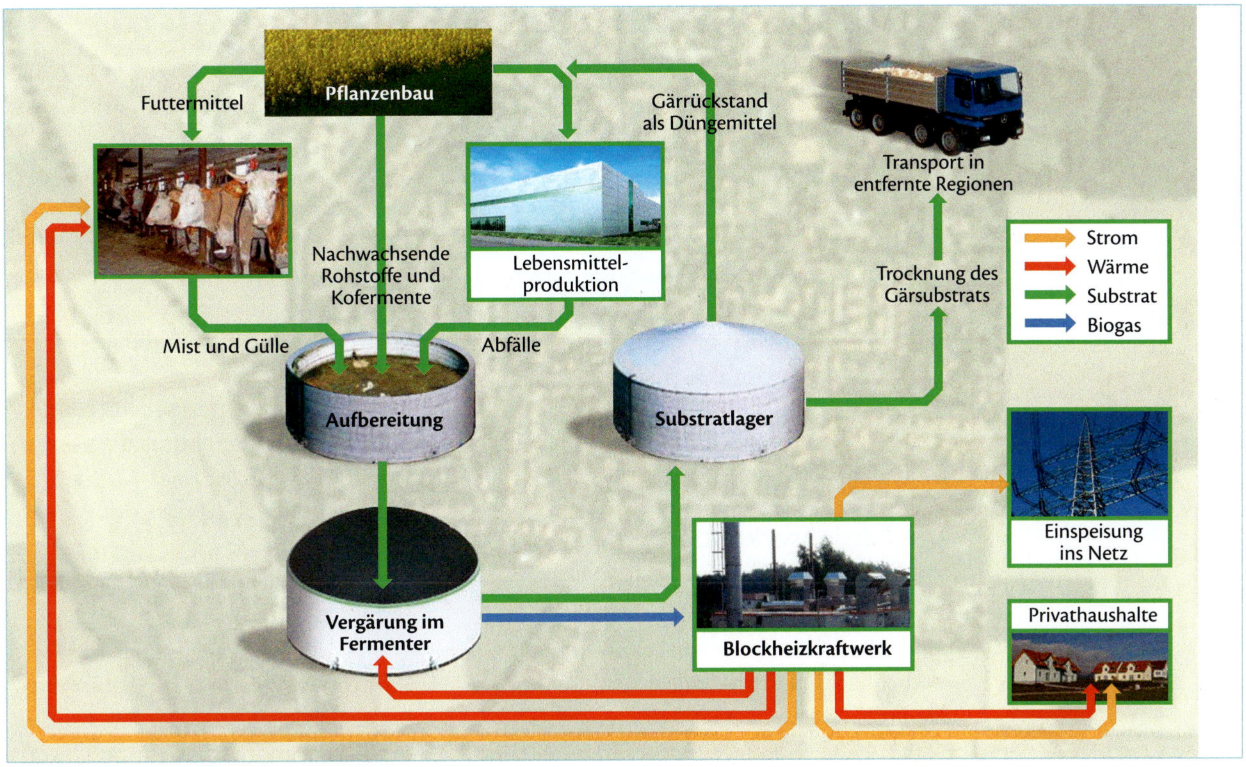

M 2 **Schema der Biogaserzeugung.**

abgebaut werden, verursacht Biogasgülle eine viel geringere Geruchsbelästigung im Vergleich zur Gülle aus den Ställen.

Wichtig für den Umweltschutz ist auch, dass Abfall- und Reststoffe wie Abfall aus der Biotonne oder Speiseabfälle aus der Gastronomie im Sinne einer **nachhaltigen* Kreislaufwirtschaft** genutzt werden. Für die Landwirte schafft die Erzeugung von Elektro- und Wärmeenergie in Biogasanlagen eine weitere Einkommensquelle. Ähnlich wie mit dem Agrartourismus können Landwirte ihr Einkommen damit aus unterschiedlichen Quellen beziehen.

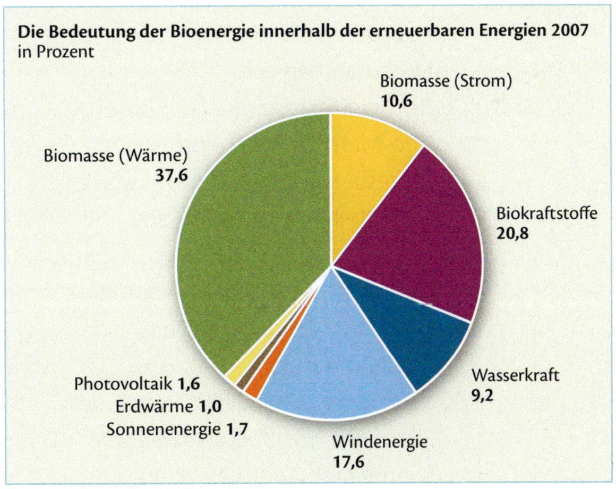

M 3 **Die Bedeutung der Bioenergie innerhalb der erneuerbaren Energien.** 2007.

1 Beschreibt alternative Einkommensmöglichkeiten der Landwirtschaft in Deutschland (M 1).

2 Erklärt die Bedeutung von nachwachsenden Rohstoffen sowie die Begriffe „Biogas", „Bioenergie" und „Nachhaltigkeit".

3 Erläutert, wie eine Biogasanlage funktioniert (M 2).

4 Die Biogaserzeugung hat nicht nur Vorteile. Stellt mögliche Nachteile zusammen. Bewertet den Ausbau der Biogaserzeugung.

METHODE

Betriebserkundung in der Region

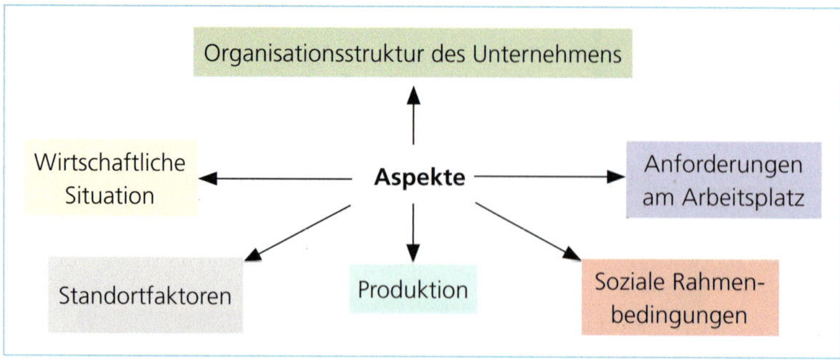

M 1 Aspekte für eine Betriebserkundung.

Die Betriebserkundung

Die Betriebserkundung ist eine vielseitige Untersuchungsmethode: Sie erfordert, die vielfältigen Aspekte eines Unternehmens zu beobachten, zu erfragen und zu skizzieren.

M 2 Checkliste für eine Betriebserkundung

1. Schritt: Allgemeine Planung

- Nehmt rechtzeitig Kontakt mit dem Unternehmen auf.
- Recherchiert Materialien. Besorgt Info-Material, Werbeprospekte, Jahresberichte. Analysiert Internetauftritte des Unternehmens.
- Legt Zeitpunkt und Ablauf der Erkundung fest. Achtet hierbei auf die Mischung von Besichtigung und Fragerunden.
- Klärt vorab die Möglichkeiten der Film- und Fotodokumentation (Genehmigungen).
- Legt die Präsentationsform fest.

2. Schritt: Konkrete Vorbereitungen

- mögliche Gruppenarbeitsthemen
- Standortgegebenheiten früher und heute
- Betriebsgröße, Beschäftigtenzahl
- Geschichte und Entwicklung
- Bedeutung des Unternehmens für Stadt und Region
- Das Unternehmen und die Globalisierung

3. Schritt: Durchführung der Erkundung

- Führt die vereinbarten Arbeitsschritte durch: beobachten, festhalten (Film, Foto, Skizze, Protokoll).
- Legt Wert auf die Beantwortung der vorbereiteten Fragen.
- Fragt nach, wenn Zusammenhänge nicht deutlich wurden.

4. Schritt: Auswertung im Unterricht

- Präsentiert die Gruppenergebnisse (Referat, Wandzeitung, Plakat, PowerPoint-Präsentation).
- Ordnet die Erkundung in einen größeren thematischen Zusammenhang ein.
- Vergleicht die Ergebnisse mit anderen oder ähnlichen Unternehmen.
- Stellt einen deutschen, europäischen und globalen Bezug her.

5. Schritt: Öffentliche Darstellung

- Stellt – wenn möglich – das Gesamtergebnis für die Schulöffentlichkeit bereit (Projekttag, Ausstellung, Homepage- oder Jahresschrift-Beitrag, Artikel für die Lokalzeitung).

M 3 Prüfliste

- Erkundungsaspekte festgelegt
- Absprache mit Unternehmen vorgenommen
- Ablaufplanung erstellt
- Einteilung in Gruppen vorgenommen
- Aufgaben verteilt
- Interviewfragen formuliert
- Protokollführer bestimmt

- Betriebserkundung durchgeführt
- Abschlussrunde durchgeführt
- Ergebnisse schriftlich festgehalten
- Ablauf der Erkundung besprochen
- Materialien ausgewertet
- Ergebnisse zur Präsentation vorbereitet
- Adressatenkreis bestimmt
- Aufgaben verteilt
- Ergebnisse vorgestellt

M4 Mögliche Interviewfragen

Organisationsstruktur des Unternehmens

- Welcher Branche ist der Betrieb zuzuordnen?
- Wie viele Arbeitnehmerinnen, Arbeitnehmer und Auszubildende sind in dem Betrieb beschäftigt?
- weitere Niederlassungen
- Abteilungen/Aufgabenbereiche
- Einbeziehung von Mitarbeitern/Abteilungen in Entscheidungen
- Rationalisierung
- Einführung von Teamarbeit
- Forschungsabteilung

Produktion

- Welche Produkte werden hergestellt oder welche Dienstleistungen erbracht?
- Welche Rohstoffe, Halbfabrikate und Betriebsmittel werden benötigt?
- Energieverbrauch
- gesetzliche Vorschriften
- Umweltverträglichkeit
- Automatisierungsgrad
- neue Technologien
- Qualitätskontrolle
- Kontakt zum Kunden
- Bestellungen per Internet

Standortfaktoren

- Welche Überlegungen waren für die Standortwahl ausschlaggebend?
- Arbeitskräfte
- Rohstoffe
- Lieferanten
- Infrastruktureinrichtungen
- Forschungseinrichtungen
- Dienstleistungsangebot in der Region
- Subventionen
- Absatzmärkte

Wirtschaftliche Situation des Unternehmens

- Welche Bedeutung haben Rohstoff- und Energiepreise für die Kosten?
- Besteht eine zwischenbetriebliche oder internationale Arbeitsteilung?
- Auftragslage, Umsatz und Gewinn
- Investitionen, Marktposition des Unternehmens
- Festigung der Marktposition, Bedeutung für die Stadt/die Region
- Preis- und Qualitätswettbewerb
- Werbung für die Produkte

Der Arbeitsplatz

- Welche Berufe werden im Betrieb ausgeübt?
- Welche fachlichen Kompetenzen und Schlüsselqualifikationen sind für die Arbeitsplätze erforderlich?
- Für welche Arbeitsplätze ist besonderes manuelles Geschick erforderlich?
- Schicht- und Nachtarbeit
- innerbetriebliche Ausbildung
- Fortbildungsmaßnahmen
- Sozialleistungen des Unternehmens
- Ausbildungsberufe
- Ausbildungsplätze
- Einstellungspraxis
- Einzelarbeit und Teamarbeit

M5 Schulklasse bei einer Erkundung. Foto, 2008.

Check: Das kann ich schon …

Wichtige Begriffe erklären

- ✓ Strukturwandel
- ✓ Krise bei Kohle und Stahl
- ✓ Dienstleistungen
- ✓ Wachstumsregionen
- ✓ Biotechnologie
- ✓ Biogas
- ✓ Arbeitsplatzverluste
- ✓ Standortfaktoren
- ✓ Standortverlagerung

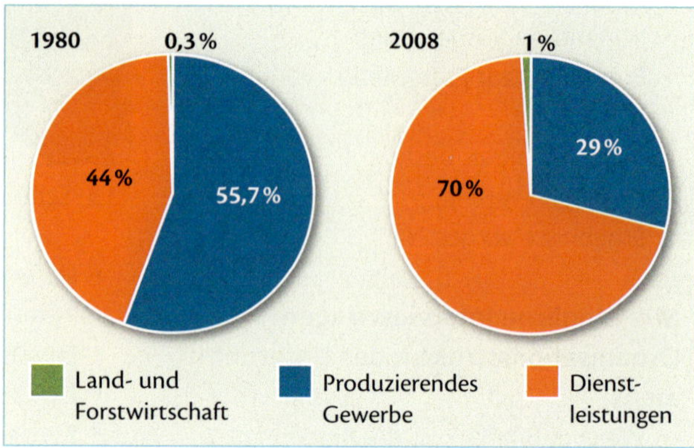

M 1 Beschäftigte im Ruhrgebiet nach Wirtschaftssektoren 1980 und 2008.

Merkmale der Krise im Ruhrgebiet waren …?	S	G	schnell an die Marktsituation anpassen
Einst „Kohlenpott“, heute …?	A	T	durch einen vielfältigen Dienstleistungsbereich
Bio- und Kommunikations-technologien sind …?	D	T	Dienstleistungen
Handel, Logistik und Versicherungswesen sind …?	R	N	Zukunftswerkstatt
Europäische Zusammenarbeit erfordert …?	V	T	Abbau von Arbeitsplätzen und Abwanderung
Unternehmen müssen sich ständig …?	R	E	ein gut ausgebautes Verkehrsnetz
Neue Arbeitsplätze entstehen hauptsächlich im …?	E	I	Dienstleistungssektor
Leipzig als Dienstleistungsstand-ort ist gekennzeichnet durch …?	L	U	Logistik, Messen, Medien und Bildung
Worin zeigt sich das neue Ge-sicht des Ruhrgebietes?	N	O	Wachstumsbranchen

M 2 Wirtschafts-Quiz.

Hinweis:
Bitte nicht in das Buch schreiben.

M3 Titelseite einer Fachzeitschrift.

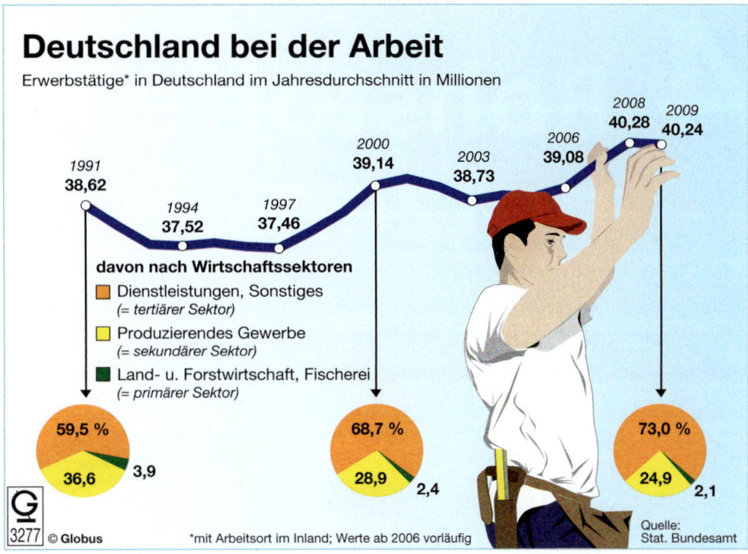

M4 Entwicklung der Zahl der Erwerbstätigen und der Anteile der Wirtschaftssektoren in Deutschland 1991–2009.

Fachliche Kompetenz

1 Erklärt euch gegenseitig die wichtigen Begriffe (Kasten) und schreibt die Bedeutung der Begriffe in eure Arbeitsmappe.

2 Untersucht M1 und zeigt auf, wie sich der Strukturwandel im Ruhrgebiet ausgewirkt hat.

3 Löst das Rätsel M2. Verbindet dazu die richtigen Wortgruppen miteinander. Beginnt links oben. Wenn ihr das Rätsel richtig gelöst habt, ergibt sich ein geographischer Begriff. Definiert diesen Begriff.

4 M5 sagt etwas über den Strukturwandel aus. Beschreibt ihn und notiert Stichworte.

Methodenkompetenz

5 Führt mit WebGIS eine Untersuchung zu Industriestandorten in eurem Bundesland durch (siehe S. 78/79).

M5 Karikatur: Landwirtschaft heute.

Urteils- und Handlungskompetenz

6 Findet Gründe für und gegen den Bau von Biogasanlagen.

7 Entwerft eine Mindmap zum Thema: „Der Strukturwandel kennt viele Opfer, aber auch Gewinner." Berücksichtigt dabei auch M4.

8 Befragt eure Eltern und Bekannte zu den Folgen von Veränderungen an ihren Arbeitsplätzen.

4 Rohstoffe nachhaltig nutzen

Der Emir von Dubai besichtigt ein Modell des höchsten Gebäudes der Welt, das inzwischen in Dubai errichtet wurde. Foto, 2007.

Die Förderung von Erdöl brachte dem Emirat Dubai ungeahnten Reichtum, der zu einer beispiellosen Umgestaltung des Wüstenstaates führte.

In diesem Kapitel könnt ihr

- die Förderung und Verarbeitung von Erdöl erarbeiten,
- die Sicherung unserer Rohstoffversorgung untersuchen,
- an Beispielen zeigen, wie alternative Energien unseren Bedarf an Energie ergänzen, und
- erarbeiten, was ihr selbst tun könnt, um Rohstoffe zu sparen.

Am Endes des Kapitels könnt ihr thematische Karten fachgerecht auswerten.

Erdöl – das „schwarze Gold“

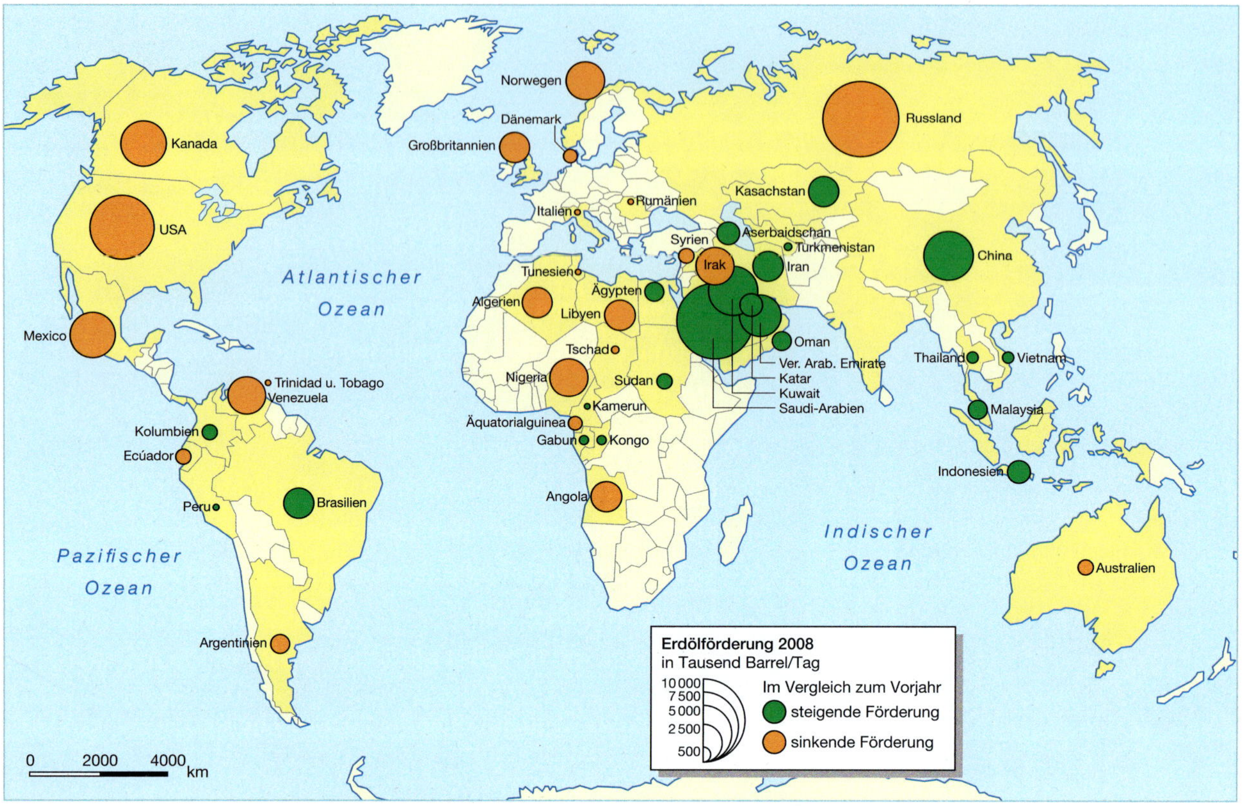

M 1 Wichtige Erdölproduzenten der Welt 2008.

Abhängigkeit vom „schwarzen Gold“

Es schmiert, es stinkt, es ist nicht annähernd so attraktiv wie Gold und trotzdem ist es ebenso wertvoll. Deshalb nennt man Erdöl auch das **„schwarze Gold“**.
Das „schwarze Gold“ ist weltweit begehrt. Besonders die Industriestaaten sind auf Erdöl angewiesen. Sie benötigen fast alle mehr Erdöl, als sie selbst fördern können. Das „schwarze Gold“ wird nicht nur als Treibstoff für Fahrzeuge oder als Brennstoff für Heizungen oder zur Stromherstellung verwendet. Alle Kunststoffe haben als Ausgangsstoff Erdöl, wie zum Beispiel Plastikspielzeug und Kunststofffolien. Aber auch für die Herstellung von Autoreifen, Waschmitteln, Medikamenten oder Farben wird Erdöl benötigt.

Macht und Reichtum durch Öl

Im vielen Ölförderstaaten des Nahen Ostens gibt es außer Erdöl und Erdgas keine nennenswerten Bodenschätze. Die Staaten gehörten zu den armen Ländern der Erde, bis Anfang des 20. Jahrhunderts das erste Erdöl am Persischen Golf gefördert wurde. Innerhalb weniger Jahrzehnte wurden einige der Erdöl fördernden Staaten zu den reichsten Ländern der Erde.
Die Industrieländer sind von den **Erdölimporten** abhängig. Das verleiht den Erdölförderländern ein großes politisches Gewicht in der Welt. Um ihre Interessen besser durchsetzen zu können, schlossen sich 1960 die wichtigsten Erdöl exportierenden Länder des Orients zur **OPEC** (Organization of Petroleum Exporting Countries) zusammen. Heute gehören ihr

auch Erdöl fördende Staaten aus anderen Regionen an. Die OPEC legt zum Beispiel fest, wie viel Erdöl in einem bestimmten Zeitraum gefördert werden soll, und beeinflusst damit den Preis für Erdöl auf dem Weltmarkt entscheidend.

Entstehung von Erdöl

Vor Millionen Jahren fielen abgestorbene Meerestiere auf den Meeresgrund. Mit der Zeit wurden sie von Sand, Kies, Mergel und Ton überlagert. Unter Druck und Sauerstoffmangel entstanden aus den abgestorbenen Meerestieren mit der Zeit Erdöl und Erdgas.
Bewegungen der Erdkruste führten zur Aufwölbung und Faltung der Gesteinsschichten. Da Erdöl und Erdgas leichter als Wasser sind, drangen sie in die entstandenen Hohlräume ein und sammelten sich hier zu Erdöl- und Erdgaslagerstätten. Da Erdöl und Erdgas zur gleichen Zeit entstanden sind, kann man sie häufig an gleicher Stelle fördern.

Erdöl – wie lange noch?

Erdöl gehört zu den **fossilen** Energieträgern, denn es ist in erdgeschichtlicher Vergangenheit entstanden und nicht erneuerbar. Deshalb werden die Vorräte irgendwann aufgebraucht sein. Es lässt sich jedoch nicht voraussagen, wann dies sein wird. Durch neue technische Verfahren werden immer wieder neue Erdölreserven gefunden und genutzt. Neu entdeckte Erdöllagerstätten befinden sich heute in der Regel in Tiefen von 1500 bis 6000 Metern. Das macht die Förderung technisch aufwändig, teuer und risikobehaftet.
Bei der Suche nach Erdöl fahren – wenn möglich – Speziallastwagen mit tonnenschweren Gewichten systematisch über das Land. Werden diese Gewichte fallen gelassen, so erzeugen sie künstliche Erdbebenwellen in der Tiefe. Das zurückkommende Echo wird als Signal aufgenommen und lässt Rückschlüsse auf die Tiefe von

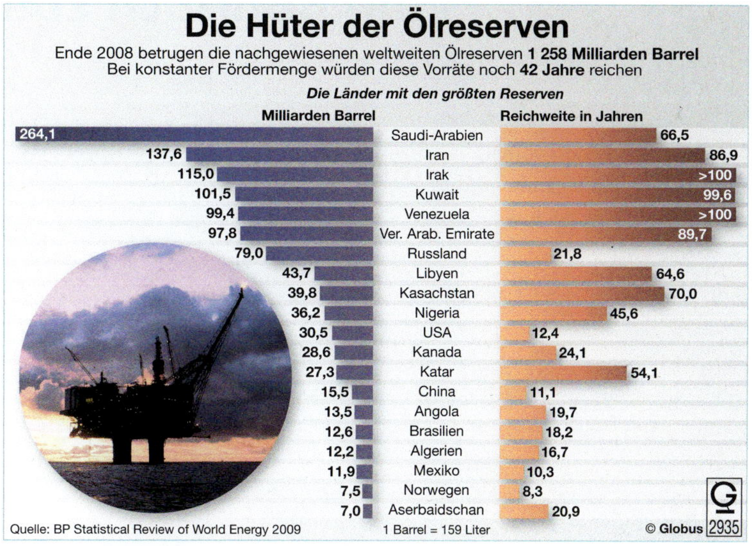

M 2 Ölförderstaaten und Reichweite ihrer Ölvorkommen.

Schichtfolgen und deren Verlauf zu. So lassen sich Orte ermitteln, an denen die Wahrscheinlichkeit hoch ist, auf Erdöl zu stoßen. Ähnlich funktioniert die Suche nach Erdöl auf dem Meeresboden. Von Schiffen aus werden Luftdruckkanonen im Gleichtakt nach unten gefeuert. Der Widerhall wird von Bordcomputern aufgenommen und ausgewertet. So erhält man Auskunft über die Beschaffenheit des Untergrunds.

1 Erläutert, warum Erdöl als das „schwarze Gold" bezeichnet wird.

2 Listet die Erdöl fördernden Staaten im Nahen Osten auf. Verortet, wo sich die Erdölförderung im Nahen Osten konzentriert (M 1).

3 Wertet M 2 aus und beschreibt die politische Bedeutung der Erdölreserven für diese Länder.

4 Erdöl ist nicht erneuerbar. Vergleicht die Erdölreserven im Nahen Osten mit denen anderer Regionen (M 1, M 2).

5 Diskutiert die möglichen politischen und wirtschaftlichen Folgen des Ölreichtums für den Nahen Osten (M 2).

6 Informiert euch über die Risiken bei der Erkundung neuer Ölfördergebiete (Internet, Bücherei). Erstellt dazu eine kleine Ausstellung.

Vom Bohrloch zum Verbraucher

M 1 Weg des Erdöls vom Bohrloch in Saudi-Arabien zur Tankstelle bei uns.

Erdölförderung in Saudi-Arabien. Foto.

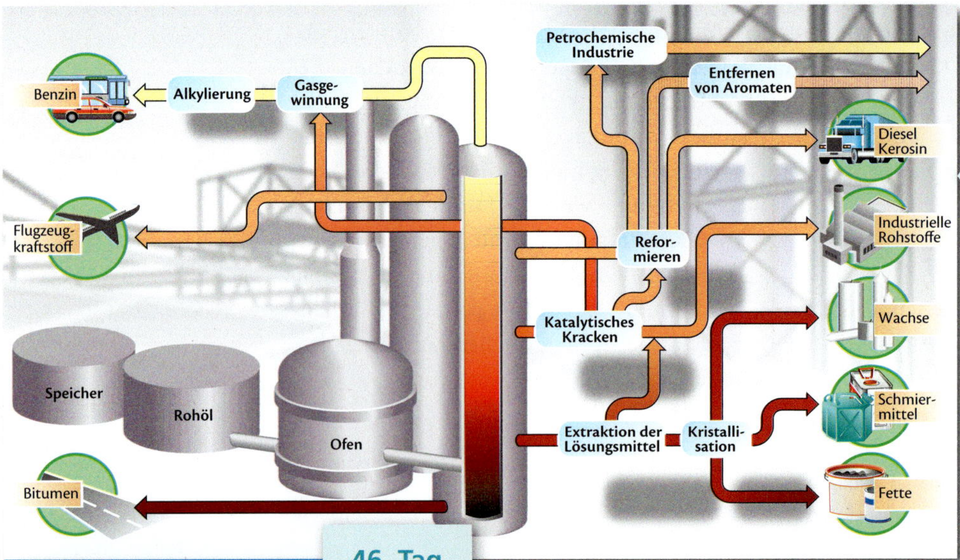

Verarbeitung in einer Raffinerie, Transport ins Großlager. Foto.

Transport mit Tankwagen zur Tankstelle. Foto.

Erdölexporthafen in Ras Tanura (Saudi-Arabien). Foto.

Überseetransport per Tanker. Foto.

Löschen und Lagerung in Wilhelmshaven. Foto.

M2 **Erdöllagerstätten stehen anfangs häufig unter starkem Druck.** Foto.

Dienst am Kunden: So kommt das Rohöl beim Verbraucher an. Raffiniert und behandelt kann es in Lüneburg getankt werden. Foto.

1 Zeigt auf einer Weltkarte den Seeweg des Erdöls von Saudi-Arabien bis Wilhelmshaven.

2 Berichtet in einem Kurzreferat über den Weg des Erdöls von Saudi-Arabien bis zur Tankstelle in Lüneburg. Beachtet dabei die Dauer des Transports, Transportmittel und -wege sowie die Schritte der Verarbeitung.

3 Informiert euch über Gefahren bei der Förderung und dem Transport von Rohöl für die Umwelt (M1, M2, Internet).

Dubai – Reichtum durch Erdöl

M 1 Palm Island vor der Küste Dubais. Luftbild, 2008.

M 2 Auch das ist Dubai. Foto, 2008.

Wolkenkratzer in der Wüste

Bis 1965 war es in dem Emirat Dubai wie überall an der arabischen Küste des Persischen Golfes: ein paar Fischerdörfer am Meer, ein paar Oasen inmitten der Sandwüste. Durch die Wüste im Hinterland zogen Nomaden mit ihren Tieren. Aber dann wurde Erdöl entdeckt, gefördert, in gewaltige Tanker gepumpt und in die Industriestaaten exportiert. Von da an änderte sich in Dubai und in den angrenzenden Staaten alles. Die moderne Stadt Dubai entstand nach westlichem Vorbild. Die Prachtbauten der Banken und Hotels, Bürohochhäuser, Kaufhäuser und Fachgeschäfte übten eine magische Anziehungskraft auf die ländliche Bevölkerung aus. Aus Nomaden wurden sesshafte Bürger.

Schon Anfang der 1970er-Jahre erkannten die Herrscher die Abhängigkeit ihres Landes von Erdöl und Erdgas. Doch die Ölvorkommen des Emirats sind begrenzt. Es wird geschätzt, dass sie zwischen 2015 und 2030 erschöpft sein werden. Daher versucht Dubai bereits seit längerem, vom Erdöl unabhängig zu werden.

Moderne Entwicklungen

Zunächst wurden Milliarden Dollar in den Aufbau von Erdöl verarbeitenden Industrien, wie z. B. der Erdölchemie, investiert. Statt Rohöl oder Halbfabrikate sollen End- oder **Fertigprodukte** exportiert werden, die höhere Gewinne erbringen.

In den Ausbau des Tourismus wurde in den letzten Jahren viel investiert. Dubai hat ca. 50 000 Hotelzimmer. Der **Tourismus** bringt Dubai 25 % seiner gegenwärtigen Gesamteinnahmen. Nur noch etwa 7 % des Bruttoinlandsprodukts stammen aus Ölexporten.

Dubai soll zu einem der größten Handels- und Finanzzentren Asiens ausgebaut werden. Dazu trägt die starke Bautätigkeit bei, die Dubai berühmt gemacht hat. Der Emir selbst entscheidet über die Baugenehmigungen. Ein riesiger neuer Flughafen, Freihandelszonen und weitgehende Steuerfreiheiten sollen einen lang anhaltenden Aufschwung nach dem Beispiel Singapurs ermöglichen. Die seit Herbst 2008 bestehende Weltwirtschaftskrise hat allzu kühne Erwartungen jedoch gedämpft. Es wurde deutlich, dass Dubai zeitweise nicht in der Lage war, die Zinsen für seine Kredite zu bezahlen. Zahlreiche Projekte wurden eingestellt oder verschoben.

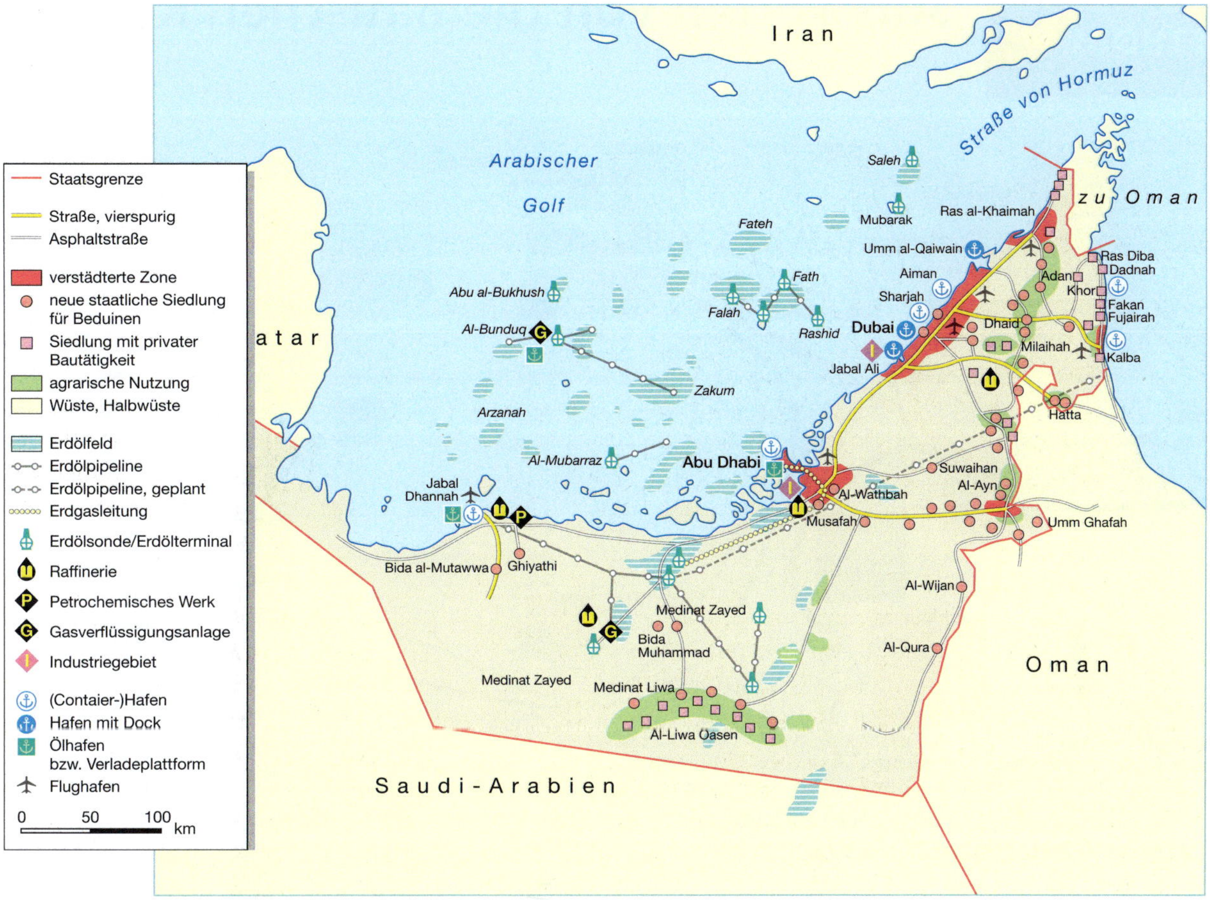

M 3 **Siedlungsentwicklung und Wirtschaftsausstattung der Vereinigten Arabischen Emirate (V.A.E.).**

Das andere Dubai

Von den 1,7 Millionen Einwohnern Dubais sind etwa 85 Prozent der Bevölkerung ausländischer Herkunft. Die eigene Bevölkerung reichte nicht aus, um genügend Arbeitskräfte zu stellen. Während die einheimische Bevölkerung und hoch qualifizierte **Arbeitsmigranten** aus Europa und Nordamerika in der Regel sehr wohlhabend sind – es gibt etwa 70 000 Dollar-Millionäre –, verfügt die Masse der sogenannten Gastarbeiter aus Südasien und Afrika nur über äußerst geringe Einkommen von weniger als 5 US-Dollar pro Arbeitstag. Oftmals müssen sie bei der Einreise ihren Pass abgeben. Sie leben in ärmlichen Verhältnissen und ohne Bürgerrechte am Rand der Stadt und der Gesellschaft.

1 Beschreibt M 1 und sammelt, was ihr über Dubai wisst.

2 Benennt die Veränderungen, die die Erdölfunde in Dubai bewirkt haben (M 1, Auftaktseiten 98/99).

3 Erläutert die Bemühungen Dubais, für die Zeit nach dem Öl gerüstet zu sein (M 1, M 3).

4 Erörtert die Arbeits- und Lebensverhältnisse der Migranten, die in Dubai arbeiten (M 2).

5 Informiert euch in Reisebüros oder im Internet über Urlaubsangebote in Dubai.

6 Diskutiert die Vor- und Nachteile des Tourismus in Dubai aus der Sicht einer Urlauberin, eines Hotelmanagers und der Regierung Dubais (M 1–M 3).

METHODE

Auswerten von thematischen Karten

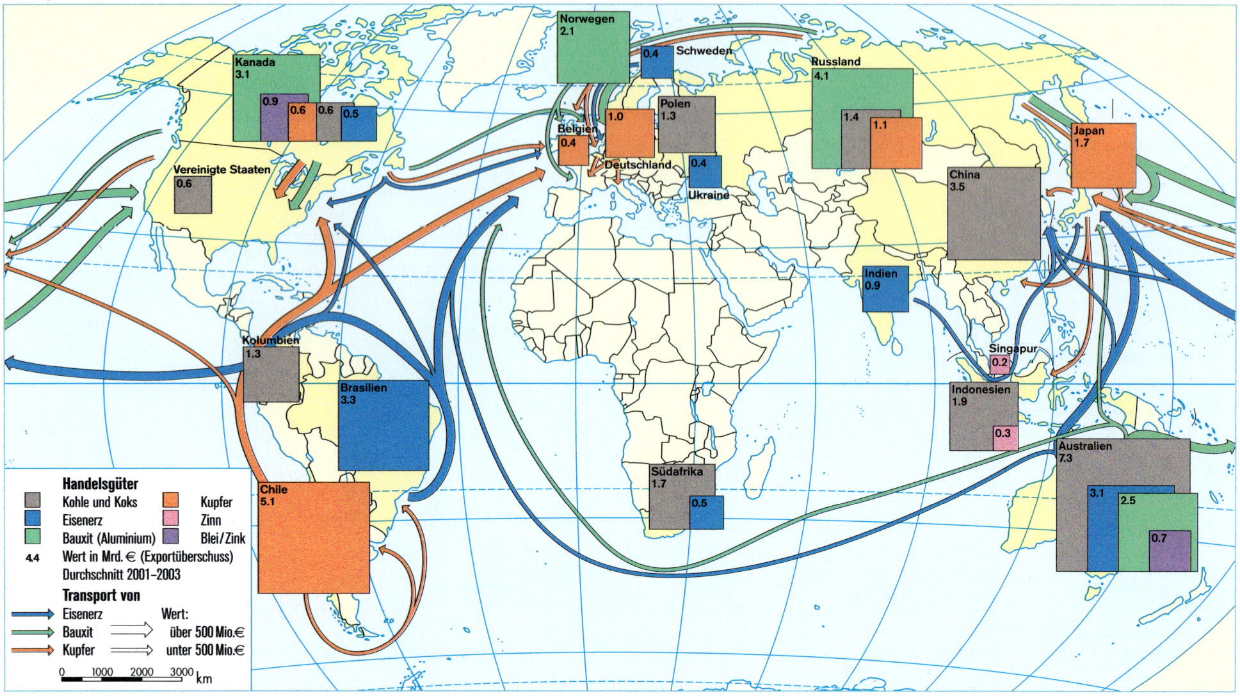

M 1 Export von Bergbaugütern. Stand 2005.

Karten

In der Geographie gibt es verschiedene Möglichkeiten, Räume darzustellen. Bilder zeigen beispielsweise die Vegetation oder die Bodennutzung. Der Raumausschnitt ist dabei meist klein. Karten informieren über prägende Merkmale eines Raumes. Karten zeigen Räume in der Aufsicht. Auf physischen Karten erkennt man die Oberflächengestalt, Gewässer, Siedlungen und Verkehrswege. Thematische Karten berücksichtigen eine bestimmte Fragestellung, beispielsweise die Vegetationsverteilung oder die Bodennutzung eines Raumes.

M 2 Checkliste für die Auswertung von thematischen Karten

1. Schritt: Einlesen

Ziel: sachliche, räumliche, zeitliche Orientierung

a) Thema: Aussage der Karte, Überschrift?

b) Raum und Zeit: Welcher Raum ist dargestellt? Zeitpunkt bzw. Zeitspanne?

c) Legende: Inhalt der Darstellung, Art der Informationen (Erläuterungen), Wert und Menge der Informationen (Zahlenangaben), Form der Darstellung, Art der Signaturen (siehe M 4), Diagramme?

d) Maßstab? Messleiste?

2. Schritt: Beschreiben

Ziel: Erfassen/Ordnen der Informationen

a) Lage: Lage im Gradnetz, Ausdehnung nach Himmelsrichtungen, Entfernungen?

b) räumliche Verteilung (Auffälligkeiten): regelhafte Anordnungen, auffällige Verteilungen? Raumstrukturen und Prozesse (Häufigkeit, Dichte und Ausdehnung der Signaturen, Messen, Auszählen und Berechnen von Flächen und Anteilen)

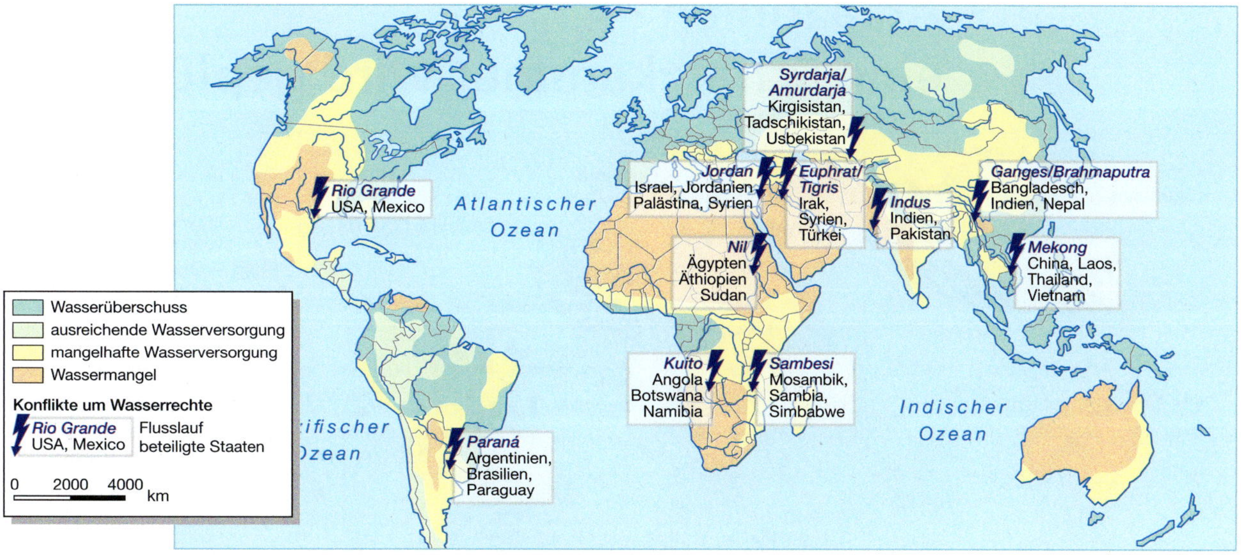

M3 **Wasserangebot und Konflikte um Wasserrechte.**

c) räumliche Entwicklung (zeitlicher Aspekt): Beschreibung des Raumwandels, Vergleich verschiedener Karten mit gleichem Raumausschnitt

3. Schritt: Erklären
Ziel: Verknüpfung der Informationen
a) Erklärungsansätze aus der Karte: Anhaltspunkte für eine Erklärung aus der Karte selbst? Beziehungen zwischen verschiedenen Inhalten der Karte?
b) eigene Kenntnisse: physisch-geographische, wirtschaftliche, soziale und/oder politische Faktoren zur Erklärung
c) ergänzende Informationen: andere Karten, Schulbuch, Lexika, Fachliteratur, Internet

4. Schritt: Bewerten
Ziel: Beurteilen der Informationen und Kartenkritik
a) Form: Aussagen zur Kartendarstellung, Auswahl der Signaturen, Abstufung und Übersichtlichkeit
b) Inhalt: Überprüfung von Karteninhalt und Kartenüberschrift auf Übereinstimmung, Wahl der Begriffe, Übereinstimmung von räumlicher und zeitlicher Abgrenzung der Karte mit der von ihr beabsichtigten Aussage
c) Aussage: Bewerten des Karteninhalts, indem der Raum und seine mögliche Entwicklung in einer Übersicht erfasst werden.

Flächensignaturen
Hervorhebung durch Kontrastierung, Farben, Punkt- oder Linienraster
Liniensignaturen
dienen zur Darstellung von Grenzen, Verkehrswegen, Höhenlinien; Pfeile für Bewegungsrichtung und Intensität
Bildsignaturen
geometrisch (Kreis, Quadrat usw.); naturalistisch (Pferd, Auto, Kaffeebohne);
stilisiert, entspricht leicht verständlichen Piktogrammen

M4 **Hinweise zu Kartenlegenden.**

1 Wertet die thematische Karte M1 aus.

2 Vergleicht die Karte M1 mit M3.

3 Nennt Vor- und Nachteile der jeweiligen Darstellung. Bezieht dabei M4 mit ein.

Amazonien – eine Schatzkammer wird geplündert

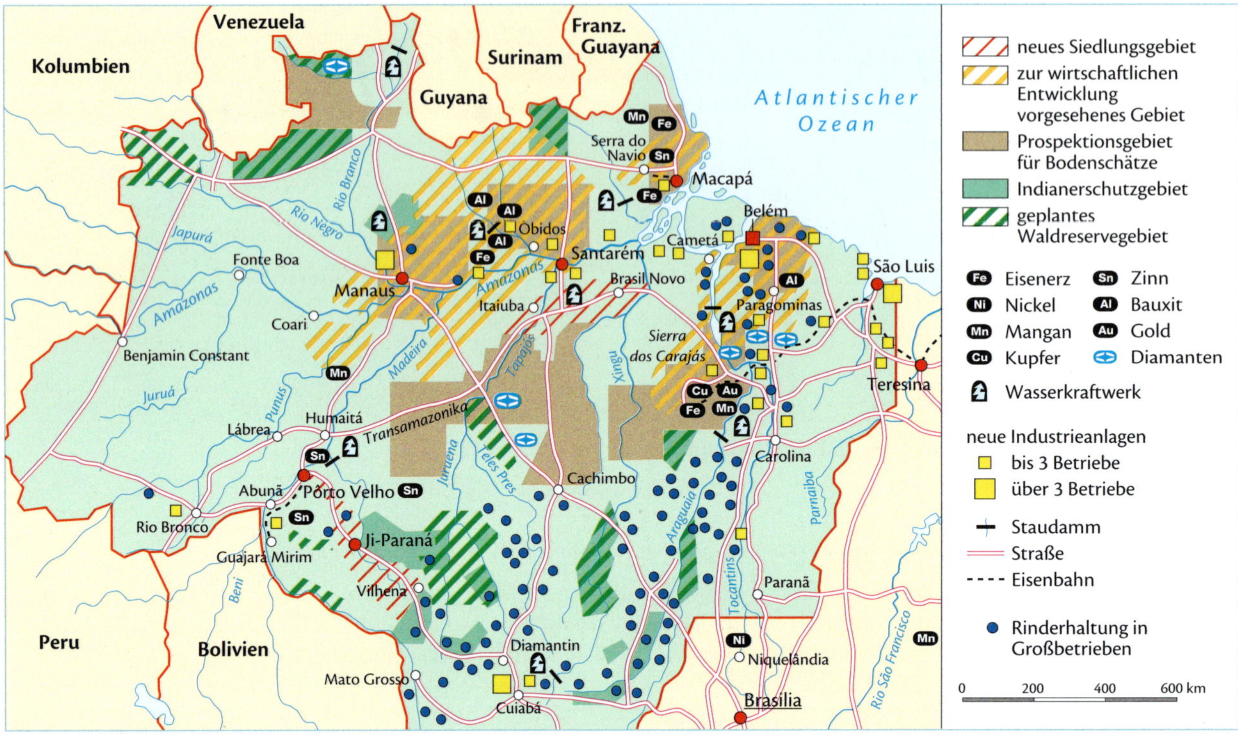

M 1 **Rohstoffvorkommen und Erschließung Amazoniens.**

M 2 **Eisenerzabbau im Gebiet Carajas.** Luftbild, 2007.

M 3 Ein Augenzeuge berichtet:
Der Erzbergbau führt zum Abbau ganzer Berge in Amazonien, zu Stauseen, die Tausende von Quadratkilometern intakten Regenwaldes überfluten. Mehr als zehntausend Waldbewohner verloren ihre Existenzgrundlage. Für zwei Indianerstämme war es das Ende. Indirekt führte die Erschließung des Gebietes um Carajas zur Entwaldung eines Gebietes von mehr als 100 000 Quadratkilometern – einer Fläche, die größer ist als Österreich. Die Eisenhütten mit ihrem unersättlichen Appetit auf Holzkohle fressen die Wälder auf.

Abbau von Bodenschätzen

Amazonien ist reich an **Bodenschätzen**. Da der brasilianische Staat die Einnahmen aus dem Rohstoffexport steigern möchte, werden immer größere Bereiche des tropischen Regenwaldes für den Abbau erschlossen. Bauxit, das zur Aluminiumherstellung verwendet wird, und Eisenerz werden im Tagebau gewonnen. Brasilien ist der weltgrößte Eisenerzexporteur und verfügt über enorme Vorkommen.
Mit dem Bergbau entstanden zahlreiche Industriebetriebe. Diese müssen mit Strom versorgt werden. Deshalb wurden Stauseen angelegt, die den Lebensraum vieler einheimischer Völker überfluteten. Die Stahlindustrie verwendet Holzkohle. Nur ein geringer Teil des benötigten Holzes stammt aus firmeneigenen Plantagen. Der größte Teil wird im tropischen Regenwald geschlagen.

Landwirtschaftliche Nutzung

Auf **Rodungsweiden** im tropischen Regenwald grasen tausende Rinder. In den letzten Jahren hat sich der Rinderbestand in Amazonien mehr als verdoppelt. Schätzungen gehen davon aus, dass mehr als die Hälfte des Verlustes an Regenwald durch die Kahlschläge zur Gewinnung von Weideland verursacht werden. Zudem hat man große Plantagen angelegt, auf denen Soja als Viehfutter für den Export angebaut wird. Seit in Europa die Fütterung von Kühen und Rindern mit Tiermehl verboten ist, wird als Ersatz Futter aus brasilianischem Sojamehl importiert.

Ein Fond für den Regenwald

Brasilien hat 2008 einen staatlichen Fond zum Schutz des **Amazonas-Regenwalds** eingerichtet. Der Fond soll Projekte zum Schutz des Regenwaldes durchführen. Die brasilianische Regierung duldet nach eigenen Aussagen aber keine „ausländische Beeinflussung" in ihrer Amazonien-Politik.

M4 Rinderzuchtbetrieb in Amazonien. Foto, 2008.

M5 Verbreitungsgebiet des tropischen Regenwalds in Brasilien.

1 Legt eine Tabelle an, in der ihr die Rohstoffe eintragt, die in Amazonien zu finden sind, sowie das Gebiet, in dem sie vorkommen (M 1).

2 Erläutert, welche Erschließungsmaßnahmen erforderlich sind, um die Rohstoffe nutzen zu können (M 1 – M 3).

3 Beschreibt die Lage der Rinderzuchtgebiete und erläutert, welche Nutzungskonflikte entstehen können (M 1, M 4).

4 Vergleicht die Lage der Haupterschließungsgebiete mit der Verbreitung des tropischen Regenwaldes (M 1, M 5).

5 Nehmt zur Aussage der brasilianischen Regierung Stellung (Text links).

Sicherere Rohstoffversorgung?

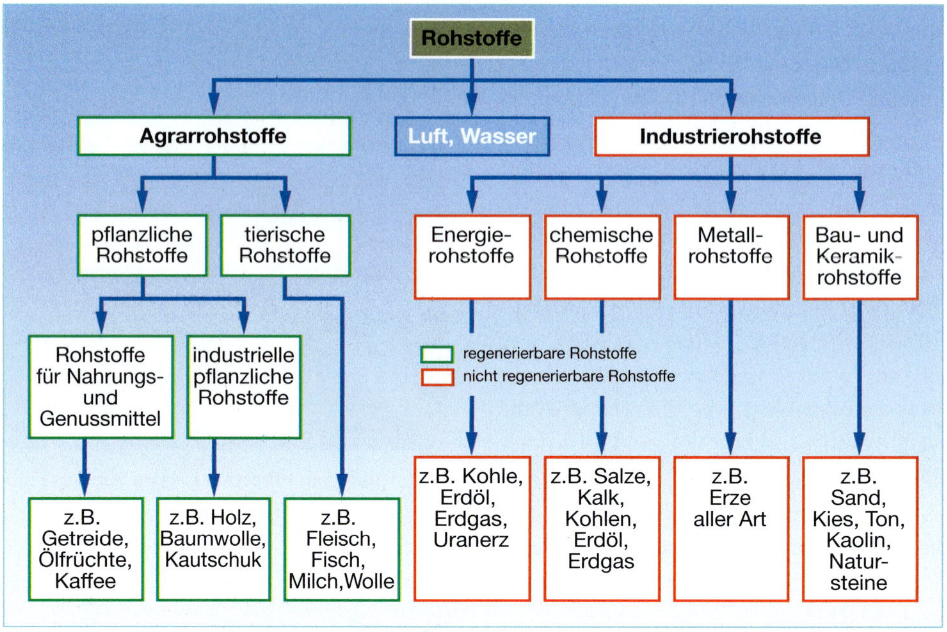

M 1 Unterteilung von Rohstoffen.

Rohstoffverbraucher Deutschland

Sobald der Mensch **Ressourcen*** für wirtschaftliche Zwecke gewinnt, spricht man von **Rohstoffen**. Einer der größten Rohstoffverbraucher weltweit ist Deutschland. Neben den pflanzlichen und tierischen Agrarrohstoffen sind es vor allem mineralische und damit die nicht-erneuerbaren Industrierohstoffe, die jeder Bundesbürger in großen Mengen verbraucht. Nur ein geringer Anteil der Rohstoffe stammt aus inländischer Produktion. Die meisten Rohstoffe müssen nach Deutschland importiert werden. Als **Reserven** werden die Ressourcen bezeichnet, die nach technischen und wirtschaftlichen Gesichtspunkten in absehbarer Zeit abbaubar sind.

***Ressource**
Vermutete Gesamtmenge eines Rohstoffs auf der Erde. Dies schließt die Vorkommen ein, die unter heutigen Bedingungen wirtschaftlich gesehen nicht gefördert werden können.

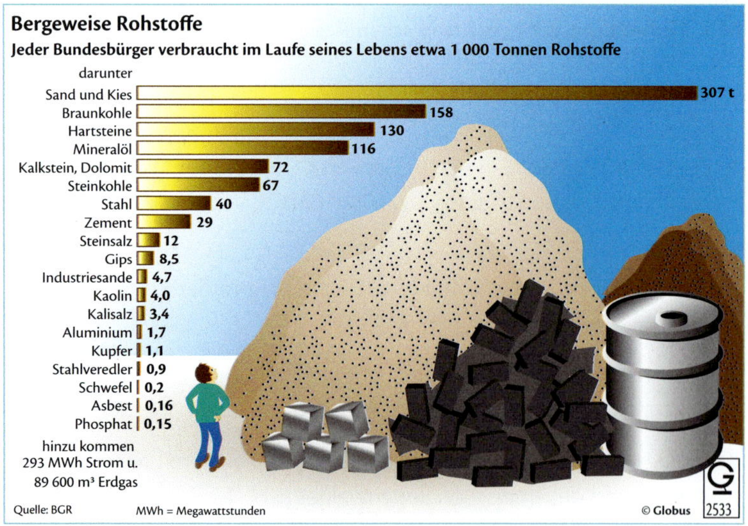

M 2 Pro-Kopf-Verbrauch an Rohstoffen in Deutschland.

Kampf um Rohstoffe weltweit

M 3 Michael Hüther, Direktor des Instituts der deutschen Wirtschaft in Köln zur Rohstoffversorgung Deutschlands 2009:

[…] Die deutsche Industrie ist vom Import von Rohstoffen abhängig. Bei Metallrohstoffen liegt die deutsche Importquote 100 Prozent, eine nennenswerte inländische Förderung gibt es nicht mehr. […] Traditionell groß ist der Importanteil auch bei Energierohstoffen. Während Braunkohle praktisch vollständig aus heimischer Förderung stammt und [...] zur Stromgewinnung verfeuert wird, steigt der Importanteil der Steinkohle. Vor allem aber Öl und Gas sorgen für eine hohe Importabhängigkeit. [...] Insgesamt ist der Importanteil aller Energierohstoffe seit Anfang der neunziger Jahre von 58,3 Prozent des Primärenergieverbrauchs auf zuletzt 71,5 Prozent deutlich angestiegen. [...] Die vollständige Importabhängigkeit Deutschlands bei Metallen und vielen Mineralien besteht schon seit längerem und wurde selten als Problem wahrgenommen. [...]

Der **Rohstoffverbrauch** nimmt weltweit ständig zu. Dafür sprechen drei Gründe:

- das Anwachsen der Weltbevölkerung,
- die Erhöhung des Pro-Kopf-Verbrauchs (besonders in den Entwicklungs- und Schwellenländern),
- der steigende Konsum von Fertigwaren in Industrieländern – zum Beispiel elektronische Geräte, die nach kurzem Gebrauch weggeworfen werden.

Die Endlichkeit nicht-erneuerbarer Rohstoffe steht diesem steigenden Bedarf gegenüber.

Forschung und Entwicklung

Die verstärkte Erkundung und Erschließung von Rohstofflagerstätten ist eine mittelfristige Lösung. Diese sogenannten Explorationsbemühungen sollen zusammen mit verbesserten Fördertechniken die **Reichweiten**, also die Lebensdauer, von Rohstoffen verlängern. Langfristige Lösungsansätze zielen entweder auf die Substitution, das heißt auf den Ersatz mineralischer Rohstoffe durch pflanzliche oder tierische Rohstoffe. Aber auch durch die Verkleinerung von Bauteilen, die Miniaturisierung, erhofft man sich große Einspareffekte.

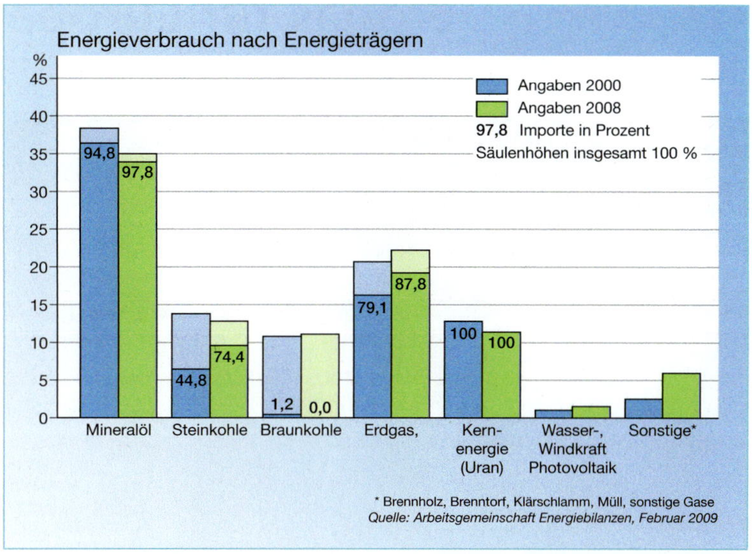

M4 Energieverbrauch nach Energieträgern in Deutschland 2000–2008.

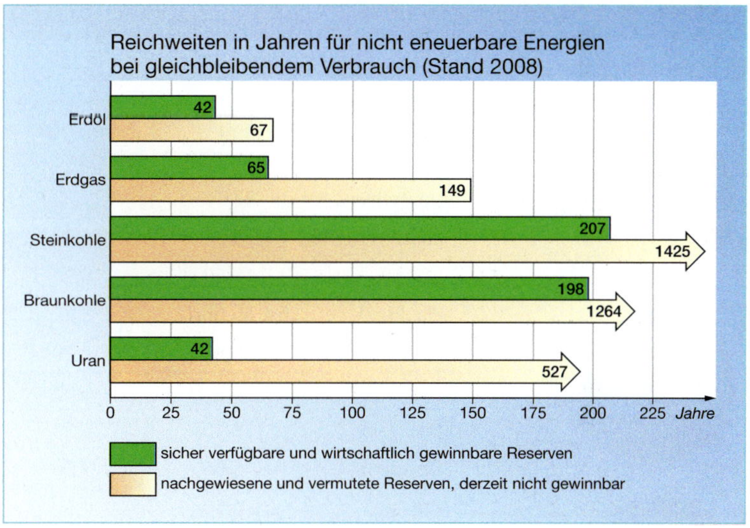

M5 Reichweiten von Energierohstoffen.

1 Vergleicht die Begriffe „Ressource“, „Rohstoff“ und „Reserve“ anhand ihrer Merkmale (M 1).

2 Erläutert die Rohstoffabhängigkeit Deutschlands, insbesondere im Hinblick auf Energierohstoffe (M 3–M 5).

3 Erklärt, warum Ressourcen eine zunehmende Nutzung erfahren. Geht insbesondere auf die Situation in Deutschland ein (M 3–M 5).

4 Erläutert Deutschlands Interesse an erhöhten Forschungs- und Explorationsanstrengungen in Bezug auf Rohstoffe (M 3–M 5).

Erdgas für Europa aus Russland

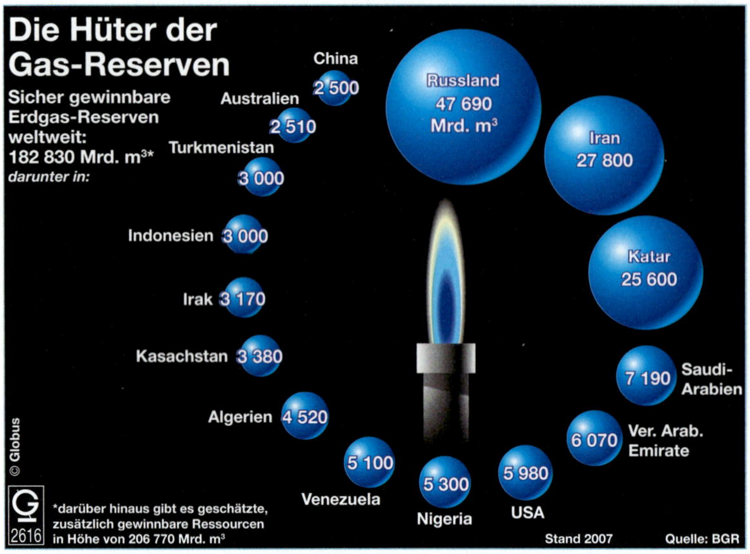

M 1 Verteilung der Erdgas-Reserven nach Ländern.

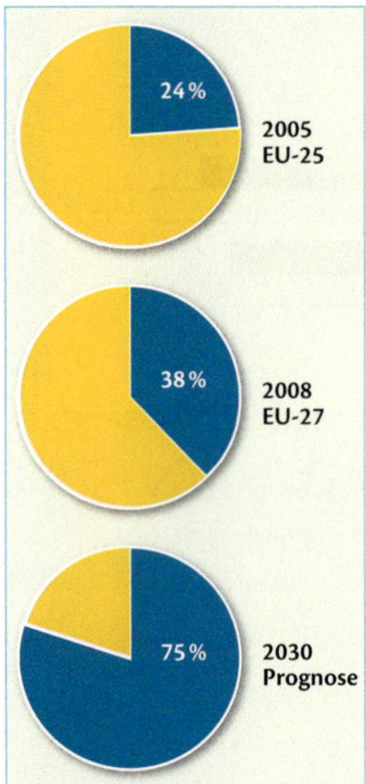

M 2 Anteil Russlands an den Gasimporten der EU 2005–2030.

Land	Gesamt-import	davon aus Russland
Deutschland	87,10	36,20
Italien	75,31	24,50
Ungarn	11,50	8,90
Frankreich	36,66	8,80
Polen	9,80	7,20
Tschechien	8,61	6,60
Österreich	8,10	5,80
Slowakei	5,60	5,60
Finnland	4,50	4,50
Niederlande	18,00	4,33
Rumänien	4,50	3,50
Bulgarien	3,10	3,10
Litauen	3,09	3,09
Griechenland	3,20	2,80
Türkei	2,38	2,30
Serbien	2,15	2,15
Kroatien	1,29	1,06
Schweiz	3,19	0,35

M 3 Erdgasimporte europäischer Länder einschließlich der Türkei im Jahr 2008 in Milliarden Kubikmeter.

Erdgas aus Westsibirien

Im westsibirischen Tiefland nördlich der 1980 gegründeten Stadt Novi Urengoi werden etwa 70 Prozent der russischen **Erdgasvorräte** vermutet. Bohrungen und das Verlegen von Rohrleitungen sind nur möglich, wenn der Boden gefroren ist. Nach einer erfolgreichen Bohrung strömt das Gas von den Bohrlöchern in Pipelines zu einer Aufbereitungsanlage. Diese steht auf Betonpfählen, damit sie nicht im Schlamm versinkt, wenn im Sommer der Dauerfrostboden auftaut. Zunächst werden Sand und Wasser abgetrennt.

Das Gas verlässt danach über **Ferngasleitungen** die Aufbereitungsanlage. Bis nach Deutschland ist das Gas rund eine Woche unterwegs.

Transitwege von Erdgas

Für Europa ist Russland mit der größten Fördergesellschaft Gazprom (siehe S. 218/219) der wichtigste Erdgaslieferant. In der Vergangenheit wurden rund 80 Prozent der russischen Gasexporte durch die Ukraine transportiert. Da zwischen Russland und der Ukraine Unstimmigkeiten wegen der Durchleitungskosten, der Höhe des Gaspreises und der Menge des transportierten Erdgases auftraten, bevorzugt Russland einen von den Transitländern unabhängigen Transportweg nach Europa. Deshalb werden neue Pipelines gebaut.

Die Ostsee-Pipeline

Die geplante Unterwasserpipeline ist 1220 Kilometer lang. Die 1,20 Meter dicken Rohre sind mit einem Betonmantel verkleidet. Ab 2012 wird mit der Inbetriebnahme gerechnet. Gazprom will auf russischer Seite eine 900 Kilometer lange Trasse bauen und mit dem bestehenden Gasnetz verbinden. Von Deutschland aus

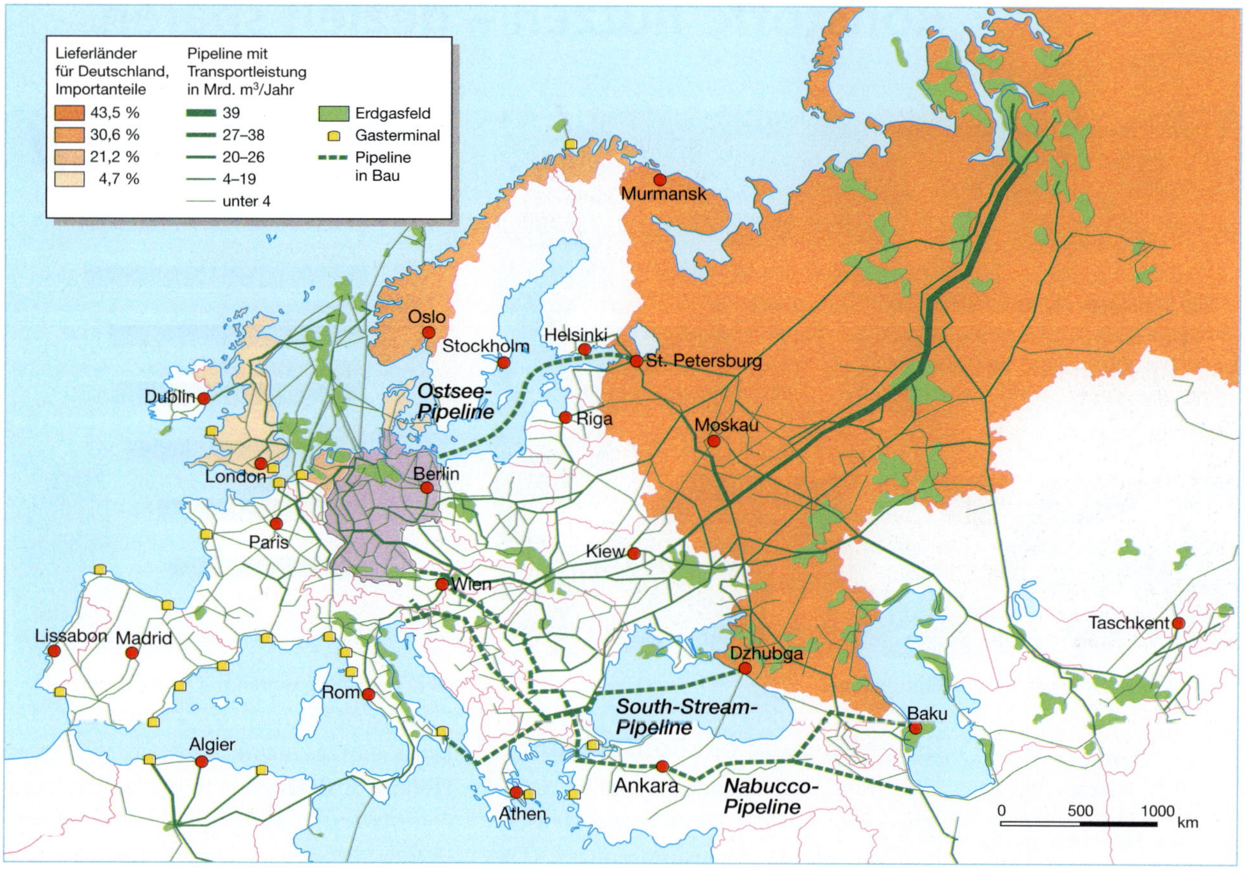

M4 **Erdgasleitungen von Russland nach Europa.**

sollen eine West- und eine Südverbindung das Gas auch nach Großbritannien, Belgien, den Niederlanden und Frankreich weiterleiten.

Die Nabucco-Pipeline

Die EU strebt in Zukunft eine höhere **Versorgungssicherheit** an und will die Abhängigkeit von russischem Erdgas verringern. Im Verlauf der Streitigkeiten zwischen Russland und der Ukraine war es zu Sperrungen der Pipelines durch Russland gekommen, die erst nach Wochen aufgehoben wurden. Deshalb unterstützt die EU den Bau einer 3300 Kilometer langen und acht Milliarden Euro teuren Pipeline, die Russland umgeht. Am Bau sind die Türkei, Bulgarien, Rumänien, Österreich und Ungarn beteiligt. Ab 2014 soll das erste Erdgas transportiert werden.

Russland ist gegen die Nabucco-Pipeline und plant als Gegenstück die Erdgasleitung South-Stream.

1 Beschreibt die Transportwege für Erdgas aus Russland nach Europa (M 4).

2 Ermittelt die Entfernung von den westsibirischen Erdgaslagerstätten bis an die deutsche Grenze (M 4).

3 Beschreibt die Abhängigkeit europäischer Staaten vom russischen Erdgas (M 1–M 4).

4 Erläutert die Bedeutung der neuen Ostsee-Pipeline für Russland und Europa. Welchen Staaten bringt sie Vor- oder Nachteile (M 1–M 4)?

5 Erklärt mögliche Gründe für Russlands Widerstand gegen den Bau der Nabucco-Pipeline (M 4).

Rohstoffe nutzen – gezielt sparen

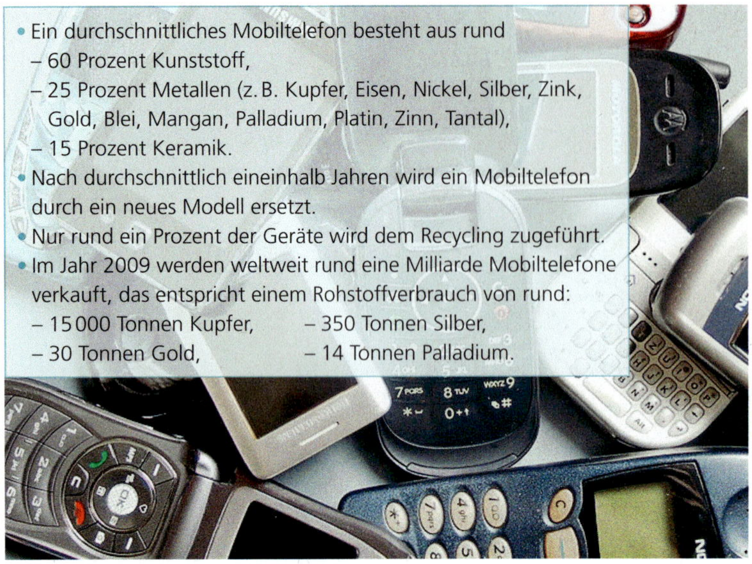

M1 Materialverbrauch für Mobiltelefone.

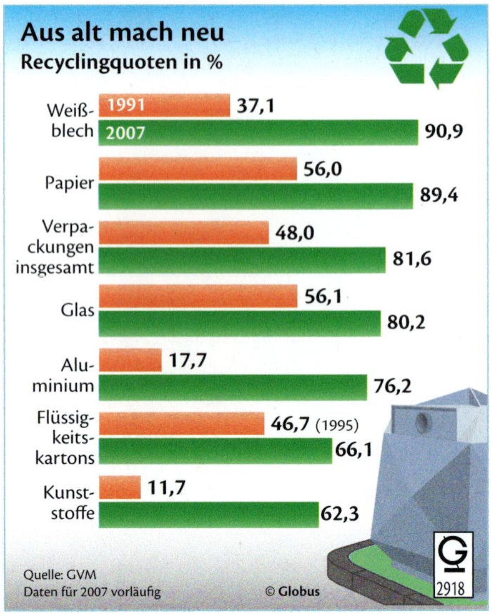

M2 Recyclingquoten in Deutschland.

Unser Umgang mit Rohstoffen

Nicht nur die drohende Knappheit nichterneuerbarer Rohstoffe stellt die Menschheit vor große Herausforderungen. Die stetig zunehmende Ressourcennutzung löst Folgen aus, die sich stark auf die Menschen und ihre natürliche Umwelt auswirken können. Die verschiedenen sozialen und ökologischen Probleme können nur gelöst werden, indem ein **nachhaltiger*** Umgang mit Rohstoffen die bisherige Art und Weise der Ressourcennutzung ablöst.

Dazu gibt es heute folgende Strategien: **Höhere Effizienz** – die bessere Nutzung von Material und Energie, also eine höhere Ressourcenproduktivität. Sie folgt dem Prinzip „Mehr aus weniger". Das geschieht durch verbesserte Technik und Organisation im Produktionsprozess. Ein Beispiel dafür ist die Verkleinerung von Bauteilen. Die Wiederverwendung von Rohstoffen (**Recycling**) ist eine weitere Vorgehensweise, um die Effizienz der eingesetzten Ressourcen zu erhöhen.

***Nachhaltigkeit**
Leitbild für eine zukunftsfähige, langfristig für alle Menschen tragbare Entwicklung. Wirtschaftliche Entwicklung, intakte Umwelt und sozialer Frieden werden als gleichrangige Ziele verstanden.

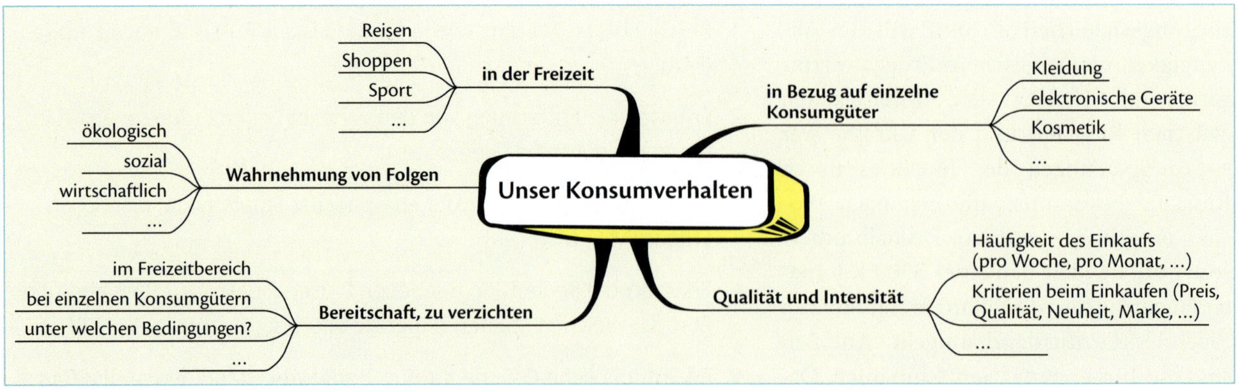

M3 Mögliche Aspekte der Befragung zum Konsumverhalten von Mitschülerinnen und Mitschülern.

Vorteile nachwachsender Rohstoffe

- Verringerung der Abhängigkeit von fossilen Energieträgern
- Schonung nicht-erneuerbarer Ressourcen
- Biologische Abbaubarkeit
- Reinhaltung der natürlichen Lebensgrundlagen Boden, Wasser und Luft
- Reduzierung von Umweltbelastungen und Förderung der Artenvielfalt

Nachteile nachwachsender Rohstoffe

- Manche Produkte sind bisher nicht aus nachwachsenden Rohstoffen herstellbar
- Hohe Forschungskosten
- Ernteschwankungen
- Bewährte Produktionsprozesse und qualitätsvolle Produkte werden aufgegeben

Beispiel: Ersatz von Erdöl durch nachwachsende Rohstoffe

Produkt	Industriepflanze	Rohstoff
Biodiesel	Raps	Rapsöl
Schmierstoffe	Raps, Sonnenblumen	Pflanzenöl
Folien	Kartoffeln	Stärke
Wärme, Dampf, Strom	Holz, Miscanthus	Pellets, Hackschnitzel
Textilien, Dämmstoffe, Papier	Flachs, Hanf	Fasern
Waschmittel	Kartoffeln, Zuckerrüben	Stärke, Zucker

M4 Ersatz von fossilen Energieträgern durch nachwachsende Rohstoffe. Foto links: Rapsernte.

Naturverträgliches Produzieren, Transportieren und Konsumieren – diese Strategie umfasst naturverträgliche Technologien, die die Ökosysteme nutzen, ohne sie zu zerstören. Darunter versteht man z. B. Energiegewinnung aus Sonne, Wind und Wasser. Auch der Austausch nicht-erneuerbarer Rohstoffe durch **nachwachsende Rohstoffe** gehört zu diesem Ansatz. Nachwachsende Rohstoffe sind pflanzliche und tierische Produkte, die als Werkstoff oder Energierohstoff Verwendung finden. Heute werden vor allem Industriepflanzen wie Raps, Sonnenblume oder Zuckerrohr genutzt, um fossile Rohstoffe als Energieträger und als chemische Rohstoffe zu ersetzen. Doch die Forschung geht weiter. So ist es kürzlich gelungen, aus Löwenzahn Kautschuk herzustellen.

Verringerte Nachfrage nach Gütern und Energie – dieser Ansatz beruht auf der Erkenntnis, dass der sehr hohe Verbrauch nicht-erneuerbarer Rohstoffe in den reichen Industrieländern in Zukunft nur über ein verändertes Konsumverhalten erreicht werden kann. Dies beinhaltet, zum einen weniger Güter wie Elektrogeräte oder Kleidung zu verbrauchen. Zum anderen umfasst diese Strategie das Nutzen qualitativ sehr hochwertiger und langlebiger Produkte. Insgesamt bedeutet es für jeden Einzelnen also nicht, weniger zu haben, sondern sein Konsumverhalten grundsätzlich zu ändern.

1 Erläutert die Notwendigkeit eines veränderten Umgangs mit Rohstoffen (M 1).

2 Beschreibt Möglichkeiten eines nachhaltigen Umgangs mit Rohstoffen (M 1, M 2, M 4).

3 Führt eine Befragung zum Konsumverhalten unter euren Mitschülerinnen und Mitschülern durch und stellt die Ergebnisse vor (M 3).

4 Erörtert Möglichkeiten, wie ihr selbst sparsamer mit Rohstoffen umgehen könnt.

Sonne, Wind, Meer und Atomkraft

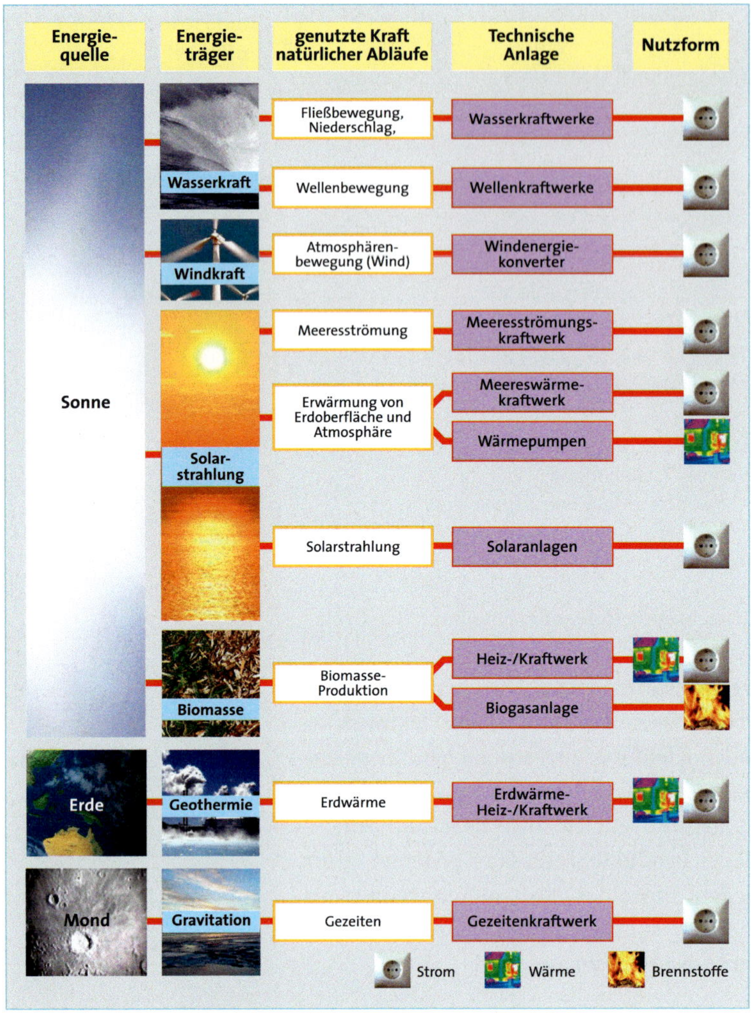

M 1 **Szenarien zum Energieverbrauch und Energiemix in Deutschland.**

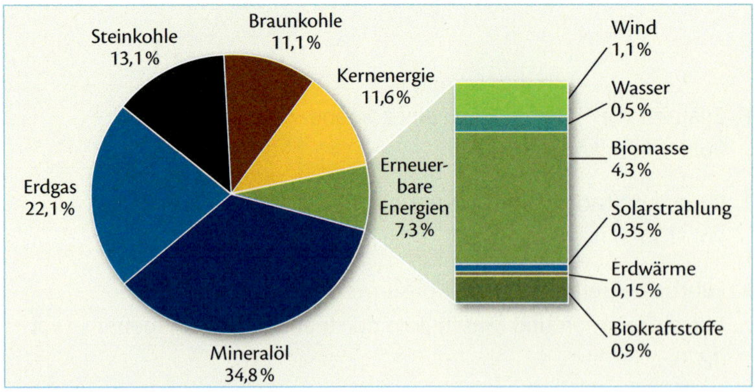

M 2 **Anteil der Energieträger am Primärenergieverbrauch in Deutschland 2008.**

Alternativ und erneuerbar

Alternative Energien sind Energieträger, die nach menschlichem Ermessen aus unerschöpflichen Quellen stammen, wie Sonnenlicht, Windkraft oder Erdwärme. Sie entstehen bei natürlichen und ohnehin stetig stattfindenden Prozessen. Deshalb werden sie auch „erneuerbare Energien“ genannt. Alle alternativen Energien sind kohlenstoffdioxidneutral. Das heißt: Entweder wird bei ihrer Nutzung kein Kohlenstoffdioxid ausgestoßen oder nicht mehr, als die Pflanzen selbst beim Wachstum aufgenommen haben. Damit stellen sie eine sinnvolle Alternative zu den traditionellen fossilen und nuklearen Energieträgern dar.

Unverzichtbar oder nebensächlich?

Angesichts des Klimawandels (siehe Kapitel 10, Seite 250 ff.) ist es dringend notwendig, die Verbrennung fossiler Energieträger wie Erdöl und Kohle und damit den Ausstoß von Kohlenstoffdioxid zu reduzieren. Die stärkere Nutzung alternativer Energien ermöglicht dies, insbesondere wenn sie mit der Erhöhung der Energieeffizienz und einem sparsamen Energieverbrauch gekoppelt wird.

Neben ökologischen Aspekten sprechen aber auch wirtschaftliche Gesichtspunkte für alternative Energien. So führt die zunehmende Knappheit fossiler Energieträger zu steigenden Rohstoffpreisen. Gerade importabhängige Länder wie Deutschland werden durch diese Preissteigerungen wirtschaftlich stark belastet. Die Hinwendung zu inländisch erzeugten alternativen Energien ist daher in mehrfacher Hinsicht unverzichtbar.

Beispiel Windenergie

Schon seit Jahrhunderten nutzt der Mensch die Kraft des Windes. Doch seit Ende der 1980er-Jahre erlebt die Windkraft einen enormen Aufschwung. In Deutschland spielt sie innerhalb der alternativen Energieträger neben der Biomasse bisher die bedeutendste Rolle, insbesondere in der Stromerzeugung. Mit knapp 23 903 Megawatt installierter Leistung durch etwa 22 000 Windenergieanlagen (2010) ist Deutschland Weltspitzenreiter in diesem Bereich.

Den größten Anteil an der Windenergieproduktion in Deutschland hat mit 25,1 Prozent Niedersachsen.

Umstrittene Kernkraftwerke

Die Nutzung der Kernenergie ist umstritten. Wie in vielen anderen europäischen Ländern soll die Nutzung der Kernkraft wegen der nicht unerheblichen Risiken bei der Betreibung und der Entsorgung auch in Deutschland beendet werden. Ob dieser Beschluss der Bundesregierung aus dem Jahre 2000 umgesetzt wird, ist angesichts der wechselnden politischen Mehrheitsverhältnisse unklar.

Die Befürworter der Nutzung der Kernenergie betonen, dass

- Kernkraftwerke kein Kohlenstoffdioxid ausstoßen (somit keine Verstärkung des Treibhauseffekts),
- Strom aus Kernkraftwerken sicher, sauber und preisgünstig sei.

Die Gegner erklären, dass

- Katastrophen wie die von Tschernobyl sich immer wieder ereignen können,
- die Entsorgung und Endlagerung der abgebrannten Brennelemente nach wie vor ungeklärt ist und große Umweltgefahren drohen,
- Strom aus Kernkraftwerken nur scheinbar billig ist, weil die Entwicklungs- und Entsorgungskosten zum großen Teil vom Steuerzahler aufgebracht werden.

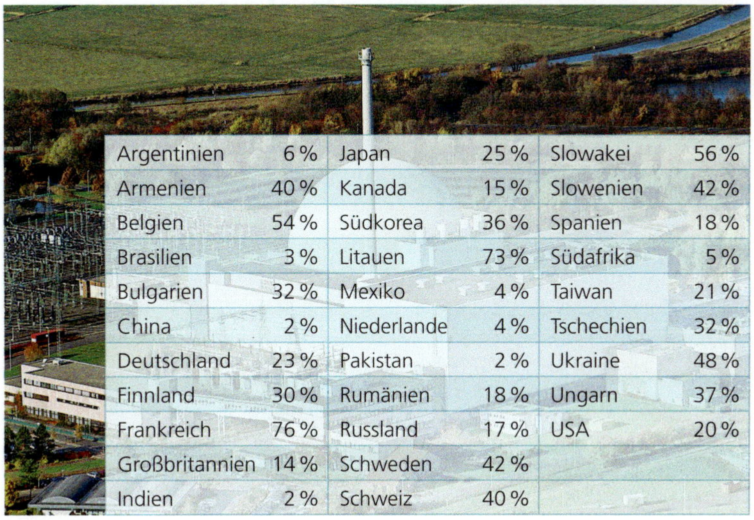

Argentinien	6 %	Japan	25 %	Slowakei	56 %
Armenien	40 %	Kanada	15 %	Slowenien	42 %
Belgien	54 %	Südkorea	36 %	Spanien	18 %
Brasilien	3 %	Litauen	73 %	Südafrika	5 %
Bulgarien	32 %	Mexiko	4 %	Taiwan	21 %
China	2 %	Niederlande	4 %	Tschechien	32 %
Deutschland	23 %	Pakistan	2 %	Ukraine	48 %
Finnland	30 %	Rumänien	18 %	Ungarn	37 %
Frankreich	76 %	Russland	17 %	USA	20 %
Großbritannien	14 %	Schweden	42 %		
Indien	2 %	Schweiz	40 %		

M3 Anteil der Kernkraftwerke an der Gesamtstromerzeugung 2008.

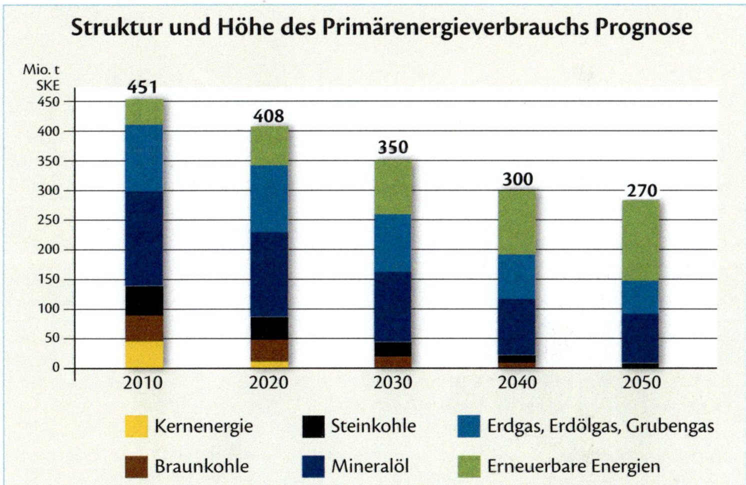

M4 Prognose zum Energieverbrauch und Energiemix in Deutschland 2010–2050.

1 Beschreibt und vergleicht anhand M 1 die Formen alternativer Energien. Kennzeichnet ihre typischen Merkmale in einer Übersicht in eurer Arbeitsmappe.

2 Vergleicht die Bedeutung alternativer Energien und der Kernenergie in Bezug auf den Energieverbrauch der Bundesbürger (M 2).

3 Untersucht M 3 und listet die Länder mit einem hohen Anteil der Kernenergie an der Energieversorgung auf.

4 Führt mit M 4 eine Pro-und-Kontra-Diskussion zum Thema: „Ist der Ausbau der alternativen Energieerzeugung sinnvoll?“ durch.

Check: Das kann ich schon …

Wichtige Begriffe erklären

- ✓ Rohstoffe
- ✓ fossile Energieträger
- ✓ Ressourcen
- ✓ Reserven
- ✓ alternative Energien
- ✓ erneuerbare Energien
- ✓ Bodenschätze
- ✓ Rohstoffversorgung
- ✓ Recycling
- ✓ Nachhaltigkeit

M 1 Rohstoffvorkommen in Deutschland.

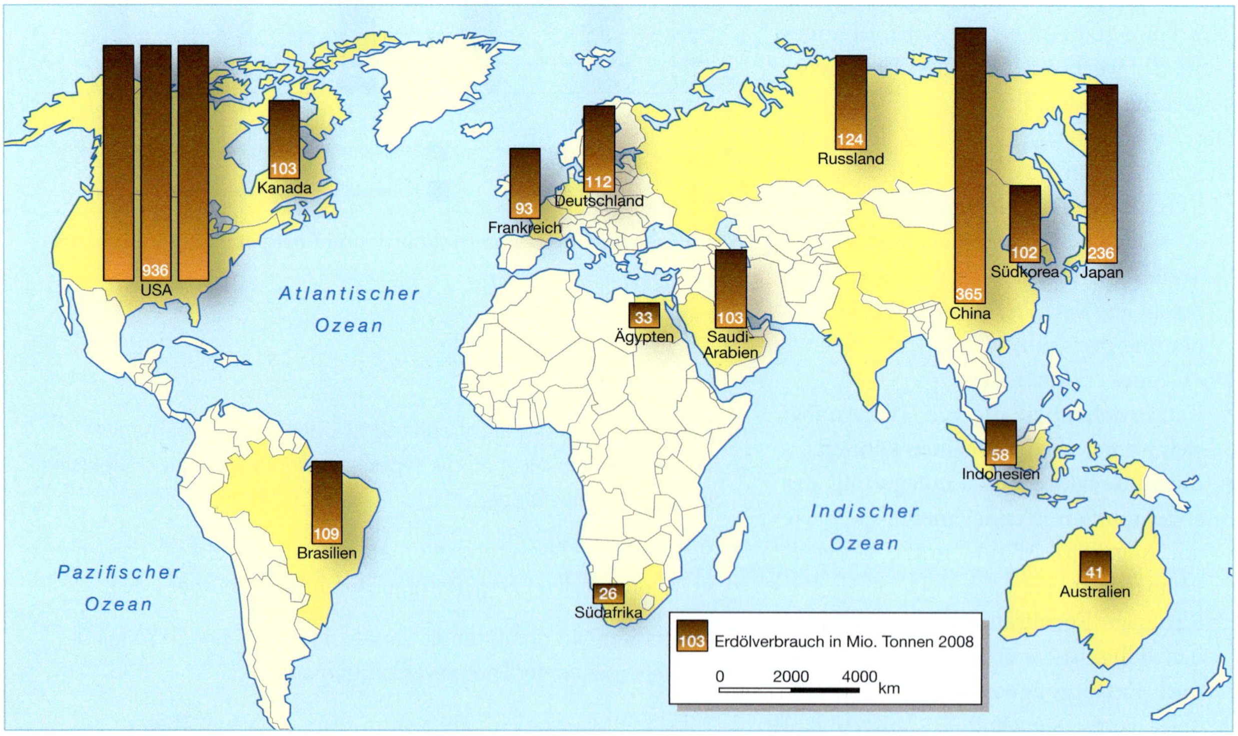

M 2 Wichtige Ölverbraucher 2008.

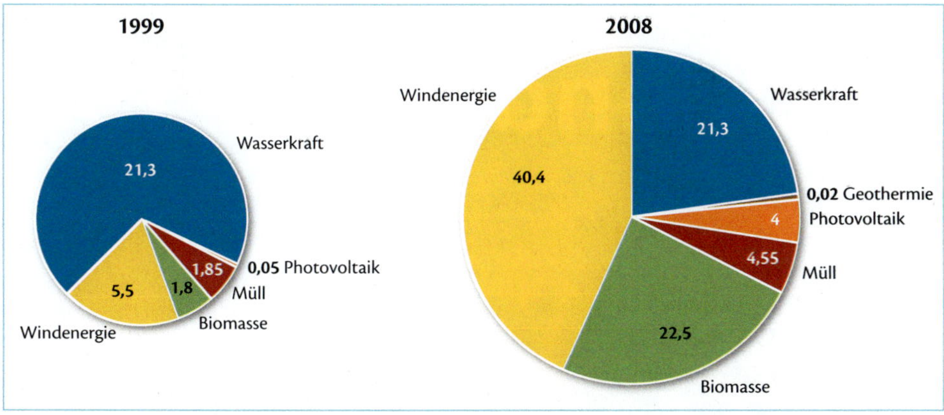

M 3 Stromerzeugung aus erneuerbaren Energien in Deutschland in Mrd. Kilowattstunden 1999 und 2008.

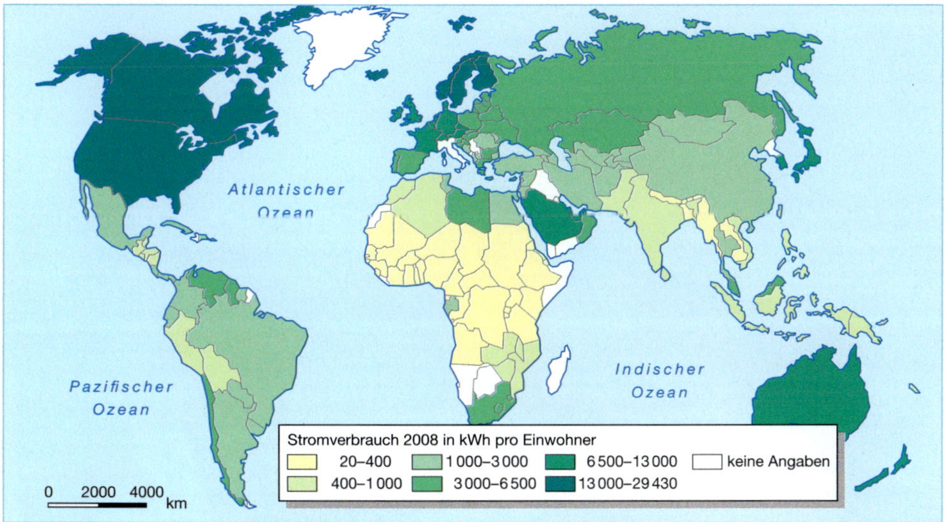

M 4 Stromverbrauch in Kilowattstunden pro Kopf im Jahr 2008.

Fachliche Kompetenz

1 Erklärt euch gegenseitig die wichtigen Begriffe (Kasten) und schreibt die Bedeutung der Begriffe in eure Arbeitsmappe.

2 Nennt Rohstoffe, die in Deutschland ausreichend vorhanden sind bzw. die importiert werden müssen (M 1).

3 Erstellt in einer Tabelle die Rangfolge der größten Erdölverbraucher (M 2).

4 Sortiert die Aussagen in M 5 in richtige und falsche. Verbessert die falschen Aussagen und schreibt sie richtig auf.

Methodenkompetenz

5 Wertet die thematische Karte M 4 aus und formuliert einen kurzen Bericht.

Urteils- und Handlungskompetenz

6 Ermittelt den Stromverbrauch bei euch zu Hause. Prüft Einsparmöglichkeiten.

7 Wägt ab, ob ihr bzw. eure Eltern einen Stromanbieter mit erneuerbarer Energie nutzen wollt.

8 Entwerft Plakate für eine Aktion „Rohstoffe sparen – bei uns und in der Welt".

M 5 Richtig oder falsch?

- Energie steht allen Menschen unbegrenzt zur Verfügung.
- Erdöl gibt es genügend auf der Erde – nur zu welchem Preis?
- Auf der Erde gibt es mehr Süßwasser, als wir verbrauchen. Konflikte um Wasser sind deshalb ausgeschlossen.
- Fossile Energieträger werden auch zukünftig in ausreichender Menge vorhanden sein.
- Der Einsatz von alternativen Energien ist die einzige Möglichkeit, dem Klimawandel entgegenzuwirken.
- Mit Kernenergie lassen sich alle Energie- und Umweltprobleme lösen.
- Nachhaltigkeit ist ein Modewort und braucht uns nicht zu beunruhigen.
- Amazonien ist ein Beispiel für nachhaltige Entwicklung.
- Wir brauchen unser Konsumverhalten nicht zu ändern.

5 Deutschland nach 1945

Am 3. Oktober 1990 versammelten sich Menschen aller Altersgruppen vor dem Reichstagsgebäude in Berlin, um die wiedergewonnene Einheit Deutschlands zu feiern. 45 Jahre waren seit dem Ende des Zweiten Weltkriegs vergangen – Jahre, in denen das Leben der Menschen in Deutschland intensiv von dem Gegensatz zwischen Ost und West geprägt war.

In diesem Kapitel könnt ihr erarbeiten,

- wie es zu dieser Trennung kam und wie sich die beiden politischen Systeme der Bundesrepublik und der DDR vor dem Hintergrund des Ost-West-Konflikts entwickelten,
- warum die DDR 1961 eine Mauer in Berlin bauen ließ und wie die deutsche Einheit wiedergewonnen wurde.

Am Ende des Kapitels seid ihr in der Lage, selbstständig Zeitzeugen zu befragen.

Besatzungsherrschaft nach Kriegsende

M1 Kriegsheimkehrer 1945. Foto.

M2 Eine Lebensmittelkarte für einen Erwachsenen über 18 Jahre. Sie war einen Monat lang gültig.

M3 Behelfswohnungen. Foto, 1945.

Die Teilung Deutschlands

Ältere Menschen können sich noch gut an die Zeit nach 1945 erinnern und von der damaligen Not erzählen. Nach der bedingungslosen **Kapitulation** der deutschen Truppen am 8. Mai 1945 war ganz Deutschland durch Truppen der Siegermächte USA, Sowjetunion (UdSSR), Großbritannien und Frankreich besetzt. Das Naziregime war überall vollkommen zusammengebrochen. Die politische Macht in Deutschland übten nun die Sieger aus. Schrittweise bauten sie eine neue politische Verwaltung in ihren **Besatzungszonen** auf.

Ost-West-Konflikt

Unmittelbar nach dem Sieg über Deutschland brach zwischen den großen Siegermächten des Zweiten Weltkriegs, den USA und der Sowjetunion, ein Konflikt aus. Auf die bisherige Zusammenarbeit zur Befreiung Europas von der Herrschaft des Naziregimes folgte ein erbitterter Wettkampf um die Vorherrschaft der beiden Mächte in der Welt. Eine weitere Zusammenarbeit zwischen der sozialistischen Sowjetunion und den USA mit ihrem kapitalistischen Wirtschaftssystem schien unmöglich.

Nach dem Zweiten Weltkrieg waren die USA die stärkste Macht der Welt. Sie waren im alleinigen Besitz der **Atombombe**, durch die der Zweite Weltkrieg in Asien beendet worden war. Unter der Führung der USA wurde 1945 die **UNO*** gegründet, die notfalls durch den Einsatz von Truppen weltweit für den Erhalt des Friedens eintreten sollte.

Kalter Krieg

Die Sowjetunion beanspruchte wie die USA, weltweit Macht auszuüben und ihr sozialistisches Gesellschaftssystem in möglichst vielen Staaten zu verbreiten. Sie weitete ihren Einflussbereich auf die osteuropäischen Staaten aus, die von sowjetischen Truppen besetzt waren. Die USA unterstützten dagegen verstärkt den wirtschaftlichen Aufbau der in ihrem Machtbereich liegenden Staaten nach westlichem Muster.

Durch Spionage gelangte die Sowjetunion an Kenntnisse über den Bau von Atomwaffen. Sie konnte 1949 ihre erste Atombombe zünden. Beide Mächte verfügten nun über Waffen, die es ermöglichten, die jeweilige andere Seite mit der totalen Vernichtung zu bedrohen. Die Großmächte vermieden deswegen seit 1945 bei aller Gegnerschaft den direkten Konflikt. Deshalb wird die Zeit dieser weltweiten Auseinandersetzung **Kalter Krieg** genannt. Der Kalte Krieg führte zu einer immer stärkeren Trennung der Einflussbereiche der beiden Weltmächte durch scharf bewachte Grenzen (siehe Kap. 8, S. 206 ff.).

M4 **Die Aufteilung des Deutschen Reiches 1945.**

Besatzungszonen

Am 8./9. Mai 1945 endete der Zweite Weltkrieg in Europa mit der Unterzeichnung der bedingungslosen Kapitulation durch die Spitze der deutschen Wehrmacht in Berlin. Schon zuvor war die faktische Macht in fast allen Gebieten Deutschlands durch die örtlichen **Militärkommandanten** der jeweiligen Truppen der Sowjetunion, Großbritanniens und der USA ausgeübt worden. Bereits vor Kriegsende hatten die USA, die Sowjetunion und Großbritannien auf ihren Konferenzen in Teheran und Jalta die Aufteilung Deutschlands in vier Besatzungszonen unter Beteiligung Frankreichs beschlossen. Berlin sollte von allen vier Siegermächten gemeinsam verwaltet werden.

Verkleinerung Deutschlands

Ohne Absprache mit den übrigen Siegermächten übertrug die Sowjetunion die Verwaltung der von ihr besetzten Ostgebiete Deutschlands östlich der Oder und der Lausitzer Neiße bereits am 7./8. Mai 1945 an die provisorische polnische Regierung. Faktisch bedeutete dies, wie die gleichzeitige Eingliederung des nördlichen Ostpreußens mit Königsberg in das Gebiet der Sowjetunion, eine Verkleinerung des deutschen Gebietes, auch wenn eine endgültige Regelung einem zukünftigen Friedensvertrag mit Deutschland vorbehalten bleiben sollte.

Besatzungsherrschaft

In jeder Stadt oder jedem größeren Ort herrschte ein Militärkommandant, der die wichtigsten Fragen des Alltagslebens regelte und zunächst die Versorgung mit Strom, Wasser, Lebensmitteln und Wohnraum organisierte. Schließlich musste eine örtliche Verwaltung aufgebaut werden, die unter der Kontrolle der jeweiligen Besatzungsmacht lokale Fragen regelte.

***UNO**
Abkürzung für United Nations Organization, dt. Organisation der Vereinten Nationen. Die UNO wurde 1945 gegründet um weltweit den Frieden zu sichern.

1 Versetzt euch in die Situation von Menschen in Deutschland im Sommer 1945 und stellt zusammen, was sie damals gedacht und gehofft haben könnten (M 1–M 3).

2 Berichtet über den Beginn der Besatzungsherrschaft und über die Folgen des Zweiten Weltkrieges für Deutschland (M 4).

Politische Neuordnung und schwieriger Alltag

M 1 Churchill, Truman und Stalin auf der Potsdamer Konferenz. Foto, 1945.

Pläne der Alliierten vor Kriegsende

***Alliierter Kontrollrat**
Von den Alliierten eingesetzte Institution, in der die Maßnahmen abgestimmt werden sollten, die für die Besatzungszonen getroffen wurden.

Während des Krieges trafen die „Großen Drei" (der amerikanische Präsident Roosevelt, der sowjetische Diktator Stalin und der britische Premierminister Churchill) mehrmals zusammen. Im Februar 1945 beschlossen sie in Jalta am Schwarzen Meer u. a. Folgendes:

- Einteilung Deutschlands in vier Besatzungszonen,
- Einsetzung eines Alliierten Kontrollrates* unter Beteiligung Frankreichs,
- Erweiterung des polnischen Staatsgebietes nach Westen auf Kosten Deutschlands und die Festlegung der neuen polnischen Ostgrenze,
- gemeinsame Verwaltung Berlins durch USA, Sowjetunion, Großbritannien und Frankreich.

Die Konferenz von Potsdam

Auf der Konferenz in Potsdam im August 1945 legten die „Großen Drei" weitere Punkte für ihre Politik in Deutschland fest. In vielen Punkten konnten sie sich nur mühsam auf Kompromisse einigen. Beschlossen wurde z. B.,

- alle aktiv tätig gewesenen Nationalsozialisten aus den öffentlichen Ämtern und Führungspositionen in wichtigen Privatfirmen zu entfernen,
- in ganz Deutschland alle demokratischen politischen Parteien zu erlauben,
- das Erziehungswesen nach demokratischen Grundsätzen zu gestalten,
- Deutschland trotz der Besatzungszonen als eine wirtschaftliche Einheit zu betrachten (die Besatzungszonen sollten sich gegenseitig unterstützen),
- dass jede Besatzungsmacht Entschädigungen für Kriegskosten aus ihrer Zone entnehmen konnte (und die Sowjetunion zusätzlich aus den westlichen Zonen bestimmte Güter erhielt),
- die endgültige Festlegung der Westgrenze Polens bis zu einer Friedenskonferenz zurückzustellen.

Die **Potsdamer Konferenz** endete wegen der Uneinigkeit der drei Mächte nicht mit der Verabschiedung eines Vertrages, sondern nur mit der Verkündigung einer gemeinsamen Pressemitteilung, die rechtlich keine Verbindlichkeit hatte. Trotzdem waren die veröffentlichten Beschlüsse der Konferenz für alle drei Staaten zunächst eine Handlungsanleitung für ihr künftiges Vorgehen in ihrer Besatzungszone.

M2 **Frauenalltag in einer Notunterkunft.** Foto, um 1946.

M3 **Kriegszerstörungen in deutschen Städten.**

Schwieriges Überleben

Der scharfe Winter 1946/47 spitzte die völlig unzureichende **Versorgungslage** der Bevölkerung noch weiter zu. Viele Menschen mussten aufgrund des Brennstoffmangels frieren.

Q1 Frau G. Arends erinnerte sich 1982, wie sie 1946 Kartoffeln beschaffte:

[…] Eine Bekannte und ich sind mit Hacken und meinem Kinderwagen losgezogen. Es waren sicher mehr als vier Kilometer, bis wir auf ein abgeerntetes Kartoffelfeld kamen. Wir haben uns auf den Acker gestürzt und haben Reihe für Reihe nachgehackt. Ich weiß noch, wie stolz wir waren, als wir nach einigen Stunden fast einen Zentner gesammelt hatten. Aber das war zu viel für den Kinderwagen. Wir waren noch nicht auf der Asphaltstraße, da zerbrach ein Rad. Aber die Kartoffeln aufgeben? Nie! Wir drehten aus Bindfaden und meinen Schnürsenkeln einen Tragegriff, den wir an die Achse mit dem zerbrochenen Rad banden. Nun hielt eine den Wagen im Gleichgewicht und die andere schob. Zum Glück hielten die anderen drei Räder und wir brachten die Kartoffeln heim. […]

M4 **Salatanbau vor dem Holstentor in Lübeck.** Foto, 1946.

1 Betrachtet die Karte auf Seite 123 und notiert, welche Veränderungen sich für Deutschland und Polen im Vergleich zu den Grenzen von 1937 ergeben haben.

2 Gebt die Beschlüsse der Konferenz von Potsdam mit euren Worten wieder.

3 Erläutert mit Q1 und M2 bis M4 die Lebenssituation der Menschen in Deutschland damals.

Flucht und Vertreibung

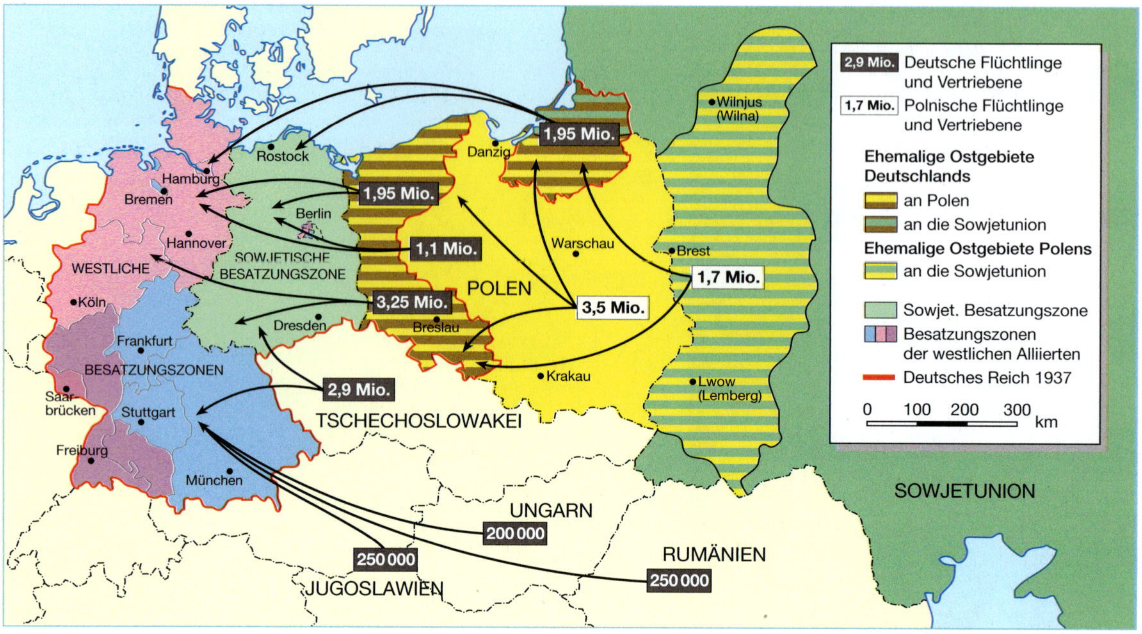

M 1 Flucht, Vertreibung und Umsiedlung 1944–1948.

1939:	1 589 000
1946:	2 573 000
1961:	2 317 000

M 2 Einwohnerzahlen in Schleswig-Holstein.

M 3 Auf der Flucht. Foto, 1945.

Flucht als Folge des verlorenen Krieges

Zu Beginn des Zweiten Weltkriegs lebten in Ostpreußen, Pommern, Brandenburg, Schlesien und Danzig rund 9,9 Millionen Deutsche in den Ostgebieten des Deutschen Reiches.

In der Sowjetunion, in Polen, in der Tschechoslowakei, in Ungarn, in Rumänien sowie in Jugoslawien und in den baltischen Staaten lebten etwa weitere neun Millionen Deutsche oder Deutschstämmige als nationale Minderheiten.

Als sich die deutsche Niederlage an allen Fronten abzeichnete, flohen ab Mitte 1944 Deutsche und Deutschstämmige aus Rumänien und Jugoslawien vor den russischen Truppen.

Im Winter 1944/45 wurde die **Flucht** vieler Deutscher vor den russischen Truppen aus Ostpreußen aufgrund der mangelnden Vorbereitung und der ständigen Durchhalteparolen der Nationalsozialisten zur Katastrophe.

In einer großen Rettungsaktion gelang es jedoch, 1,5 Millionen Menschen aus dem eingeschlossenen Ostpreußen über die Ostsee in den Westen Deutschlands zu bringen. Aus Schlesien flohen die Menschen zunächst nach Böhmen und Mähren. Ab März 1945 räumten die deutschen Truppen die besetzte Tschechoslowakei. Sie zwangen viele Flüchtlinge unter oft chaotischen Umständen nach Süddeutschland weiterzuziehen. Nicht wenige Sudetendeutsche blieben aber in ihrer Heimat. Nach der deutschen Kapitulation (Mai 1945) versuchten viele Flüchtlinge, wieder in ihre Heimat zurückzukehren, da sie sich eine endgültige **Vertreibung** aus ihrem Zuhause nicht vorstellen konnten.

Die Gebiete der heutigen ostdeutschen Bundesländer, die damalige Sowjetische Besatzungszone (SBZ), wurde im Spätsommer 1945 von Flüchtlingsströmen überrannt. Im November 1945 zählte man bereits eine Million Flüchtlinge aus dem Osten. Insgesamt blieben 3,5 Millionen

Flüchtlinge und Vertriebene aus dem Osten in der SBZ, etwa drei Millionen zogen nach kurzem Aufenthalt weiter in die westlichen Besatzungszonen.

Vertreibung

Bereits im Juni 1945 setzten in Polen, in den polnisch verwalteten Gebieten und in der Tschechoslowakei „wilde" Vertreibungen ein.

Eine neue **Flüchtlingswelle** von etwa 2,5 Millionen Menschen gelangte unter schlimmen Umständen in den Westen. 1946 wurden, entsprechend den Vereinbarungen der Siegermächte, fast alle Deutschen aus den Gebieten östlich von Oder und Neiße, aus Ungarn und der Tschechoslowakei planmäßig vertrieben. Die Sieger waren sich darin einig, „dass diese Überführung auf eine geregelte und menschliche Weise erfolgen soll".

Hals über Kopf mussten die Menschen ihre Heimat verlassen und durften nur so viel mitnehmen, wie sie tragen konnten. Historiker schätzen, dass etwa zwei Millionen Menschen infolge von Hunger, Entkräftung und eisiger Kälte starben. Bei der Vertreibung kam es zu schweren Verbrechen und furchtbaren Racheakten.

Schwierige Lebensbedingungen

Am Ende wurden zwölf Millionen Vertriebene in Deutschland gezählt. Die westlichen Zonen nahmen etwa acht Millionen Flüchtlinge und Vertriebene auf. Die Menschen waren meist mittellos, und so lebten sie anfänglich in größter materieller Not. Schon die Unterbringung bereitete Probleme. Es fehlte an Wohnraum und Arbeit. Die Integration der Menschen ging nur langsam voran – zu unterschiedlich waren die Lebenssituationen.

Gelungene Integration

Bis zum Ende der 1950er-Jahre entspannte sich die Situation. Rückblickend bezeichnen viele Vertriebene und Flüchtlinge die **Integration** als gelungen, was angesichts der großen Zahl der aufzunehmenden Menschen und der Not in Deutschland nicht selbstverständlich war.

Da die Flüchtlinge und Vertriebenen alles verloren hatten, mussten sie sich im Laufe der Zeit völlig neu einrichten. Ihre Nachfrage nach Baumaterialien, Einrichtungs- und Konsumgütern war ein nicht unwesentlicher Impuls für die Wirtschaft der jungen Bundesrepublik.

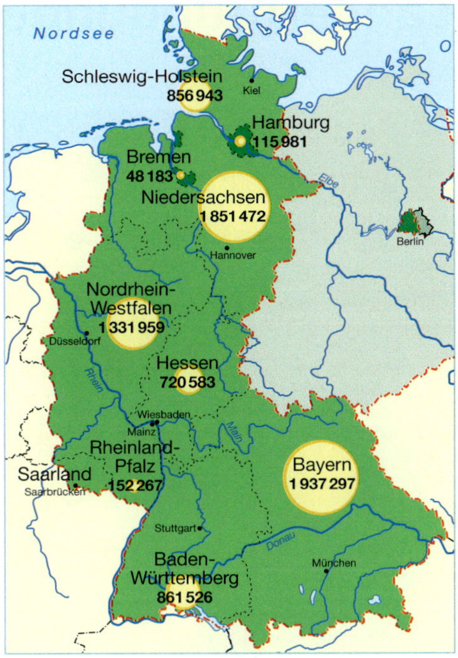

M 4 Aufnahme von Flüchtlingen in den Ländern der Bundesrepublik bis 1950.

M 5 Flüchtlingsfrau in Köln. Foto, 1945.

M 6 Polen, die aus Sibirien in die neuen Westgebiete Polens umgesiedelt werden. Foto 1946.

1 Unterscheidet die Begriffe „Flucht" und „Vertreibung".

2 Erläutert die verschiedenen Fluchtbewegungen anhand der Karte M 1. Berechnet die Zahl der betroffenen Menschen.

3 Notiert Stichworte, warum die Aufnahme und Integration der Flüchtlinge große Schwierigkeiten bereitete (M 1–M 6).

4 Erkundigt euch, ob auch eure Heimatgemeinde nach dem Krieg Flüchtlinge aufgenommen hat, und berichtet darüber.

Ländergründungen in den Zonen

M 1 **Ländergründungen in den Besatzungszonen Deutschlands 1945–1947.**

Länder werden gegründet

In der SBZ gründete die Sowjetische Militäradministration (SMAD) bereits im Sommer 1945 die Länder Mecklenburg, Sachsen, Thüringen und die Provinzen Brandenburg und Sachsen-Anhalt. Mit der Gründung von elf **Zentralverwaltungen** im Sommer 1945, die den Ländern übergeordnet waren, legte die sowjetische Regierung den Grundstein für eine **sozialistische Staats- und Gesellschaftsordnung** in ihrer Zone. 1952 wurden die Länder in der DDR aufgelöst und durch Bezirke ersetzt.

Mit den Ländern Bayern und Württemberg-Baden konnten die Amerikaner 1945 auf schon vorher bestehenden **Ländertraditionen** aufbauen. Aus dem ehemaligen Hessen und den früheren preußischen Provinzen Kurhessen und Nassau bildeten sie neu das Land Großhessen.

In der französischen Zone wurde 1946 das Land Rheinland-Pfalz gegründet, dazu kamen 1947 die aus Verwaltungsbezirken entstandenen Länder Baden und Württemberg-Hohenzollern.

In der britischen Zone wurden 1946 die Länder Nordrhein-Westfalen und Niedersachsen gegründet. Im selben Jahr folgte Bremen.

1946 errichteten die Briten Schleswig-Holstein und Hamburg. Allen Ländergründungen in der britischen Zone waren intensive Beratungen mit den deutschen Verwaltungsstellen vorausgegangen. Einige lehnten die britischen Planungen ohne Erfolg ab.

Eine Sonderrolle nahm das Saarland ein. Im Sommer 1946 trennte Frankreich das Saarland von seiner Zone ab. Parteien wurden im Saarland nur unter der Bedingung zugelassen, dass sie sich nicht für einen Anschluss an Deutschland einsetzten. Erst 1957 wurde das Saarland nach einer Volksabstimmung ein Bundesland der Bundesrepublik Deutschland.

Parteigründungen

Die 1933 zerschlagenen Parteien SPD und KPD wurden 1945 wieder gegründet. In der CDU (in Bayern CSU) schlossen sich Christen beider Bekenntnisse zu einer Partei zusammen. Die FDP entstand erst etwas später aus dem Zusammenschluss liberaler Parteien der Westzonen und Westberlins.

Niedersachsen und Schleswig-Holstein

Nach dem Krieg gab es in Norddeutschland folgende Teilgebiete: Schaumburg-Lippe, Oldenburg und Braunschweig, die ehemaligen preußischen Provinzen Schleswig-Holstein und Hannover sowie die Städte Hamburg und Bremen. Briten und Deutsche erkannten, dass diese Gebiete zu klein waren, um wirksam etwas gegen die Notlage nach dem Krieg tun zu können. Die Militärregierung bildete daher einen Zonenbeirat, der sie bei der Neugestaltung der Länder in ihrer Zone beraten sollte. Ihm gehörten vor allem von den Briten eingesetzte Verwaltungsbeamte, führende Parteipolitiker und Gewerkschafter an.

Q1 Aus einer Stellungnahme des hannoverschen SPD-Politikers Hinrich Wilhelm Kopf vom 6. September 1946:

[…] Die britische Besatzungszone wird in drei Länder gegliedert: a) Nordrhein-Westfalen, b) Niedersachsen, c) Schleswig-Holstein. Hamburg und Bremen bleiben Stadtstaaten. […]

M2 **Einheimische Bevölkerung und Flüchtlinge in Schleswig-Holstein 1950.**

M3 **Innenaufnahme aus einer Flüchtlingsbaracke in Kiel.** Foto, 1947.

Die britische Militärregierung folgte dem Vorschlag Kopfs und gründete mit Verordnung vom 1. November 1946 das Land Niedersachsen.

Im neuen Land **Niedersachsen** wurde am 20. April 1947 der erste Landtag gewählt. Die Sitzverteilung im Landtag 1947 (149 Sitze): SPD 65, CDU 30, NLP/DP 27, FDP 13, KPD 8, Zentrum 6.

Es kam zu einer Allparteienregierung unter dem Ministerpräsidenten Hinrich Wilhelm Kopf (SPD).

Der erste frei gewählte Landtag in **Schleswig-Holstein** bestand 1947 aus 70 Abgeordneten, von denen 43 der SPD, 21 der CDU und 6 dem Südschleswigschen Verein (SSV, später SSW) angehörten. Die SPD stellte somit die erste in freien Wahlen bestimmte Landesregierung mit Hermann Lüdemann (1947–1949) und Bruno Diekmann (1949–1950) als Ministerpräsidenten.

1 Berichtet mithilfe von M 1 und dem Text über die Gründung der Länder.

2 Informiert euch über die Geschichte eures Bundeslandes und berichtet der Klasse.

3 Erläutert mithilfe von M2 die Hauptprobleme, die sich für das neue Land Schleswig-Holstein ergaben.

Abrechnung mit dem NS-Regime

M 1 Die Hauptangeklagten im Nürnberger Prozess 1945/46. In den ersten Reihen die Verteidiger, dahinter in zwei Reihen die Angeklagten. Ganz links: Hermann Göring.

M 2 Hermann Göring (geb. 12. 1. 1893, Selbstmord 15. 10. 1946) nahm 1923 am Hitlerputsch teil, war seit 1932 Reichstagspräsident und 1933 maßgeblich an der „Machtergreifung" beteiligt (vgl. S. 14/15). Foto.

Abrechnung mit dem Nationalsozialismus

Am Ende des verlorenen Krieges – nach Verbrechen gegen die Menschlichkeit ohne Beispiel – mussten sich die Deutschen mit ihrer Vergangenheit auseinandersetzen und Ideen für die Zukunft ohne Hass und Gewalt entwickeln. Zunächst jedoch hatten die Sieger das Wort, die auf eine politische und juristische Abrechnung mit „Nazideutschland" drängten.

Q 1 Richtlinien des Generalstabs der amerikanischen Streitkräfte über die Besatzungspolitik in Deutschland vom 26. April 1945:

Das Hauptziel der Alliierten ist es, Deutschland daran zu hindern, je wieder eine Bedrohung des Weltfriedens zu werden. Wichtige Schritte zur Erreichung dieses Ziels sind die Ausschaltung des Nazismus und des Militarismus in jeder Form, die sofortige Verhaftung der Kriegsverbrecher zum Zwecke der Bestrafung [...] und die Vorbereitung zu einem späteren Wiederaufbau des deutschen politischen Lebens auf demokratischer Grundlage. [...] Alle Mitglieder der Nazipartei, die nicht nur nominell in der Partei tätig waren, alle, die den Nazismus oder Militarismus aktiv unterstützt haben, [...] sollen entfernt und ausgeschlossen werden aus öffentlichen Ämtern und aus wichtigen Stellungen.

Die Nürnberger Prozesse

Am 20. November 1945 wurde vor einem **Militärgerichtshof in Nürnberg** der Prozess gegen 22 führende Nationalsozialisten und Generale eröffnet. Dem internationalen Gerichtshof gehörten Richter und Ankläger der vier Siegermächte an. Angeklagt waren Mitglieder der NS-Regierung, Führer der NSDAP und Befehlshaber der Wehrmacht. Ihnen wurde Folgendes vorgeworfen:

- **Kriegsverbrechen** (Mord und Misshandlungen an Kriegsgefangenen, Tötung von Geiseln und Zivilpersonen)
- **Verbrechen gegen die Menschlichkeit** (Grausamkeiten und Verfolgungen aus rassischen Gründen, Ausrottung oder Versklavung)
- **Verbrechen gegen den Frieden** (Vorbereitung, Einleitung und Durchführung eines Angriffskrieges)

Alle Hauptangeklagten erklärten sich für nicht schuldig. Der Prozess ging im Herbst 1946 mit zwölf Todesurteilen, sieben Haftstrafen und drei Freisprüchen zu Ende.

Weil es ein Gericht der Sieger über die Besiegten war, gab es viel Kritik über die Rechtmäßigkeit, denn die Kriegsverbrechen anderer Staaten blieben ausgespart.

Entnazifizierung

In der amerikanischen, französischen und britischen Zone wurden seit 1946 etwa zwölf Millionen ehemalige Mitglieder der NSDAP oder ihrer Unterorganisationen einem **Entnazifizierungsverfahren** unterworfen. Auf einem Fragebogen mussten sie 131 Fragen zur Person, zu privaten oder beruflichen Aktivitäten oder zur Mitgliedschaft in der Partei oder anderen Organisationen während der NS-Zeit beantworten. Eine Spruchkammer entschied, ob man als hauptschuldig, belastet, minderbelastet, als Mitläufer oder Entlasteter zu gelten hatte. Kaum jemand gab zu, ein Nazi gewesen zu sein. Nur etwa zehn Prozent der Angeklagten wurden verurteilt.

Anfang der 1950er-Jahre endete die Entnazifizierung in den westlichen Zonen dann abrupt. Nicht nur kleine Nazis, sondern auch viele, die in leitenden Positionen lebensvernichtende Entscheidungen getroffen, verbrecherische Urteile gefällt oder Menschen zu Tode gequält hatten, wurden jetzt entlastet oder gar nicht mehr verfolgt. Oft kamen die wirklichen Hauptschuldigen mit geringen Strafen davon.

Antifaschistische Gesinnung

In der Sowjetischen Besatzungszone (SBZ) wurde klar zwischen Nazis und Mitläufern unterschieden und man entfernte bis 1948 etwa 520 000 Personen aus ihren bisherigen Stellungen. In der Justiz waren dies beispielsweise 85 Prozent des bisherigen Personals. Auch hier blieben „kleinere" NS-Mitglieder häufig unbestraft. Die SED ging davon aus, dass die **antifaschistische Gesinnung** wichtiger sei als Fachkenntnisse, die man sich erwerben könne. Andererseits wurden bereits nach wenigen Jahren auch in der DDR viele ehemalige Fachleute wieder in staatlichen Funktionen (Polizei, Militär) eingesetzt, wenn sie vor allen Dingen nur glaubhaft die „richtige" Gesinnung zeigten.

M3 Plakat zur Anwerbung von Neulehrern in der Sowjetischen Besatzungszone (SBZ) 1945.

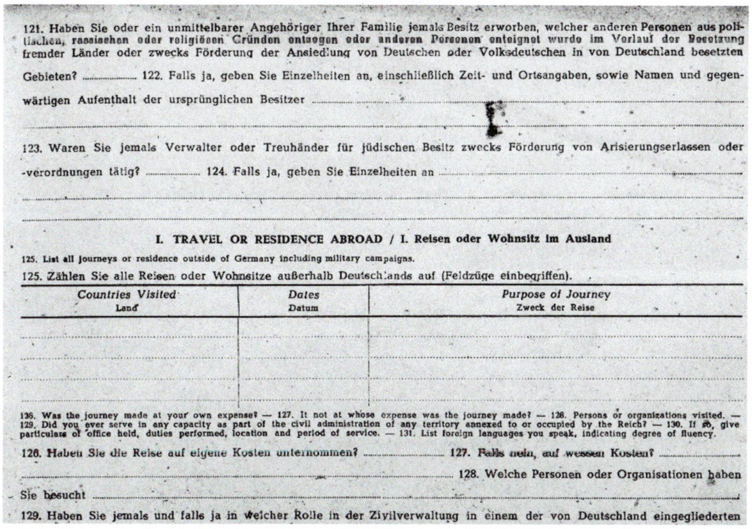

121. Haben Sie oder ein unmittelbarer Angehöriger Ihrer Familie jemals Besitz erworben, welcher anderen Personen aus politischen, rassischen oder religiösen Gründen entzogen oder anderen Personen enteignet wurde im Verlauf der Besetzung fremder Länder oder zwecks Förderung der Ansiedlung von Deutschen oder Volksdeutschen in von Deutschland besetzten Gebieten? .... 122. Falls ja, geben Sie Einzelheiten an, einschließlich Zeit- und Ortsangaben, sowie Namen und gegenwärtigen Aufenthalt der ursprünglichen Besitzer ....

123. Waren Sie jemals Verwalter oder Treuhänder für jüdischen Besitz zwecks Förderung von Arisierungserlassen oder -verordnungen tätig? .... 124. Falls ja, geben Sie Einzelheiten an ....

I. TRAVEL OR RESIDENCE ABROAD / I. Reisen oder Wohnsitz im Ausland

125. List all journeys or residence outside of Germany including military campaigns.

125. Zählen Sie alle Reisen oder Wohnsitze außerhalb Deutschlands auf (Feldzüge einbegriffen).

Countries Visited Land	Dates Datum	Purpose of Journey Zweck der Reise

126. Was the journey made at your own expense? — 127. It not at whose expense was the journey made? — 128. Persons or organizations visited. — 129. Did you ever serve in any capacity as part of the civil administration of any territory annexed to or occupied by the Reich? — 130. If so, give particulars of office held, duties performed, location and period of service. — 131. List foreign languages you speak, indicating degree of fluency.

126. Haben Sie die Reise auf eigene Kosten unternommen? .... 127. Falls nein, auf wessen Kosten? .... 128. Welche Personen oder Organisationen haben Sie besucht ....

129. Haben Sie jemals und falls ja in welcher Rolle in der Zivilverwaltung in einem der von Deutschland eingegliederten

M4 Fragebogen zur Entnazifizierung. Ausschnitt.

1 Berichtet über den Nürnberger Prozess und seine Folgen (M 1).

2 Erklärt das Hauptziel der amerikanischen Besatzungspolitik (Q 1). Wie sollte dieses Ziel erreicht werden?

3 Beschreibt, wie die Besatzungsmächte versuchten, eine Entnazifizierung der Bevölkerung durchzuführen (M 4).

4 Beschreibt M 3 und erläutert, welchen Eindruck das Plakat vermittelt.

5 Prüft, ob die „Entnazifizierung" erfolgreich war. Formuliert euer Ergebnis schriftlich.

Die Gründung zweier deutscher Staaten

SPD	29,2 %
CDU	25,2 %
CSU	5,8 %
FDP	11,9 %
BP	4,2 %
DP	4,0 %
Zentrum	3,1 %
KPD	5,7 %
Andere	10,9 %

(BP = Bayernpartei)

M 1 Ergebnisse der Wahlen zum ersten Bundestag 1949.

***Berliner Blockade**
Sperrung der Zufahrtswege nach Westberlin als Reaktion der Sowjetunion auf die Einführung der DM in den Westzonen und Westberlin im Juni 1948 (vgl. S. 136). Die westlichen Alliierten versorgten Westberlin daraufhin bis Mai 1949 mit Flugzeugen (Luftbrücke).

***Bizone**
Zusammenschluss der britischen und amerikanischen Besatzungszone zum 1. 1. 1947.

***Provisorium**
Behelfsmäßige Übergangslösung.

***Kompetenz**
Zuständigkeit und Sachverstand.

Der Weg zu zwei deutschen Staaten

1948 war deutlich geworden, dass die Siegermächte unvereinbare Konzepte für die Behandlung des besetzten Deutschlands und die Durchsetzung ihrer Interessen hatten. Die **Berliner Blockade*** zeigte dann, dass die Alliierten ihre Interessen in Deutschland nicht ohne ein gewisses Maß an Unterstützung durch die Deutschen in den von ihnen besetzten Zonen sichern konnten. Nun bekamen die politischen Kräfte in Deutschland Zug um Zug freie Hand, auch die staatliche Ordnung im Osten wie im Westen selbst zu regeln – im Rahmen von Leitlinien, die im Osten auf eine kommunistische, im Westen auf eine marktwirtschaftlich-demokratische Ordnung hinausliefen.

Die Londoner Außenministerkonferenz

Ende 1947 trafen die Außenminister der vier Siegermächte zur 5. Deutschlandkonferenz in London zusammen. In keinem der wichtigen Punkte (Reparationen, Marshallplan, Bizone*, Oder-Neiße-Frage, Frage der deutschen Einheit) konnten sich der sowjetische Außenminister und seine westlichen Kollegen näherkommen. Am 15. Dezember wurde die Konferenz nach drei Wochen abgebrochen.
Ende Februar 1948 trafen sich in London Vertreter der drei Westmächte, Belgiens, der Niederlande und Luxemburgs. Sie bemühten sich um ein gemeinsames Vorgehen in den westlichen Besatzungszonen.

Q 1 Am 20. März 1948 verließ der sowjetische Vertreter den Alliierten Kontrollrat, wofür er folgende Begründung angab:

[…] Die offiziellen Vertreter der USA, Großbritanniens und Frankreichs haben auf der Londoner Konferenz Deutschlandfragen erörtert und entschieden, die unmittelbar der Kompetenz* des Kontrollrats unterliegen und nur durch Viermächtebeschluss entschieden werden können. Die amerikanischen und britischen Besatzungsbehörden wollen den Kontrollrat nicht über die in London vorbereiteten Beschlüsse informieren. […] Durch ihre Handlungsweise haben diese drei Delegationen wieder einmal bestätigt, dass der Kontrollrat als Organ der obersten Gewalt faktisch nicht mehr besteht. […]

Londoner Beratungen

Die **Londoner Beratungen** zogen sich bis zum Juni 1948 hin. Erst dann waren die Franzosen bereit, ihre Zone der Bizone anzugliedern und einen westlichen Teilstaat zu bilden.
Das Ergebnis der Londoner Beratungen wurde den Ministerpräsidenten der Länder der Westzonen am 1. Juli 1948 in Frankfurt feierlich mitgeteilt. Die Ministerpräsidenten wurden ermächtigt, eine verfassunggebende Versammlung einzuberufen. Diese sollte eine demokratische Verfassung für einen Weststaat ausarbeiten.

Q2 Die Ministerpräsidentenkonferenz nahm dazu am 10. Juli Stellung:
[...] Die Ministerpräsidenten glauben jedoch, dass [...] alles vermieden werden müsste, was dem zu schaffenden Gebilde den Charakter eines Staates verleihen würde; sie sind darum der Ansicht, dass [...] zum Ausdruck kommen müsste, dass es sich lediglich um ein Provisorium* handelt. [...]

Die Gründung der Bundesrepublik Deutschland

Am 1. September 1948 nahm die verfassunggebende Versammlung, der **Parlamentarische Rat**, seine Arbeit auf. Die Länderparlamente hatten 65 Abgeordnete bestimmt (CDU/CSU 27, SPD 27, FDP 5, KPD 2, Zentrum 2, DP* 2).

Nach längeren Beratungen verabschiedete der Parlamentarische Rat am 8. Mai 1949 eine Verfassung. Sie wurde **„Grundgesetz"** genannt, um den provisorischen Charakter zu betonen. Die drei Westalliierten genehmigten das Grundgesetz, die westdeutschen Landtage stimmten mit Ausnahme Bayerns zu. Am 23. Mai wurde das Grundgesetz verkündet. Dieser Tag wird heute als „Verfassungstag" gefeiert.

Am 14. August 1949 wurde der erste Deutsche Bundestag gewählt. CDU/CSU, FDP und DP bildeten eine Koalition. Bundeskanzler wurde **Konrad Adenauer** (CDU). Zum ersten Bundespräsidenten wurde am 12. September 1949 **Theodor Heuss** (FDP) gewählt.

Damit war der neue Staat mit seinen aus freien Wahlen hervorgegangenen Organen funktionsfähig.

Die Gründung der Deutschen Demokratischen Republik (DDR)

Parallel zur Staatsgründung im Westen bereitete die SED die Gründung eines eigenen Staates nach dem Muster kommunistischer **Volksdemokratien*** vor. Die SED hatte nicht vor, ihre Vorherrschaft in der SBZ aufzugeben. Zunächst erarbeiteten von der SED einberufene Volkskongresse eine Verfassung. Die Mitglieder des III. Volkskongresses wurden im Mai 1949 gewählt, aber die Bevölkerung konnte nur mit „ja" oder „nein" für eine von der SED beherrschte Einheitsliste* stimmen. Der III. Volkskongress wählte einen Volksrat, der sich am 7. Oktober 1949 zur Provisorischen Volkskammer der Deutschen Demokratischen Republik erklärte. Er setzte die Verfassung in Kraft und sprach sich für die Bildung einer provisorischen Regierung aus. Als Präsident der DDR wurde **Wilhelm Pieck** und als Ministerpräsident Otto Grotewohl, beide SED, gewählt. Die entscheidende politische Gewalt in der neu gegründeten DDR übte jedoch der Erste Sekretär des Zentralkomitees der SED, **Walter Ulbricht**, aus.

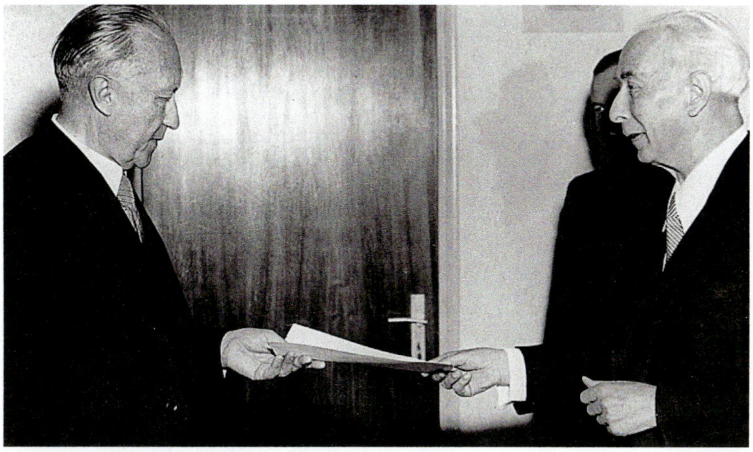

M2 Bundespräsident Heuss überreicht Bundeskanzler Adenauer die Ernennungsurkunde. Foto, 20. September 1949.

***DP**
Die konservative Deutsche Partei bestand von 1949 bis 1961.

***Volksdemokratie**
Staatsform kommunistischer Länder, bei der die gesamte Staatsmacht in den Händen der Kommunistischen Partei liegt.

***Einheitsliste**
Wahlliste, auf der mehrere Parteien genannt sind, die man nur insgesamt wählen oder ablehnen kann.

1 Beschreibt die sowjetische Sichtweise in Q 1.

2 Erläutert, welche Sorge hinter der Aussage in Q 2 steht.

3 Zählt wichtige Schritte auf dem Weg zur Gründung der Bundesrepublik Deutschland auf.

4 Erläutert die Unterschiede bei der Gründung beider deutscher Staaten. Notiert euer Arbeitsergebnis.

Wirtschaft in West- und Ostdeutschland

M 1 **Schaufensterauslage eines Feinkostgeschäfts in Bonn.** Foto, 1955.

Währungsreform in den Westzonen

Die Kluft zwischen den Siegermächten wurde in den Jahren von 1946 bis 1949 immer größer. Die Westmächte schlossen ihre Zonen eng zusammen. Der Hunger der Bevölkerung wurde durch amerikanische Lebensmittellieferungen gelindert. Der Wiederaufbau eines **westlichen Wirtschaftssystems** wurde mit Krediten unterstützt. Diese Hilfen konnten für die Westzonen erst dann richtig wirksam werden, wenn auch das deutsche Geld (Reichsmark; abgekürzt: RM) wieder etwas wert war.

Am 20. Juni 1948 (in Westberlin am 24. Juni) trat in den Westzonen eine **Währungsreform** in Kraft. Jeder Westdeutsche erhielt zunächst 40 DM (Deutsche Mark) und später noch einmal 20 DM („Kopfgeld"). Bargeld wurde im Verhältnis RM : DM = 10 : 1 umgetauscht. Sparguthaben in einem Verhältnis von zirka 15 : 1. Grundbesitz, Produktionsstätten und Aktien behielten ihren Wert und wurden weiter frei gehandelt. Die bisherige Rationierung vieler Produkte und die Preiskontrollen entfielen.

Wirtschaftlicher Aufstieg im Westen

In den Fünfzigerjahren begann der wirtschaftliche **Wiederaufstieg** in Westdeutschland. Die mit westlicher Hilfe wieder aufgebauten oder neu errichteten Industrieunternehmen konnten billige und gute Waren für den Export, aber auch für das Inland produzieren. Nach den Jahren der Entbehrung seit 1945 kam es nun zu Konsumwellen: Der „Fresswelle" folgte die „Wohn- und Automobilwelle". Am Beginn der Sechzigerjahre folgte die „Reisewelle". Gestiegene Löhne und ein wachsender Anspruch auf Urlaubstage machten Ferien auch im Ausland möglich. Diesen sprunghaften wirtschaftlichen Aufschwung bezeichnete man allgemein als das deutsche **„Wirtschaftswunder"**.

Der wirtschaftliche Aufstieg im Rahmen der von der CDU/CSU und ihrem Wirtschaftsminister Ludwig Erhard verfolgten Politik einer „sozialen Marktwirtschaft" wurde begleitet von einem schrittweisen Ausbau des Sozialstaates (vgl. Kapitel 7, S. 182 ff.).

Sozialistisches Wirtschaftssystem in der DDR

Während in den westlichen Besatzungszonen das Wirtschaftssystem und die demokratische Ordnung, ähnlich wie es die Deutschen aus der Zeit der Weimarer Republik (1918–1933) kannten, weitergeführt wurden, kam es in der DDR dagegen zu großen politischen Veränderungen.

Schrittweise führte die Sowjetunion ihr **sozialistisches System** ein. Bereits frühzeitig hatte sie in ihrer Besatzungszone Maßnahmen getroffen, die auf die Übernahme der sozialistischen Gesellschaftsordnung abzielten. Großgrundbesitzer wurden enteignet und Industriebetriebe ohne Entschädigung in den Besitz der Behörden der Besatzungszone überführt.
An die Stelle des privaten Eigentums der Unternehmer trat das „gesellschaftliche Eigentum" der Genossenschaften und des Staates. Jedem Betrieb wurde von zentralen staatlichen Planungsbehörden genau vorgeschrieben, was er zu produzieren hatte. Aufgrund der langfristig erstellten Planvorgaben reagierten die Betriebe nur sehr schwerfällig auf veränderte wirtschaftliche Anforderungen.

Zwangskollektivierung

Zusammen mit dem Aufbau des Sozialismus beschloss die SED 1952 die Bildung **Landwirtschaftlicher Produktionsgenossenschaften (LPG)**. Ziel war es, das private bäuerliche Wirtschaften abzuschaffen und den gesamten Besitz der Bauern in kollektives Gemeineigentum zu überführen. 1960 führte die DDR die **Zwangskollektivierung** mit staatlicher Gewalt durch, da sich viele Bauern weigerten, in eine LPG einzutreten. Mitte April 1960 gab es in der DDR keine selbstständigen Bauern mehr. Die Zwangskollektivierung löste eine Versorgungskrise aus; 1961 fehlte es an Butter, Milch und Fleisch. Die Brotversorgung war am Wochenende nicht gesichert.

Probleme der Planwirtschaft

Wirtschaftliche Entscheidungen wurden nicht in erster Linie nach wirtschaftlichen Gesichtspunkten (Kosten-Nutzen, Angebot-Nachfrage) gefällt. Bestimmend war die politische Entscheidung der SED. Ein Überblick über die wahren Kosten war durch die **Planwirtschaft** und besonders

M 2 Schaufenster eines Ladens in Ostberlin. Foto, 1986. Die Versorgungslage war in Ostberlin weitaus besser als in anderen Gebieten der DDR.

durch die staatlichen Zuschüsse bei den Preisen verloren gegangen. In Unkenntnis ihrer Kosten mussten die Betriebe zwangsläufig unwirtschaftlich produzieren.
Deutlich wurden die Probleme nur im Vergleich zum Westen. Um im Export eine Deutsche Mark (DM) einzuhandeln, musste die DDR 1980 etwa 2,50 Ost-Mark aufwenden, Anfang 1989 aber 4,40 Ost-Mark.
Auch die Preise wurden vom Staat festgesetzt. Sie richteten sich oft nicht nach den tatsächlichen Kosten. So waren die Preise z. B. für Wohnungsmieten, Brot, Strom oder Fahrtkosten der öffentlichen Transportmittel deutlich niedriger als die Kosten und konnten nur mit erheblichen Zuschüssen des Staates aufrechterhalten werden.

Belastungen des Staatshaushalts der DDR:
Von je 100 DDR-Mark Kosten wurden durch staatliche Zuschüsse gedeckt:
bei Nahrungsmitteln 46 Mark,
Verkehrsleistungen 65 Mark,
Wohnungsmieten 70 Mark.

Verschuldung der DDR gegenüber dem Ausland in DM:

1976	5 Milliarden
1980	30 Milliarden
1989	49 Milliarden

1 Beschreibt mit euren Worten den Wiederaufbau der Wirtschaft im Westen. Nennt dafür wichtige Voraussetzungen (M 1).

2 Erläutert das Vorgehen der Sowjetunion beim Aufbau eines sozialistischen Wirtschaftssystems in der SBZ und der DDR.

3 Nennt die Probleme, die die Planwirtschaft und die Zwangskollektivierung mit sich brachten (M 2, Randspalte).

4 Erkundigt euch bei älteren Mitbürgern nach den Lebensumständen in West und Ost in den Fünfzigerjahren.

Eskalationen

M 1 **„Rosinenbomber" über Westberlin.** Foto, 1948.

Stadt am Tropf

***Arbeitsnorm**
Maßeinheit der Arbeit, die am Tag, im Monat oder im Jahr von einer Arbeitskraft geleistet werden musste.

Im Juni 1948 riegelte die Regierung der Sowjetunion alle Zufahrtswege nach Westberlin ab. Weder zu Wasser noch zu Lande konnten Waren und Personen die Stadt erreichen, die wie eine Insel im Gebiet der DDR lag. Mit dieser **„Berlin-Blockade"** wollte die UdSSR ihren Anspruch auf die Zugehörigkeit von ganz Berlin zum sowjetischen Sektor durchsetzen.
Unter US-amerikanischer Regie wurde zur Rettung Westberlins eine gigantische Hilfsaktion in Gang gesetzt. Eine ganze Großstadt mit 2,2 Millionen Einwohnern wurde mit Lebensmitteln, Brennstoffen und Gebrauchsgütern aus der Luft versorgt. Rund 200 000 Flüge amerikanischer und britischer **„Rosinenbomber"** brachten 1,44 Millionen Tonnen Fracht in die Stadt. Erst im Mai 1949 wurde die Blockade aufgehoben, ohne dass die Sowjetunion ihr Ziel erreicht hatte. Diese Aktion ging als **„Luftbrücke"** in die Geschichte ein.

M 2 **Sowjetische Panzer in Ostberlin.** Foto, 1953.

Volksaufstand in der DDR

Die wirtschaftliche Lage in der 1949 gegründeten DDR war schwierig. Gebrauchsgüter waren knapp und teuer. Nun sollten die Arbeitsnormen* ohne Lohnausgleich heraufgesetzt werden. Dagegen demonstrierten am 16. Juni 1953 einige Ostberliner Arbeiter. Schnell breitete sich die Protestwelle am folgenden Tag im ganzen Land zu einem **Volksaufstand** aus. In allen größeren Städten kam es zu Unruhen.

Berlin, 17. Juni 1953

Den ganzen Vormittag zogen Demonstrationszüge durch den Ostteil der Stadt. Immer mehr Menschen schlossen sich an. Vereinzelt kam es zu Aktionen wie Verbrennen von Bildern der politischen Führer oder Zerschlagen staatlicher Symbole. Gegen Mittag fielen erste Schüsse von Volkspolizei und Sowjetsoldaten. Sowjetische Panzer hatten begonnen, die Demonstranten aufzuhalten. Es flogen Steine. Besonders Mutige sprangen auf die Panzer und verstopften die Rohre der Geschütze.
Der Aufstand wurde blutig niedergeschlagen. Er kostete zahlreiche Menschenleben (die Angaben schwanken zwischen 125 und 500 Todesopfern). 21 Anführer wurden noch am selben Tag hingerichtet. In der Folgezeit kam es zu weiteren Todesurteilen und langjährigen Haftstrafen bei rund 1500 Verhaftungen.

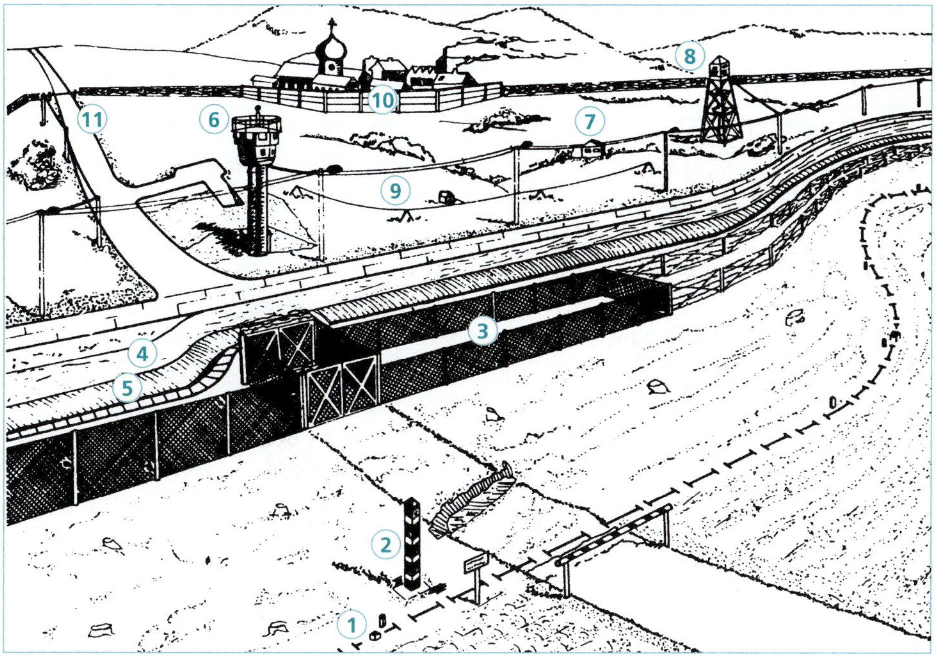

1 eigentlicher Grenzverlauf
2 DDR-Markierungssäule
3 Metallgitterzaun (mit Selbstschussanlage bis 1984)
4 Spurensicherungsstreifen (6 m breit)
5 Kolonnenweg
6 betonierter Beobachtungsturm
7 Betonbeobachtungsbunker
8 Lautsprecher und Lichtanlagen
9 Hundelaufanlage
10 Betonsperrmauer/Sichtblende
11 Sperrgebiet (15 km tief)

M3 Grenzsperranlagen der DDR zur Bundesrepublik Deutschland bis 1990.

In der Bundesrepublik Deutschland wurde der **17. Juni** bis zur Wiedervereinigung als **„Tag der Deutschen Einheit“** begangen – zum Gedenken an die Opfer und in der Hoffnung auf Beendigung der Teilung.

Eingemauert: 13. August 1961

Die wirtschaftliche Lage hatte sich seit dem 17. Juni 1953 nicht wesentlich verbessert. Immer mehr unzufriedene Bürger der DDR flüchteten in den Westen. Allein im Juli 1961 waren es rund 30 000. Vor allem gut ausgebildete Fachkräfte verließen die DDR, die in der DDR-Wirtschaft dringend benötigt wurden. Mit Hilfe einer vollständigen Abriegelung aller Grenzen versuchte die DDR die Fluchtbewegung zu stoppen.
Im Stadtgebiet von Berlin errichtete man ab dem **13. August 1961** eine **Mauer**. Alle U- und S-Bahnverbindungen wurden gekappt. Bei den geräumten Häusern auf der Grenzlinie mauerte man Türen und Fenster zu. Im übrigen Land verstärkte man die Grenze durch Zäune, Wachtürme und Selbstschussanlagen. Auf Flüchtlinge wurde scharf geschossen. Die Grenze wurde zum **Todesstreifen.**
Eine Zeit lang waren Besuche zwischen West- und Ostberlinern nicht möglich. Erst nach und nach wurden die Bestimmungen gelockert, sodass wenigstens an Feiertagen oder zu besonderen Anlässen Passierscheine in der DDR ausgestellt wurden.

M4 Mine, die an der innerdeutschen Grenze bei Mölln gefunden wurde. Foto, 1975.

1 Als die Nachricht von der Blockade bekannt wird, sitzt eine Familie (oder ein Freundeskreis) sorgenvoll zusammen. Spielt das Gespräch.

2 Erklärt das Interesse der Amerikaner und Briten an der Sicherung Westberlins für den Westen.

3 Beschreibt, was eine Normerhöhung für die Arbeiter und deren Familien bedeutete.

4 Schildert den Verlauf des Aufstands mit eigenen Worten.

5 Besprecht die Krisensituation „17. Juni“: Welche Folgen hätte ein militärisches Eingreifen der Westmächte vermutlich gehabt?

6 Befragt ältere Leute, die sich noch an die Tage um den 17. Juni 1953 oder an den 13. August 1961 erinnern, nach ihren damaligen Gefühlen und Eindrücken.

7 Erläutert das Schaubild M3. Sucht weitere Informationen im Internet.

Ostpolitik der Versöhnung

M 1 „Entschärfung". Karikatur vom 18. März 1970.

Q 1 Bereits am 15. Juli 1963 hielt Egon Bahr, der spätere enge Mitarbeiter des Bundeskanzlers Willy Brandt, eine Rede über die Chancen der deutschen Wiedervereinigung:

[…] Die Voraussetzungen zur Wiedervereinigung sind nur mit der Sowjetunion zu schaffen. Sie sind nicht in Ostberlin zu bekommen, nicht gegen die Sowjetunion, nicht ohne sie. […] Die Wiedervereinigung ist ein außenpolitisches Problem. […] Die amerikanische Strategie des Friedens lässt sich auch durch die Formel definieren, dass die kommunistische Herrschaft nicht beseitigt, sondern verändert werden soll. […]

***Kubakrise** (Oktober 1962 bis Januar 1963) Auslöser der Krise zwischen den USA und der UdSSR war die Stationierung nuklearer Mittelstreckenraketen der USA 1959 in der Türkei. Die Sowjetunion, die sich davon bedroht fühlte, begann 1962 mit der Stationierung sowjetischer Raketen auf Kuba und drohte bei einem US-Angriff auf die Insel mit einem Atomkrieg. US-Präsident Kennedy ordnete daraufhin eine Seeblockade Kubas an und erhöhte damit die Gefahr eines Atomkrieges. In Geheimverhandlungen wurde die Krise schließlich beigelegt.

Entspannungspolitik

Der Mauerbau in Berlin führte 1961 zu einer Verschärfung des **Ost-West-Konflikts**. Ermutigt durch ihren „Erfolg" in Berlin, versuchte die Sowjetunion, das globale Kräfteverhältnis zu ihren Gunsten zu verändern.

Die **Kubakrise*** im Herbst 1962 hatte gezeigt, dass die Welt kurz vor einem Dritten Weltkrieg stand. Nach dem Ende dieses Konflikts suchten alle Staaten nach Wegen, wie der Frieden angesichts der gegenseitigen Bedrohung mit der atomaren Vernichtung erhalten werden könnte.

Neue Ostpolitik: „Wandel durch Annäherung"

Die 1969 aus SPD und FDP gebildete neue Bundesregierung unter Bundeskanzler Willy Brandt und Außenminister Walter Scheel (FDP) versuchte das bisher gespannte Verhältnis zwischen der Sowjetunion und der Bundesrepublik zu verändern. Im Rahmen einer **neuen „Ostpolitik"** sollte auch das Verhältnis zur DDR vom Gegeneinander zu einem Miteinander entwickelt werden.

Die Umsetzung dieses Vorschlags wurde erst nach dem Ende des Vietnamkriegs* 1975 möglich, der noch einmal zu einem großen Ost-West-Konflikt geführt hatte.

Der Moskauer Vertrag

Die neue Regierung aus SPD und FDP trat sofort in Verhandlungen mit Moskau ein. Auch in der Sowjetunion gab es Bedenken gegenüber der neuen deutschen Politik.

Nach langwierigen Verhandlungen kam 1970 der Vertrag von Moskau zustande.

Q 2 Im Vertrag mit der Sowjetunion heißt es in Artikel 3:

[…] Die Bundesrepublik Deutschland und die Union der Sozialistischen Sowjetrepubliken (stimmen) in der Erkenntnis überein, dass der Friede in Europa nur erhalten werden kann, wenn niemand die gegenwärtigen Grenzen antastet. […]

Sie betrachten heute und künftig die Grenzen aller Staaten in Europa als unverletzlich […] einschließlich der Oder-Neiße-Linie […] und der Grenze zwischen der Bundesrepublik Deutschland und der Deutschen Demokratischen Republik.

Der Warschauer Vertrag

Q3 Noch im Dezember desselben Jahres wurde auch ein Vertrag mit der Volksrepublik Polen abgeschlossen:
[…] Die Bundesrepublik Deutschland und die Volksrepublik Polen, in der Erwägung, dass mehr als 25 Jahre seit Ende des Zweiten Weltkriegs vergangen sind, dessen erstes Opfer Polen wurde und der über die Völker Europas schweres Leid gebracht hat; […] in dem Bewusstsein, dass die Unverletzlichkeit der Grenzen […] eine grundlegende Bedingung für den Frieden ist, sind wie folgt übereingekommen: […]
[…] (2) Sie bekräftigen die Unverletzlichkeit ihrer bestehenden Grenzen jetzt und in der Zukunft.
(3) Sie erklären, dass sie gegeneinander keinerlei Gebietsansprüche haben und solche auch in Zukunft nicht erheben werden. […]

Der Grundlagenvertrag

Parallel zu den Ostverträgen einigten sich die ehemaligen Besatzungsmächte über ein **Berlinabkommen**, das 1971 unterzeichnet wurde. Darin garantierte die Sowjetunion den ungehinderten Verkehr zwischen Westberlin und der Bundesrepublik Deutschland. Schließlich regelte die sozialliberale Koalition auch die Beziehungen zur DDR vertraglich.

M2 Bundeskanzler Brandt vor dem Mahnmahl im ehemaligen Warschauer Getto. Foto, 1970.

Q4 Im Grundlagenvertrag mit der DDR hieß es 1972:
[…] Artikel 1: Die Bundesrepublik Deutschland und die Deutsche Demokratische Republik entwickeln normale gutnachbarliche Beziehungen auf der Grundlage der Gleichberechtigung. […]
Artikel 6: […] Sie respektieren die Unabhängigkeit und Selbstständigkeit jedes der beiden Staaten in seinen inneren und äußeren Angelegenheiten. […]

***Vietnamkrieg**
Krieg der USA aufseiten des westlich orientierten Südvietnam gegen das kommunistische Nordvietnam von 1964–1973. Er endete mit der Niederlage Südvietnams und der USA. Beide Teile Vietnams wurden unter kommunistischer Herrschaft vereinigt.

1 Erläutert das Ziel der „neuen Ostpolitik" (Q 1).
2 Nennt die Zielsetzung des Vertrags von Moskau (Q 2).
3 Erarbeitet, worin sich der Warschauer Vertrag (Q 3) von dem Moskauer Vertrag unterscheidet.
4 Erklärt, was mit dem ersten Absatz von Q 3 gemeint ist.
5 Nennt die wichtigsten Punkte von Q 3 und Q 4.
6 Prüft die Überschrift der Doppelseite. Zeigt, wie die Verträge zur Versöhnung Deutschlands mit früheren Gegnern beigetragen haben (M 1, M 2).

Der Fall der Mauer und die Folgen

M 1 Montagsdemonstration in Leipzig vom 9. Oktober 1989. Foto.

Wachsende Unzufriedenheit

Über lange Jahre war die Unzufriedenheit der DDR-Bürger stetig gestiegen. Zuletzt schienen sich auch die Hoffnungen auf Reformen nach dem Vorbild der Sowjetunion unter Gorbatschow* zu zerschlagen. Nach **Kommunalwahlen** am 7. Mai 1989 ließ die DDR-Führung 98,85 Prozent Zustimmung zur Einheitsliste als angebliches Ergebnis bekannt geben.

Mit der **Fälschung** des Ergebnisse der Kommunalwahl am 7. Mai 1989 durch die SED begann unmerklich der Zerfall der Macht der SED-Führung. Im Unterschied zu früher begehrten nun die unterschiedlichen oppositionellen Gruppen offen gegen den Wahlbetrug und die Behauptung einer 99-prozentigen Zustimmung der Bevölkerung zur Einheitsliste auf.

Die **Oppositionsgruppen** hatten sich seit Beginn der 1980er-Jahre in der DDR als Menschenrechts-, Umwelt- und Friedensgruppen gebildet. Sie versammelten sich meist in Kirchenräumen und Privatwohnungen, wo man relativ unbeobachtet von Parteileuten und der Stasi* diskutieren konnte. Diese Gruppen erzwangen nun eine öffentliche Diskussion und konnten ihre Behauptung von zahlreichen Nein-Stimmen bei der Kommunalwahl belegen. Die Staatsmacht versuchte die Oppositionsbewegung erfolglos mit einer Verhaftungswelle zu unterdrücken.

***Michail Gorbatschow** (geb. 2. 3. 1931), russischer Politiker, von 1985 bis August 1991 Generalsekretär des Zentralkomitees der Kommunistischen Partei der Sowjetunion. Durch seine Reformpolitik der Glasnost (wörtlich: „Offenheit") und der Perestroika (wörtlich: „Umbau") leitete er das Ende des Kalten Krieges ein.

M 2 Karikatur, September 1989.

***Stasi** Abkürzung für die vom „Ministerium für Staatssicherheit" gebildete politische Geheimpolizei in der DDR.

Fluchtwelle

Immer mehr DDR-Bürger kehrten nun ihrem Staat den Rücken. Allein im Sommer 1989 stellten 120 000 Menschen einen Ausreiseantrag. Als Gründe wurden vor allem die fehlende Meinungs- und Reisefreiheit, die ständige Kontrolle durch den Staat und die schlechte Wirtschaftslage genannt. Im Mai 1989 entfernte Ungarn die Grenzzäune zu Österreich. Viele DDR-Bürger, die im „Bruderland" Ungarn Urlaub gemacht hatten, nutzten diese Chance zur Flucht. Andere besetzten die Botschaften der Bundesrepublik in Prag, Warschau und Budapest, um so ihre Ausreise zu erzwingen.

Nach zähen Verhandlungen erreichte der bundesdeutsche Außenminister Hans-Dietrich Genscher, dass Tausende Botschaftsflüchtlinge in die Bundesrepublik ausreisen durften.

Montagsdemonstrationen

Seit September 1989 fanden in Leipzig die **„Montagsdemonstrationen"** statt, auf denen Versammlungs- und Reisefreiheit gefordert wurden. Die Zahl der Teilnehmer stieg bis Ende Oktober auf über 300 000. Anfangs wurden Demonstranten zwar von der Polizei auseinandergetrieben oder verhaftet, doch die Staatsmacht wagte es nicht, auf friedliche Bürger schießen zu lassen. Im Oktober und November 1989 gingen nun auch in anderen Städten der DDR Menschen auf die Straße. Sie trugen immer häufiger Schilder mit der Aufschrift „Wir sind das Volk!". Schließlich musste Erich Honecker* als Staatsratsvorsitzender zurücktreten.

Fall der Mauer 9. 11. 1989

Um dem Druck der Bevölkerung nachzugeben, beschloss die neue SED-Führung unter Generalsekretär Egon Krenz eine neue Regelung der Ausreiseformalitäten, die aber sehr unklar formuliert war. Auf einer Pressekonferenz gab Politbüromitglied Günter Schabowski diese neuen Regelungen am 9. November eher beiläufig bekannt. Er erklärte, ab sofort gebe es eine unbegrenzte Reisefreiheit für DDR-Bürger. Diese Pressekonferenz wurde in der DDR direkt übertragen. Die Wirkung dieser Nachricht zeigte sich aber erst durch die Weitergabe in den Abendnachrichten der westlichen Medien. Viele DDR-Bürger machten sich spontan auf den Weg. Die nicht informierten Grenzorgane der DDR wurden von dem Ansturm der Menschen an den Grenzübergängen in Berlin und in der gesamten DDR völlig überrascht. Sie gaben ohne höhere Weisung dem Druck der Massen nach und öffneten die Grenzen – auch um ein Blutbad zu vermeiden.

Q1 An ihre ebenso ahnungslosen Vorgesetzten meldeten sie um 22.30 Uhr:

[…] Es ist nicht mehr zu halten, wir müssen die GÜSt* aufmachen. Ich stelle die Kontrollen ein und lasse die Leute raus. […] Wir fluten jetzt! Wir machen alles auf! […]

Q2 Über die spontane Reaktion der Menschen wird berichtet:

[…] Ich bin am 9. November abends mit Arbeitskollegen in Ostberlin in einem Tanzcafé am Baumschulenweg gewesen", berichtet ein junger Arbeiter aus Treptow. „Wir haben ein bisschen Sekt getrunken, und da kam die Kellnerin an den Tisch und sagte: ‚Mensch, die Grenze ist uff, das hab ich in den Nachrichten gehört.' Ich sage: ‚Nu komm, hör uff.' Sagt die: ‚Warte mal, ick hab den Schluss uffjenommen.' Da holt sie ihr Tonband, spielt das ab. Und auf einmal, die ganze Kneipe, ruckizucki an den ganzen Tischen: zahlen, zahlen, zahlen. […]

M3 **Auf der Berliner Mauer 9./10. November 1989.** Foto.

In den folgenden Tagen und Monaten reisten Millionen von DDR-Bürgerinnen und -Bürger in den Westen. Viele kehrten zurück. Sie forderten lautstark **tief greifende politische Veränderungen**. Die SED konnte diesem Druck nicht standhalten und willigte ein, dass ein **„Runder Tisch"** aus allen politischen Gruppen gebildet wurde. Dieser „Runde Tisch" beschloss, dass am 18. März 1990 demokratische und freie Wahlen in der DDR stattfinden sollten.

***Erich Honecker**
(geb. 25. 8. 1912, gest. 29. 5. 1994), seit 1971 Generalsekretär der SED und seit 1976 Vorsitzender des DDR-Staatsrates, wurde 1989 aller Ämter enthoben und ging 1990 ins Exil nach Chile. Hier erlag er 1994 einem Krebsleiden.

***GÜSt**
Grenzübergangsstellen.

M4 **In der Nacht vom 23. zum 24. Dezember 1989 an der Grenzübergangsstelle Zarrentin der Autobahn A24.** Foto.

1 Berichtet über die Ereignisse im Frühjahr und Sommer 1989 in der DDR.

2 Untersucht M2 und zeigt auf, was die Karikatur vom September 1989 deutlich macht.

3 Erläutert, wie es zum Fall der Mauer kam und welche Folgen dieses Ereignis für die Menschen in Deutschland hatte (M3, M4).

Die Wiedervereinigung

***DA**
Demokratischer Aufbruch; politische Gruppierung in der DDR, die sich im Oktober 1989 bildete.

M 1 Bundeskanzler Kohl auf einer Wahlveranstaltung in Erfurt. Foto, 1990.

Die ersten freien Wahlen in der DDR

Mit dem Ruf „Deutschland – einig Vaterland“ forderten nach dem 9. November 1989 immer mehr Bürger die **Wiedervereinigung** der beiden deutschen Staaten. Die meisten Menschen glaubten nicht mehr an politische und wirtschaftliche Reformen in der DDR. In der Bundesrepublik erkannte die Regierung unter Bundeskanzler Helmut **Kohl** (CDU) und Außenminister Hans-Dietrich Genscher (FDP) jetzt ebenfalls die Chancen einer Vereinigung und trieb den Prozess mit großem Tempo voran.

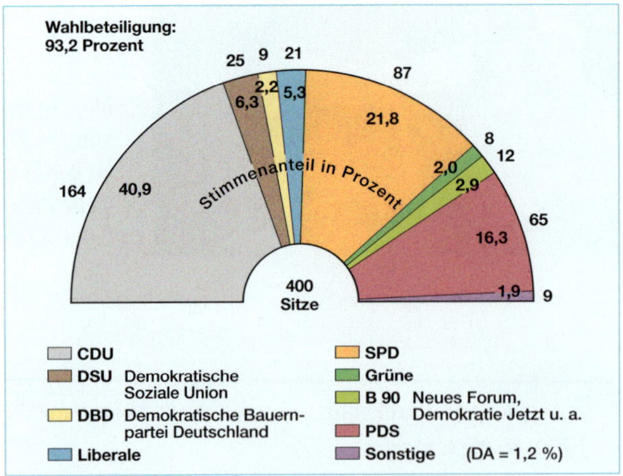

M 2 Ergebnis der Volkskammerwahlen in der DDR vom 18. März 1990.

Bei den ersten freien Wahlen zur Volkskammer der DDR am 18. März 1990 siegten die unter der Bezeichnung „Allianz für Deutschland“ (CDU, DSU, DA*) angetretenen Parteien. Sie hatten sich im Wahlkampf stets für die Wiedervereinigung ausgesprochen. Die im „Bündnis 90“ zusammengeschlossenen Oppositionsgruppen hatten keine Chance, während die Nachfolgepartei der SED, die Partei des Demokratischen Sozialismus (PDS), einen hohen Stimmenanteil bekam. Die neue Regierung wurde aus einer Großen Koalition von CDU, DSU, DA, Liberalen und SPD unter der Führung des Ministerpräsidenten Lothar **de Maizière** (CDU) gebildet.

Wirtschafts-, Währungs- und Sozialunion

Q 1 In einem Geheimbericht hatten DDR-Experten schon am 27. 10. 1989 festgestellt:
Im internationalen Vergleich der Arbeitsproduktivität liegt die DDR gegenwärtig um 40 Prozent hinter der BRD zurück. […] Die Verschuldung […] ist auf eine Höhe gestiegen, die die Zahlungsfähigkeit der DDR infrage stellt. […] Allein ein Stoppen der Verschuldung würde im Jahr 1990 eine Senkung des Lebensstandards um 25 bis 30 Prozent erfordern und die DDR unregierbar machen.

Um weitere Übersiedlungen von Ost nach West zu verhindern, schlossen die beiden deutschen Staaten einen Vertrag. Darin wurde die Einführung der Deutschen Mark in der DDR und die Übernahme der sozialen Marktwirtschaft in der DDR geregelt. Damit bestand eine **Wirtschafts-, Währungs- und Sozialunion**.

M3 Forderungen bei einer Demonstration in Leipzig. Foto, 1989.

M4 Deutsch-sowjetische Verhandlungen über die deutsche Vereinigung; am Tisch von links: Außenminister Genscher, Staats- und Parteichef Gorbatschow, Bundeskanzler Kohl. Foto, 1990.

„2 plus 4"-Verhandlungen

In Verhandlungen zwischen den beiden deutschen Staaten und den vier Siegermächten des Zweiten Weltkriegs (USA, Sowjetunion, Großbritannien und Frankreich) wurden die letzten Hindernisse auf dem Weg zur deutschen Vereinigung beseitigt. In Gesprächen zwischen der deutschen Seite und dem sowjetischen Staats- und Parteichef Gorbatschow am 15. und 16. Juli 1990 wurde der Verbleib der Bundesrepublik im westlichen Verteidigungsbündnis (NATO) anerkannt. Dafür sollte die Bundeswehr von 500 000 auf 370 000 Soldaten reduziert werden.

Deutschland verzichtete auf alle Gebietsansprüche gegen andere Staaten und erklärte, dass von deutschem Boden in Zukunft nur Frieden ausgehen solle.

Kurze Zeit später wurde in einem Vertrag mit Polen der Grenzverlauf zwischen Deutschland und Polen endgültig bestätigt.

Am 23. August 1990 beschloss die Volkskammer den Beitritt der DDR zur Bundesrepublik. Das für manchen Unvorstellbare wurde endlich wahr: Am **3. Oktober 1990** feierten 80 Millionen Deutsche die **Wiedervereinigung Deutschlands.**

M5 Sprengung eines Wachtturms an der innerdeutschen Grenze. Foto, 1990.

M6 Neue Nutzung: ein als Wochenendhaus ausgebauter ehemaliger Wachtturm an der ehemaligen innerdeutschen Grenze bei Dömitz. Foto, 1991.

1 Beschreibt, welche Grundstimmung in M1 sichtbar wird.

2 Untersucht M2 und erläutert das Wahlergebnis.

3 Erklärt, wie in Q1 der Zustand der DDR-Wirtschaft gesehen wird.

4 Beschreibt, was die Demonstranten in M3 zum Ausdruck bringen wollten.

5 Notiert die Bedingungen, die in den Verhandlungen mit den vier Siegermächten für die Vereinigung der beiden deutschen Staaten ausgehandelt wurden.

6 Schreibt die Stationen der Wiedervereinigung 1989/90 in Stichworten auf.

Ein schwieriger Weg zur Einheit

Bilanz der Einheit

Am 3. Oktober, am Tag der Deutschen Einheit, feiern wir die **Wiedervereinigung** der bis 1990 getrennten beiden deutschen Staaten. Nach 20 Jahren kann sich die Bilanz sehen lassen. In vielen Bereichen haben sich die Lebensverhältnisse angeglichen, in einigen Bereichen liegt aber noch ein weiter Weg vor den Bewohnern in den östlichen Bundesländern. Allerdings gibt es im Westen ebenfalls große Unterschiede: Die Einkommen und die Arbeitslosigkeit unterscheiden sich im Westen deutlich, **gleiche Lebensverhältnisse** gibt es auch hier nicht.

Geduld gefragt

M2 In einem Artikel zum Tag der Einheit 2009 heißt es:

[...] „Der Osten wird weiter aufholen, aber nicht flächendeckend", sagte der stellvertretende Geschäftsführer des Ifo-Instituts Dresden Joachim Ragnitz. Die großen Städte würden Gewerbe und Arbeitskräfte anziehen, auf dem Land werde es weiter abwärtsgehen. Besonders bedrohlich sei der Bevölkerungsschwund. Viele seien nach Westen abgewandert. „Viel gewichtiger ist aber der drastische Geburtenrückgang nach der Wende, durch den die nachwachsende Generation drastisch schrumpft", sagt Ragnitz.

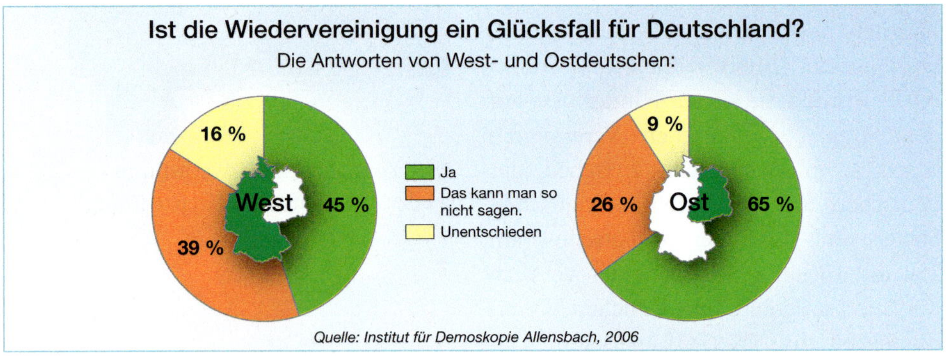

M1 Meinungen zur Wiedervereinigung 2006.

Wanderungsströme 1991–2007

Alter in Jahren	West ← Ost Frauen	West ← Ost Männer	West → Ost Frauen	West → Ost Männer
unter 18	245545	244834	124559	131010
18–25	438438	337286	177109	179313
25–30	180683	222073	107246	148524
30–50	304914	286731	167771	204973
50–65	77863	75430	52065	67765
65 und älter	56369	29450	55999	32450
Gesamt	**1303812**	**1195804**	**684749**	**764035**

Quelle: Statistisches Bundesamt, 2009

M3 Wanderungsströme zwischen West- und Ostdeutschland 1991–2007.

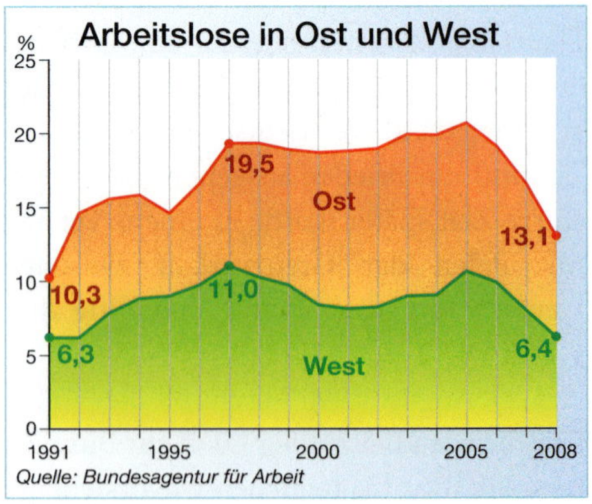

M4 Arbeitslosenquoten in Deutschland 1991–2008. Angaben in % aller abhängigen Erwerbspersonen.

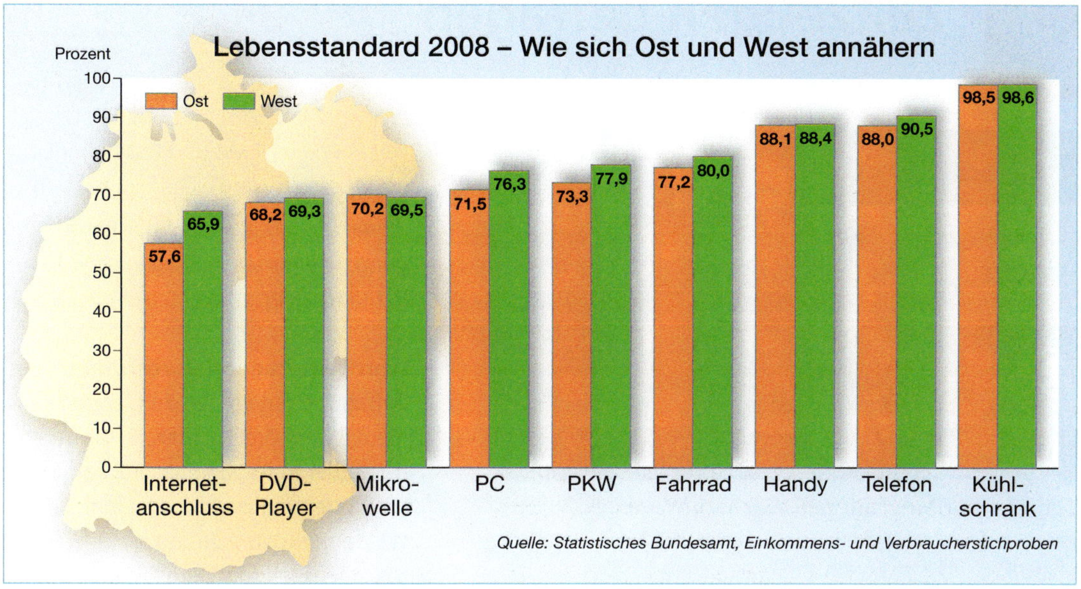

M 5 **Lebensstandard in östlichen und westlichen Bundesländern 2008.**

Renten in Ost und West
(Durchschnittswerte)

	OST mit Berlin-Ost		WEST mit Berlin-West	
	1989	2007	1989	2007
Rente pro Monat	448,95 Mark	804,68 EUR	564,12 EUR	693,32 EUR
Anzahl der Rentner	2 440 900	3 901 777	10 128 467	14 968 393

Quelle: Deutsche Rentenversicherung, 2006

M 6 **Renten in Ost und West 1989 und 2007.**

Verfügbares Nettoeinkommen/Ersparnis
in Privathaushalten

	OST ohne Berlin		WEST ohne Berlin	
	1991	2006	1991	2006
Gesamt in Milliarden	105 EUR	195 EUR	853 EUR	1 247 EUR
Einkommen pro Monat/Person	595 EUR	1 224 EUR	1 148 EUR	1 583 EUR
Sparbeitrag pro Monat/Person	44 EUR	110 EUR	158 EUR	173 EUR

Quelle: Arbeitskreis VGR der Länder, 2008

M 7 **Verfügbares monatliches Nettoeinkommen und Sparbetrag in Privathaushalten in Ost- und Westdeutschland 1991 und 2006.**

M 8 **9. 11. 2009: Feier 20 Jahre Mauerfall.**
Foto.

1 Wertet die Grafiken und den Text aus und formuliert einen Vortrag zur Bilanz der deutschen Einheit.

2 Macht eine kleine Umfrage zur deutschen Einheit in eurem Ort und fragt, wie die Bürgerinnen und Bürger die Probleme der Einheit heute sehen.

METHODE

Zeitzeugen befragen

M 1 Mit Trabi, Lada und Wartburg* auf dem Weg nach Westen. Foto vom ersten Wochenende nach der Maueröffnung am 9. November 1989.

***Trabi, Lada, Wartburg** Kraftfahrzeuge in der DDR; Trabant (Trabi) und Wartburg wurden in der DDR hergestellt, der Lada in der Sowjetunion.

M 2 Checkliste Zeitzeugenbefragung:

1. Schritt: Befragung vorbereiten

- Thema, Probleme klären, z. B. Ereignisse um den 9. November 1989, Maueröffnung, Einheit am 3. Oktober 1990.
- Informationen zur Vorbereitung sammeln, zunächst aus diesem Kapitel; weitere Materialien heranziehen (Bücher, Zeitungen, Fernsehbeiträge); einen ersten Überblick gewinnen.
- Fragen vorbereiten: Fragebogen. Beispielfragen: „Wie haben Sie die Maueröffnung erlebt? Was ist Ihnen am stärksten in Erinnerung geblieben? Welche Gefühle hatten Sie damals? Wie standen Sie zur Einheit? Welche Meinung haben Sie heute?"
- Befragung zur Probe einmal durchspielen; eventuell Fragen umformulieren.

2. Schritt: Kontakte mit Zeitzeugen aufnehmen

- Zeitzeugen in der Familie, Verwandtschaft, im Bekanntenkreis suchen.
- Anfragen auch bei Parteien, Gewerkschaften, Kirchen, Gemeinde- oder Stadtverwaltungen; wenn möglich: Personen aus West und Ost befragen, um Aussagen vergleichen zu können.
- Klären: Ort, Zeit, Ablauf der Befragung; wie dürfen Aussagen verwendet (ausgewertet) werden?

3. Schritt: Befragung durchführen

- Befragung gut vorbereiten: angenehme Atmosphäre schaffen, Begrüßung, Dauer der Befragung absprechen, Gesprächsleitung klären, Aufnahmegeräte oder Protokollführung sichern, Fotos anfertigen (mit dem Gast klären).
- Fragen stellen, Aussagen festhalten, gestellte Fragen auf der Liste abhaken, Nachfragen stellen, dem Befragten Gelegenheit zum freien Erzählen geben.
- Dank und Verabschiedung.

4. Schritt: Ergebnisse auswerten, präsentieren und kritisch beurteilen

- Nachbereitung: Wie ist die Befragung gelaufen?
- Welchen Eindruck haben Zeitzeuge oder Zeitzeugin gemacht?
- Welche Informationen haben wir erhalten? Welche Informationen sind neu? Stimmen sie mit unseren Kenntnissen aus den Materialien (Büchern usw.) überein? Lassen sich die Unterschiede erklären? Wo sind „Lücken" zu erkennen? Wie sind sie zu schließen?
- Müssen wir etwas an unseren Befragungen ändern?
- Art der Dokumentation, Präsentation klären; mögliche Formen: Text- und Bilddokumentation („Zeitzeugen-Mappe"), Wandzeitung, Tonband- oder Video-Collage, Ausstellung, Mitarbeit des Zeitzeugen bei der Dokumentation.

Überleben und orientieren

In den Jahren zwischen 1945 und 1949 war das Leben der Menschen von der allgemeinen Not im **besiegten Nachkriegsdeutschland** bestimmt. Hunger und Kälte, die oft notdürftige Unterbringung und die ungewisse politische Zukunft in den vier **Besatzungszonen** prägten den Alltag. Nur langsam kam das öffentliche Leben wieder in Gang; in den meisten Gebieten öffneten die Schulen im Herbst 1945 wieder.

Zwei deutsche Staaten

Im Herbst 1949 wurde in den drei westlichen Besatzungszonen die **Bundesrepublik Deutschland** gegründet, wenig später in der sowjetisch besetzten Zone (SBZ) die **Deutsche Demokratische Republik** (DDR). Während die Bundesrepublik sich am westlichen Modell der parlamentarischen Demokratie mit freien Wahlen und einer marktwirtschaftlichen Ordnung orientierte, folgte die DDR dem Modell einer sozialistischen Gesellschaftsordnung, in dem eine sozialistische Einheitspartei, die SED, allein die Politik und die Gesellschaftsordnung prägte. Die Wirtschaft wurde nach dem Vorbild der sowjetischen **Planwirtschaft** organisiert.

Im Westen bestimmte das „**Wirtschaftswunder**" den Alltag. In der DDR führte die Planwirtschaft nach anfänglichen Erfolgen zu wirtschaftlichen und sozialen Problemen. Seit Ende der 1950er-Jahre kam es infolgedessen zu vermehrten Fluchtbewegungen aus der DDR. Durch den **Bau der Mauer 1961** verschärfte sich die Lage der Menschen in der DDR. Viele wollten das Land verlassen, wurden aber mit Gewalt daran gehindert.

Auf dem Weg zur Wiedervereinigung

Die Politik der Anerkennung des Status quo zwischen den Blöcken im Kalten Krieg und den beiden deutschen Staaten führte zwischen 1970 und 1989 zu einem Ausbau der Kontakte zwischen den Menschen in Ost und West und auch zu einem verstärkten Kontakt der Menschen in beiden deutschen Staaten.

Die **Vereinigung beider deutschen Staaten 1990** nach dem Zusammenbruch der SED-Herrschaft brachte vor allem für die Jugendlichen und Frauen im Osten große Umstellungsprobleme. Auch zwanzig Jahre nach der Überwindung der Teilung sind die großen Unterschiede im Alltag in beiden Teilen Deutschlands noch nicht eingeebnet.

17.6. – 2.8.1945

Die „Großen Drei" bei der Potsdamer Konferenz.

1961

Die DDR schließt die gesamte Grenze zur Bundesrepublik durch Mauer, Zäune, Wachttürme und Schießanlagen.

9./10. November 1989

Der Fall der Mauer an einem Berliner Grenzübergang.

3. Oktober 1990

Mit dem Inkrafttreten der Einigungsverträge werden die zwei deutschen Staaten vereinigt.

Check: Das kann ich schon …

Wichtige Begriffe erklären

- ✓ Besatzungszonen
- ✓ Entnazifizierung
- ✓ Kalter Krieg
- ✓ Gründung zweier deutscher Staaten
- ✓ soziale Marktwirtschaft
- ✓ Planwirtschaft
- ✓ Volksaufstand in der DDR
- ✓ Mauerbau 1961
- ✓ Fall der Mauer
- ✓ Weg zur Einheit

M1 Ankunft von Flüchtlingen in Bebra. Foto, 1946.

M2 Ländergründungen in den Besatzungszonen.

M3 Bundeskanzlerin Angela Merkel sagte am 3. Oktober 2009, dem Tag der Deutschen Einheit:

[…] Sie [die Deutsche Einheit] ist nicht vom Himmel gefallen, sondern ist das Ergebnis eines langen Prozesses. Sie ist das Ergebnis von Mut, Entschlossenheit und Zivilcourage. Die Menschen in der ehemaligen DDR haben mit ihrem Mut den historischen Weg zur Deutschen Einheit geebnet. Tausende sind zum ersten Mal auf die Straße gegangen, haben zum ersten Mal ein Plakat gemalt, zum ersten Mal eine Kirche besucht. Unterstützt wurden wir dabei von Partnern im Westen, in Europa, in den Vereinigten Staaten von Amerika. Und unterstützt wurden wir auch von unseren Nachbarn im Osten. Denn ohne die Reformer um Václav Havel in der Tschechoslowakei, ohne die Gewerkschaft Solidarność in Polen, ohne die Organisatoren des Paneuropäischen Picknicks oder ohne die Politik Michail Gorbatschows, der mit Glasnost und Perestroika die Fenster in seinem Land weit geöffnet hatte, wäre dies alles nicht möglich gewesen. […]

1. In welchem Jahr wurde die Bundesrepublik gegründet?
a) 1945
b) 1949
c) 1948
d) 1989

2. Welches Wirtschaftssystem hat die Bundesrepublik?
a) Planwirtschaft
b) soziale Marktwirtschaft
c) Dreifelderwirtschaft
d) Wirtschaftswunder

3. Bringe die folgenden Begriffe in ihre zeitliche Reihenfolge:
a) Fall der Berliner Mauer
b) Gründung der DDR
c) Einführung der D-Mark
d) Bau der Mauer

4. Wofür steht die Abkürzung „DDR"?
a) Demokratisches Deutsches Reich
b) Deutsche Demokratische Republik
c) Demokratische Deutsche Republik
d) Demokratischer Deutscher Rechtsstaat

5. Wann fiel die Berliner Mauer?
a) 1945
b) 1949
c) 1961
d) 1989

6. Was bedeutet „SED"?
a) Soziale Einheitspartei Deutschlands
b) Soziale Einheitspartei für Demokratie
c) Sozialistische Einheitspartei Deutschlands
d) Sicherheitsexperten für Deutschland

M4 **Quiz zu Deutschland.**

Fachliche Kompetenz

1 Erklärt euch gegenseitig die wichtigen Begriffe (Kasten) und schreibt die Bedeutung der Begriffe in eure Arbeitsmappe.

2 Beschreibt den politischen Neubeginn nach 1945 und notiert die wichtigsten Stationen der Teilung Deutschlands (M1, M2).

3 Schildert in der Form von Zeitungsnotizen die Entstehung zweier deutscher Staaten.

4 Löst das Quiz M4.

5 Erklärt, warum die DDR-Führung 1961 in Berlin eine Mauer bauen ließ.

6 Untersucht M3 und zeigt, welche Faktoren nach Meinung der Bundeskanzlerin die deutsche Einheit bewirkten.

Methodenkompetenz

7 Erklärt, wie man fachgerecht ein Zeitzeugeninterview führt.

Urteils- und Handlungskompetenz

8 Bereitet ein Rollenspiel zum Thema „Deutsche Einheit" vor, in dem Befürworter und Kritiker der Wiedervereinigung zu Wort kommen.

M5 **Seit Dezember 1989 war die deutsche Einheit das zentrale Thema der Demonstrationen in der DDR.** Foto.

Hinweis:
Bitte nicht in das Buch schreiben.

6 Die politische Ordnung der Bundesrepublik Deutschland

„Alle Staatsgewalt geht vom Volke aus. Sie wird vom Volke in Wahlen und Abstimmungen … ausgeübt.“ So steht es in Artikel 20 (2) unseres Grundgesetzes. „Die da oben machen doch was sie wollen“, tönt es dagegen an manchem Stammtisch. Spätestens am Wahltag stellt sich dieser Spruch als falsch heraus, aber auch sonst stimmt er nicht.

In diesem Kapitel könnt ihr
- die Regeln unseres demokratischen Systems erarbeiten,
- die Aufgaben der Parteien besser kennen lernen,
- herausfinden, wie Gesetze zustande kommen,
- erfahren, welche Aufgaben Regierung und Opposition haben.

Ferner könnt ihr erarbeiten, wie ihr Wahlplakate analysiert und eine Fallstudie zum Rechtsextremismus durchführt.

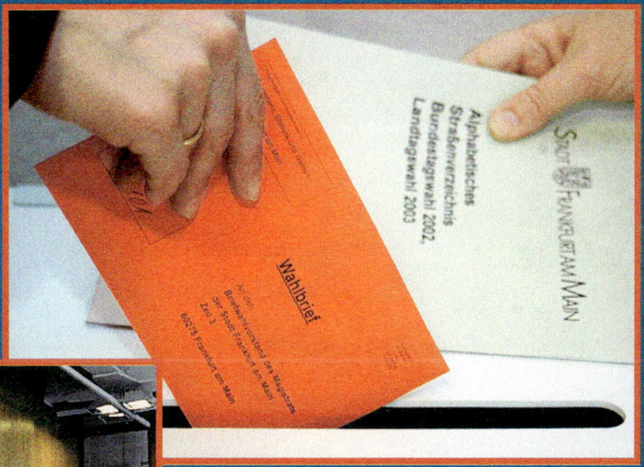

Grundprinzipien unserer Demokratie

Artikel 20 GG

(1) Die Bundesrepublik Deutschland ist ein demokratischer und sozialer Bundesstaat.
(2) Alle Staatsgewalt geht vom Volke aus. Sie wird vom Volke in Wahlen und Abstimmungen und durch besondere Organe der Gesetzgebung, der vollziehenden Gewalt und der Rechtsprechung ausgeübt.
(3) Die Gesetzgebung ist an die verfassungsmäßige Ordnung, die vollziehende Gewalt und die Rechtsprechung sind an Gesetz und Recht gebunden.
(4) Gegen jeden, der es unternimmt, diese Ordnung zu beseitigen, haben alle Deutschen das Recht zum Widerstand, wenn andere Abhilfe nicht möglich ist.

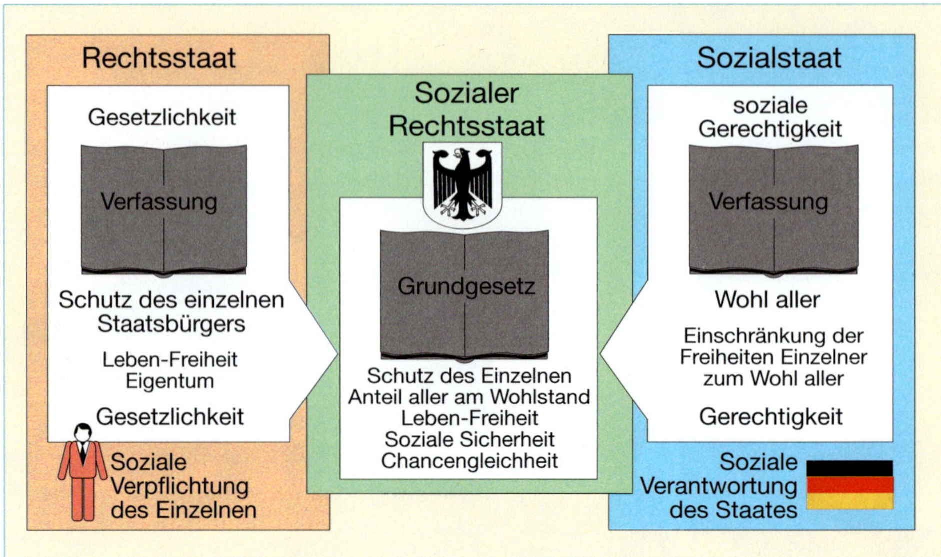

M 1 Rechts- und Sozialstaat Bundesrepublik Deutschland.

Freiheitliche demokratische Grundordnung

Im Grundgesetz der Bundesrepublik Deutschland sind die zentralen Werte des staatlichen Zusammenlebens verankert. Zum **unveränderlichen Verfassungskern** gehören:

- die Unantastbarkeit der Menschenwürde und die daraus abgeleiteten Grundrechte,
- die Prinzipien von Republik und Demokratie, Rechts-, Bundes- und Sozialstaat.

Die Grundrechte des Menschen sind im Grundgesetz (Artikel 1–19) mit besonderen Garantien ausgestattet. Sie sind unmittelbar geltendes Recht und können von keiner der Staatsgewalten abgeschafft werden. Sie sind nicht nur Freiheitsrechte, sondern stellen eine **Werteordnung** dar, die für Gesetzgebung, Verwaltung und Rechtsprechung verpflichtend ist.

Die Werteordnung geht von den Grundwerten Freiheit, Gleichheit und Menschenwürde aus. Das schließt den Grundsatz ein, dass alle Staatsgewalt vom **Volk** ausgeht (Volkssouveränität). In den modernen Staaten mit hohen Bevölkerungszahlen und komplizierten Rechts- und Organisationsproblemen übt das Volk die Staatsgewalt über gewählte Vertreter mittelbar aus (repräsentative Demokratie, vgl. S. 154). Zum Wesen der Demokratie gehört das Mehrheitsprinzip, wobei die Minderheit (Opposition) die rechtliche Chance haben muss, einmal die Mehrheit zu werden.

Die **Kontrolle des Staates** durch Gewaltenteilung, die Geltung der Menschenrechte und die Möglichkeit einer Opposition sind charakteristisch für den demokratischen Staat.

Rechts- und Sozialstaat

Das Prinzip der Rechtsstaatlichkeit bindet den Staat bei all seinen Handlungen an **Recht und Gesetz**. Für alle Bürgerinnen und Bürger gelten dieselben Gesetze und jeder Bürger hat das Recht, ein unabhängiges Gericht zur Klärung eines Sachverhaltes anzurufen.

Mit dem Prinzip des Sozialstaates wird

allen Bürgern ein **Existenzminimum** für ihr eigenes Leben garantiert. Diese Verpflichtung ergibt sich aus dem Gebot zur Achtung der Menschenwürde in Artikel 1 des Grundgesetzes. Zugleich erbringt der Staat Leistungen in der sogenannten Daseinsvorsorge. Dazu gehört z.B. die Versorgung mit Gas, Wasser, Strom, die Bereitstellung öffentlicher Verkehrsmittel, die Gesundheitsvorsorge oder auch das Schulwesen.

M2 Bundesverfassungsgericht: Grundsätze der freiheitlichen demokratischen Grundordnung

Zu den grundlegenden Prinzipien dieser Ordnung sind mindestens zu rechnen:

- die Achtung vor den im Grundgesetz konkretisierten Menschenrechten,
- vor allem das Recht der Persönlichkeit auf Leben und freie Entfaltung,
- die Volkssouveränität,
- die Gewaltenteilung,
- die Verantwortlichkeit der Regierung,
- die Gesetzmäßigkeit der Gerichte,
- das Mehrparteiensystem und
- die Chancengleichheit für alle politischen Parteien mit dem Recht auf verfassungsmäßige Praxis und Ausübung einer Opposition.

M3 Das Sozialstaatsprinzip

Die Prinzipien des Rechtsstaates sind unveränderbar und zeitlos gültig. Soziale Gerechtigkeit, die zentrale Zielsetzung des Sozialstaates, lässt sich nicht ein für alle Mal verbindlich definieren. Ihre Ausgestaltung hängt ab von der wirtschaftlichen und sozialen Entwicklung und dem gesellschaftlichen Bewusstsein. Das Sozialstaatsprinzip ist somit ein dynamisches Prinzip, das den Gesetzgeber verpflichtet, die sozialen Verhältnisse immer neu zu regeln.

Gesetzgebung und Rechtsprechung haben das Sozialstaatsgebot auf vielfältige Weise in die Tat umgesetzt. Sozialpolitik greift mit dem Ziel der Angleichung der Lebenschancen und der Verbesserung der Lebensbedingungen in viele Bereiche ein.

Kern der Sozialpolitik sind die klassischen Systeme der sozialen Sicherung gegen Lebensrisiken.

M4 Urteilsverkündung des Bundesverfassungsgerichts. Foto, 2010.

1 Erläutert das Schaubild M 1 und fertigt zu den Grundprinzipien unserer Demokratie ein Lernplakat an.

2 Wertet M 2 aus: Notiert, was Kennzeichen einer freiheitlichen demokratischen Grundordnung sind.

3 Eine Partei schlägt die ersatzlose Abschaffung der Sozialhilfe vor. Kommentiert die Forderung aus der Sicht des Grundgesetzes.

4 Erläutert, welche Aufgaben die Sozialpolitik hat (M 3).

5 Diskutiert, wodurch die Sozialpolitik in ihrer Wirkung heute eingeschränkt wird.

Demokratieverständnis: direkt oder repräsentativ?

M 1 **Gedanken zur Demokratie.** Collage.

M 2 **Sitzungssaal des Deutschen Bundestages.** Foto, 2010.

Demokratieverständnis im Grundgesetz

Demokratie bedeutet Volksherrschaft. Alle politische Macht im Staat ist auf das Volk zurückzuführen. Das Volk kann entweder direkt über alle staatlichen Angelegenheiten entscheiden (= **unmittelbare Demokratie** bzw. Basisdemokratie) oder indirekt über die Wahl von Volksvertretern (= Abgeordnete) seine Interessen vertreten lassen (= parlamentarische bzw. **repräsentative Demokratie**).

Deutschland und beispielsweise auch Österreich sind repräsentative bzw. parlamentarische Demokratien. Die staatliche Macht wird den Abgeordneten **zeitlich begrenzt** für vier Jahre im Bundestag und für fünf Jahre z. B. im Niedersächsischen Landtag überlassen. Diese Volksvertreter (= Repräsentanten) haben die Interessen des ganzen Volkes zu vertreten. Sie sind an keine Aufträge oder Weisungen gebunden und nur ihrem Gewissen verpflichtet.
Zwischen den Wahlen kann der Bürger auf Bundesebene nur bei der Neugliederung von Bundesländern durch Volksentscheid mitentscheiden. Seit der Wiedervereinigung Deutschlands mehren sich jedoch Forderungen nach mehr direkter Demokratie auf Bundesebene. Doch die öffentlichen Befürworter z. B. für die Direktwahl des Bundespräsidenten oder eine **Volksabstimmung** über die EU-Verfassung fanden bisher nicht die entsprechende parlamentarische Unterstützung. Dennoch gibt es immer wieder Initiativen für die Einführung basisdemokratischer Elemente.

M 3 Der damalige Bundespräsident Horst Köhler zum Volksentscheid (23. 10. 2005)

Unser Grundgesetz kennt Volksentscheide bisher nur in Zusammenhang mit der Neugliederung des Bundesgebiets – gewiss auch ein bedenkenswertes Thema, aber gewiss nicht das einzige, bei dem die Bürger ein direktes Mitspracherecht verdienen. Darum plädiere ich dafür, auf Landes-, Bundes- und europäischer Ebene über mehr Elemente direkter Demokratie nachzudenken, wenn sich die Gelegenheit dafür bietet (…).

Direkte Demokratie	Repräsentative Demokratie
Pro: Die Bürgerinnen und Bürger nehmen durch Volksabstimmung direkt Einfluss auf politische Entscheidungen. Bei Fragen, von denen sie direkt betroffen sind, sollten sie mitentscheiden können. Die „Macht" des Volkes darf sich nicht auf das Kreuz bei der Wahl alle vier Jahre beschränken.	**Pro:** Das Grundgesetz sieht als Hauptform der Machtausübung die Wahlen zu den Parlamenten vor. Die gewählten Abgeordneten entscheiden dann mit ihrer Sachkenntnis und nach ihrem Gewissen über die anstehenden Probleme. Die verschiedenen Bevölkerungsgruppen (z. B. Arbeitnehmerschaft, Selbstständige) können ihre Ziele und Interessen am besten im Parlament durch die Abgeordneten und Parteien vertreten lassen.
Kontra: Entscheidungen in der Demokratie können nicht nur nach Ja oder Nein abgestimmt werden. Viele Probleme können am besten von Fachleuten oder Politikern beschlossen werden, die etwas von der Sache verstehen. Den Bürgerinnen und Bürgern fehlt oft das nötige Fachwissen. Außerdem besteht die Gefahr, dass aus augenblicklichen Stimmungen heraus entschieden wird.	**Kontra:** Die Wählerinnen und Wähler haben zwischen den Wahlen (im Allgemeinen vier Jahre) keine Möglichkeit, direkt Einfluss auf Entscheidungen zu nehmen. Über Volksabstimmungen könnte die Bevölkerung aktiver an der Politik beteiligt werden.

M4 Formen der Demokratie im Vergleich.

Alternative Demokratieformen

Schweiz

Ein Beispiel für die Verbindung von repräsentativer und direkter Demokratie ist die Schweiz. Dort besteht auf bundesstaatlicher Ebene die Möglichkeit, durch Volksentscheide unmittelbar in die Politik einzugreifen. Nach der Statistik folgen dabei die Schweizer in den meisten Fällen den Empfehlungen von Regierung und Parlamentsmehrheit. Allerdings gibt es auch Niederlagen für die Staatsregierung. So votierte Anfang 2004 die Mehrheit der stimmberechtigten Bürger gegen ein großes Verkehrsprogramm und brachte damit den Bau einer zweiten Röhre des Gotthard-Straßentunnels vorerst zu Fall.

M5 Volksversammlung in der Schweiz. Foto.

USA

Eine ganz andere Form der Demokratie stellt die **präsidiale Demokratie** der USA dar. Der Präsident wird über Wahlmänner direkt vom Volk gewählt. Regierung und Parlament sind stärker voneinander getrennt. Der Präsident vereinigt eine besonders große Machtfülle auf sich und repräsentiert die Nation nach außen.

1 Erläutert, was ihr unter Demokratie versteht. Vergleicht mit den Aussagen in M1.

2 Erläutert den Unterschied zwischen direkter und indirekter Demokratie (M4, M5).

3 Sammelt Gründe für und gegen mehr Basisdemokratie auf Bundesebene (M3).

4 „Volksentscheide sollten als demokratisches Mittel viel häufiger angewandt werden." Nehmt Stellung zu dieser Aussage eines Politikers.

Deutschland – ein demokratischer Bundesstaat

Aufgabenverteilung zwischen Bund und Ländern (Auswahl)
Bundesangelegenheiten: Außenpolitik, Passwesen, Staatsangehörigkeitsrecht, Zoll, Währungswesen, Verkehrsrecht, Bundeskriminalamt, Bundeswehr
Länderangelegenheiten: Schul- und Kulturpolitik, Universitätswesen, Länderfinanzpolitik, Wirtschaftspolitik, Gemeinderecht, Kommunalpolitik
Angelegenheiten von Bund und Ländern: Rechtswesen, Vereins- und Versammlungsrecht, Flüchtlinge und Vertriebene, Fürsorge, Kernenergie, Arbeitsrecht, Förderung der Landwirtschaft, Straßen- und Schienenverkehr, Energiepolitik, Umweltschutz, Besoldungsrecht

M 1 Aufgabenverteilung zwischen Bund und Ländern (Auswahl).

***Länderfinanzausgleich**
Ärmere Bundesländer werden durch reichere Bundesländer unterstützt.

Artikel 50 GG
Durch den Bundesrat wirken die Länder bei der Gesetzgebung und Verwaltung des Bundes und in Angelegenheiten der Europäischen Union mit.

Bund und Länder

Deutschland ist seit 1990 in 16 Bundesländer untergliedert, die selbstständige Staaten mit eigenen Verfassungen und Staatsorganen sind.
Die meisten staatlichen Aufgaben werden von Bund und Ländern gemeinsam geregelt. Der Bund achtet darauf, dass die Herstellung **gleichwertiger Lebensverhältnisse** im Bundesgebiet angestrebt wird. In einigen Bereichen, z.B. der Bildungspolitik, sind die Länder allein zuständig. Über einen Länderfinanzausgleich* unterstützen sie sich gegenseitig.

M 2 Karikatur: Gerhard Mester.

Der Bundestag – Zentrum der Demokratie

Als einziges Verfassungsorgan wird der Bundestag direkt von den wahlberechtigten Bürgerinnen und Bürgern gewählt. Die Abgeordneten ziehen für vier Jahre ins Parlament. Die Hälfte der Abgeordneten wird direkt gewählt (Erststimme), die andere Hälfte gelangt über die Listen der Parteien in den Bundestag (Zweitstimme). Die Zweitstimme entscheidet über die Zusammensetzung des Bundestages. Zu den **wichtigsten Aufgaben** des Bundestages gehören die Wahl des Bundeskanzlers und die Gesetzgebung, teilweise zusammen mit dem Bundesrat.

Der Bundesrat

Der Bundesrat vertritt die Interessen der Landesregierungen gegenüber der Bundesregierung. Die Bundesratsmitglieder werden nicht wie die Bundestagsabgeordneten vom Volk gewählt, sondern sind **Mitglieder der Landesregierungen** der verschiedenen Bundesländer (zum Beispiel Ministerpräsidenten, Minister) und werden von diesen in den Bundesrat entsandt. Die Bundesratsmitglieder sind bei der Abgabe ihrer Stimmen im Gegensatz zu den Bundestagsabgeordneten nicht frei und unabhängig, sondern an Weisungen ihrer jeweiligen Landesregierung gebunden. Wenn der Bundesrat einer zustimmungspflichtigen Gesetzesvorlage des Bundestages nicht zustimmt, können Bundestag, Bundesrat und die Bundesregierung versuchen, im Vermittlungsausschuss* eine Einigung zu erzielen.

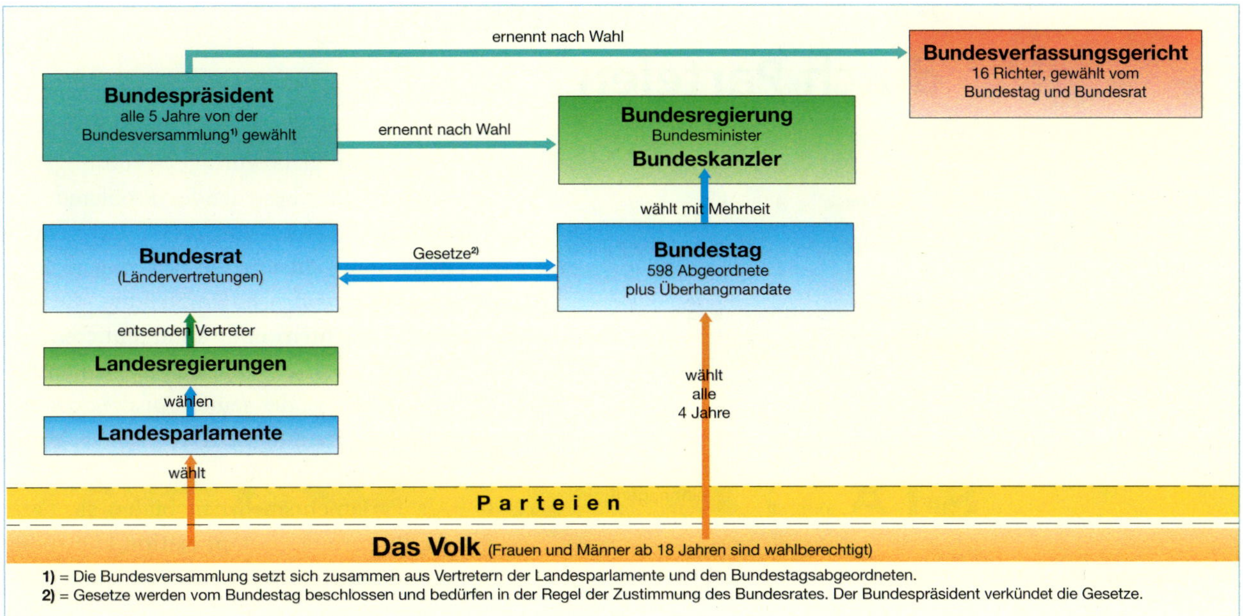

M 3 **Das Regierungssystem der Bundesrepublik Deutschland.**

Der Bundespräsident

Obwohl der Bundespräsident keine direkte politische Macht hat – diese liegt beim Bundeskanzler und den Regierungsparteien des Bundestages –, übt er ein wichtiges politisches Amt aus. Er vertritt die Bundesrepublik nach außen, er schließt Verträge mit anderen Staaten und ernennt und entlässt den Bundeskanzler und die Minister sowie die Beamten. Er unterschreibt die Bundesgesetze vor der Veröffentlichung und prüft, ob sie mit der Verfassung übereinstimmen. Der Bundespräsident vertritt das Land auf Staatsbesuchen im Ausland und wirkt nach innen und außen vor allem durch seine Reden zu wichtigen Themen. Er kann dadurch meinungsbildend wirken.

Das Bundesverfassungsgericht

Das völlig unabhängige **Bundesverfassungsgericht** ist für die Überprüfung der Verfassungsmäßigkeit der Gesetze zuständig. Das Gericht prüft auf Antrag, ob ein Gesetz mit dem Grundgesetz übereinstimmt. Solche Verfassungsklagen können die Bundesländer, die Bundesregierung oder eine politische Partei einreichen. Auch jeder Bürger kann sich an das Gericht wenden, wenn er sich durch ein Gesetz, eine Behörde oder ein Gericht in seinen **Grundrechten** verletzt sieht (Verfassungsbeschwerden). Die Entscheidungen des Gerichts sind für alle Verfassungsorgane bindend. In der Geschichte der Bundesrepublik Deutschland hat das Bundesverfassungsgericht oft dafür gesorgt, dass die Grundrechte und andere Bestimmungen des Grundgesetzes eingehalten wurden. Die Unabhängigkeit der Gerichte ist wesentlich für eine demokratische Staatsordnung.

***Vermittlungsausschuss**
Ein von Bundestag und Bundesrat mit gleicher Anzahl besetzter Ausschuss, in dem versucht wird, Gesetze einvernehmlich zu verabschieden.

1. Beschreibt die Aufgaben von Bundestag und Bundesrat. Wie wird man Mitglied im Bundestag und Bundesrat (M 1, M 3)?
2. Erläutert die Aufgaben des Bundespräsidenten und nennt seine Möglichkeiten, Politik zu gestalten.
3. Erklärt die Aufgabe des Bundesverfassungsgerichts. Wer kann sich an das Gericht wenden?
4. Beschreibt und interpretiert die Karikatur M 2. Wie sieht der Karikaturist die „Aufgabenverteilung" zwischen Bund und Ländern?

Politische Willensbildung durch Parteien

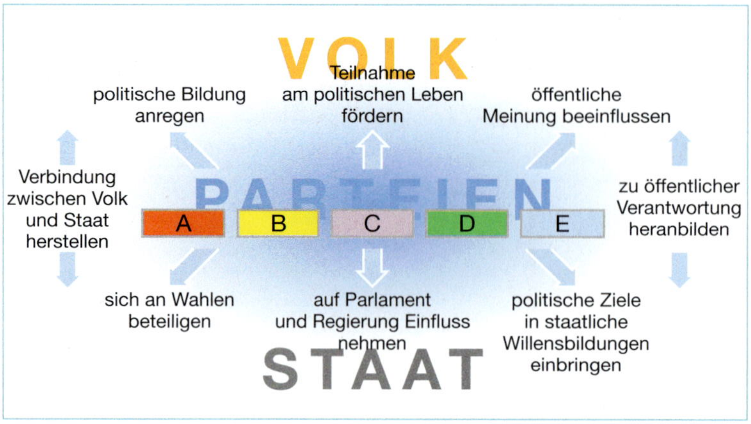

M 1 **Aufgaben der Parteien.** Schaubild.

***Bundeshaushalt**
Verzeichnis der Ausgaben und Einnahmen (Steuern) des Bundes; wird jährlich beschlossen.

Was sind Parteien?

In einer modernen **Massendemokratie** können die Bürgerinnen und Bürger die politischen Entscheidungen auf sich allein gestellt kaum beeinflussen. Um ihre Interessen durchsetzen zu können, schließen sich Menschen mit gleichen politischen Zielen zu einer **Partei** zusammen. Eine Partei will politischen Einfluss nehmen. Sie versucht dies, indem sie regelmäßig Kandidatinnen und Kandidaten für die Parlamentswahlen aufstellt. Jede Partei verfügt über eine eigene Parteiorganisation, sie braucht eine Mindestanzahl von Mitgliedern und muss sich öffentlich betätigen.

Was heißt Mitwirkung an der politischen Willensbildung?

Das Grundgesetz legt in Artikel 21 fest, dass die Parteien an der Willensbildung mitwirken. Es sind die Parteien, die die unterschiedlichen politischen Vorstellungen und Interessen in der Gesellschaft in politischen Konzepten und Programmen bündeln. Die Konkurrenz der verschiedenen Parteien um die Wählerstimmen zwingt sie dazu, die wichtigen Fragen der Gesellschaft aufzugreifen und sinnvolle – aber auch glaubwürdige – Lösungsvorschläge für bestehende Probleme anzubieten. Daran entzünden sich häufig **öffentliche Auseinandersetzungen**. Interessengruppen nehmen Stellung, die Medien berichten und kommentieren. So vollzieht sich ein öffentlicher Willensbildungsprozess, der seinen Ausdruck in der Wahlentscheidung jedes einzelnen Wahlberechtigten findet.

Als Parlamentsmehrheit bilden sie dann die Regierung, als **Opposition** kontrollieren sie die Regierung und bieten politische Alternativen an. Die Rechte und Pflichten der Parteien sind durch ein spezielles Parteiengesetz geregelt. Bei Verstößen dagegen ist die normale Gerichtsbarkeit zuständig.

M 2 Aus dem Grundgesetz für die Bundesrepublik Deutschland

Artikel 21

(1) Die Parteien wirken bei der politischen Willensbildung des Volkes mit. Ihre Gründung ist frei. Ihre innere Ordnung muss demokratischen Grundsätzen entsprechen. Sie müssen über die Herkunft und Verwendung ihrer Mittel sowie über ihr Vermögen öffentlich Rechenschaft geben.

(2) Parteien, die nach ihren Zielen oder nach dem Verhalten ihrer Anhänger darauf ausgehen, die freiheitliche demokratische Grundordnung zu beeinträchtigen oder zu beseitigen oder den Bestand der Bundesrepublik Deutschland zu gefährden, sind verfassungswidrig. Über die Frage der Verfassungswidrigkeit entscheidet das Bundesverfassungsgericht.

Organisation der Parteien

Wie andere Vereinigungen auch haben die Parteien eine Satzung, einen Vorstand und verschiedene Gremien, die nach demokratischen Prinzipien organisiert sein müssen. Alle Entscheidungen sind von den Parteimitgliedern oder durch Delegierte in Wahlen und Abstimmungen zu treffen. Parteiämter müssen in geheimer Wahl besetzt werden, wobei alle Mitglieder gleiches Stimmrecht haben.

Parteien brauchen Geld

Parteien brauchen für ihre Organisation hauptamtliche Mitarbeiter. Diese führen Veranstaltungen durch, stellen Informations- und Werbematerial her und beteiligen sich an Wahlkämpfen. Das alles kostet viel Geld. Die Einnahmen der Parteien setzen sich vor allem aus Mitgliedsbeiträgen, Spenden und öffentlichen Zuschüssen zusammen. So erhalten Parteien beispielsweise über den Weg der Wahlkampfkostenerstattung Mittel aus dem **Bundeshaushalt***. Die Höhe der Summe richtet sich nach dem Erfolg der Partei bei der Wahl. Die Namen der Spender (über 1000 €) müssen veröffentlicht werden.

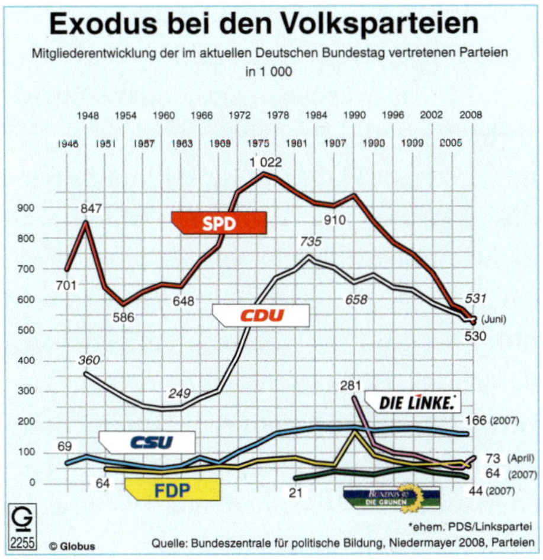

M 3 **Entwicklung der Mitgliederzahlen der Parteien.**

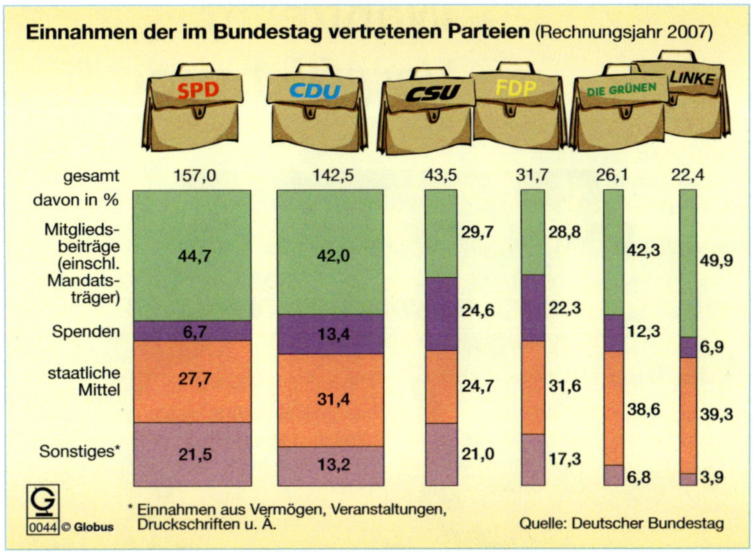

M 4 **Einnahmen der im Bundestag vertretenen Parteien.**

Ohne Parteien gibt es keine Wahlen und keine Demokratie. Deshalb müssen sie auch aus der Staatskasse finanziert werden.	Die Politiker in den Parteien denken nur an Geld und Macht. Bei einem Skandal versuchen sie sich herauszureden.
Die Parteien besetzen Stellen im Staatsapparat mit ihren Mitgliedern. Oft entscheidet nicht die Qualifikation, sondern nur das Parteibuch.	Wer ist noch bereit, sich zu engagieren, wenn Parteimitglieder immer nur im Verdacht stehen, Karriere machen zu wollen?
Die Medien behandeln die Parteipolitiker nicht fair und bauschen kleine Verfehlungen zu Skandalen auf.	Parteien stehen allen offen. Die Mehrheit der Bevölkerung und der Parteimitglieder ist aber nicht zur Übernahme von Ämtern und Funktionen bereit.

M 5 **Aussagen über Parteien.**

1 Erläutert die Aufgaben von politischen Parteien (M 1, M 2).

2 Nennt die wichtigsten Regelungen der Organisation von Parteien.

3 Stellt fest, über welche Geldquellen die Parteien verfügen (M 4).

4 Erläutert, welche Probleme mit großen Spenden an Parteien verbunden sein könnten.

5 Beschreibt die Entwicklung der Mitgliederzahlen der Parteien (M 3).

6 Ordnet die Äußerungen über Parteien (M 5) nach positiven und negativen Meinungen.

Wahlrecht – Verpflichtung für mündige Bürger

M 1 Aussagen zum Wahlverhalten. Collage.

Wählergruppen, z. B.

- **Stammwähler** wählen traditionell immer die gleiche Partei.
- **Protestwähler** sind politisch enttäuscht und wollen „ihrer Partei" einen Denkzettel verpassen.
- **Nichtwähler** sind häufig politisch uninteressiert und wählen aus Trotz oder Gleichgültigkeit nicht.

Artikel 38 GG

(1) Die Abgeordneten des Deutschen Bundestages werden in allgemeiner, unmittelbarer, freier, gleicher und geheimer Wahl gewählt. Sie sind Vertreter des ganzen Volkes, an Aufträge und Weisungen nicht gebunden und nur ihrem Gewissen unterworfen.

Wahlen in der Demokratie

In einer Demokratie geht alle Staatsgewalt vom Volke aus und Herrschaft wird auf Zeit ausgeübt. Das Volk muss in regelmäßigen Abständen das Recht haben zu entscheiden, wem es die Ausübung seines Willens überträgt und ob es die amtierende Regierung behalten oder wechseln will. In Deutschland finden Wahlen auf verschiedenen Ebenen statt: Wahlen zum Bundestag, zu Landtagen und zu Gemeinde- und Stadträten sowie Kreistagen. Seit 1979 gibt es außerdem die Wahlen zum Europäischen Parlament.

Wahlverhalten von Wählern

Politische Wahlen fordern den wahlberechtigten Bürger immer wieder auf, seinen politischen Standpunkt zu überprüfen, sich mit Parteiprogrammen und Wahlversprechen kritisch auseinanderzusetzen und die richtige **Wahlentscheidung** zu treffen. Wahlforscher stellen immer wieder fest, dass Wahlen überwiegend durch das Verhalten der Wechselwähler und durch die Höhe der Wahlbeteiligung entschieden werden. Die Zahl der Nichtwähler hat in den letzten Jahren stark zugenommen.

Wahlen werden für Parteien besonders dann interessant, wenn die Wahlentscheidung bis kurz vor der Wahl nicht feststeht. Die Wechselwähler sind besonders empfänglich für medienwirksam aufbereitete Wahlinformationen, Wahlwerbungen und Politikshows, wie z. B. Fernsehduelle zwischen den Spitzenkandidaten.

Wahlrecht

Das Wahlrecht unterscheidet zwischen aktivem Wahlrecht (= das Recht, zu wählen) und passivem Wahlrecht (= das Recht, gewählt zu werden). Das **aktive Wahlrecht** darf jeder Staatsbürger ausüben, der mindestens 18 Jahre alt ist, seit mindestens drei Monaten im Wahlkreis wohnt und nicht vom Wahlrecht ausgeschlossen ist. Auch im Ausland lebende Deutsche sind unter bestimmten Voraussetzungen wahlberechtigt. Ist man im Wählerverzeichnis vermerkt, so kann man sein Wahlrecht im Wahllokal ausüben. Bei Krankheit, Gebrechen oder Abwesenheit am Wahltag ist auch Briefwahl möglich.

Das **passive Wahlrecht** genießen alle Deutschen, die das aktive Wahlrecht besitzen. Es ist das Recht, als Kandidatin oder Kandidat gewählt zu werden.

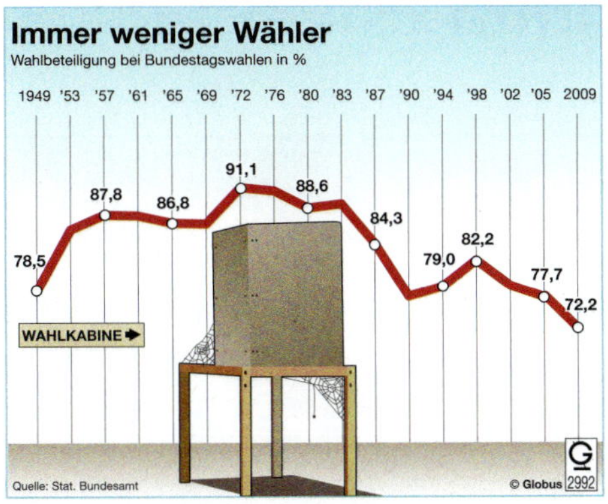

M 2 Entwicklung der Wahlbeteiligung bei Bundestagswahlen 1949–2009.

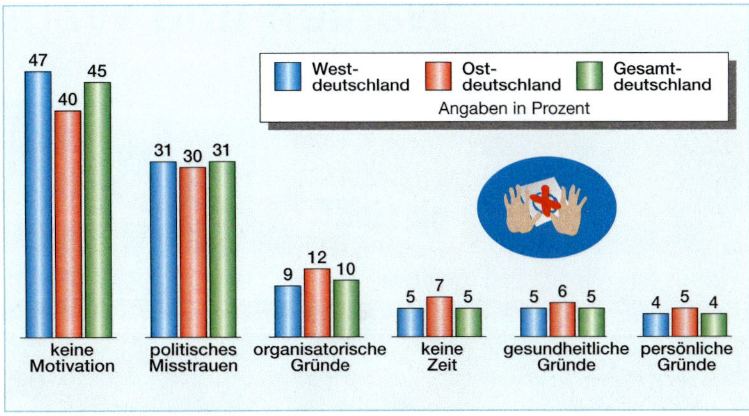

M 4 Motive der Nichtwähler. Nach einer Umfrage von 2006.

Wahlgrundsätze

- **Allgemein:** Jeder Staatsbürger darf unabhängig von Geschlecht, Religion usw. das Wahlrecht ausüben.
- **Unmittelbar:** Die Kandidaten werden vom Bürger direkt gewählt und nicht über Wahlmänner bzw. -frauen.
- **Frei:** Der Wähler kann frei auswählen und entscheiden. Ein Wahlzwang besteht nicht. Der Wählende darf weder durch Drohungen noch durch Versprechen in seiner Wahl beeinflusst werden.
- **Gleich:** Jeder Wähler besitzt die gleiche Anzahl an Stimmen, die alle gleich viel zählen.
- **Geheim:** Die Entscheidung des Wählers darf nicht nachprüfbar sein. Er muss zur Stimmabgabe allein in die Wahlkabine gehen.

M 3 Wahlaufruf des Bundespräsidenten

Liebe Mitbürgerinnen und Mitbürger, jetzt haben Sie es in der Hand.

Schauen Sie bitte genau hin. Demokratie heißt, die Wahl zu haben zwischen politischen Alternativen.

Machen Sie von Ihrem Wahlrecht sorgsam Gebrauch.

Auch im Knast ist die Wahl geheim

„Die ausgefüllten Briefwahlzettel unterliegen natürlich keiner Postkontrolle", sagt der für die Wahl zuständige Beamte im zweitgrößten Gefängnis des Landes. Der Umschlag bleibt zu, die Wahl geheim. Eine eigene Wahlurne stellen die Justizbeamten hier nicht auf, denn abgestimmt wird hinter Gittern gemäß Wahlordnung per Post.

Wer zu einer Freiheitsstrafe von mindestens einem Jahr verurteilt wird, darf zwar fünf Jahre lang kein öffentliches Amt bekleiden und damit nicht bei der Landtagswahl antreten. Das aktive Wahlrecht bleibt davon aber unberührt. Nur in besonderen Fällen droht Verurteilten ein Wahlverbot. „Diese Maßnahme kann der Richter nur bei wenigen bestimmten Deliktgruppen anordnen, beispielsweise bei Hochverrat oder Gefährdung des demokratischen Rechtsstaates", sagt Michael Grauel, Sprecher des Justizministeriums. Kein Stimmrecht haben außerdem Personen, die durch Gerichtsbeschluss unter Vollbetreuung gestellt wurden.

M 5 Bericht der Süddeutschen Zeitung vom 15. 9. 2003.

1 Ordnet die Aussagen zum Wahlverhalten (M 1) den Wählergruppen (Randspalte S. 160) zu.

2 Wertet M 2 und M 4 aus. Nennt mögliche Gründe dafür, nicht wählen zu gehen.

3 Verfasst ein Flugblatt, mit dem ihr Jungwähler überzeugen möchtet, ihr Wahlrecht zu nutzen.

4 Gegen welche Wahlgrundsätze wird bei den folgenden Beispielen verstoßen?
   a) Jungwähler haben doppelte Stimmenzahl.
   b) Frauen dürfen nur Frauen wählen.
   c) Bei Stimmenthaltung wird ein Bußgeld fällig.

5 Diskutiert über den Satz: „Ohne Wahlen keine Demokratie, ohne Demokratie keine Wahlen." Erklärt, warum Demokratie und Wahlen in einem so engen Zusammenhang gesehen werden.

Wahlen und Wahlkampf

M 1 **Wahlplakate der Parteien „Die Linke", „FDP" und „Die Grünen" sowie Fernsehauftritt der Kanzlerkandidaten Angela Merkel (CDU) und Frank-Walter Steinmeier (SPD).**
Fotos, 2009.

Kampf um die Stimmen

Im Bundestag sitzen mehr als 600 Abgeordnete aus verschiedenen Parteien. Sie haben das Recht, den Bundeskanzler zu wählen, über die Einnahmen und Ausgaben des Staates zu entscheiden und Gesetze zu beschließen. Gewählt wird der Bundestag alle vier Jahre. Schon Wochen vor dem Wahltag werben die Politiker und Parteien im Wahlkampf um die Stimmen der wahlberechtigten Bürgerinnen und Bürger. Wer das 18. Lebensjahr vollendet hat, ist wahlberechtigt und erhält eine schriftliche Wahlbenachrichtigung. Bei der Bundestagswahl kann der Wähler eine Stimme für eine bestimmte Person und eine Stimme für eine Partei durch Ankreuzen auf dem Stimmzettel abgeben. Dieser Stimmzettel wird in eine Wahlurne eingeworfen.

Mehrheitswahl

Nach der Schließung der **Wahllokale** beginnt die Auszählung der Erst- und Zweitstimmen. Aber nach welchen Grundsätzen wird entschieden, wie viele Sitze die Parteien im Bundestag bekommen? Die Bundesrepublik Deutschland ist in 299 Wahlkreise eingeteilt. In einem Wahlkreis ist derjenige Kandidat gewählt, der die meisten Erststimmen bekommt. Beispiel: Kandidat/-in A bekommt 45 Prozent, Kandidat/-in B 35 Prozent, Kandidat/-in C 10 Prozent, der Rest verteilt sich auf verschiedene Personen. Nur die Stimmen von Kandidat/-in A werden berücksichtigt. Dieses Wahlverfahren wird Mehrheitswahlrecht genannt.

Verhältniswahl

Weitere 299 Sitze des Bundestages werden über die Zweitstimmen ermittelt. Jede Partei erhält entsprechend ihrem Anteil an Zweitstimmen Abgeordnetensitze, wobei die bereits mit der Erststimme errungenen Sitze abgezogen werden. Welche Abgeordneten in den Bundestag einziehen, richtet sich nach der Reihenfolge auf einer von der Partei vor der Wahl festgelegten Liste. Dieses Wahlverfahren wird Verhältniswahlrecht genannt. Werden in einem Bundesland mit der Erststimme mehr Kandidaten gewählt, als einer Partei nach der Zweitstimme zustehen, bleiben diese überschüssigen Abgeordnetensitze (Mandate) bestehen. Man spricht dann von Überhangmandaten. Deshalb gibt es im Bundestag von 2009 auch 622 Abgeordnete. Noch eine Besonderheit: Eine Partei muss mindestens 5 Prozent aller **Zweitstimmen** bekommen (Fünfprozentklausel) oder in drei Wahlkreisen Direktmandate über die **Erststimmen** gewinnen, um Abgeordnete ins Parlament entsenden zu können.

M 2 **Bilder zur Bundestagswahl 2009.**

M 3 **Das Reichstagsgebäude in Berlin – Sitz des Deutschen Bundestags.** Foto, 2010.

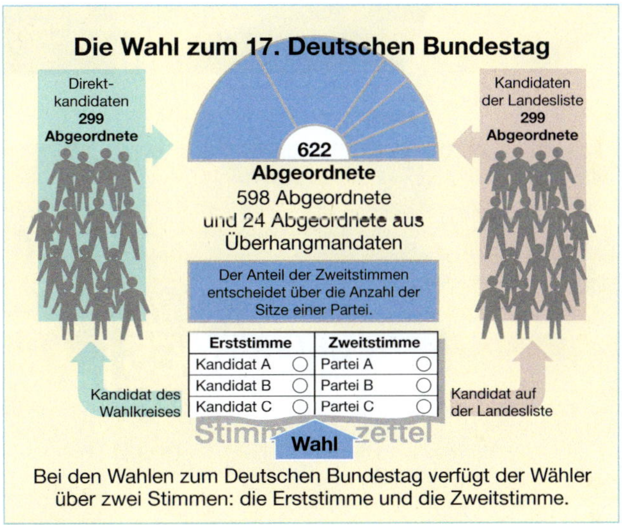

M 4 **Grundsätze der Stimmenauszählung bei der Bundestagswahl 2009.**

1 In M 1 werden zwei Methoden des Wahlkampfes dargestellt. Welche ist nach eurer Meinung besonders erfolgversprechend? Begründet.

2 Beschreibt den Wahlvorgang mithilfe von M 2 und M 4.

3 Diskutiert, ob das Mehrheitswahlrecht gerecht oder ungerecht ist.

4 Nennt die Vor- und Nachteile des Verhältniswahlrechts.

5 Erklärt, welchen Sinn die Fünfprozentklausel haben könnte.

METHODE

Analyse von Wahlplakaten

M 1 **Wahlplakat der SPD.** Foto, 2009.

M 2 **Wahlplakat der CDU.** Foto, 2009.

M 3 **Wahlplakat der FDP.** Foto, 2009.

Wahlplakate – „Blickfang" für Wählerinnen und Wähler

Im Kampf um Wählerstimmen setzen die Parteien neben Anzeigen in Zeitungen, Zeitschriften und Illustrierten, Flugblättern und Broschüren auch Wahlplakate ein. Dafür nehmen die Wahlkampforganisatoren die Hilfe von Werbeagenturen in Anspruch.

Plakate sind vielfach eine Kombination aus Bild und kurzem, einprägsamem Text (Slogan). Dabei wird versucht, die Kandidaten von ihrer besten Seite zu präsentieren. Die Wirkung auf das Wahlverhalten ist nicht genau einzuschätzen. Sie sollen, wie es ein Werbemann ausdrückte, „die eigenen Leute ins Rennen bringen".

Vor allem unentschlossene Wähler dürften durch eine geschickte Plakatwerbung zu beeinflussen sein.

Allerdings kann die Wirkung von Wahlplakaten nie getrennt vom allgemeinen Verlauf des Wahlkampfs, den Stimmungen bei den Wählerinnen und Wählern und dem gesamten Auftreten der Kandidaten beurteilt werden.

M 4 **Wahlplakat von Bündnis 90/Die Grünen.** Foto, 2009.

Die Anbetung des Heiligen Oskar

Die Linkspartei überrascht mit einem ungleichen Paar – eine Bildbetrachtung zum Wahlkampf:

Das, bitte, soll die Spitze der neuen Linkspartei sein? Wer auf den Straßen Berlins das neue Wahlplakat der vereinigten Linken sieht, traut seinen Augen nicht: Das sieht ja aus, als müsste Gregor Gysi froh sein, dass er überhaupt noch mit aufs Bild durfte! Links, wo das Herz schlägt und wohin der kleine rote Pfeil auf dem „i" von „Linke" weist, steht Oskar Lafontaine, den genusserprobten Körper zum Betrachter hin geöffnet, und strahlt uns zuversichtlich an. Von links auch fällt helles Licht herein. Der breite schwarze Hintergrund macht die Figur noch imposanter.

Rechts, auf schmalem weißem Hintergrund – sollen die Farben die Größenverhältnisse von West und Ost abbilden? – hat sich Gregor Gysi hingezwängt. Es wirkt, als hätte er sich auf ein Bild geschmuggelt, das ohne ihn schon vollständig war. Er blickt nicht zum Betrachter, er schaut in das Licht der Zukunft, also zu Lafontaine herauf, dem so viel größeren, breiteren. Gysis Kopf ist aus der Körperachse gedreht und gekippt; würde er die Augen noch nach oben drehen, hätten wir eine Verzückungspose des Barock. Der verkrümmte Gysi macht Lafontaine zum strahlenden Ruhepunkt, zum Souverän des Bildraumes.

Was will uns die Partei damit sagen? Was soll Gysis Körperhaltung ausdrücken? Ist es Anbetung? Dazu schaut er zu listig. Ist er der Einflüsterer, der Mächtige hinter dem Mächtigen? Dazu schaut er zu fröhlich. Und was vor allem bedeutet er uns mit seiner – linken – Hand? Es sind bekanntlich die Hände, die vor 60 Jahren die letzte Vereinigung von Kommunisten und Sozialdemokraten symbolisierten – damals, als eine neugeschaffene Linkspartei in ihrer Bildsprache noch Wert auf die Gleichrangigkeit der Vereinigungspartner legte. Nun sehen wir statt des Handschlags von einst nur noch eine Hand. Gregor Gysi darf mit ihr wedeln auf der symbolträchtigen Grenze von schwarzem und weißem Hintergrund, die Finger bilden eine Geste wohl der Anerkennung, des Lobs. Und wo sind Lafontaines Hände? In den Hosentaschen, als Zeichen weltmännischer Nonchalance des Westpolitikers?

„Das Bild entstand auf dem ersten gemeinsamen Fototermin und es scheint, dass sich die beiden bestens verstehen – bereit, den selbstzufriedenen Politikbetrieb hierzulande gehörig durcheinanderzubringen" – so erklärt „Die Linke" selbst ihr Plakat, das von der Berliner Agentur DIG/Plus stammt. Sprecher Hendrik Thalheim sieht die Provokation darin, dass hier Politiker mal nicht glatt und kämpferisch gezeigt werden, sondern als Menschen, die Spaß haben: „Keine andere Partei würde sich so ein Bild trauen", sagt er. Und die optische Dominanz des großen Lafontaine über den kleinen Gysi? „Das hat keinerlei Zweck", sagt Thalheim. Die tatsächlichen Kräfteverhältnisse bildet sie jedenfalls nicht ab; aber vielleicht ist das ja der Zweck.

M5 Interpretation eines Wahlplakates. Berliner Zeitung vom 27. 8. 2005.

M6 Checkliste: Analyse von Wahlplakaten

1. Schritt: Sender und Adressat:
Wer ist der „Urheber" des Plakats? Wer wird angesprochen?

2. Schritt: Text des Plakats:
Arbeitet das Plakat mit einzelnen „plakativen" Begriffen oder ganzen Sätzen? Werden Wörter mit doppelter Bedeutung verwendet? Handelt es sich um Informationen oder wird in erster Linie appelliert?

3. Schritt: Gestaltung des Plakats:
Welche Farben werden mit welcher Wirkung verwendet? Wie wirken die verwendeten Schriften? Kann der Betrachter erkennen, für welche Partei geworben wird?

4. Schritt: Gesamteindruck:
Wie stellt die Partei sich selbst, wie die Konkurrenz dar?
Würdet ihr aufgrund des Plakats die Partei wählen?

1 Analysiert in Partnerarbeit die Abbildungen M1 bis M4 mithilfe der Checkliste M6.

2 Schreibt über eines der Plakate einen Zeitungsartikel wie in M5.

3 Entwerft in Gruppenarbeit ein „optimales" Wahlplakat.

Wer hat die Macht im Staat?

Gesetzgebende Gewalt

Bundestag – Bundesrat

Bundestag wählt Bundeskanzler.
Bundestag und Bundesrat beschließen Gesetze.
Bundestag und Bundesrat wählen Bundesrichter.

Vollziehende Gewalt

Bundesregierung

Bundeskanzler bestimmt die Richtlinien der Politik. Bundesregierung schlägt Gesetze vor.
Verwaltung (z. B. Polizei, Finanzbehörden) führt die Gesetze aus.

Rechtsprechende Gewalt

Bundesverfassungsgericht

Bundesverfassungsgericht überprüft Gesetze, Urteile und Entscheidungen auf ihre Übereinstimmung mit Verfassung und Gesetzen.
Es entscheidet endgültig.

Verbände

DGB

BUND
FREUNDE DER ERDE

Vereinigungen, die versuchen, die besonderen Interessen ihrer Mitglieder in den politischen Entscheidungsprozess einzubringen (Lobbyisten).

Parteien

Die Linke. PDS	Bündnis 90/ Die Grünen	SPD	CDU/CSU	FDP

In den Parteien finden sich Menschen mit gemeinsamen Interessen und gleichen politischen Zielen zusammen. Sie werben bei den Wählerinnen und Wählern um die Wahlstimmen.
Im Allgemeinen werden Mitglieder der Parteien als Abgeordnete in den Bundestag gewählt.

Medien

Als „vierte Gewalt" in der demokratischen Gesellschaft informieren Medien die Bürger und kontrollieren die Politiker.

Das Volk

Die Wählerinnen und Wähler bestimmen alle vier Jahre, wer die Macht im Staat – auf Zeit – ausüben soll.
Dazu wählen sie die Abgeordneten des Bundestages.

Über die Wahlen zu den Länderparlamenten nimmt das Volk indirekt Einfluss auf die Mitglieder des Bundesrates; das sind Mitglieder der Regierungen der Bundesländer.

M 1 **Gewaltentrennung in der Bundesrepublik Deutschland.**

Gewaltenteilung

In der Zeit des französischen **Absolutismus**, vor mehr als 350 Jahren, war der König zugleich oberster Gesetzgeber, Regierungschef und oberster Richter. Sein Handeln unterlag keiner Kontrolle. Dagegen forderte der französische Staatsmann Montesquieu (1689–1755) die strikte Trennung der drei Gewalten **Legislative** (Gesetzgebung), **Exekutive** (Regierung bzw. ausführende Gewalt) und **Judikative** (Rechtsprechung). Nur wenn diese streng getrennt seien und sich gegenseitig kontrollieren würden, sei eine echte Demokratie möglich. Zusätzlich forderte er die Wahl der Legislative, des Parlaments, durch das Volk. Seine Vorstellung der strikten Gewaltenteilung ist heute nur in den USA verwirklicht.

Gewaltenverschränkung

In allen **parlamentarischen Demokratien**, also auch in Deutschland, wird die Regierung (Exekutive) von der Mehrheit des Parlaments (Legislative) gestellt. Nach einer Wahl zum Bundestag (unsere Legislative) bilden die Parteien die Regierung, die zusammen die Mehrheit gewonnen haben. Die stärkste Partei hat den Anspruch auf das Amt des Bundeskanzlers.

Da die Regierung von der Mehrheit des Parlaments gestellt wird, ist bei uns die **Gewaltenteilung** zwischen Regierung und Parlament stark geschwächt. Man spricht von einer **Gewaltenvermischung oder Gewaltenverschränkung**. Alle wichtigen Vorhaben der Regierung werden in einem Ausschuss der Mehrheitsparteien, dem **Koalitionsausschuss**, vorberaten und vorentschieden. Auch dadurch ist die Gewaltenteilung aufgehoben, da die Mehrheitsparteien die Gesetze im Bundestag in der Regel so beschließen, wie sie im Koalitionsausschuss verabredet wurden.

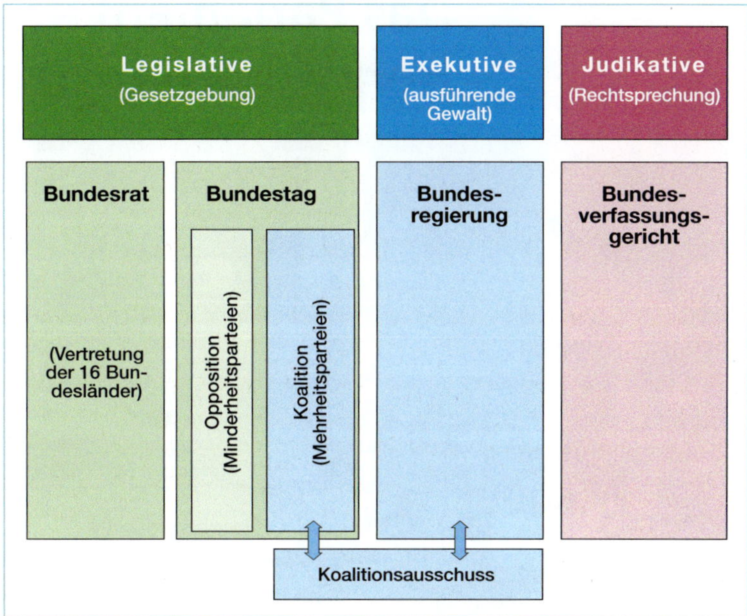

M 2 Gewaltenteilung und Gewaltenverschränkung.

Die Opposition übt Kontrolle aus

Die Kontrollfunktion des Parlaments wird im Wesentlichen von der Opposition, den Parteien in der Minderheit, ausgeübt. Da sie aber stets die Minderheit ist, kann sie die Kontrolle nicht wirksam ausüben, denn die Mehrheitsparteien werden ihre eigene Regierung fast immer verteidigen und kritische Anträge mit ihrer Mehrheit ablehnen.

Deswegen wird heute die wirksamste Kontrolle des Regierungshandeln durch die sogenannte „vierte Gewalt", durch die freien Medien (Presse, Rundfunk, Fernsehen) ausgeübt.

Eine weitere sehr wirksame Kontrolle übt das unabhängige Bundesverfassungsgericht aus, das Gesetze auf ihre Übereinstimmung mit der Verfassung, dem Grundgesetz, überprüft. Da der Bundesrat fast allen wichtigen Gesetzen zustimmen muss, übt auch der Bundesrat, die Vertretung der Bundesländer, eine Kontrollfunktion gegenüber der Bundesregierung aus.

M 3 Information zu den Aufgaben der Opposition.

1 Untersucht M 1 und beschreibt, welche Institutionen und Gruppen Macht in unserem Staat ausüben.

2 Erläutert mit M 2, warum man bei unserem Regierungssystem von einer Gewaltenverschränkung spricht.

3 Erklärt, welche Möglichkeiten der Kontrolle die Opposition gegenüber der Bundesregierung hat (M 3).

4 Diskutiert, warum freie Medien in einer demokratischen Gesellschaft wichtig sind.

Das Parlament – Herzstück der Demokratie?

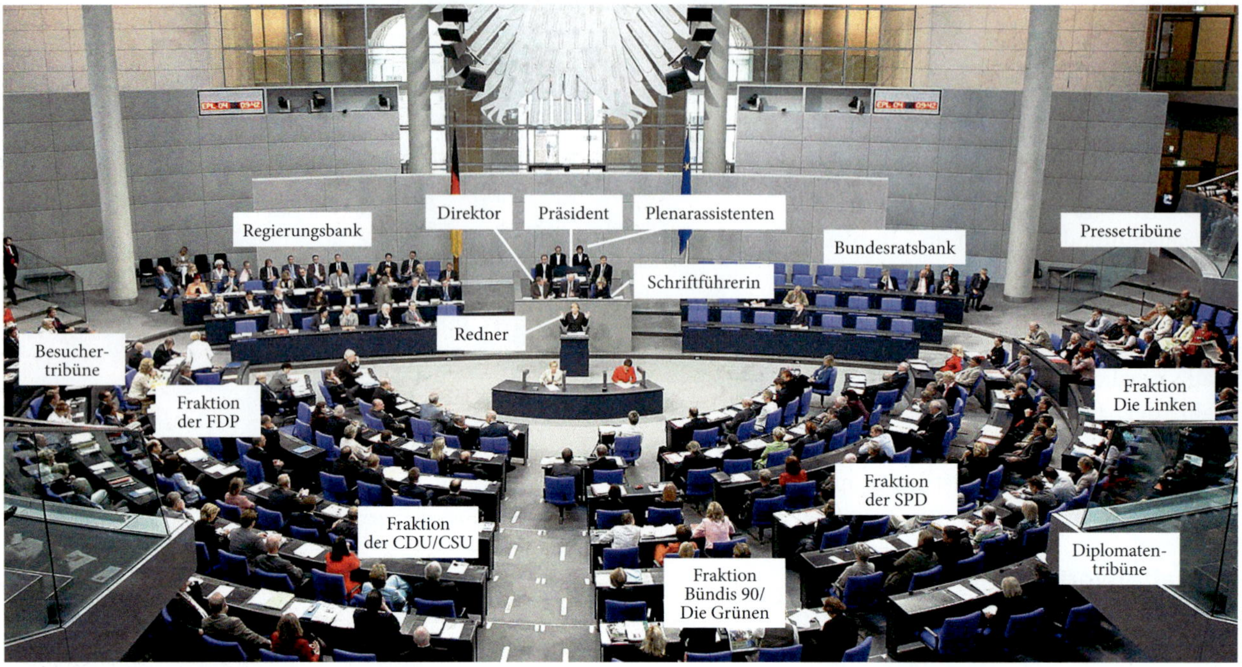

M 1 Sitzordnung im Deutschen Bundestag. Foto, 2009.

Donnerstag, 11.01.2007 **14**

7.00 Radiointerview: Morgen-Magazin
8.00
9.00 Plenarsitzung
10.00 Besuchergruppe
11.00 Bürotermin mit IHK-Vertretern
12.00 namentliche Abstimmung; Plenum
13.00 Ältestenrat
14.00 Fragestunde. Frage zum Haushaltsplan stellen!
15.00 Aktuelle Stunde (staatliche Kreditaufnahme)
16.00
17.00 Abstimmungsgespräch mit Fraktionskollegen
18.00
19.00
20.00 namentliche Abstimmung; Plenum!
21.00 Gespräch mit Botschaftern der ASEAN-Länder
22.00

Nicht vergessen: Informationsmaterial für Besuchergruppe mitnehmen!

M 2 Terminplan einer Bundestagsabgeordneten.

Der Bundestag

Der Deutsche Bundestag hat seinen Sitz seit 1999 in der Bundeshauptstadt Berlin. Zuvor tagte er in Bonn. Er besteht aus 622 gewählten Abgeordneten. Seine wichtigsten Aufgaben sind:

- die Wahl des Bundeskanzlers;
- die Kontrolle der Regierung;
- die Beratung und Abstimmung über Gesetze und über den Staatshaushalt;
- die Diskussion wichtiger politischer Themen.

Die Mitglieder des Deutschen Bundestages sind direkt gewählt und vertreten nicht nur die Interessen ihrer Wähler oder ihrer Partei, sondern die des **ganzen Volkes**. Wenn eine Partei mindestens fünf Prozent aller Abgeordneten stellt, schließen sich die Bundestagsabgeordneten der Partei zu einer **Fraktion** zusammen. Diese kann auch aus zwei Parteien gebildet werden,

die gleiche oder ähnliche Ziele haben und in keinem Bundesland in Konkurrenz zueinander stehen (z. B. CDU und CSU).
Nach Art. 38 GG verfügen die Abgeordneten über ein freies Mandat. Sie sind also in ihren Handlungen und insbesondere bei Abstimmungen nur ihrem Gewissen verpflichtet.
Ein **Fraktionszwang*** besteht also nach dem Grundgesetz nicht, er wird aber in der Praxis ausgeübt. Die Partei- bzw. Fraktionsvorsitzenden dringen auf ein einheitliches Abstimmverhalten im Bundestag, um der Öffentlichkeit Geschlossenheit zu demonstrieren. Wenn die Parteien, die die Regierung stellen, nur über eine knappe Mehrheit im Bundestag verfügen, garantiert der Fraktionszwang die Regierungsfähigkeit der jeweiligen Regierung, da regieren im Kern bedeutet: Gesetze mit der eigenen Mehrheit zu beschließen.
Nur bei wichtigen **Gewissensentscheidungen**, wie z. B. dem Auslandseinsatz der Bundeswehr, wird auf die Einhaltung der Fraktionsdisziplin verzichtet und die Abstimmung von den Fraktionen freigegeben.

Aus der Arbeit des Bundestages

Wenn das Fernsehen eine Debatte im Bundestag überträgt, sieht der Zuschauer oft, dass nur 30 oder 40 Abgeordnete anwesend sind, von denen ein Teil auch noch Akten studiert oder Zeitung liest. Sind die Abgeordneten zu uninteressiert oder zu bequem, um an den Sitzungen teilzunehmen? Die Hauptarbeit des Bundestages findet nicht im Plenum statt, sondern wird in Ausschüssen oder Arbeitsgruppen geleistet. Wenn die Mitglieder der Bundestagsausschüsse in monatelangen Beratungen Argumente ausgetauscht haben, dann kann im Plenum über Gesetzesvorschläge oft schon nach kurzer Debatte entschieden werden.

M 3 Fraktionszwang. Karikatur: Gerhard Mester.

M 4 Abstimmungsverhalten
Nach seinem Abstimmungsverhalten im Bundestag befragt, antwortete ein Politiker:
Ich finde, man muss bei Abstimmungen unterscheiden zwischen Sachen, die man selbst und aus fachlicher Sicht beurteilen kann, und Dingen, bei denen andere besser Bescheid wissen. Bei denen verlasse ich mich auf die fachpolitischen Sprecher meiner Fraktion und auf den in der Fraktion erarbeiteten Konsens.

Artikel 38 GG
(1) Die Abgeordneten des Deutschen Bundestages werden in allgemeiner, unmittelbarer, freier, gleicher und geheimer Wahl gewählt. Sie sind Vertreter des ganzen Volkes, an Aufträge und Weisungen nicht gebunden und nur ihrem Gewissen unterworfen.

***Fraktionszwang**
Praxis im Bundestag, dass die Mitglieder einer Partei, einer Fraktion, in der Regel geschlossen abstimmen.

1 Nennt die wichtigsten Aufgaben des Bundestages.
2 Untersucht M 2 und erläutert, warum oft nur so wenige Abgeordnete im Plenum des Bundestages sitzen.
3 Setzt die Aussagen des Textes zum Fraktionszwang mit M 4 und Artikel 38 GG in Beziehung und stellt Argumente für und gegen den Fraktionszwang gegenüber.
4 Untersucht M 3 und prüft, ob der Zeichner alle Aspekte des Fraktionszwangs gezeigt hat.
5 Nehmt Stellung zu dem Satz in Artikel 38 GG „Abgeordnete (…) sind Vertreter des ganzen Volkes (…)".

Kanzler – Regierung und Opposition

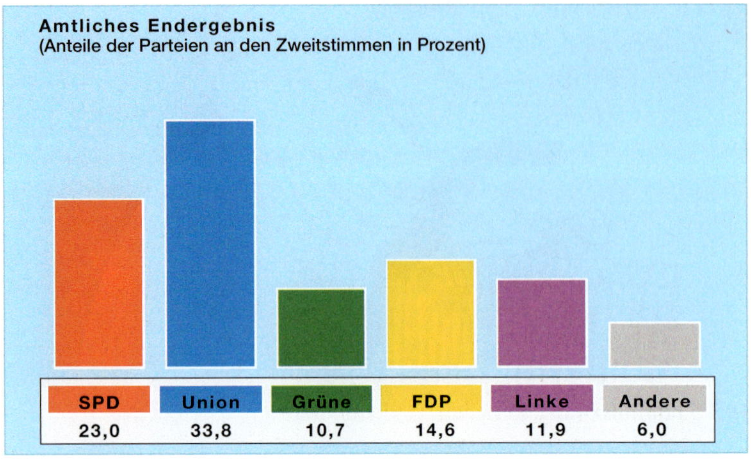

M 1 **Ergebnis der Bundestagswahl 2009.** Union = CDU und CSU. Schaubild.

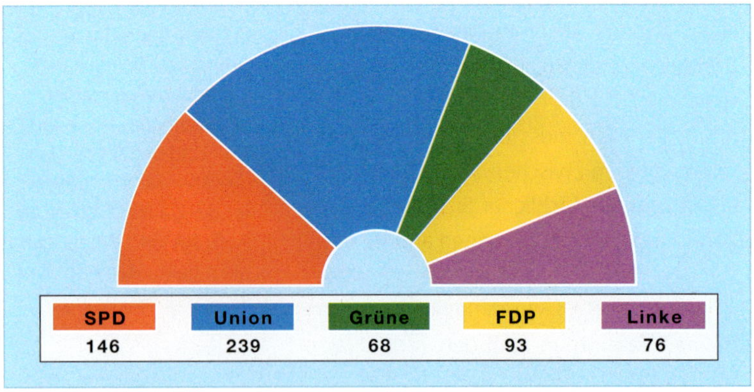

M 2 **Sitzverteilung im Bundestag 2009.** Schaubild.

M 3 **Kabinettssitzung – die Bundesregierung tagt.** Foto, 2009.

Die Regierungsbildung

In der Geschichte der Bundesrepublik gelang es bisher keiner Partei allein, die Regierungsmehrheit zu erlangen. Stets mussten **Koalitionen** (**Bündnisse**) gebildet werden. Eine Regierung besteht aus dem Bundeskanzler und den Ministern. Wenn eine Regierung etwas durchsetzen will – z. B. neue Gesetze –, braucht sie eine stabile Mehrheit im Bundestag, also mindestens 50 Prozent der Stimmen. Man spricht von der **absoluten Mehrheit**.

Nach dem Wahlergebnis von 2009 besaß keine Partei im Bundestag die absolute Mehrheit. Die aus CDU und CSU bestehende Union meldete als stärkste Fraktion den Anspruch an, den Bundeskanzler zu stellen, und nahm deshalb Gespräche mit anderen Parteien auf, um eine Koalition zu bilden. Nach längeren Verhandlungen einigten sich die CDU/CSU und die FDP darauf, eine Regierung zu bilden. In einem Koalitionsvertrag wurden die Ziele der neuen Regierung für die nächsten vier Jahre festgelegt. Daraufhin wählte der Bundestag Angela Merkel (CDU) zur Bundeskanzlerin.

Ihrer Regierung gehören neun Minister der CDU/CSU und fünf Minister der FDP an. Die übrigen Parteien im Bundestag bilden die Opposition.

Das Kanzleramt

Die Bundeskanzlerin/der Bundeskanzler bestimmt nach Artikel 65 GG die **Richtlinien** der Politik. Sie/er entscheidet, welche Minister vom Bundespräsidenten ernannt und entlassen werden. Da nur die Kanzlerin/der Kanzler vom Bundestag gewählt wird, steht sie/er allein gegenüber dem Parlament in direkter Verantwortung.

Die Amtszeit ist in der Regel identisch mit der **Wahlperiode** des Bundestages. Die Kanzlerin/der Kanzler kann nur durch die Wahl einer neuen Kanzlerin/eines neuen Kanzlers abgewählt werden (**konstruktives Misstrauensvotum**). Eine **vorzeitige Beendigung** der Amtszeit ist auch durch einen freiwilligen Rücktritt möglich. Die Bundeskanzlerin/der Kanzler kann aber auch die Vertrauensfrage an die Abgeordneten richten. Verweigert der Bundestag das Vertrauen, so kann sie/er zurücktreten. Der Bundestag wählt dann einen neuen Bundeskanzler. Möglich ist aber auch die **Auflösung des Bundestages** durch den Bundespräsidenten. Als Folge muss der Bundestag neu gewählt werden.
Mit dem **Bundeskanzleramt** verfügt die Kanzlerin/der Kanzler über einen Apparat, der die Regierungsarbeit aufeinander abstimmt. Der Kanzlerin/dem Kanzler untersteht außerdem das Bundespresseamt, das die Öffentlichkeit über die Politik der Bundesregierung unterrichtet.

Funktionsweise und Aufgaben der Bundesregierung

Die Kanzlerin/der Kanzler bestimmt die Richtlinien der Politik, aber jede einzelne Ministerin/jeder Minister ist für ihren/seinen Aufgabenbereich allein verantwortlich. Minister und Kanzler bilden zusammen die **Bundesregierung**, die gemeinschaftlich über die von der Bürokratie erarbeiteten Vorlagen entscheidet.
Den einzelnen Ministerien sind die obersten **Bundesbehörden** unterstellt, z. B. die Bundesagentur für Arbeit, die Bundesfinanzverwaltung, das Bundeskriminalamt oder die Bundespolizei.
Eine wichtige Aufgabe der Ministerien ist die Vorbereitung von Gesetzen. Die meisten **Gesetzesvorlagen** gehen von hier aus in Bundestag und Bundesrat. Auch wenn der Bundestag die Gesetzesinitiative ergreift, werden die fachlichen Aspekte weitgehend in den Ministerien erarbeitet.

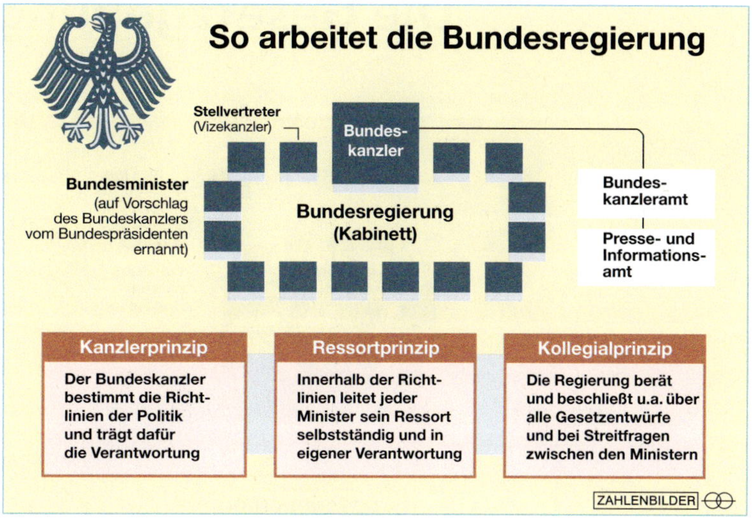

M 4 **So arbeitet die Bundesregierung.**

Bundeskanzler/-in ...	Bundesregierung ...	Opposition ...
bestimmt die grundsätzlichen Richtlinien der Regierungspolitik,	arbeitet Gesetzesvorlagen aus und bringt diese in den Bundestag zur Abstimmung ein,	gestaltet in Teilbereichen die Politik konstruktiv mit,
schlägt die Bundesminister dem Bundespräsidenten zur Ernennung bzw. Entlassung vor,	nimmt Stellung zu Gesetzesvorlagen des Bundesrates,	kritisiert und kontrolliert die Regierungstätigkeit,
übernimmt im Verteidigungsfall die Befehlsgewalt über die Bundeswehr,	erlässt Rechtsverordnungen und Verwaltungsvorschriften zur Umsetzung von Bundesgesetzen,	versucht eigene politische Ziele bei der Gesetzgebung durchzusetzen,
kann über den Bundestagspräsidenten eine Bundestagssitzung beantragen.	kontrolliert die Ausführung der Bundesgesetze durch die Bundesländer.	hält sich für die Übernahme der Regierungsverantwortung bereit.

M 5 **Aufgabenverteilung der Bundesregierung und der Opposition.**

1 Wertet das Ergebnis der Bundestagswahl 2009 aus (M 1).

2 Welches Problem ergibt sich aus der Sitzverteilung (M 2) für die Regierungsbildung, wenn man davon ausgeht, dass eine Regierung die absolute Mehrheit (mindestens 50 Prozent) benötigt?

3 Klärt, welche Koalitionen möglich gewesen wären, um eine Regierung zu bilden.

4 Beschreibt mit M 4 und M 5 die Arbeit der Bundesregierung und der Opposition.

Die Gesetzgebung

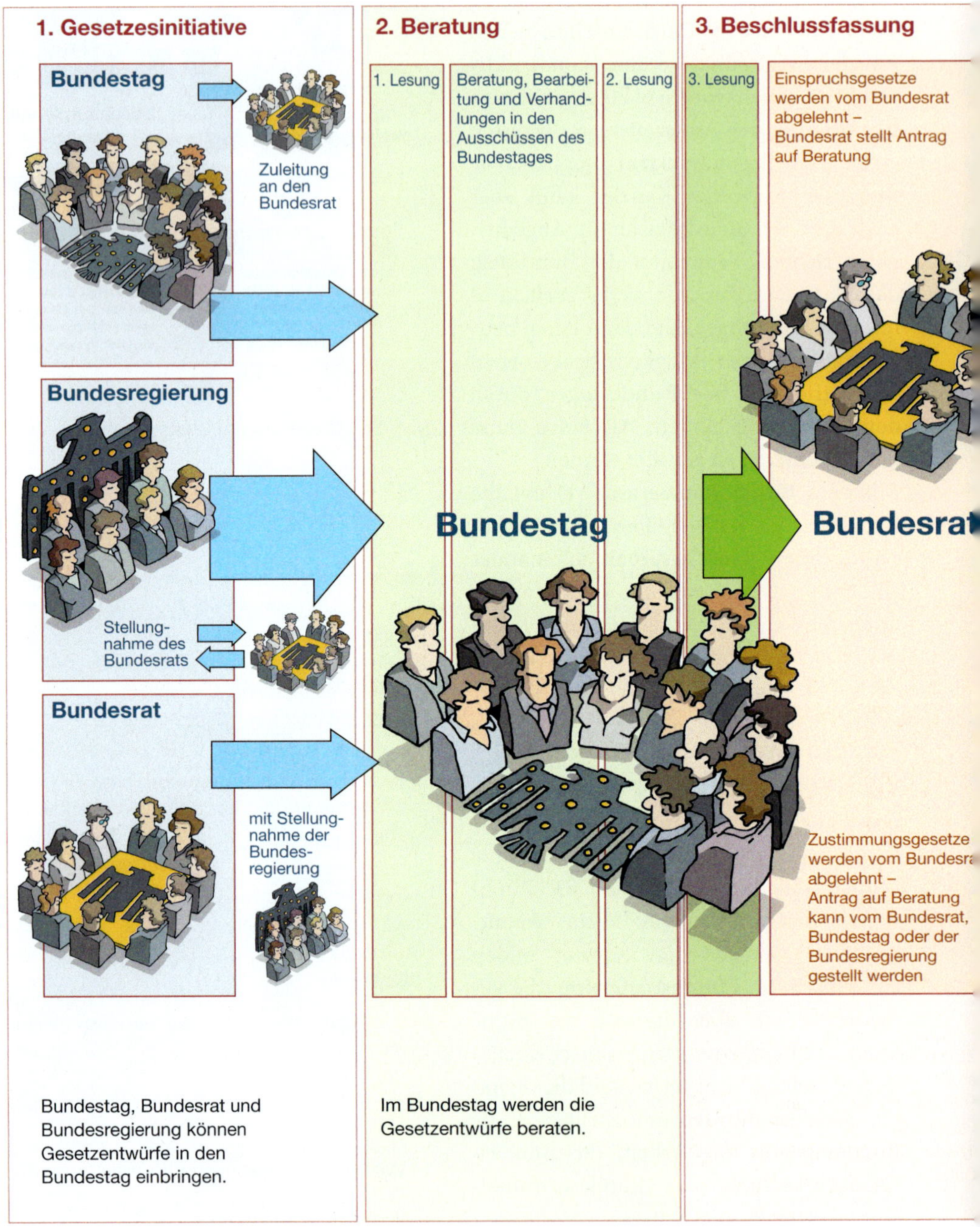

Konkurrierende Gesetzgebung

In einem Bundesstaat ist die Gesetzgebung sehr kompliziert. Nach dem Grundgesetz sind die Länder überall dort für die Gesetzgebung zuständig, wo der Bund nicht ausdrücklich verantwortlich ist. In vielen Bereichen der Bundesgesetzgebung sind die Länder zur Gesetzgebung befugt, solange und soweit der Bund von seinem Gesetzgebungsbereich nicht Gebrauch macht. Diese sogenannte konkurrierende Gesetzgebung macht es erforderlich, dass

4. Unterzeichnung und Veröffentlichung

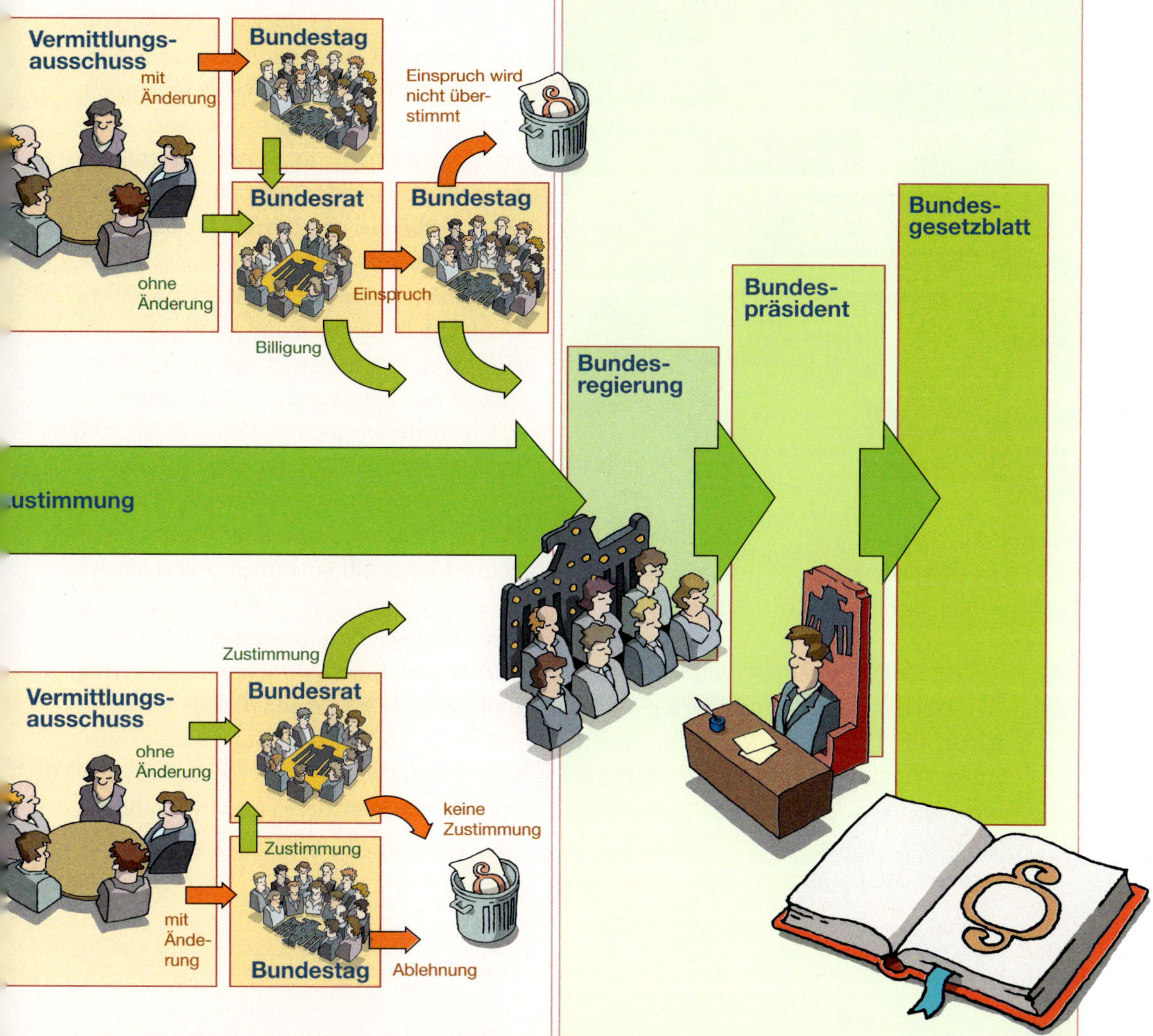

Zu den Gesetzentwürfen finden im Bundestag drei Lesungen statt. Der Beschluss wird dem Bundesrat mitgeteilt. Stimmen Bundesrat und Bundestag überein, kommt das Gesetz zustande. Stimmen Bundesrat und Bundestag nicht überein, kann der Vermittlungsausschuss angerufen werden. Dabei gibt es zwei Möglichkeiten.

Stimmen Bundesrat und Bundestag überein, wird das Gesetz von der Bundesregierung gegengezeichnet, vom Bundespräsidenten unterschrieben und im Bundesgesetzblatt verkündet. Im Gesetz steht, ab wann es gilt.

die Länder über den Bundesrat maßgeblich an der Gesetzgebung des Bundes mitwirken. Außerdem erlässt der Bund in einigen Fällen Rahmengesetze, die von den Ländern auszufüllen sind.

1 Erklärt euch in Partnerarbeit die wesentlichen Schritte im Gesetzgebungsprozess. Unterscheidet dabei zwischen einfachen und zustimmungspflichtigen Gesetzen.

Macht der Verbände und Initiativen

M 1 Einige der über 2100 beim Bundestag registrierten Verbände. Foto.

Art. 9 GG

(1) Alle Deutschen haben das Recht, Vereine und Gesellschaften zu bilden.

***Lobby**
Ursprüngliche Bezeichnung für die Vorhalle des britischen Parlaments, in der die Interessenvertreter mit den Abgeordneten sprachen.

Interessenverbände

Wir leben in einer organisierten Gesellschaft mit vielfältigen Vereinen, Vereinigungen und Verbänden, die Interessen vertreten. Das eröffnet uns große Möglichkeiten, unsere eigenen Interessen zu verwirklichen, indem wir uns mit Gleichgesinnten zusammenschließen. In Deutschland gibt es über 240 000 Vereine mit insgesamt 72 Millionen Mitgliedern. 58 Millionen der über vierzehnjährigen Deutschen gehören einem oder auch mehreren Vereinen an. Als eigentliche Interessenverbände werden die über 5000 Verbände angesehen, die politische Interessen verfolgen. Interessenverbände versuchen politische Entscheidungen in Gemeinden, Ländern und im Bund zu beeinflussen. Man bezeichnet die Einflussnahme auf Politiker und hohe Beamte in den Ministerien auch als **Lobbyismus**. Die Interessenverbände versuchen auf diesem Wege – aber auch durch direkte Mitarbeit in den Parteien sowie durch Veröffentlichung von Stellungnahmen und intensive Medienarbeit – politische Mehrheiten für ihre Interessen zu gewinnen. Über 2100 (2010) von ihnen sind bundesweit tätig und haben sich in eine offizielle Liste eintragen lassen, die beim Bundestag geführt wird. Diese Verbände werden offiziell auch als **Lobby*** bezeichnet und können zu Anhörungen der Ausschüsse eingeladen werden.

M 2 Lobbyisten. Karikatur: Günther Kellner.

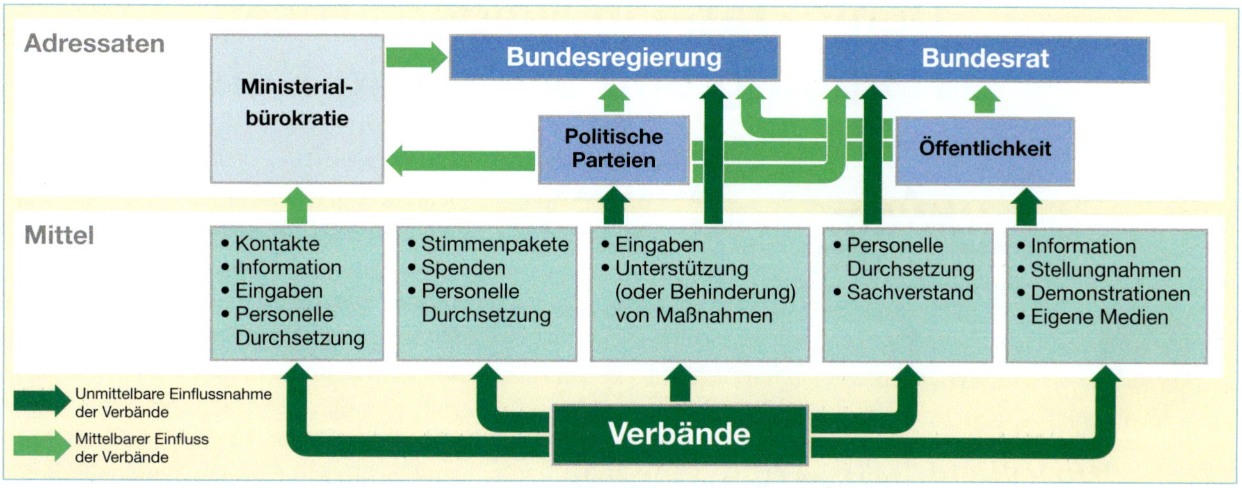

M3 **Einflussmöglichkeiten von Interessenverbänden.** Schaubild.

Bürgerinitiativen

Bürgerinitiativen sind spontane und zeitlich meist begrenzte Zusammenschlüsse von Bürgern, die sich zumeist aus einem konkreten Anlass zu Wort melden. Ihre Mitglieder sind in der Regel unmittelbar betroffen. Sie bemühen sich darum, in einem konkreten Anliegen (z. B. Bau einer Umgehungsstraße oder Ergreifen von Maßnahmen für einen sicheren Schulweg der Kinder) Abhilfe von Missständen zu erreichen. Bürgerinitiativen bedienen sich dazu unterschiedlicher Wege: Sie greifen zur Selbsthilfe (z. B. Bau eines Kinderspielplatzes), sie mobilisieren die öffentliche Meinung oder sie üben Druck auf die Politik aus (z. B. durch Unterschriftensammlungen). Solche Bürgerinitiativen sind locker organisiert. Sie sind attraktiv, weil jeder sie „machen" kann und nahezu jedes denkbare Anliegen zum Gegenstand einer Initiative werden kann.

Bürgerinitiativen sind in der Regel **basisdemokratisch** organisiert, d.h., dass alle wichtigen Entscheidungen von den Betroffenen selbst abgestimmt werden.

M4 **Bürgerbeteiligung in der Demokratie.** Karikatur: Wolter.

M5 **Titel des Nachrichtenmagazins „Der Spiegel", 2010.**

1. Stellt fest, wer in eurer Klasse aus welchen Gründen Mitglied in einem Verein ist.
2. Stellt zu einigen der Interessenverbände aus M1 Überlegungen an, welche Interessen sie vertreten. Mit welchen Mitteln und bei welchen Adressaten könnten sie versuchen, ihre Ziele zu erreichen?
3. Klärt, welche Kritik am Einfluss der Lobbyisten M2 beinhaltet.
4. Erläutert M3. Diskutiert die Vor- und Nachteile der Einflussnahme der Verbände auf die Politik.
5. Verdeutlicht, was der Karikaturist aussagen will (M4). Welche Haltung wird im Titelbild M5 deutlich?

Demokratie in Niedersachsen, Hamburg und Schleswig-Holstein

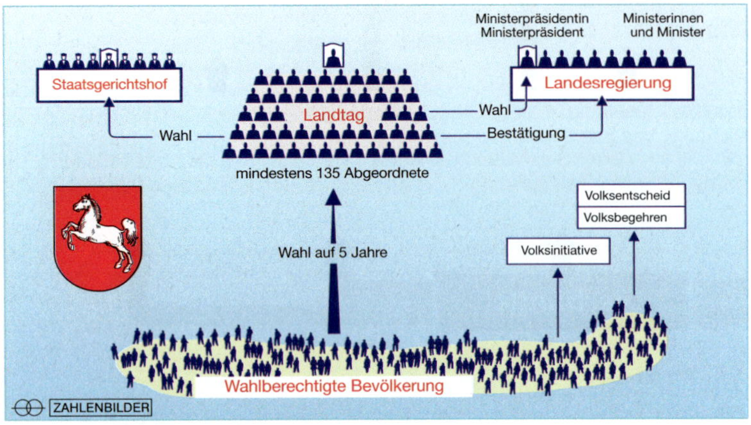

M 1 Die Verfassung des Landes Niedersachsen.

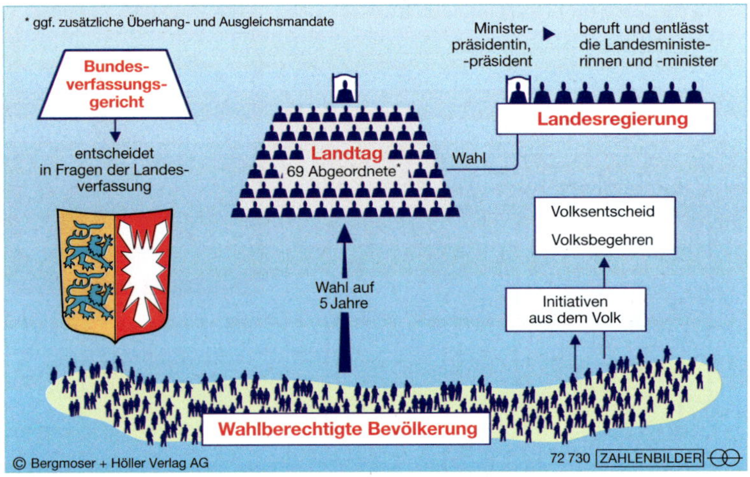

M 2 Die Verfassung des Landes Schleswig-Holstein.

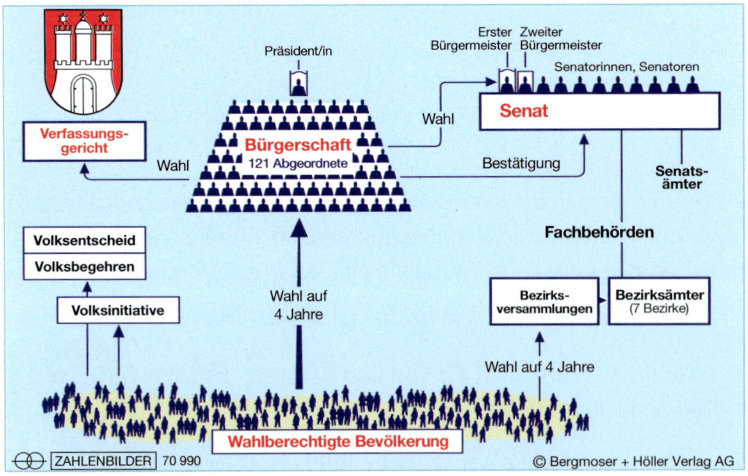

M 3 Die Verfassung der Freien und Hansestadt Hamburg.

Landespolitik – wichtig für alle

Jeder lebt in einem Bundesland. Viele Entscheidungen, die die jeweiligen Landesregierungen und Landtage treffen, beeinflussen das Leben der Bürgerinnen und Bürger unmittelbar. Das gilt vor allem für die Schul- und Bildungspolitik, die Ländersache ist.

Am Beispiel der Länder Niedersachsen und Schleswig-Holstein wird auf dieser Doppelseite die innere Ordnung der Länder erläutert. Die Beschreibung gilt auch für Hamburg, hier heißt der Landtag „Bürgerschaft“, der Ministerpräsident „Erster Bürgermeister“ und die Landesregierung „Senat“.

Der Landtag

Der **Landtag** ist die gewählte Vertretung des Volkes und somit das **oberste Verfassungsorgan** eines Landes. Der Landtag verabschiedet die Landesgesetze, beschließt den Landeshaushalt und wählt die Ministerpräsidentin oder den Ministerpräsidenten. Außerdem wirkt der Landtag an der Regierungsbildung mit und kontrolliert die Landesregierung. Das Wahlsystem für die Landtagswahl ist eine Mischung aus Mehrheitswahl und Verhältniswahl. Wer einen Wahlkreis gewonnen hat, ergibt sich durch das Auszählen der Erststimmen nach den Regeln der Mehrheitswahl. Die Gewinner erhalten in jedem Fall einen Sitz im Landtag. Die verbleibenden Sitze stehen den Bewerberinnen und Bewerbern auf den Landeslisten nach ihrem Stimmenanteil zu.

Aufgaben eines Landtages, der Bürgerschaft

- Erlass von Landesgesetzen
- Wahl des Ministerpräsidenten
- Beschluss über den Haushalt
- Umsetzung der unterschiedlichen politischen Meinungen der Bürgerinnen und Bürger in Entscheidungen des Landtages
- Wahl der Mitglieder anderer Staatsorgane: Landesregierung, Staatsgerichtshof, Landesrechnungshof, Datenschutzbeauftragte
- Kontrolle der Regierung und der Verwaltung z. B. durch Untersuchungsrecht, Auskunfts- und Fragerecht, Etatrecht, Aktuelle Stunde

M4 **Aufgabenkatalog.**

M5 **Plakat zum Volksentscheid über eine Schulreform in Hamburg.** Foto, 2010.

Die Landesregierung

Die **Landesregierung** besteht in Niedersachsen wie in Schleswig-Holstein aus dem Ministerpräsidenten oder der Ministerpräsidentin und den Ministerinnen und Ministern, die gemeinsam die Landesregierung (Kabinett) bilden. Die Landesregierung bestimmt die **Leitlinien der Landespolitik**. In der Regel sind wichtige politische Entscheidungen bereits im Koalitionsvertrag nach einer Wahl zwischen den jeweiligen Regierungsparteien verabredet.

Die Landesregierung verteilt die Aufgaben zwischen den verschiedenen Ministerien und beschließt Gesetzesentwürfe, die dann dem Landtag zur Abstimmung vorgelegt werden. Über den Bundesrat nimmt die jeweilige Landesregierung Einfluss auf die Bundesgesetzgebung. Das Kabinett legt jeweils fest, wie die Vertreter des Landes im Bundesrat abstimmen sollen.

Volksentscheide

In Niedersachsen, Schleswig-Holstein und Hamburg gibt es die Möglichkeit des Volksentscheides. Zunächst müssen Bürgerinnen und Bürger, die gegen oder für eine bestimmte gesetzliche Regelung sind, für ihr Anliegen eine bestimmte Anzahl von Unterschriften von Personen sammeln, die den Antrag unterstützen (Volksinitiative). Lehnt die Bürgerschaft oder der Landtag den Antrag ab, kommt es zu einem Volksbegehren und schließlich zum Volksentscheid. Ein Volksentscheid ist angenommen, wenn, z. B. in Hamburg, ein Fünftel der Wahlberechtigten sich an ihm beteiligt und die Mehrheit der abgegebenen Stimmen für die Vorlage stimmt.

1 Beschreibt die Aufgaben der Landtage bzw. der Bürgerschaft (M 1–M 4).

2 Sucht in den Medien und im Internet aktuelle Informationen zur Zusammensetzung eures Landtages, der Bürgerschaft. Stellt fest, welche Parteien die Landesregierung bilden und welche Parteien in der Opposition sind.

3 Beschreibt die Aufgaben einer Landesregierung.

4 Verfolgt in den Medien aktuelle landespolitische Diskussionen (z. B. in der Schulpolitik) und berichtet der Klasse.

5 Sucht in den Medien Informationen zu Volksentscheiden, z. B. in Hamburg oder in Bayern. Berichtet der Klasse (M 5).

METHODE

Fallstudie: Rechtsextremismus

M1 Rechtsextremistische Jugendliche. Foto.

M2 Eingang zu einem Flüchtlingsheim. Foto.

Untersuchung des Falls

Bei einer Fallstudie handelt es sich um die Analyse einer konkreten Lebenssituation aus dem Alltag oder Beruf. Diese soll selbstständig untersucht werden. Dabei sollte man nach Ursachen für das Problem forschen und eventuell mögliche Lösungsvorschläge erarbeiten.
Im Text M3 wird der Lebensweg eines jungen rechtsextremistischen Mannes geschildert. Es soll untersucht werden, wie es zu der Entwicklung kommen konnte und welche Lösungsmöglichkeiten denkbar sind.

Hinweis:
Lest am besten noch einmal auf den Seiten 68 bis 70 nach, bevor ihr diese Doppelseite bearbeitet.

M3 Checkliste: Fallanalyse

1. Schritt: Studieren des „Falls"
Lest den Text über Axel sorgfältig durch und stellt die Entwicklung von Axel mit eigenen Worten dar.

2. Schritt: Erkennen des Problems
Axel bezeichnet sich selbst als „rechts". Untersucht in Arbeitsgruppen, welche Einstellungen und Werte er vertritt. Sind seine Gedanken und Taten mit unseren Gesetzen im Einklang? Verstößt Axel gegen die freiheitlich-demokratische Grundordnung? Vergleicht seine Äußerungen mit den Hintergrundmaterialien zum Rechtsextremismus (S. 68 ff.).

3. Schritt: Erforschen der Ursachen
Untersucht, welche verschiedenen Faktoren Axel dazu bewogen haben, sich der rechten Szene zuzuwenden. Welche Rolle spielen die Familie, Freunde und die Schule? Hätte eine der Gruppen eurer Meinung nach während der Entwicklung noch die Möglichkeit gehabt, Axel positiv zu beeinflussen?

4. Schritt: Lösungsmöglichkeiten anbieten
Überlegt und diskutiert in der Klasse, welche Lösungen denkbar wären. Wer könnte am Erreichen einer Lösung mitarbeiten?

5. Schritt: Schlussfolgerungen
Lassen sich nach Analyse des Falls Schlussfolgerungen ziehen, wie man mit rechtsextremistischen Jugendlichen umgehen könnte bzw. welche Maßnahmen man ergreifen sollte, um den Rechtsextremismus zu bekämpfen?

1 Untersucht anhand der Arbeitsschritte zur Fallstudie den Fall „Axel" (M4).

2 Sammelt in den Medien weitere Berichte über extremistische Jugendliche und analysiert sie.

Axel, 17, Neonazi West

Was er werden möchte? Nicht eine Sekunde braucht Axel R. zum Nachdenken. „SA-Standarten-Führer", sagt er. Wie zur Bestätigung streicht er langsam seine schwarze Krawatte glatt, richtet die Schulterklappen am beigen Militärhemd. Dann, ungefragt und emotionslos, hebt er an zu einer wirren Version der NS-Vergangenheit Deutschlands. Spricht über die „gesunde Jugend", die ohne „geistige Verunreinigung war", von den „erheblichen Zweifeln bezüglich der Juden-Vergasung".

Seine Nazi-Karriere beginnt, als er zwölf Jahre alt ist. In der Familie, auf der Straße, im Supermarkt, „überall hörte ich, wie die Leute sich beschwerten. Zu hohe Steuern, wieder eine alte Frau ausgeraubt und, und, und". Da müsse man doch was gegen tun, denkt der Junge. Vielleicht sucht er auch nur eine Beschäftigung. Rumtoben auf der Straße oder Fußball mit den Kumpels ist nicht seine Sache. Der Knirps, kleiner als die meisten Gleichaltrigen, leidet unter Gleichgewichtsstörungen, ist zuckerkrank, muss sich deshalb täglich spritzen.

Auf Rat des Vaters, damals Außendienstmitarbeiter bei einem Chemieunternehmen, schließt er sich der CDU-Jugendorganisation Junge Union an. Doch die ersten Treffen verlaufen nicht nach seinem Geschmack. „Stundenlanges Gerede ohne den Anflug eines Resultats" vermiest ihm die Stimmung. Er bittet andere demokratische Parteien um Unterlagen. In einem Geschichtsbuch, das er in der Stadtbücherei ausgeliehen hat, findet er einen Aufkleber der NSDAP/AO.

Die verbotene Nazi-Partei reagiert am schnellsten auf sein Anschreiben. „Von dem Material, das ich dann bekommen habe, war ich begeistert", erzählt er. Die imposanten Uniformen in den Zeitschriften, die gewaltigen Aufmärsche, die nötigen ihm Respekt ab. Aber auch das Programm imponiert. Von Uneigennützigkeit ist die Rede, von Gemeinschaftssinn: „Eben davon, dass einem nicht alles scheißegal ist." Hinzu kommt die Forderung nach Gemeinschaftssinn, „nach wölfischer Kameradschaft". Die neuen Freunde versorgen ihn mit weiteren „Informationen". Sie kümmern sich um ihn, geben ihm das Gefühl, wichtig zu sein. Dabei versteht er die Bücher kaum, die er heimlich liest. Als er seinen Vater um ein Buch von Joseph Goebbels bittet, fragt der: „Was willst du mit dem Quatsch?" Das macht den Jungen erst recht neugierig.

Mit 13 tritt er der Jugendorganisation der NPD bei. Aber auch dort ist es ihm bald zu langweilig: „Immer wurde nur darüber gesprochen, dass man sich nicht offen zum Nationalsozialismus bekennen dürfe. Noch nicht einmal ein Uniformhemd war erlaubt." Unterlagen, Abzeichen und SA-Uniform bewahrt er bei „Kameraden" auf, die Familie bemerkt die verhängnisvolle Entwicklung zunächst nicht. Erst als Antifaschisten das erste Mal „Nazi" auf eine Wand des Einfamilienhauses am Kölner Stadtrand schmieren, Flugblätter mit dem Bild des Sohnes verteilt werden, gerät die heile Welt ins Wanken. Der Staatsschutz, der später Dauergast werden soll, kommt das erste Mal ins Haus, berichtet von Volksverhetzung und rechtsextremen Umtrieben. Die Eltern wissen zunächst nicht, wie ihnen geschieht. Schließlich haben sie bereits zwei Kinder großgezogen. „Da ist doch alles gut gegangen", sagt Vater R. Er versucht auf jede erdenkliche Art, den Jungen „zur Räson zu bringen". Zuerst mit verständnisvollen, dann mit lauten Worten, schließlich aber auch mit Hausarrest, Fernsehverbot und Taschengeldsperre. Die Wirkung ist fatal, denn Axel bestätigt das nur noch in seiner Sturheit. Nach endlosen Streitereien wird in der Familie irgendwann nur noch das „Nötigste" gesprochen. „Wir konnten ihn einfach nicht mehr erreichen", erinnert sich der Vater. Wie ein Sektenanhänger sei ihm sein Kind erschienen.

Gerade 15, gründet Axel mit gewaltbereiten Aktivisten der verbotenen Nazi-Partei FAP die „Kameradschaft Köln", die er bald schon anführt. Die Realschule schloss er im Juni mit dem Hauptschulabschluss ab, sein Vater hat ihn vor einem halben Jahr vor die Tür gesetzt. Axel R. ist viermal wegen Volksverhetzung vorbestraft, zwei weitere Verfahren laufen, diesen Monat muss er zwei Wochen zum Jugendarrest in die JVA Remscheid.

Axel R. ist heute stolz, dass er bereits zweimal im nordrhein-westfälischen Verfassungsschutz als Neonazi erwähnt worden ist: „Das ist der Ritterschlag des Systems." Was er mit seinen Gegnern vorhat, ließ er während einer der zahlreichen Veranstaltungen wissen, bei denen er als Redner auftrat: „Die werden dann auf den Marktplatz gestellt und erschossen für das, was sie getan haben. In diesem Sinne: Sieg Heil!"

M4 Artikel in der Illustrierten „Der Stern" vom 17.8.2000.

Check: Das kann ich schon …

Wichtige Begriffe erklären

- ✓ Demokratie
- ✓ repräsentative Demokratie
- ✓ direkte Demokratie
- ✓ Wahlen
- ✓ Verhältniswahlrecht
- ✓ Parteien
- ✓ Verbände
- ✓ Bundeskanzler(in)
- ✓ Bundestag
- ✓ Bundesregierung
- ✓ Opposition
- ✓ Landtag
- ✓ Rechtsextremismus

	Richtig	Falsch	Weiß nicht
1. Alle Bundesländer entsenden die gleiche Zahl von Abgeordneten in den Bundestag.			
2. Die Zweitstimmen entscheiden über die Zusammensetzung des Bundestages.			
3. Die Bundestagswahlen finden in der Regel alle fünf Jahre statt.			
4. Bei den Bundestagsdebatten wollen die Abgeordneten sich gegenseitig mit Argumenten überzeugen.			
5. Der Wähler kann den Bundeskanzler direkt wählen.			
6. Um die Regierungsmehrheit zu erlangen, können die im Bundestag vertretenen Parteien Kabinette bilden.			
7. Der Bundestag beschließt, die Schulzeit im Gymnasium in Hamburg von 13 auf 12 Jahre zu kürzen.			
8. Parteien wirken bei der politischen Willensbildung mit.			
9. Der Bundesrat muss jedem Gesetzesentwurf zustimmen, damit das Gesetz in Kraft treten kann.			

M 1 Richtig oder falsch?

A	F	R	A	S	S	I	S	M	U	S	O	S	F	N	N
U	G	T	O	D	U	S	A	T	T	A	T	U	E	N	O
T	G	E	W	A	L	T	E	N	T	E	I	L	U	N	G
O	F	R	K	T	O	L	E	R	A	N	Z	S	M	U	S
K	O	R	O	L	E	R	A	N	Z	A	E	R	A	R	E
G	A	O	X	T	O	L	E	I	W	N	Z	U	O	M	R
O	M	R	E	X	T	R	E	M	I	S	M	U	S	R	E
T	S	A	L	F	R	E	C	H	T	S	S	T	A	A	T

M 2 Demokratie-Rätsel.

Hinweis:

Bitte nicht in das Buch schreiben.

Wehrhafte Demokratie	
a.	Es ist möglich, verfassungsfeindliche Parteien und Organisationen zu verbieten.
b.	Extremisten können durch den Verfassungsschutz verhaftet werden.
c.	Es ist verboten, Grundprinzipien der Demokratie abzuschaffen.
Gewaltenteilung	
a.	Die Exekutive erlässt die Gesetze.
b.	Richter sind unabhängig.
c.	Die Judikative hat im Zweifelsfall zu entscheiden, ob etwas rechtens ist oder nicht.
Rechtsstaat	
a.	Jeder Bürger, der sich in seinen Rechten verletzt sieht, kann deshalb ein Gericht anrufen.
b.	Alle Menschen sind vor dem Gesetz gleich.
c.	Die Abgeordneten des Bundestages erlassen die Gesetze und sind dabei nur an ihr Gewissen gebunden.

M3 Was stimmt, was nicht?

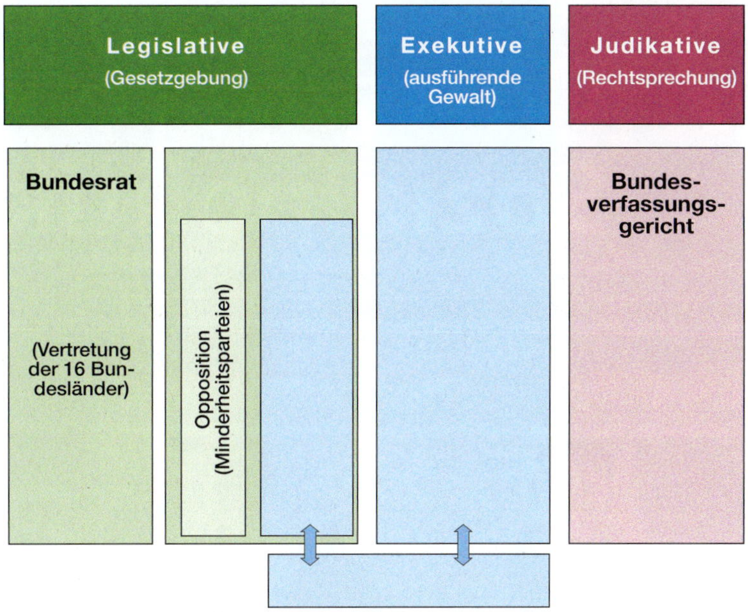

M4 Gewaltenteilung und Gewaltenverschränkung.

M5 Landtagssitzung in Kiel. Foto, 2010.

Fachliche Kompetenz

1 Erklärt euch gegenseitig die wichtigen Begriffe (Kasten) und schreibt die Bedeutung der Begriffe in eure Arbeitsmappe.

2 In dem Rätsel M2 sind acht Begriffe zum Thema „demokratisch" – „undemokratisch" versteckt. Sie können waagerecht, senkrecht oder diagonal geschrieben sein. Sucht diese Begriffe und begründet, warum sie für eine Demokratie wichtig sind bzw. eine Gefahr für eine Demokratie darstellen.

3 Begründet, ob die Aussagen in M1 und M3 richtig oder falsch sind.

4 Übertragt das Schema in euer Heft und schreibt die richtigen Institutionen in die unbeschrifteten Kästchen (M4). Erläutert den Begriff Gewaltenverschränkung.

Methodenkompetenz

5 Notiert Beispiele für den Satz des Grundgesetzes „Alle Staatsgewalt geht vom Volke aus." (Art. 20 Abs. 2).

Urteils- und Handlungskompetenz

6 Stellt zusammen, was ihr tun könnt, wenn an eurer Schule rechtsextremistische Parolen auftauchen.

7 Wirtschafts- und Sozialpolitik

Als Schülerinnen und Schüler nehmt ihr täglich am Wirtschaftsleben teil.
Vielleicht habt ihr euch schon mal gefragt:

- Wie funktioniert die „Wirtschaft",
- wie bilden sich Preise und
- wie wird das Leben von Menschen abgesichert, denen es nicht so gut geht?

In diesem Kapitel könnt ihr erarbeiten,

- wie die soziale Marktwirtschaft funktioniert,
- welche Regeln auf dem Arbeitsmarkt gelten,
- wie ein Betrieb funktioniert und wer die Interessen der Arbeitnehmerinnen und Arbeitnehmer vertritt,
- wie der Sozialstaat Menschen in Notlagen versorgt und
- welche Aufgaben die Sozialpolitik erfüllt.

Ferner seid ihr am Ende des Kapitels in der Lage, selbstständig ein Planspiel durchzuführen.

Die soziale Marktwirtschaft

M 1 Alltagsbilder aus den 1950er-Jahren in der Bundesrepublik Deutschland. Fotos.

Artikel 14 GG

(1) Das Eigentum und das Erbrecht werden gewährleistet. Inhalt und Schranken werden durch die Gesetze bestimmt.
(2) Eigentum verpflichtet. Sein Gebrauch soll zugleich dem Wohle der Allgemeinheit dienen.
(3) Eine Enteignung ist nur zum Wohle der Allgemeinheit zulässig. Sie darf nur durch Gesetz oder aufgrund eines Gesetzes erfolgen, das Art und Ausmaß der Entschädigung regelt.

Artikel 20

(1) Die Bundesrepublik Deutschland ist ein demokratischer und sozialer Bundesstaat.

***Marktwirtschaft**
In einer Marktwirtschaft bilden sich die Preise für Waren, Arbeits- und Dienstleistungen nach Angebot und Nachfrage.

Eine neue soziale Wirtschaftsordnung

Nach dem Zweiten Weltkrieg musste für die Bundesrepublik Deutschland nicht nur ein neues Regierungs- und Gesellschaftssystem gefunden werden, sondern auch eine neue **Wirtschaftsordnung**.
Bis zum Ersten Weltkrieg (1914–18) gab es im Deutschen Reich eine Marktwirtschaft*, in die der Staat nur selten eingriff. Nach den Erfahrungen der Weimarer Republik (1919–1933) und der Zeit des Nationalsozialismus (siehe Kapitel 2, Seite 40 ff.) entschieden sich die Politiker für die soziale Marktwirtschaft als Wirtschaftsordnung für die Bundesrepublik Deutschland.
Der Staat sorgt hierbei wie in der freien Marktwirtschaft dafür, dass jeder frei über sein Eigentum verfügen kann und der ungehinderte Wettbewerb auf den Märkten möglich ist. Gleichzeitig springt der Staat in einzelnen Notsituationen der Bürger und Bürgerinnen aber auch ein und sorgt für einen **sozialen Ausgleich**.

Die neue Rolle des Staates

Der Staat hat die Aufgabe, die „Spielregeln" festzulegen, nach denen die soziale Marktwirtschaft funktionieren kann. Gesetze und Verordnungen vor allem der Finanz- und Sozialpolitik sollen dafür sorgen, dass die Einkommens- und Vermögensverteilung geregelt ist und ein sozialer Ausgleich für die Benachteiligten geschaffen wird.

M 2 Soziale Marktwirtschaft am Beispiel des Eigentumsrechts

In einer Marktwirtschaft gilt der Schutz des Privateigentums. Wer eine Sache rechtmäßig z. B. durch Kauf erworben hat, der darf mit seinem Eigentum nach seinen Vorstellungen umgehen. Er hat an seinem Eigentum drei grundlegende Rechte:

- das Entscheidungs- und Nutzungsrecht: Im Rahmen der geltenden Gesetze darf jeder selbst darüber entscheiden, wie er sein Eigentum nutzen will.
- das Recht, sein Eigentum zu verändern: Jeder darf z. B. sein Auto oder Mofa mit einer anderen Farbe lackieren, man darf jedoch keine Verände-

rungen an sicherheitsrelevanten Teilen vornehmen, da das gegen geltendes Recht verstößt.
- das Recht, das Eigentumsrecht zeitweise oder ganz zu übertragen: Jeder darf sein Eigentum verleihen oder verkaufen.

Diese **Eigentumsrechte** bestehen grundsätzlich auch in der **sozialen Marktwirtschaft**. Sie werden jedoch durch das Grundgesetz Artikel 14 Absatz 2 eingeschränkt. In einer sozialen Marktwirtschaft bedeutet der Besitz von Privateigentum unter bestimmten Umständen auch eine Verpflichtung gegenüber der Allgemeinheit. So muss ein Grundstückseigentümer z. B. sein Grundstück an den Staat oder die Gemeinde verkaufen, wenn durch den Bau einer Umgehungsstraße viele Bürgerinnen und Bürger vor Lärm und Abgasen geschützt werden können. Weigert er sich, ist eine Enteignung möglich.

M3 Protest in der Nähe von Stuttgart gegen den Bau eines neuen Messegeländes durch das Land Baden-Württemberg. Foto, 2004. Viele der betroffenen Grundstückseigentümer wurden zwar durch Geld oder Ersatzflächen entschädigt, einige wurden jedoch – nachdem sie auch verbesserte Angebote zur Entschädigung abgelehnt hatten – enteignet. Alle Gerichtsverfahren gegen die Enteignung wurden verloren.

Freiheitliche Prinzipien, z. B.	Soziale Prinzipien, z. B.
Art. 2 GG; „Freie Entfaltung der Persönlichkeit", z. B.: Konsum-, Gewerbe-, Handlungs-, Vertragsfreiheit beim Abschluss von Kaufverträgen.	Schutzvorschriften schützen den Verbraucher, z. B. bei Fernabsatz-, Haustürgeschäften oder bei Abschluss von Kreditverträgen.
Art. 9 GG; „Vereinigungsfreiheit", z. B. Interessenvertretung durch Arbeitgeberverbände und Gewerkschaften.	Tariflicher Schutz, z. B. Lohn- und Manteltarifverträge sowie deren Allgemeinverbindlichkeit, Tarifautonomie der Sozialpartner.
Art. 12 GG; „Freie Berufswahl und Berufsausübung", d. h. Auswahlrecht bei der Besetzung eines Arbeitsplatzes haben Arbeitnehmer und Arbeitgeber.	Technischer und sozialer Arbeitsschutz schaffen Rechtssicherheit, z. B. Arbeitsstättenverordnung, Jugendarbeitsschutzgesetz, Kündigungsschutzgesetz.
Art. 14 GG; „Sozialpflichtigkeit des Eigentums", d. h.: Wer über Eigentum verfügt, kann dadurch auch Verpflichtungen gegenüber der Allgemeinheit haben.	Enteignung des Eigentums ist möglich, wenn das Interesse der Allgemeinheit höher zu bewerten ist als das Einzelinteresse. Der Eigentümer ist zu entschädigen.

M4 Merkmale der sozialen Marktwirtschaft.

M5 Alfred Müller-Armack und Ludwig Erhard, die „Väter" der sozialen Marktwirtschaft. Fotos.

1 Erläutert, warum in der Bundesrepublik Deutschland eine „soziale Marktwirtschaft" eingeführt wurde (M 1, M 4).

2 Nennt Merkmale der sozialen Marktwirtschaft. Wo werden Freiheiten eingeschränkt, welche Rechte gibt es dafür (M 2, M 4)?

3 In M 4 werden sowohl freiheitliche als auch soziale Prinzipien erläutert. Diskutiert die einzelnen Aspekte und überlegt, welche euch besonders wichtig erscheinen.

4 Erstellt ein Lernplakat zum Thema „Soziale Marktwirtschaft". Bezieht dabei M 3 mit ein.

5 Informiert euch über die „Väter" der sozialen Marktwirtschaft (M 5, Lexikon, Internet).

Treffpunkt Markt: Angebot trifft Nachfrage und umgekehrt

Faktoren der Preisbildung:

- persönliche Bedürfnisse von Käufer und Verkäufer,
- finanzielle Grenze des Käufers,
- vergleichbares Angebot auf dem Markt.

M 1 **Flohmarkt.** Foto.

„Das wäre etwas für den Flohmarkt …"

Endlich die Zimmereinrichtung, die man sich schon länger gewünscht hat – aber wohin mit all dem Kinderkram? Manches ist alt und verschlissen und wandert in den Müll, aber es finden sich auch Sachen, die für andere noch einen Wert besitzen könnten, wie z. B. Spiele, Bücher oder CDs. Ob das was für den **Flohmarkt** wäre? Man könnte damit sein Taschengeld aufbessern.

Die Perspektive des Anbieters

Auf dem Flohmarkt werden Waren verkauft, die man nicht mehr braucht, die also für den Verkäufer keinen Wert mehr haben. Dennoch möchte er sich durch den Verkauf etwas Extrageld verdienen und könnte folgende Überlegungen anstellen:

- Will ich schnell und um jeden Preis verkaufen?
- Lege ich eine Preisuntergrenze fest?
- Lasse ich mir beim Verkauf Zeit und warte verschiedene Angebote ab?

Die Perspektive des Käufers

Mögliche Käufer besuchen aus unterschiedlichen Motiven einen Flohmarkt. Die einen kommen ohne ein bestimmtes Kaufinteresse. Sie lassen sich vom Angebot ansprechen, plötzlich findet irgendein Gegenstand ihr Interesse und ein Kaufbedürfnis entsteht. Andere sind auf der Suche nach ganz besonders günstigen Angeboten, ohne dass sie spezielle Produkte im Auge haben. Wieder andere Besucher kommen mit konkreten Kaufzielen, da sie ein spezielles Hobby haben oder sich als Sammler betätigen. Für sie steht die Ware im Vordergrund, erst in zweiter Linie der Preis.

Die Preisbildung

Auf einem Flohmarkt haben beide Seiten die Möglichkeit, vor ihrem Handel auf dem Markt Angebote und Preise zu vergleichen. Diese Beobachtungen beeinflussen ihre Ausgangsposition und ihre Verhandlungsstrategie. Das, was eine Ware einmal gekostet hat, spielt auf dem Flohmarkt keine Rolle mehr. Die Preise werden frei festgesetzt bzw. ausgehandelt. Dabei orientieren sich Verkäufer und Käufer an ihren persönlichen Preisvorstellungen.

M 2 **Das Marktmodell.**

Kaufen beim Erzeuger

Der Wochenmarkt ist einer der seltenen Orte, wo sich heute noch die Erzeuger von Waren und ihre Verbraucher unmittelbar begegnen. Anbieter und Nachfrager sind gleichzeitig auch Produzent und Konsument.

Preisbildung

Im Vergleich zum Flohmarkt entstehen den Händlern auf Wochenmärkten ganz andere Kosten. Sie produzieren ihre Waren, z. B. Salat, Gemüse und Obst. Dafür benötigen sie **Produktionsfaktoren** wie Land, Pflanzen, Dünger und Arbeitskräfte. Es ist selbstverständlich, dass die Herstellungskosten der Waren wieder hereingeholt werden müssen. Der Erzeuger kalkuliert seine Preise anhand von Durchschnittswerten. Er überschlägt die Gesamtkosten, die ihm bei der Produktion entstehen, und verteilt sie auf seine Produktionsmenge. Daraus ergibt sich ein **Herstellerpreis**. Diesen Preis muss er mindestens erzielen, um seine Kosten zu decken. Er will aber einen Überschuss (**Gewinn**) erzielen. Diese Unterscheidung ist für einen Bauern ganz wichtig: Gehälter für Angestellte oder Aushilfen zählen zu den Kosten. Der eigene Lebensunterhalt und der der Familie werden vom Gewinn bestritten. Dazu gehören auch die Altersversorgung und Rücklagen für Notfälle. Wie viel der Erzeuger auf den Herstellerpreis aufschlagen kann, also die Höhe des **Verkaufspreises**, richtet sich auch nach der Konkurrenzsituation.

Der Käufer auf dem Markt sichtet die Angebote, die alle mit Preisen versehen sein müssen. Er kann Qualitäts- und Preisvergleiche anstellen und trifft dann seine Entscheidung. Bei einem großen Angebot und wenig Nachfrage wird er günstiger einkaufen können als bei kleinem Angebot. Auf dem Wochenmarkt sind deshalb in der kalten Jahreszeit die Preise für Obst, Salat und Gemüse höher als im Sommer.

M3 Direktvermarktung landwirtschaftlicher Produkte.

M4 Preisbildung auf dem Markt.

1. Angebot trifft Nachfrage – und umgekehrt. Erklärt diesen Zusatz zur Kapitelüberschrift am Beispiel des Flohmarktes (M 1).
2. Wertet M 2 aus. Erklärt das Marktmodell am Beispiel des Wochenmarktes.
3. Erläutert, welche Vorteile die Direktvermarktung auf dem Wochenmarkt für die Bauern bringt. Was schätzen die Kunden besonders an diesen Märkten (M 3)?
4. Vervollständigt die Liste der Kosten, die ein Verkäufer auf dem Markt wieder hereinholen muss.
5. Listet auf, welche Risiken sich aus den Besonderheiten des Wochenmarktes für die Marktbeschicker ergeben (M 4).
6. Vergleicht das Beispiel des Wochenmarkthändlers mit einem Ladengeschäft.

Der Arbeitsmarkt – ein besonderer Markt

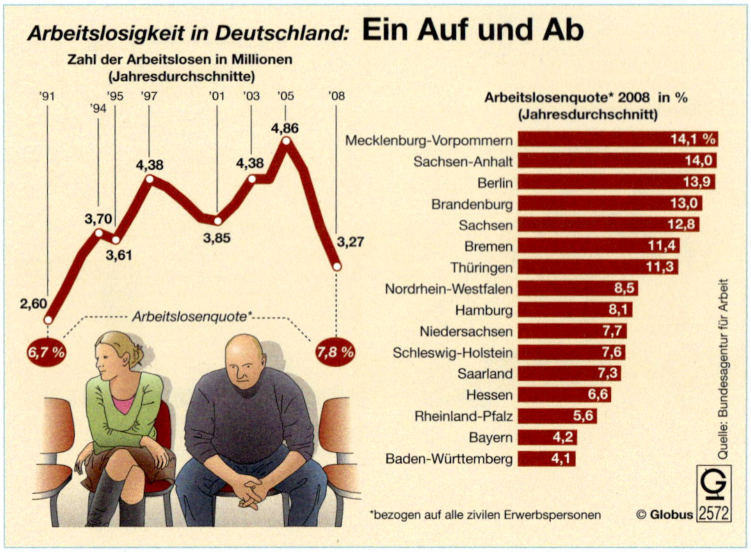

M1 Arbeitslosigkeit in Deutschland 1991–2008.

M2 Arbeitslosenquote Jugendlicher (unter 25 Jahre), im Jahresdurchschnitt 2006 in %.

M3 Auf der Homepage des Ministeriums für Arbeit, Gesundheit und Soziales in NRW konnte man Ende 2008 lesen: Jugend in Arbeit plus

„Jugend in Arbeit plus" ermöglicht Jugendlichen und jungen Erwachsenen unter 25 Jahren, die sich auf dem Arbeitsmarkt besonders schwer tun und länger als ein halbes Jahr arbeitslos sind, den Einstieg oder Wiedereinstieg in das Berufsleben. Ziel ist es, Jugendliche in Betriebe zu vermitteln und ihnen so wertvolle Berufserfahrung zu verschaffen.

Die Jugendlichen werden von einer Beraterin oder einem Berater individuell unterstützt und bei der Beschäftigungsaufnahme begleitet. Bei Bedarf können die Jugendlichen an einer berufsbegleitenden Qualifizierung teilnehmen, um ihre Beschäftigungschancen zu verbessern. Die aufnehmenden Betriebe werden von den Fachkräften der Kammern begleitet und erhalten ein Jahr lang einen Lohnkostenzuschuss von 50 Prozent.

Über die Initiative konnten bislang mehr als 28 000 Jugendliche in Betriebe vermittelt werden. Gefördert wird das Programm aus Landes- und ESF-Mitteln (ESF = Europäischer Sozialfonds).

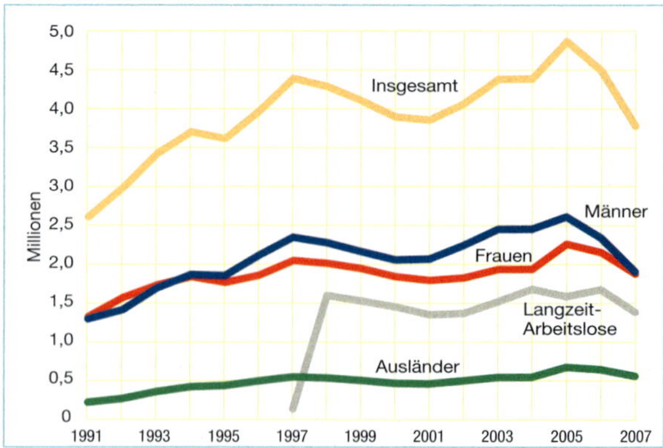

M4 Arbeitslose in Deutschland nach ausgewählten Personengruppen 1991–2007.

M 5 In einem von D. Kraft herausgegebenen Buch über die Wirtschaft konnte man 2007 lesen: Was kennzeichnet den Arbeitsmarkt?

Auf Gütermärkten geht es um den Kauf von Waren und Dienstleistungen gegen Geld. Auf dem Arbeitsmarkt wird die menschliche Arbeitskraft durch Arbeitnehmer angeboten und durch Arbeitgeber nachgefragt. Dabei vertreten Arbeitgeberverbände und Gewerkschaften häufig die Interessen der Arbeitnehmer und der Arbeitgeber. Die Höhe des Entgelts wird dann im Rahmen von Tarifverträgen ausgehandelt. Zugleich versucht der Staat durch seine Arbeitsmarktpolitik zu verhindern, dass Arbeitslosigkeit entsteht, oder zu verhindern – was auch passieren kann –, dass es einen Mangel an Arbeitskräften gibt. Der Staat reguliert den Arbeitsmarkt zudem durch Gesetze, z. B. Arbeitsschutzgesetze, die gesetzliche Sozialversicherung, das Arbeitsförderungsgesetz oder das Betriebsverfassungsgesetz. Die menschliche Arbeitskraft wird nicht als ein Gut gesehen, das nach Marktgesetzen beliebig getauscht werden kann. Arbeitnehmer müssen ihre Arbeitskraft anbieten, um ihre Existenz zu sichern. Es geht auch um Menschenwürde und um ein Mindestmaß an Einkommen, gesunde Arbeitsbedingungen und befriedigende soziale Beziehungen am Arbeitsplatz. Das freie Spiel von Angebot und Nachfrage, das zum Teil auf den Gütermärkten herrscht, genügt nicht.

M 6 Weiter heißt es in dem Werk: Kombilohn oder Mindestlohn?

Die Koalition aus CDU und SPD stritt 2007 darüber, ob für Geringverdiener Kombilöhne oder Mindestlöhne sinnvoll sind. Die CDU befürwortet eher Kombilöhne, die SPD Mindestlöhne für alle Arbeitnehmer. Kombilöhne sind staatliche Zuschüsse für Geringverdiener. Kritiker befürchten, dass dadurch Unternehmen ermutigt werden, keine angemessenen Entgelte zu zahlen und die staatliche Förderung „mitzunehmen". Das wäre ein Mitnahmeeffekt zugunsten der Unternehmen. Der Mindestlohn soll sicherstellen, dass jeder durch seine Erwerbsarbeit seine Existenz sichern kann. Der Staat führt durch Gesetz einen Mindestlohn ein. Kritiker befürchten, dass durch Mindestlöhne Arbeitsplätze wegfallen. Als Kompromiss könnte der Mindestlohn nicht für alle Arbeitnehmer, sondern nur für bestimmte Branchen gelten, z. B. in der Gastronomie.

M 7 Mindestlohn. Karikatur: Plaßmann.

1 Erkundigt euch in den Medien oder im Internet nach der aktuellen Lage auf dem Arbeitsmarkt und vergleicht mit M 1.

2 Erklärt am Beispiel M 3, wie der Staat in den Arbeitsmarkt eingreift.

3 Wertet die Karikatur M 7 aus.

4 Begründet die Notwendigkeit staatlicher Regulierung auf dem Arbeitsmarkt (M 5).

5 Informiert euch über den aktuellen Stand zur Diskussion um den Mindestlohn. Berichtet in der Klasse (M 6).

Neue Formen der Beschäftigung

M1 **„Nachfrage und Angebot"**. Karikatur: Gerhard Glück.

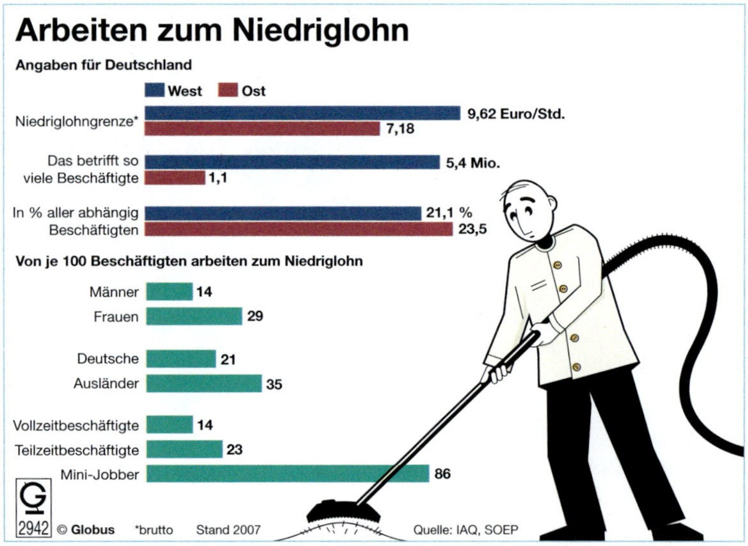

M2 **Niedriglohnjobs.**

Flexibilität und Mobilität

Die Veränderungen der Wirtschaftsstruktur bleiben nicht ohne Auswirkungen auf die Beschäftigungsverhältnisse. Durch neue Technologien, moderne Produktionsmethoden, den Einsatz von Computern und computergesteuerten Maschinen und neue Kundenwünsche verändern sich die Anforderungen an den Beruf. Früher arbeiteten viele Menschen ihr Leben lang in dem Betrieb, in dem sie ihre Ausbildung gemacht hatten, und auch ihre Kinder konnten dort wieder einen Ausbildungsplatz bekommen. Ganz anders sieht das heute aus: Der häufig nicht freiwillig angestrebte **Wechsel** zwischen Festanstellung, befristetem Arbeitsverhältnis, geringfügiger Beschäftigung, Selbstständigkeit und Erwerbslosigkeit wird für viele zur Normalität. Von den Arbeitnehmern wird gefordert, dass sie auch unter den veränderten Bedingungen ihre Arbeitsfähigkeit lebenslang erhalten. Das gelingt nur, wenn sie bereit sind, **flexibel** und örtlich **mobil** zu sein und sich beständig beruflich weiterzubilden.

Um flexibel auf Konjunkturschwankungen und veränderte Auftragslagen reagieren zu können, scheuen sich immer mehr Arbeitgeber, Mitarbeiter in unbefristeten Vollzeitstellen einzustellen. So haben sich neue Formen der Organisation des Arbeitsverhältnisses entwickelt. Immer mehr Menschen arbeiten als **Teilzeitbeschäftigte** oder in **Minijobs**.

Im wachsenden Ausmaß arbeiten Menschen für **Zeitarbeitsfirmen**. Zeitarbeit ermöglicht es den Unternehmen, ganz flexibel immer dann Arbeitskräfte anzufordern, wenn sie gebraucht werden. Gerade in Branchen mit sehr starren Kündigungsvorschriften greifen Unternehmen gerne zu Leihpersonal, bevor sie neue Arbeitskräfte festeinstellen. Für Leiharbeitnehmer ist der zeitlich befristete Einsatz in Betrieben ein Sprungbrett in ein unbefristetes Arbeitsverhältnis.

Später Berufseinstieg

Junge Menschen starten heute immer später in den Beruf. Um für die veränderten Bedingungen auf dem Arbeitsmarkt gerüstet zu sein, bemühen sie sich um eine bestmögliche Ausbildung, die den **Berufsstart** verzögert. Aber auch die Betriebe stellen Berufsanfänger häufig erst nach längeren Phasen der Einarbeitung und Weiterbildung, z.B. in Praktika, ein. Dadurch wird die Lebensarbeitszeit immer mehr verkürzt, was zu Problemen bei den Sozialsystemen führt.

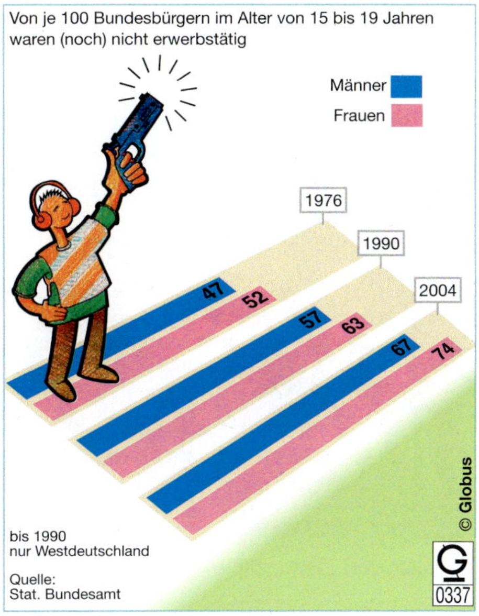

M4 Später Berufseinstieg.

Bildungsbericht 2008: Chance für Realschüler

[...] Während die Berufschancen für Hauptschüler immer schlechter werden, steigen die für Realschüler: Jeder zweite schafft bereits drei Monate nach Schulabgang den Sprung in eine qualifizierte Ausbildung. Hauptschüler hingegen durchlaufen – ob mit oder ohne Abschluss – nach Ende ihrer Schulzeit zunächst eine regelrechte Odyssee (Irrfahrt) von Nachqualifizierungs- und Überbrückungsmaßnahmen.
Deren Sinn zweifeln Wissenschaftler an. Denn auch 30 Monate nach Schulende seien trotz dieser Maßnahmen 40 Prozent der Hauptschüler noch nicht in eine qualifizierte Ausbildung vermittelt. Die Kosten für die Bundesagentur für Arbeit und den Bund jedoch seien immens. Besonders große Probleme haben junge Männer ohne oder mit nur schlechtem Hauptschulabschluss sowie ausländische Schüler. Das duale System von betrieblicher Lehre und Berufsschule habe eine seiner „traditionell großen Stärken" eingebüßt, „Kinder aus bildungsschwächeren Gruppen durch Ausbildung beruflich zu integrieren". [...]

M3 Berufschancen für Haupt- und Realschüler nach dem Bildungsbericht 2008.

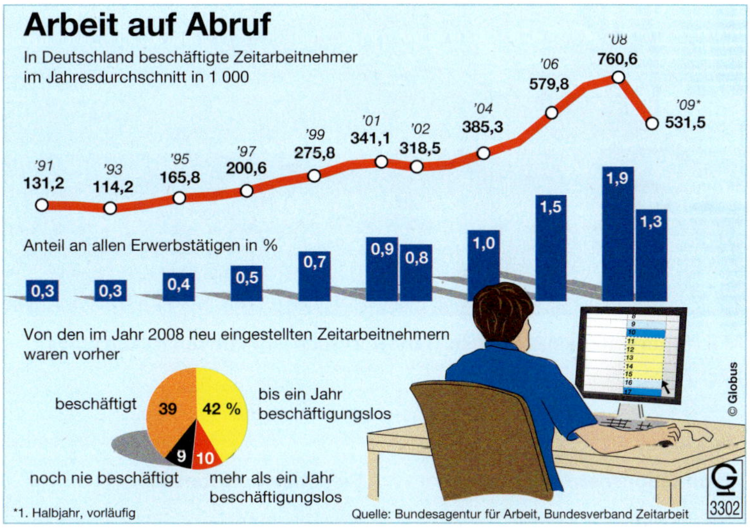

M5 Entwicklung der Zeitarbeit in Deutschland.

1 Erläutert, wie sich die Beschäftigungsverhältnisse verändert haben (M2–M5).

2 Stellt Vor- und Nachteile von Teilzeitarbeit, Zeitarbeit und Praktika für Arbeitnehmer und Arbeitgeber in einer Tabelle gegenüber.

3 Untersucht M3 und erläutert die Möglichkeiten von Realschülern und Hauptschülern bei der Suche nach einer Ausbildungsstelle.

4 Analysiert M1 und formuliert die Aussage der Karikatur.

Wie arbeitet ein Betrieb?

M1 **Schichtwechsel beim Volkswagenwerk.** Foto, 2009.

M2 **Mitarbeiter eines kleinen Handwerksbetriebes beim Decken eines Reetdaches.** Foto, 2009.

Betriebsarten	
Produktionsbetriebe	**Dienstleistungsbetriebe**
• Rohstoffgewinnungsbetriebe (Erzbergwerk, Kohlengrube)	• Handelsbetriebe (Großhandel, Einzelhandel, aber auch Restaurants usw.)
• Investitionsgüterbetriebe (Maschinenfabrik, Walzwerk)	• Verkehrsbetriebe (Bus, Eisenbahn, Flugzeug)
• Konsumgüterbetriebe (Textil-, Nahrungsmittelunternehmen usw.)	• Bankbetriebe (Sparkassen, Großbanken)
• Konsumgüterbetriebe (Textil-, Nahrungsmittelunternehmen usw.)	• Versicherungsbetriebe (Krankenversicherung, Lebensversicherung, Haftpflichtversicherung)
• Verbrauchsgüterbetriebe (Nahrungsmittel-, Getränkeindustrie)	• sonstige Dienstleistungsbetriebe (Frisör, Reinigung)

M3 **Einteilung von Betrieben.**

Ein kompliziertes System

Betriebe können ein ganz unterschiedliches Gesicht haben. Gemeinsam ist ihnen jedoch, dass in ihnen etwas produziert wird, das verkauft werden soll, also der **Bedarfsdeckung** anderer und nicht dem Eigenbedarf dient. Das können sowohl Sachgüter sein wie Autos oder Maschinen als auch Dienstleistungen, die ein Frisör, Krankenhaus oder Theater anbieten.

Um seinen Aufgaben gerecht werden zu können, benötigt jeder Betrieb **Mitarbeiterinnen und Mitarbeiter** und **Produktionsmittel**. Zu den Produktionsmitteln zählen die Betriebsgebäude und die benötigten Maschinen und auch alle Rohstoffe.

Die **Betriebsleitung** ist dafür verantwortlich, dass die Arbeit im Betrieb organisiert wird und der Betrieb wirtschaftlich arbeitet. Sie legt fest, welche und wie viele Produkte erzeugt werden, wie die Produktion finanziert wird, in welcher Kombination die Produktionsfaktoren einzusetzen sind, wie sie beschafft und bereitgestellt werden und wie die Produkte gewinnbringend verkauft werden können.

Die Mitarbeiterinnen und Mitarbeiter produzieren gegen Lohnzahlungen die Produkte oder erbringen die Dienstleistungen. Ein von den Mitarbeitern gewählter **Betriebsrat** vertritt ihre Interessen gegenüber der Betriebsleitung. Heute sind etwa 30 bis 40 Prozent einer Belegschaft Mitglieder einer **Gewerkschaft***, die sie besonders bei Lohnverhandlungen gegenüber dem Unternehmen oder allen Unternehmen eines Industriezweiges vertritt.

M4 Aus einem Praktikumsbericht

Ein Schüler einer 9. Klasse beschreibt den Aufbau „seines" Betriebes, einer kleinen Computerfirma:

Dieser Betrieb besitzt sechs verschiedene Abteilungen, die nur von zwei Leuten erledigt werden müssen, was nicht immer ganz leicht abläuft, wie man es sich auch vorstellen kann!

Die erste Abteilung ist der Einkauf. In dieser Abteilung werden alle möglichen Artikel eingekauft, wo die Nachfrage eben hoch ist. Kunden können auch ihre speziellen Wünsche [...] mitteilen, und diese „Wünsche" könnten dann auch bestellt werden! Natürlich sofern sie realisierbar sind!

Die zweite Abteilung ist der Verkauf. In dieser Abteilung wird den Kunden alles Mögliche, was zu verkaufen ist, natürlich mit einer sehr, sehr guten Beratung, versucht zu verkaufen. [...]

Die dritte Abteilung ist die Technik. Hier werden Probleme, die Kunden mit ihren Computern und Zubehör haben, sofern sie noch zu lösen sind, behoben [...].

Die vierte Abteilung ist der Versand. Beim Versand werden die ganzen Artikel verschickt.

Die fünfte Abteilung ist der Kundendienst. Beim Kundendienst steht in erster Linie der Service. [...] Zum Kundendienst zählen auch die sogenannten Hausbesuche, wie auch der Vor-Ort-Service. Die Kunden können im Betrieb anrufen und ihr Problem [...] mitteilen. Vielleicht können die beiden Herren das Problem des Kunden auch schon am Telefon lösen, ansonsten kann der Kunde jederzeit vorbeikommen und sein defektes Gerät zur Reparatur abgeben. Falls aber alle Fäden reißen sollten, kommt der Techniker auch raus. [...]

Die sechste und somit die letzte Abteilung ist die Internetabteilung. In dieser Abteilung passiert sehr viel. Zum einen wird den Kunden ein sogenannter „Online Shop" angeboten. In diesem Shop werden alle Artikel sogar mit Fotos vorgestellt, die man zurzeit in dieser Firma als Kunde bekommen kann. Die Preise und Namen der Artikel stehen selbstverständlich auch dabei. Ansonsten wird noch Platz für Server geboten, und alle Arten von Abrechnungen laufen meistens über diese Abteilung. [...]

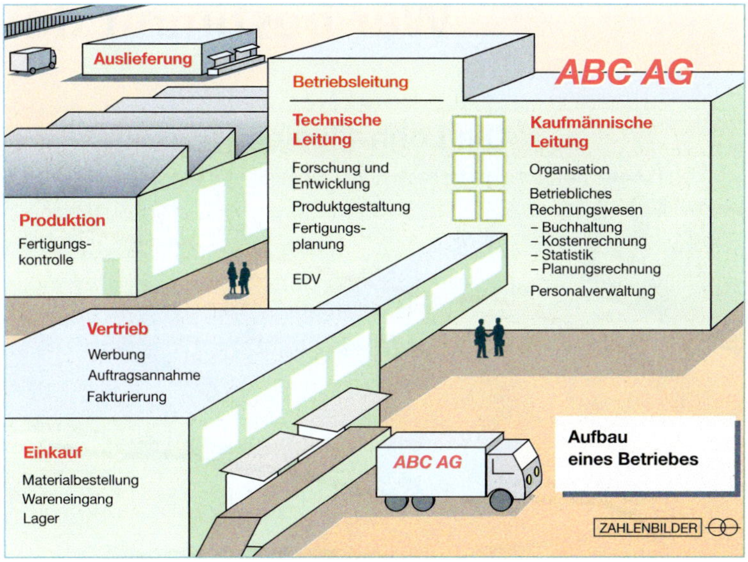

M5 Ein Betrieb mit seinen Abteilungen. Schaubild.

***Gewerkschaft**
Freiwilliger Zusammenschluss von Arbeitnehmern eines Betriebes zur Vertretung ihrer Interessen (Lohn, soziale Sicherung).

1 Vergleicht die Arbeitsbedingungen der Mitarbeiter in M 1 und M 2. Fragt dazu auch bei euren Eltern nach.

2 Nennt Beispiele für Produktionsbetriebe und Dienstleistungsbetriebe in eurer Umgebung (M 3).

3 Stellt den Betrieb aus M 4 grafisch dar und vergleicht eure Grafik mit M 5. Welche Unterschiede in der Betriebsstruktur gibt es?

4 Fragt eure Eltern, ob es an ihrem Arbeitsplatz einen Betriebsrat gibt und welche Aufgaben er erfüllt. Berichtet in der Klasse.

5 Verfolgt in den Medien aktuelle Berichte über Verhandlungen zwischen Unternehmen und Gewerkschaften über Löhne. Notiert die Ausgangspositionen beider Seiten, den Ablauf der Verhandlungen und das Ergebnis.

Wer bestimmt den Lohn?

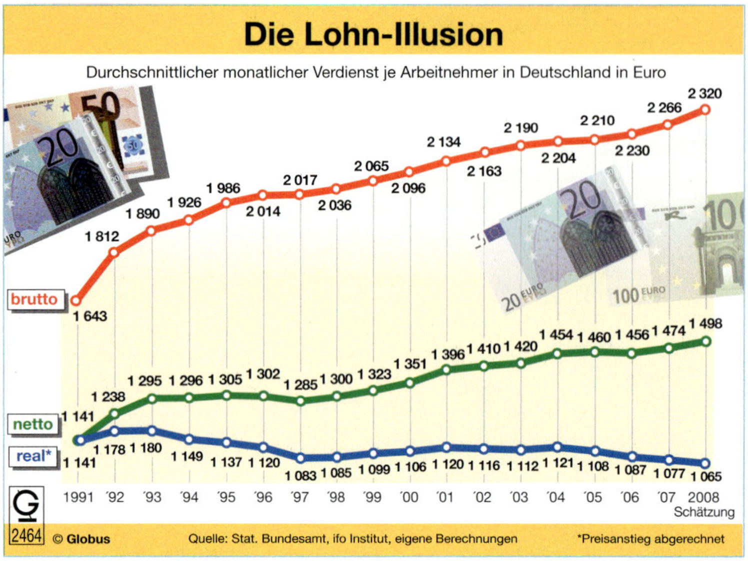

M 1 Entwicklung von Brutto- und Nettolöhnen in Deutschland 1991–2008.

RWI warnt vor zu kräftigen Erhöhungen
Zu deutliche Gehaltssteigerungen in der Tarifrunde 2008 könnten sich negativ auf den Arbeitsmarkt auswirken, warnt das Rheinisch-Westfälische Institut für Wirtschaftsforschung (RWI) in Essen. (...) Berechnungen des RWI zufolge ist ein Lohnplus von durchschnittlich 2,5 bis drei Prozent beschäftigungsneutral. „Wer Arbeitsplätze schaffen will, müsste unter dieser Marke bleiben", sagte RWI-Konjunkturexperte Roland Döhrn.

Nicht nur Benzin wird immer teurer
Der Preis für Heizöl hat im März [2008] um 40 Prozent zugelegt. Die Bildungsausgaben schossen um 34 Prozent nach oben. Noch stärker spürbar dürfte sein, dass die Menschen für den täglichen Bedarf an Lebensmitteln tiefer in die Tasche greifen müssen. (...) Insgesamt errechnete das Statistische Bundesamt für März 2008 eine Inflationsrate von 3,1 Prozent.

M 3 Lohnerhöhung?

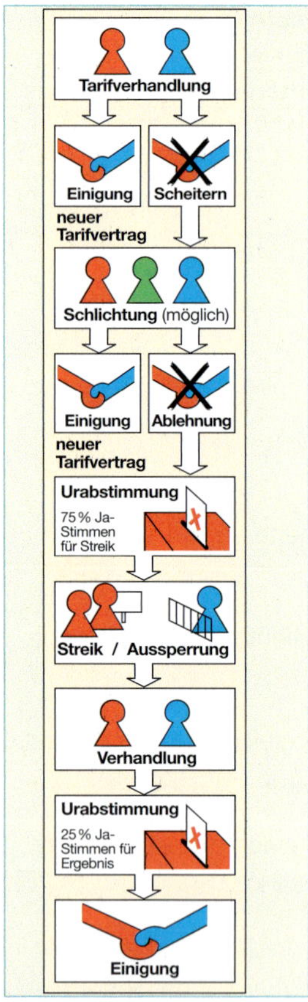

M 2 Ablauf von Tarifverhandlungen.

M 4 Nichts Neues aus der Verhaltensforschung. Karikatur: Haitzinger.

Tarifautonomie und Tarifverträge

Unsere Wirtschaftsordnung sieht vor, dass Gewerkschaften und Arbeitgeberverbände Löhne, Gehälter und Arbeitsbedingungen vereinbaren. Um diese Verträge zu schließen, finden in regelmäßigen Abständen Tarifverhandlungen statt. Die Gewerkschaften vertreten dabei die Interessen der Arbeitnehmer, die Arbeitgeberverbände die Interessen der Arbeitgeber. Beide, Arbeitgeber und Gewerkschaften, nennt man **Tarifparteien** oder auch Sozialpartner. Sie müssen über ihre unterschiedlichen Ziele verhandeln und zu einer Vereinbarung gelangen. Der Staat darf dabei nicht mitwirken. Das nennt man **Tarifautonomie**.

Tarifverträge können für Branchen, Regionen oder einzelne Unternehmen getroffen werden. Sie schaffen Rechtssicherheit und bringen in der Regel für beide Seiten Vorteile: Da die tariflichen Vereinbarungen als **Mindestnorm** gelten, sind die Arbeiter vor Konkurrenz um Arbeitsplätze geschützt. Der im Tarifvertrag vereinbarte Lohn darf überschritten, niemals aber unterschritten werden. Auch die Arbeitgeber haben Vorteile. Sie können sicher sein, dass ihre Konkurrenzfirmen die gleichen Löhne zahlen, und deshalb mit den gleichen Lohnsätzen kalkulieren. Zudem herrscht während der Laufzeit eines Tarifvertrages Friedenspflicht, d. h., weder Gewerkschaft noch Arbeitgeber dürfen Kampfmaßnahmen ergreifen.

Ablauf einer Tarifverhandlung

Können sich die Tarifparteien nicht auf den Abschluss eines neuen Tarifvertrags einigen, so kann eine Schlichtung eingeleitet werden. Der Schlichter ist eine unabhängige Person, die das Vertrauen beider Seiten genießt. Er unterbreitet einen Kompromissvorschlag. Wenn dieser Kompromissvorschlag nicht angenommen wird, beginnt ein Arbeitskampf.

Beim **Streik** verweigern die Angehörigen eines Betriebes die Arbeit, um durch den Schaden, der durch den Produktionsausfall entsteht, die Arbeitgeber zur Annahme ihrer Forderungen zu zwingen. Gewerkschaftsmitglieder erhalten von ihrer Gewerkschaft Streikgeld als Ersatz für den entgangenen Lohn. Ein Streik darf nur begonnen werden, wenn 75 Prozent der Gewerkschaftsmitglieder in einer **Urabstimmung** zugestimmt haben. Für seine Beendigung reichen 25 Prozent Ja-Stimmen in der Urabstimmung aus.

Die **Aussperrung** ist die Antwort der Arbeitgeber auf einen Streik oder eine Streikdrohung. Mit ihr werden alle Belegschaftsmitglieder eines Betriebes von der Arbeit ferngehalten, wobei kein Lohn für die Zeit der Aussperrung gezahlt wird.

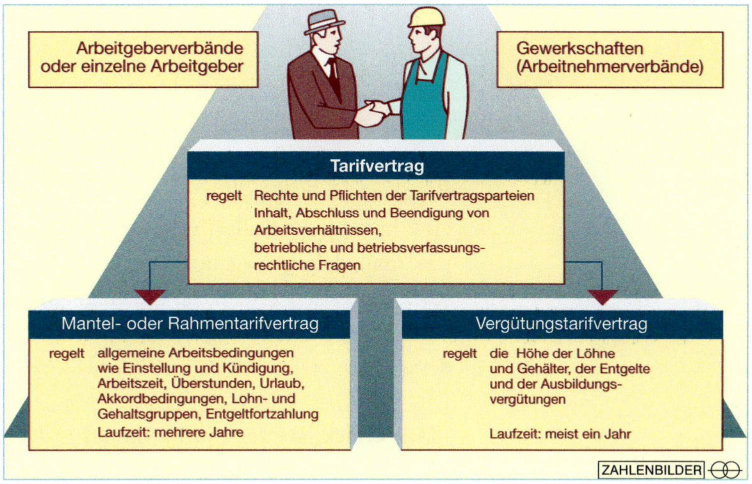

M 5 **Tarifverträge.**

Art. 9 Grundgesetz (Koalitionsrecht)

(3) Das Recht, zur Wahrung und Förderung der Arbeits- und Wirtschaftsbedingungen Vereinigungen zu bilden, ist für jedermann und für alle Berufe gewährleistet.

1 Nennt mithilfe von M 1 und M 3 Gründe, die für bzw. gegen Lohnerhöhungen vorgebracht werden können.

2 Erklärt den Begriff Tarifautonomie.

3 Erläutert die Grafik M 5. Erklärt die Unterschiede zwischen einem Manteltarifvertrag und einem Vergütungstarifvertrag.

4 Beschreibt den Ablauf von Tarifverhandlungen mithilfe der Grafik M 2 und des Textes.

5 Begründet die Regelung einer Urabstimmung bei der Durchführung eines Streiks (M 2).

6 Interpretiert die Karikatur M 4.

METHODE

Planspiel

Ziel

Ausgangspunkt eines Planspiels ist ein Problem oder Konflikt. Ziel ist es, dafür eine Lösung zu finden und zu überlegen, wie man dabei vorgehen will. Das Planspiel kann auch zeigen, ob die Gegenargumente von den Beteiligten akzeptiert werden.

1 Führt mithilfe der Checkliste M 1, mit M 2, M 3 und den Rollenkarten M 4 ein Planspiel „Tarifkonflikt" durch. Bildet zunächst vier Gruppen:
a) Manager von Großunternehmen der Metallindustrie,
b) Manager von mittelständischen Unternehmen in der Metallindustrie,
c) Mitglieder der Bezirksleitung der Gewerkschaft IG Metall und
d) Mitglieder der Bundesvorstandes der IG Metall.
Das Planspiel soll helfen die Frage zu beantworten: „Lohnt sich ein Streik zur Durchsetzung der Interessen oder ist es besser einen Kompromiss zu suchen?"

M 1 Checkliste für ein Planspiel

1. Schritt: Einführung und Organisation

Gespielt wird in Gruppen. Für ein Planspiel benötigt ihr eine gute Vorbereitung und viel Zeit, mehr als eine Schulstunde.

2. Schritt: Information, Rollenklärung

Beteiligt sind an der Auseinandersetzung verschiedene Gruppen und Personen:

- Die Klasse teilt sich in Gruppen auf. Jede Gruppe entscheidet sich für einen wichtigen Teilaspekt der Streitfrage. Sie argumentieren dann später aus dieser Interessenlage.
- Benötigt wird ferner eine Spielleitung, die in die Diskussionen eingreifen kann und diese leitet.

3. Schritt: Entscheiden, Planen

Das Planspiel findet in mehreren Runden statt. In der ersten Runde treffen sich die Gruppen in getrennten Sitzungen, um einen gemeinsamen Standpunkt ihrer Gruppe zu finden. Dabei geht es um die Frage, welche Lösung angestrebt wird.
Ziel: In der eigenen Gruppe einen Kompromiss finden und eine Gesprächsstrategie entwickeln, mit der die andere Seite argumentativ überzeugt werden kann.

Vorbereitung der ersten Runde

Informationen für die Vorbereitung der ersten Runde findet ihr auf den Rollenkarten auf der gegenüberliegenden Seite.
Jede Gruppe tagt zunächst für sich, sie kann sich auch noch weiter unterteilen. Wichtig ist, dass die Gruppe die eigenen Interessen herausarbeitet und formuliert („Was wollen wir […]?").

4. Schritt: Spielen (Interaktion)

In der zweiten Runde treffen alle Gruppen aufeinander. Die Spielleitung ruft den Tagesordnungspunkt auf und gibt zunächst den Vertretern jeder Gruppe das Wort. Danach tauschen alle Gruppen ihre Argumente aus und versuchen, sich gegenseitig zu überzeugen.
Die Spielleitung kann selbstständig oder auf Wunsch einer Gruppe die Verhandlung unterbrechen. Die Gruppen können so ihre Strategien neu überdenken. Das Planspiel soll in der letzten Runde zu einer Entscheidung führen. Am Ende kommt es zu einer Abstimmung.

5. Schritt: Auswertung

Wichtig ist die Auswertung des Planspiels. Fragen: Waren die Argumente der Gruppen überzeugend? An welcher Forderung ist ein Kompromiss gescheitert? Was hat den Kompromiss möglich gemacht? Welche Rolle hat der Machtwille einzelner Personen gespielt? Wie wichtig ist es, bei Verhandlungen gut reden zu können? Was konntet ihr aus diesem Planspiel lernen?
Woran ist die Durchführung des Planspiels gescheitert?
Am Ende der Auswertung müsst ihr prüfen, welche Erkenntnisse aus dem Planspiel sich verallgemeinern lassen. Dazu könnt ihr folgende Frage stellen: Welche Konsequenzen ergeben sich z. B. für die Politik, für mich, für uns?

Wir wollen die Einkommen erhöhen und Arbeitsplätze sichern.
Darum fordern wir:

1. Bis zu sechs Prozent höhere Löhne und Gehälter und deutlich höhere Ausbildungsvergütungen.
2. Eine soziale Komponente zugunsten der unteren Lohn- und Gehaltsgruppen.
3. Die 35-Stunden-Woche zum 1. Oktober 2013, wie vereinbart.
4. Statt Überstunden Neueinstellungen.

M2 **Zeitungsbericht zum Tarifkonflikt von 2006.**

In dieser Tarifrunde müssen wir zwei Dinge richtig anpacken:
Für die Beschäftigten eine Lohn- und Gehaltserhöhung vereinbaren.
Für die Arbeitslosen neue Arbeitsplätze schaffen.
Dafür haben wir fünf Vorschläge:

1. Verteilung der Arbeit entsprechend der oft schwankenden Auftragslage, längere Arbeitszeiten bei bestimmten Aufgaben und an manchen Arbeitsplätzen.
2. Verschiebung der 35-Stunden-Woche oder Verzicht auf den Lohnausgleich. Zumindest müssen diese Kosten von 2,8 % über mehrere Jahre gestreckt werden.
3. Betriebe sollen bei schlechter Wirtschaftslage die Möglichkeit haben, zeitweise vom Tarifvertrag abweichen zu können. Dafür erhalten die Mitarbeiter Beschäftigungsgarantien.
4. Verlängerung des Tarifvertrages zur Beschäftigungssicherung.
5. Für Langzeitarbeitslose einen besonderen Einstiegslohn vereinbaren.

M3 **Fünf-Punkte-Programm der Arbeitgeber (Gesamtmetall).**

Mittelständische Unternehmerin

Ein Streik wäre das Schlimmste. Gerade jetzt haben wir viele Aufträge. Bei uns macht die 35-Stunden-Woche kein Problem, die Leute arbeiten ja gerne länger und bekommen dafür Überstunden bezahlt. Hauptsache, wir können jetzt liefern. Die Kosten lassen sich durch die gute Auftragslage auffangen.
Wenn wir 2,5 % anbieten und die Gewerkschaft 6 % will, einigen wir uns bei 3 %. Jeder Tag Streik ist teurer als diese Lohnerhöhung, die wir auf die Preise schlagen. Wenn gestreikt wird, verlieren wir Aufträge für immer. Den Großbetrieben macht ein Streik nichts, uns bringt er in große wirtschaftliche Gefahr.

Mitglied der Bezirksleitung der IG Metall

Die Kolleginnen und Kollegen erwarten mehr Geld, alles ist teurer geworden. Steuern und Abgaben sind dieses Jahr schon wieder gestiegen. In den Betrieben können die Kolleginnen und Kollegen das Wort 35-Stunden-Woche nicht mehr hören. Alle arbeiten länger und brauchen das Geld. In den letzten Lohnrunden hat es schon keine ausreichenden Lohnerhöhungen mehr gegeben.
Wir sollten 6 % verlangen ohne Wenn und Aber und dafür die 35-Stunden-Woche um ein Jahr verschieben. Dann hätten die Kolleginnen und Kollegen endlich mal einen richtigen Schluck aus der Pulle. Und es würden auch wieder mehr Leute Mitglied in der Gewerkschaft werden. Arbeitslos zu sein, ist schlimm. Aber Einstellen und Entlassen können nun mal nur die Arbeitgeber.
Wir können nur für die Leute im Betrieb was tun. 6 % oder Streik!

Manager Großindustrie

Hohe Kosten und kurze Arbeitszeiten gefährden die Wettbewerbsfähigkeit Deutschlands im internationalen Vergleich. Die Zustimmung zur 35-Stunden-Woche vor Jahren war ein Fehler, diese muss auf jeden Fall verschoben werden oder besonders teuer verkauft werden. Wenn 35-Stunden-Woche, dann 0 % Lohnerhöhung. Lieber einen Streik riskieren als jetzt noch einen Fehler machen. Wenn es hart auf hart kommt, können wir die Produktion auch in das billigere Ausland verlagern und die Betriebe hier schließen.

Mitglied des Bundesvorstandes IG Metall

Die 35-Stunden-Woche, für die wir seit zehn Jahren kämpfen und die vertraglich zugesagt ist, ist der Fall für einen Streik. Keiner nimmt uns noch ernst, wenn wir jetzt nachgeben oder sie verschieben. Dann glaubt jeder, mit uns könne man es ja machen. Unsere Linie muss sein: 35-Stunden-Woche und eine Lohnerhöhung von 6 %. Dann werden wir uns hoffentlich irgendwo bei 3 % einigen. Lieber weniger Lohn als unser großes Ziel, die 35-Stunden-Woche, aufgeben. Auf das Gerede von mehr Einstellungen bei einer geringen Lohnerhöhung gehen wir gar nicht ein. Das versprechen sie jedesmal und es folgen Entlassungen.

M4 **Rollenkarten.**

Das soziale Netz

M 1 **Proteste gegen eine Reform der Sozialgesetze in Stuttgart.** Foto, 2004.

Art. 20 Grundgesetz

(1) Die Bundesrepublik Deutschland ist ein demokratischer und sozialer Bundesstaat.

Soziale Sicherung – für wen?

Mit den Begriffen „Soziales Netz“ und „Sozialstaat“ verbinden vielen Menschen Hilfen für Arbeitslose und Kranke. Die Hilfen des Sozialstaates sind aber weit umfangreicher. So werden Jugendliche bei der Suche nach einem Arbeitsplatz unterstützt, behinderte Menschen erhalten Hilfe bei der Gestaltung ihres Arbeitsplatzes und junge Eltern bekommen Hilfe bei der Erziehung ihrer Kinder.
Der Staat versucht immer dort zu helfen, wo andere nicht mehr helfen können.

Das soziale Netz wird geknüpft

Bis in die zweite Hälfte des 19. Jahrhunderts hinein war die soziale Sicherheit durch die **Familie** garantiert. Die Kinder wuchsen in der Großfamilie heran und wurden von Eltern und Großeltern versorgt. Nach der Ausbildung begannen sie zu arbeiten und sorgten nun für die ältere Generation der Eltern und Großeltern.
Mit der zunehmenden **Industrialisierung** lösten sich die Großfamilien mehr und mehr auf. Die Eltern hatten überlange Arbeitszeiten und auch viele Kinder mussten arbeiten. Viele Arbeiterfamilien verarmten. Die Gefahr von sozialen Unruhen nahm ständig zu. Deshalb forderte Kaiser Wilhelm I. während einer Rede am 17. November 1881 in einer „Kaiserlichen Botschaft“ die Regierung auf, Gesetze zum Schutz der Arbeiter gegen Krankheit, Unfall, Invalidität und im Alter zu beschließen.
Dies wird als die Geburtsstunde der deutschen **Sozialversicherung** angesehen. Der Staat übernahm nun soziale Aufgaben, die die Familien nicht mehr leisten konnten. Zunächst war aber nur kleiner Teil der Arbeiter und Arbeiterinnen versichert. Besonders nach 1950 wurde das soziale Netz immer stärker ausgebaut, oft auf Druck der Gewerkschaften.

So funktioniert das Sozialsystem

Die Sozialversicherungen in Deutschland sind nach dem **Solidaritätsprinzip*** organisiert. Jeder Arbeitnehmer ist **Pflichtmitglied** in der gesetzlichen Sozialversicherung. Die Beiträge in die Sozialversicherungen werden je zur Hälfte

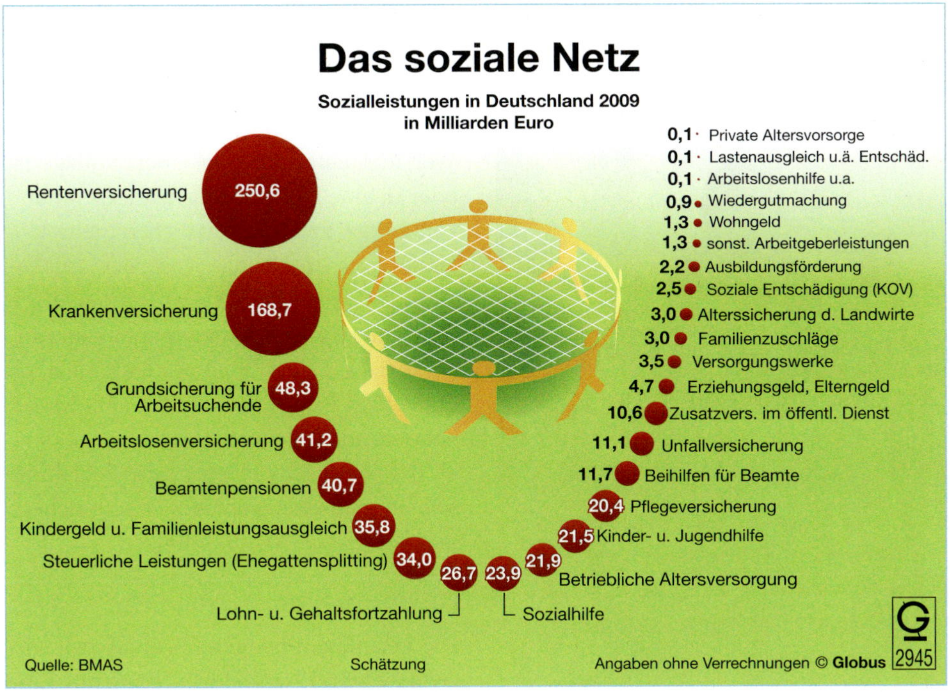

M2 Sozialleistungen in Deutschland 2009.

*Solidaritätsprinzip
Diejenigen, denen es besser geht, stehen für diejenigen ein, denen es schlechter geht.

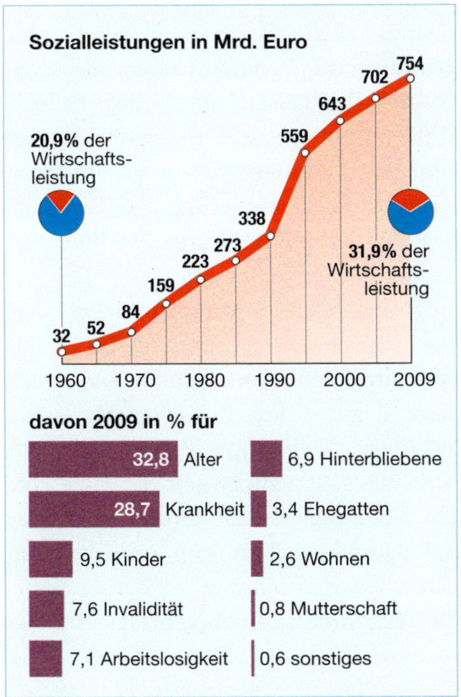

M3 Kosten des Sozialstaates 1960–2009.

von dem Arbeitnehmer und dem Arbeitgeber bezahlt. Die Höhe der Beiträge richtet sich nach dem Bruttoeinkommen, d. h., wer mehr verdient, muss auch höhere Beiträge zahlen. Mit den Beiträgen aller Versicherten werden die Leistungen derjenigen bezahlt, die sie benötigen.

In den Jahrzehnten der Vollbeschäftigung verfügten die Sozialversicherungen über sehr hohe Einnahmen bei relativ niedrigen Ausgaben. In dieser Zeit wurden die Sozialleistungen weiter ausgebaut. Seit einigen Jahren nimmt nun aber die Zahl der Beschäftigten ab, viele Menschen sind arbeitslos und die Einnahmen sinken. Das machte weitere **Reformen der Sozialgesetze** erforderlich.

1 Analysiert die Grafik M2. Klärt gemeinsam unbekannte Begriffe. Für welche Bereiche muss der Staat viel, für welche vergleichsweise wenig Geld ausgeben?

2 Erklärt, was mit dem Begriff „soziales Netz" in Deutschland gemeint ist. Lest hierzu den Text.

3 Vergleicht in M3 die Angaben für die Jahre 1960 und 2009 miteinander. Erläutert die Folgen für den Sozialstaat.

Hilfe in Notlagen

M 1 Warten auf dem Sozialamt. Foto, 2009.

Art. 1 GG (1)

Die Würde des Menschen ist unantastbar. Sie zu achten und zu schützen ist Verpflichtung aller staatlichen Gewalt.

§ 1 SGB (Sozialgesetzbuch) XII

Aufgabe der Sozialhilfe ist es, dem Empfänger der Hilfe die Führung eines Lebens zu ermöglichen, das der Würde des Menschen entspricht.

M 2 Fallbeispiel

Martina V. ist alleinerziehende Mutter von fünf Kindern. Die Älteste ist schon aus dem Haus. Daniel ist vierzehn und versucht, den Haushaltsetat [= Haushaltsgeld] mit aufzubessern. „Ab Mitte des Monats müssen wir überlegen, wo wir Geld herbekommen, manchmal müssen wir etwas borgen. Man merkt, wie bei meiner Mutter die Stimmung runtergeht." Was Daniel noch mehr belastet als die Geldsorgen zu Hause ist der Spott in der Schule. „Wenn man gehänselt wird: Du bist ein Sozialhilfeempfänger und so. Man kommt sich schlecht vor, wird in den Dreck getreten, obwohl man nichts dafür kann. Man wird runtergemacht. Ich weiß nicht, wie die Leute auf die Idee kommen, dass der, der kein Geld hat, ein Blödmann ist. Viele ziehen ja vielleicht den Schluss, große Familien sind asozial, haben kein Benehmen."

Sozialhilfe

Wer in Deutschland in einer Notlage ist oder in eine Notlage zu geraten droht und von keiner anderen staatlichen Stelle Unterstützung erhält, hat Anspruch auf **Sozialhilfe**. Sie hat im System der sozialen Sicherung die Funktion des untersten Auffangnetzes. Dabei spielt es keine Rolle, ob die Person ihre Notlage selbst verschuldet hat oder nicht. Jeder soll sich der Solidarität der Gesellschaft sicher sein. Sozialhilfe soll ein menschenwürdiges Dasein sichern und vor großer Armut schützen.

Leistungen der Sozialhilfe

Die Leistungen hängen davon ab, wie viel Geld jemand tatsächlich braucht. Eine Mutter mit vier Kindern braucht natürlich mehr als eine, die nur ein Kind hat. Grundsätzlich zählt zur Sozialhilfe der **grundlegende Bedarf** an Essen, Kleidung, Wohnung, Hausrat und Körperpflege, Hilfe zur Pflege und Unterstützung bei Krankheit, Krankheitsvorsorge, Obdachlosigkeit und Behinderung. Der Regelsatz liegt für Alleinlebende bei 359 Euro, für Kinder bis zur Vollendung des 6. Lebensjahres bei 215 Euro, von Beginn des 7. Lebensjahres bis zur Vollendung des 14. Lebensjahres 251 Euro und für Kinder ab dem Beginn des 15. Lebensjahres bei 287 Euro. Volljährige Partner erhalten 323 Euro. Zusätzlich gibt es Geld für die Wohnung und es kann bei besonderen Ausgabenbelastungen ein Zuschlag (Mehrbedarf) beantragt werden – z. B. für die Teilnahme an einer mehrtägigen Klassenfahrt. Außerdem übernimmt der Staat die Zahlung der Sozialversicherungsbeiträge. Neben Geld- oder Sachleistungen sind auch Beratungsangebote möglich. Zuständig für die Auszahlung sind die Städte und Gemeinden.

Sozialhilfe oder ALG II?

Seit 2005 verringerte sich die Zahl der Sozialhilfeempfänger deutlich: Ende 2005 erhielten nur noch 81 000 Personen (0,1 Prozent der Gesamtbevölkerung) Sozialhilfe. Davon waren 17 Prozent unter 15 Jahren. Dies liegt aber nicht daran, dass weniger Menschen bedürftig sind. Der Grund ist ein anderer: Seit 2005 erhalten die meisten der ehemaligen Sozialhilfeempfänger Leistungen aus dem **Arbeitslosengeld II** (Hartz IV), weil sie grundsätzlich erwerbsfähig sind. Sozialhilfe steht nur noch Menschen zu, die vorübergehend erwerbsunfähig, längerfristig erkrankt oder als Rentner mit einer niedrigen Rente im Vorruhestand sind. Auch Asylbewerber erhalten Sozialhilfe, denn sie dürfen in Deutschland nicht arbeiten. Sie bekommen aber weniger Geld als Deutsche. Ob jemand einen Anspruch hat und keine Hilfe von Angehörigen erwarten kann, wird vom Amt genau geprüft.

Das Bundesverfassunggericht hat 2010 entschieden, dass die Höhe der Regelsätze von Sozialhilfe und Zahlungen von ALG II überprüft werden müssen. Die zukünftigen Auszahlungen müssen ein menschenwürdiges Leben ermöglichen.

M4 Karikatur: Mester.

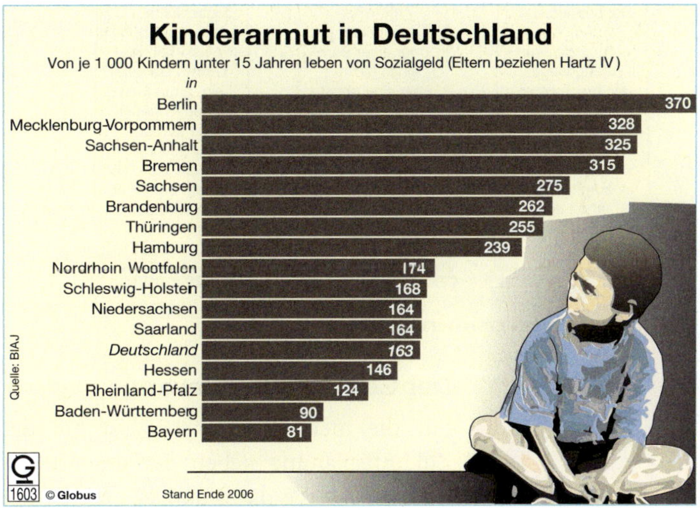

M5 Kinderarmut in Deutschland 2006.

M3 Titelblatt einer Zeitschrift 2009.

1 Partnerarbeit: Verfasst einen Dialog zwischen Daniel und seinem Schulfreund, in dem Daniel ihm mitteilt, dass er nicht mit ins Kino gehen kann (M2). Was sagt Daniel und wie reagiert sein Freund?

2 Begründet den Satz: „Sozialhilfe ist kein staatliches Almosen, sondern ein Rechtsanspruch.“

3 Erläutert das System der staatlichen Sicherung in Notlagen und erklärt den Unterschied zwischen Sozialhilfe und Arbeitslosengeld II.

4 Nennt Gründe für den hohen Anteil von Kindern bei den Empfängern von Sozialhilfe (M5).

5 Stellt die Karikatur M4 in einem Rollenspiel nach. Überlegt, auf was der Karikaturist hinweisen wollte.

6 Stellt Vermutungen an, warum das Thema gerne von Medien aufgegriffen wird (M3). Welche Wirkung wird erzielt?

Sicherheit im Alter

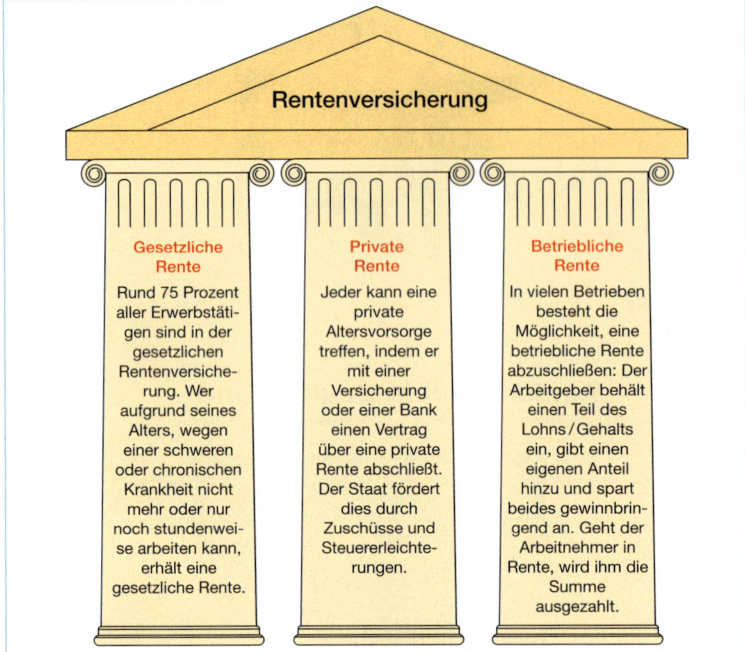

M 1 **Säulen der Rentenversicherung.**

Der Generationenvertrag

Für die meisten Menschen ist bei der Zukunftsplanung neben der gesundheitlichen Vorsorge die finanzielle Sicherheit im Alter am wichtigsten. Die gesetzliche Rentenversicherung bildet die Grundlage für die Versorgung von über 90 Prozent der älteren Menschen im Ruhestand. Sie haben sich ihre **Rentenansprüche** erworben, indem sie während ihrer Berufstätigkeit in die gesetzliche Rentenversicherung Beiträge eingezahlt haben. Ausbezahlt werden ihnen jedoch nicht ihre angesparten Beiträge, denn das heutige Rentenkonzept beruht auf dem **Generationenvertrag**.

Dieser verpflichtet die heutigen Beitragszahler, mit ihren Beiträgen die Renten der heutigen Ruheständler zu bezahlen. Die eingezahlten Beträge werden im gleichen Jahr in vollem Umfang an die Rentner ausbezahlt. Es werden keine Gelder angespart für die Zukunft. Wenn die heutigen Beitragszahler ins Rentenalter kommen, sind ihre Beiträge aufgebraucht. Ihre Renten müssen dann von der **nachrückenden Generation** der Erwerbstätigen bezahlt werden, der Generation ihrer Kinder.

Versicherungspflicht

In der gesetzlichen Rentenversicherung sind fast alle Arbeitnehmer zur Mitgliedschaft verpflichtet. Bei Beamten sorgt der Staat für Pensionen (Versorgungsprinzip), Selbstständige können sich privat versichern.
Beiträge: Der Beitrag liegt bei 19,9 Prozent des Bruttoeinkommens, er wird je zur Hälfte vom Arbeitnehmer und Arbeitgeber gezahlt.
Leistungen:
Wie viel Rente man im Alter bekommt (Rentenanspruch), hängt ab von
- der Höhe des Einkommens und somit der Höhe der geleisteten Versicherungsbeiträge während der Erwerbszeit,
- der Dauer der Einzahlung (Anzahl der Versicherungsjahre) und
- der Entwicklung der durchschnittlichen Löhne und Gehälter der jetzigen Generation der Rentenzahler.

Die Renten werden jährlich an die Einkommensentwicklung angepasst. Für die Erziehung von Kindern werden Eltern Versicherungsjahre angerechnet (Kindererziehungszeiten).

Pflegeversicherung

Sie unterstützt Menschen, die ständig auf medizinische Betreuung und Hilfe im Alltag angewiesen sind. Beiträge müssen alle zahlen, egal, ob sie Mitglied in der gesetzlichen oder privaten Krankenversicherung sind.
Beiträge: Der Beitrag liegt bei 1,95 Prozent des Bruttoeinkommens und ist allein von den Versicherten zu zahlen.
Leistungen:
Bevor jemand Geld aus der Pflegeversicherung erhält, stellt die Krankenkasse fest, wie pflegebedürftig der Versicherte ist. Dabei wird geprüft, wie viel fremde Pflege jemand braucht. Wichtig ist zudem, ob jemand zu Hause von Verwandten oder Bekannten gepflegt wird oder durch einen professionellen Pflegedienst oder in einem Alters- und Pflegeheim.

Franziska van Almsick, ehemalige deutsche Rekordschwimmerin

Was muss sich deiner Meinung nach im Denken der Menschen ändern?
„Wir müssen mehr Bewusstsein dafür schaffen, dass wir für uns selbst verantwortlich sind. Ich glaube, dass sich zu viele Menschen auf den Staat verlassen. Doch wir wissen nicht, wohin die Rentenpolitik sich entwickelt."

Paul van Dyk, DJ und Produzent

Glaubst du, dass es in zwanzig Jahren noch eine staatliche Rente geben wird?
„Dafür sind wir alle mitverantwortlich. Zusätzlich kann man sich natürlich durch eine private Altersvorsorge absichern. Der Generationenvertrag ist für mich aber ein Grundpfeiler unserer Gesellschaft und darf nicht zur Debatte stehen."

M 2 Promis zum Thema Altersversorgung.

Während die Weltbevölkerung dramatisch wächst (1950: 2,5 Mrd. Menschen, 2050: voraussichtlich 9,3 Mrd. Menschen), hat Deutschland das gegenteilige Problem. Aufgrund niedriger Geburtenraten – 1860 bekam eine Frau durchschnittlich 5 Kinder, heute sind es statistisch nur 1,4 – schrumpft die Gesellschaft. Am Ende jeder Schulstunde gibt es 548 Deutsche weniger oder anders ausgedrückt: Jedes Jahr verschwindet rechnerisch hierzulande eine Stadt wie Lübeck von der Landkarte. Deutschland schrumpft nicht nur, es altert auch. Hierfür ist unter anderem der medizinische Forschritt verantwortlich. Die altersmäßige Zusammensetzung der Bevölkerung ändert sich stark.

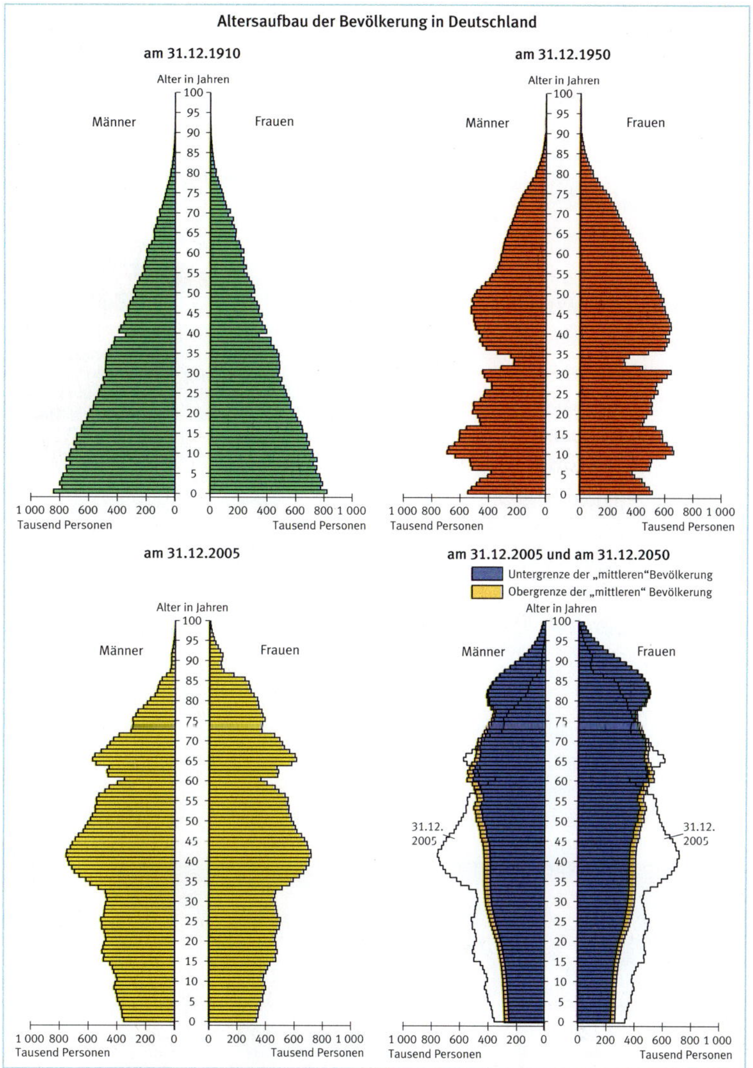

M 3 Altersaufbau der Bevölkerung in Deutschland 1910–2050.

1 Zeigt die verschiedenen Möglichkeiten der Altersvorsorge auf (M 1).

2 Erläutert den Generationenvertrag (Text).

3 Von der „Pyramide" über die „zerzauste Tanne" zur „Urne": Beschreibt den Altersaufbau der Bevölkerung im Zeitvergleich (M 3). Ihr könnt dazu auf den Methodenseiten 286/287 Hilfe bei der Bearbeitung erhalten.

4 Tragt Vermutungen zu den Ursachen für den demografischen Wandel zusammen. Überprüft eure Annahmen mit einer Internetrecherche.

5 Diskutiert mögliche Folgen der Altersverteilung der Bevölkerung für die Rentenversicherung und eure Generation.

6 Erläutert dazu auch die Aussagen in M 2.

Check: Das kann ich schon …

Wichtige Begriffe erklären

- ✓ Markt
- ✓ Preisbildung
- ✓ Soziale Marktwirtschaft
- ✓ Arbeitsmarkt
- ✓ Zeitarbeit
- ✓ Gewerkschaften
- ✓ Betriebsrat
- ✓ Sozialstaat
- ✓ Sozialleistungen
- ✓ Altersvorsorge
- ✓ Sozialhilfe
- ✓ Hartz IV
- ✓ Generationenvertrag

M 1 **Preisbildung auf dem Markt.**

M 3 **Das Marktmodell.**

M 2 **Stammtischmeinungen.** Illustration.

M 4 **Beitragszahler gesucht.** Karikatur.

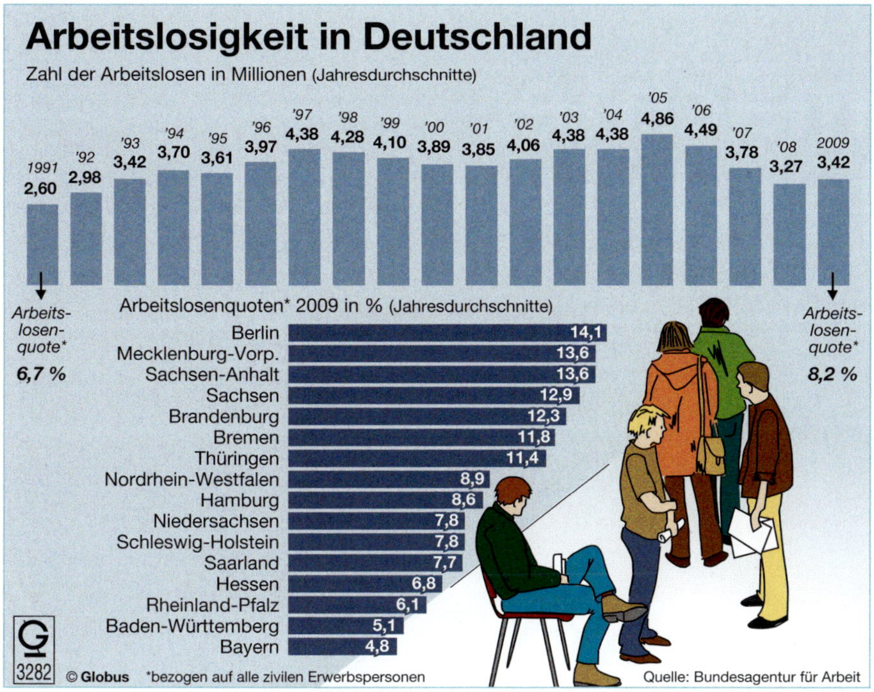

M5 Arbeitslosigkeit in Deutschland 1991–2009.

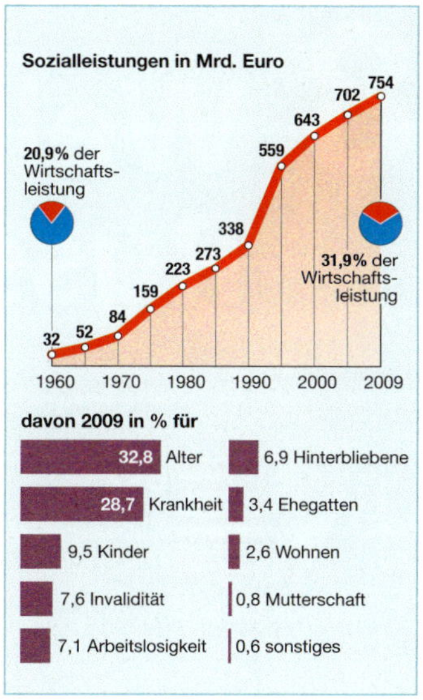

M6 Der Sozialstaat in Deutschland 1960–2009.

Fachliche Kompetenz

1 Erklärt euch gegenseitig die wichtigen Begriffe (Kasten) und schreibt die Bedeutung der Begriffe in eure Arbeitsmappe.

2 Erläutert mit M3 das Marktmodell und beschreibt mit M1, wie sich Preise bilden.

3 Untersucht M5 und beschreibt die Entwicklung der Arbeitslosigkeit in Deutschland.

4 Erläutert den Begriff Sozialstaat und beschreibt mit der unteren Hälfte von M6, in welchen Bereichen der Sozialstaat die Bürger unterstützt.

5 Untersucht die obere Hälfte von M6 und erläutert die Entwicklung der Kosten des Sozialstaates.

Methodenkompetenz

6 Führt eine Pro-und-Kontra-Diskussion zum Thema: „Soll man die sozialen Leistungen kürzen oder die Steuern erhöhen?"

Urteils- und Handlungskompetenz

7 Untersucht M2 und formuliert Gegenargumente zu den Stammtischmeinungen.

8 Erläutert, was die Karikatur M4 verdeutlichen will und welche Folgen dies für euer Leben haben kann.

8 Weltmächte: Russland und USA

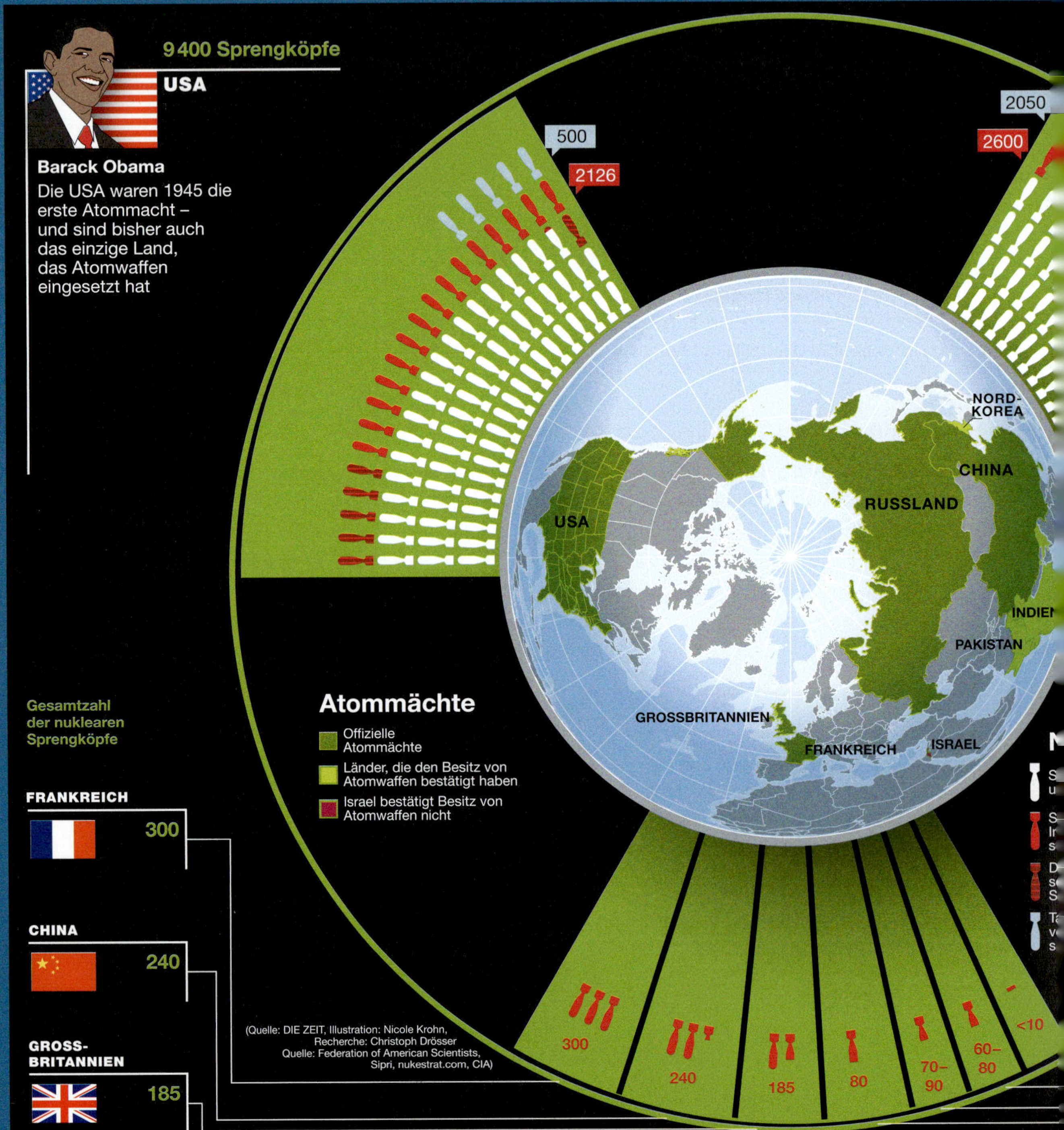

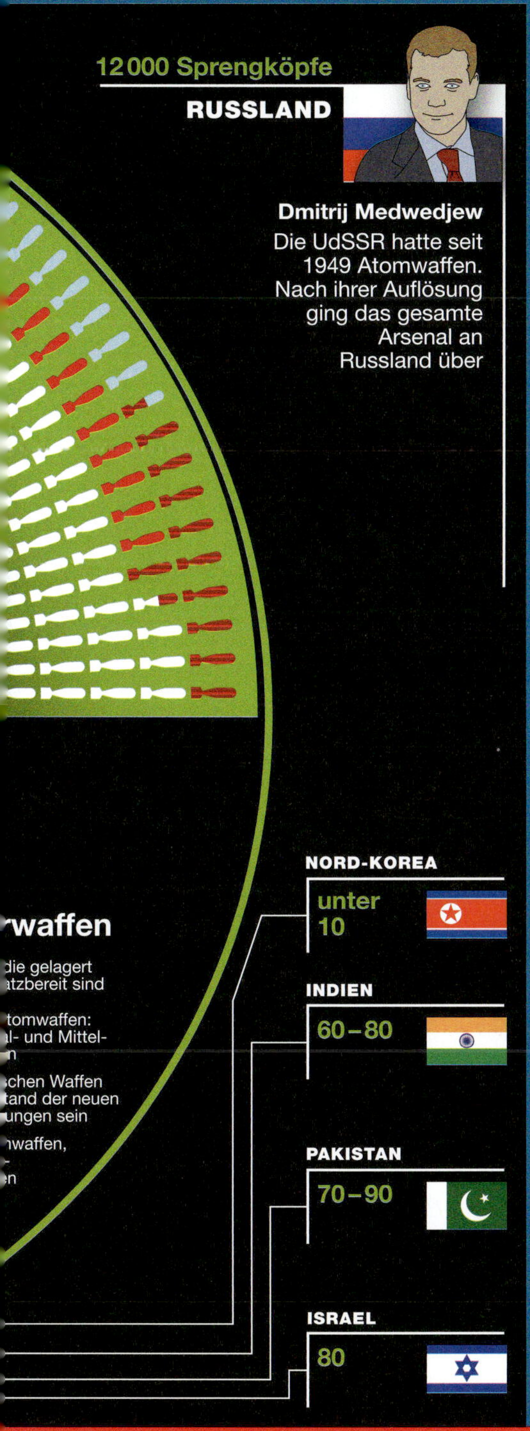

Viele Jahre standen sich die beiden Weltmächte Sowjetunion und die Vereinigten Staaten von Amerika im sogenannten Kalten Krieg (1947–1989) als Gegner gegenüber. Nach dem Zusammenbruch der sozialistischen Sowjetunion 1990 ist aus dieser Gegnerschaft mit der Zeit eine Zusammenarbeit von Russland und den USA in wichtigen Fragen entstanden.

In diesem Kapitel könnt ihr untersuchen,

- wie Russland ein sozialistischer Staat wurde,
- welche Probleme auf dem Weg zum heutigen Russland zu lösen waren,
- wie die USA zur Weltmacht wurden und
- wie das Leben der Menschen in Moskau und New York aussieht.

Vor der Revolution in Russland

M 1 Die Expansion des Russischen Reiches.

***Zar**
Von lateinisch Caesar; Titel der russischen Herrscher seit 1547.

***Bolschewiki (Mehrheitler)**
So nannte sich eine radikale Gruppe innerhalb der Sozialdemokratischen Arbeiterpartei Russlands. Ihr Vorsitzender war Wladimir Iljitsch Uljanow (genannt Lenin).

Die Lage in Russland

Am Ende 19. Jahrhunderts lag Russland wirtschaftlich noch hinter den Staaten Westeuropas zurück. In dem großen **Agrarstaat** gab es wenige industrielle Zentren. Es herrschte eine tiefe Kluft zwischen Reichen und Armen.

Die Bauern waren nach 1861 persönlich frei. Ihre wirtschaftliche Lage verbesserte sich aber kaum. Sie konnten nun Gutsbesitzern ein Stück Land abkaufen, mussten sich dafür aber hoch verschulden und erhielten für ihr Geld zu wenig und meist minderwertigen Boden. Zwei Drittel des Landes blieben in der Hand der Gutsbesitzer. Die Anzahl der Bauernunruhen und -aufstände nahm zu. Die politische Gruppierung der „Volksfreunde“ forderte Land und Freiheit für die Bauern.

Um 1900 gab es etwa zwei Millionen adlige Gutsbesitzer und reiche Bürger im Russischen Reich. 1914 hatte Russland 140 Millionen Einwohner, davon lebten 25 Millionen in den Städten. St. Petersburg wuchs von 0,5 Mio. Einwohnern 1867 auf 2,2 Mio. im Jahr 1914.

Schrittweise Industrialisierung

Die Erfolge der Industrialisierung wurden besonders im Eisenbahnbau und in der Kohle- und Eisenerzförderung deutlich. Zentren der Industrialisierung waren St. Petersburg, Moskau, das Donezbecken und das Ölgebiet um Baku. Neue Fabriken wurden gebaut und die Zahl der Industriearbeiter wuchs auf 2,2 Millionen (1914). Dies waren 1,6 % der Bevölkerung.

Ihre Lebens- und Arbeitsbedingungen waren sehr schlecht. Durch Streiks und den Zusammenschluss in der **Sozialdemokratischen Arbeiterpartei** versuchten sie eine Besserung ihrer Lage zu erreichen.

Vielvölkerstaat Russland

Zu Beginn des 20. Jahrhunderts lebten über 100 verschiedene Völker in Russland. Nur 43 Prozent von ihnen waren Russen. Unabhängigkeitsbestrebungen einzelner Völker oder Volksgruppen wurden vom Zaren* nicht geduldet und hart bestraft. Dadurch wollte er den Zerfall des **Vielvölkerstaates** Russland verhindern.

Zusammenbruch des Zarenreiches

Die Beteiligung des russischen Zarenreiches am **Ersten Weltkrieg** (1914–1918) stürzte das Land in eine große Krise. Schon zuvor war es zu Aufständen gekommen. Halbherzige Reformen, wie die Einführung eines Parlaments 1905, der **Duma**, konnten die innenpolitische Situation nicht verbessern. Verheerende Niederlagen der russischen Armee und die dramatische Verschlechterung der Versorgung mit Lebensmitteln und Kohlen führten zu Streiks und Demonstrationen. Im Februar 1917 demonstrierten Tausende in der russischen Hauptstadt. Anfänglich forderten sie nur „Brot“, später wurde daraus „Schluss mit dem Krieg“ und „Nieder mit der Zarenherrschaft“. Die Demonstrationen entwickelten sich zum Generalstreik. Die Armee stellte sich auf die Seite der Streikenden und verweigerte den Gehorsam. Daraufhin dankte Zar Nikolaus II. am 2. März 1917 ab.

Der Kampf um die Macht

Die Duma ernannte eine **Provisorische Regierung**, die bis zur Wahl einer verfassunggebenden Versammlung die Macht ausüben sollte. Die Regierung unter dem Ministerpräsidenten Kerenski garantierte Rede-, Presse- und Versammlungsfreiheit sowie das Recht zu streiken. Mit finanzieller Unterstützung durch die Alliierten sollte der Krieg gegen Deutschland bis zum Sieg fortgesetzt werden.
In den Städten hatten sich Arbeiter- und Soldatenräte, die **Sowjets***, gebildet, die ebenfalls die Macht für sich beanspruchten. Eine Gruppe, die **Bolschewiki***, gewann zunehmend Einfluss in den Sowjets. Ihr Anführer, Lenin*, kehrte im April 1917 aus der Schweiz nach Russland zurück. In den sogenannten „Aprilthesen“ legte er das Programm der Bolschewiki dar:

- Enteignung der Gutsbesitzer,
- Durchführung einer Bodenreform,
- Verstaatlichung der Banken und Fabriken,
- sofortige Beendigung des Krieges und
- alle Macht den Sowjets.

M2 Lenin ruft die Sowjetmacht aus (25. 10. 1917). Gemälde von Vladimir Aleksandrovich Serov, 1947.

***Wladimir Iljitsch Uljanow**
(genannt Lenin, 1870–1924) Sohn eines Schulinspektors, studierte Jura, befasste sich intensiv mit den Schriften von Marx und Engels und wurde in der Oktoberrevolution zum Anführer der Arbeiter und Soldaten.

***Sowjets**
(deutsch: Rat) Zusammenschluss von Arbeitern und Soldaten zunächst auf lokaler Ebene ab 1905.

1 Beschreibt die Expansion des Russischen Reiches (M 1).

2 Bestimmt die Entfernungen von West nach Ost und von Nord nach Süd und übertragt diese Werte auf eine Karte der EU (M 1, Atlas).

3 Beschreibt die soziale und politische Lage Russlands am Ende des 19. Jahrhunderts in Stichworten.

4 Nennt die Ursachen des Zusammenbruchs der Zarenherrschaft.

Oktoberrevolution und Aufbau des Sowjetstaates

Machtübernahme

In der Nacht vom 25. zum 26. Oktober 1917 (nach dem russischen Kalender) hielten die Bolschewiki die Zeit zum Sturz der Provisorischen Regierung für gekommen.
Die Bolschewiki besetzten strategische Punkte wie Brücken, Bahnhöfe und das Telegrafenamt von Petrograd*. Der Panzerkreuzer Aurora lag auf der Newa vor Anker und feuerte einen Schuss ab. Das war das Startsignal für die Truppen. Sie überwältigten die Wachen des Winterpalais* und verhafteten Mitglieder der Provisorischen Regierung. Ministerpräsident Kerenski gelang die Flucht; sechs Menschen starben. Die Bevölkerung hatte von der Machtübernahme fast nichts mitbekommen.

Q1 Am 26. Oktober erfuhr die Bevölkerung Russland von der Machtübernahme, die die Bolschewiki Oktoberrevolution nannten:
[…] An die Bürger Russlands!
Die Provisorische Regierung ist gestürzt. Die staatliche Gewalt ist in die Hände des Organs des Petrograder Rates der Arbeiter- und Soldatendeputierten […] übergegangen, das an der Spitze des Proletariats und der Garnison* von Petrograd steht. Die Sache, für die das Volk gekämpft hat: unverzüglicher Abschluss eines demokratischen Friedens, Abschaffung des Eigentumsrechts der Gutsbesitzer am Lande, Arbeiterkontrolle über die Produktion, Schaffung einer Sowjetregierung – dies alles ist gesichert. Es lebe die Revolution der Arbeiter, Soldaten und Bauern! […]

Maßnahmen der neuen Machthaber

Unter Berufung auf die Rechte von Arbeitern und Bauern führte die Partei Lenins grundlegende politische und wirtschaftliche Veränderungen in Russland durch. Die Aprilthesen sollten in die Praxis umgesetzt und die Macht der Bolschewiki gegenüber der Opposition* behauptet werden.

Q2 Lenin beschrieb die neuen Machtverhältnisse in Russland so:
[…] Nur Schufte und Idioten können sich einbilden, dass das Proletariat erst die Majorität* haben muss in Wahlen, […] Klassen werden von Parteien geführt und Parteien wiederum von einzelnen Individuen, Führer genannt. Der Wille einer Klasse wird manchmal von einem Diktator* ausgeführt. […] Was nottut, ist eine individuelle Regierung und die Anerkennung der diktatorischen Machtbefugnisse eines einzigen Mannes. […] Alle Phrasen über gleiche Rechte sind Unsinn. […]

Aufbau des Sowjetstaates

Die Bolschewiki schlossen als Erstes einen Sonderfrieden* mit Deutschland. Gleichzeitig versuchten die **Bolschewiki** eine **sozialistische Gesellschaftsordnung** in Russland einzuführen. Darüber entbrannte 1918 bis 1920 ein blutiger Bürgerkrieg, den die Bolschewiki siegreich für sich entschieden. Der Zar und seine Familie wurden hingerichtet. Der Krieg und eine Hungersnot kosteten Millionen von Menschen das Leben.
Die radikale Politik der Bolschewiki und der Bürgerkrieg hatten Russland in eine tiefe Krise gestürzt. Sinkende Produktionszahlen, Geldentwertung, Hungersnöte und Aufstände zeigten deutlich, dass die

***Opposition**
Widerstand der öffentlichen Meinung oder bestimmter Parteien und Gruppen gegen die Regierung.

***Diktator**
Der Begriff ist im Allgemeinen negativ besetzt und meint einen mit allen Macht- und Gewaltmitteln regierenden Alleinherrscher.

***Petrograd**
Name für St. Petersburg ab 1914–1924; danach Leningrad bis 1991.

***Winterpalais**
Ehemaliger Zarenpalast, Sitz der Provisorischen Regierung seit Frühjahr 1917.

***Majorität**
Mehrheit.

***Garnison**
Truppenstandort.

***Sonderfrieden**
Friedensschluss Russlands mit Deutschland im Ersten Weltkrieg. Der Krieg Deutschlands mit den Alliierten (Frankreich, Großbritannien, USA u. a.) ging jedoch weiter.

Wirtschaftspolitik der Bolschewiki geändert werden musste.
1921 verkündete Lenin die **NEP (Neue Ökonomische Politik)**. Privatwirtschaft war im kleinen Rahmen wieder möglich. Auf die Zwangseintreibungen z. B. von Getreide bei den Bauern wurde verzichtet. Maschinen wurden importiert, um die Mechanisierung der Landwirtschaft zu beschleunigen. Mit ehrgeizigen Projekten wurde die Elektrifizierung des Landes vorangetrieben. Die Wirtschaft erholte sich und erreichte teilweise den Vorkriegsstand. 1923 begann eine große Kampagne der Regierung zur Alphabetisierung der Bevölkerung. Lehrer wurden in entlegene Gebiete geschickt, um Kinder und Erwachsene zu unterrichten.

M 1 Ziele des sowjetischen Sozialismus

Der sowjetische Sozialismus verstand sich als Vorstufe und Übergang zu einer künftigen kommunistischen Gesellschaft, in der Freiheit, Gleichheit und Brüderlichkeit verwirklicht sind. Um dieses Fernziel zu erreichen sollte gelten:

- allgemeine Arbeitspflicht und Verbot arbeitslosen Einkommens (Zins, Grundrente, Erbe),
- nur eingeschränktes Privateigentum,
- allgemeiner und gleicher Zugang zu Nahrung, Gesundheitsversorgung, Ausbildung und Beruf,
- Selbstverwaltung unter staatlicher Aufsicht durch Räte und Genossenschaften,
- Planwirtschaft* mit Verstaatlichung der Industrie und des Finanzwesens,
- Kollektivierung* der Landwirtschaft unter staatlicher Kontrolle,
- eine einzige Partei legt die Ziele und die Auswahl aller Führungspersonen fest,
- zeitweise „Diktatur des Proletariats".

M 2 Im Smolny, einem Institut zur Ausbildung höherer Töchter, war vom Oktober 1917 bis März 1918 der Sitz der bolschewistischen Regierung untergebracht. Zeitgenössische Fotografie.

Gründung der Sowjetunion

Laut Verfassung war das neue Russland ein Bundesstaat, auf dessen Gebiet mehrere Völker lebten. Seit 1917 hatten sich mehrere Räterepubliken gebildet. 1922 schlossen sich auf Druck Stalins, des Volkskommissars für Nationalitätenfragen, die russische, ukrainische, transkaukasische und weißrussische Sowjetrepublik zur Union der Sozialistischen Sowjetrepubliken (UdSSR oder SU = Sowjetunion) zusammen. Die neue Hauptstadt der Sowjetunion wurde Moskau.

***Planwirtschaft**
(Zentralverwaltungswirtschaft) Steuert Herstellung und Verbrauch von Gütern durch Zielvorgaben der staatlichen Führung. Gegenmodell zur Marktwirtschaft.

***Kollektivierung**
Zusammenschluss von Bauern (oder Arbeitern) zu Produktionsgenossenschaften, in denen unter Aufsicht des Staates gemeinschaftlich gewirtschaftet wurde.

1 Untersucht Q 1 und erläutert die Ziele der neuen Regierung.

2 Kennzeichnet Lenins Einstellung zu einer demokratischen Führung im Gegensatz zu unserem heutigen Verständnis (Q 2).

3 Nennt wichtige Ziele des sowjetischen Sozialismus (M 1).

4 Erarbeitet einen Kurzvortrag über die Oktoberrevolution.

Industrialisierung unter Zwang

M 1 **Gefangene beim Bau des Weißmeer-Ostsee-Kanals.** Sie gruben das 227 Kilometer lange Kanalbett und errichteten die 5 Dämme und 19 Schleusen mit Holzspaten, Handsägen, Spitzhacken und Schubkarren. Insgesamt wurden beim Bau etwa 170 000 Häftlinge eingesetzt, etwa 25 000 kamen dabei ums Leben. Foto, 1932.

***Stalingrad**
Von 1925 bis 1961 im Rahmen des Personenkults nach Stalin benannt. Vorher hieß die Stadt an der Wolga Zarizyn, seit 1961 Wolgograd.

Brutale Diktatur Stalins

Josef Wissarionowitsch Dschugaschwili (genannt Stalin, 1879–1953) war ab 1922 Generalsekretär der 1918 gegründeten **Kommunistischen Partei**. In der Sowjetunion lag die eigentliche Macht bei der Kommunistischen Partei. Die staatlichen Organe handelten auf Weisung der Partei. Nach dem Tode Lenins 1924 setzte sich Stalin in langen innerparteilichen Kämpfen gewaltsam gegen alle Konkurrenten durch.

Ab 1929 war er bis zu seinem Tode mit diktatorischen Vollmachten ausgestattet.

Eine wesentliche Stütze der Herrschaft Stalins war die allgegenwärtige **Geheimpolizei**. Kritik an Maßnahmen der Regierung oder abfällige Bemerkungen über Stalin galten als gegenrevolutionäre Handlungen und wurden unbarmherzig bestraft. Ein weitverzweigtes System von Spitzeln versorgte die Geheimpolizei mit Informationen über sogenannte „Volksfeinde, Abweichler und Saboteure". Niemand konnte sich sicher fühlen. Nur ein bloßer Verdacht genügte für eine Verhaftung.

Viele der willkürlich Verhafteten mussten in **Arbeitslagern** als unbezahlte Zwangsarbeiter an den großen Entwicklungsprojekten des Landes in der Landwirtschaft und Schwerindustrie mitarbeiten. Man schätzt, dass in den Lagern aufgrund der unmenschlichen Arbeits- und Lebensbedingungen etwa 12 Millionen Menschen ums Leben kamen.

Industrialisierung von oben

Auf Vorschlag Stalins beschloss die Staatsführung, ab 1927 die Industrialisierung energisch und gewaltsam voranzutreiben. Durch enorme Kraftanstrengungen gelang es, aus der Sowjetunion einen Industriestaat zu machen. Neue Industriestädte wurden in Sibirien (Nowokusnezk), im Ural (Magnitogorsk) oder in der Ukraine (Kriwoi Rog) gegründet. Kraftwerke wurden gebaut und die Infrastruktur durch den Bau von Kanälen wie den Moskwa-Wolga-Kanal oder den Weißmeerkanal und von neuen Eisenbahnlinien verbessert. In Moskau entstand ein U-Bahnnetz, das besonders wegen der prunkvollen Ausgestaltung der Stationen mit Marmor und Kronleuchtern noch heute berühmt ist. In Stalingrad* errichtete man ein modernes Traktorenwerk und in Moskau die Autofabrik ZIS. 1940 erzeugte die Sowjetunion 48,3 Mrd. KwH Elektroenergie, 1913 waren es nur zwei Mrd. KwH gewesen. Im selben Zeitraum stieg die Kohleförderung von 29,2 Mio. Tonnen auf 166 Mio. Tonnen an.

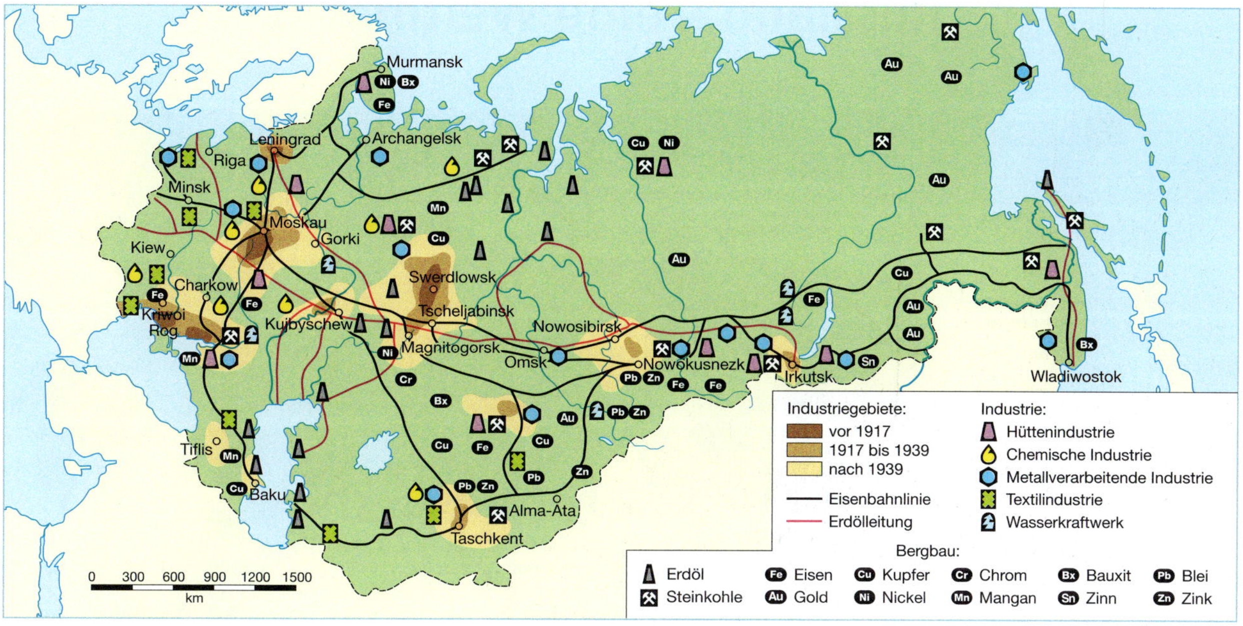

M 2 **Wirtschaftszentren in der Sowjetunion.**

Schlechte Versorgung

Die Lebenssituation der sowjetischen Bevölkerung verbesserte sich im Zeitraum 1928–1932 nur unwesentlich. Mithilfe von „freiwilligen" Arbeitseinsätzen an Samstagen, Wettbewerben und Orden für die sozialistische Arbeit wurden die Menschen zu Höchstleistungen angetrieben.

Kollektivierung

1928 fehlten in den Städten rund zwei Millionen Tonnen Getreide zur Versorgung der Bewohner. Durch die Kollektivierung in der Landwirtschaft sollte dieser Mangel behoben und Überschüsse für den Export erwirtschaftet werden. Parteifunktionäre wurden in die Dörfer geschickt und warben dort für die Gründung von **Kolchosen* und Sowchosen***. Zwischen 1928 und 1930 stieg der Anteil der von Genossenschaften bewirtschafteten Fläche von 2,3 auf 33,6 Prozent; 1937 waren es 99,1 Prozent der nutzbaren Fläche. Viele Bauern bezahlten mit ihrem Leben, wenn sie sich weigerten, in die Kolchosen einzutreten. 1931/32 kam es aufgrund von Missernten und Misswirtschaft der Kolchosen zu einer Hungerkatastrophe, sechs Millionen Menschen verhungerten. Trotzdem wurde in diesem Zeitraum Weizen exportiert. Dadurch sollte Geld für den Kauf von Maschinen, z. B. Traktoren, aus dem Ausland beschafft werden.

Zerstörung im Zweiten Weltkrieg

Durch den deutschen Überfall auf die Sowjetunion 1941 im Zweiten Weltkrieg wurde der Industrialisierungsprozess weitgehend gestoppt. Am Ende des Krieges 1945 hatte die Sowjetunion 20 Mio. Tote zu beklagen. Ihre Infrastruktur und ihre Industrieanlagen waren im westlichen Teil des Landes zerstört.

***Kolchosen**
Landwirtschaftliche Produktionsgenossenschaften mit Selbstverwaltung, Eigentum an den Produktionsmitteln, aber nicht am Boden.

***Sowchosen**
Staatliche landwirtschaftliche Großbetriebe mit angestellten Lohnarbeitern.

1 Beschreibt die Auswirkungen der Diktatur Stalins (M 1).

2 Erläutert den Industrialisierungsprozess Russlands und beschreibt dessen Schwerpunkte mithilfe von M 2.

3 Erklärt, welche Ziele die „Kollektivierung" der Landwirtschaft Russlands hatte.

4 Informiert euch im Internet über die heutigen Zentren von Industrie und Landwirtschaft Russlands und und vergleicht mit der Zeit vor 1941.

Russland – eine Weltmacht

M 1 **Russland und Nachfolgestaaten der Sowjetunion nach 1990.**

Weltmacht Sowjetunion

Der Macht- und Einflussbereich der Sowjetunion erstreckte sich nach dem Zweiten Weltkrieg von Wladiwostock im Osten bis an die Elbe im Westen. Die osteuropäischen Staaten wurden zu **sowjetischen Satellitenstaaten***. Die Sowjetunion unterdrückte bis 1985 alle Versuche einiger osteuropäischer Staaten, sich von der sowjetischen Vorherrschaft zu befreien. Dies geschah notfalls mit Waffengewalt (1956 in Ungarn, 1968 in der Tschechoslowakei).

Seit 1949 verfügte die Sowjetunion wie die USA über Atomwaffen und beanspruchte in allen weltpolitischen Fragen und Konflikten ein Mitspracherecht. Im **Kalten Krieg*** kam es zu einem Wettrüsten mit den USA, aber beide Großmächte stellten den jeweiligen Einflussbereich und die faktische Teilung der Welt aus Sorge vor einem Atomkrieg nicht in Frage.

***Satellitenstaaten**
Von einer Großmacht abhängige, nur beschränkt selbstständige Staaten.

***Kalter Krieg**
Auseinandersetzung der beiden Großmächte USA und UdSSR um weltweiten Einfluss von 1947–1989. Da beide Großmächte über Atomwaffen verfügten, war der direkte „heiße" Krieg zu gefährlich geworden. Stattdessen wurden Stellvertreterkriege durch kleinere Nationen geführt, die jeweils durch die Großmächte unterstützt wurden.

Schlechte Versorgungslage

Die Versorgung der Bevölkerung (1980: 266 Millionen) und die Modernisierung der Landwirtschaft blieben aber weit hinter den selbst gesteckten Zielen zurück. Der Unterschied zwischen dem sowjetischen und dem westlichen Lebensstandard wurde immer größer. Die Situation der Landwirtschaft wurde so schwierig, dass die Sowjetunion seit den 1970er-Jahren große Mengen Getreide aus den USA einführen musste.

Reformversuche

Die Aufwendungen für die Rüstung, über 60 Prozent des Haushalts, führten die Sowjetunion immer tiefer in eine Wirtschaftskrise, die durch die Mängel der Planwirtschaft verstärkt wurde. Mit der Wahl von **Michail Gorbatschow** zum Generalsekretär der KPdSU* im Jahr 1985 begann eine Phase tief greifender Umgestaltung. Die Reformvorschläge stießen auf großen Widerstand, vor allem bei den

Mitgliedern der KPdSU, die ihren bisherigen fast unbeschränkten Einfluss auf Staat und Gesellschaft immer stärker bedroht sahen. Im August 1991 versuchten konservative Führer der KPdSU mithilfe eines Putsches alle Reformen zu beenden. Der Putsch scheiterte, eine friedliche Revolution führte zur Entmachtung und Auflösung der KPdSU. Ende Dezember 1991 wurde die Sowjetunion aufgelöst.

Russland – die neue Weltmacht

Der größte Nachfolgestaat der Sowjetunion, Russland, stand vor großen wirtschaftlichen und sozialen Problemen. Die politische Macht blieb weitgehend in der Hand der früheren Funktionäre der ehemaligen Sowjetunion. Unter den Präsidenten Putin (2000–2008) und Medwedew (seit 2008) lag die Kontrolle über Politik, Medien und Wirtschaft wie früher im Kreml. Wirtschaftlich entwickelte sich Russland zu einem großen Lieferanten von Erdöl und Erdgas für die westlichen Staaten. Russland wurde zudem führend in der Weltraumtechnik.

Nationalitätenkonflikte

Im 19. Jahrhundert hatte das zaristische Russland den Kauskasus erobert. Auch die sozialistische Sowjetunion setzte die Politik der Unterdrückung der Völker des Kaukasus fort und unterband gewaltsam jeden Versuch ihrer Selbstständigkeit.
Während es Georgien, Armenien und Aserbaidschan 1991 gelang, eigene, selbstständige Staaten zu gründen, mussten z. B. Tschetschenien und Dagestan und viele andere Gebiete des Kaukasus im neu gegründeten Russland verbleiben.
Die mehrheitlich islamische Bevölkerung Tschetscheniens versuchte 1991 durch die Gründung einer Republik Tschetschenien sich von Russland zu lösen. In zwei äußerst **blutigen Bürgerkriegen**, in den zunächst die russischen Truppen schwere Niederlagen erlitten, wurde der tschetschenische Aufstand von Russland niedergeschlagen und die Hauptstadt Grosny völlig zerstört. Auch nach einer aus russischer Sicht erreichten „Befriedung“ Tschetscheniens schwelt der Bürgerkrieg weiter. Zahlreiche Anschläge tschetschenischer Täter in Russland, besonders in Moskau, machen deutlich, dass der Nationalitätenkonflikt im Kaukasus nicht gelöst ist.

M 2 **Tschetschenin in Grosny.** Foto, 2000.

***KPdSU**
Kommunistische Partei der Sowjetunion.

1 Notiert Stichworte für einen Bericht „Aufstieg und Untergang einer Weltmacht“ (M 1).

2 Verfolgt in den Medien Berichte über die aktuelle Politik und die Wirtschaft Russlands und berichtet der Klasse.

3 Bildet eine Expertengruppe zum Tschetschenienkonflikt und bereitet ein Referat zu diesem Konflikt vor (M 2).

Schatzkammer Sibirien

M 1 Bodenschätze in Russland.

***Kombinat**
Zusammenschluss verschiedener Industriefirmen in Russland.

Schwierige Erschließung

Die Menschen in Sibirien erzählen: „Als der Herr an seinen Schöpfungstagen mit einem Sack voller Rohstoffe über Sibirien flog, da erstarrten ihm vor Kälte die Hände und der Sack fiel auf das Land."

Sibirien hat unterschiedliche Schätze: die reichen Holzvorkommen der **Taiga**, gewaltige Lagerstätten von Erz, Kohlen, Erdöl und Erdgas und die Wasserkraft der großen Flüsse.

Doch müssen enorme Probleme gelöst werden, um die Rohstoffe unter den lebensfeindlichen Bedingungen **Sibiriens** zu erschließen und zu fördern: eisige Kälte im langen Winter, Dauerfrostböden, tiefe Sümpfe, große Entfernungen zwischen Wohnsiedlungen und Förderorten, monatelange Polarnacht im Norden. Gravierende Transport- und Versorgungsprobleme müssen bewältigt werden: Straßen, Eisenbahnlinien und Pipelines führen Tausende Kilometer durch Sumpf und Eis. Für die Menschen werden Strom, Wärme, Trinkwasser und Lebensmittel aus enormen Entfernungen herangeholt.

Umweltschäden

Die Erdöl- und Erdgaswirtschaft verursachen **katastrophale Umweltschäden**. Das Pipelinenetz ist veraltet und brüchig. Bei Ölpiplinebrüchen treten jährlich Millionen Tonnen Rohöl aus, verseuchen den Boden und das Grundwasser, Flüsse und Seen. Die Trinkwasserversorgung großer Gebiete wird dadurch gefährdet, Tiere und Pflanzen sterben. Auch Erdgasleitungen explodieren regelmäßig: Hundert Meter hohe Flammen schlagen dann plötzlich in den Himmel. Die Schadstoffe, die dabei entstehen, verschmutzen die Luft, die Gewässer und den Boden in einem weiten Umkreis.

M2 Erdölförderung im Gebiet nördlich von Surgut. Foto, 2007.

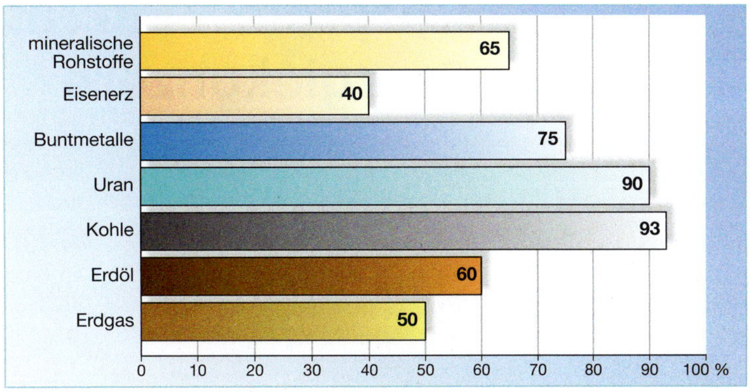

M4 Anteile Sibiriens an den Lagerstätten Russlands.

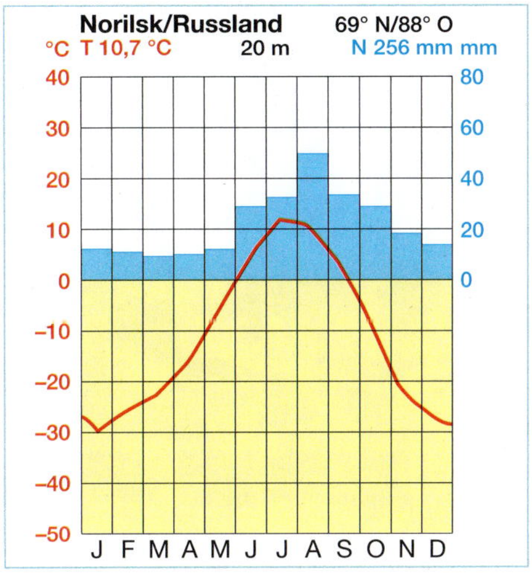

M5 Klimadiagramm Norilsk.

M3 Norilsk – nördlichste, reichste und dreckigste Stadt in Russland

Die mit über 210 000 Einwohnern nördlichste Großstadt der Welt und die reichste Russlands – das sind zwei Superlative, für die Norilsk bekannt ist. Doch die 300 Kilometer nördlich des Polarkreises liegende Stadt hat noch für etwas anderes traurige Berühmtheit erlangt: Als einer der am schlimmsten verschmutzten Orte des Erdballs. […]

Das Nickelkombinat ist überhaupt Dreh- und Angelpunkt der ganzen Stadt. Vier von fünf Arbeitnehmern arbeiten in der Nickelproduktion. […] Das Kombinat* ist übrigens der größte Umweltverschmutzer der Welt und färbt die Umgebung der Stadt in einheitliche Dunkelgrau- bis Schwarztöne. Auch der Nickelgeruch ist für jeden Ankömmling bereits am Flughafen spürbar. […]

Die Löhne sind wesentlich höher als sonst wo in Russland, ja haben mehr mitteleuropäisches als russisches Niveau.

Und große Bodenschatzvorkommen warten in der Umgebung noch auf ihren Abbau. Norilsk Nickel, Teil der Interros-Unternehmensgruppe, zählt zu den 10 profitabelsten Unternehmen Russlands. Neben Nickel werden vom Konzern noch zahlreiche weitere Bunt- und Edelmetalle abgebaut. […]

1 Beschreibt mit M1 und M4 die Rohstoffvorkommen Sibiriens.

2 Sucht Surgut und Norilsk im Atlas und beschreibt die geographische Lage beider Orte.

3 Wertet M2, M3 und M5 aus. Kennzeichnet die Lebensbedingungen in Norilsk.

4 Berichtet über den Abbau der Rohstoffe in Sibirien und die Folgen für die Umwelt (M1, M2, M3, M5).

Gazprom – ein russischer Energiekonzern

M 1 **Bohrinsel von Gazprom vor der Halbinsel Sachalin.** Foto, 2009.

M 2 Über „Gazprom", den größten Energiekonzern Russlands, berichtete die „Süddeutsche Zeitung" am 3. Januar 2010:

[...] Der Ingenieur in der Schaltzentrale ist zu Scherzen aufgelegt. „Ihr im Westen braucht keine Angst vor uns zu haben. Gazprom ist so transparent*, dass wir fast schon unsichtbar sind", sagt er grinsend. Hinter seinem breiten Rücken hängt ein riesiger Bildschirm an der Wand, auf dem eine Karte von Russland zu sehen ist: Auf dunklem Grund verlaufen die neongrünen Pipelines wie Lebensadern durch das Riesenreich und noch weiter.

„Zeig mal Europa", ruft der Ingenieur einem seiner sechs Mitarbeiter zu, und kurz darauf ist der ganze Kontinent zu sehen. Fast bis in jede Ecke der Karte reichen die Röhren: Nur Spanien, Portugal und die Skandinavier kommen ohne russisches Gas aus. „Sehen Sie die oberste rote Zahl?", fragt er die Besucher aus Germania. Er wartet kurz und gibt selbst die Antwort: „Es ist die Länge unserer Pipelines: 160 000 Kilometer."

Anders als die westlichen Energie-Giganten habe man nichts zu verbergen und führe deswegen Gäste gern in den sogenannten Dispatcher-Raum in Moskau, versichert der Ingenieur. Er referiert kurz die Geschichte des weltgrößten Gaskonzerns: 1946 wurde die erste Pipeline gelegt, heute sei das Netz so lang, dass man den Erdball dreimal umspannen könne.

Gas für Europa fließt durch die Ukraine

Wenn irgendwo im Pipelinenetz der Druck nachlässt oder andere Probleme auftreten: Im Dispatcher-Raum erfährt man es als Erstes. Und in diesem Zimmer, wo stets die Uhrzeiten von Moskau, Berlin und dem sibirischen Tumen angezeigt werden, sahen auch alle Anwesenden vor einem Jahr, dass kein Gas durch das wichtige Transitland Ukraine strömte – 80 Prozent des europäischen Gases fließen durch die einstige Sowjetrepublik. [...]

Ein knappes Jahr später sitzt Alexander Medwedjew in einem holzgetäfelten Konferenzraum im 6. Stock der Zentrale und möchte [...] über Energieeffizienz reden. Der weltgrößte Energiekonzern investiere viel in diesen Bereich und setze

***transparent**
Durchsichtig.

***Image**
Ansehen.

auch auf erneuerbare Energien. Der Hintergrund ist einfach: Je weniger Gas im teilweise maroden Netz austritt oder durch undichte russische Fenster entweicht, desto mehr bleibt für den Export übrig.
Der smarte 55-Jährige, der nicht mit Russlands Präsident verwandt ist und als Gazprom-Außenminister gilt, ist überzeugt, dass das Image* des Konzerns wegen des Gas-Streits mit Kiew nicht gelitten habe […]

M3 „Gazprom ist eine Waffe"
Die „Südeutsche Zeitung" führte im Januar 2008 ein Interview mit dem russischen Journalisten Waleri Panjuschkin:

sueddeutsche.de: Sie schreiben, Gazprom sei eine Waffe in den Händen des Kremls. Was macht den Gasmonopolisten zu einer Waffe?
Panjuschkin: Lassen Sie mich mit ein paar Zahlen antworten: Finnland ist wie Estland vollständig vom Import russischen Gases abhängig. Deutschland bezieht etwa 40 Prozent seiner Energie aus Russland, Österreich 75 Prozent. In Italien und Frankreich sind es immer noch 25 Prozent. Die Steuerzahlungen von Gazprom bilden ein Viertel des russischen Staatshaushalts. Die Konflikte mit der Ukraine und Weißrussland wegen der Pipelines haben auch in Westeuropa für Aufsehen gesorgt, weil man gesehen hat, wie massiv der Kreml seine Interessen durchsetzt. Die Beispiele Venezuela oder Saudi-Arabien zeigen, dass alle großen Energiekonzerne benutzt werden können, um Politik zu machen. Das Problem ist aber nicht so sehr, dass Gazprom als Waffe eingesetzt wird – es kommt nur drauf an, wer sie in der Hand hält. Ein Polizist benutzt die Pistole, um andere zu beschützen, ein Verbrecher verwendet sie für seine Zwecke. […]
sueddeutsche.de: Aber das Management ist doch ein gehorsamer Erfüllungsgehilfe der Wünsche aus dem Kreml.
Panjuschkin: Alle Gazprom-Manager stehen vor einem kaum lösbaren Problem: Sie wollen ihr Gas so teuer wie möglich verkaufen. Zugleich muss Gazprom aber auf Wunsch des Kremls auch in Bereichen investieren, die nichts mit dem Kerngeschäft zu tun haben. Das Management tut dies, um Präsident Putin nicht zu verärgern. Der Konzern besitzt zum Beispiel wichtige Fernsehsender und Zeitungen. Trotz dieser Einflussnahme erzielt Gazprom große Gewinne – aber diese könnten noch höher sein. […]

M4 In einem Zeitungsartikel von 2010 heißt es: Gewinnschub

Der russische Energiemonopolist Gazprom hat im Krisenjahr 2009 einen Milliardengewinn erwirtschaftet. Der Überschuss sei auf 793,8 Milliarden Rubel (20,5 Milliarden Euro) gestiegen, teilte das staatlich kontrollierte Unternehmen am Donnerstag in Moskau mit. Das seien 2,9 Prozent mehr als 2008. […] Im vierten Quartal 2009 verzehnfachte sich der Gewinn im Vergleich zum Vorjahreszeitraum sogar. […] Den Gewinnschub führte Gazprom vor allem auf eine Beteiligung des deutschen E.on-Konzerns am sibirischen Gasfeld Juschno-Russkoje zurück, das Gazprom zusätzliche 105 Milliarden Rubel (2,7 Milliarden Euro) einbrachte. […]

1 Bereitet in Gruppen mit den Materialien dieser Doppelseite einen Vortrag über „Gazprom", den größten Energiekonzern Russlands vor. Ergänzt die Materialien mit aktuellen Informationen aus den Medien und dem Internet.

Moskau – größte Stadt Europas

M 1 **Blick auf das Zentrum Moskaus mit großer Kathedrale und Kreml-Mauer.** Foto, 2006.

M 2 Boomtown Moskau
2010 heißt es in einem Reiseführer über Moskau:
Wolkenkratzer höher als in Frankfurt, schräge Kunstevents, Shopping als Volkssport, Restaurants und Bars, die ihresgleichen suchen – zumindest in Europa gibt es keine Stadt, deren Power mit jener Moskaus zu vergleichen ist.
„Moskau […], Orgie der Kontraste, asiatisches Dorf mit Häusern in amerikanischem Wolkenkratzerstil, Kistenschlitten und Autobus, Barockpalast und Holzhütte, […] Straßenbasar und Warenhaus" – so sah der Journalist Egon Erwin Kisch die Stadt in den 1920er-Jahren und an diesem Bild hat sich nichts geändert.
Moskau ist eine Stadt der Kontraste und der Superlative. Das fängt schon beim Kreml an, der die größte Kanone und die gigantischste Glocke der Welt beherbergt. Was spielt es da für eine Rolle, dass weder die Glocke je läutete, noch die Kanone je schoss?
Die Geschichte der Stadt ist am stärksten spürbar in ihrem Kern: Kreml und Roter Platz verknüpfen hier die Fäden von Vergangenheit und Gegenwart und scheinen magnetisch alles an sich zu ziehen: Macht, Politik, Geschichte und nun auch die Touristen. Die Stadt ist im Laufe der Jahrhunderte kreisförmig um dieses Zentrum herum gewachsen.

Die dekadenteste* Metropole der Welt
Gegen Moskau ist Berlin langweilig, denn Moskau ist mehr als eine Stadt, Moskau ist Rausch und Katastrophe, Verlockung und Feind zugleich – Moskau ist die dekadenteste Metropole der Welt. Die Megacity pendelt zwischen den Extremen und kommt nie zur Ruhe. […]
Moskau sucht eine neue Identität in der Rückkehr zur Vergangenheit. Nicht nur Kirchen werden restauriert, auch Adelspaläste werden zu neuem Leben erweckt. Ein Bauboom hat die Stadt erfasst, der jedoch erst mal durch die Krise im Herbst 2008 gebremst wurde. Genau wie in Berlin entstehen manche Stadtteile neu, werden Paläste und Kirchen rekonstruiert. Die City entwickelt sich zu einer urbanen Glitzerlandschaft mit Marmor, Messing und Glas. Eine neue Leichtigkeit des Seins scheint die Einkaufspassagen zu beherrschen. Es gibt nichts, was es in der Stadt an der Moskwa nicht gibt – zumindest für Geld. Der neue Luxus, der sich nicht mehr versteckt, ist so maßlos wie die neue Armut, die nicht mehr verborgen bleibt. Moskau weigert sich, ein normales Leben zu führen.

***dekadent**
Moralisch heruntergekommen.

Schnittpunkt zwischen Asien und Europa

Moskau gleicht keiner anderen europäischen Stadt. Es war jahrhundertelang Residenz russischer Zaren und ist heute als Hauptstadt der Russischen Föderation der Schnittpunkt Asiens und Europas. Hier spürt man das Aufeinanderprallen verschiedener Kulturen in der Architektur, aber auch im lebendigen Völkergemisch auf den Märkten und Straßen. Astolphe de Custine bezeichnete auf seiner Russlandreise 1839 Moskau als einzigartige Stadt: „Sie ist weder Europa, noch Asien, sondern Russland und zwar das Herz Russlands." […]

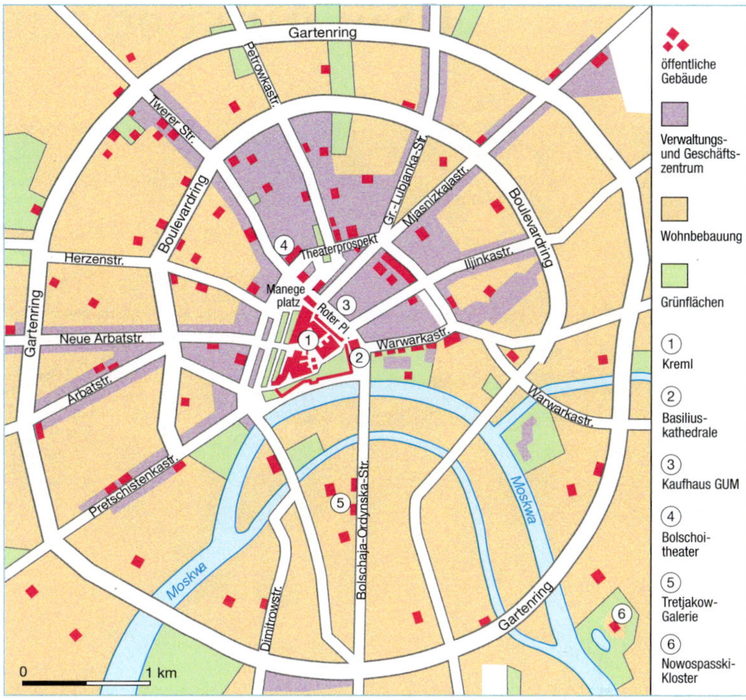

M 3 **Flächennutzung in der Innenstadt von Moskau.**

Magnet für Millionen Menschen

Offiziell wohnen 10,4 Millionen Menschen in Moskau. Tatsächlich hat Moskau wohl zwischen 12 und 14 Millionen Einwohner. Im Umland Moskaus liegen 80 Städte, jeder 10. Einwohner Russlands lebt in Moskau oder in seinem Umland.

Kein Wunder: Die Stadt übt eine gewaltige Anziehungskraft aus. Sowohl Menschen aus anderen Teilen Russlands als auch Menschen aus vielen anderen Ländern Asiens und Europas leben und arbeiten in der Stadt. Moskau ist das übermächtige **wirtschaftliche Zentrum** Russlands. Viele große Unternehmen und die Banken haben ihren Sitz in Moskau. Am Rande der Stadt sind große Gebiete für Industrie und Dienstleistungen entstanden. Da Moskau eine der teuersten Städte der Welt ist, sind die Wohngebiete der meisten Bewohner am Rande Moskaus zu finden.

Wohnen am Rande der Stadt bedeutet, dass die Moskauer täglich weite Wege zurücklegen müssen, um ins Zentrum und zur Arbeit zu kommen. Verkehrsstaus gehören zum Moskauer Alltag. Jeder Moskauer Autofahrer steht statistisch gesehen elf Stunden pro Monat im Stau. Der Autobestand in der Hauptstadt hat sich seit 1991 auf 3,5 Millionen Pkw verzwölffacht.

Der öffentliche Nahverkehr ist keine Alternative, da auch die **Moskauer Metro** hoffnungslos überlastet ist. U-Bahn-Züge fahren zu Stoßzeiten im 45-Sekunden-Takt, doch mehr als neun Millionen Fahrgäste pro Tag schafft die Untergrundbahn nicht. Sie liegt beim Passagieraufkommen weltweit bereits jetzt an der Spitze.

1 Beschreibt die Lage Moskaus innerhalb Russlands und Europas (Atlas) und wertet M 1 aus.

2 Schildert mit M 2 und M 3 die Stadt Moskau und das Leben in der Stadt in einem „fiktiven" Zeitungsbericht.

3 Erläutert, warum für viele Menschen das Leben in Moskau erstrebenswert ist.

4 Berichtet über die Verkehrsprobleme Moskaus und bezieht dabei M 2 und M 3 mit ein.

5 Sucht im Internet und in den Medien aktuelle Berichte über Moskau und stellt diese der Klasse vor.

USA: Aufstieg zur Großmacht

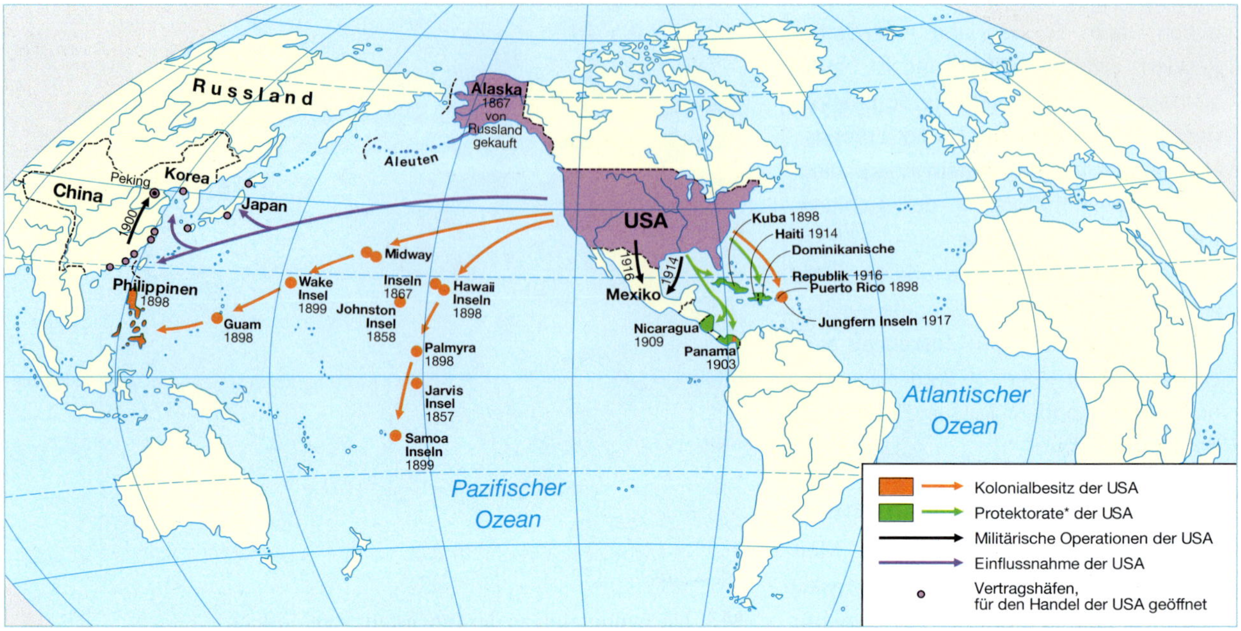

M 1 **Amerikanischer Einflussbereich um 1917.**

***Reservat**
Den Ureinwohnern (Indianern) in Nordamerika vorbehaltenes Gebiet.

***Kolonie, kolonial**
Machtausübung eines militärisch überlegenen Staates über ein fremdes Gebiet und seine Bevölkerung.

***Annexion**
Gewaltsame Aneignung.

Schnelles Wirtschaftswachstum

Von 1860 bis 1900 wuchs die Zahl der Einwohner der Vereinigten Staaten von Amerika von 31 auf 76 Millionen Menschen an. In relativ kurzer Zeit war das Land seit der Mitte des 19. Jahrhunderts zu einer der größten Wirtschaftsmächste der Welt geworden. Die schnelle Entwicklung der Industrie und der Transportwege (Eisenbahnbau), bahnbrechende Erfindungen und der Abbau von Rohstoffen im großen Maßstab waren Kennzeichen einer beispiellosen wirtschaftlichen Entwicklung.
Die Bevölkerungszahl stieg vor allem durch die Masseneinwanderung, die in mehreren Wellen verlief. Die Einwanderer kamen zunächst aus West- und Nordeuropa und ab 1900 aus Ost- und Südeuropa. Die Einwanderer aus Ost- und Südeuropa stießen um 1900 auf erste fremdenfeindliche Reaktionen, ihre Integration misslang. Häufig lebten sie in eigenen Stadtbezirken, isoliert von der übrigen Bevölkerung.

Keine Gleichberechtigung

Die gesellschaftliche Gleichberechtigung blieb der farbigen Bevölkerung auch nach der **Abschaffung der Sklaverei** 1865 in den Südstaaten faktisch verwehrt. Das galt auch für die Indianer, die Urbevölkerung, die aus ihren Gebieten vertrieben worden war. Sie wurde gezwungen, in Reservaten* zu leben. Um 1900 verbot ein Gesetz alle indianischen Sitten und Gebräuche.

Regionalmacht

Mit dem Zuwachs an wirtschaftlicher Macht bauten die USA ihren Einfluss international immer mehr aus und betätigten sich seit etwa 1900 in Mittelamerika und im Pazifik als **koloniale* Macht**. Sie selbst aber sahen sich immer als Schutzmacht von Freiheit und Demokratie.
Die Hauptausdehnungsräume waren der Pazifik und Mittelamerika. Im Pazifik wurden die Midway-Inseln, die Philippinen, Guam, Samoa und andere Inseln annektiert*. Die USA zwangen Japan und

China, ihre Länder für den amerikanischen Handel zu öffnen. Schließlich wurde Spanien 1898 in einem Krieg gezwungen, Kuba, Puerto Rico und Hawaii an die USA abzutreten.

USA entscheiden Ersten Weltkrieg

Beim Ausbruch des **Ersten Weltkriegs** (1914–1918) in Europa sprach sich der amerikanische Präsident Woodrow Wilson zunächst für eine strikte Neutralität der USA aus, auch angesichts der zahlreichen Einwanderer aus Europa. Diese Einstellung veränderte sich aber im Laufe des Krieges.

Mit ihrem **Kriegseintritt 1917** wollten die USA langfristig den Weltfrieden sichern, der für ihre aufstrebende Wirtschaft und ihren weltweiten Handel von großer Bedeutung war. Die etwa 1,8 Millionen amerikanischen Soldaten unterstützten Frankreich und Großbritannien und waren ein wichtiger Faktor für den Sieg der Alliierten*.

In den Friedensverhandlungen in Paris 1919 übernahmen die USA mit ihrem Präsident Wilson eine wichtige Rolle. Auf seinen Vorschlag wurde ein **„Völkerbund*"** gegründet, der den internationalen Frieden sichern sollte. Aus innenpolitischen Gründen traten die USA dann später dem Völkerbund nicht bei.

Die USA im Boom – der „American Way of Life"

„Roaring twenties", „wilde Zwanziger": Mit diesem Begriff sollten der explosionsartige Aufschwung der US-Wirtschaft und die turbulenten Veränderungen im Leben in den amerikanischen Großstädten zum Ausdruck gebracht werden.

Zwischen 1921 und 1929 kam es annähernd zu einer Verdopplung der Industrieproduktion. Die führende Rolle dabei spielte die Automobilindustrie. Autos wurden am Fließband produziert und fanden massenhaft Käufer. Denn die Realeinkommen stiegen beträchtlich. Für 290 Dollar konnte man 1925 das Modell „Tin Lizzy" von Ford erwerben, das war etwa ein Zehntel des jährlichen Mindesteinkommens einer amerikanischen Familie. Die Zahl der Autos stieg auf 20 % der Einwohnerzahl, ein Wert der in der Bundesrepublik Deutschland erst 1965 erreicht wurde.

Warenhäuser mit einem gigantischen Warenangebot, Wolkenkratzer als Symbol des Reichtums der Städte und die Entwicklung einer **Massenkultur** in den Städten (Jazz, Musical, Shows, Filme) verbanden sich mit einer Revolution des Lebensstils.

M 2 **Thomas H. Benton: „Stadtleben und -treiben mit Tanzhalle" aus dem Wandbildzyklus „Amerika heute".** Gemälde von 1931.

***Alliierte**
Bezeichnung für die Kriegsgegner Deutschlands, im Wortsinn „Verbündete".

***Völkerbund**
Vorläuferorganisation der heutigen UNO.

1. Notiert Stichworte zur Entwicklung der USA nach 1860.
2. Beschreibt anhand von M 1 den wachsenden außenpolitischen Einfluss der USA.
3. Erläutert die Folgen des Eingreifens der USA in den Ersten Weltkrieg.
4. Fertigt eine Mindmap zum „American Way of Life" an (M 2).

Weltmacht USA

M 1 Arbeit suchender Amerikaner. Foto, um 1932.

M 2 Franklin D. Roosevelt (geb. 30. 1. 1882, gest. 12. 4. 1945) war von 1933 bis 1945 Präsident der USA. Foto.

Wirtschaftskrise und Krisenbewältigung

Am 25. Oktober 1929 begann der Zusammenbruch der New Yorker Börse. Aktien verloren in Windeseile 90 Prozent ihres Wertes. Banken mussten ihre Kredite abschreiben, Sparer verloren ihr Geld, die Industrie blieb auf ihren Waren sitzen. Jeder dritte Arbeitnehmer wurde arbeitslos.
Der **Zusammenbruch der US-Wirtschaft** führte zu einer weltweiten Wirtschaftskrise von 1929 bis 1933.
Im Jahr 1933 wurde **Franklin D. Roosevelt** zum amerikanischen Präsidenten gewählt. Zu dieser Zeit gab es in den USA fast 15 Millionen Arbeitslose. Das bedeutete: Ein Drittel der Berufstätigen hatte kein Einkommen.

Q 1 Bei seiner Vereidigung sagte der neue Präsident:
Unsere vordringliche Aufgabe ist es, der Bevölkerung Arbeit zu geben. Das ist kein unlösbares Problem, wenn wir es klug und mutig anpacken. Dieses Problem ist zum Teil zu bewältigen durch direkte Anwerbung von Arbeitskräften durch die Regierung selbst. Diese Arbeitskräfte werden wir einsetzen, um dringend benötigte Projekte für unser Land durchzuführen. [...]
Das einzige, was wir zu fürchten haben, ist die Furcht selbst – die namenlose, blinde, sinnlose Angst, die die Anstrengung lähmt, deren es bedarf, um den Rückzug in einen Vormarsch zu verwandeln.

Mit einem beispiellosen neuen staatlichen Förderprogramm (New Deal) gelang es der US-Regierung ab 1933, die Wirtschaft wieder anzukurbeln und die Arbeitslosigkeit zu senken.

Die USA im Zweiten Weltkrieg

Nach dem deutschen Einmarsch in Polen, am 1. 9. 1939, begannen die USA mit der militärischen Unterstützung der Gegner Hitlers. Zur direkten Beteiligung am Zweiten Weltkrieg kam es aber erst durch den Konflikt mit Japan im pazifischen Raum. Das Interesse der USA am freien Zugang zum Markt Chinas war durch Japans Vordringen unmittelbar betroffen. Als die USA den Rückzug Japans aus China verlangten und ihre Erdöllieferungen an Japan einstellten, griffen japanische Flugzeuge am 7. Dezember 1941 ohne offizielle Kriegserklärung **Pearl Harbor**, den US-Marinestützpunkt auf Hawaii, an.
Daraufhin erklärten die USA Japan den Krieg, am 11. Dezember 1941 verkündete Hitler zur Unterstützung Japans die deutsche Kriegserklärung an die USA.
Die USA waren auf diesen Krieg vorbereitet. Die Rüstungsproduktion wurde angekurbelt, die Arbeitslosigkeit sank schnell. Der bald einsetzende Arbeitskräftemangel führte zur verstärkten Erwerbstätigkeit von Frauen. Auch die schwarzen Amerikaner konnten ihre Stellung verbessern. Sie wurden in der Armee und in der Industrie gebraucht.

Die internationale Führungsrolle der USA

In Europa stärkten die USA die Abwehrfront gegen das nationalsozialistische Deutschland mit der massiven Lieferung von Kriegsgütern, bis sie selbst mit ihrem Eingreifen auf dem europäischen Kriegsschauplatz den Krieg dort entschieden. Im Krieg mit Japan geschah dies durch den Abwurf der in US-Labors neu entwickelten **Atombombe** auf Hiroshima und Nagasaki im August 1945.
Anders als nach dem Ersten Weltkrieg zogen sich die USA nach der deutschen

und japanischen Kapitulation nicht wieder aus der internationalen Politik zurück, sondern versuchten die neue internationale Ordnung in ihrem Sinne zu gestalten. Bereits 1941 hatte Roosevelt in einer Rede seine Vorstellung von einer neuen Weltordnung beschrieben und vier Freiheitsrechte für alle Menschen gefordert.

Q2 Neben der Meinungsfreiheit und der freien Wahl der Religionsausübung forderte Roosevelt weiter:

[...] Das dritte ist die Freiheit von Not – was [...] so viel heißt wie wirtschaftliche Abkommen, die der Bevölkerung jedes Landes gesunde Friedensverhältnisse sichern – überall in der Welt.
Das vierte ist die Freiheit von Furcht – was [...] so viel heißt wie eine die ganze Welt betreffende Abrüstung bis zu dem Grade und so gründlich, dass keine Nation in der Lage sein wird, einen Angriffsakt gegen ein Nachbarland zu begehen – überall in der Welt.

Vormacht des Westens

Nach dem **Zweiten Weltkrieg** waren die USA die stärkste Macht der Welt. Sie allein verfügten bis 1949 über Atombomben. Die USA fühlten sich berufen, über den Frieden zu wachen und gleichzeitig die weitere Ausbreitung des Kommunismus auf der Welt nach 1945 zu verhindern. Präsident Roosevelt regte noch während des Krieges die Gründung der **UNO** an. Diese neue Organisation sollte besser als der Völkerbund für den weltweiten Frieden sorgen.
Im **Kalten Krieg** (1947–1989) war die Welt in einen Ost-West-Gegensatz gespalten. Auf der einen Seite standen die Sowjetunion und China und ihre Verbündeten, auf der anderen Seite die USA und ihre Verbündeten. Eine Folge dieses Ost-West-Gegensatzes war auch die Spaltung Deutschlands in zwei Staaten. Die Militärbündnisse beider Seiten (NATO und Warschauer Pakt) rüsteten ständig weiter auf. Beide Länder entwickelten Vernichtungswaffen, die in der Lage waren, die gesamte Menschheit zu vernichten.
Weil die USA Südvietnam als Bollwerk gegen den Kommunismus betrachteten, unterstützten sie es im Kampf gegen das kommunistische Nordvietnam. Im Vietnamkrieg (1964–1973) erlitten die USA ihre erste Niederlage, fast 60 000 US-Soldaten waren gefallen. Diese Niederlage erschütterte das Selbstbewusstsein der US-Bürger und führte zu einer Veränderung der Innen- und Außenpolitik.
Nach intensiven Verhandlungen verringerten die USA und die Sowjetunion ab 1985 die Anzahl ihrer Atomraketen.
Mit dem Ende der Achtzigerjahre kam es zum **Abbau von Atomraketen** (vgl. S. 206/207). Mit dem Zusammenbruch der Sowjetunion 1990 waren die USA die unbestrittene Weltmacht Nr. 1.

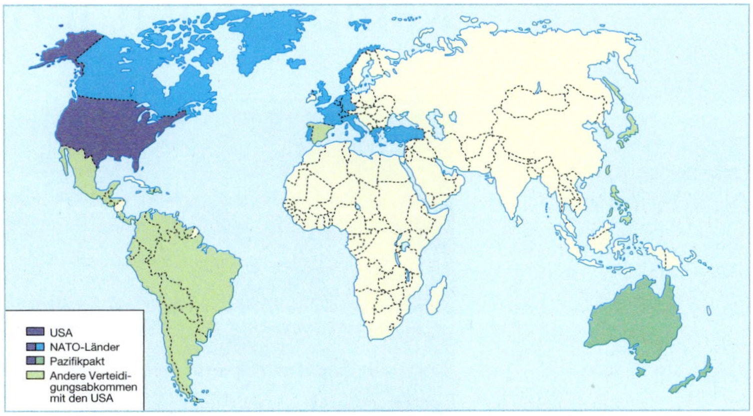

M3 **Weltkarte des amerikanischen Bündnissystems, um 1985.**

1 Beschreibt, wie die USA unter Präsident Roosevelt die Wirtschaftskrise bekämpften.

2 Untersucht Q2 und erklärt mit dem Text, wie sich Roosevelt eine neu geordnete Welt nach dem Ende des Zweiten Krieges vorstellte.

3 Führt eine Internetrecherche zum „Kalten Krieg" durch und untersucht die Rolle der Weltmächte USA und Sowjetunion (M3).

4 Verfolgt in den Medien Berichte zur weiteren Abrüstung von Atom-Sprengköpfen. Bezieht dabei die Grafik auf den Seiten 206/207 mit ein.

Kampf gegen Terrorismus

M1 **11. September 2001 – Terroristen steuern zwei entführte Passagiermaschinen in die Türme des World Trade Center in New York. Über 3000 Menschen finden den Tod.** Foto vom Einschlag des zweiten Flugzeugs.

11. 9. 2001:
Attentat auf das World Trade Center in New York.

***radikal-islamisch**
Extreme, rücksichtslose Auslegung des Islam.

Das Attentat vom 11. September 2001

Am 11. September 2001 wurden die USA das erste Mal in ihrer Geschichte auf dem eigenen Territorium angegriffen. Angehörige der terroristischen Al-Kaida-Gruppierung lenkten drei gekaperte Passagierflugzeuge in das New Yorker World Trade Center und in das Verteidigungsministerium in Washington. Über 3000 Menschen kamen bei dem Angriff ums Leben. Dieser Anschlag war der Höhepunkt in einer Reihe von Angriffen der internationalen Al-Kaida-Organisation gegen amerikanische Stützpunkte in Afrika und Asien. Neu war, dass die USA auf ihrem Territorium nicht von einem Staat, sondern von einem weltweit verzweigten Netz von **radikal-islamistischen* Terroristen** angegriffen wurden. Sie gaben vor, im Namen eines radikalen Islam gegen die USA zu kämpfen. Für die radikalen Islamisten gelten die USA als der Inbegriff des Bösen.

Aufruf der UNO

M2 Der UN-Sicherheitsrat rief in zwei Resolutionen zum Kampf gegen den Terrorismus auf:
Der Sicherheitsrat fordert alle Staaten dringend zur Zusammenarbeit auf, um die Täter, Organisationen und Förderer dieser Terroranschläge vor Gericht zu stellen, und betont, dass diejenigen, die den Tätern, Organisationen und Förderern dieser Handlungen geholfen, sie unterstützt oder ihnen Unterschlupf gewährt haben, zur Verantwortung gezogen werden. […]

Sturz der Taliban in Afghanistan

Der wichtigste Stützpunkt des Terrornetzwerks Al-Kaida und ihres Anführers Osama Bin Laden war das von radikalen Islamisten, den Taliban, regierte **Afghanistan**. Da diese sich weigerten, Bin Laden auszuliefern, stürzten die USA in einer Militäraktion das Talibanregime (Dezember 2001). Bin Laden konnte allerdings nicht gefasst werden.

Unter dem Schutz von internationalen Truppen unter Beteiligung Deutschlands begann der **Wiederaufbau Afghanistans**. Seit 2004 gibt es eine demokratisch gewählte Regierung Afghanistans. Bereits fünf Jahre nach ihrem Sturz bauten die Taliban ihren Einfluss im Süden und Norden Afghanistans wieder aus und verwickelten seither eine von der NATO geführte Schutztruppe in schwere Kämpfe. Auch die Soldaten der Bundeswehr sind immer öfter das Ziel von Angriffen.

M3 Bundeskanzlerin Angela Merkel sagte am 8. September 2009 im Deutschen Bundestag während einer Debatte zum Konflikt in Afghanistan:

[...] Der Kampfeinsatz der Bundeswehr zusammen mit unseren Partnern im Nordatlantischen Bündnis in Afghanistan ist notwendig. Er trägt dazu bei, die internationale Sicherheit, den weltweiten Frieden und Leib und Leben der Menschen hier in Deutschland vor dem Übel des internationalen Terrorismus zu schützen. Das stand am Anfang dieses Einsatzes und das gilt bis heute. [...]

Uneinigkeit beim Irakkrieg

Während die Weltgemeinschaft die USA gegen Afghanistan und Al-Kaida einmütig unterstützte, war der Sicherheitsrat in der Frage eines Krieges gegen den Irak uneinig.

Die USA und Großbritannien einerseits befürworteten einen Krieg, da der Irak Massenvernichtungsmittel* besitze und die Welt damit bedrohen würde. Die übrigen Länder im Sicherheitsrat, besonders Frankreich und Deutschland, sahen die Begründung der USA für einen Krieg als nicht stichhaltig an und verweigerten die Unterstützung. Kritiker der USA vermuteteten, dass die USA sich mithilfe des Krieges die Ölvorkommen des Irak sichern wollten.

Die USA, Großbritannien und einige kleinere Länder besetzten den Irak im März 2003 und setzten die Regierung des Diktators Saddam Hussein im April 2003 ab. Die Massenvernichtungsmittel, deren Sicherstellung ein Ziel des Krieges sein sollte, wurden nicht gefunden. Bis zum Jahr 2011 wollen die USA ihre Truppen aus dem Irak abziehen und die Macht vollständig an die Regierung des Irak zurückgeben.

Neue Formen der Zusammenarbeit

Im April 2010 erklärte US-Präsident Obama auf einer internationalen Konferenz zur Frage der atomaren Sicherheit, dass die USA auch als Führungsmacht nur mit anderen Ländern gemeinsam handeln wollten. Eine Nation allein könne die großen Probleme der Menscheit nicht lösen.

M4 Soldat der Bundeswehr im Einsatz in Afghanistan. Foto, 2009.

***Massenvernichtungsmittel**
Waffen, die bei ihrem Einsatz sehr vielen Menschen das Leben kosten würde.
Beispiele: Atombomben, biologische Waffen (Krankheitserreger), Chemiewaffen (Giftgas).

1 Fragt Erwachsene nach ihren Erinnerungen an den 11. September 2001. Sammelt im Internet Informationen zu dem Angriff.

2 Informiert euch über den weltweiten Kampf gegen die Al-Kaida-Organisation und macht euch Notizen für einen Kurzvortrag.

3 Sucht Informationen über die gegenwärtige Lage in Afghanistan und berichtet der Klasse.

Die amerikanische Stadt

M1 Städtische Verdichtungsräume in den USA.

M2 Suburb in der Nähe von New York.
Foto, 2008.

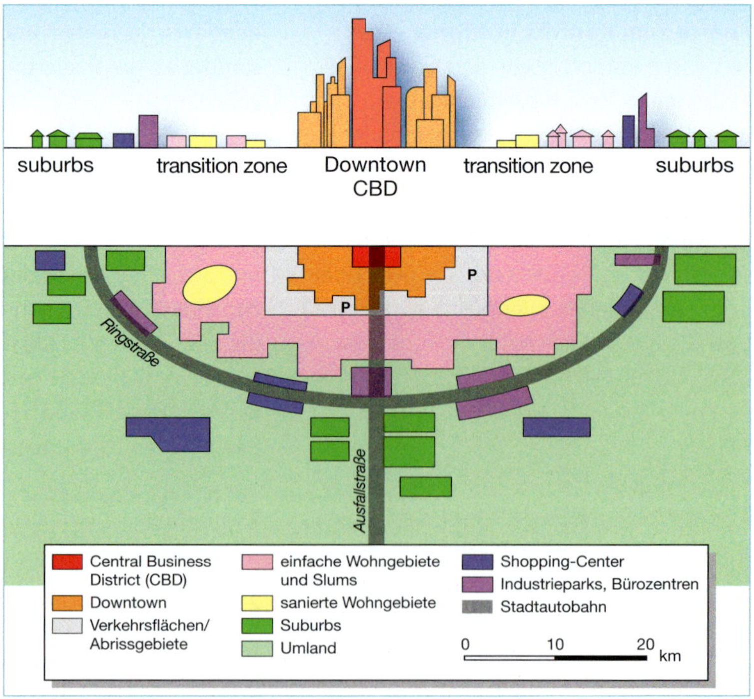

M3 Modell der US-amerikanischen Stadt.

Die Megalopolis – eine Riesenstadt

Beim Nachtflug von Boston nach Washington sieht man unter sich ein endloses Lichtermeer. In dieser Riesenstadt zwischen Boston und Washington wohnen auf zwei Prozent der US-amerikanischen Staatsfläche ca. 50 Millionen Menschen dicht beieinander. „BosWash" oder auch „Boshington" wird die Megalopolis* genannt. Auf rund 760 Kilometern Länge reiht sich hier Großstadt an Großstadt, mit Vororten und Industriegebieten, Eisenbahnen, Highways und Flugplätzen.
Ähnliche Städtebänder sind zwischen Chicago und Pittsburgh (ChiPitts) sowie San Francisco und San Diego (SanSan) entstanden.

Gliederung der Stadt

Bei allen Unterschieden haben US-amerikanische Städte gemeinsame Merkmale. In **Downtown**, dem alten Stadtzentrum, konzentrieren sich Verwaltungsgebäude und Hotels. In seiner Mitte liegt der **Central Business District (CBD)**, das zentrale Büro- und Geschäftsgebiet.
Aus den citynahen älteren Wohnvierteln sind die wohlhabenden Familien in die Vororte abgewandert. Oft sind die älteren Stadtgebiete heute heruntergekommen. Sie haben sich zu **Slums** entwickelt oder werden als Flächen für den Verkehr genutzt.
In den Vororten, den **Suburbs**, entstanden Wohnviertel mit Einfamilienhäusern und Grünflächen. Später bildeten sich entlang der Ausfallstraßen Einkaufszonen. In verkehrsgünstiger Lage siedelten sich große Shopping-Center (Malls) mit ausgedehnten Parkplätzen sowie Industrieparks und Bürozentren an. Durch diese Stadtrandwanderung werden die Gebiete der Innenstadt häufig vernachlässigt. Städtische Programme zur Neubelebung sollen besonders junge Leute in die Innenstadtbereiche zurückholen.

M4 CBD und angrenzender Raum in Seattle. Foto, 2009.

Klein- und Mittelstädte

Klein- und Mittelstädte unterscheiden sich in ihrer Grundstruktur nicht wesentlich von den Großstädten. Auch ihnen fehlt der – in Europa übliche – zentrale Marktplatz und auch bei ihnen ordnen sich die Kirchen in die Straßenzüge ein und stehen nicht an zentraler Stelle. Ihr Straßennetz ist ebenfalls schachbrettartig und wirkt ein wenig eintönig. Der Main Street kommt eine zentrale Rolle als Geschäftszentrum zu. Sie übernimmt gewissermaßen die Rolle des europäischen Marktplatzes. Auch diese Städte wachsen ins Umland und nehmen immer mehr ehemaliges Farmland in Anspruch.

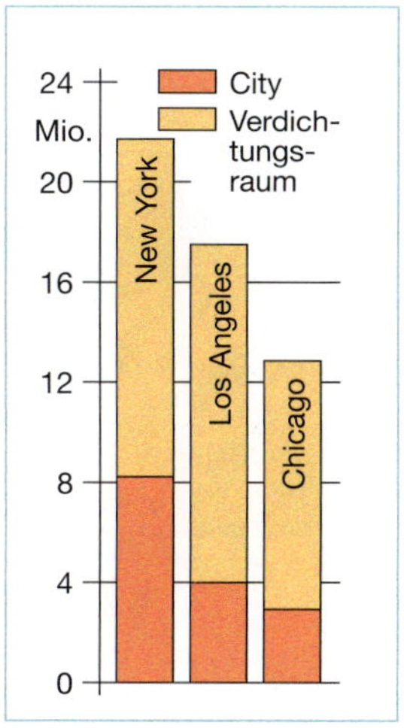

M5 Einwohnerzahlen der City und des Verdichtungsraums von New York, Los Angeles und Chicago im Jahr 2005.

***Megalopolis**
Zusammenwachsen mehrerer benachbarter Großstädte zu einem riesigen verstädterten Raum.

1 Beschreibt Lage und Ausdehnung der Städtebänder BosWash, ChiPitts und SanSan (M1, M5).

2 Notiert wichtige Kennzeichen einer US-amerikanischen Stadt (M3, M4).

3 Erläutert die Unterschiede zu einer europäischen Stadt.

4 „Die Entwicklung der US-amerikanischen Städte hängt vom billigen Benzin für die Pendler ab." Diskutiert diese Aussage.

Die i-Revolution verändert die Welt

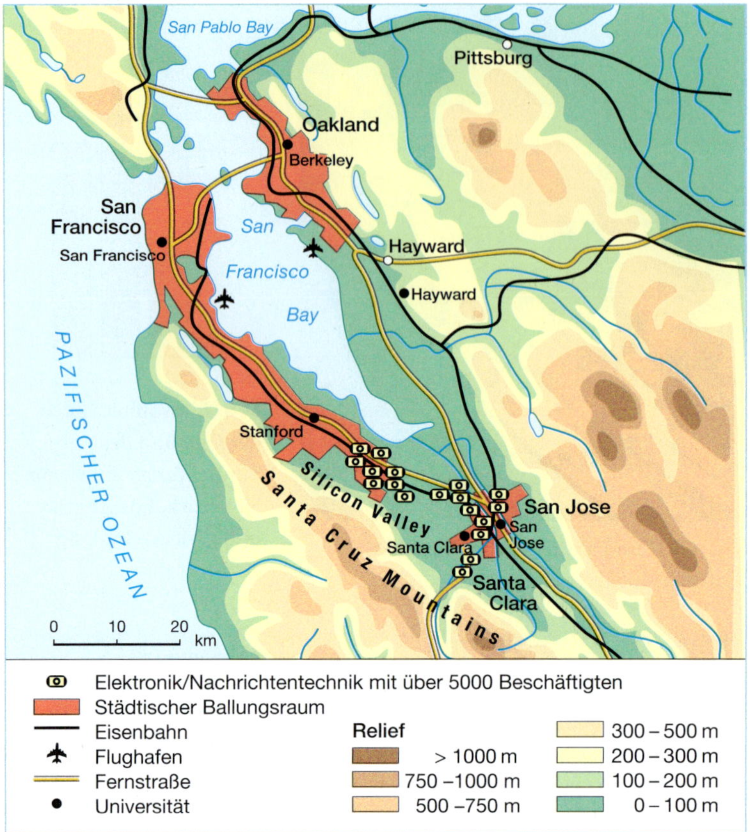

M 1 **Ballungsraum San Francisco mit Silicon Valley.**

Silicon Valley

Vorteile	**Nachteile**
– Angenehme Umwelt- und Lebensbedingungen – Gut ausgebaute Infrastruktur – Fachkräfte aus Universitäten und Hochschulen – Hochqualifizierte Arbeitskräfte	– Hohe Lebenshaltungskosten, die besonders untere Einkommensschichten belasten – Umweltbelastungen durch hohen Energie- und Wasserverbrauch, hohe Verkehrsdichte

M 2 **Standortbedingungen im Silicon Valley.**

M 3 **Verkaufsstart des „iPad“ in Hamburg.** Foto, 2010.

Tal der Erfindungen

Das Tal in Kalifornien ist das Herz der Hightech-Industrie. Das **Silicon Valley** umfasst etwa 30 Städte, die zu einer einzigen Industriestadt verschmelzen. 7000 Hightech-Firmen, darunter 20 der 100 weltgrößten, haben sich hier angesiedelt. Benannt wurde das 30 Kilometer lange und 15 Kilometer breite Tal nach dem Werkstoff Silicon (deutsch: Silizium). Viele der amerikanischen Hard- und Softwarefirmen haben hier ihre Wurzeln. Bahnbrechende Erfindungen erfolgten im Silicon Valley:

- 1938 Gründung der späteren Weltfirma Hewlett-Packard in Palo Alto.
- 1957 Entwicklung des Transistors auf der Basis der Halbleiter-Technik. Beginn des Hightech-Zeitalters.
- 1959 Erfindung des integrierten Schaltkreises.
- 1971 Der Mikroprozessor, „das Herz“ der Computer, revolutioniert die Computertechnik.

Massenkonsumgeräte – einfach für jedermann

Aber vor allem die Erfindungen der Firma Apple machten seit den Neunzigerjahren des letzten Jahrhunderts die Benutzung von Computern und Internet einfacher. Der iMac 1998, der iPod 2001, das iPhone 2007 und das iPad 2010 revolutionierten das Konsumverhalten von Millionen Menschen, vor allem der jüngeren Bevölkerung.

M4 In einer Titelgeschichte über den Chef und Gründer von Apple, Steve Jobs, schreibt „Der Spiegel“ 2010:

[...] Er legt fest, was wir haben können, und redet uns ein, dass es das sei, was wir haben möchten. Er hat das Kaufverhalten von Massen verändert und damit Lebensweisen, also Kultur [...]

M5 Weiter schreiben die Autoren:

[...] Wie Musik konsumiert, produziert und verkauft wird, all das ist heute anders als vor zehn Jahren. Zehntausende Musiktitel passen auf einen iPod, die komplette Musiksammlung, hosentaschengroß, immer abspielbereit. Konzerne gingen deswegen in die Knie, iTunes übernahm die Macht, also Apple, nirgendwo wird mehr Musik verkauft als in diesem Online-Laden.

Der iPod wurde zu einem Phänomen, zur „lebensverändernden kulturellen Ikone“, wie „Newsweek“ drei Jahre nach dem Erscheinen schrieb; da hatte Apple erst gut drei Millionen iPods verkauft. In den vergangenen drei Geschäftsjahren waren es 160 Millionen.

Auf so etwas bauen nun, in Erwartung des iPads, Verlage und Medienunternehmen, die sich längst ein Wettrennen liefern, weil sie ihre Bücher und Magazine in elektronischer Form auf dem Gerät anbieten wollen, das Jobs natürlich „magisch“ und „revolutionär“ nennt.

Auch das iPad wird nicht einfach ein Geschenk werden für Zeitschriftenkonzerne, Zeitungshäuser und Fernsehkonzerne. Sie versprechen sich neue Leser und neue Zuschauer und vor allem endlich neue Einnahmen. Sie alle hoffen, dass sich auch im digitalen Zeitalter mit den alten Produkten Geld verdienen lässt. Zeitungen und Magazine bieten Apps* für ihre Print-Ausgaben auf dem iPad an, mit Zusätzen wie auf ihren Online-Seiten: Videos, interaktive Grafiken. Es soll die Leser locken, endlich für die digitalen Ausgaben zu bezahlen, vielleicht mehr als für die Print-Ausgabe. Die Anzeigenkunden lockt das alles schon, denn für sie bieten sich Möglichkeiten, Werbung lebendiger zu machen, interaktiv, mit eingebauten Videos etwa. [...]

M6 Titelbild 2010.

***Apps**
Kleine, hilfreiche Programme, die auf einem Smartphone (z. B. iPhone) laufen und oft eine direkte Verbindung zum Internet herstellen.

1 Sucht das Silicon Valley im Atlas und beschreibt seine Lage im Vergleich zu anderen Industriegebieten der USA (Wirtschaftskarte, Atlas).

2 Untersucht M 1 und M 2 und beschreibt Vor- und Nachteile der Ansiedlung von Elektronik-Firmen im Silicon Valley.

3 Erläutert, warum und wie die Firma Apple mit ihren Produkten das Konsumverhalten vieler Menschen im Zusamenhang mit Telefon und Internet verändert hat (M 3, M 4).

4 Nennt Gründe dafür, dass viele Medienunternehmen ihre Produkte für die Verwendung auf Produkten der Firma Apple ausrichten.

5 Führt eine Pro-und-Kontra-Diskussion zum Thema „Beeinflusst Apple unseren Alltag zu stark?“ durch (M 3, M 6).

New York, New York, New York ...

M 1 Skyline von New York 2006. Foto.

M 2 Stadtbezirke von New York.

	Fläche in km²	Einwohner in Mio.	Bevölkerungsdichte in E/km²
Innenstadt von New York (Manhattan)	59,5	1,5	25840
Stadtgebiet New York (5 Stadtbezirke mit Manhattan)	939,5	8,1	10359
Bronx	148,7	1,4	9080
Brooklyn	182,9	2,5	13480
Queens	282,9	2,2	7880
Staten Island	265,5	0,5	1671
Großstadtregion New York[1]	ca. 22700,0	18,7	824
Berlin[2]	891,8	3,4	3800

[1]Stadt plus städtisches Umland, [2]Berlin ist die bevölkerungsreichste Stadt Deutschlands

M 3 New York im Vergleich zu Berlin.

Eine Weltstadt

New York ist mit mehr als 8 Mio. Einwohnern die **bevölkerungsreichste Stadt** der USA. Das Stadtgebiet umfasst fünf Stadtbezirke. Die gesamte Großstadtregion von New York mit 18,7 Mio. Einwohnern ist einer der bedeutendsten Wirtschaftsräume und Handelsplätze der Welt, Sitz vieler internationaler Konzerne und Organisationen und bedeutender Hafen an der amerikanischen Ostküste. Zu den wichtigsten Wirtschaftsbereichen zählen die chemische und die elektrotechnische Industrie, die Druckindustrie, die Textilindustrie sowie der Dienstleistungsbereich. Im Süden von **Manhattan** liegt das Hauptgeschäftszentrum mit dem Finanzbezirk. In der Wall Street befindet sich die New York Stock Exchange, die größte Wertpapierbörse der Welt, mit einem täglichen Handelsvolumen von ca. 45 Mrd. US-$. New York ist nach London das weltweit wichtigste **Finanzzentrum**. Hier befinden sich die meisten Firmenzentralen. Allein von den 100 weltweit größten Unternehmen befinden sich 69 Firmenzentralen in New York.

Probleme der Stadt

Mit rund 180 ethnischen Gruppen ist die Bevölkerung sehr heterogen*. In den Stadtvierteln Brooklyn, Bronx, Queens und Staten Island leben Menschen, die sich die teuren Mieten anderer Stadtviertel nicht leisten können. Oft sind die Häuser dieser Stadtviertel verfallen, die Kriminalitätsrate ist hoch. Neben den ethnischen und sozialen Brennpunkten stellen das tägliche Verkehrschaos sowie die Ver- und Entsorgung Probleme dar. Daneben wurde am 11. September 2001 schmerzhaft bewusst, dass Großstädte zu Zielen von terroristischen Anschlägen werden können.

Drehscheibe des Welthandels

Durch die Fertigstellung des Eriekanals 1825 wurde New York mit den Großen Seen verbunden. Der Hafen wurde durch diese Verbindung zum Mittleren Westen zum größten Warenumschlagplatz an der Ostküste. Im 19. Jahrhundert entwickelte sich New York zu einer Industriestadt. Die hier entstandenen riesigen Vermögen trugen dazu bei, dass sich ein Finanzzentrum und durch die Gründung von Museen, Opernhäusern und Konzerthallen eine **Kulturhauptstadt** entwickelte. Während im 20. Jahrhundert die Industrie und der Handel zunächst bedeutsam blieben, erlangte der Finanzsektor einen zusätzlichen Bedeutungszuwachs. Der Platzmangel wie auch die Selbstdarstellung großer Konzerne führten zu einem Boom von Wolkenkratzern in Manhattan.

Hohe Bodenpreise bewirkten, dass Industriebetriebe ausgelagert wurden, während sich der Dienstleistungsbereich im Stadtgebiet konzentrierte. Durch den Prozess der Globalisierung nahm die Bedeutung New Yorks weiter zu. Über die beiden Flughäfen werden jährlich über 90 Mio. Fluggäste sowie über 50 % der internationalen amerikanischen Luftfracht in über einer Million Flüge befördert.

(Auswahl)	Weltweite Mitarbeiter	Umsatz in Mrd. US-$
American International Group (größter Versicherungs- und Finanzdienstleistungskonzern der Welt)	96 000	108,9
Altria Group (weltweit einer der größten Hersteller von Tabak, Nahrung und Getränken)	165 000	67,6
Pfizer (weltweit größtes Pharmaunternehmen)	115 000	51
Sony BMG Music Entertainment (zweitgrößte Plattenfirma der Welt plus Medienanbieter)	88 500	17,9
Estée Lauder (Kosmetikkonzern)	22 000	5,8

M 4 Weltkonzerne mit Hauptsitz in New York.

M 5 New York Stock Exchange in der Wall Street. Foto, 2009.

***heterogen**
Unterschiedlich.

1 Wertet das Material dieser Doppelseite aus. Erweitert eure Ergebnisse mit Informationen aus den Medien und dem Internet.

2 Sucht eine Stadtteilkarte von New York im Atlas und informiert euch über die ethnische Vielfalt seiner Einwohner und ihre Wohngegenden.

3 Erläutert die Bedeutung von Manhattan für die Großstadtregion New York (M 1 – M 3).

4 Beschreibt die Entwicklung, die New York zu einer Weltstadt werden ließ.

Check: Das kann ich schon …

Wichtige Begriffe erklären

- ✓ sozialistischer Staat
- ✓ Industrialisierung Russlands
- ✓ Herrschaft Stalins
- ✓ Weltmacht Russland
- ✓ Schatzkammer Sibirien
- ✓ Aufstieg der USA
- ✓ Weltmacht USA
- ✓ Silicon Valley
- ✓ Friedenssicherung

M 1 Gefangene beim Bau des Weißmeer-Ostsee-Kanals. Foto, 1932.

M 2 US-Präsident Barack Obama sagte anlässlich der Verleihung des Friedensnobelpreises an ihn am 10. Dezember 2009 in Oslo:

[…] Die Welt erzittert vielleicht nicht mehr beim Gedanken an einen Krieg zwischen zwei Atommächten, aber die Weiterverbreitung von Atomwaffen erhöht möglicherweise das Risiko einer Katastrophe. Terrorismus ist schon lange eine Taktik, aber moderne Technologien ermöglichen es einer kleinen Anzahl unbedeutender Menschen mit einem Übermaß an Wut, in schrecklichem Ausmaß Unschuldige zu töten.

Zudem sind Kriege zwischen Ländern zunehmend von Kriegen innerhalb von Ländern verdrängt worden. Das Wiederauftreten ethnischer oder konfessionell motivierter Konflikte, […] Aufstände und gescheiterte Staaten – all diese Dinge haben immer mehr Zivilisten in unendlichem Chaos eingeschlossen. In den heutigen Kriegen werden mehr Zivilisten getötet als Soldaten, die Saat für zukünftige Konflikte wird gelegt, […] Wir müssen damit beginnen, die schwere Wahrheit anzunehmen: Gewaltsame Konflikte werden wir zu unseren Lebzeiten nicht abschaffen können. Es wird Zeiten geben, in denen Nationen – die allein oder gemeinsam handeln – den Einsatz von Gewalt nicht nur als notwendig, sondern als moralisch gerechtfertigt betrachten werden. […]

Denn täuschen Sie sich nicht: Das Böse existiert auf der Welt. Eine gewaltlose Bewegung hätte Hitlers Armeen nicht aufhalten können. Verhandlungen können die Anführer der Al-Kaida nicht überzeugen, ihre Waffen niederzulegen. Es ist kein Aufruf zum Zynismus, wenn man sagt, dass Gewalt manchmal notwendig sein kann – es ist eine Anerkennung der Geschichte, der Unvollkommenheit des Menschen und der Grenzen der Vernunft. […]

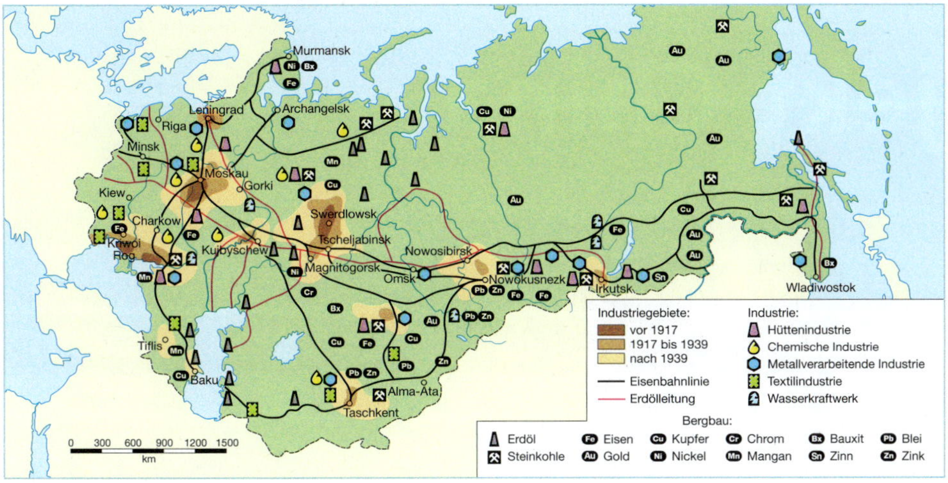

M3 Wirtschaftszentren in der Sowjetunion.

M5 Propagandaplakat. Um 1930.

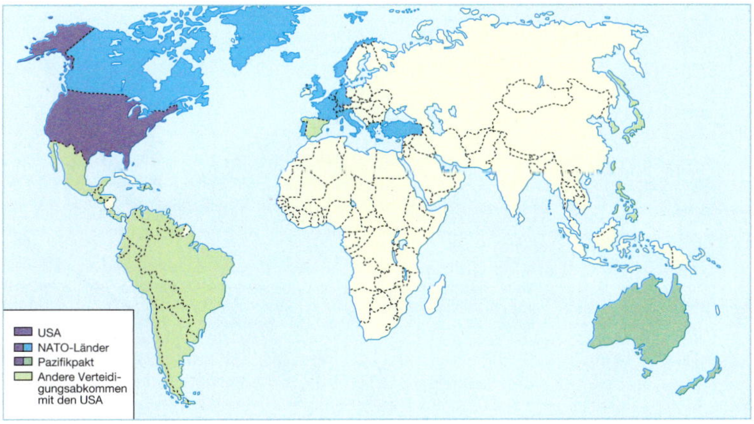

M4 Weltkarte des amerikanischen Bündnissystems, um 1985.

Fachliche Kompetenz

1 Erklärt euch gegenseitig die wichtigen Begriffe (Kasten) und schreibt die Bedeutung der Begriffe in eure Arbeitsmappe.

2 Beschreibt mit euren Worten Ziele und Methoden der revolutionären Umgestaltung Russlands durch die Bolschewiki.

3 Erläutert den Industrialisierungsprozess Russlands bis 1941 (M1, M3).

4 Schildert den Weg der USA zu einer heute wichtigen Weltmacht (M4).

5 Vergleicht Gazprom und Apple. Nennt die Unterschiede im jeweiligen Geschäftsmodell der großen Unternehmen aus Russland und den USA.

Methodenkompetenz

6 Zeigt an M5, warum es sich bei dem Plakat um ein Propagandaplakat handelt (vgl. S. 38).

Urteils- und Handlungskompetenz

7 Untersucht M2 und nehmt zu den Aussagen von Präsident Obama Stellung.

8 Verfolgt in den Medien Berichte über aktuelle Konflikte und untersucht die Rolle der beiden Weltmächte Russland und USA dabei.

9 Projekt China

Innenstadt von Kunming. Foto, 2009.

Dschunke vor Honkong.

Jede und jeder von uns hat mit China zu tun. Fast jeder Computer, fast jedes Handy, viele Teile unserer Autos und Haushaltsgeräte werden in China produziert. China ist die Werkbank der Welt. Seine 1,3 Milliarden Menschen erleben einen beeindruckenden gesellschaftlichen Wandel vom Agrarstaat zum hochentwickelten Industrieland. „Die Zukunft der Welt liegt und entscheidet sich in China", dieser Satz erscheint nicht übertrieben.

In diesem Projekt könnt ihr eure Kenntnisse über China vertiefen und erarbeiten,

- wie die alte Kultur auch das heutige China prägt,
- wie China zur Wirtschaftsmacht aufstieg und welche Probleme dies mit sich bringt,
- wie China mit seinem schnellen Wachstum der Bevölkerung umgeht.

Im Rahmen des Projekts könnt ihr auch weitere Themen bearbeiten.

Aufstrebende Weltmacht China

Ländername: Volksrepublik China
Größe des Landes: 9 572 419 km² (Bundesrepublik Deutschland: 357 000 km²)
Hauptstadt: Beijing (Peking)
ca. 11,1 Mio. Einwohner
Bevölkerung: ca. 1,3 Mrd. Einwohner; 91,1 % Han-Chinesen
Religionen: Konfuzianismus, 100 Mio. Buddhisten, 15 Mio. Protestanten, 4 Mio. Katholiken
Regierungsform: Sozialistische Volksrepublik mit Einheitspartei (KPCH)
Bruttoinlandsprodukt (BIP): ca. 4900 Mrd. US$ (2008), davon: Landwirtschaft 10 %, Industrie 47 %, Dienstleistungen 43 % (Vergleich BIP Deutschland ca. 2409 Mrd.)
Bruttonationaleinkommen (Pro-Kopf-Einkommen): ca. 2940 US-$ (2008), (Vergleich: Deutschland ca. 42 410 US-$, 2008)
Exporte: 1202 Mrd. US$, davon 8 % Maschinen, 29 % Elektronik, 14 % Textilien
Importe: 1006 Mrd. US$, davon 14 % Rohstoffe, 21 % Elektronik, 12 % Brennstoffe, 9 % Maschinen

M1 Daten zu China 2008.

M2 **Tagung des Chinesischen Volkskongresses in Peking.** Foto, 2009. Der Volkskongress mit seinen 5000 Mitgliedern ist das laut Verfassung höchste Organ des chinesischen Staates.

M3 Anteile an der Gesamtfläche Chinas (in %)

Tiefland	10
Berg- und Hügelland	9
Beckenlandschaften	15
Hochflächen	30
Hochgebirge	36

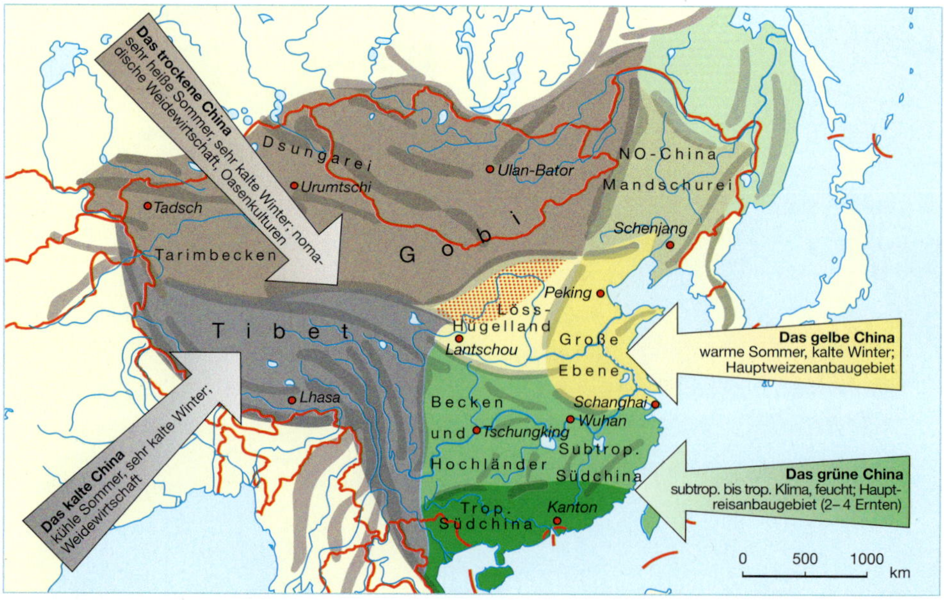

M4 Landschaftstypen in China.

Projektarbeit

METHODE

Intensives Arbeiten: Projekt

Bei einem Projekt arbeitet eine Arbeitsgruppe selbstständig an einem Problem mit unterschiedlichen Fragestellungen. Jede Schülerin und jeder Schüler ordnet sich im Projekt den Fragen zu, die ihr/ihm besonders liegen. Projekte benötigen längere und intensivere Arbeitsphasen. Am Ende eines Projekts steht als Ergebnis ein Produkt, das ihr gemeinsam in eigener Verantwortung erstellt habt.

M 1 Checkliste: Projektarbeit

1. Schritt: Vorbereitung

Themen sammeln:
Was könnte untersucht werden? Welcher Einzelaspekt interessiert besonders?

Ziel und Thema des Projekts:
Auf welches Thema kann sich die Gruppe festlegen, sodass alle engagiert mitarbeiten?

Zeitplan des Projekts bestimmen:
Projekte dauern mindestens eine, zumeist zwei bis drei Wochen.
Erstellt vor Beginn des Projekts einen genauen Arbeitsplan, um die Arbeit besser überschauen zu können.

Vorstellung der Arbeitsergebnisse:
Macht euch vor Beginn des Projekts Gedanken, wie ihr eure Arbeitsergebnisse präsentieren wollt. Ihr könnt z.B. eine Wandzeitung erstellen, eine Dokumentation oder eine Ausstellung anfertigen.

2. Schritt: Durchführung

Arbeitsgruppen einteilen:
Legt fest, wer mit wem arbeitet, und verteilt die Arbeit auf die einzelnen Gruppen. Auch innerhalb der Arbeitsgruppen solltet ihr genau klären, wer wofür verantwortlich ist, sodass es immer einen Ansprechpartner für die einzelnen Aufgabenstellungen gibt.

Material besorgen:
Material findet ihr in Tageszeitungen, Illustrierten, im Internet und Büchern. Vielleicht könnt ihr auch Videoaufzeichnungen auswerten oder im Rahmen eurer Präsentation Ausschnitte daraus vorstellen.

Arbeitsergebnisse überprüfen:
Zwischendurch solltet ihr euch immer wieder in der ganzen Klasse zusammensetzen und eure Zwischenergebnisse vorstellen.
Verständnisfragen und Nachfragen anderer Schülerinnen und Schüler, die das Gruppenthema nicht bearbeiten, helfen euch, Schwachpunkte der Arbeit zu erkennen. Diese Kritik innerhalb der Arbeitsphase ist sehr wichtig, weil dadurch das von der einzelnen Gruppe zu verantwortende Arbeitsergebnis immer wieder hinterfragt wird und verbessert werden kann.

3. Schritt: Vorstellung der Ergebnisse

Präsentation:
Teilprojekte in Gruppen erarbeiten, das Gesamtprojekt präsentieren alle gemeinsam – so lässt sich diese letzte Phase zusammenfassen.

Ankündigung:
Kündigt eure Präsentation in der Schule an. Ladet Eltern und Freunde ein.

China: Eine alte Kultur

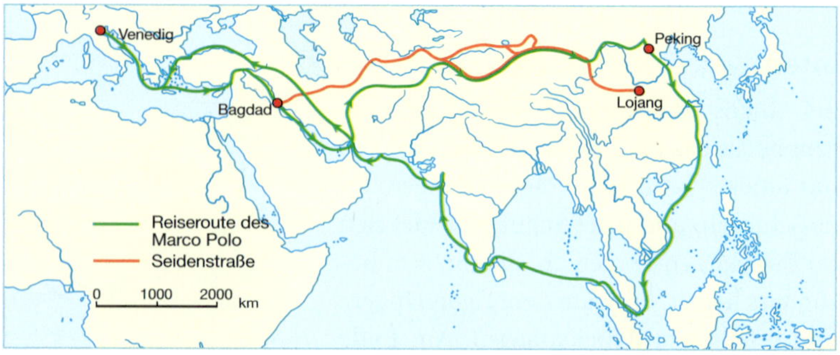

M 1 Reiseroute des Marco Polo, links: Dschunke – chinesisches Segelschiff (mit einem solchen Schiff kehrte Marco Polo heim).

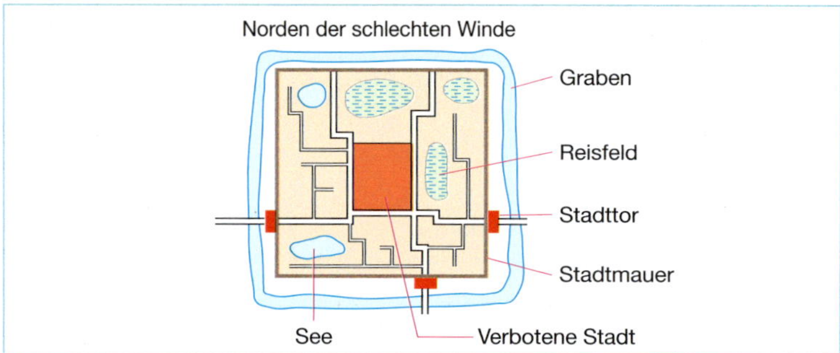

M 2 Stadtgrundriss einer alten chinesischen Stadt. Die alten Städte weisen einen schachbrettförmigen, nach den Himmelsrichtungen orientierten Grundriss mit Stadtmauer und drei Toren auf. Die niedrigen Häuser kehren der Straße die fensterlose Rückseite zu. Mauern trennen die ineinandergeschachtelten Wohnviertel mit Knickgassen, die nur Lastenträger passieren können. In der Mitte großer Städte liegt der ummauerte Sitz des Herrschers und der Beamtenschaft.

M 3 Peking: Das Haupttor zur „Verbotenen Stadt" heute. Foto, 2007.

China vor mehr als 730 Jahren

Der venezianische Kaufmannssohn Marco Polo reist 1271 auf dem Landweg nach China, in ein zu jener Zeit in Europa weitgehend unbekanntes Land.

Vom Westen, aus dem Pamirgebirge kommend, erreicht er zunächst das Tarimbecken und durchquert die Wüste Takla Makan. Nach einem kurzen Aufenthalt am See Lopnor wendet er sich nach Nordosten, überquert die Gebirgsketten des Altai und die Wüste Gobi.

Von dort geht die Reise weiter in Richtung Südosten, vorbei an der Großen **Chinesischen Mauer**, bis er 1275 die alte Sommerresidenz des Kaisers nördlich der heutigen Hauptstadt Peking (Beijing) erreicht. Hinter ihm liegen mehr als 12 000 Kilometer, für die er dreieinhalb Jahre benötigt hat.

Unter dem chinesischen Kaiser Kublai Khan lernt Marco Polo eine hoch entwickelte Kultur kennen.

Der Europäer wundert sich über die schwarzen Gesteinsadern, die die Chinesen abbauen und wie Holzklötze verbrennen. Er ist erstaunt über das Papiergeld, das aus dem Bast der Maulbeerbäume hergestellt wird. Geradezu angetan ist er von dem Nachrichtenwesen. Alle fünf Kilometer gibt es ein Dorf mit kaiserlichen Läufern. Muss eine Nachricht übermittelt werden, bindet sich der Kurier ein Glöck-

chen um und läuft los. Die reiche Handelsstadt Hangtschou (Hangzhou) mit prächtigen Palästen und Schiffen aus ganz Asien mit Gewürzen, Perlen und Edelsteinen begeistert ihn.
Als Marco Polo nach fast 25 Jahren nach Venedig zurückkehrt, glaubt ihm keiner, was er in China gesehen und erlebt hat.

„Reich der Mitte“

So nennen die Chinesen bis heute ihr Land. Die **chinesische Kultur** hat sich über Jahrtausende ohne fremde Einflüsse entwickeln können. Die Menschen waren bis ins 15. Jahrhundert von anderen Kulturen durch Steppen und Wüsten, Hochgebirge und das Meer weitgehend getrennt.

Weltanschauungen und Religionen

Konfuzianismus, Taoismus und Buddhismus sind Lehren und Religionen vom „richtigen Leben“. Bis heute üben sie einen prägenden Einfluss auf die Kultur Chinas aus.
Der **Konfuzianismus** ist eine auf den chinesischen Philosophen Konfuzius (551 bis 479 v. Chr.) zurückgehende Weltanschauung. Die Lehre befasst sich mit der Frage: Wie lässt sich eine gute Ordnung in der Familie, in der Gesellschaft und im Staat einrichten? Die Menschen sollen die Natur mit ihren Göttern und die Ahnen verehren. Sie sollen die bestehende Ordnung in Familie und Staat anerkennen sowie Gesetze und Vorschriften einhalten. Dann sei ein harmonisches Zusammenleben der Menschen gewährleistet.
Der **Taoismus** (Tao, Dao = der Weg) hat seinen Ursprung in China. Schon in vorchristlicher Zeit spielten Götter und Geister, Natur- und Ahnenverehrung eine große Rolle.

	Erfindungen	China	Europa
Landverkehr	Schubkarren Pferdebeschirrung mit Brustgurt	2. Jh. n. Chr. 2. Jh. n. Chr.	1200 n. Chr. 1250 n. Chr.
Schifffahrt	Schaufelradschiffe See-Kompass	8. Jh. n. Chr. 10. Jh. n. Chr.	1543 n. Chr. 1180 n. Chr.
Papier, Buchdruck	Papier, Druck mit beweglichen Lettern	2. Jh. n. Chr. 1048 n. Chr.	12. Jh. n. Chr. 1430 n. Chr.
Industrie/ Bergbau	große Schmelztiegel für Eisen Porzellan Erdölförderung	um Chr. Geb. 13. Jh. n. Chr. 16. Jh. n. Chr.	18. Jh. n. Chr. 18. Jh. n. Chr. 19. Jh. n. Chr.
Waffentechnik	Schießpulver Raketen	9. Jh. n. Chr. 13. Jh. n. Chr.	1285 n. Chr. 20. Jh. n. Chr.

M4 Kulturell-technische Leistungen der Chinesen.

Der **Buddhismus**, von Buddha vor 2500 Jahren begründet, kam durch den Handel mit Indien nach China. Ebenso wie der Taoismus lehrt er die schicksalhafte Vorbestimmung des Lebens.
Der **Islam** hielt wie der **Katholizismus** ab dem 7. Jahrhundert Einzug, der **Protestantismus** Anfang des 19. Jahrhunderts.
Nach der Gründung der Volksrepublik China 1949 wurde die Religionsausübung stark behindert. Heute sind fünf Religionen offiziell anerkannt.

1. Erläutert, warum die Chinesen ihr Land das „Reich der Mitte“ nennen.
2. Vergleicht den Aufbau einer alten chinesischen Stadt (M2 und M3) mit einer deutschen Altstadt, z. B. Lübeck.
3. Verfolgt die Reiseroute Marco Polos (M1) auf einer Atlaskarte.
4. Begründet, warum China eine der ältesten noch bestehenden Hochkulturen ist. Bezieht die Weltanschauungen und Religionen mit ein.

Die Folgen der Ein-Kind-Politik

M 1 **Chinesische Kindergruppe.** Foto 2009.

Zahl der männlichen Neugeborenen pro 100 weibliche Neugeborene	
19. Jahrhundert	130–150
1910	121,6
1932–39	112,2
1953	107,5
1964	105,5
1982	106,3
1992	114
2005	120

M 2 **Geschlechterverhältnis bei der Geburt.**

Ursache der Bevölkerungspolitik

Ein unkontrolliertes **Bevölkerungswachstum** kann die wirtschaftliche Leistungskraft eines Landes übersteigen und dadurch zu Hungersnöten führen. Dies war in der chinesischen Vergangenheit immer wieder geschehen. Als die Kommunistische Partei 1949 in der Volksrepublik China die Herrschaft übernahm, ging sie zunächst davon aus, dass sie derartige Probleme bewältigen könnte. Zunächst stieg die Geburtenrate noch an. Die erste Phase der **Geburtenkontrolle** blieb wenig wirkungsvoll und erreichte nicht die ländlichen Regionen. In den 1970er-Jahren bekam eine chinesische Frau im Schnitt sechs Kinder.

Daher wurde 1979 das **Ein-Kind-Gesetz** als eine als Maßnahmen zur konsequenten Bevölkerungspolitik erlassen. Durch die Ein-Kind-Politik wächst die chinesische Bevölkerung erheblich langsamer. Die Zahl der Kinder pro Frau liegt heute bei 1,6 Kindern. Die Ein-Kind-Politik hat jedoch ernste gesellschaftliche Probleme zur Folge.

Mehr Jungen, weniger Mädchen

Das Geschlechterverhältnis zum Zeitpunkt der Geburt ist beim Menschen nicht ausgewogen. Im Weltdurchschnitt werden im Verhältnis 105 Jungen zu 100 Mädchen geboren. Mit dem Alter verändert sich das Verhältnis von einem Männerüberschuss zu einem Frauenüberschuss.

Das Geschlechterverhältnis kann manipuliert werden. Früher war es in China eine Schande, keinen männlichen Erstgeborenen zu haben. Daher wurden neugeborene Mädchen umgebracht, bis es männlichen Nachwuchs gab. Moderne medizinische Methoden der Geschlechtsbestimmung erleichtern die Abtreibung eines Kindes mit unerwünschten Geschlecht. Am einfachsten ist eine Ultraschalluntersuchung, die eine Geschlechtsbestimmung ab der 13. Schwangerschaftswoche ermöglicht.

In China verbieten verschiedene Gesetze aus den 1990er-Jahren, Mädchen abzutreiben, schlecht zu behandeln oder zu diskriminieren. Abtreibungen werden dennoch vorgenommen. Zudem ist die Mädchen- und Frauensterblichkeit übermäßig hoch.

In 15 Jahren werden bis zu 40 Millionen heiratsfähige Männer möglicherweise keine Ehefrau finden.

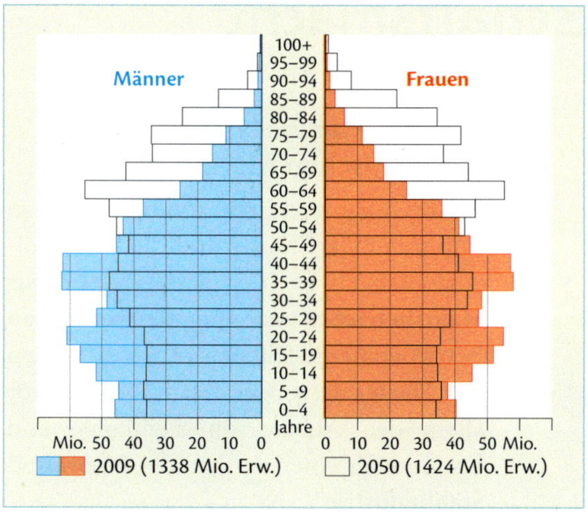

M3 Bevölkerungspyramide Chinas 2009 und 2050.

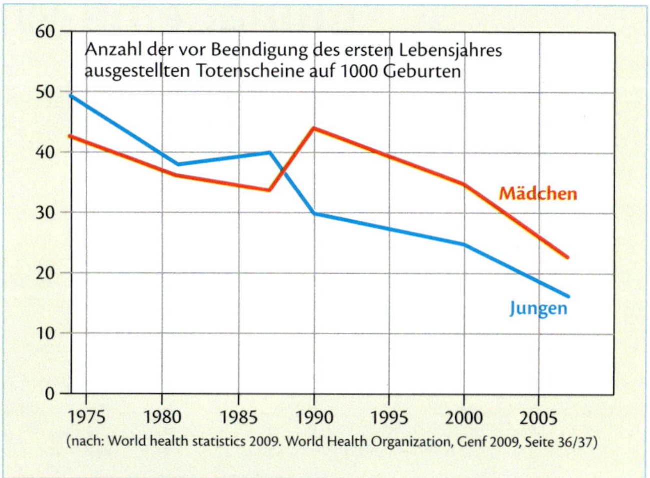

M5 Säuglingssterblichkeitsrate nach Geschlecht in China.

Überalterung

Eines der größten zukünftigen Probleme Chinas ist die Gefahr einer Überalterung. Schon 1999 überschritt China die Schwelle zur **alternden Gesellschaft**. Diese ist laut UN-Definition erreicht, wenn der Anteil der über 60-Jährigen zehn Prozent übersteigt. Staatlichen Prognosen zufolge wird er 2050 auf 31 Prozent angestiegen sein. Die Versorgung der Alten wird dann zum größten gesellschaftlichen Problem werden. Der Anteil der Bevölkerung im erwerbsfähigen Alter geht zurück. Besonders betroffen sind die ländlichen Gebiete. Die chinesische Regierung rückt deshalb von ihrer alten Bevölkerungspolitik ab. Schon 2007 verkündete der Minister für Bevölkerungsentwicklung und Geburtenplanung, dass China keine Ein-Kind-Politik mehr hat. Ab 2010 wird Frauen über 35 Jahren ein zweites Kind erlaubt.

M4 Mädchen sind auch gut

In der Dorfschule von Jingxian wird gerade Mathe unterrichtet. Egal, wohin man schaut, es sind nur Jungen zu sehen. Nirgends in China werden so wenige Mädchen geboren wie hier in der Provinz Jiangxi. […] Doch hier wächst bereits eine ganze Generation kleiner Prinzen heran. Damit sie später auch noch Ehefrauen finden, pumpt Chinas Regierung Millionen in eine Kampagne gegen den Jungen-Überschuss. Mit Kleinbussen fahren sie in die letzten Winkel der Provinz, wo die staatlichen Familienplaner ihre neue Losung verbreiten müssen: „Mädchen sind auch gut". „Unsere Beratung hat schon viele Bauern bekehrt", sagt der Arzt Xing Xuelin. […] Vorbildlichen Müttern, also solchen mit Mädchen, winken noch ganz andere Privilegien: Ihre Töchter werden krankenversichert, sie zahlen keine Schulgebühren. […]

1 Beschreibt die Ein-Kind-Politik Chinas.

2 Erläutert die Folgen, die sich aus dem Missverhältnis der Geschlechter in China ergeben (M2, M5).

3 Erklärt die langfristigen Folgen des Frauenmangels in China.

4 Beschreibt den Aufbau der Bevölkerung Chinas heute und 2050 (M3).

5 Vergleicht M3 dieser Seite mit M3 S. 294 (Indien).

China: eine Wirtschaftsmacht

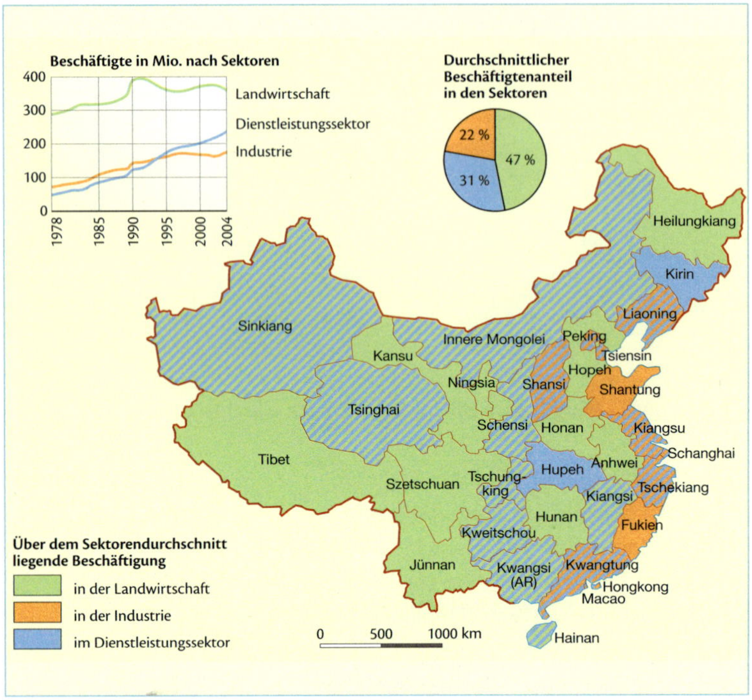

M 1 Beschäftigungsstruktur in China (2007).

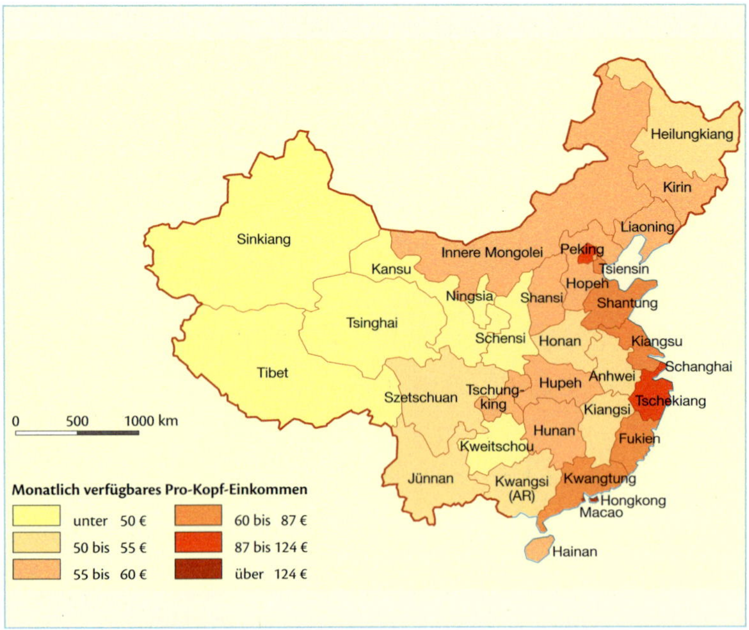

M 2 Einkommensverteilung in China (2007).

Von der Planwirtschaft zur sozialistischen Marktwirtschaft

Bis 1978 gab es in der kommunistischen Volksrepublik China sowohl in der Landwirtschaft als auch in der Industrie nur **Staatsbetriebe**. Was und wie viel in den Betrieben hergestellt wurde, war in Plänen des Staates festgelegt. Man förderte vor allem den Abbau von Steinkohle und Eisenerz für einen Ausbau der Eisen- und Stahlindustrie.

In den 1980er-Jahren begann die politische Führung Chinas die **sozialistische Marktwirtschaft** einzuführen und erlaubte auch die Gründung von Privatunternehmen. Die chinesische Landwirtschaft ist bis heute fast vollständig privatisiert. Bei den Industriebetrieben ging die Privatisierung etwas langsamer voran. Im Jahr 2008 waren aber bereits 70 Prozent der Unternehmen privatisiert. Diese sind in erster Linie für den großen wirtschaftlichen Erfolg Chinas verantwortlich, denn 2008 entfielen 70 Prozent des Wirtschaftswachstums auf Privatunternehmen.

Die Privatisierung der Wirtschaft geht in China jedoch nicht mit einer Demokratisierung einher und brachte den Menschen bisher kaum größere Freiheiten. Die freie Meinungsäußerung wird immer wieder unterdrückt. Menschen werden verhaftet, unter anderem, weil sie sich Informationen im Internet beschaffen wollten.

M 3 Werbung ausländischer Firmen in China. Foto, 2009.

Stärken	Schwächen
• anhaltende Investitionstätigkeit • relativ stabile Industrieproduktion • vergleichsweise hohes Wachstum des BIP • geringe Staatsverschuldung • geringe Auslandsverschuldung • stabiler Binnenkonsum • großes Arbeitskräfteangebot	• in vielen Bereichen auf ausländische Technologien und Zulieferungen angewiesen • hoher Ressourcenverbrauch • hohe Abhängigkeit von Energie- und Rohstoffimporten • geringe Arbeitsproduktivität in vielen kleineren und mittleren Betrieben
Chancen	**Risiken**
• weiterer Infrastrukturausbau • Exportanstieg • Förderung von Forschung und Entwicklung • Stärkung des Binnenmarktes durch Steigerung des Konsums • Ausbau der Verkehrs- und Datenverbindungen zwischen China und Taiwan • geplante Anbindung an die ASEAN-Freihandelszone	• hohe Abhängigkeit von Exporten nach Europa und in die USA vor allem in Südchina • steigende Energie- und Rohstoffpreise • fehlende Sozialsysteme • zunehmende Überalterung der chinesischen Gesellschaft durch die Ein-Kind-Politik • Überkapazitäten in einigen Industriebereichen

M 4 Analyse der Stärken, Schwächen, Chancen und Risiken des Wirtschaftsaufschwungs Chinas.

Öffnung für ausländische Firmen

Einen erheblichen Anteil am wirtschaftlichen Aufschwung Chinas haben **ausländische Direktinvestitionen***. Die chinesische Staatsführung lockte ausländische Firmen durch Steuervergünstigungen an, Produktionsstätten in China zu gründen, denn man war an dem ausländischen Kapital und den Technologien, aber auch an dem Managementwissen interessiert.
Ausländische Firmen hingegen verlagern Produktionsstätten nach China, da dort die Lohnkosten niedrig sind. Zudem erhoffen sie sich einen leichteren Zugang zu dem riesigen chinesischen Markt mit 1,34 Milliarden Menschen (2009), wenn sie ihre Waren dort produzieren.

Regionale Unterschiede

Das starke Wirtschaftswachstum in China hat fast allen Menschen im Land mehr Wohlstand gebracht. Die meisten Chinesen konnten aus bitterster Armut befreit werden. Dennoch sind die Einkommensunterschiede zwischen den Provinzen erheblich.
Viele Menschen aus den abgelegenen ländlichen Gegenden Chinas gehen als **Wanderarbeiter** in die Küstenstädte und andere wirtschaftliche Zentren im Osten des Landes. Es wird geschätzt, dass mehrere 100 Millionen Menschen bereits ihre Dörfer verlassen haben. Es handelt sich meist um unverheiratete Jugendliche, die nur eine geringe Schulbildung haben. Sie werden in den Städten hauptsächlich für schlecht bezahlte Schwerstarbeit ohne soziale Absicherung eingesetzt.

***Direktinvestitionen**
Fachausdruck für den Bau von Fabriken durch Unternehmer.

1 Benennt die Regionen Chinas, in denen die Industriebeschäftigten dominieren, und beschreibt die Lage der Industrieregionen (M 1).

2 Beschreibt die wirtschaftliche Entwicklung Chinas (M 1, M 2).

3 Erläutert die Voraussetzungen für das wirtschaftliche Wachstum (M 3, M 4).

4 Sucht in den Medien und im Internet aktuelle Beispiele für den wachsenden Einfluss Chinas in der Weltwirtschaft (Stichworte: Konjunktur, Währung, Umwelt).

Sonderwirtschaftszone Shenzhen

M 1 **Shenzhen.** Foto, 2009.

M 2 Wirtschaftszonen Chinas.

Sonderwirtschaftszonen

Die chinesische Regierung richtete seit 1980 in den Küstenregionen, die besser erschlossen waren als der Rest des Landes, vier **Sonderwirtschaftszonen** ein, in denen sich ausländische Unternehmen ansiedeln konnten. Zwei von ihnen, darunter Shenzhen, liegen in der Provinz Guangdong im Delta des Perlflusses, das direkt an Hongkong angrenzt.

Wegen des großen wirtschaftlichen Erfolgs wurden bereits 1984 weitere Küstenstädte geöffnet und seit 1992 auch die Hauptstädte aller Provinzen im Landesinneren.

Shenzhen – Werkbank der Welt

Seit Shenzhen als Sonderwirtschaftszone ausgewiesen ist, gehört die Stadt zu den am schnellsten wachsenden Städten der Erde. Aus dem kleinen Städtchen mit nur 30 000 Einwohnern im Jahr 1979 entstand in zwei Jahrzehnten eine moderne Millionenstadt nach westlichem Vorbild.

Die rasante Entwicklung Shenzhens wurde begünstigt durch die direkte Nachbarschaft zu Hongkong. Zunächst investierten Chinesen aus Hongkong in Shenzhen und verlagerten wegen der billigen Arbeitskräfte und **sehr niedriger Standards** im Arbeits- und Umweltschutz ihre Produktion dorthin. Schon bald folgten Unternehmen aus den westlichen Industriestaaten diesem Beispiel und ließen dort Textilien, Spielwaren und einfache Elektronikteile fertigen. Millionen von jungen Chinesen kommen als Wanderarbeiter auch nach Shenzhen, um in den Fabriken für niedrigste Löhne zu arbeiten.

Hightech-Standort Shenzhen

In Shenzhen sind einige der erfolgreichsten chinesischen Hightech-Unternehmen angesiedelt. Daneben haben aber auch vie-

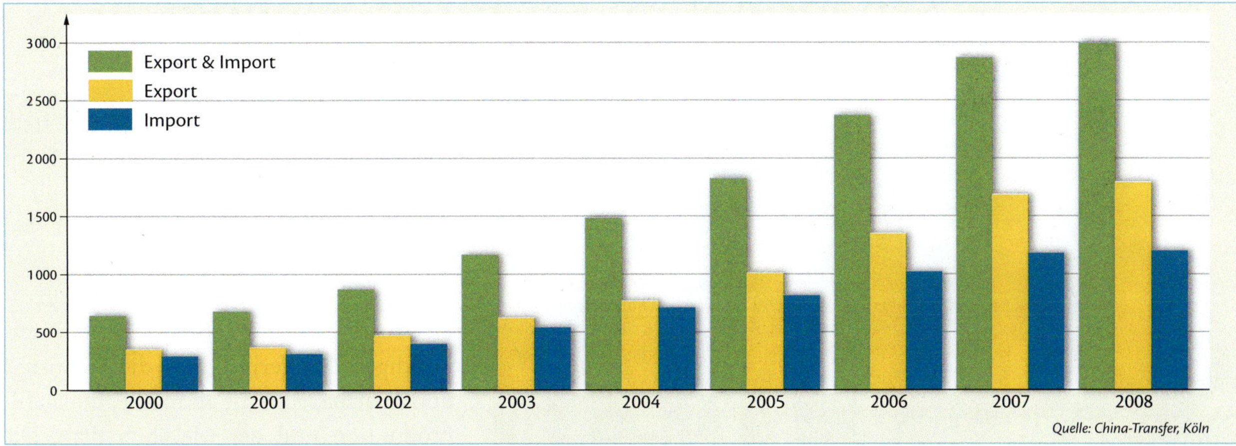

M 3 Entwicklung des Import-/Exportvolumens in Shenzhen (in 10 Mio. US-$).

le ausländische Hightech-Unternehmen Produktionsstätten in Shenzhen. Sie sind in einem der fünf landesweit durch die Zentralregierung in Peking geförderten Hochtechnologieparks angesiedelt. Dort werden vor allem Computer, Handys und Geräte der Unterhaltungselektronik produziert sowie Software entwickelt. Ein Großteil der iPods, iPhones und Notebooks für Apple wird in Shenzhen produziert. Lenovo, die 2005 den Bereich PersonalComputer von IBM übernommen haben, produzieren ihre Notebooks in Shenzhen. Fast die Hälfte aller Exporte Shenzhens machen **Hightech-Produkte** aus. An verschiedenen Fachhochschulen und den fünf Universitäten der Stadt werden junge Chinesen unter anderem zu Hightech-Spezialisten ausgebildet.

Handelsplatz Shenzhen

Von Shenzhen aus gelangen die produzierten Waren mit dem Schiff in alle Welt. Der Containerhafen von Shenzhen ist nach Schanghai und Hongkong der drittgrößte Chinas und der viertgrößte weltweit. Shenzhen ist die Stadt mit dem größten Exportvolumen Chinas, denn von dort gehen rund 14 Prozent aller chinesischen Exporte auf den Weltmarkt.

Fläche, davon Sonderwirtschaftszone	2020 km² 396 km²
Einwohner	7,58 Mio.
Wanderarbeiter	2,9 Mio.
Durchschnittsalter	30 Jahre
Bruttoinlandsprodukt/Kopf	8500 US-$
durchschnittliches Einkommen	2821 US-$
ausländische Direktinvestitionen	3,27 Mrd. US-$

M 4 Sonderwirtschaftszone Shenzhen (2006).

M 5 Herstellung von Textilien in einer Fabrik in der Nähe von Shenzhen. Foto, 2009.

1 Erklärt die Bedeutung der Sonderwirtschaftszonen für den wirtschaftlichen Aufschwung Chinas (M 2).

2 Erstellt für ausländische Investoren ein Werbeplakat für Shenzhen, in dem ihr die Vorteile des Standortes für die Wirtschaft charakterisiert (M 1, M 3, M 4, M 5).

Schanghai im rasanten Wandel

M 1 **Luftbild von Schanghai.** Fotomontage.

M 2 **Die Nanjing-Road, Haupteinkaufsstraße von Schanghai.** Foto, 2009.

Bedeutung Schanghais

Schanghai ist das wirtschaftliche Zentrum und derzeit die **bevölkerungsreichste Stadt** Chinas. Seit Anfang der 1980er-Jahre ist Schanghai der Motor des chinesischen Wirtschaftsaufschwungs und stellt einen starken Anziehungspunkt auch für ausländische Investoren dar – beispielsweise Siemens, Volkswagen, Alcatel und General Motors.

Wichtige Arbeitgeber sind die Textilindustrie, der Automobilbau mit der notwendigen Zulieferindustrie, die chemische und pharmazeutische Industrie, die Stahlproduktion und der Maschinenbau. Die Stadt verfügt über einen der **größten Containerhäfen** der Welt. Schanghai hat zwei internationale Flughäfen und ist ein wichtiger Verkehrsknotenpunkt.

Zudem ist die Stadt ein bedeutendes Kultur- und Bildungszentrum mit zahlreichen Universitäten, Hochschulen, Forschungseinrichtungen, Theatern und Museen.

Zu den Entwicklungszielen gehören der Ausbau zu einem der größten internationalen Finanzzentren sowie die Schaffung von modernen Forschungs- und Entwicklungszentren für elektronische Bauteile.

Pudong

Das Zentrum der Wirtschaft ist der 1990 als **Sonderwirtschaftszone** ausgewiesene und gegründete Stadtteil Pudong. Die Skyline symbolisiert mit dem zweitgrößten Fernsehturm Asiens, dem Oriental Pearl Tower (468 Meter), auch genannt die „Perle des Ostens", dem Shanghai World Financial Center (492 Meter) und dem Jin Mao Tower (420 Meter) den Aufstieg Schanghais zur Weltspitze. Der 632 Meter hohe Shanghai Tower, dessen Fertigstellung für 2014 vorgesehen ist, symbolisiert Chinas Zukunft. Der Turm befindet sich in einem Gebiet, das vor zwei Jahrzehnten noch reines Ackerland war.

Das Wirtschafts- und Hightech-Viertel umfasst rund 500 Quadratkilometer, auf denen sich Bürotürme dicht an dicht reihen. Direkt gegenüber von Pudong liegt der Bund. Er ist das ehemalige Handelsviertel der Stadt und heutiges Konsumzentrum mit teuren Privatclubs, Bars, Kinos und Theatern.

Folgen des Wirtschaftswachstums

Ohne die amtlich gezählten fünf Millionen Wanderarbeiter wäre Schanghais Wirtschaft nicht so erfolgreich. Die meisten Wanderarbeiter sind auf den zahlreichen Baustellen beschäftigt.

Dem rasanten Wachstum der Stadt mussten ganze Wohnviertel weichen. Städtische Entwicklung bedeutet in Schanghai Abriss und Neubau, sodass die in sich geschlossenen Altstadtquartiere fast vollständig aus dem Stadtbild verschwunden sind. Die Kernstadt mit ihren zehn Millionen Einwohnern zählt bereits heute zu den am stärksten besiedelten Regionen der Welt und soll nicht weiter verdichtet werden. Deshalb möchte die Stadtverwaltung die Zuwanderung auf 300 000 Personen im Jahr beschränken.

Umweltprobleme

Das schnelle Wirtschaftswachstum geht zu Lasten der Umwelt. Luft und Wasser werden durch Kohlekraftwerke, Ölraffinerien, Chemiebetriebe und Stahlwerke stark geschädigt. Auch der Autoverkehr sowie die starke Bautätigkeit belasten die Umwelt. Die Stadtverwaltung sah sich schon vor Jahren genötigt, besonders stark die Umwelt verschmutzende Betriebe aus dem Zentrum in Randbezirke zu verlagern.

Besonders dringlich ist die Kontrolle des Huangpu, der die Stadt mit Trinkwasser versorgt. Noch vor kurzem musste der Fluss täglich etwa vier Millionen Tonnen ungeklärte Abwässer aus Fabriken und Haushalten aufnehmen. Ferner will man die Luftverschmutzung so weit verringern, dass Tage mit „guter Luft“ zu 85 Prozent jährlich vorherrschen.

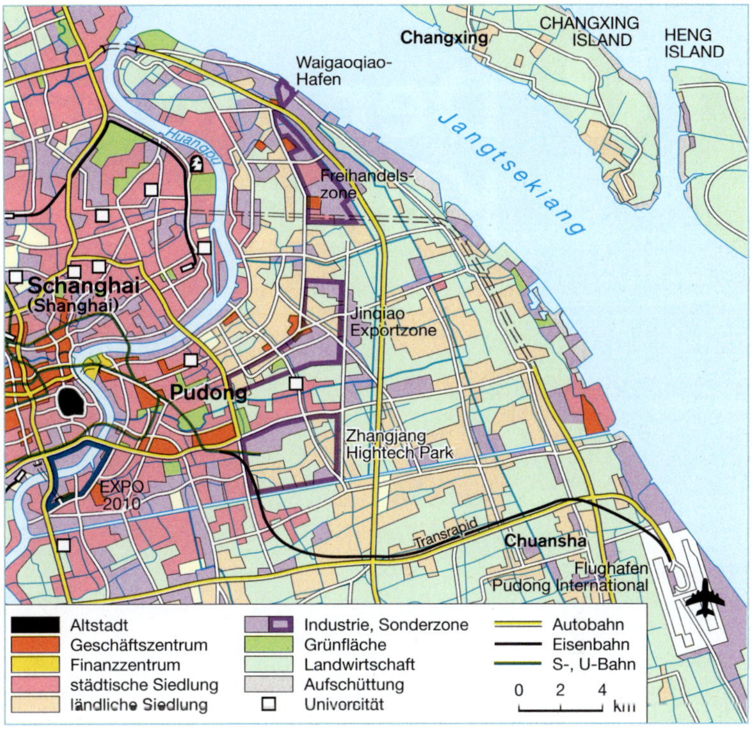

M3 **Pudong, der modernste Teil Schanghais.**

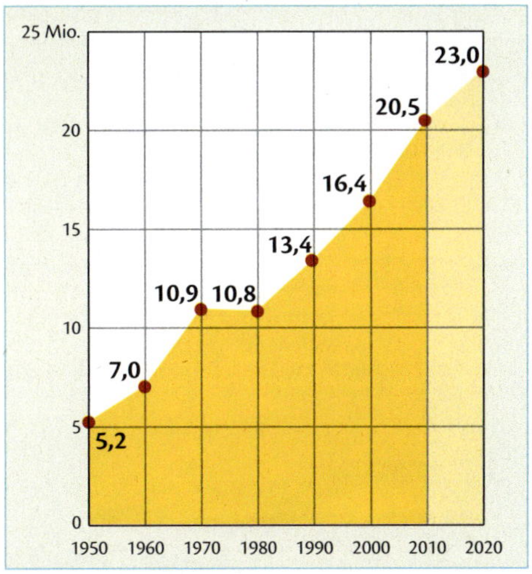

M4 **Einwohnerentwicklung von Schanghai 1950–2020.**

1 Beschreibt die geographische Lage Schanghais (Atlas).

2 Berichtet über Schanghai als wirtschaftliches Zentrum Chinas (M 1, M 2, M 3).

3 Erläutert Gliederung und Funktion von Pudong (M 1 und M 3).

4 Erklärt die Auswirkungen der Bevölkerungszunahme (M 4) und berichtet, was die Stadtverwaltung unternehmen will.

10 Der globale Klimawandel

Blick aus der Internationalen Raumstation (ISS) auf die Erdatmosphäre. Foto, 2009.

Die Atmosphäre ist der verwundbarste Teil der Erde.

Die Atmosphäre ist deshalb so verletzlich, weil sie so dünn ist. Würde man einen Globus mit einer Lackschicht überziehen, wäre die Farbe so dick wie die Erdatmosphäre im Vergleich zur Erdkugel. Der Mensch ist in der Lage, die Zusammensetzung der Atmosphäre zu verändern.

In diesem Kapitel könnt ihr
- eure bisherigen Kenntnisse zu den Ursachen und Folgen des Klimawandels erweitern,
- den Nutzen und die Gefahren von Kohlendioxid erarbeiten,
- euch mit den möglichen Folgen in etwa 50 Jahren auseinander- setzen und
- herausfinden, was ihr selbst zum Klimaschutz beitragen könnt.

Flutopfer: Pakistan 2010. Foto.

Natürliche Klimaänderungen

M1 **Die Heimkehr der Jäger.** Gemälde von Pieter Brueghel dem Älteren, ca. 1565.

***Zyklus**
Regelmäßige Abfolge.

Die Erde im Sonnensystem

In der Erdgeschichte gab es immer Klimaschwankungen. Die Ursachen für diese **Klimaschwankungen** sind vielfältig. Wissenschaftler machen hauptsächlich Veränderungen der Erdumlaufbahn für die Entstehung der **Eiszeiten** (Kaltzeiten) und die Aktivitäten der Sonne für die kurzfristigen Schwankungen der **Nacheiszeiten** (Warmzeiten) verantwortlich. Die Veränderungen in der Stärke der auf die Atmosphäre der Erde treffenden Sonnenstrahlen weisen in den letzten 100 Jahren einen ähnlichen Verlauf auf wie die Entwicklung der weltweiten Durchschnittstemperatur. Seit dem 17. Jahrhundert nimmt die Sonnenaktivität allmählich zu, jedoch lässt sich die gegenwärtige Erwärmung der Erde nicht allein damit erklären.

Das Klima ist beeinflussbar

Vulkanausbrüche beeinflussen das Klima für wenige Jahre. 1815 brach der Tambora auf Sumbawa in Indonesien aus. Die Auswirkungen auf das weltweite Klima brachten dem Jahr 1816 die Bezeichnung „Jahr ohne Sommer" ein. Im Hochsommer traten Nachtfröste auf, in der Schweiz fiel der Schnee in Höhen ab 800 Metern und Mitteleuropa verzeichnete kühlen Dauerregen. Auch in Nordamerika und Ostasien traten Wetterlagen mit außergewöhnlich niedrigen Temperaturen und wenig Sonnenschein auf.

Eine weitere Ursache für Klimaänderungen könnten Schwankungen der großen **Meeresströmungen** sein, die im Wesentlichen durch Temperatur und Salzgehalt des Meeres gesteuert werden. Diese Schwankungen sollen im Nordatlantik einem 35-Jahre-Zyklus* folgen. Sie spielen sich in ähnlichen Zeitskalen ab wie jene

Klimaänderungen, die im 20. Jahrhundert mit hoher Wahrscheinlichkeit dem menschlichen Einfluss zugeschrieben werden.

Klimaforschung

Die Klimaveränderungen der letzten tausend Jahre untersucht die **Paläoklimatologie**. Wichtige Informationen gewinnt man durch historische Aufzeichnungen. Weitere Untersuchungsmethoden beziehen sich auf die Wachstumsringe von Bäumen, die Auskunft zu Temperatur und Niederschlägen geben. Aus den Ablagerungen von Ozeanen oder Binnenseen können die Wissenschaftler die jeweilige Temperatur, den Salzgehalt sowie die Strömungsverhältnisse ableiten.

Mit **Gletschereis-Bohrkernen** werden nicht nur die Temperaturen früherer Zeitalter rekonstruiert, sondern auch die Spurengase in der Atmosphäre erkannt. Eisbohrkerne haben einen Durchmesser von 10 Zentimetern. Die Stücklänge beträgt ungefähr 3,5 Meter und die Gesamtlänge kann über 3000 Meter betragen. Eisbohrkerne aus der Antarktis geben Aufschluss über das Klima der letzten 800 000 Jahre.

Eisbohrkerne und Ablagerungen im Meer sind sehr wichtige Archive für die Rekonstruktion des Klimas der letzten 100 bis 150 Jahre. Deshalb hat die Paläoklimatologie in den vergangenen 20 Jahren eine enorme Entwicklung erlebt.

M2 Ein Eisbohrkern wird untersucht. Foto, 2008.

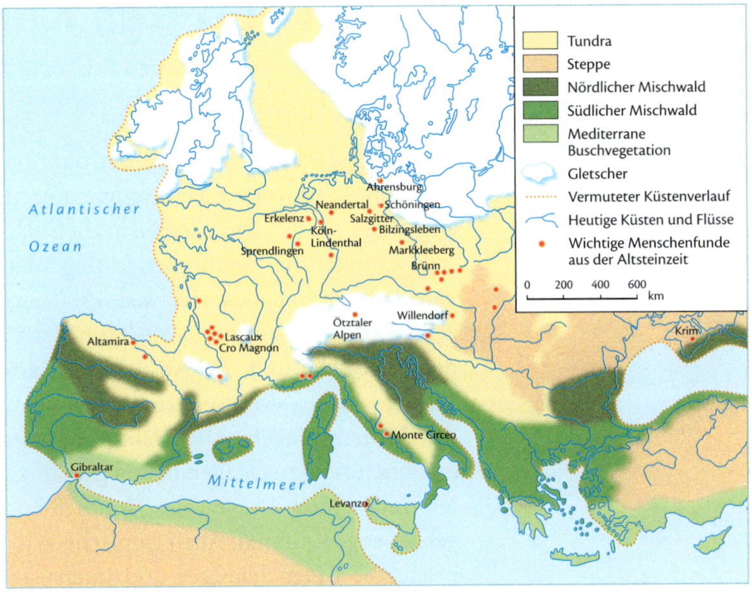

M3 Vegetation in Europa während der Weichsel-Kaltzeit vor etwa 20 000 Jahren.

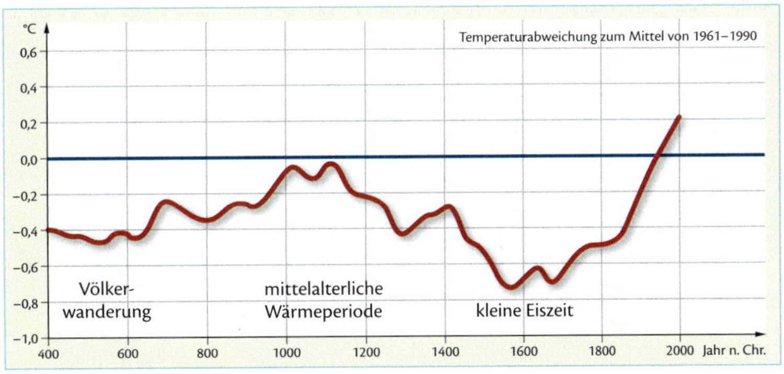

M4 Abweichung der Durchschnittstemperatur der Nordhalbkugel 400–2000 n. Chr. im Vergleich zur Durchschnittstemperatur der Jahre 1961–1990 (blaue Linie).

1 Beschreibt die Abbildung M1.

2 Beschreibt die Verteilung der Vegetation in Europa in der letzten Kaltzeit (M3).

3 Erläutert den Temperaturverlauf (Abweichung) der letzten 1600 Jahre auf der Nordhalbkugel (M4). Bezieht M1 mit ein.

4 Erstellt eine Tabelle, in der ihr Ursachen für Klimaänderungen auflistet (M1–M4).

Anzeichen des Klimawandels

Klimawandel

Langfristige Messungen beweisen, dass die globalen Luft- und Meerestemperaturen angestiegen sind. Die Meereisflächen der Arktis und die Schneebedeckung der Nordhalbkugel haben sich seit 1960 um zehn Prozent verringert. Die schmelzenden Gletscher und die Ausdehnung des Wassers führen weltweit zum **Ansteigen des Meeresspiegels**. Die Häufigkeit von extremen Niederschlägen in den gemäßigten und polaren Breiten der Nordhalbkugel hat zugenommen. Auch tropische Wirbelstürme treten häufiger und intensiver auf. Durch sommerliche **Trockenperioden und Dürren** breiten sich die Wüsten in Afrika, Zentralasien, Nordindien und Südamerika immer mehr aus. Hitzeperioden führten in den USA zu den schlimmsten Waldbränden seit 50 Jahren. Zu berücksichtigen ist, dass das Klima infolge seiner Trägheit auf äußere Einflüsse immer mit einer Zeitverzögerung von einigen Jahrzehnten reagiert.

Schnee und Eis im Klimasystem

Die Anzeichen für die weltweite Klimaerwärmung lassen sich besonders gut an Veränderungen bei Schnee und Eis erkennen.

Die Gletschermumie „Ötzi“ wurde 1991 in den Ötztaler Alpen in Südtirol gefunden. **„Ötzi“** lag seit etwa 3400 vor Christus in einer Querrinne unterhalb eines Glet-

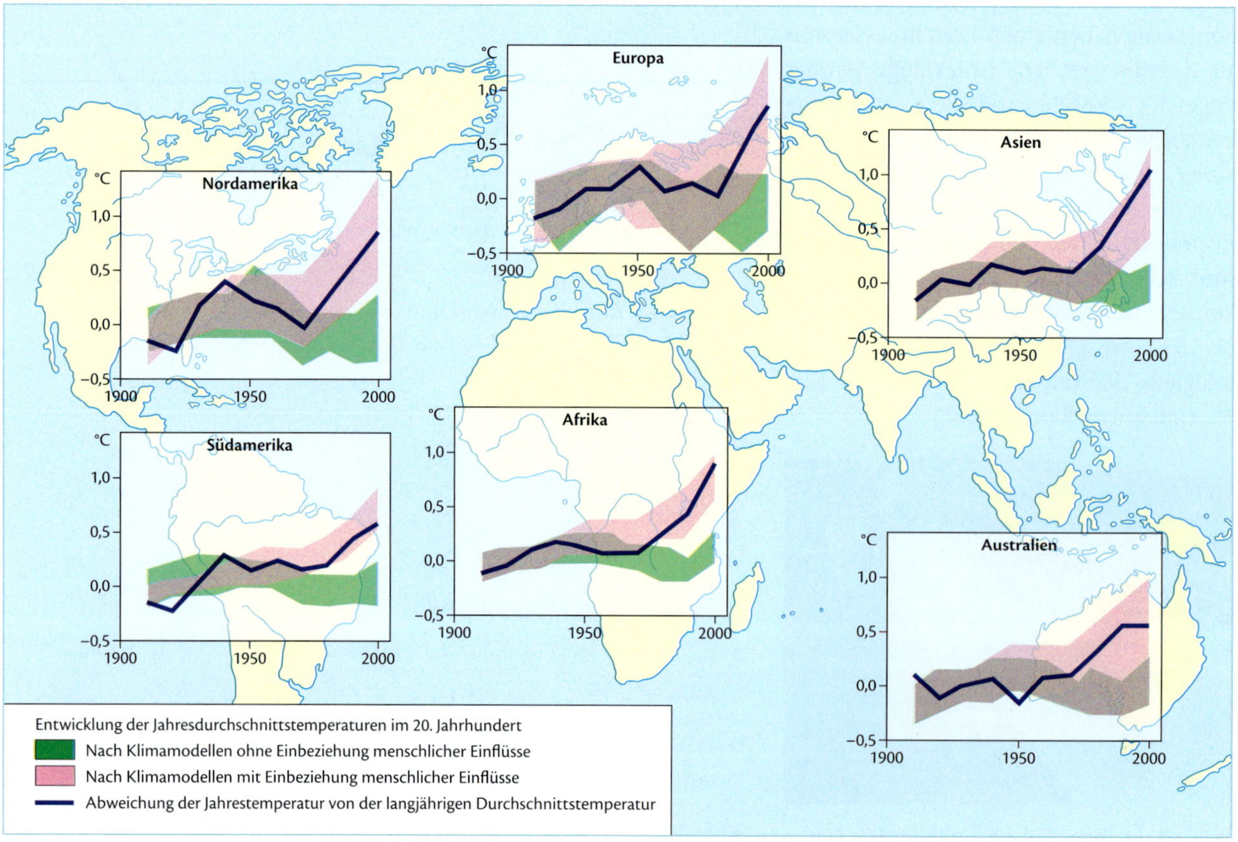

M 1 **Entwicklung der weltweiten Jahresdurchschnittstemperaturen nach Klimamodellen.**

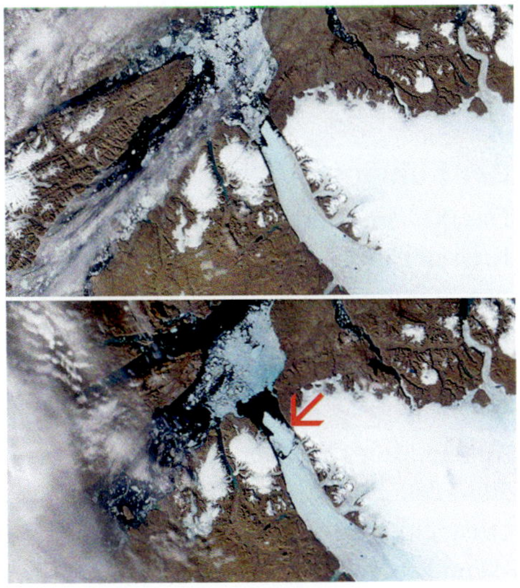

M 2 Abbruch eines riesigen Eisstücks von einem Gletscher in Grönland 2010. Der Eisbrocken ist 200 Meter dick und hat eine Ausdehnung von 260 Quadratkilometern, das ist etwa zweieinhalbmal die Fläche von Sylt. Satellitenbilder, August 2010.

schers. Der Gletscher glitt etwa 5400 Jahre über diese Querrinne hinweg, sodass die Gletschermumie dort relativ unbeschadet überstehen konnte. Erst mit dem Rückzug des Gletschers wurde die Fundstelle frei.

Gletscherveränderungen werden weltweit beobachtet. In den Alpen haben die Gletscher in den letzten 100 Jahren etwa **50 Prozent ihrer Masse** verloren.

Die Schnee- und eisbedeckten Flächen strahlen die einfallenden Sonnenstrahlen zurück. Durch ihr Verschwinden wird auch der globale Wärmehaushalt der Erde beinflusst.

Messungen zum Volumen, der Masse oder Oberflächenbewegung von Gletschern finden durch Gletscherforscher (Glaziologen) an den Gletscherzungen und durch Auswertung von Satellitenaufnahmen statt.

Bei den Gletschern in den Höhenlagen der Tropen sind die Temperaturschwankungen und Niederschläge im Jahresverlauf geringer. Wegen ihrer kleineren Ausdehnung reagieren sie empfindlicher und

M 3 Veränderungen des Vernagtferners in den Ötztaler Alpen in der Gegenüberstellung von 1844 zu 2001. Gemälde/Foto.

schneller auf Klimaveränderungen. Schon ein vergleichsweise geringer Temperaturanstieg wirkt sich unmittelbar aus.

1 Benennt Anzeichen des Klimawandels (M 1–M 3).

2 Beschreibt die weltweiten Temperaturveränderungen im 20. Jahrhundert (M 1).

3 Vergleicht die Bilder des Vernagtferners (M 3).

4 Führt eine Internetrecherche durch zum Thema: Anstieg des globalen Meeresspiegels.

Kohlenstoffdioxid – lebensnotwendig, aber gefährlich

Lebensnotwendiger Kohlenstoff

Pflanzen nutzen das in der Luft enthaltene Kohlenstoffdioxid (CO_2) zur **Photosynthese**. Für viele Pflanzen ist dies die einzige Kohlenstoffquelle. Dadurch entsteht auch Sauerstoff in der Luft, der für alle Landlebewesen lebensnotwendig ist. Alle Organismen eines Ökosystems sind andauernd mit Atmung beschäftigt, während die Photosynthese an die Verfügbarkeit von Licht in den Tagstunden gebunden ist. In der Regel wird das Kohlenstoffdioxid am Tag verbraucht und in der Nacht freigesetzt. Die Landmassen der Erde mit den großen Waldvorkommen befinden sich überwiegend auf der Nordhalbkugel. Im Winterhalbjahr sind daher die **Kohlenstoffdioxidemissionen** größer, da durch die Fäulnisprozesse nach dem Laubabwurf verstärkt Kohlenstoffdioxid freigesetzt wird.

Der Kohlenstoffkreislauf

Das Kohlenstoffdioxid ist einem ewigen Kreislauf unterworfen, in Gesteinen, Böden, Luft, Wasser und Lebewesen. Das Kohlenstoffdioxid der Luft steht zum Beispiel in einem Gleichgewicht mit dem im Meerwasser gelösten Kohlenstoffdioxid. Auf ein Molekül in der Luft kommen etwa 50 Moleküle Kohlenstoffdioxid in den Ozeanen.

Wenn gebundener Kohlenstoff in das Tiefenwasser absinkt, ist er auf absehbare Zeit dem Kohlenstoffkreislauf entzogen.

Weltweit wird ein Drittel der Kohlenstoffdioxidemissionen von den Wäldern aufgenommen. Die Rolle dieser biologischen **Kohlenstoffsenken** führte zu heftigen Diskussionen zwischen Wissenschaftlern und Politikern, denn durch Aufforstung in den Wäldern kann zusätzlicher Kohlenstoff gespeichert werden. Nach etwa 15 bis 100 Jahren kehrt das Kohlenstoffdioxid in die Atmosphäre zurück und wird zur **Kohlenstoffquelle**. Neuere Untersuchun-

Verursacher	Eingesetzte Energieträger	Beispiele für Energiewandler, die CO_2 freisetzen
Verkehr	Flugtreibstoffe, Diesel, Benzin	Dieselmotor, Ottomotor, Düsentriebwerk 17 %
Haushalte, Kleinverbraucher	Heizöl, Gas, feste Brennstoffe	Raumheizungsanlagen 24 %
Industrie	Öl, Gas, feste Brennstoffe	Industriefeuerungen, Anlagen zur Gewinnung von Prozesswärme 24 %
Kraftwerke, Heizkraftwerke	Kohle	Kohlekraftwerke 35 %

M 1 **Wichtige CO_2-Verursacher in Deutschland.**

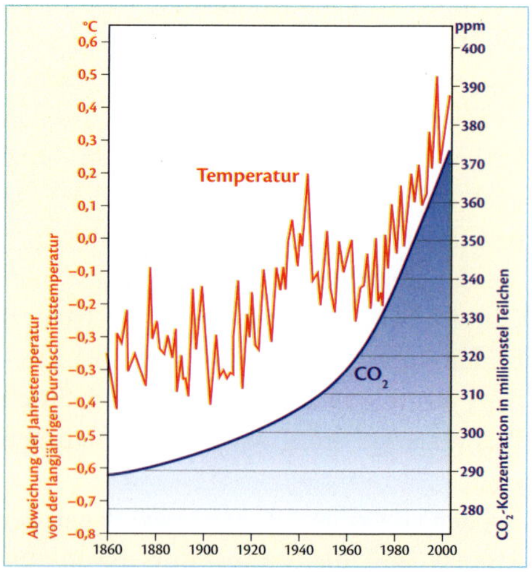

M 2 **Entwicklung des Kohlenstoffdioxid-Gehalts und der Durchschnittstemperatur seit 1860.**

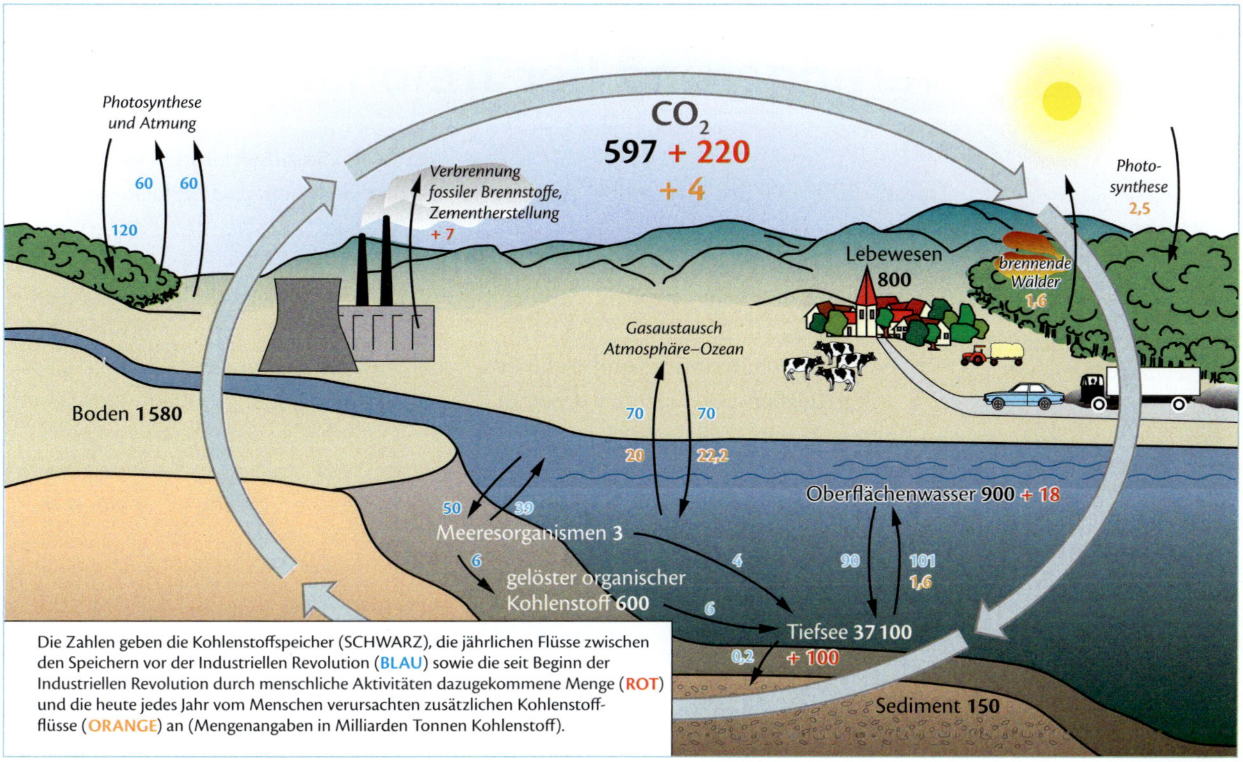

M 3 Der globale Kohlenstoffkreislauf.

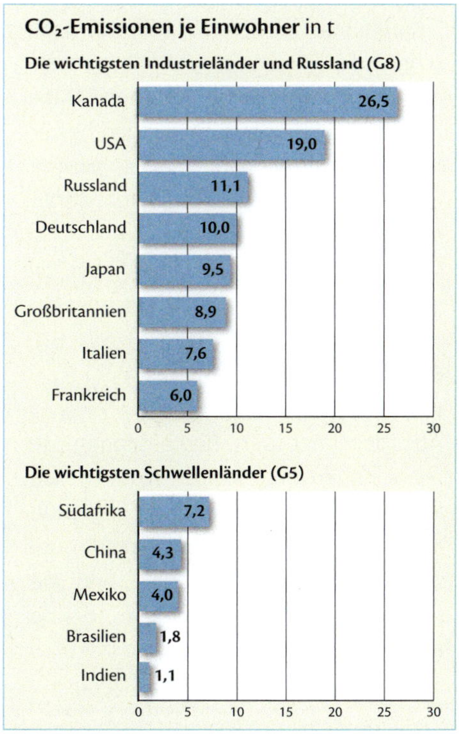

M 4 Kohlenstoffdioxidemissionen (2007).

gen zeigen, dass Meere bei einer Erwärmung weniger Kohlenstoffdioxid aufnehmen, gleichzeitig aber Böden eine größere Menge dieses Stoffes speichern können. Die Konzentration von Kohlenstoffdioxid in der Atmosphäre hat sich seit Beginn der Industrialisierung im 19. Jahrhundert durch die Verbrennung fossiler Energieträger wie Kohle und Erdöl nahezu verdoppelt.

1 Erklärt die Bedeutung des Kohlenstoffs für das Leben auf der Erde (M 1 – M 4).

2 Erläutert den Kohlenstoffkreislauf (M 3).

3 Notiert euch Stichworte zu den Begriffen Kohlenstoffsenke und Kohlenstoffquelle.

4 Beurteilt die Folgen der industriellen Entwicklung für das Klima (M 1 – M 4).

METHODE

Problemstudie: Verringerung der Treibhausgase

Hinweise

Mit den Materialien der Seiten 259–263 könnt ihr in einer Problemstudie untersuchen, warum es so schwierig ist, eine weltweit gültige Lösung der Reduzierung von CO_2-Emissionen durchzusetzen. Nur wenn dies gelingt, kann der bereits im Gang befindliche Klimawandel verlangsamt oder gestoppt werden. Aus den Materialien zur Weltklimakonferenz von Kopenhagen (S. 259) werden die unterschiedlichen Interessen und Standpunkte der Staaten deutlich.
Zwei Journalisten der „Süddeutschen Zeitung" haben einmal untersucht, was im Jahre 2049 wäre, wenn die Reduzierung der Treibhausgase misslingt oder gelingt. Ihre Szenarien könnt ihr auf den Seiten 260–263 lesen. Sie machen deutlich, was zu tun ist.

Weitere aktuelle Informationen findet ihr im Internet (Suchworte: Klimawandel, Klimakonferenzen).

Ziel

Durch die Problemstudie sollen die Ursachen und die Auswirkungen eines größeren gesellschaftlichen Problems (z. B. Klimawandel) erarbeitet werden. Am Ende der Problemstudie soll deutlich werden, wie die Schülerinnen und Schüler sich selber zu dem untersuchten Problem im Rahmen ihrer Möglichkeiten verhalten können.

Die Problemstudie wird am besten in themengleicher Gruppenarbeit erarbeitet. In der gemeinsamen Auswertung werden die Arbeiten der Gruppen vorgestellt und ausgewertet.

M 1 Checkliste: Problemstudie

1. Schritt: Beschreibung des Problems

In dem ersten Schritt wird das zu untersuchende Problem klar benannt (definiert).

Frage: Worin besteht das Problem?

2. Schritt: Untersuchung der Ursachen

In dem zweiten Arbeitsschritt untersucht die Gruppe die Ursachen des Problems. Sie sammeln die ihnen zugänglichen Informationen aus der Fachliteratur, Zeitschriften oder aus dem Internet.

Frage: Wie ist das Problem entstanden?

3. Schritt: Klärung der Interessen

Der dritte Schritt dient der Klärung der Interessen der an dem Problem beteiligten Menschen und Mächte.

Fragen: Wer hat Interessen an dem Problem, wer will eine Lösung verzögern, verhindern, vorantreiben?

4. Schritt: Sammeln von „Lösungen"

Die Schülerinnen und Schüler sammeln die in der Literatur, den Medien und von Parteien oder gesellschaftlichen Gruppen beschriebenen Lösungsvorstellungen des untersuchten Problems. Dabei geht es nicht um eine Bewertung der Lösungsvorschläge, sondern um eine summarische Darstellung der vorgeschlagenen Wege zur Lösung des Problems.

Frage: Welche „Lösungen" werden diskutiert?

5. Schritt: Einschätzung der Konsequenzen der verschiedenen Lösungsvorschläge für …

Jeder Lösungsvorschlag hat für die unterschiedlich Beteiligten Folgen. Das können Staaten, einzelne Menschengruppen oder auch direkt die Schülerinnen und Schüler selbst sein. Deswegen muss die Gruppe nun in einem fünften Arbeitsschritt die Folgen bzw. Konsequenzen der Lösungsvorschläge auflisten. Dabei können die Lösungsvorstellungen bewertend gereiht werden (radikal, weitgehend, weniger weitgehend, kaum Veränderungen).

Frage: Welche Auswirkungen haben die „Lösungen" für …?

6. Schritt: „Und wir – wie entscheiden wir uns?"

Aus der intensiven Beschäftigung der Schülerinnen und Schüler sollte in dem letzten Schritt eine bewusste, begründete Stellungnahme zu dem Problem und seiner möglichen „Lösung" und der eigenen Verhaltensweise folgen, die der Klasse vorgestellt wird.

Weltklimakonferenzen

Die Weltklimakonferenzen (UN-Klimakonferenz) sind eine Einrichtung der UNO, in der alle Mitgliedsstaaten vertreten sind. Jeder Staat hat eine Stimme und die Beschlüsse dieser Konferenzen müssen einstimmig gefasst werden. Die UNO hat zudem keine Möglichkeit, die Einhaltung der Beschlüsse durchzusetzen. Das Ziel der Konferenzen ist es, eine Nachfolgevereinbarung für die Beschlüsse der Konferenz in Kyoto (Kyoto-Protokoll) durchzusetzen, in der eine, wenn auch geringe, Reduzierung der Treibhausgase vereinbart worden war.

Die Interessen der einzelnen Mitgliedsländer sind sehr unterschiedlich. Die Fronten verlaufen zwischen den Industriestaaten und den sogenannten Entwicklungsländern, aber auch innerhalb dieser Staatengruppen gibt es sehr unterschiedliche Meinungen und Interessen.

An die Klimakonferenz in Kopenhagen im Dezember 2009 wurden in der ganzen Welt große Erwartungen geknüpft. Trotz der Anwesenheit hochrangiger Politiker, wie US-Präsident Obama, scheiterte die Konferenz. Die Mitgliedsstaaten nahmen ein ausgearbeitetes Abkommen nur zur Kenntnis. Man war sich nur unverbindlich einig, die weltweite Klimaerwärmung nicht über 2 Grad Celsius ansteigen zu lassen. Auf späteren Konferenzen soll weiterverhandelt werden (2010 in Mexiko, 2011 in Durban).

M2 Die „Süddeutsche Zeitung" berichtete im Dezember 2009:

Gegenseitige Schuldzuweisungen

[…] Die beiden größten Klimasünder blockierten sich lange mit gegenseitigen Schuldzuweisungen. Für das Regime in China kam bis kurz vor Schluss jeder internationale Kontrollmechanismus einem kolonialistischen Übergriff gleich. Der amerikanische Präsident hat ein ganz anderes Problem, er kann im Klimaschutz daheim nicht auf eine parlamentarische Mehrheit vertrauen.

Barack Obama fand in Kopenhagen aufrüttelnde Worte für die Delegierten aus aller Welt und wirkte trotzdem wie einer, der die Lippen spitzt, aber nicht pfeifen darf; schließlich zweifeln erhebliche Teile der politischen Elite in seiner Heimat immer noch daran, dass menschliches Wirken überhaupt einen Einfluss auf das Klima hat. […]

Politischer Ausgleich ist nicht möglich auf der Basis, dass ein Deutscher zehnmal mehr das Klima schädigen darf als ein Inder.

Diese Form der Gerechtigkeit aber wird der Bevölkerung in den Wohlstandsgesellschaften viel mehr abverlangen als die Finanzierung jener Hilfsgelder in Höhe von 30 Milliarden Dollar, die in Kopenhagen zur Unterstützung der ärmsten, von der Erderwärmung am stärksten bedrohten Länder für die nächsten drei Jahre in Aussicht gestellt wurden. […]

M3 Blick auf das Präsidium der Klimakonferenz in Kopenhagen, Dezember 2009. Foto.

PROBLEM-
STUDIE

Problemstudie: Verringerung der Treibhausgase

***Grauware**
Ware, die nicht offiziell auf Märkten verkauft wird.

***Ölkartelle**
Zusammenschluss von Ölfirmen oder Ölförderländern, um den Preis durch Absprachen und nicht durch den Markt zu bestimmen.

Negativer Blick auf 2049

M 1 Patrick Illinger schrieb am 17. 12. 2009 in der Süddeutschen Zeitung folgenden „utopischen" Bericht über das Jahr 2049:

Es ist missglückt

Die Welt hat es nicht geschafft, in einer gemeinsamen Anstrengung den Verbrauch fossiler Brennstoffe einzudämmen. Erdöl wird auf dem Weltmarkt im Jahr 2050 wie eine Grauware* gehandelt. Der durchschnittliche Preis für ein Barrel liegt bei 600 Dollar. Geopolitische Spannungen bis hin zu militärischen Konflikten haben die Ölkartelle* zerschlagen. Länder, die keinen militärischen oder ökonomischen Druck auf ölfördernde Nationen ausüben können, müssen mitunter das Doppelte bezahlen. Pumpte die Welt im Jahr 2010 noch 85 Millionen Barrel pro Tag aus dem Erdboden, so liegt die Ausbeute der 2050 noch verfügbaren Quellen bei täglich 42 Millionen Barrel [...]

CO_2-Anteil steigt

Gestiegen ist der Verbrauch von Kohle, nachdem vor allem Indien begonnen hat, die eigenen massiven Kohlevorräte zur Versorgung der mittlerweile 1,9 Milliarden Bewohner des Landes abzubauen. China hat die Technik der Kohleveredlung weiterentwickelt. Dabei wird Kohle verflüssigt und zu Benzin verarbeitet. [...] Im Jahr 2050 ist der CO_2-Gehalt der Erdatmosphäre auf 675 Teilchen pro einer Million Luftteilchen gestiegen. 2009 lag dieser Wert noch bei 385. Die 41 Jahre zuvor in Kopenhagen diskutierte und seinerzeit von den Industrienationen angestrebte Begrenzung der Erderwärmung auf zwei Grad gegenüber der vorindustriellen Zeit wurde bereits im Jahr 2036 überschritten.
Zudem ist eingetreten, was am Beginn des 21. Jahrhunderts nur eine Spekulation mancher Forscher war: Im Zuge der fortschreitenden Erwärmung haben sich die riesigen Permafrostböden Sibiriens und Kanadas in Matschwüsten verwandelt. Dabei ist überraschend viel im Erdreich gebundenes Methan ausgebrochen.
Die Treibhauswirkung von Methan ist zwanzigmal so stark wie die von Kohlendioxid. Dadurch hat sich der Treibhauseffekt der Erdatmosphäre stärker erhöht, als es die Computermodelle der Klimaforscher am Beginn des 21. Jahrhunderts vorhergesagt hatten.

Erwärmung um 3,4 Grad

2050 ist die Erdatmosphäre im Durchschnitt 3,4 Grad wärmer, als es vor Beginn der Industrialisierung der Fall war, und 2,6 Grad wärmer als am Beginn des 21. Jahrhunderts. Klimaforscher befürchten nunmehr, dass sich diese Entwicklung exponentiell fortsetzt. Bis 2100 dürfte der Planet sich um weitere fünf Grad aufheizen. [...] Die Alpen sind nur noch im Sommer attraktiv. Bis auf wenige extreme Hochlagen kann kaum noch ein Alpenort mit Schnee aufwarten. [...]

Sturmfluten

Ernste Probleme entstanden in den 2030er- und 2040er-Jahren an den Küsten Deutschlands, nachdem sich zeigte, dass zwar dem Anstieg des Meeresspiegels auf nunmehr 68 Zentimeter mit Deichen und Dämmen zu begegnen ist, aber

die Zahl extremer Sturmfluten bedrohlich zunahm.
Nach den schweren Fluten der Jahre 2023, 2031 und vor allem 2044 musste die Bundesregierung massive Umsiedlungsprogramme einleiten. 1,3 Millionen Deutsche mussten teils freiwillig, teils unfreiwillig ihre küstennahen Wohnorte verlassen. Gemeinden wie Nordenham, aber auch Sylt und die Innenstadt Bremens sind verwaist.
Dieses nationale Umsiedlungsprogramm war jedoch harmlos im Vergleich zu den 2,4 Millionen Menschen, die Deutschland seit 2039 im Rahmen eines UN-Abkommens für Klimaflüchtlinge aufnehmen musste. Schätzungen zufolge sind inzwischen rund 180 Millionen Menschen aufgrund des Klimawandels ihrer Lebensgrundlage beraubt. […]

Dürren und Stürme im Süden Europas

Enorme Schwierigkeiten gibt es jedoch in Europa südlich des 41. Breitengrads. Aufgrund zunehmender Hitzewellen sind weite Teile Süditaliens, Spaniens sowie Griechenland regelmäßig von Dürren und Buschbränden betroffen. Die im Sommer kaum mehr erträglichen Temperaturen haben den einst blühenden Tourismus zum Erliegen gebracht. […]
Die Iberische Halbinsel, von Dürren und fortschreitender Wüstenbildung sowieso übel betroffen, kämpft mit einem weiteren Phänomen: In der Mitte des 21. Jahrhunderts sind Hurrikane im östlichen Atlantik häufig. Drei nordöstlich der Kanaren entstandene Wirbelstürme haben in den Jahren 2043, 2046 und 2047 Teile der Städte Lissabon, Cadiz sowie Casablanca in Marokko getroffen und zerstört.
Die Superreichen der weltweit 9,2 Milliarden Menschen haben sich exklusive Enklaven geschaffen. Spitzbergen und die Färöer zählen seit einigen Jahren zu den glamourösesten Ferienzielen. Legendär ist eine chinesische Urlaubskolonie auf Feuerland, die von einer Privatarmee geschützt wird.
Schiffe verkehren in den Sommermonaten im gesamten Nordpolarmeer. Russland treibt seine Handelsflotte mit eigenem subventionierten Erdgas an. Angesichts der Ölpreise wurden auch Nuklearantriebe wieder eingeführt. Überhaupt mussten die in Deutschland einst zahlreichen Kernkraftgegner die weltweite Renaissance von Atomkraftwerken am Ende der 2030er-Jahre erleben.

Neue Atomkraftwerke

Unter dem Eindruck explodierender Preise für fossile Brennstoffe begannen mehr als zwei Dutzend Schwellen- und Entwicklungsländer hektisch mit dem Bau eigener Atomkraftwerke. Deutsche Technologie spielte dabei keine Rolle, denn Russland drückte weit günstigere Reaktortechnik auf den Markt. Noch billiger zu bekommen sind Meiler aus Iran und Pakistan.
Mit der grenzenlosen Verbreitung ziviler Atomtechnik ist auch die Zahl der Nationen mit Nuklearwaffen gestiegen. Die Gefahr terroristischer Anschläge mit radioaktivem Material ist gewachsen. Auch stehen sich Nationen wie Brasilien und Argentinien neuerdings mit Atomwaffen gegenüber. Das Konfliktpotenzial zwischen beiden Ländern ist hoch, seit das zu 80 Prozent versteppte Amazonasgebiet als Rohstoffquelle verlorengegangen ist.

PROBLEM-STUDIE

M2 Flüchtlinge aus den Überschwemmungsgebieten in Pakistan bei einer Ausgabestelle für Nahrungsmittel. Foto, 2010.

PROBLEM-
STUDIE

Problemstudie: Verringerung der Treibhausgase

Positiver Blick auf 2049

M 1 Christopher Schrader schrieb am 17. 1. 2009 einen utopischen Bericht ebenfalls zum Jahr 2049 in der Süddeutschen Zeitung:

Es ist geschafft

Der 18. Dezember 2049 fällt auf einen Sonntag. In Deutschland begehen noch manche Menschen den vierten Advent und zünden die letzte Kerze auf dem Kranz an. Das Gros der Menschheit aber kann mit Weihnachtsriten längst nichts mehr anfangen. Und was „weiße Weihnachten" bedeuten könnte, wissen Kinder nur noch aus Büchern und alten Filmen. [...]

Es war in Kopenhagen: [...] Die damals 192 Staaten der Welt nahmen sich vor, den Ausstoß von Treibhausgasen bis zum Jahr 2050 zu halbieren. Die Mengen an CO_2 in der Atmosphäre sollte höchstens 450 ppm (Teilchen pro einer Million Luftteilchen) erreichen, die Durchschnittstemperatur der Erde um nicht mehr als zwei Grad Celsius über die Werte vor der Industrialisierung steigen. Diese Ziele hat die Welt weitgehend erreicht. Seit 2021, drei Jahre später als vereinbart, begann der weltweite Ausstoß an Treibhausgasen zu sinken.

Die jüngsten Messungen vom Mauna Loa auf Hawaii, wo seit 91 Jahren kontinuierlich der CO_2-Gehalt der Atmosphäre gemessen wird, lauteten 453 ppm. Der britische Wetterdienst kam in seiner Auswertung für 2048 auf eine momentane Erwärmung der Welt von 1,4 Grad; bis zum Ende des Jahrhunderts hochgerechnet ergibt sich eine Erwärmung von 2,1 Grad.

Dass die Menschheit den Klimawandel nicht so einfach stoppen konnte, wie sie überall auf der Welt alte Kohlekraftwerke abgeschaltet hat, lag und liegt in der Natur. Treibhausgase bleiben viele Jahrzehnte in der Atmosphäre und binden dort die Wärmestrahlung der Sonne, die den Planeten nicht mehr in Richtung Weltall verlassen kann.

Folgen für Deutschland

Die Effekte sind auch in Deutschland zu spüren. Das Land hat sich stärker erwärmt als die Welt im Durchschnitt. Seit der Kopenhagener Konferenz sind es ungefähr 0,7 Grad mehr. Seit dem Beginn der Industrialisierung sind es damit 1,7 Grad. Das betrifft den Süden etwas mehr als den Norden und ist im Winter besonders ausgeprägt. Die Zahl der Schneetage ist um ein Drittel auf 30 gefallen.

Die gesamte Regenmenge hat sich zwar leicht erhöht, aber das Muster hat sich verändert. Was im Sommer weniger fällt, kommt im Herbst und Winter herunter, und weil es mehr Regen als Schnee ist, hat die Zahl der Überflutungen stark zugenommen. [...]

Inzwischen ist Dürre auch in Deutschland ein verbreitetes Phänomen. Hitzewellen und lange Trockenphasen just in der Zeit, als Getreide und Trauben reifen sollten, haben in den drei Jahren 2043 bis 2045 die Ernten geschädigt und Bauern wie Winzer in den Ruin getrieben. [...]

Die umfangreiche Isolierung der Häuser hält die meisten Wohnungen angenehm kühl. Hersteller von solarbetriebenen Klimaanlagen, die seit 2021 auf dem Markt sind, haben gute Geschäfte gemacht.

PROBLEM-
STUDIE

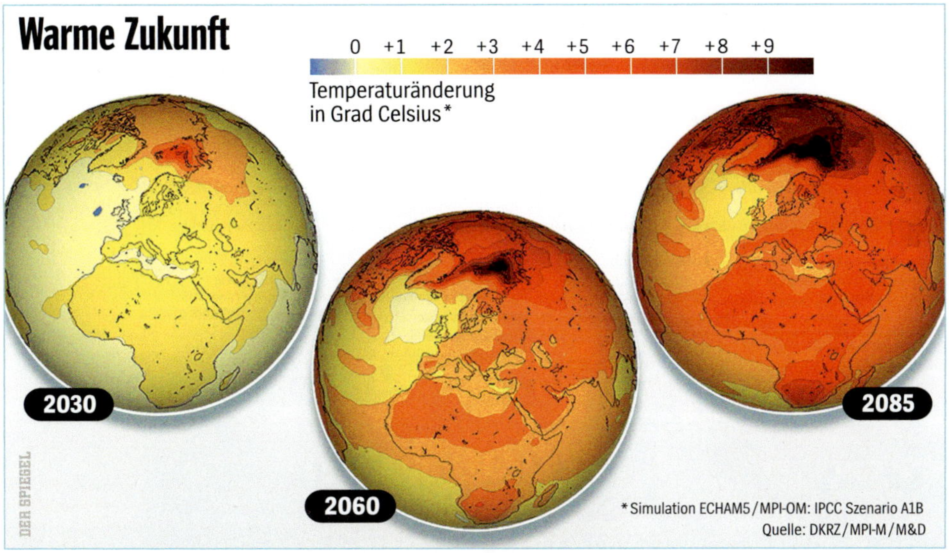

M2 **Temperaturänderungen in Grad Celsius 2030–2085.**

Diese Geräte sind nur ein Beispiel für den radikalen Wandel, den die Wirtschaft erlebt hat. Besonders die Energieversorger haben sich praktisch neu erfunden – im wahrsten Wortsinn. Viele der einst mächtigen Konzerne sind heute Geschichte […].

Strom aus erneuerbaren Quellen

Pünktlich zum 40. Jubiläum der Kopenhagener Konferenz erzeugt die Welt nun mehr als die Hälfte ihrer Energie aus erneuerbaren Quellen. Beim Strom liegt die Quote weltweit sogar bei 70 Prozent und in Deutschland bei 90 Prozent. Die 50-Prozent-Marke hatte das Land 2026 erreicht, und im gleichen Jahr versorgte sich die Stadt München sogar erstmals komplett mit Elektrizität aus regenerativen Quellen. Neue Technik zum Energiesparen hat den Bedarf gegenüber Projektionen aus dem 20. Jahrhundert um mindestens ein Drittel gesenkt.

Seit 2018 erzeugen die großen Offshore-Windparks in der Nordsee Strom billiger als Kohlekraftwerke. Sonnenenergie hat diese Schwelle bei den Großhandelspreisen erst 2033 übersprungen. Dazu haben die solarthermischen Kraftwerke des Desertec-Verbundes in Nordafrika beigetragen, die seit 2016 Strom ins europäische Netz speisen.

Für den privaten Verbraucher ist Elektrizität aus der eigenen Photovoltaik-Anlage auf dem Dach schon seit 2020 günstiger als der Strom aus dem Netz. […]

Seit 2042 ist die Elektrizität in Deutschland billiger, als sie jemals mit fossilen Quellen hätte sein können. Wer also mehr Kilowattstunden auf dem Dach oder im Keller erzeugt, als er selbst braucht, speist sie ins Netz und lässt dann den Zähler rückwärts laufen.

Das kommt aber nicht mehr so oft vor, seit die Bundesregierung 2031 vorgeschrieben hat, dass jede neue Heizungsanlage eine Batterie von mindestens 15 Kilowattstunden Kapazität enthalten muss. Sie dient dem gleichen Zweck wie der Energiespeicher im Elektroauto. Die Akkus nehmen Strom aus dem Netz auf, wenn gerade viel Windstrom produziert wird und die Preise darum niedrig sind. Die Energie kann der Haushalt dann später verbrauchen oder zu Zeiten des Spitzenbedarfs mit einem Profit an das Netz zurückverkaufen. […]

***Desertec-Verbund**
Zusammenschluss von Großunternehmen, die die Energiegewinnung über Solarenergieanlagen in der Sahara vorantreiben wollen.

Anpassungsstrategien

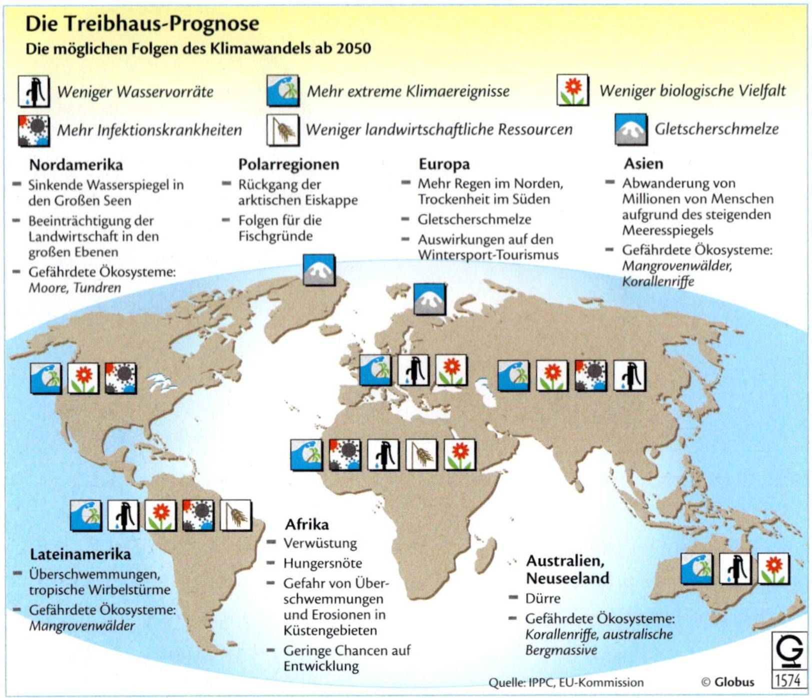

M 1 Mögliche Folgen des Klimawandels ab 2050.

Negative und positive Auswirkungen

Die Erkenntnisse über Veränderungen bei **extremen Wetter- und Klimaereignissen** werden als praktisch sicher, sehr wahrscheinlich oder wahrscheinlich eingestuft. Als praktisch sicher gilt, dass es über den meisten Landflächen wärmere und weniger kalte Tage und Nächte sowie wärmere und häufiger heiße Tage und Nächte geben wird. Als sehr wahrscheinlich gilt, dass Wärmeperioden und Hitzewellen über den meisten Landflächen zunehmen werden, ebenso **Starkniederschlagsereignisse**.

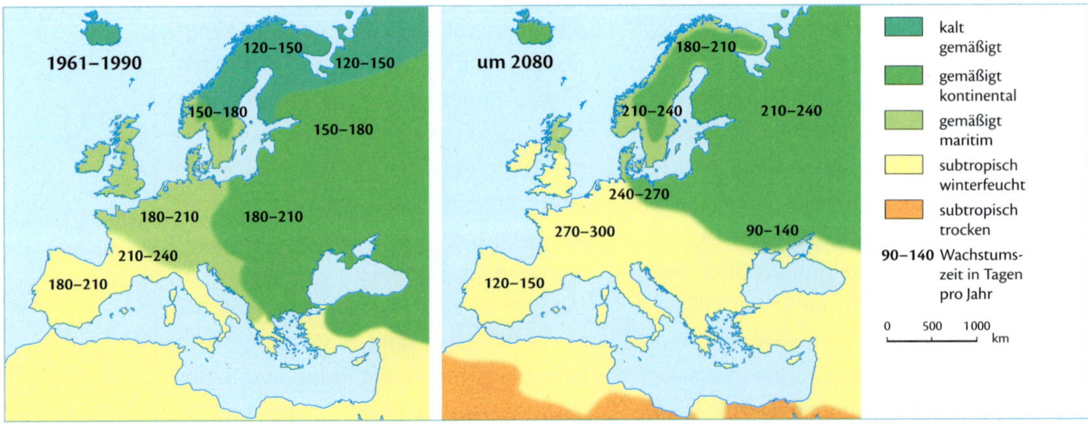

M 2 Mögliche Verschiebung von Klimazonen und Wachstumszeiten in Europa bis 2080.

Als wahrscheinlich gilt, dass sich von Dürre betroffene Gebiete ausweiten werden, sodass die Zahl der von Hunger bedrohten Länder zunehmen wird. Die Aktivität und Häufigkeit tropischer Stürme sowie ein extrem hoher Meeresspiegelanstieg werden vermehrt auftreten.
Auch die Artenvielfalt ist durch den Klimawandel bedroht. Viele Tierarten werden aussterben und die Korallenriffe in den Meeren zerstört. Neue Tier- und Pflanzenarten aus wärmeren Klimazonen siedeln sich in einst kälteren Gebieten an und verändern so das Landschaftsbild. Tropische Krankheiten, zum Beispiel die Malaria, breiten sich auch in Europa stärker aus.
Als positive Auswirkungen werden eine Abnahme kältebedingter Krankheits- und Sterberaten, reduzierter Heizenergiebedarf oder mehr Ackerland in Permafrost-Regionen, zum Beispiel in Sibirien, erwartet. Die steigende Zahl der **Klimaflüchtlinge** könnte jedoch den Weltfrieden bedrohen.

Anpassungen an sich verändernde Lebensumstände

Veränderte Lebensumstände erfordern Anpassungsleistungen und Handeln der gesamten Menschheit. Bestimmte Regionen werden dabei mehr betroffen sein als andere. Folgende Maßnahmen zur Anpassung an die veränderten Bedingungen könnten erforderlich sein:

- Umsiedlung und Anpassung von Nutzpflanzen, nachhaltiges Wirtschaften in der Landwirtschaft,
- verbesserte Bodenbewirtschaftung,
- Baumpflanzungen zur Erosionsbekämpfung und zum Bodenschutz,
- vermehrter Einsatz von Pestiziden, da in den milderen Wintern Schädlinge überleben,
- erweiterte Regenwassernutzung,
- Nutzung neuer Wasserspeicherungs- und Wasserschutztechniken,
- Umsiedlung von Küstenbewohnern,

M3 Möglicher Meeresspiegelanstieg an der südlichen Nordseeküste.

- Verstärkung der Deiche und Sturmflutbarrieren,
- Landgewinnung als Puffer gegen den zu erwartenden Meeresspiegelanstieg,
- Aktionspläne der Gesundheitsbehörden bei Hitzewellen und anderen Notsituationen,
- Erweiterung des Angebots an Tourismusattraktionen, zum Beispiel durch Verlagerung von Skipisten in höhere Lagen,
- Neuplanung von Straßen, Schienen und anderen Infrastruktureinrichtungen,
- Nutzung alternativer Energiequellen und Verbesserung der Energieeffizienz.

1 Beschreibt Auswirkungen des Klimawandels in den verschiedenen Regionen der Erde (M1–M3).

2 Erläutert die mögliche Verschiebung von Klimazonen und Wachstumszeiten in Europa. Legt dazu eine Tabelle mit zwei Spalten an, in die ihr die heutigen Klimazonen und Wachstumszeiten für West-, Süd-, Nord- und Osteuropa in die erste Spalte eintragt (M2). Notiert in der zweiten Spalte die erwartete Verschiebung.

3 Beschreibt die Auswirkungen des Meeresspiegelanstiegs für die Nordseeküste (M3) und nehmt zu den möglichen Folgen Stellung.

Check: Das kann ich schon …

Wichtige Begriffe erklären

- ✓ natürliche Klimaänderungen
- ✓ Klimawandel heute
- ✓ Kohlenstoffdioxid - Nutzen und Gefahren
- ✓ Klimakonferenzen
- ✓ Anpassungsstrategien

M1 „Ein Blick in die Zukunft". Karikatur.

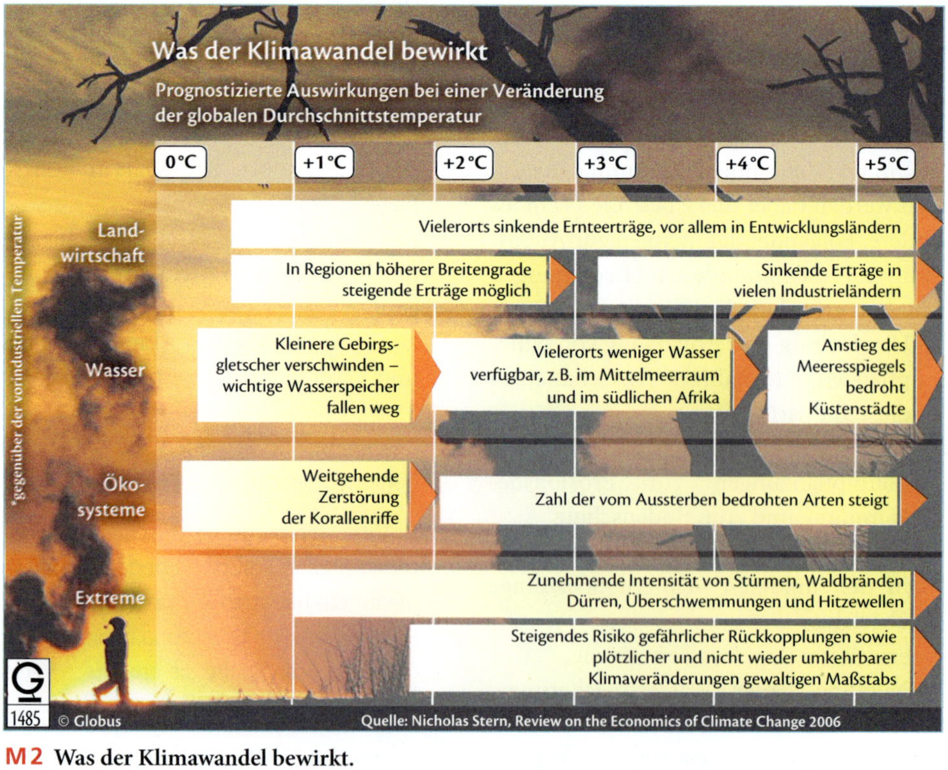

M2 Was der Klimawandel bewirkt.

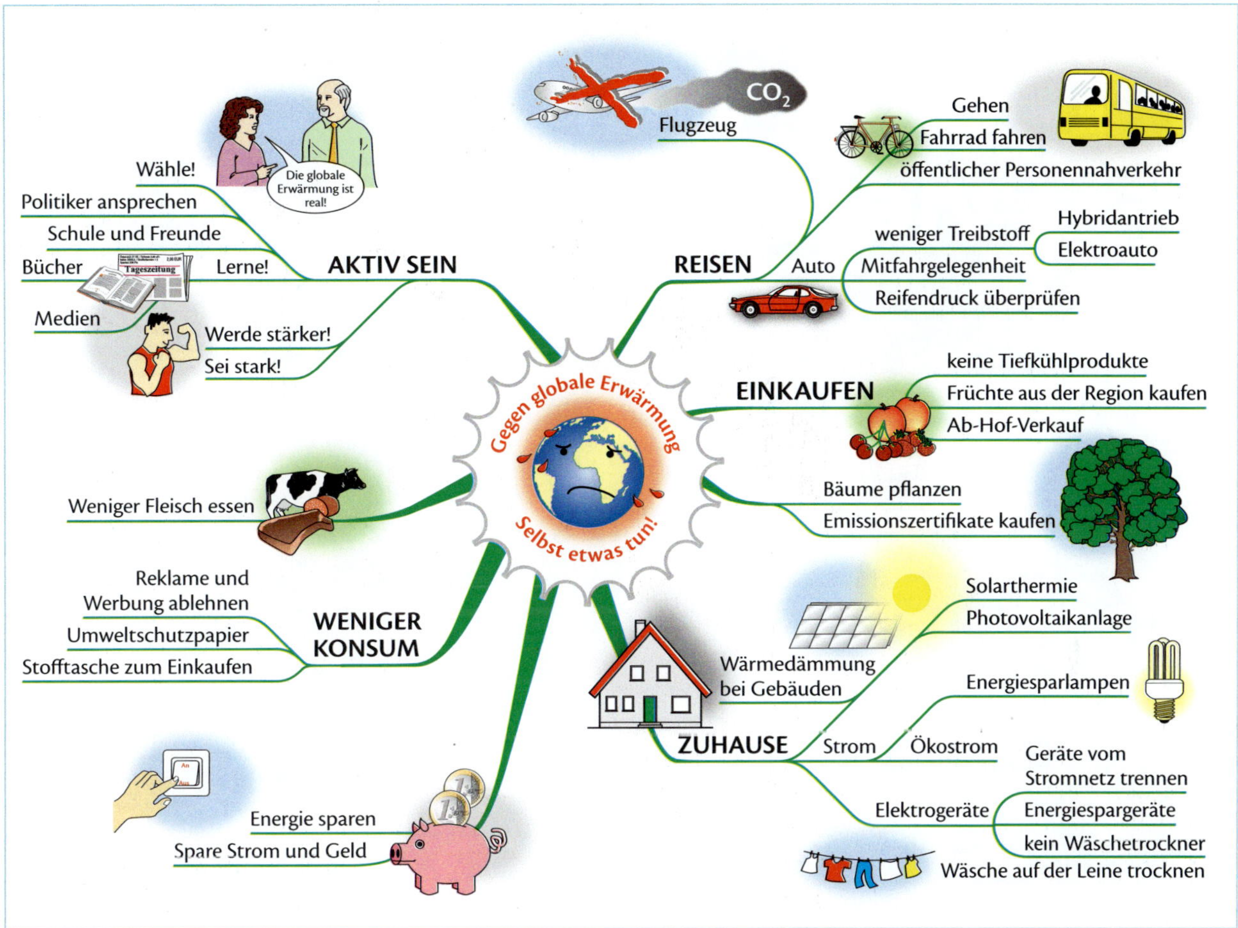

M 3 Unser Beitrag zum Klimaschutz.

Fachliche Kompetenz

1 Erklärt euch gegenseitig die wichtigen Begriffe (Kasten) und schreibt die Bedeutung der Begriffe in eure Arbeitsmappe.

2 Beschreibt mit M 2 die Auswirkungen des Klimawandels. Listet die möglichen Veränderungen auf.

3 Erläutert die nützliche lebenswichtige und die gefährliche Funktion von Kohlenstoffdioxid.

4 Listet auf, was Menschen tun können, um ihr Leben dem Klimawandel anzupassen.

Methodenkompetenz

5 Zeigt, wie man eine Problemstudie fachgerecht durchführt.

Urteils- und Handlungskompetenz

6 Untersucht M 1 und erläutert, warum internationale Klimakonferenzen bisher weitgehend scheiterten.

7 Entwerft eine eigene Karikatur zum Thema Klimawandel.

8 Führt mit einer Mitschülerin, einem Mitschüler ein Gespräch über euren Beitrag zum Klimaschutz. Benutzt dazu M 3. Stellt eure Ergebnisse der Klasse vor.

11 Eine Welt – viele Welten?

Kuala Lumpur.

Hamburg.

Unsere Welt ist eine Welt der Gegensätze – bittere Armut steht unvorstellbarem Reichtum gegenüber. Viele Kinder wachsen behütet und umsorgt auf, während andere unter unmenschlichen Bedingungen arbeiten müssen, um überleben zu können.
In manchen Regionen der Erde gibt es weder Telefon noch Fernseher, in anderen Regionen der Erde sind viele Haushalte mit den modernsten technischen Geräten ausgestattet.

Eine der wichtigsten Aufgaben für die Zukunft wird es sein, allen Menschen auf der Erde ein menschenwürdiges Leben zu ermöglichen.

In diesem Kapitel könnt ihr untersuchen,

- wie sich die Ungleichheit in der Welt auswirkt,
- welche Rolle der internationale Warenhandel und die Globalisierung spielen,
- wie sich die Weltbevölkerung entwickelt und was Bevölkerungsdiagramme deutlich machen und
- welche Ungleichheiten sich in einem Land wie Indien zeigen.

arfur.

Unsere Erde – Eine Welt?

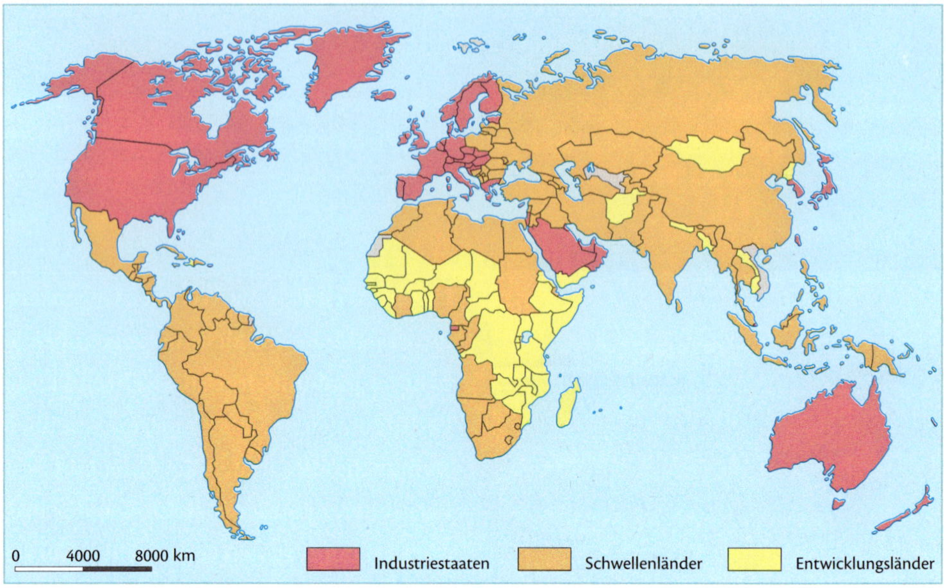

M 1 **Einteilung der Welt nach dem Entwicklungsstand von 2007.**

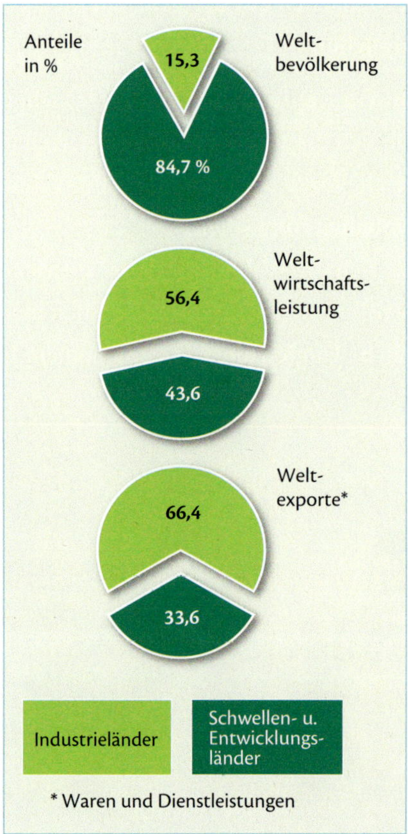

M 2 **Geteilte Welt (Anteile in Prozent).**

Was die „Eine Welt" trennt

Staatsgrenzen spielen kaum noch eine Rolle, Unternehmen finden überall Absatzmärkte für ihre Produkte, Menschen suchen ihren Arbeitsplatz weltweit. Unsere Welt ist politisch, wirtschaftlich und ökologisch eng vernetzt. Die Erkenntnis vom zukünftig gemeinsamen, nachhaltigen Handeln aller Menschen (**„global denken, lokal handeln"**) gilt dabei als Leitbild.

Aber: Noch ist diese „Eine Welt" nicht in allen Teilen unserer Erde Wirklichkeit. Noch leben wir in einer Welt voller Ungleichheiten, Gegensätze und Konflikte. Die Menschen haben unterschiedliche Vorstellungen davon, welche Probleme vorrangig zu lösen sind und wie eine glückliche Zukunft aussehen soll. Für die Einordnung eines Landes nach seinem Entwicklungsstand gibt es verschiedene Kriterien: Die Weltbank legt mit dem jährlichen **Pro-Kopf-Einkommen** ausschließlich ein wirtschaftliches Kriterium zugrunde.

Das Entwicklungsprogramm der Vereinten Nationen (UNDP) berücksichtigt im „Human Development Index“, dem **HDI**, neben dem jährlichen Pro-Kopf-Einkommen auch die durchschnittliche Lebenserwartung, den Bildungsstand der Bevölkerung und deren Lebensstandard (Ernährung, gesundheitliche Versorgung, Zugang zu sauberem Trinkwasser).

Vielfalt der Einen Welt

Man unterteilt die Welt vorwiegend in drei Ländergruppen:

Als **Industrieländer** oder Industriestaaten bezeichnet man Länder mit einem hohen Anteil des Dienstleistungssektors (60 bis 75 Prozent) sowie einer technologisch hoch entwickelten Industrieproduktion. Das jährliche Pro-Kopf-Einkommen liegt über 11906 US-Dollar (Weltbank, 2010). Weitere Kriterien sind eine geringe Auslandsverschuldung, niedrige Arbeitslosigkeit, gut ausgebaute Infrastruktur sowie ein hoher Bildungsgrad und politische Stabilität.

Die Anzahl der **Schwellenländer** in der Welt, auch als New Industrialized Countries oder „Take-off Countries“ bezeichnet, ist umstritten. Weltbank und Internationaler Währungsfonds nennen zehn, andere Institutionen bis zu dreißig Länder. Allgemein akzeptierte Kriterien fehlen. Durch Umbau und Modernisierung der Wirtschaftsstrukturen stehen diese Länder an der Schwelle zum Industrieland. Hohe wirtschaftliche Wachstumsraten, die Herstellung von Investitionsgütern, der Export von Fertigwaren und ein Pro-Kopf-Einkommen von über 975 US-Dollar im Jahr kennzeichnen die Schwellenländer. Andererseits verstärkt diese Entwicklung aber auch den Gegensatz von Arm und Reich.

In **Entwicklungsländern** mangelt es häufig an der Versorgung mit lebensnotwendigen Gütern und Dienstleistungen. Aufgrund hoher Geburtenraten, fehlender Bildungsangebote und einer starken Ausrichtung auf die Landwirtschaft verfügt die Bevölkerung nur über ein geringes Pro-Kopf-Einkommen (unter 975 US-Dollar im Jahr). Unterernährung, Hunger und Krankheiten sind die Folgen. Viele Menschen wandern in der Hoffnung, Arbeit zu finden, in die **Megastädte*** ab. Dies führt zu gravierenden Entwicklungsunterschieden zwischen ländlichen und städtischen Räumen.

***Megastädte**
Städte mit mehr als zehn Millionen Einwohnern.

	Deutschland	Burundi	Thailand	Welt
Bevölkerungsdichte (Einwohner je Quadratkilometer)	230	305	124	–
Städtische Bevölkerung (in Prozent)	74	10	36	50
Bevölkerungswachstum (in Prozent)	−0,2	2,1	0,6	1,2
Geburten-/Sterberate (in 1000 je Einwohner)	8/10	36/15	15/9	20/8
Säuglingssterblichkeit (pro 1000 Lebendgeborenen)	3,9	120	7	46
Bruttoinlandsprodukt je Einwohner (in US-Dollar)	38990	110	3400	7995
Anteil der Bevölkerung, die von weniger als 2 US-Dollar pro Tag lebt (in Prozent)	–	93	12	48
Alphabetisierungsrate (in Prozent)	–	m 67 w 52	m 96 w 93	m 88 w 79
Anteil der HIV-infizierten Erwachsenen (in Prozent)	0,1	2,0	1,4	0,8

M 3 Kennziffern für ausgewählte Länder 2007.

1 Beschreibt die Verteilung der Länder auf der Erde nach ihrem Entwicklungsstand (M 1).

2 Vergleicht den Entwicklungsstand der Länder in M 3.

3 Erläutert die unterschiedlichen Merkmale von Industrie-, Entwicklungs- und Schwellenländern.

4 Erklärt den Begriff „geteilte Welt“ (M 2).

5 „Unsere Erde – Eine Welt?“ Nehmt Stellung zu dieser Aussage.

Waren reisen um die Welt

Seit Jahrtausenden fahren Menschen zur See. Das Meer entwickelte sich zum weltweiten Verkehrsweg für Personen und Güter. Heute ist die Seeschifffahrt der Haupttransportträger des Welthandels. Es werden vorwiegend Rohstoffe und Industriegüter transportiert. Wie sieht das Netz von Seewegen für Rohstoffe aus, das die Weltmeere durchzieht? Welche Handelsbeziehungen entwickelten sich?

Weltseeverkehr

Handelsschiffe wählen aus wirtschaftlichen Gründen den kürzesten Weg. So bilden sich Seewege heraus, die oft von Hunderten von Schiffen in dichter Reihenfolge befahren werden. Nadelöhre des Seeverkehrs sind die europäischen Nebenmeere, Meerengen wie die Straße von Dover, der Bosporus, die Floridastraße, das Kap der Guten Hoffnung, die Straße von Hormus und die Malakkastraße sowie die drei großen Seekanäle, der Nord-Ostsee-Kanal, der Sueskanal und der Panamakanal. Die **Seeschifffahrtskanäle** wurden gebaut, um die Wege zu verkürzen und den Verkehr zwischen Atlantik und Pazifik zu erleichtern.

Austausch von Rohstoffen

Die Rohstoffe der Erde sind ungleichmäßig verteilt. Ländern, die reich an Rohstoffen sind, stehen rohstoffarme Länder gegenüber. Es gibt Länder, die ihre Bevölkerung nicht mit eigener landwirtschaftlicher Produktion ausreichend ernähren können. Andere Staaten erzeugen jedoch hohe Überschüsse an Grundnahrungsmitteln. Genussmittel wie Kakao, Tee und Kaffee sowie Südfrüchte wachsen nur in Ländern der subtropischen und tropischen Landschaftszonen. Eine Reihe von Industrieländern, darunter auch Deutsch-

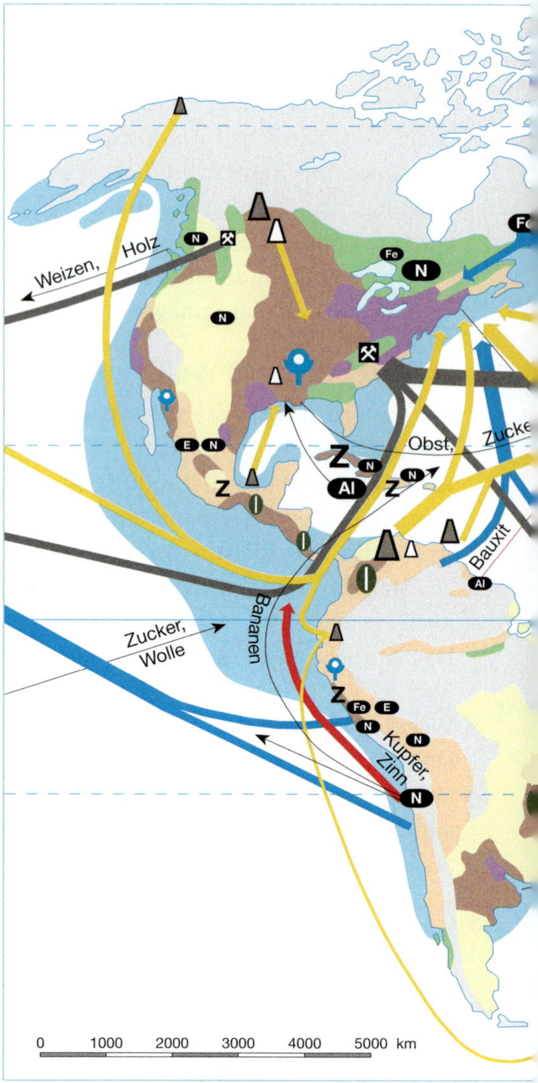

M 1 Hauptwege des Welthandels.

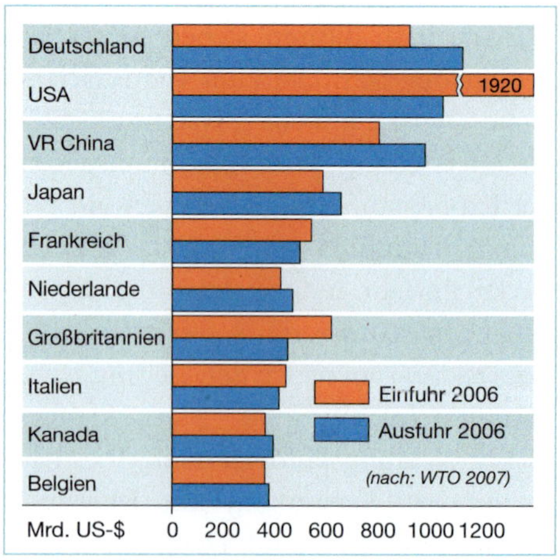

M 2 Die größten Welthandelsnationen. 2006.

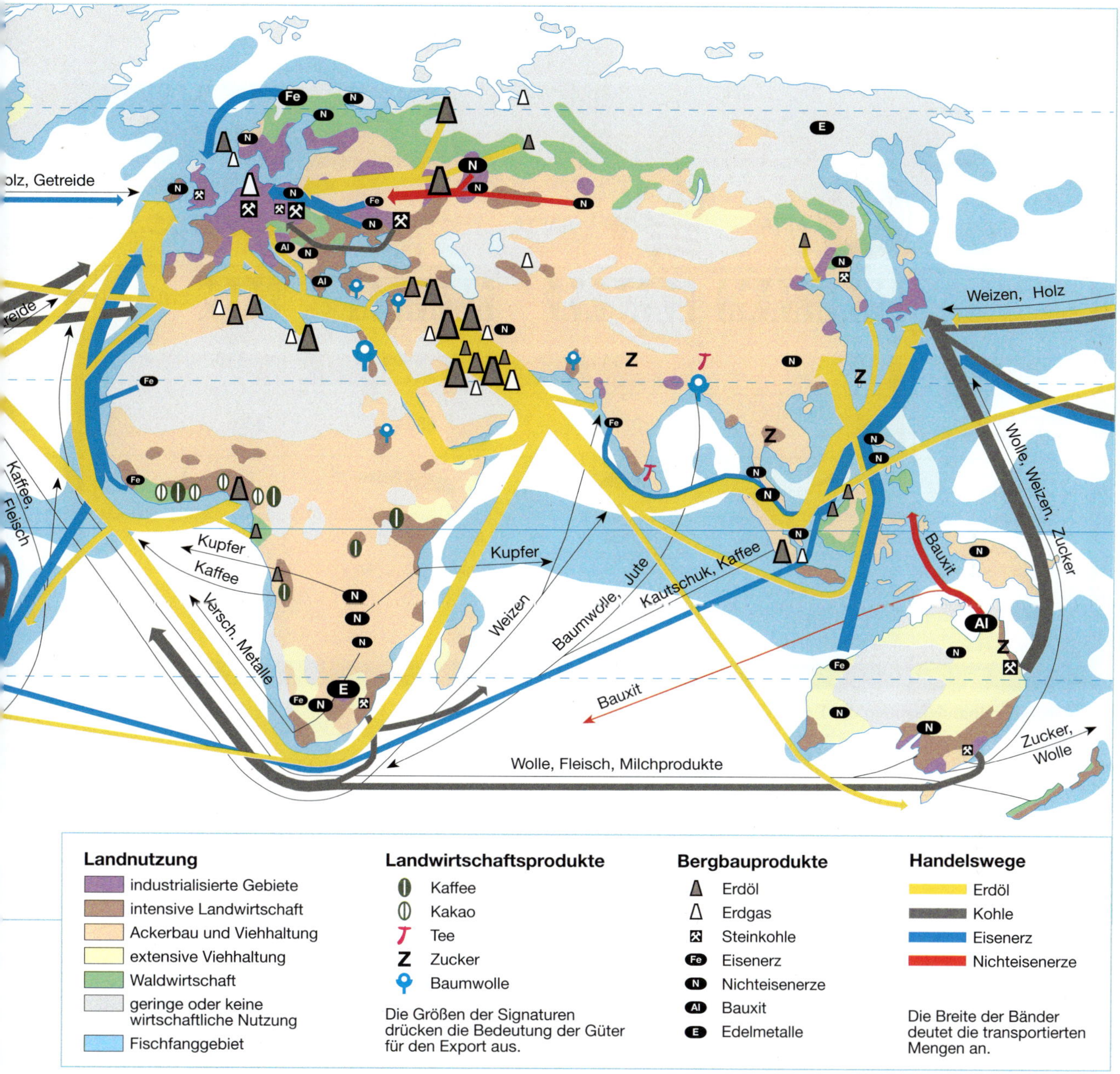

land, ist auf mineralische Rohstoffe aus anderen Ländern angewiesen. Japan muss mehr als 95 Prozent aller Rohstoffe für die industrielle Produktion importieren.

Energierohstoffe

Auch die Energierohstoffe sind äußerst ungleich verteilt. Erdöl und Erdgas werden auf Schiffen transportiert oder durch Pipelines gepumpt.

1 Beschreibt den Weg des Erdöls aus dem Nahen Osten nach Europa. Benutzt die Namen der Seehäfen, Länder, Kontinente, Meere, Meerengen und Seekanäle (M 1, Atlas).

2 Erläutert Seewege für den Handel mit einem Landwirtschaftsprodukt und einem Bergbauprodukt (M 1).

3 Erläutert, welche Länder zur Gruppe der größten Welthandelsnationen gehören (M 2).

4 Gestaltet Wandzeitungen: „Die drei großen Seeschifffahrtskanäle“.

Wer handelt mit wem?

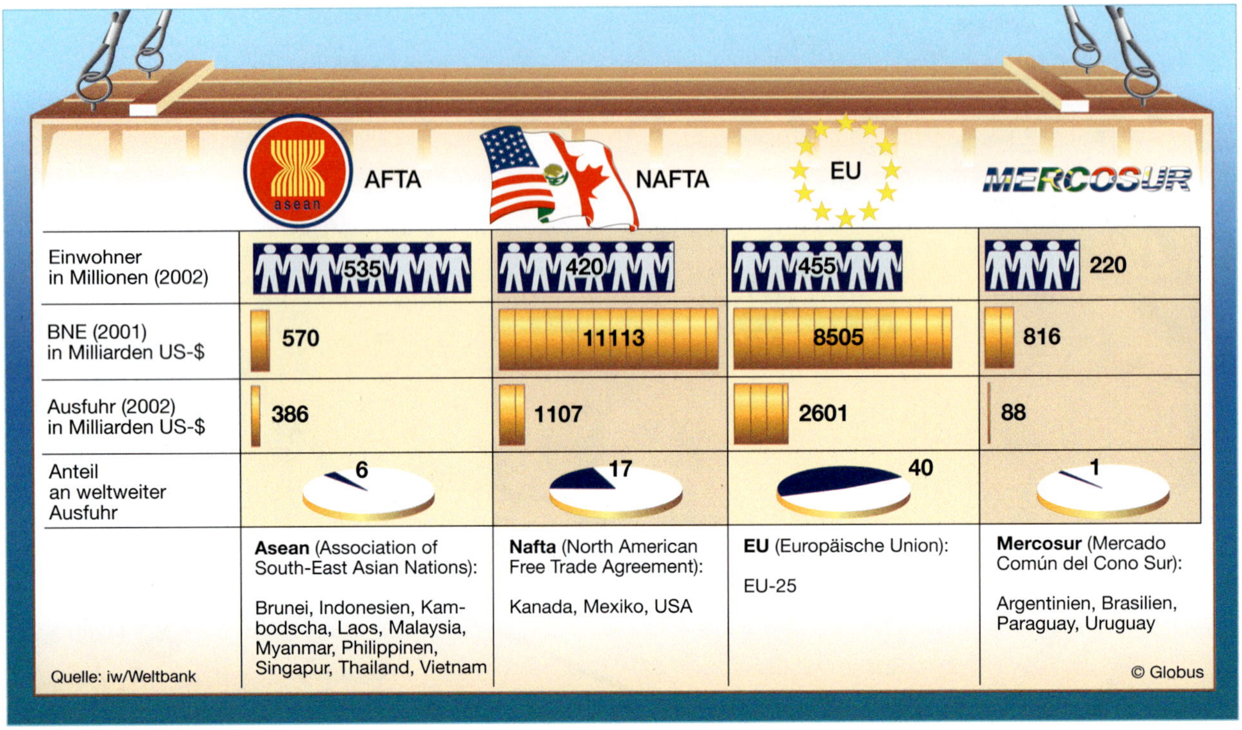

M1 Große Freihandelszonen der Erde.

***BNE**
Bruttonationaleinkommen.

***WTO**
Abkürzung für: Welthandelsorganisation (Englisch: World Trade Organization).

M2 Einige Freihandelszonen

- AFTA (ASEAN Free Trade Area), seit 1994 (Vorgänger seit 1967): **www.aseansec.org/economic/afta/afta.htm**
- NAFTA (North American Free Trade Area), seit 1994: **www.nafta-sec-alena.org/DefaultSite/index.html**
- EU (Europäische Union), seit 1993 (Vorgänger seit 1957): **www.europa.eu.int**
- MERCOSUR (Mercado Común del Cono Sur), seit 1995: **www.mercosur.org.uy**

Freihandelszonen gegen einen freien Welthandel

Um für alle Staaten der Erde gleiche Voraussetzungen für den Zugang zum Weltmarkt zu schaffen, setzt sich die **Welthandelsorganisation (WTO*)** für den Abbau aller Zollschranken ein. Dem steht jedoch die Bildung von **Freihandelszonen und Wirtschaftsblöcken** entgegen.

Freihandelszonen sind Bündnisse mehrerer Staaten, die Zollschranken untereinander zwar abschaffen, die Handelshemmnisse gegenüber Nicht-Mitgliedsländern aber eher verstärken, um den eigenen Markt vor billiger Konkurrenz zu schützen. 2002 fand bereits mehr als die Hälfte des Welthandels innerhalb von Bündnissen statt. Besonders innerhalb der großen Freihandelszonen wie der EU und der NAFTA spielt sich der größte Teil des Handels unter den Mitgliedsstaaten ab.

Nicht so einflussreiche Organisationen wie MERCOSUR und AFTA sind weiterhin auf den Weltmarkt angewiesen, denn nur etwa ein Viertel des Handels findet innerhalb des jeweiligen Bündnisses statt.

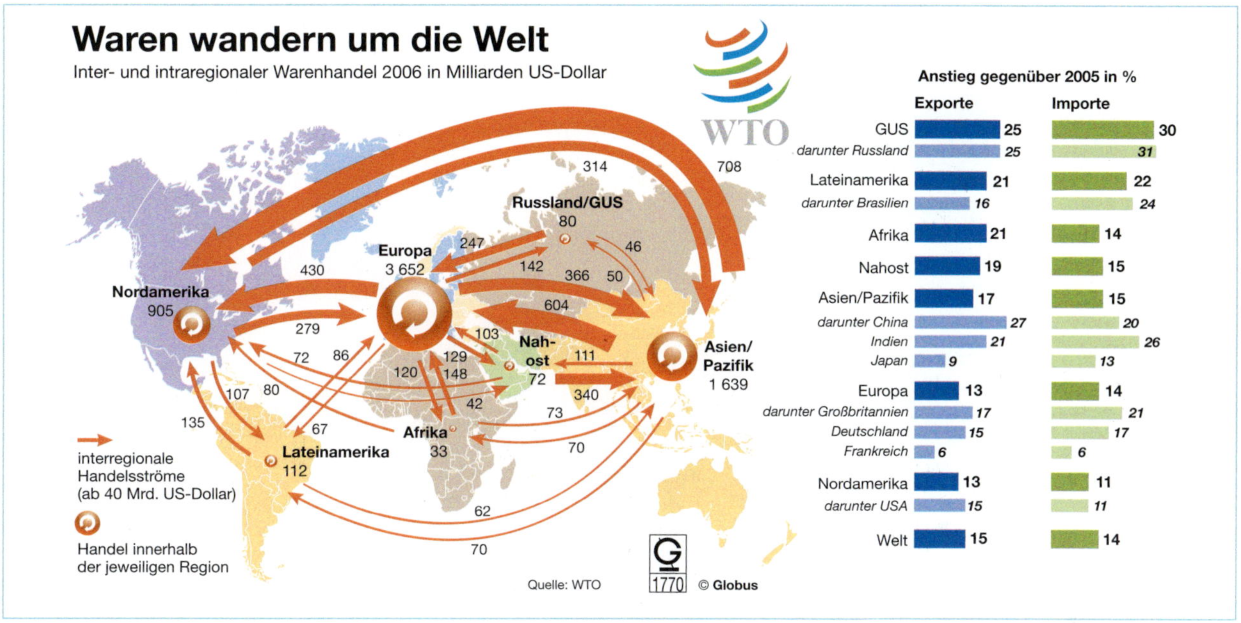

M 3 Entwicklung des Welthandels 2006.

Welthandel – Handel von Wenigen

Obwohl 80 Prozent der Bevölkerung in Entwicklungsländern wohnen, kommt nur etwa ein Drittel der Exporte von dort. Besonders benachteiligt sind die am wenigsten entwickelten Länder. Die Entwicklungsländer führen in erster Linie Rohstoffe in die Industrieländer aus, deren Preise auf dem Weltmarkt starken Schwankungen unterliegen. Fallen die Preise für ihre Exportprodukte, so können die Entwicklungsländer die Verluste in der Regel nicht durch den Verkauf anderer Waren ausgleichen.
2009 waren China, Deutschland und die USA die führenden Exportnationen, wobei China im Jahr 2010 Deutschland als „Exportweltmeister“ ablöste. Die Länder Lateinamerikas, Afrikas und des Nahen Ostens haben nur geringen Anteil am Welthandel. Ausnahmen sind aber Brasilien und der Iran, die in einer Rangliste unter die ersten 40 Staaten kommen.

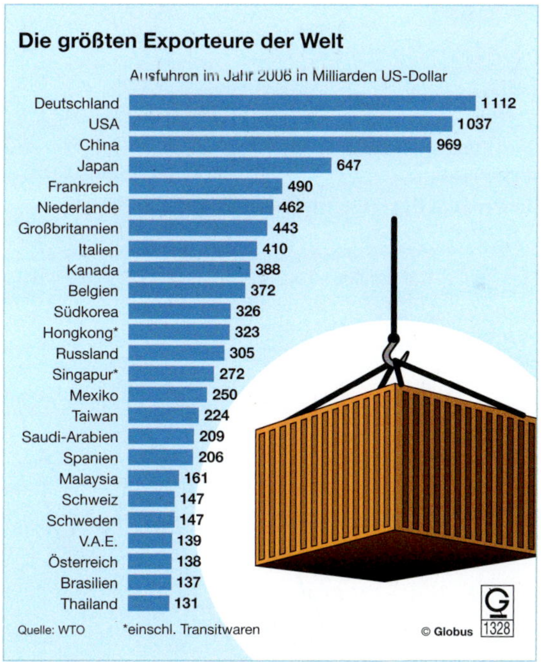

M 4 Weltmeister des Exports 2006.

1 Bildet Gruppen und informiert euch ausführlich über je eine der Freihandelszonen. Berichtet vor der Klasse (M 1, M 2).

2 Bewertet die Bedeutung der Freihandelszonen für einen freien Welthandel.

3 Nennt die Regionen, die kaum Anteil am globalen Handel haben (M 3, M 4).

Wirtschaftliche Abhängigkeiten

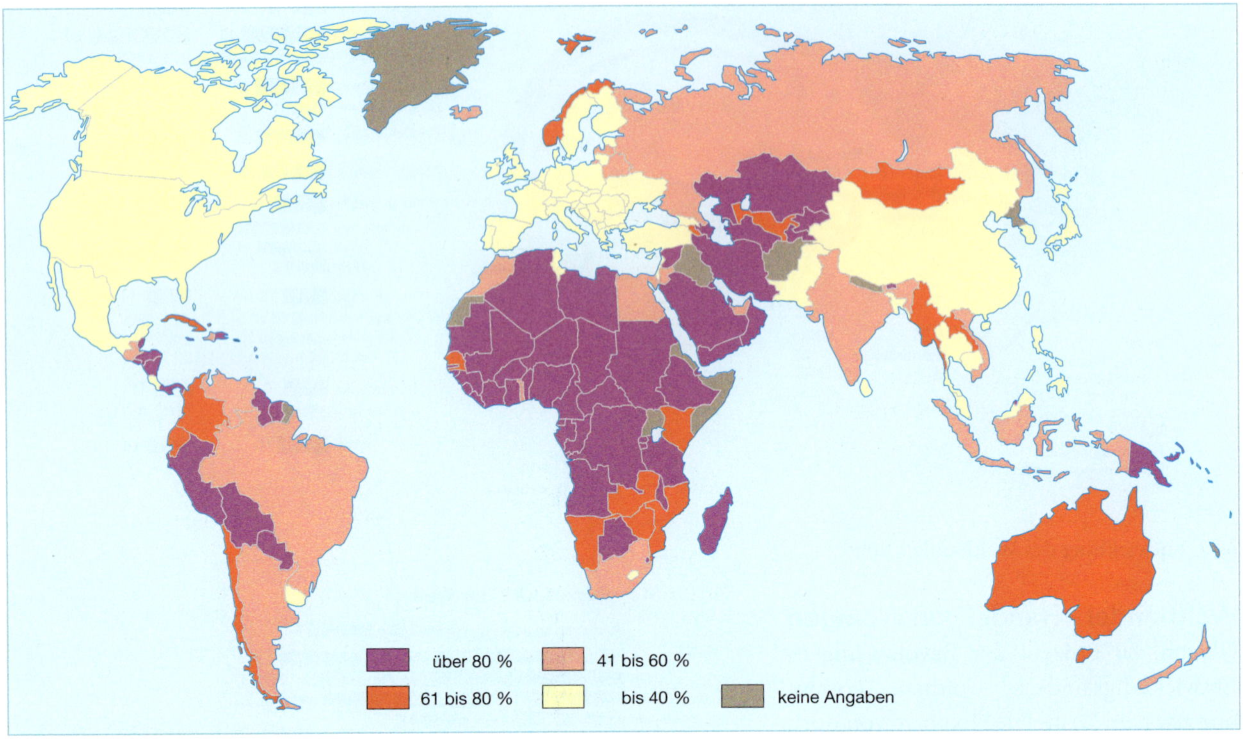

M 1 Rohstoffexporte in Prozent des Gesamtexports 2009.

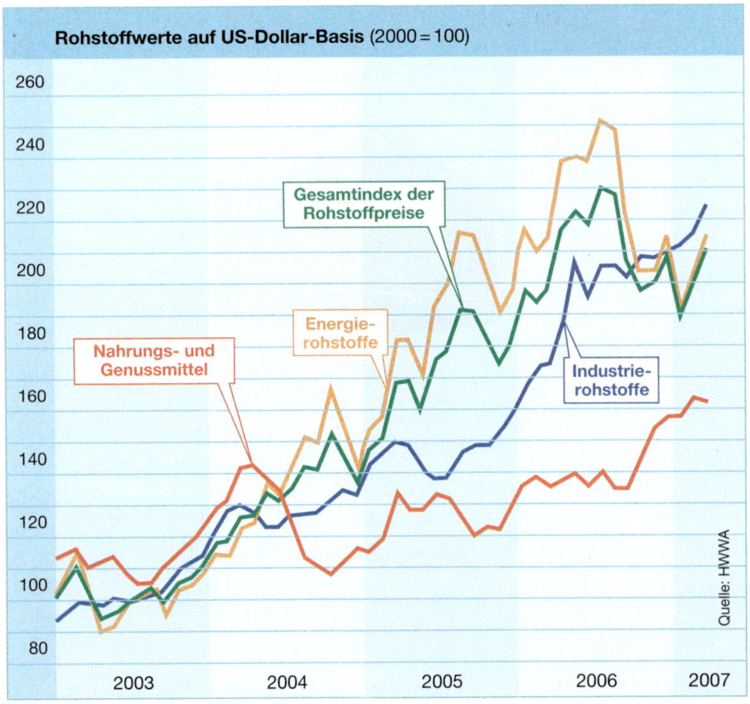

M 2 Entwicklung der Rohstoffpreise an den Warenbörsen 2003–2007.

Rohstoffexporte

Jedes Land der Erde ist darauf angewiesen, Rohstoffe und Fertigprodukte aus dem Ausland zu beziehen. Die Einfuhren sollen möglichst mit dem Geld bezahlt werden, das man mit Exporten oder mit Dienstleistungen wie dem Tourismus verdient.

Zahlreiche Entwicklungsländer exportieren überwiegend Rohstoffe, um ihre Einfuhren an Fertigprodukten aus den Industriestaaten bezahlen zu können. Wird der Wert der Exportgüter (Rohstoffe) mit dem Wert der Importprodukte (Industriegüter) zu Weltmarktpreisen verglichen, so erhält man die **Terms of Trade**. Die stark schwankenden Weltmarktpreise für Rohstoffe belasten die Entwicklungsländer, da sie nicht mit sicheren Einnahmen rechnen können.

Hohe Auslandsverschuldung

Die Abhängigkeit von den Rohstoffexporten hat für die Entwicklungsländer schwerwiegende Nachteile. Wegen der stark **schwankenden Rohstoffpreise** sind finanzielle Planungen schwierig. Sinken die Rohstoffpreise, so müssen überwiegend vom Export abhängige Länder Schulden machen. Viele Entwicklungs- und auch Schwellenländer sind gegenüber ausländischen Regierungen und Banken so hoch verschuldet, dass eine Rückzahlung dieser Gelder praktisch unmöglich ist. Die **hohen Schulden** behindern die Entwicklung in den betroffenen Ländern, da für Schulen oder das Gesundheitswesen kein Geld vorhanden ist.

In jüngster Zeit haben deshalb die führenden Industriestaaten der Erde beschlossen, den ärmsten Entwicklungsländern ihre Schulden ganz oder zum Teil zu erlassen, wenn diese sich verpflichten, die eingesparten Gelder für die Entwicklung des Landes zu verwenden.

Langfristig können sich die Entwicklungsländer aber nur aus der Abhängigkeit von Rohstoffexporten lösen, wenn eine neue **Weltwirtschaftsordnung** gerechtere Bedingungen für alle Staaten auf dem Weltmarkt schafft.

Welthandelsorganisation (WTO)

In der Welthandelsorganisation (WTO) sind über 150 Staaten vertreten. Die Aufgabe dieser Organisation ist es den Handel aller Länder untereinander durch gegenseitige Vereinbarungen zu erleichtern. Vor allem geht es darum, die Behinderung des Handels durch Zollschranken abzubauen. Besonders die Entwicklungsländer leiden unter den hohen Zöllen, die zum Beispiel die EU oder die USA auf Waren aus diesen Staaten erheben, um ihre eigene Produktion zu schützen. Die letzten Verhandlungen der WTO in Genf 2009 sind gescheitert, da einige Staaten nicht bereit waren, ihre Zölle zu senken.

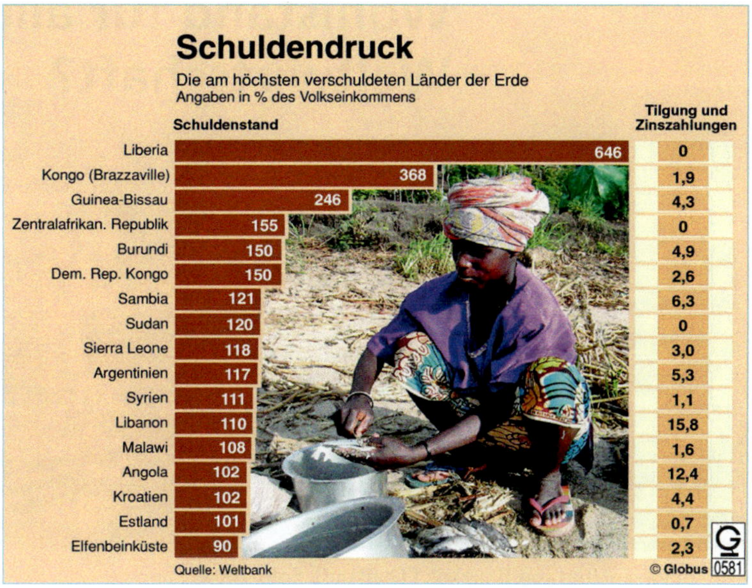

M3 **Die Länder mit der höchsten Auslandsverschuldung.**

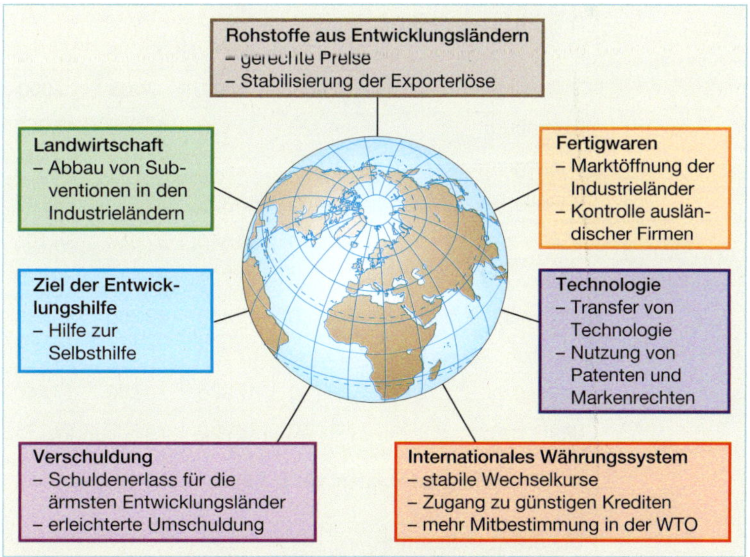

M4 **Vorschläge für eine neue Weltwirtschaftsordnung.**

1 Beschreibt, wo die Länder mit einem besonders hohen Rohstoffanteil am Export (M 1) liegen.

2 Wertet M 2 aus. Informiert euch in den Medien über die aktuelle Entwicklung der Rohstoffpreise und ihre Schwankungen.

3 Nennt die Kontinente der Länder mit der höchsten Auslandsverschuldung (M 3, M 4).

4 Fasst die Forderungen der Entwicklungsländer an eine neue Weltwirtschaftsordnung in einem Text zusammen (M 4).

Wohlstand für alle durch wachsende Weltwirtschaft?

M 1 **Stadtzentrum von Bangkok (Thailand).** Foto, 2009.

M 2 **Stadtzentrum von Accra (Ghana).** Foto, 2010.

Die reichsten Staaten
Bruttonationaleinkommen je Einwohner in US-$

	2008	2007	2003	2000
Luxemburg	64 320	72 430	43 940	42 060
Norwegen	58 500	77 370	43 350	34 530
Schweiz	46 460	60 820	39 880	38 140
USA	46 970	46 040	37 610	34 100
Japan	38 130	37 790	34 510	35 620
Dänemark	58 800	55 440	33 750	32 280
Island	40 450	57 750	30 810	30 390
Schweden	38 180	47 870	28 840	27 140
Deutschland	42 410	38 990	36 708	35 113

M 3 **Die reichsten Staaten, nach Angaben der Weltbank.**

Die ärmsten Staaten
Bruttonationaleinkommen je Einwohner in US-$

	2008	2007	2003	2000
Äthiopien	280	220	90	100
Dem. Rep. Kongo	290	140	100	80
Burundi	380	110	100	110
Liberia	300	140	130	140
Guinea-Bissau	530	200	140	180
Sierra Leone	750	260	150	130
Malawi	280	250	170	170
Eritrea	630	270	190	170

M 4 **Die ärmsten Staaten, nach Angaben der Weltbank.**

Nur Gewinner der Globalisierung?

Die Zunahme des Welthandels und die immer engere weltweite Verflechtung der Güterherstellung **(Globalisierung)** haben zu einem ständigen Wachstum der Weltwirtschaft geführt. Dabei ist jedoch das Ungleichgewicht zwischen den reichen Industriestaaten und den armen Entwicklungsländern noch größer geworden, obwohl auch die Wirtschaft in den Entwicklungsländern insgesamt wuchs. Vor allem in Schwarzafrika, das hauptsächlich Rohstoffe exportiert, lebt mehr als die Hälfte aller Menschen in bitterer Armut.

M 5 Einige Fakten zur Globalisierung

- Zwischen 1990 und 2000 hat sich der Export von Waren und Dienstleistungen verdoppelt.
- 1990 arbeiteten 17 % aller Arbeitskräfte in den Entwicklungsländern für den Export in die reichen Länder des „Nordens". Heute verdanken zwei Drittel aller Arbeitskräfte dem Export ihren Arbeitsplatz.
- Seit 1990 holten internationale Konzerne wie IBM, Motorola oder

Hewlett-Packard Tausende von Fachleuten aus Entwicklungsländern in ihre Werke in Europa und den USA, oder sie gründeten in den Entwicklungsländern Niederlassungen, in denen Menschen Arbeit fanden.

Arbeitslosigkeit

Sowohl in vielen Industrie- als auch in Entwicklungsländern ist die Arbeitslosigkeit sehr hoch. In den Entwicklungsländern wird die hohe Arbeitslosigkeit vor allem durch das starke Bevölkerungswachstum und die Zuwanderung vom Land in die Städte verursacht.
In den Industriestaaten gehen mehr und mehr Arbeitsplätze in der industriellen Produktion verloren. Viele Arbeitsschritte in der Produktion werden entweder durch Maschinen erledigt oder die Produktion wird in **Billiglohnländer** verlegt. So verarmen auch in den Industriestaaten immer mehr Menschen.

Digitale Spaltung

Wer erfolgreich am globalen Handel und an der globalen Herstellung von Waren teilhaben will, für den sind Online-Verbindungen und Internet unverzichtbar. In vielen Entwicklungsländern vor allem Schwarzafrikas gibt es jedoch kaum Telefon- oder Internetanschlüsse, denn häufig fehlen die technischen Voraussetzungen und eine flächendeckende Stromversorgung.
Aber die Situation ändert sich auch in Afrika. 2009 benutzen schon 15% der Ägypter das Internet, in Algerien waren es 13%, in Marokko 9,4% der Bevölkerung, in Kenia 3,6%. Nigeria meldet sogar eine Quote von 39,6%. In armen Staaten wie Mali nutzen nur 0,2% der Bevölkerung das Internet.

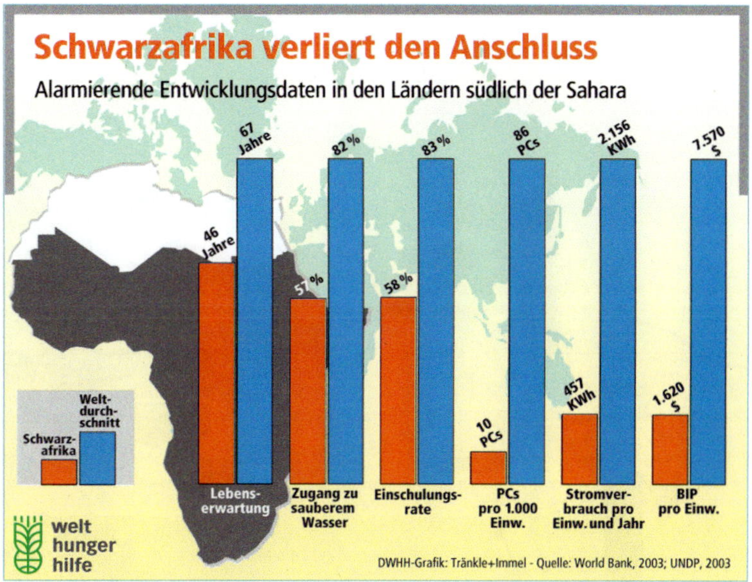

M6 Schwarzafrika verliert den Anschluss.

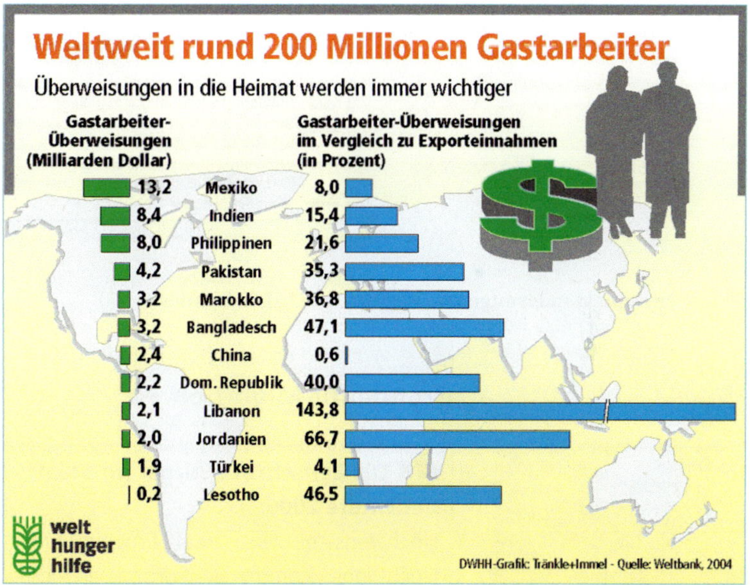

M7 Arbeiten in einem fremden Land.

1 Sucht im Atlas die reichsten und die ärmsten Staaten. Auf welchen Kontinenten liegen sie jeweils (M3, M4)?

2 Schwarzafrika wird als Verlierer der Globalisierung bezeichnet. Erläutert diese Behauptung (M2, M4–M6).

3 Armut und hohe Arbeitslosigkeit veranlassen Menschen, in fremden Ländern Arbeit zu suchen. Fasst die Aussagen von M7 in einem Bericht zusammen.

Migration und Flucht weltweit

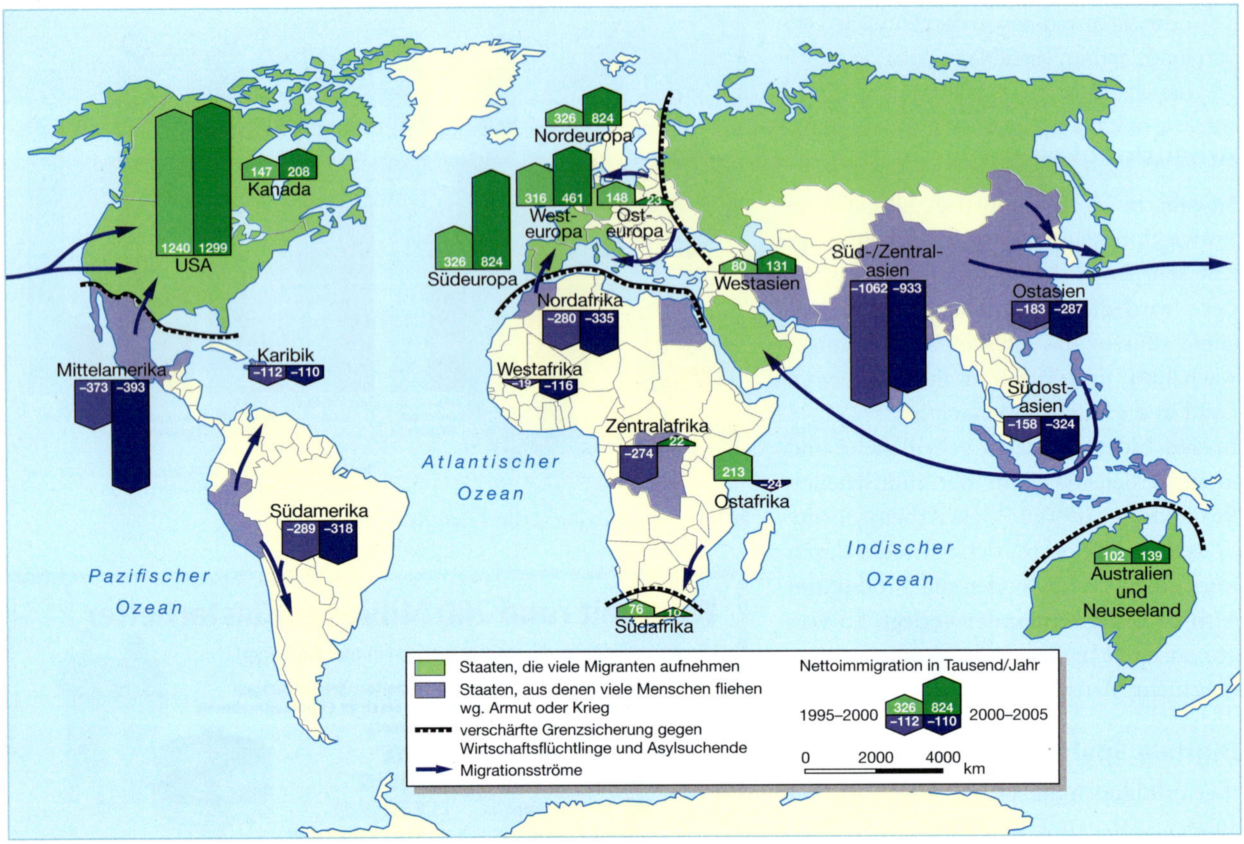

M1 Weltweite Wanderungen zu Beginn des 21. Jahrhunderts.

Gründe für Migration

M2 Flüchtlingslager im Sudan. Foto, 2007.

M3 Die Zeitschrift „Bürger im Staat" berichtete 2006:

Höchstens ein bis zwei Prozent aller Flüchtlinge kommt in Europa an. Die weltweiten Migrations- und Asylprobleme spielen sich vor allem auf der südlichen Halbkugel ab. Die armen und ärmsten Länder tragen die Hauptlast dieser Wanderungsbewegungen. Nur wenige erreichen die reichen Wohlfahrtsinseln wie die Bundesrepublik Deutschland. Die wichtigsten Migrationsfaktoren zu Beginn des 21. Jahrhunderts sind kriegerische Auseinandersetzungen, Menschenrechtsverletzungen, wirtschaftliche Probleme, Hunger, Umweltkatastrophen und der Anstieg der Weltbevölkerung. Die Ungleichheit zwischen Arm und Reich klafft immer weiter auseinander.

Menschenrechtsorganisationen

M4 In der Zeitschrift „Informationen zur politischen Bildung" heißt es 2008:

Neben so namhaften und weltweit tätigen **NGOs*** wie **Amnesty International** oder Human Rights Watch gibt es heute auch zahlreiche kleinere und regional begrenzte Organisationen, die selbst in sehr **repressiven*** Staaten aktiv werden. Dies ist sicher auch ein Verdienst der von der UNO so nachdrücklich propagierten Menschenrechtsidee. Allein im deutschsprachigen Raum haben etwa 150 Organisationen den Schutz der Menschenrechte ausdrücklich zum Ziel ihrer Arbeit erklärt. [...] Aufgrund massiver und verbreitet vorkommender Menschenrechtsverletzungen wie Frauenhandel und Gewalt gegen Frauen, Einschränkung der Meinungs- und Pressefreiheit sowie des Asylrechtes haben Organisationen wie Terre des Femmes, Reporter ohne Grenzen oder PRO ASYL größere Aufmerksamkeit auf sich ziehen können. Im Allgemeinen versuchen NGOs, durch Mahnwachen, Unterschriftenaktionen und Protestbriefe Aufmerksamkeit zu erzeugen und öffentlichen Druck auf die Urheber von Menschenrechtsverletzungen auszuüben.

Amnesty, Pro Asyl und Diakonie

M5 In einer Pressemitteilung von „amnesty international" heißt es 2009:

Die Aufnahme irakischer Flüchtlinge in Deutschland ist begrüßenswert, kann aber nur ein erster Schritt sein. Deutschland sollte sich im Rahmen von Neuansiedlungsprogrammen dringend verpflichten, ein jährliches Kontingent von Flüchtlingen dauerhaft aufzunehmen und zu integrieren. Dies haben Vertreter von PRO ASYL, amnesty international und des Diakonischen Werks der Evangelischen Kirche Deutschlands heute in Berlin gefordert. Anlass ist das bevorstehende Eintreffen der ersten von insgesamt 2500 irakischen Flüchtlingen, deren Aufnahme die Bundesregierung im letzten Jahr zugesagt hatte. Mitte März sollen die ersten Iraker in Deutschland ankommen.

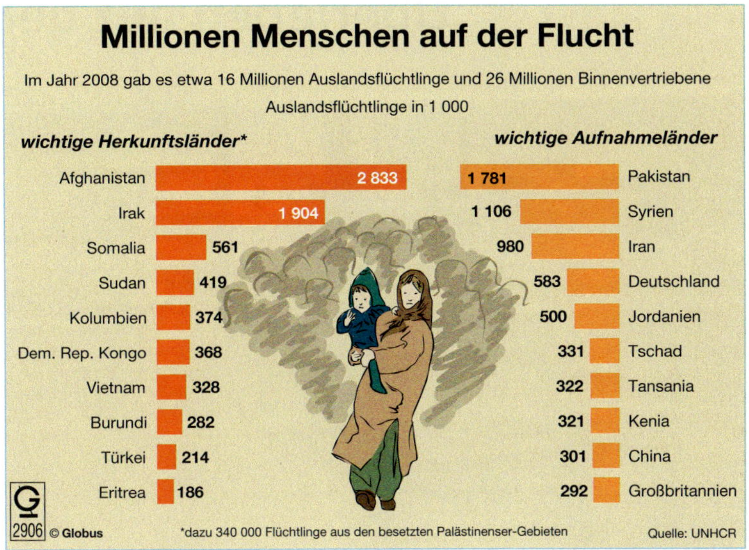

M6 Flüchtlinge 2008.

Mehr als sechs Millionen Flüchtlinge weltweit befinden sich heute in einer anhaltend ausweglosen Situation. Die große Mehrheit von ihnen flüchtet in die Nachbarländer. Viele dieser Erstzufluchtsländer benötigen mehr als finanzielle Unterstützung. So sind in den letzten Jahren allein etwa zwei Millionen Iraker in die Nachbarländer Syrien und Jordanien geflohen. Das überfordert Wirtschaft und Gesellschaft dieser Länder.

***NGO**
Nichtregierungsorganisationen (Non-Governmental Organization), die auf privater Basis in der Entwicklungshilfe tätig sind.

***repressiv**
Unterdrückend.

1 Untersucht in kleinen Gruppen die Materialien dieser Doppelseite. Berichtet in Kurzvorträgen über eure Arbeitsergebnisse.

2 Legt ein kleines Lexikon an, in dem ihr die Begriffe Migration, Emigrant, Immigrant und Flucht erklärt.

3 Wertet M 1 und M 6 aus: Wo konzentrieren sich die Regionen, aus denen die Menschen abwandern? Wohin wandern Armutsflüchtlinge aus Afrika aus?

4 Verfolgt in den Medien Berichte über die aktuellen Flüchtlingswanderungen und die Aufnahme von Flüchtlingen bei uns. Berichtet der Klasse.

Überleben auf der Straße

M 1 **Straßenkinder … in Angola.** Foto, 2008.

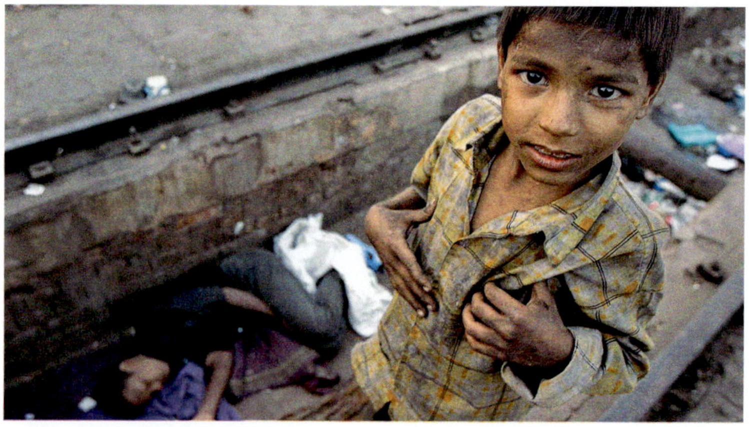

M 2 **… in Indien.** Foto, 2009.

M 3 **Kinderarbeit in einem illegalen chinesischen Bergwerk in der Provinz Guizhou.** Foto, 2006.

Straßenkinder

Auf der Welt gibt es schätzungsweise **80 Millionen Straßenkinder**. Die meisten von ihnen leben in den Großstädten der Entwicklungsländer, aber auch in ländlichen Gebieten nimmt ihre Zahl zu. Die Jüngsten sind erst fünf Jahre alt. Genaue Angaben liegen nicht vor, weil viele Kinder nicht einmal eine Geburtsurkunde haben. Die meisten dieser Kinder müssen schwer arbeiten, um zu überleben – teilweise bis zu **14 Stunden** am Tag. Viele versuchen, durch Drogenkonsum ihr hartes Schicksal wenigstens für kurze Zeit zu vergessen.

Die beengten Wohnverhältnisse und der tägliche Kampf ums Überleben in den Elendsvierteln der Städte führen zu Streit, Gewalt und dem Auseinanderbrechen der Familien. Für viele Kinder erscheint deshalb zunächst das Leben unter Gleichgesinnten auf der Straße verlockend. Andere Kinder und Jugendliche sind gezwungen, das Geld für ihren Lebensunterhalt oder den ihrer Familien auf den Straßen zu verdienen. Aber auch Kinder, die von ihren Müttern verlassen wurden oder deren Eltern gestorben sind, führen ein Leben auf der Straße.

Man unterscheidet drei Gruppen von Straßenkindern:

- Kinder, die auf der Straße arbeiten, aber noch bei ihren Familien leben;
- Kinder, die aufgrund großer Entfernungen nur am Wochenende zu ihren Familien zurückkehren;
- Kinder, die auf der Straße leben und arbeiten, da sie keine Familien haben. Sie schlafen beispielsweise auf Treppen, in Hauseingängen oder unter geparkten Autos.

M4 Interview mit Jimmy (16) und Josef (21), 2010:

Wieso lebt ihr auf der Straße?

Jimmy: Ich muss hier auf der Straße leben, wegen der Armut. Mein Vater ist schon lange tot und meine Mutter ist gestorben, als ich zehn Jahre alt war. [...]

Joseph: Ich bin hier auf der Straße aufgewachsen. Meine Mutter ist schon früh gestorben und mein Vater und meine Verwandten leben irgendwo außerhalb [...]

Was gefällt euch am Leben auf der Straße und was sind die größten Probleme?

Jimmy: Was mir wirklich gefällt, ist, dass meine Freunde und ich durch dick und dünn gehen, wir halten zusammen und würden uns nie verraten. [...] Das einzige Problem ist, wie brutal wir hier [...] behandelt werden. Polizisten und Sicherheitsleute kommen ganz plötzlich, sie nehmen einfach alle Straßenkinder mit [...] und misshandeln sie dann.

Joseph: Wir werden grün und blau geschlagen. Sie behandeln uns wie Tiere. [...] Alle Polizisten machen mit, niemand nimmt uns in Schutz. Ein Polizist hat mich sogar mit seinem Gewehr in den Rücken gehauen.

Folgen des Lebens auf der Straße

Die meisten Straßenkinder gehen nicht zur Schule, sondern arbeiten im **informellen Sektor**. Mit Kinderarbeit hat das nichts zu tun. Straßenkinder arbeiten, um selbst zu überleben oder um zum Lebensunterhalt der Familie beizutragen. Häufig werden sie **ausgebeutet** und müssen gefährliche, gesundheitsgefährdende Tätigkeiten ausführen. Viele betteln zusätzlich. Oft sind sie krank, weil das durch Arbeit oder Betteln verdiente Geld nicht ausreicht.

Die Zahl der Mädchen auf der Straße wird oft unterschätzt. Sie arbeiten im Haushalt, in Hotels und Bars oder leben von der Prostitution. Aus Angst vor Vergewaltigung – auch durch ältere Straßenkinder – schlafen sie selten im Freien. Größere Straßenkinder organisieren sich in Banden, sind gewaltbereit und erpressen sogar jüngere unerfahrene Straßenkinder. Häufig wiederholen sich in den Gruppen die schlimmen Erfahrungen, die die Straßenkinder zu Hause erlebt hatten.

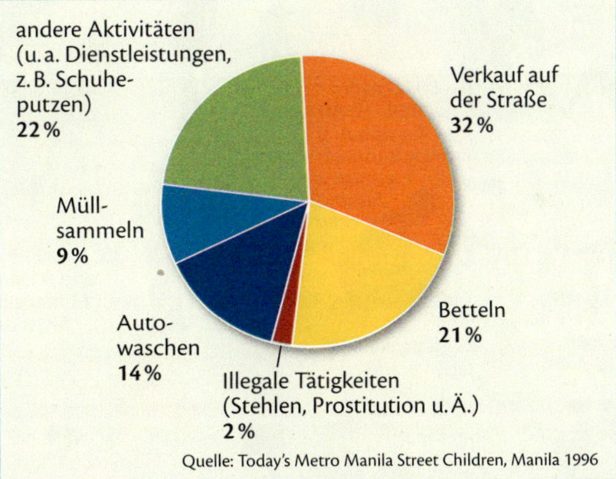

M5 Hauptbeschäftigungen der Straßenkinder in Manila.

1 Nennt Gründe, warum viele Kinder in Entwicklungsländern auf der Straße leben (M1, M2, M4, M5).

2 Erläutert, wie die Straßenkinder versuchen zu überleben (M1–M5).

3 Sucht im Internet nach Organisationen, die Straßenkindern helfen. Berichtet der Klasse über deren Projekte.

4 Informiert euch über Kinderarbeit und bereitet dazu eine Ausstellung vor (M3)

Verteilung der Weltbevölkerung

M 1 Die Welt als Dorf. Wenn die Welt von 100 Menschen bevölkert wäre, dann …

(Quelle: DIE ZEIT, Illustration: Nora Coenenberg, Recherche: Christoph Drösser, Magdalena Hamm, Quellen: Human Development Index, Nasa, Vereinte Nationen, Plunkett Research, Welternährungsorganisation, Weltgesundheitsorganisation, Deutsche Stiftung Weltbevölkerung, Planet of Slums, Encarta, International Telecommunications Union, Unesco, Encyclopædia Britannica, Progressive Policy Institute, Weltbank, Welthandelsorganisation, Sozialverband Deutschland, Heidelberger Institut für Internationale Konfliktforschung, Nielsen, International Labour Organization, International Energy Agency, eigene Berechnungen)

Ungebremstes Wachstum

2009 ist die Weltbevölkerung auf 6,8 Milliarden angewachsen. Jedes Jahr wächst die Zahl der Menschen auf der Erde um weitere 80 Millionen, also etwa um die Bevölkerungszahl Deutschlands.

Doch nicht überall wächst sie in gleichem Maße. Während in vielen Industriestaaten

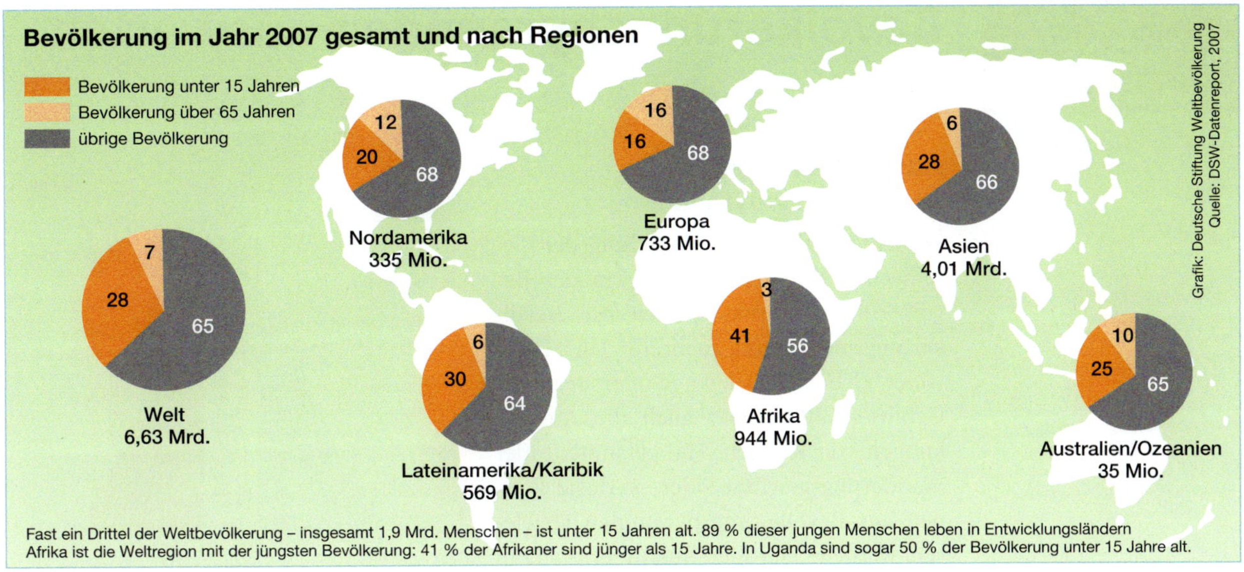

M2 Afrika ist am jüngsten …

heute die Bevölkerungszahl stagniert* oder sogar leicht rückläufig ist, findet das **Bevölkerungswachstum** fast ausschließlich in den Entwicklungsländern statt.

Ungleiche Verteilung

In der Realität gibt es jedoch Regionen mit sehr hoher Bevölkerungsdichte und Räume, die nahezu menschenleer sind, denn die tatsächliche Verteilung hängt von verschiedenen Faktoren ab: Gebiete mit fruchtbaren Böden, gemäßigtem Klima und Verkehrsgunst waren schon früh erschlossen und gehören heute zu den dicht besiedelten Räumen. Auffallend ist auch die Häufung von **Millionenstädten** am Meer. Im Landesinneren findet man die Siedlungsschwerpunkte entlang der großen Flüsse. Hingegen sind die Wüsten der Erde, Teile der inneren Tropen sowie die Polarregionen fast menschenleer. Sehr dünn oder gar nicht besiedelt sind auch die Hochgebirge. Je weiter man in die Höhe kommt, desto dünner wird die Besiedlung, bis sie schließlich ganz aufhört. Sehr dicht besiedelte Staaten stehen Staaten gegenüber, die kaum bewohnt sind, und auch innerhalb eines Staates kann es äußerst dicht besiedelte Regionen und solche mit einer deutlich geringeren Bevölkerungsdichte geben.

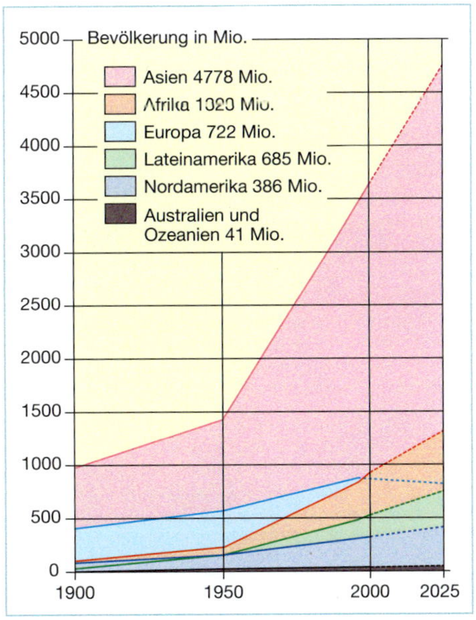

M3 Bevölkerungsentwicklung nach Kontinenten.

***stagnieren**
Auf gleicher Höhe bleiben, nicht wachsen.

1 Lest euch in M 1 ein und schreibt Stichworte zu den Informationen auf. Bedenkt, dass alle Informationen so berechnet wurden, als wenn nur 100 Menschen auf der Erde leben würden.
2 Berichtet über die Entwicklung der Weltbevölkerung (M 2, M 3).
3 Wertet M 2 aus und erklärt, wo das Bevölkerungswachstum hoch ist.
4 Nennt die am dichtesten besiedelten Regionen der Erde (Atlas).

METHODE

Bevölkerungspyramiden auswerten

Aussagekraft von Bevölkerungspyramiden

Der Altersaufbau, die Verteilung der Geschlechter und damit die Form der Bevölkerungspyramide spiegelt die Bevölkerungsentwicklung mehrerer Jahrzehnte wider. Geburtenrückgänge oder steigende Geburtenzahlen, aber auch die Auswirkungen von Kriegen, Hungersnöten oder Wanderungsgewinne oder -verluste können aus Bevölkerungspyramiden abgelesen werden. Darüber hinaus ermöglicht diese Darstellungsform Voraussagen, ob und warum eine Bevölkerung zukünftig wachsen, stagnieren oder schrumpfen wird.

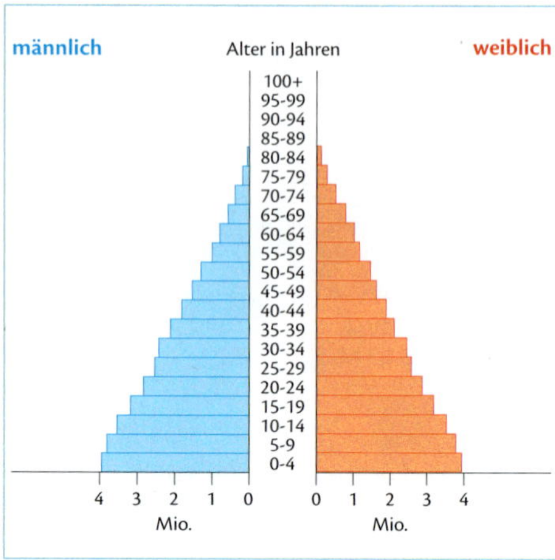

M2 Altersaufbau der Bevölkerung in Deutschland 1910.

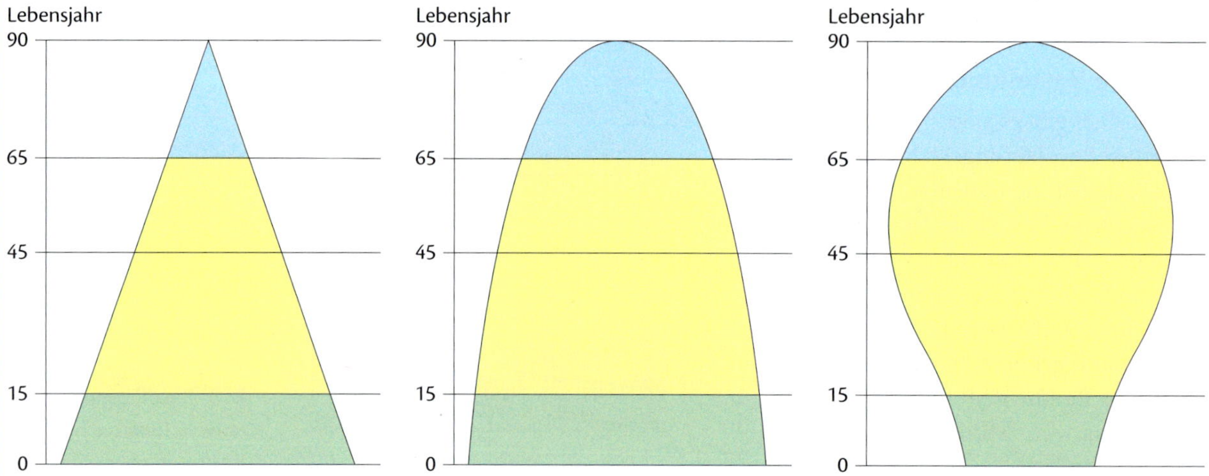

Die Pyramidenform kennzeichnet eine wachsende Bevölkerung. Von Jahr zu Jahr steigt der Bestand der Neugeborenen. Aber die Sterblichkeit setzt so früh ein, dass die Bevölkerung nur gering wächst. Die Lebenserwartung ist relativ gering. Diese Form ist typisch für viele Entwicklungsländer.

Bei der Glockenform (auch „Bienenkorb-Form“) wird Jahr für Jahr etwa die gleiche Zahl von Kindern geboren. Die Sterblichkeit nimmt erst in den höheren Altersklassen deutlich zu, das heißt, die Lebenserwartung steigt an. Die Bevölkerungszahl insgesamt stagniert oder wächst nur langsam.

Die Zwiebelform („Urnenform“) ergibt sich, wenn jeder neugeborene Jahrgang kleiner als der vorhergehende ist. Folge: Die Bevölkerung schrumpft. Die Lebenserwartung ist hoch. Diese Form ist typisch für Industrieländer. Da der Anteil der über 65-Jährigen zunimmt, spricht man von „Überalterung“.

M1 Grundformen der Bevölkerungspyramiden.

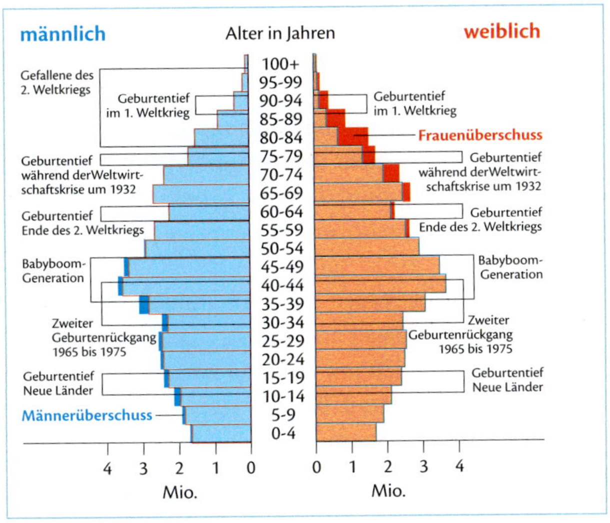

M3 Altersaufbau der Bevölkerung in Deutschland 2008.

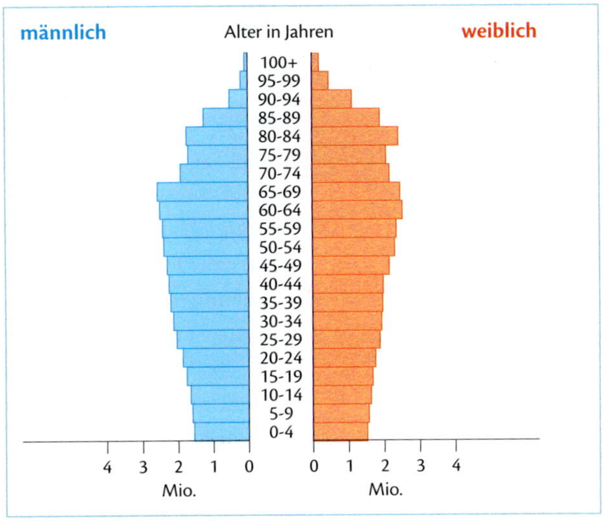

M4 Prognostizierter Altersaufbau der Bevölkerung in Deutschland 2050.

M5 Checkliste zum Auswerten von Bevölkerungspyramiden

1. Schritt: Beschreibung

Beschreibt die Darstellungsform. Beachtet dabei:

- Raum und Zeitangabe,
- Angabe der Bevölkerungszahlen (absolute Zahlen in Tausend oder Millionen, relative Zahlen in Prozent),
- Einteilung der Altersstufen.

2. Schritt: Informationsentnahme

Entnehmt und vergleicht Informationen zur Alterstruktur der Bevölkerung. Erfasst zum Beispiel:

- die Geburtenzahl von Jungen und Mädchen,
- den Anteil der unter 20-Jährigen,
- den Anteil der Männer und Frauen im erwerbsfähigen Alter zwischen 20 und 65 Jahren,
- den Anteil der über 65-Jährigen,
- Unterschiede zwischen den Geschlechtern,
- Unterschiede zwischen den Altersgruppen.

3. Schritt: Klärung von Besonderheiten

Bestimmt die Grundform und ermittelt Besonderheiten der Bevölkerungspyramide. Zum Beispiel:

- größere Ungleichheiten in der Anzahl zwischen Männern und Frauen in bestimmten Altersgruppen,
- Einschnitte (Geburtenrückgänge bzw. -ausfälle),
- Ausbuchtungen (starke Geburtenzunahme).

4. Schritt: Auswertung und Interpretation

- Erklärt die Altersstruktur der Bevölkerung. Beschafft euch dazu zusätzliche Informationen aus Geschichte, Politik und Geographie.
- Erläutert Folgen und Probleme, die sich aus der Altersstruktur der Bevölkerung ergeben.

1 Beschreibt die Grundformen von Bevölkerungspyramiden (M 1).

2 Vergleicht den Aufbau der Bevölkerungspyramiden von Deutschland 1910, 2008 und 2050. Erläutert die Veränderungen (M 2, M 3, M 4).

Frauen ernähren die Welt

Frauen ernähren ihre Familien

In den Entwicklungsländern arbeiten die meisten Frauen in der Landwirtschaft. Obwohl die Männer die Felder pflügen, tragen die Frauen die Hauptlast bei der Ernährung der Familie. Sie produzieren etwa die Hälfte aller landwirtschaftlichen Güter, in Afrika sogar bis zu 80 Prozent. Sie verarbeiten die **Grundnahrungsmittel** und verkaufen Überschüsse auf dem Markt. Einen Teil des Erlöses müssen sie dabei häufig an den Mann abgeben.

Frauen in Entwicklungsländern arbeiten meist mehr als 16 Stunden am Tag, wobei der größte Teil der Arbeit der Sicherung der Ernährung der Familie dient. Studien in Afrika und Asien haben ergeben, dass dort Frauen bis zu 13 Stunden in der Woche länger arbeiten als Männer. Allein vier Stunden pro Tag sind sie in vielen Gegenden damit beschäftigt, Wasser zu holen und Feuerholz zu sammeln.

Arbeiten für den Weltmarkt

Vor allem in Asien bauen Frauen nicht nur Grundnahrungsmittel für die eigene Familie an, sondern sie arbeiten auf den Plantagen auch bei der Erzeugung von Exportprodukten für den **Weltmarkt** mit. In manchen Ländern sind fast die Hälfte der Arbeitskräfte auf Plantagen Frauen. Im Reisanbau in Asien stellen sie 50 bis 90 Prozent der Arbeitskräfte. Aber auch in Afrika werden Frauen als Arbeitskräfte auf den Plantagen eingesetzt, die Nahrungsmittel für den Export anbauen. Sie arbeiten dort in der Regel für geringen Lohn als Saisonarbeiterinnen fürs Unkrautjäten oder bei der Ernte.

M1 **Frauen in Mali bei der Arbeit.** Foto, 2009.

M2 **Frauen tragen die Hauptlast der Arbeit.**

M3 In einer Geschichte aus Bangladesch heißt es:

Ein Mann ging mit einem Korb Kürbisse zum Markt, um sie dort zu verkaufen.
Auf dem Weg fragte ihn jemand:
„Wessen Früchte verkaufst du da?"
„Meine natürlich", antwortete der Bauer.
„Wer hat sie gesät?"
„Meine Frau."
„Wer hat sie gegossen und das Unkraut gejätet?"
„Sie, wer sonst?"
„Und wer hat die Früchte geerntet?"
„Nun, sie macht all diese Arbeiten!"
„Ja, warum sind dies dann deine Kürbisse?"
„Nun, sie ist meine Frau!"

Feminisierung der Landwirtschaft

In vielen Ländern, vor allem in Afrika, werden die meisten landwirtschaftlichen Kleinbetriebe heute von Frauen geführt, da die Männer in die Städte abgewandert sind, um eine bezahlte Arbeit zu bekommen. Das bezeichnet man als **Feminisierung der Landwirtschaft**. Doch obwohl die Frauen die Betriebe führen, liegt der Landbesitz in den Händen der Männer. In vielen Entwicklungsländern ist es Frauen verboten, Land zu besitzen, und ohne Landbesitz als Sicherheit erhalten sie auch keine Kredite z. B. für Saatgut, Werkzeuge oder Düngemittel. Das behindert den wirtschaftlichen Erfolg dieser Länder.

Kleinkredite für Frauen

Da in den Entwicklungsländern vor allem die Frauen für die Ernährung der Familie sorgen, werden im Rahmen der Entwicklungshilfe häufig Projekte gefördert, die sie unterstützen. Verschiedene Organisationen unterrichten Frauen beispielsweise in neuen Methoden des Ackerbaus und der Viehhaltung. Damit sich die Frauen das Saatgut, ein paar Hühner oder eine Ziege leisten können, vergeben diese Organisationen Kleinkredite **(Mikrokredite)** an sie. Auch in Selbsthilfegruppen werden Kleinkredite vergeben. In den Spar- und Kreditgruppen zahlen die Frauen wöchentlich einen kleinen Betrag auf ein gemeinsames Konto ein. Reihum wird das angesparte Geld dann als Kredit an die einzelnen Mitglieder vergeben – zum Beispiel um davon ein Huhn zu kaufen. Von den Erträgen zahlen die Frauen den ausgeliehenen Betrag in Raten zurück. Haben sie ihn abbezahlt, können sie ein neues Darlehen aufnehmen. Sind die Frauen mit der Hühnerzucht erfolgreich, ist häufig der nächste Schritt der Kauf einer oder mehrerer Ziegen oder Rinder. Solche Tiere sind zwar teurer, werfen dafür aber auch einen größeren Gewinn ab.

TAG DER FRAU	TAG DES MANNES
steht zuerst auf macht Feuer säugt das Baby macht Frühstück, isst	steht auf
wäscht und kleidet die Kinder	frühstückt
holt Wasser aus 1 km Entfernung kehrt heim geht zum 1 km entfernten Feld füttert und tränkt die Tiere wäscht ab, räumt auf, putzt	arbeitet auf dem Feld
holt Wasser aus 1 km Entfernung kehrt heim macht die Wäsche, bereitet Essen säugt das Baby bringt dem Mann Essen aufs Feld kehrt heim	isst
geht zu ihrem 1 km entfernten Feld jätet	arbeitet auf dem Feld
säugt das Baby sammelt Feuerholz auf dem Heimweg	kehrt heim
stampft Getreide	ruht sich aus
holt Wasser aus 1 km Entfernung kehrt heim zündet Feuer an bereitet Essen, isst	isst
säugt das Baby	trifft sich mit anderen Männern
bringt die Kinder ins Bett wäscht ab, räumt auf	geht schlafen
geht als Letzte schlafen	

Quelle: GEO

M4 Tagesablauf einer Bauernfamilie in Schwarzafrika.

Die Erfahrung hat gezeigt, dass die Frauen die Kredite zuverlässig zurückzahlen. Mit den Gewinnen können sie nicht nur ihren eigenen Lebensstandard deutlich verbessern, sondern auch den ihrer Kinder.

1 Beschreibt die Situation der Frauen auf dem Land (M1, M2, M4).

2 Erklärt, welche Rolle die Frauen bei der Versorgung ihrer Familien mit Nahrungsmitteln spielen (M4).

3 Nehmt kritisch Stellung zur Haltung des Mannes aus Bangladesch (M3).

4 Verfasst einen Bericht zur Situation der Frauen in vielen Entwicklungsländern (M1–M4).

Hunger macht krank

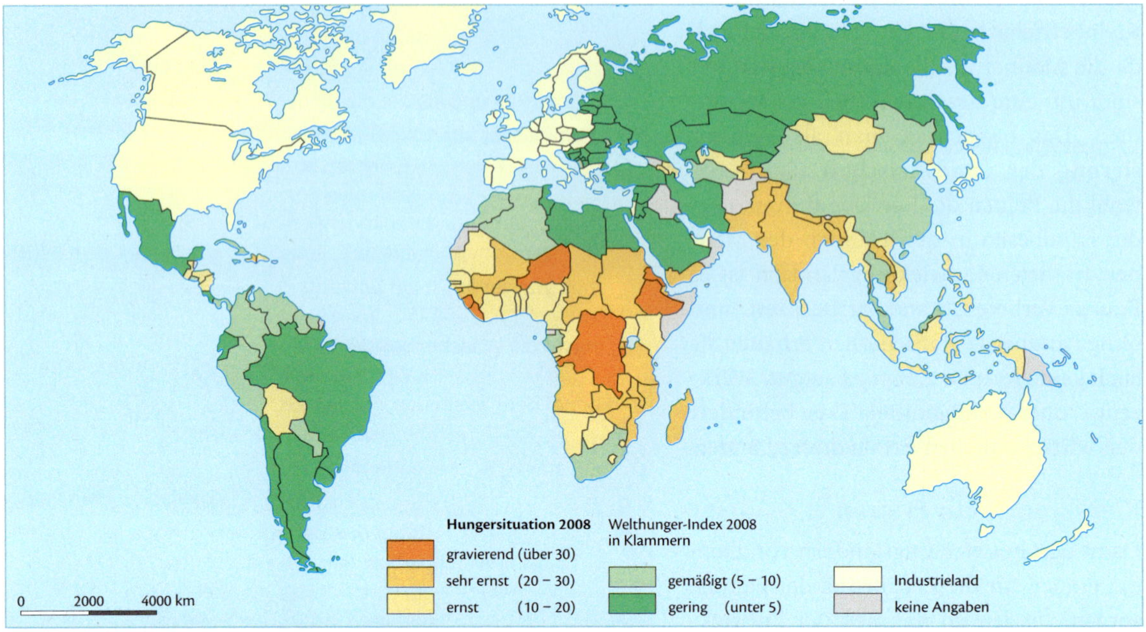

M 1 Verbreitung von Wachstumsstörungen bei Kindern. Dargestellt sind die 36 am stärksten betroffenen Länder.

M 2 Die Deutsche Welthungerhilfe berichtete 2007:

Eine von den weltweit Hungernden ist die siebenunddreißigjährige Siah aus Liberia. Wie ihr Mann und ihre sechs Kinder hat sie auch an diesem Tag nur einen Schluck Wasser zum Frühstück getrunken und einen Rest Getreidebrei gegessen. Am Nachmittag gibt es Maniok und eine dünne Soße. Eine nährstoffarme Kost, die sie bei Weitem nicht mit den täglich 2300 Kilokalorien versorgt, die von der Ernährungs- und Landwirtschaftsorganisation der Vereinten Nationen empfohlen werden. Siah und ihre Familie sind chronisch unterernährt. [...] Siah ist oft schon am Morgen völlig erschöpft und schafft es kaum, Wasser zu holen oder auf dem Feld zu arbeiten.

Sie ist eine zierliche Frau und wie viele Menschen in ihrem Dorf von kleinerer Statur als die Menschen aus der reicheren Hauptstadt oder der benachbarten Elfenbeinküste. [...] Auch Siahs Kinder sind nicht so groß, wie sie für ihr Alter sein müssten. Dies ist nicht nur Veranlagung. Dies ist die Folge des dauerhaften Nahrungsmangels, der die Menschen kontinuierlich auszehrt: Ihre Knochen werden brüchig, weil Mineralstoffe fehlen. [...] Eiweißstoffe im Blut verringern sich, sodass der Organismus seinen Schutz vor Infektionskrankheiten verliert und oft schon leichte Erkrankungen tödlich sein können.

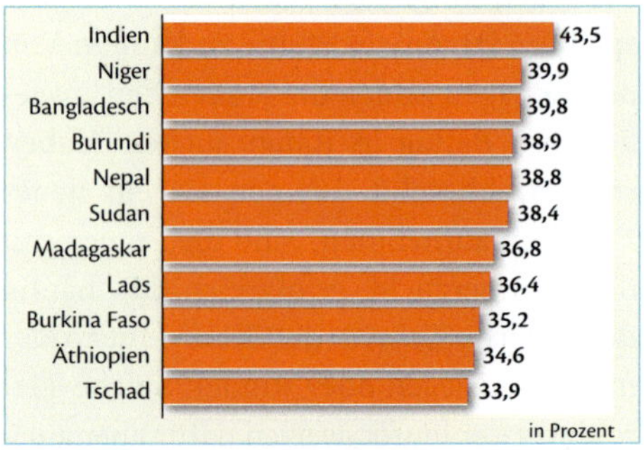

M 3 Anteil der unterernährten Kinder in der Altersgruppe bis fünf Jahre (2009).

Folgen von Hunger und Unterernährung

Alle sechs Sekunden stirbt auf der Welt ein Kind an den Folgeerscheinungen von Hunger. Unterernährung ist ein entscheidender Grund dafür, dass jährlich fast elf Millionen Kleinkinder das sechste Lebensjahr nicht erreichen. Mehr als 13 Millionen Kinder werden jährlich mit Untergewicht geboren. Ihre Mütter sind oft überarbeitet und selbst unterernährt, sodass sie das Stillen frühzeitig einstellen. Neugeborene mit großem Untergewicht haben nur geringe Chancen, während ihrer Kindheit den Mangel auszugleichen.

Kinder sind von **Unterernährung** stärker bedroht als Erwachsene. Sie haben im Zeitraum ihres Wachstums einen verhältnismäßig höheren Nährstoffbedarf. Im Falle von Unterernährung ist ihr Körpergewicht bis zu einem Viertel geringer als das Durchschnittsgewicht eines ausreichend ernährten Kindes vergleichbarer Größe. Früher oder später kommt es zu einer Schwächung der inneren Organe und der Abwehrkräfte.

Wenn unterernährte Kinder von **Infektionskrankheiten** befallen werden, verfügt deren geschwächter Körper nicht über genügend Widerstandskraft (Immunabwehr). In der Schule sind unterernährte Kinder antriebsarm und ihre Leistungen sind häufig ungenügend. Deshalb erhalten sie später oft nur schlecht bezahlte Arbeit. Daraus folgt, dass sie nicht über genügend Geld für eine ausreichende Ernährung verfügen. Sie verringern somit ihre eigenen Lebenschancen und möglicherweise zugleich die Lebenschancen ihrer Kinder.

Versteckter Hunger

Als „versteckten Hunger" bezeichnen Ärzte einen Mangel an Vitaminen und Mineralien. Besonders Kindern in Entwicklungsländern drohen lebenslange Beeinträchtigungen wie Blindheit oder geistige Behinderungen. Ihre Lernfähigkeit ist ohnehin infolge der Unterernährung vermindert. Schul- und Berufsausbildung können deshalb nur mit Erschwernis verwirklicht werden. Das Ergebnis: Im Erwachsenenalter liegt ihr Einkommen fünf bis zehn Prozent unter dem Durchschnitt. Die Auswirkungen von Hunger und Unterernährung schwächen die Wirtschaft der Entwicklungsländer. Ihnen gehen umgerechnet etwa 500 Milliarden Euro jährlich verloren.

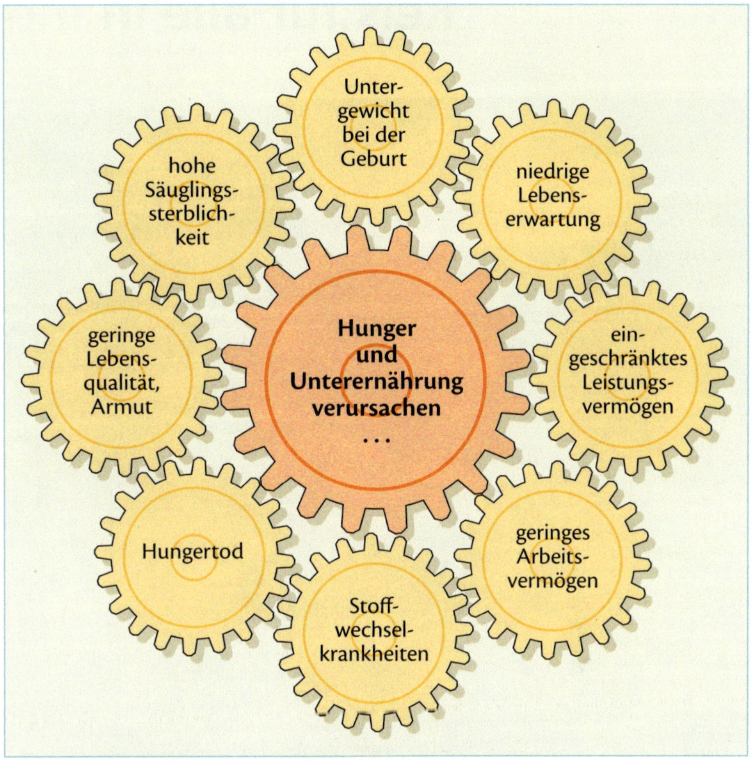

M 4 Im Teufelskreis von Hunger und Unterernährung.

1 Wertet M 1 aus und notiert die von Hunger am meisten betroffenen Länder in einer Liste.

2 Beschreibt die Lebenssituation von Siah (M 2).

3 Stellt fest, in welchen Ländern Kinder besonders betroffen sind (M 3).

4 Erläutert die Folgen von Hunger und Unterernährung (M 2, M 4).

5 Führt eine Pro-und-Kontra-Diskussion zum Thema „Nahrungsmittelhilfen – eine Lösung für Entwicklungsländer?".

Reis für alle in Indonesien?

M 1 Nassreisanbau auf Terrassen in Java. Foto, 2009.

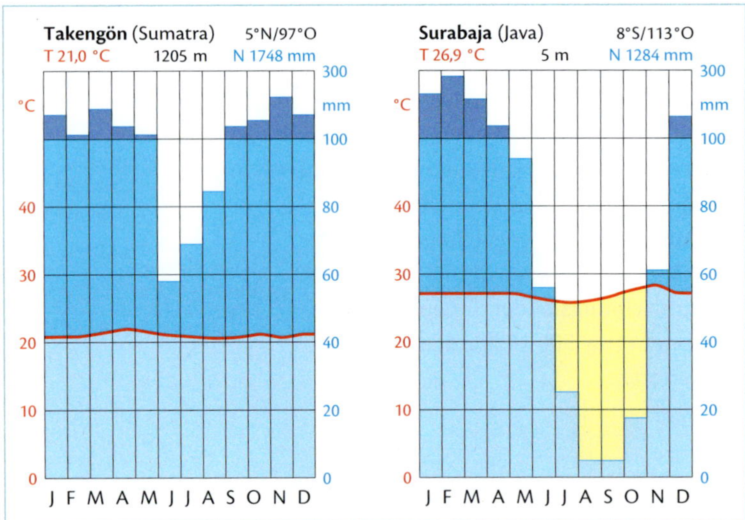

M 2 Klimadiagramme von Stationen in Indonesien.

Reis bedeutet Essen

Wie in anderen asiatischen Ländern ist „Reis“ die Bezeichnung für „Essen“, weil es das **Hauptgrundnahrungsmittel** ist und zu allen Mahlzeiten verzehrt wird. Lange Zeit war Indonesien nicht in der Lage, sich selbst ausreichend mit Reis zu versorgen: Viele Menschen hungerten und Reis musste in großen Mengen importiert werden. Anfang der 1990er-Jahre wurde jedoch die Selbstversorgung mit Reis und anderen Grundnahrungsmitteln wie Mais und Maniok erreicht. Nahrungsmittelimporte in größeren Mengen sind heute nur bei witterungsbedingten Ernteausfällen notwendig. Die Gründe für diese Entwicklung sind vielfältig.

Grüne Revolution

Zur Erhöhung der Reisproduktion wurden seit den 1970er-Jahren mehrere agrarwirtschaftliche Maßnahmen durchgeführt, die die sogenannte **Grüne Revolution** einleiteten. Dazu zählte vor allem die Züchtung moderner Reissorten. Der „Wunderreis“ liefert zwei- bis dreifach höhere Erträge pro Ernte als traditionelle Sorten. Zudem reift er in einer kürzeren Zeit heran, sodass zwei oder sogar drei Ernten pro Jahr eingeholt werden können. Zur Grünen Revolution gehörten weiterhin der Ausbau der Bewässerungsanlagen für den Nassreisanbau, die Gründung eines landesweiten landwirtschaftlichen Beratungssystems sowie eines flächendeckenden Netzes von Dorfbanken. Diese vergaben an Kleinbauern Kredite für Saatgut, Dünger und Pflanzenschutzmittel. So wurde ein intensiver Nassreisanbau, vor allem auf der Insel Java, möglich, der eine steigende Reisproduktion bewirkte.

Verbesserungen in Bildung und Gesundheit

Auf den wirtschaftlichen Erfolgen der Grünen Revolution konnten weitere Entwicklungen aufbauen. Zu nennen sind insbesondere Fortschritte in der Schulbildung und in der Familienplanung. Heute

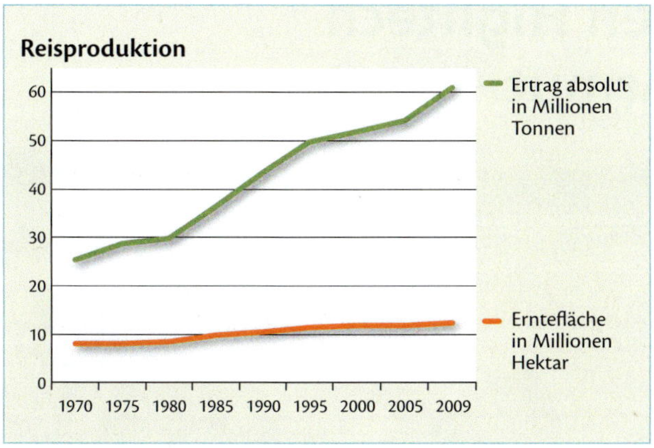

M3 Produktion von Reis (ungeschält) in Indonesien 1970–2009.

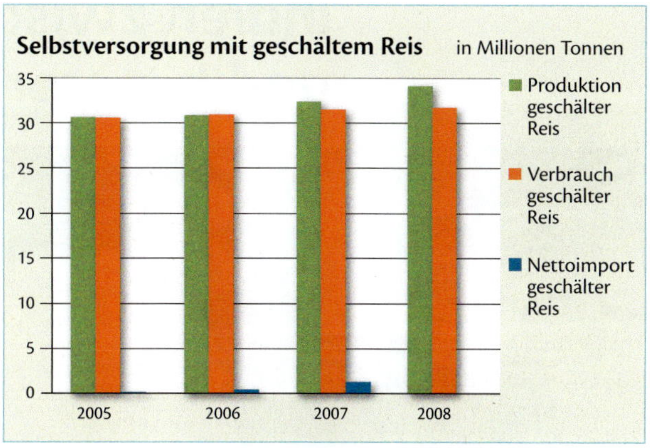

M4 Selbstversorgung mit geschältem Reis in Indonesien 2005–2008.

besuchen fast alle Kinder in Indonesien die Grundschule, 42 Prozent der Kinder sogar weiterführende Schulen.

Die Lage ist immer noch ernst

Trotz dieser Entwicklung gilt die Ernährungslage in Indonesien als ernst, da der Anteil der Unterernährten in der Bevölkerung immer noch zu hoch ist. Verantwortlich hierfür ist, dass viele arme Menschen sich eine ausreichende und ausgewogene Ernährung nicht leisten können. Zwar wird in Indonesien genug Reis zur Versorgung der Bevölkerung produziert beziehungsweise importiert. Doch diese Rechnung geht nur auf dem Papier auf: In Wirklichkeit kann die Reisproduktion nicht gleichmäßig verteilt werden, da ein exakter Ausgleich zwischen Gebieten mit Überschuss an Reis und Gebieten mit zusätzlichem Reisbedarf organisatorisch nicht machbar ist.

M5 Urbanus Blawir, Vorsteher eines Dorfes bei Surakarta, berichtet:

In den letzten Jahren konnten wir die Erträge auf den Reisfeldern nicht mehr steigern. Wir haben teuren Dünger in größeren Mengen ausgebracht, aber selbst das hilft nicht. [...] Nun sind die Böden einfach ausgelaugt. Der Anbau unseres Reises erfordert zudem einen hohen Einsatz an Pflanzenschutzmitteln, weil die Sorte sehr anfällig ist gegenüber Krankheiten und Schädlingen. All das kostet Geld. Dazu kommt das Problem, dass Wasser für den Reisanbau knapper wird. Zum anderen werden riesige Wälder, die zuvor viel Wasser gespeichert und langsam abgegeben haben, abgeholzt, um andere Exportkulturen wie Ölpalmen anzubauen. Ständig werden deshalb die Preise für Bewässerungswasser angehoben. Der Reisanbau wird dadurch immer weniger lohnenswert. Und dabei ist die Arbeit auf dem Reisfeld körperlich so beschwerlich. Die Jugendlichen in unserem Dorf suchen sich daher lieber Arbeit außerhalb der Landwirtschaft. [...]

1 Beschreibt die geographische Lage Indonesiens mithilfe des Atlas.

2 Erläutert die Ernährungssituation der Menschen in Indonesien früher und heute (M3, M4).

3 Erklärt den Einfluss natürlicher und gesellschaftlicher Faktoren auf die Ernährungslage in Indonesien (M1, M2).

4 Beurteilt die aktuellen Probleme Indonesiens in der Ernährungssicherung (M5). Sucht nach weiteren Informationen im Internet.

Indien zwischen Hightech und bitterer Armut

M1 Computer-Spezialistin in Bangalore. Foto, 2009.

M4 Bauer aus einem Dorf bei Bangalore. Foto, 2009.

Ländername: Republik Indien

Größe des Landes: 3 287 263 km² (Bundesrepublik Deutschland: 357 000 km²)

Hauptstadt: New Dehli ca. 400 000 Einwohner (Kernstadt)

Bevölkerung: ca. 1,1 Mrd. Einwohner, wenige Minderheiten

Religionen: Hindus (80 %), Muslime (14 %)

Regierungsform: parlamentarisches Regierungssystem nach britischem Vorbild

Bruttoinlandsprodukt (BIP): ca. 1236 Mrd. US-$ (2008), davon: Landwirtschaft 18 %, Industrie 27 %, Dienstleistungen 55 % (Vergleich BIP Deutschland ca. 2400 Mrd.)

Bruttonationaleinkommen (Pro-Kopf-Einkommen): ca. 1040 US-$ (2008), (Vergleich: Deutschland ca. 42 410 US-$, 2008)

Exporte: 182 Mrd. US-$, davon 18 % Erdölprodukte, 12 % Textilien, 5 % Maschinen, 3 % Elektronik.

Importe: 316 Mrd. US-$, davon 32 % Erdöl, 4 % Elektronik, 8 % Maschinen

M2 Daten zu Indien 2008/2009.

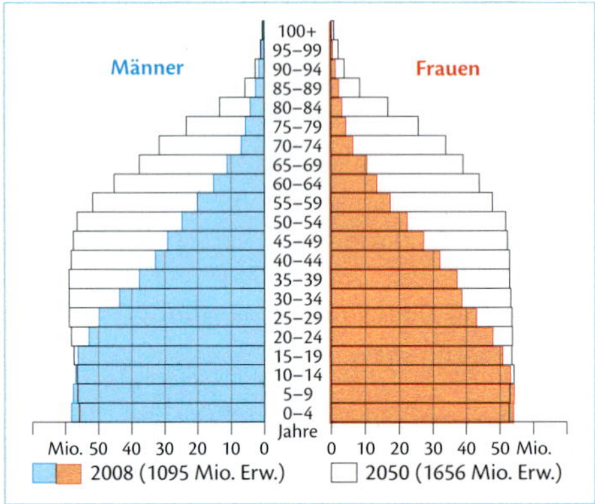

M3 Bevölkerungspyramiden Indiens 2008 und 2050 (Prognose).

Land der Gegensätze

In Indien leben auch heute noch fast zwei Drittel der Bevölkerung von der **Landwirtschaft**. Aber auch zahlreiche der besten Software-Spezialisten der Welt sind Inder. Neben modernen Hochhausvierteln und Technologieparks dehnen sich die Slums aus, in denen die vielen Zuwanderer der Großstädte unter einfachsten Bedingungen leben. Auch in den Hunderttausenden Dörfern abseits der Städte gibt es häufig weder Sanitäreinrichtungen noch Zugang zu elektrischem Strom oder sauberem Trinkwasser. Da die Bevölkerungszahl vor allem auf dem Land noch immer sehr stark ansteigt, reichen die Erträge der Kleinbauern kaum aus, um die Familien zu ernähren.

Städte – Zentren der Hochtechnologie

In den Großstädten Indiens hat sich eine Vielzahl von **Software-Firmen** angesiedelt. In Technologieparks sind Tausende Ingenieure und Software-Spezialisten beschäftigt. Hier lassen Firmen aus Europa und den USA ihre Programme schreiben, denn ein Programmierer im eigenen Land kostet mehr als das Fünffache eines indischen Software-Spezialisten. Über Satellitenleitungen oder das Internet gelangen die fertigen Produkte ohne Zeitverlust und hohe Transportkosten zu den Auftraggebern.

Auch Pharmafirmen und Betriebe der **Biotechnologie** gewinnen an Bedeutung in Indien. Sie entstehen in der Nähe der Universitäten und Forschungseinrichtungen, da hier hoch qualifizierte Mitarbeiter zur Verfügung stehen. Viele Inder oder Inderinnen, die in den USA oder Europa studiert haben, arbeiten hier.

Fortschritt durch Bildung

In Indien studieren nur etwa sieben Prozent der Jugendlichen (Deutschland: fast 40 Prozent). Sie werden vor allem an den Indian Institutes of Technology, die weltweit sehr angesehen sind, zu Informatikern, Technikern und Wissenschaftlern ausgebildet. Doch fast die Hälfte aller Inder kann auch heute weder schreiben noch lesen. Deshalb soll in Zukunft die Wissenschaft mehr bei der Entwicklung in den dörflichen Regionen eingesetzt werden.

Kinder in abgelegenen Regionen sollen mit Lernprogrammen über Satellit unterrichtet werden und mithilfe der Biotechnologie erhofft man sich eine Steigerung der Erträge in der Landwirtschaft.

Familienplanung

Seit dem Jahr 2000 gibt es eine **Familienpolitik**, die die Zweikindfamilie durchsetzen soll. Dabei sind regionale Unterschiede zu berücksichtigen. In einigen Bundesstaaten im Süden des Landes wie Kerala oder Tamil Nadu werden im Durchschnitt weniger als zwei Kinder pro Frau geboren. In nördlichen Bundesstaaten wie Bihar oder Uttar Pradesh sind hingegen nach wie vor mehr als vier Kinder pro Frau die Regel.

Einen wichtigen Faktor bei der Familienplanung stellt die **Bildung der Frauen** und damit die Verbesserung ihres wirtschaftlichen sowie gesellschaftlichen Status dar.

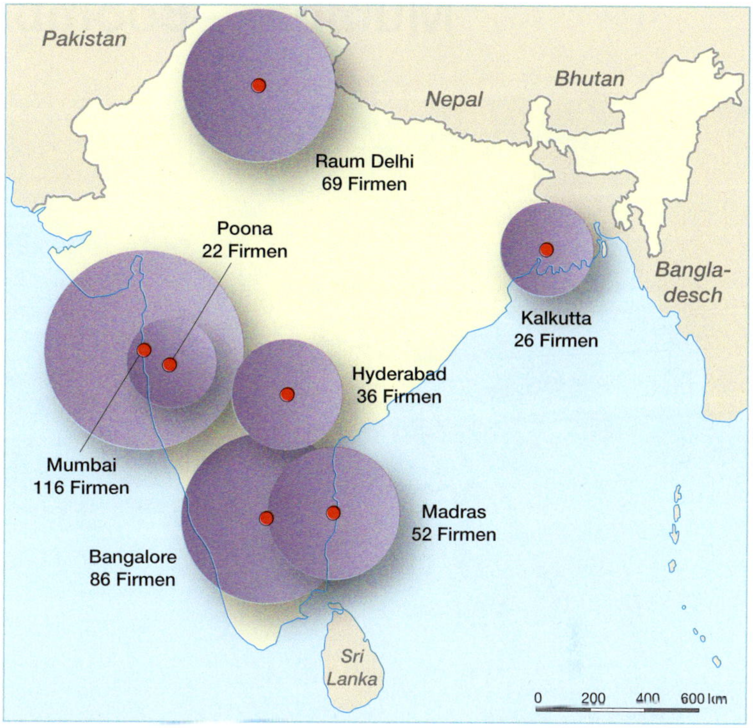

M 5 Standorte der größten Software-Unternehmen Indiens.

M 6 Besonders auf dem Land wirbt Indien für eine Verringerung der Geburtenzahlen. Foto, 2010.

1 „Indien hat viele Gesichter". Nehmt Stellung zu dieser Behauptung (M 1, M 2, M 4).

2 Wertet M 2 und M 5 aus und zeigt den Weg Indiens zu einem Industrieland auf.

3 Wertet M 3 mithilfe der Methodenseiten 286/287 aus.

Mumbai – Boombay und Slumbay

M 1 Stadtgliederung von Mumbai.

Größte Metropole Indiens

Das ehemalige Bombay, das seit 1995 „Mumbai" heißt, ist eine der einwohnerreichsten Städte der Welt. In der Metropolregion lebten 2009 laut Schätzung 21,3 Millionen Menschen. Auch die **Bevölkerungsdichte** ist mit über 31 000 Einwohnern auf einem Quadratkilometer entsprechend hoch, in Berlin sind es im Vergleich dazu 3800 pro Quadratkilometer.

Boombay

Mumbai ist die wichtigste Hafenstadt und das Zentrum von Finanzindustrie, Wirtschaft, Handel und Mode in Indien. Für die indische Bevölkerung versinnbildlicht es daher den wirtschaftlichen Aufschwung des Landes. Das Einkommen pro Kopf ist dreimal so hoch wie im Landesdurchschnitt. Weltbekannt wurde die Stadt auch durch ihre Filmindustrie (**„Bollywood"**).
Zu den Wohlstandssymbolen zählen die Bürohochhäuser am Nariman Point, dem Manhattan Mumbais mit den höchsten Immobilienpreisen der Welt. Mumbai beheimatet mehr Dollar-Millionäre als Manhattan.
Bis in die 1970er-Jahre verdankte Mumbai seinen Wohlstand der Baumwoll- und Textilindustrie sowie dem Hafenumschlag. Heute herrschen der Maschinenbau, Diamantenbearbeitung und die Softwareindustrie vor. Zehn Prozent der industriellen Arbeitsplätze Indiens befinden sich in der Stadt und 40 Prozent des Außenhandels von Indien werden hier abgewickelt. Die indische Börse sowie 48 Banken haben in Mumbai ihren Sitz – ebenso wie die Hauptverwaltungen der größten, auch international tätigen Unternehmen.

Slumbay

Über 50 Prozent der Bevölkerung leben in etwa 2500 Slums. Mumbai weist damit die höchste **Slumrate** in Indien auf. Ein Beispiel ist der im Zentrum von Mumbai gelegene Slum Dharavi, der mit schätzungsweise einer Million Einwohnern als der größte Slum Asiens gilt. Er erstreckt sich über knapp zwei Quadratkilometer.
Mumbais Straßen sind auch durch zahlreiche „pavement dweller", Obdachlose, geprägt. Schätzungsweise 600 000 bis 1,5 Millionen Menschen leben ohne Dach

über dem Kopf an Straßenrändern und auf Bürgersteigen. Hieran wird deutlich, wie dringend notwendig zusätzlicher preiswerter Wohnraum in Mumbai ist.

M2 Die Zeitschrift „Der Stern" schrieb 2008:

Sie klauben Stück für Stück den Abfallhaufen vor sich aus. [...] Wenn die Kisten voll sind, schüttet ein Mann [...] den Inhalt in einen Schredder, der Plastikkörner daraus macht. In einer klobigen Anlage [...] entsteht dann durch Erhitzen eine Art Brei. Der wird durch Düsen gepresst und endlose Kunststoff-Spaghetti quellen heraus, die ein automatisches Messer in kleine Schnipsel zerhackt – Rohmaterial für neue Plastik-Artikel vom Yogurtbecher bis zum Fernseher-Gehäuse. [...] Willkommen im Recycling-Zentrum Dharavi. [...] Draußen riecht es penetrant nach Abfall und Fäulnis. Der Kanal, der Dharavi entwässern soll, ist eine Brühe, die sich durch ein Bett aus Plastikflaschen, Blechdosen, Küchenabfall und Exkrementen aller Art den Weg sucht. [...] Den Menschen hier geht es deutlich besser als den Heerscharen der Zuwanderer, die jeden Tag in die Boomstadt Mumbai strömen und auf den Bürgersteigen und den Mittelstreifen der Ausfallstraßen unter freiem Himmel oder armseligen Plastikplanen kampieren. Denn Dharavi hat Strom und jeden Tag eine Stunde Wasser. [...] Dieses Gewirr aus ein- und zweistöckigen Gebäuden ist kein Slum, in dem Menschen apathisch die Tage verstreichen lassen [...]. Hier werkeln in über 200 Recycling-Betrieben für Plastik, ein paar hundert Lederwerkstätten, Töpfereien und Kartonage-Fabriken jeden Tag Zehntausende meist von neun Uhr morgens bis neun Uhr abends. [...]

M3 Nariman Point in Mumbai. Luftbild, 2009.

M4 Dharavi, Asiens größter Slum. Luftbild, 2009.

1 Beschreibt die geographische Lage Mumbais mithilfe des Atlas.

2 Gliedert die Stadt nach Funktionen (M 1).

3 Findet mithilfe von Google Earth Nariman Point und Dharavi. Lokalisiert beides in M 1.

4 Verdeutlicht die zwei Gesichter Mumbais und erklärt die Bezeichnungen „Boombay" und „Slumbay" (M 1–M 4).

Check: Das kann ich schon …

Wichtige Begriffe erklären

- ✓ Eine Welt – geteilte Welt
- ✓ Globalisierung
- ✓ Welthandel
- ✓ Wirtschaftliche Abhängigkeiten
- ✓ Weltweite Migration
- ✓ Unterschiedliche Bevölkerungsentwicklung
- ✓ Bevölkerungspyramide
- ✓ „unerwünschte" Mädchen
- ✓ Indien – Land der Gegensätze

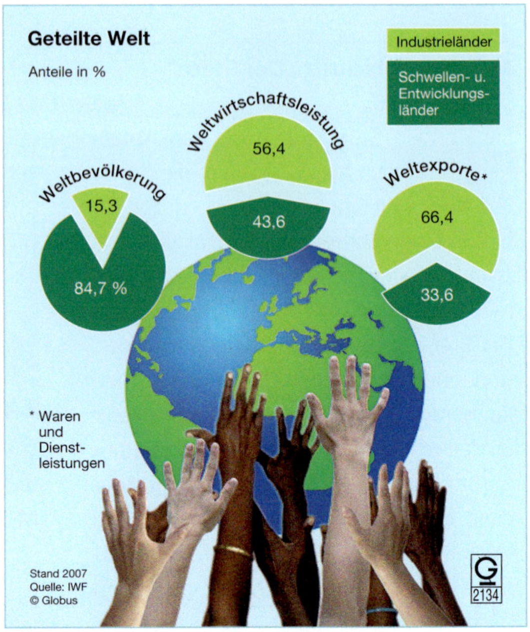

M1 Geteilte Welt.

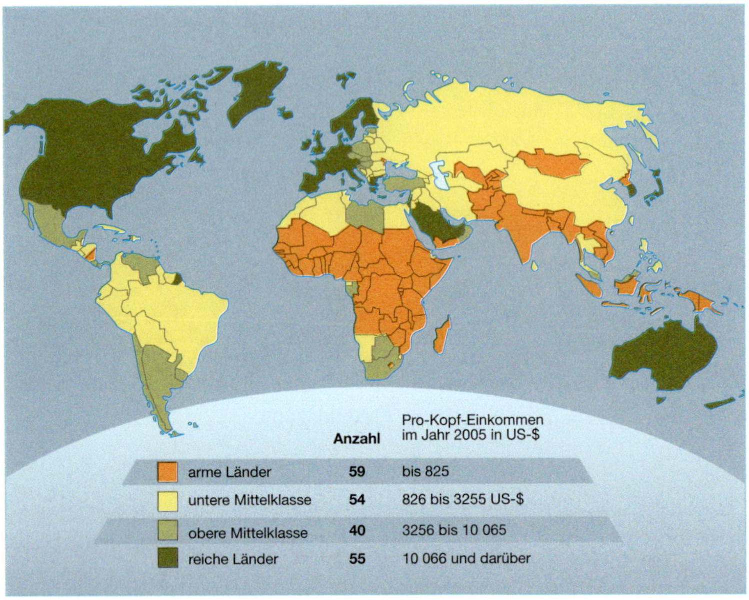

M2 Einteilung der Staaten der Erde nach Kriterien der Weltbank.

M3 Frauen sichern die Ernährung. Foto, 2008.

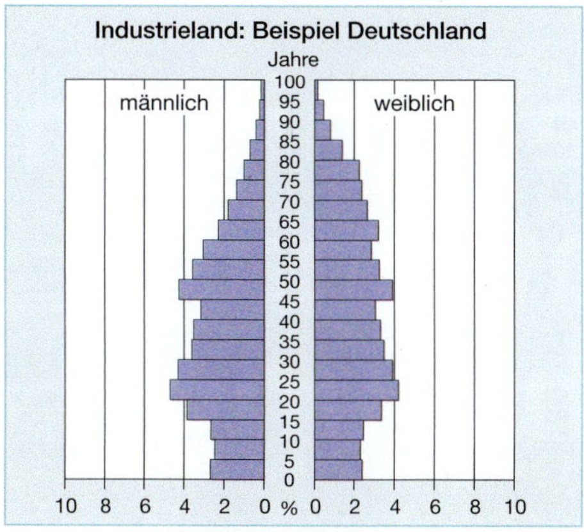

M 4 Bevölkerungspyramide Deutschland ab 2008.

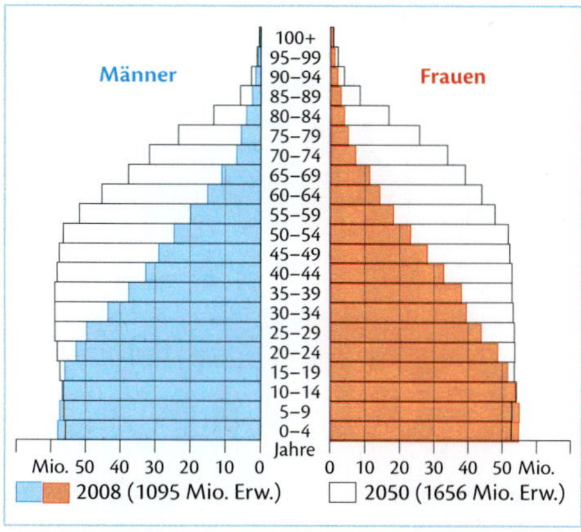

M 5 Bevölkerungspyramiden Indiens 2008 und 2050 (Prognose).

Fachliche Kompetenz

1 Erklärt euch gegenseitig die wichtigen Begriffe (Kasten) und schreibt die Bedeutung der Begriffe in eure Arbeitsmappe.

2 Erläutert mithilfe von M 1 und M 2 die „Einteilung" der Welt. Nennt weitere Beispiele für Untergliederungen der Staaten der Welt.

3 Vergleicht M 4 und M 5 und zeigt die typischen Unterschiede der Bevölkerungsentwicklung zwischen einem Industrieland wie Deutschland und einen Schwellenland wie Indien.

4 Beschreibt die Rolle von Frauen bei der Ernährungssicherung und erläutert ihre soziale Stellung in vielen Ländern.

5 Erarbeitet einen Kurzvortrag über „Indien – das Land der Gegensätze".

Methodenkompetenz

6 Untersucht M 4 und M 5 und erläutert wie man Bevölkerungsdiagramme fachgerecht interpretiert.

Urteils- und Handlungskompetenz

7 Analysiert M 6 und formuliert Vorschläge, was angesichts der Bevölkerungsentwicklung in den Industrie- und Entwicklungsländern getan werden kann.

8 Diskutiert, ob ihr und eure Eltern durch den Kauf von „Fairtrade"-Produkten den Produzenten in den Entwicklungsländern helfen könnt.

M 6 „Wir können machen, was wir wollen, Maria. Wir sind so oder so verloren."

12 Europäische Einigung und internationale Friedenssicherung

Die schrittweise europäische Einigung hat zu einer Aussöhnung der Völker Europas geführt. Zunächst führte die Gründung der Europäischen Wirtschaftsunion durch sechs westeuropäische Staaten 1957 dazu, dass Krieg im Herzen Europas undenkbar wurde. Nach dem Ende der Teilung Europas 1989 traten auch Staaten Osteuropas der EU bei, die nun auch weltweit an der Friedenssicherung mitwirkt.

In diesem Kapitel könnt ihr erarbeiten,

- wie die EU funktioniert und
- welche Aufgaben ihre verschiedenen Organe haben.

In einem zweiten Teil des Kapitels könnt ihr die Aufgaben der UNO untersuchen.

Europa entdecken

Wenn ich an die EU denke …

M1 Schülermeinungen zur Europäischen Union. Collage.

Was ist Europa?

Aus dem Weltraum betrachtet erscheint Europa wie eine westliche Halbinsel Asiens (vgl. Bild S. 301). Dennoch wurde Europa immer als **eigener Kontinent** betrachtet: Eine gemeinsame Geschichte und Kultur verbindet die Völker, die Staaten arbeiten wirtschaftlich und politisch eng zusammen. Dennoch gibt es sehr unterschiedliche Meinungen darüber, wie eng die Zusammenarbeit und wie groß die Eigenständigkeit der europäischen Staaten sein sollte. Welche Staaten sollen überhaupt zur Europäischen Union gehören?

Viele Staaten – ein Kontinent

Betrachtet man eine politische Weltkarte, so fällt auf, dass in keinem anderen Raum der Erde von vergleichbarer Größe so viele Staaten anzutreffen sind. Europa sieht wie ein bunter Flickenteppich aus: 2008 zählte man **47 Staaten**. Manche dieser Staaten sind flächenmäßig sehr groß, andere, wie Andorra, Monaco oder Liechtenstein, bezeichnet man als Zwergstaaten, da das Staatsgebiet sehr klein ist. Aber auch die Bevölkerungsverteilung ist sehr unterschiedlich.

Dieser Staatenreichtum hat zur Folge, dass in Europa über **60 Sprachen** gesprochen werden, die Dialekte sind dabei noch nicht einmal mitgezählt. Selbst die Europäische Union (EU) hat 23 Amtssprachen, in denen sich die Bürger an sie wenden können. Auch die Schrift ist in Europa nicht einheitlich: Es gibt das lateinische, das griechische und das kyrillische Alphabet.

Kulturelle Vielfalt

Europa wird vielfach als Abendland bezeichnet im Gegensatz zum Orient, dem sogenannten Morgenland. Jedes europäische Land hat seine eigene Geschichte und damit auch seine Sitten und Gebräuche, eigene Rechtsvorstellungen und politische Ideen sowie geschichtliche Erfahrungen und Bildungswerte. Der **kulturelle Reichtum** in Europa ist auf der Welt einzigartig. Europäische Dichter und Philosophen, Komponisten, Wissenschaftler, Maler und Erfinder gaben der Welt entscheidende Impulse. Aber trotz aller Unterschiede haben die Europäer doch ähnliche Lebensweisen und Wertvorstellungen, die vom Christentum als gemeinsamer europäischer Religion geprägt sind.

Trotz gemeinsamer Ideale und Vorstellungen führten die europäischen Völker zahllose **Kriege** gegeneinander. In deren Verlauf oder als Folge der Kriege kam es immer wieder zu neuen Grenzziehungen und sogar neuen Staatsgründungen.

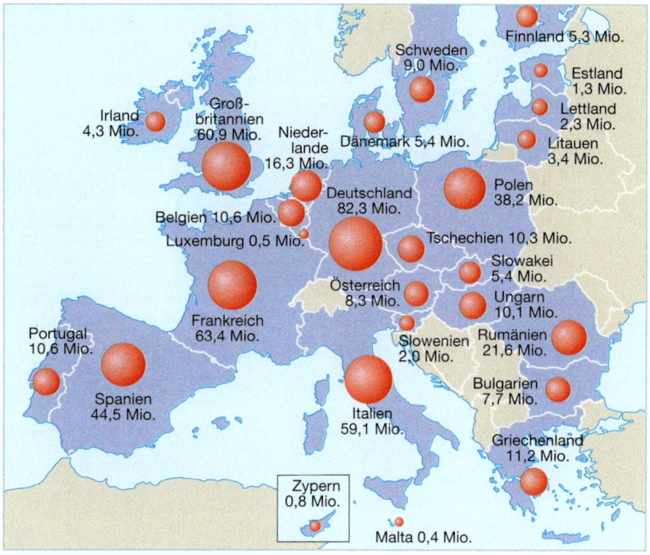

M 2 Bevölkerungszahl der EU-Staaten. Stand 2009.

Q 1 Meinungen zu Europa

Victor Hugo, französischer Schriftsteller, 1849:

Der Tag wird kommen, da die Kugeln und Bomben durch Stimmzettel, durch das allgemeine Wahlrecht zu einem europäischen Parlament abgelöst werden.

Anna W., 43 Jahre, Flüchtlingsfrau, im Juni 1945:

Das kann doch so nicht ewig weitergehen. Schon zum zweiten Mal in meinem Leben stehe ich mit meiner Familie vor dem Nichts. Warum können denn die Politiker unserer Nachbarländer nicht endlich mal so eine Art Vertrag schließen, der wenigstens für die nächste Zeit Frieden garantiert!

1 Wertet M 1 aus: Stellt in einer Tabelle zusammen, welche Aussagen die Europäische Union eher positiv und welche sie eher negativ einschätzen.

2 Diskutiert in der Klasse, welchen Aussagen ihr zustimmen würdet, welchen eher nicht (M 1).

3 Nennt die drei bevölkerungsreichsten und bevölkerungsärmsten Staaten der EU (M 2).

4 Erläutert, welche gemeinsame Hoffnung Victor Hugo im 19. Jahrhundert und Anna W. im 20. Jahrhundert (Q 1) hatten.

Etappen der europäischen Einigung

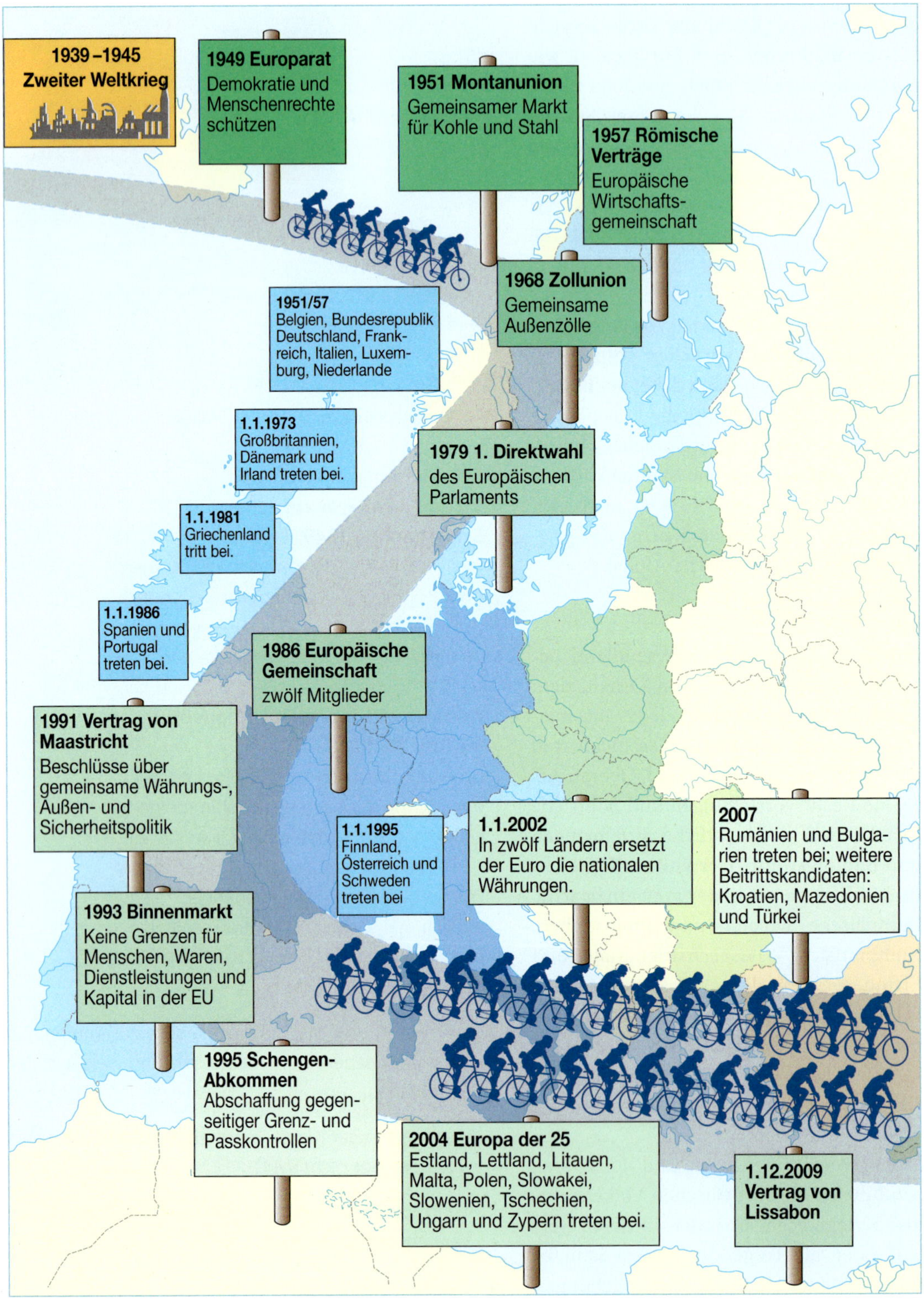

M 1 Stationen der europäischen Einigung.

Ideen von einem vereinten Europa

Q 1 Winston Churchill, ehemaliger britischer Premierminister, sagte am 19. 9. 1946 in Zürich:
Wäre jemals ein vereintes Europa imstande, sich das gemeinsame Erbe zu teilen, dann genössen seine drei- oder vierhundert Millionen Einwohner Glück, Wohlstand und Ehre in unbegrenztem Ausmaße.
Und welches ist der Zustand, in den Europa gebracht worden ist? In weiten Gebieten starren ungeheure Massen zitternder menschlicher Wesen gequält, hungrig und verzweifelt auf die Ruinen ihrer Städte und Behausungen. Und doch gibt es ein Mittel, das in wenigen Jahren ganz Europa frei und glücklich machte. Es ist die Neuschöpfung der europäischen Völkerfamilie. Wir müssen eine Art Vereinigte Staaten von Europa errichten.

Der Schumanplan – die Montanunion

Q 2 Robert Schuman, französischer Außenminister, sagte am 9. 5. 1950:
Europa lässt sich nicht mit einem Schlage herstellen. Die Vereinigung der europäischen Nationen erfordert, dass der jahrhundertealte Gegensatz zwischen Frankreich und Deutschland ausgelöscht wird. Die französische Regierung schlägt vor, die Gesamtheit der französisch-deutschen Kohle- und Stahlproduktion einer gemeinsamen Hohen Behörde zu unterstellen, in einer Organisation, die den anderen europäischen Ländern zum Beitritt offensteht. Die Solidarität der Produktion, die so geschaffen wird, wird bekunden, dass jeder Krieg zwischen Frankreich und Deutschland nicht nur undenkbar, sondern materiell unmöglich ist.

Erste Schritte der Einigung

Die Idee, aus den vielen Einzelstaaten ein **vereintes Europa** zu schaffen, tauchte immer wieder auf. Doch erst nach den beiden schrecklichen Weltkriegen (1914 bis 1918 und 1939–1945), die Millionen von Toten forderten und Städte, Dörfer und Fabrikanlagen zerstört zurückließen, griffen auch mehr und mehr Politiker den Gedanken auf. Die Völker Europas sollten sich nie wieder als Feinde in einem Krieg gegenüberstehen, sondern als **Partner** gemeinsam an einer besseren Zukunft arbeiten.

EGKS – die Montanunion

Stahl und Kohle waren für den Wiederaufbau nach dem Zweiten Weltkrieg sehr wichtige Güter. Da es im Laufe der Geschichte immer wieder zu Auseinandersetzungen zwischen Frankreich und Deutschland um die Montanindustriegebiete (**Kohle- und Stahlindustrie**) Lothringen, Elsass und Saarland gekommen war, wollte man die Montanindustrie nach dem Vorschlag des französischen Außenministers Robert Schuman unter eine gemeinsame politische Kontrolle stellen. So unterschrieben am 18. April 1951 die sechs europäischen Staaten Bundesrepublik Deutschland, Frankreich, Italien, Luxemburg, Belgien und die Niederlande den Vertrag über die Gründung der „Europäischen Gemeinschaft für Kohle und Stahl" (EGKS), der Montanunion.

M 2 Plakat von 1955.

1 Erklärt, warum Churchill und Schuman den Zusammenschluss Europas forderten (Q 1 und Q 2).

2 Erläutert, warum die europäische Einigung ausgerechnet mit der Montanindustrie ihren Anfang nahm.

3 Beschreibt mit dem Plakat M 2, mit welcher Zielrichtung 1955 für Europa geworben wurde.

4 Erklärt euch gegenseitig in einem „Karussellgespräch" die Etappen der europäischen Einigung (M 1, S. 341).

5 Entwerft eine Skizze zu möglichen künftigen Entwicklungen der EU.

Aufgaben und Organe der EU

M 1 Die drei Säulen der Europäischen Union.

Von der EWG über die EG zur EU

Die sechs Mitgliedsstaaten der Montanunion wollten die wirtschaftliche Zusammenarbeit weiter ausbauen. Sie unterzeichneten 1957 die **Römischen Verträge**, in denen sie die Gründung der Europäischen Wirtschaftsgemeinschaft (EWG) und der Europäischen Atomgemeinschaft (EURATOM) zur friedlichen Nutzung der Atomenergie beschlossen. Ziele der EWG waren u.a. die schrittweise Errichtung eines gemeinsamen Marktes durch die Abschaffung der Zölle zwischen den Mitgliedsstaaten und gemeinsame Regelungen der Landwirtschaft zur Sicherstellung der Ernährung.

Zehn Jahre später wurden EGKS, EWG und EURATOM zur **Europäischen Gemeinschaft** (EG) zusammengeschlossen. In den folgenden Jahren traten weitere Staaten der EG bei. Im Jahr1992 gelang durch die Unterzeichnung des Vertrags über die **Europäische Union** (EU) in Maastricht (Niederlande), der am 1.11.1993 in Kraft trat, ein weiterer Schritt der Zusammenarbeit der europäischen Staaten. Aus der Wirtschaftsgemeinschaft wurde eine politische Union.

Die Europäische Union ruht seitdem auf drei Säulen (M1). Die bisherige Zusammenarbeit (Säule links) wurde um zwei weitere Arbeitsbereiche (Säulen Mitte und rechts) erweitert.

Wer regiert die EU?

Die grundsätzlichen Entscheidungen in der Europäischen Union werden im **Europäischen Rat** von den Staats- und Regierungschefs der Mitgliedsländer gefällt. Sie legen damit die politischen Schwerpunkte fest. Auf dieser Ebene muss immer Übereinstimmung (Konsens) erzielt werden.

Die Verabschiedung von Gesetzen (in der Sprache der EU: Verordnungen und Richtlinien) und des Haushalts erfolgt durch den **Ministerrat** und durch das **Europäische Parlament**. Mit dieser Festlegung im Reformvertrag von Lissabon (2007) wurde die Stellung des Parlaments weiter gestärkt, nachdem es lange auf eine nur beratende Funktion beschränkt war. Die Ausarbeitung der Gesetzentwürfe ist Aufgabe der **Europäischen Kommission**. Diese ist auch für die Umsetzung und Kontrolle der verabschiedeten Gesetze zuständig und steht damit im Mittelpunkt der alltäglichen Arbeit. In Streitfällen entscheidet der Gerichtshof der EU. Für die Außen- und Sicherheitspolitik gelten besondere Regelungen.

1. Beschreibt den Weg von der Montanunion zur EU.
2. Untersucht das Schaubild M2 und nennt die Organe der Europäischen Union mit dem jeweiligen Zuständigkeitsbereich.
3. Erörtert mithilfe von M2, welches europäische Organ am ehesten als „Regierung Europas" bezeichnet werden könnte.
4. „Mit dem Vertrag von Maastricht wurde Europa zu einer politischen Union." Erläutert diese Aussage mit M1 und M2.

Die Organe der EU

Die Kommission in Brüssel ist der Motor der Europäischen Union. Ihr gehören Fachvertreter aus den einzelnen Ländern an. Nur sie hat das Recht, neue Verordnungen und Richtlinien, also die Gesetze der EU, auf den Weg zu bringen. Gleichzeitig sorgt sie für die Ausführung bestehender Verordnungen.

Vorschläge

Entscheidungen

Die Staats- und Regierungschefs fällen im Europäischen Rat die grundsätzlichen Entscheidungen. Die Gesetzgebung erfolgt durch den Rat der jeweils zuständigen Fachminister (gemeinsam mit dem Parlament). Europäischer Rat und Rat (der Minister) bestimmen die Außen- und Sicherheitspolitik.

Anfragen, Kontrolle

Kommt es über Verträge, Verordnungen und Richtlinien zu Streitfällen, entscheidet der Europäische Gerichtshof in Luxemburg.

Mitwirkung bei der Gesetzgebung

Anhörung

Das Parlament ist (gemeinsam mit dem Rat der Fachminister) als Gesetzgeber tätig und beschließt auch den Haushalt. Es wirkt beratend gegenüber dem Rat der Minister und übt eine Kontrollfunktion gegenüber der Kommission aus. Das Parlament wählt den Vorsitzenden der Kommission.

M2 **Die Organe der EU nach dem Reformvertrag von Lissabon.**

Parlament – Parteien – Wahlen

M1 **Kompetenzen des Europäischen Parlaments im Überblick.**

M2 **Das Europäische Parlament in Straßburg (Frankreich).** Foto, 2009.

Klassenfahrt nach Europa

Bei der Studienfahrt der 9b nach Straßburg hatten die Schülerinnen und Schüler eine Vielzahl von Informationen erhalten. Martina befragte die Europaabgeordnete ihres Heimatortes zuerst nach der Bedeutung des Parlaments und notierte:

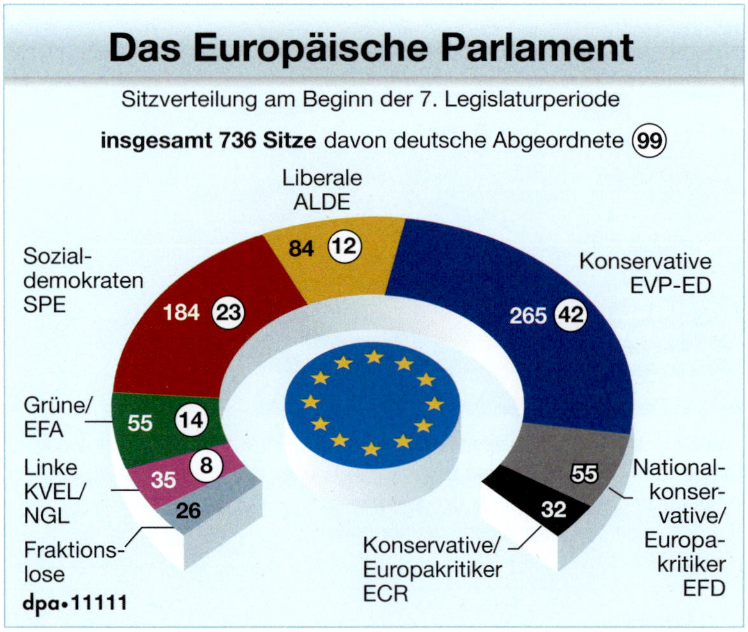

M3 **Parteien für Europa. Sitzverteilung im Europäischen Parlament.** Stand 2009.

- Das direkt gewählte **Europäische Parlament** vertritt die Interessen der Bürgerinnen und Bürger der 27 Mitgliedsstaaten. Weil die EU mehr und mehr darüber entscheidet, was für uns in Europa Recht und Gesetz ist, hat das Europaparlament fast schon eine ebenso große Bedeutung für die EU wie bei uns der **Bundestag** für Deutschland. Normalerweise kann in allen Demokratien nur das direkt vom Volk gewählte Parlament Gesetze verabschieden. Das war in der EU anders. Anfangs war das Europäische Parlament kaum an der Gesetzgebung beteiligt. Jetzt hat das Parlament eine **gleichberechtigte Rolle** neben dem Ministerrat, der früher alleine entschied.
- In Streitfällen wird vermittelt. Kommt keine Einigung zustande, gibt es keinen Gesetzesbeschluss.

Zusammenarbeit der Parteien

Michael wollte dann noch etwas über die Parteien wissen und schrieb auf:

- Die Abgeordneten schließen sich in **Fraktionen*** zusammen. Da sitzen z. B. die französischen Sozialisten mit den

M4 Eine Schülergruppe vor dem Gebäude des Europarates in Straßburg. Foto, 2010.

deutschen Sozialdemokraten zusammen in der Fraktion der „Sozialdemokratischen Partei Europas“ (SPE). Insgesamt sind rund 100 nationale Parteien vertreten. Viele Parteien haben Ähnlichkeit mit den bekannten von zu Hause, doch bei den Europawahlen tauchen immer wieder bis dahin völlig unbekannte Gruppen auf.

Wahlen

Zum Thema „Wahlen“ erfuhr die 9b:

- Alle fünf Jahre wird gewählt. Die nächste Wahl wird im Juni 2014 stattfinden. Überall gelten dafür die gleichen Grundsätze: Kandidaten werden in Listen aufgestellt und nach dem Verhältniswahlsystem gewählt, d. h., die Plätze werden nach Stimmenanteilen vergeben. Wer einem nationalen Parlament, z. B. dem Bundestag, angehört, darf nicht für Europa kandidieren. Große Staaten teilen ihre Gebiete in Wahlkreise auf. Gewählt wird am Wohnsitz, auch wenn man nicht die dortige Staatsangehörigkeit hat.

Torsten interessiert sich mehr dafür, wieweit die einzelnen Mitgliedsstaaten bereit sind, einen Teil ihrer Macht an das Europäische Parlament abzugeben. Er erfuhr:

- Deutschland zum Beispiel und die Benelux-Staaten wären ohne weiteres dazu bereit. Aber Frankreich, Großbritannien und andere denken nicht daran, den eigenen Parlamenten Rechte wegzunehmen und sie einem Europaparlament zu übertragen.

***Fraktion**
Bezeichnung für Mitglieder einer Partei in einem Parlament.

1 Beschreibt die Rolle des Europaparlaments bei der Gesetzgebung in der EU und erläutert, wie europäische Gesetze (Verordnungen) zustande kommen (M 1).

2 Bestimmt mithilfe des Schaubildes M 3 die aktuellen Parteien- und Mehrheitsverhältnisse im Europäischen Parlament. Vergleicht sie mit der derzeitigen Situation im Bundestag.

3 Unterscheidet zwischen Europarat (M 4) und Europäischem Rat (S. 310) nach deren jeweiligen Aufgaben und Zielen.

4 Beschafft euch Informationen über die Wahl zum Europaparlament unter www.europarl.de und in den Medien.

Wer regiert Europa?

Das Europäische Parlament

Sitz des **Europäischen Parlaments** ist Straßburg. Jedes Jahr sind dort zwölf Wochen für Plenarsitzungen vorgesehen. Die Debatten werden sofort simultan in alle Amtssprachen der EU übersetzt.
Zwischendurch tagen die Ausschüsse und Fraktionen in Brüssel. Dort können sie ständigen Kontakt zur Kommission und zum Rat halten oder auch zu weiteren Plenarsitzungen zusammenkommen.
Das Europäische Parlament unterhält in allen Mitgliedsstaaten Informationsbüros.

Die Ausschüsse

Die Abgeordneten des Europäischen Parlaments spezialisieren sich in einem Fachbereich. So können sie Gesetzesvorschläge sachkundig beurteilen oder vorbereiten. Sie werden für ihren Sachbereich in einen von 20 Ausschüssen gewählt. Da gibt es z. B. den „Ausschuss für Wirtschaft und Währung", den für den „Haushalt" oder den „Ausschuss für bürgerliche Freiheiten, Justiz und Inneres".

Puh, die Klassenfahrt war anstrengend. Und was haben wir für einen Stapel Aufzeichnungen und Broschüren mitgebracht. Da steigen wir nicht mehr durch. Jetzt müssen wir alles ordnen, um daraus zusammen mit den Notizen der vorigen Seiten ein gutes Referat zu machen.

Die Europäische Zentralbank

Die **Europäische Zentralbank** (EZB) in Frankfurt am Main ist die Hüterin des Euro. Sie lässt Banknoten drucken und in Umlauf bringen, kann aber auch durch Veränderung der Zinssätze die Preisentwicklung beeinflussen. Ihre vorrangige Aufgabe ist, Preisstabilität zu wahren. Die EZB ist vollkommen unabhängig von den Regierungen und Organen der EU. Niemand darf ihr Weisungen erteilen.

Die Ratspräsidentschaft

Alle Mitglieder sind in der EU gleichberechtigt. Daher wechseln sie sich jedes halbe Jahr mit der **Ratspräsidentschaft** ab. Die Termine und Tagesordnungen für alle Sitzungen werden hier festgelegt. Bei sämtlichen Treffen führt der Vertreter des Landes, das die Präsidentschaft gerade innehat, den Vorsitz. Der Ratspräsident vertritt die EU nach außen und ist Ansprechpartner für Drittstaaten.

Die Europäische Kommission

Wer über „Brüssel" schimpft, meint die **Europäische Kommission**. Nur sie kann aus eigener Kraft Gesetzentwürfe vorlegen. Vor allem aber führt die Kommission die Gesetze aus. So werden z. B. allein in der Agrarpolitik jährlich 2000 Durchführungsverordnungen verfasst! Ferner stellt die Kommission den Haushaltsplan auf und verteilt nach der Entscheidung des Parlaments die Gelder. Sie ist aber auch die Hüterin aller Verträge. Sie kann bei Verstößen sogar direkt Bußgelder verhängen.
An der Spitze der Kommission stehen außer einem Präsidenten 27 Kommissare aus den einzelnen Staaten. Die Regierungen der EU-Länder benennen diese Vertreter für fünf Jahre, wobei das EU-Parlament dem noch zustimmen muss. Alles in allem arbeiten in der Kommission 22 000 Beamte – nicht mehr als in der Verwaltung einer deutschen Großstadt!

Der Europäische Gerichtshof

Der Europäische Gerichtshof in Luxemburg ist das oberste Gericht der EU, also „letzte Instanz". Er wahrt und gestaltet das Europarecht. Dieses steht über dem nationalen Recht der Mitgliedsstaaten. Klagen kann jeder, der einen Verstoß feststellt, von der Europäischen Kommission bis hin zu Privatpersonen.

Der Europäische Rat

Beim **Europäischen Rat** kommen die Regierungschefs aller Mitgliedsstaaten mit ihren Außenministern und dem Präsidenten der Europäischen Kommission viermal im Jahr zusammen. Sie treffen die ganz wichtigen Entscheidungen. In der Vergangenheit haben diese die Entwicklung der Gemeinschaft schon erheblich beeinflusst. Sie bestimmen auch die Grundsätze der gemeinsamen Außen- und Sicherheitspolitik.

Der Ministerrat

Der „Rat der Europäischen Union" wird auch **Ministerrat** genannt. Seine Mitglieder können für die Regierungen ihrer Staaten Entscheidungen treffen. Im Ministerrat beschließen sie gemeinsam mit dem Parlament das, was in der EU Gesetz werden soll. Dabei berücksichtigen sie auch ihre nationalen Interessen. Oftmals wird heftig um einen Kompromiss gerungen, da nicht nur die verschiedenen Ansichten aufeinanderprallen, sondern weil die Minister auch zwischen den gesamteuropäischen Zielen und den jeweiligen Wünschen der Staaten einen Ausgleich suchen müssen. Fachwissen ist besonders bei den Beratungen einzelner Ressorts gefragt, z. B. wenn sich alle Außen- oder alle Wirtschaftsminister treffen.

M 1 Wichtige europäische Institutionen.

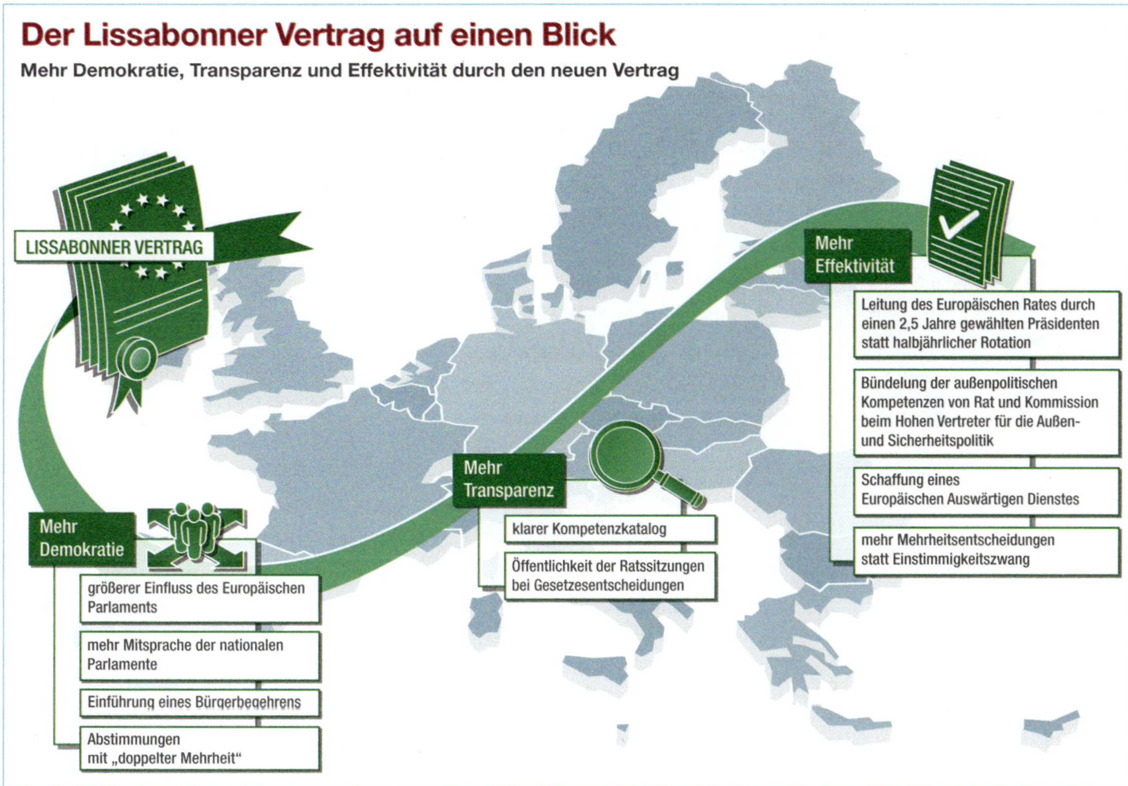

M2 Der Vertrag von Lissabon 2009.

M3 Der Reformvertrag von Lissabon

Mit der Vergrößerung der EU auf 25 und jetzt 27 Staaten wurde der politische Entscheidungsprozess, der in vielen Bereichen Einstimmigkeit vorsieht, immer schwieriger. Nach dem Scheitern einer neuen **Europäischen Verfassung**, die in allen Staaten der EU gelten sollte, wurde in einem Vertrag in Lissabon 2007 ein weiterer Versuch unternommen, die Entscheidungsabläufe in der EU zu modernisieren. Bis auf Irland stimmten alle EU-Staaten diesem Vertrag zu. Im Oktober 2009 wurde der Vertrag in Irland aber in einer zweiten Volksabstimmung mit großer Mehrheit angenommen.

Am 1. Dezember 2009 trat der Vertrag in Kraft. Das bedeutet eine wesentliche Verbesserung der komplizierten Verfahren im Europa der 27 Mitgliedsländer:

- Ab 2014 können Entscheidungen im Ministerrat nach dem Mehrheitsprinzip gefasst werden. Ein Beschluss gilt, wenn 55 % der Staaten zustimmen, diese Mehrheit muss 65 % der EU-Bevölkerung vertreten.
- Der Europäische Rat wird für zweieinhalb Jahre von einem Ratspräsidenten geleitet. Gewählt wurde der belgische Ministerpräsident Herman Van Rompuy.
- Ein für fünf Jahre bestellter Hoher Vertreter für Außen- und Sicherheitspolitik (Außenminister) leitet die Außenpolitik der EU. Gewählt wurde die britische Politikerin Catherine Ashton. Bei der Gesetzgebung der EU wirkt das EU-Parlament grundsätzlich in allen Fragen mit.
- Ein Land kann die EU verlassen, wenn es dies will.

1 Verteilt die Notizen der Klasse unter euch, formuliert Stichpunkte und haltet vor der Klasse Kurzvorträge.

Europäische Gesetzgebung

M 1 **EU-Regelungswut?** Karikatur: Mester.

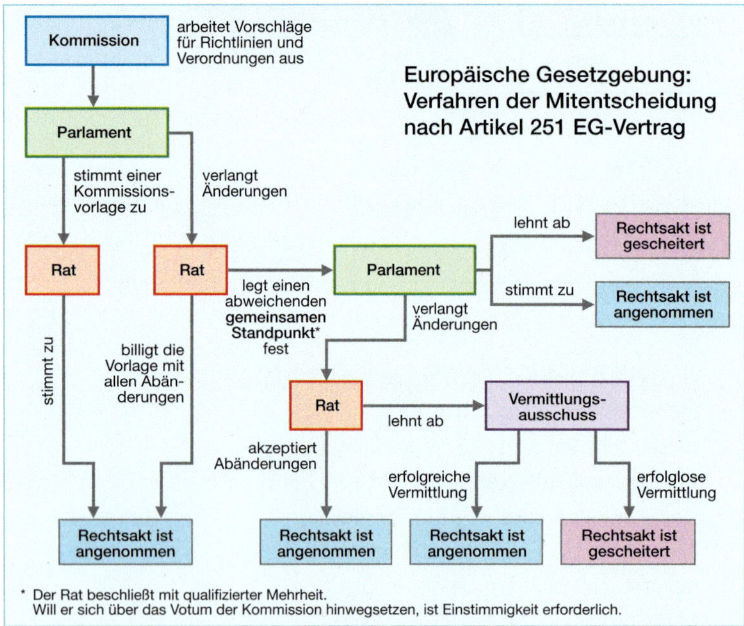

M 2 **Gesetzgebung innerhalb der EU.** Stand 2009.

Die EU-Gesetzgebung

Die EU bestimmt, ohne dass wir es immer merken, mehr und mehr unseren Alltag. Fast 80 Prozent unserer Gesetze beruhen inzwischen auf EU-Richtlinien.

Bei EU-Gesetzen unterscheidet man zwischen Richtlinien und Verordnungen. **Verordnungen** gelten direkt in allen Mitgliedsstaaten und sind in allen Teilen verbindlich. **Richtlinien** hingegen müssen erst in einer bestimmten Frist in nationales Recht umgewandelt werden.

Die Gesetzgebung in der EU ist Aufgabe des „institutionellen Dreiecks". Das sind die beiden Organe Kommission und Parlament sowie der Ministerrat, in dem die Regierungen der Mitgliedsstaaten vertreten sind.

Vorgeschlagen werden Gesetzesvorhaben von der Europäischen Kommission. Sie legt die **Gesetzesinitiative** dem Europäischen Parlament und dem Europäischen Rat vor. Der Rat ist das Rechtsetzungsorgan der Gemeinschaft. Er übt die Gesetzgebungsbefugnis gemeinsam mit dem Europäischen Parlament aus. Nach genauer Prüfung auf fachlicher und politischer Ebene kann der Rat den Kommissionsvorschlag annehmen, ändern oder ignorieren. Auch das Europäische Parlament prüft die Vorschläge der Kommission und nimmt im Rahmen der verschiedenen Verfahren gemeinsam mit dem Rat am Gesetzgebungsprozess teil.

Das **Mitentscheidungsverfahren** ist das wichtigste Gesetzgebungsverfahren in der Europäischen Union. Die von der Kommission vorgeschlagenen Gesetze werden vom Europäischen Parlament und vom Rat gemeinsam angenommen. Kommt eine Einigung zwischen Rat und Parlament nicht zustande, wird ein Vermittlungsausschuss einberufen, der aus Vertretern beider Gremien besteht. In der Regel wird dann ein Kompromiss gefunden, den Rat und Parlament gemeinsam verabschieden.

Das **Anhörungsverfahren** ist das älteste Gesetzgebungsverfahren. Die Kommission legt einen Vorschlag für ein neues europäisches Gesetz vor, das dem Rat übermittelt wird. Dieser legt es dem Parlament vor, das eine Stellungnahme abgeben kann. In der Stellungnahme fordert das Parlament häufig Änderungen am Kommissionsvorschlag. Der Rat muss die Stellungnahme des Parlaments nicht berücksichtigen. Den Kommissionsvorschlag darf er aber nur einstimmig ändern. Beim **Zustimmungsverfahren** einigt sich der Rat auf ein Gesetz, das er dem Parlament übergibt. Das Parlament muss seine Zustimmung erteilen, bevor der jeweilige Rechtsakt in Kraft treten kann, es hat also ein Vetorecht. Das Parlament hat jedoch keine Möglichkeit, Änderungsvorschläge einzureichen. Dieses Verfahren wird unter anderem bei völkerrechtlichen Verträgen der EU mit Drittstaaten, bei Verträgen zum Beitritt weiterer Staaten und der Festlegung eines einheitlichen Verfahrens für die Europawahl angewendet.

Europa ist auf dem Holzweg

M 3 Thomas Löffelholz schrieb am 22.8.2000 im Handelsblatt:

Europaparlament und Ministerrat haben soeben verordnet, dass Zigarettenschachteln – von Dublin bis Saloniki – auf mindestens 35 Prozent der Vorder- oder Rückseite den Hinweis tragen müssen: „Passivrauchen schadet ihren Mitmenschen, insbesondere Kindern." Die Gefahren des Rauchens dürfen nicht bagatellisiert werden. Aber haben wir wirklich Abgeordnete nach Brüssel geschickt, damit sie sich mit Zigarettenschachteln beschäftigen? Können die Mitgliedsstaaten diese epochale Frage nicht allein lösen? Wäre es schlimm, wenn die einen dann Warnungen von 20 Prozent für ausreichend halten, während andere 60 Prozent der Schachtel bedrucken lassen?

Brüssel will Regulierungswut bremsen

M 4 Gerold Büchner am 27.9.2005 in der Berliner Zeitung:

Von der Streichung und Straffung hunderter EU-Vorschriften erhofft sich die Europäische Kommission nachhaltige Impulse für die Wirtschaft. Die Überregulierung in vielen Bereichen sei ein Investitionshindernis, sagte EU-Industriekommissar Günter Verheugen am Montag in Brüssel. „Wir können messbare Wachstumseffekte erzielen, wenn wir die psychologischen Hemmnisse durch zu viel Bürokratie beseitigen." In einem ersten Schritt will die EU-Kommission an diesem Dienstag in Straßburg den Verzicht auf 68 europäische Gesetzesvorschläge beschließen, die sie selbst auf den Weg gebracht hatte. Der gesamte Rechtsbestand der Union werde „drastisch reduziert". Der deutsche Politiker wies aber Bedenken zurück, dadurch könnten soziale Errungenschaften oder der Umweltschutz eingeschränkt werden. Tatsächlich stehen auf der Liste der sofort zu streichenden Vorschläge nur vier aus den Ressorts Verbraucherschutz oder Umwelt.

M 5 Zigarettenschachtel mit Gesundheitshinweis nach einer EU-Verordnung. Foto, 2010.

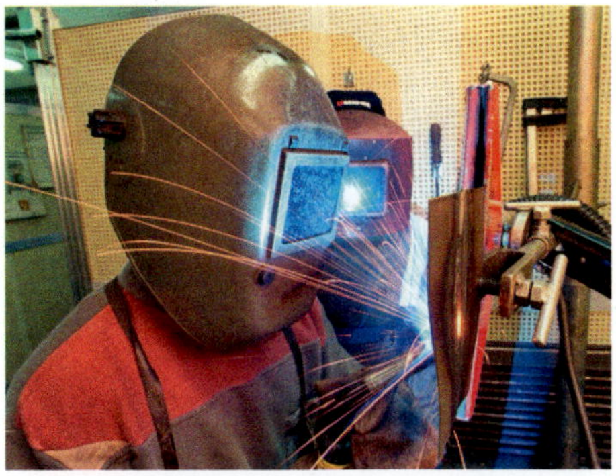

M 6 Ein Kfz-Mechaniker-Auszubildender übt das Metall-Schutzgas-Schweißen nach der EU-Norm. Foto, 2008.

1 Interpretiert die Karikatur (M 1). Auf welches Problem weist sie hin?

2 Beschreibt das Gesetzgebungsverfahren der EU (M 2).

3 Erläutert am Beispiel der Gesetzgebung, wie sich die politischen Entscheidungen von den einzelnen Mitgliedsstaaten in die EU verlagern.

4 Wertet M 3 und M 4 aus: Erläutert, was jeweils kritisiert wird.

5 Sucht nach Beispielen, wo sich Vorschriften der EU im Alltag auswirken (M 5, M 6).

Binnenmarkt und gemeinsame Währung

M 1 Die „vier Freiheiten“ des EU-Binnenmarktes.

M 2 Beispiele zum Thema „Freizügigkeit in der EU“ im Klassengespräch der 10 a

Pedros (16):
Mein Vater überweist jeden Monat Geld auf sein Konto in Thessaloniki, weil er später dort ein Geschäft gründen möchte.

Uwe (15):
Meine Mutter ist Versicherungsvertreterin. Neulich hat sie einem Transportunternehmer aus Edinburgh eine Lebensversicherung vermittelt.

Tim (16):
Meine Schwester macht eine Banklehre. Jetzt ist sie im Rahmen ihrer Ausbildung für ein halbes Jahr zu einer Partnerbank nach Paris geschickt worden.

Effi (15):
Ich finde es cool, einfach so über die Grenzen fahren zu können.

Der Binnenmarkt

In Maastricht (Niederlande) wurden 1991 die Verträge über eine Europäische Union (EU) unterzeichnet. Die Zusammenarbeit wurde dadurch auf neue Bereiche ausgedehnt: Es wurde eine **gemeinsame Währungs-, Außen- und Sicherheitspolitik** beschlossen. Die Regelungen des europäischen Binnenmarktes traten ab 1993 schrittweise in Kraft: keine Grenzen mehr für Menschen, Waren, Dienstleistungen und Kapital in der EU. Ergänzt wurden diese vier Vereinbarungen durch die Regelung, dass alle Bürgerinnen und Bürger der EU in jedem Mitgliedsstaat arbeiten und wohnen dürfen.

Heute ist die EU ein großer, gemeinsamer Markt, in dem aufgrund des Wettbewerbs die Waren für den Verbraucher vielfach billiger und qualitativ besser geworden sind. Die Einführung europäischer Normen für zahlreiche Produkte hat eine große Zahl unterschiedlicher nationaler Vorschriften beseitigt und damit die Produktion höherer Stückzahlen ermöglicht. Noch sind die Steuern und Abgaben in den einzelnen Ländern der EU sehr unterschiedlich. Erst wenn diese in der EU gleich sind, ist der Binnenmarkt vollendet.

Die Wirtschafts- und Währungsunion

Bis vor wenigen Jahren galten im europäischen Wirtschaftsraum noch viele verschiedene Währungen. Das war nicht nur bei Reisen hinderlich, sondern wirkte sich auch nachteilig auf den Handel und Zahlungsverkehr innerhalb des gemeinsamen Binnenmarktes aus. Erst seit 2002 kann man in anfangs zwölf europäischen Ländern mit **einer Währung** bezahlen – dem Euro, der in Deutschland die Deutsche Mark (DM) abgelöst hat.

Von den 27 Mitgliedsstaaten der EU haben bisher nur 16 Staaten den Euro eingeführt. 2011 führt auch Estland den Euro ein. Bereits seit 1999 bereiteten sie sich auf die Einführung der europäischen Gemeinschaftswährung vor. Zunächst wurde der Euro nur als reine Rechengröße im Handel zwischen den Geldinstituten eingesetzt. Seit 2002 ist er alleiniges Zahlungsmittel. Das war ein wichtiger Schritt auf dem Weg zu einem **gemeinsamen Binnenmarkt**, denn so wird der Handel zwischen den Mitgliedsstaaten der Wirtschafts- und Währungsunion (WWU) vereinfacht, da der Geldumtausch und die schwankenden Wechselkurse entfielen.

Die Wirtschafts- und Währungsunion gehört zu den drei mächtigsten **Wirtschaftsräumen** der Erde. Sie hat mit über 315 Mio. Menschen mehr Einwohner als die USA (285 Mio.) oder Japan (127 Mio.). Ihre Bedeutung wird noch zunehmen, wenn die neuen Mitgliedsstaaten der WWU beitreten. In weiteren 40 Ländern wird der Euro als Zahlungsmittel genutzt, sodass der Euro neben dem Dollar eine weltweite Leitwährung geworden ist.

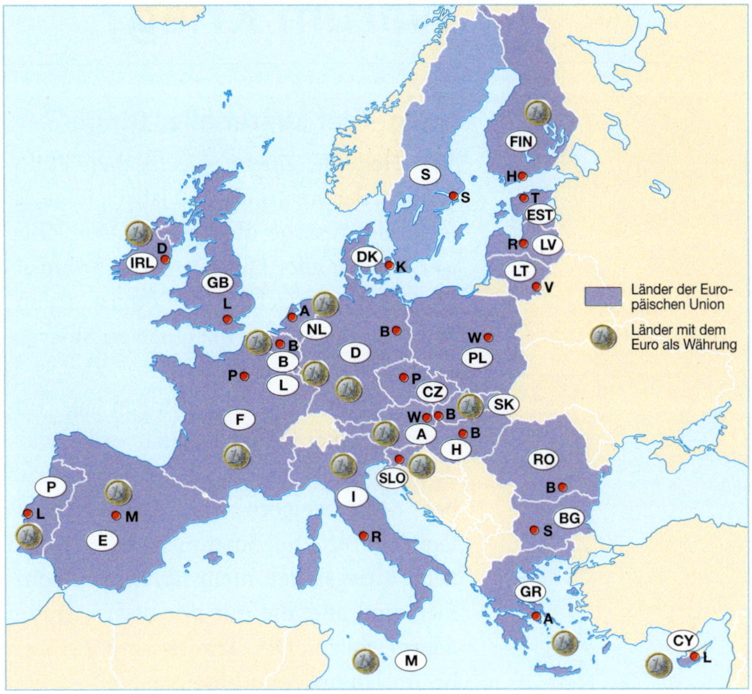

M3 **Die Euro-Länder.** Stand 2010.

1979	Das Europäische Währungssystem (EWS) tritt in Kraft. Als Währungseinheit wird die European Currency Unit (ECU – sprich: Ekü) eingeführt. Den ECU hat es nie wirklich gegeben; er diente nur als Recheneinheit.
1992	In der niederländischen Stadt Maastricht beschließen die Staats- und Regierungschefs der Europäischen Gemeinschaft (EG) die Umwandlung in die Europäische Union (EU), zu der auch die Wirtschafts- und Währungsunion (WWU) gehört.
1998	Die Europäische Zentralbank mit Sitz in Frankfurt/Main wird gegründet.
1999	Der Euro wird eingeführt und löst den ECU ab, der 1:1 auf den Euro umgestellt wird.
2002	In 12 Staaten der EU wird der Euro als Zahlungsmittel eingeführt und löst die alten Währungen ab.

M4 **Der Weg zur gemeinsamen Währung.**

1 Wertet das Material dieser Doppelseite aus und stellt der Klasse den Binnenmarkt und die europäische Währung vor.

2 Informiert euch, warum einige EU-Staaten nicht den Euro als Zahlungsmittel eingeführt haben.

Warum Krieg?

Krieg – der „Vater aller Dinge"?

Von Heraklit, einem griechischen Philosophen, der vor rund 2500 Jahren lebte, ist folgende Aussage überliefert: „Der Krieg ist der Vater aller Dinge und der König aller. Die einen macht er zu Göttern, die anderen zu Menschen, die einen zu Sklaven, die anderen zu Freien."

Von jugendlichen Flüchtlingen aus Kolumbien, einem Land in Südamerika, wurde im Jahr 2002 in einem Aufruf geschrieben: „Wir weigern uns, den Krieg als tägliches Brot anzunehmen. Wir wollen keine Kriegsreden mehr hören. Willkommen sind alle, die mit uns diesen Traum feiern wollen. Der **Traum vom Frieden** beginnt in unserem Miteinander."

Kriege gab es zu allen Zeiten der menschlichen Geschichte. Antike Großreiche wie das Römische Imperium entstanden oft aus organisierten Raubzügen. Die Eroberer zwangen die eroberten Gebiete, Tribut zu zahlen, und versklavten die Bevölkerung. Mit der Entstehung von Nationalstaaten im 16. Jahrhundert konnten es sich die Herrscher leisten, stehende Heere von Berufssoldaten zu bezahlen. Immer zerstörerischere Waffen wurden erfunden, die Armeen wuchsen – und mit ihnen die Zahl der Kriegsopfer. Diese Entwicklung gipfelte im 20. Jahrhundert in **zwei Weltkriegen** mit bisher noch nie gesehenen Materialschlachten, die einen verwüsteten Kontinent hinterließen und 60 Millionen Menschen das Leben kosteten.

M 1 Ursachen für Kriege.

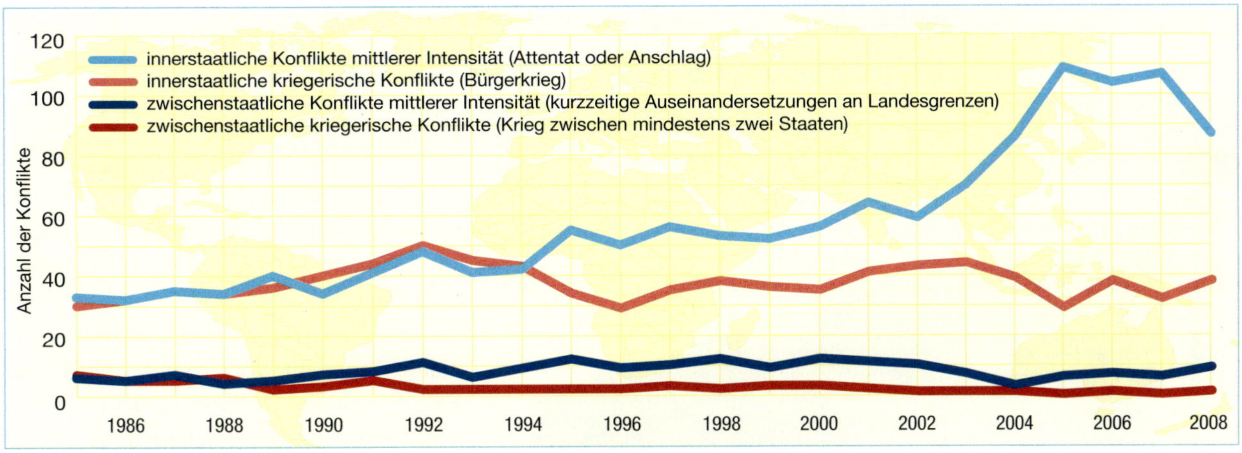

M 2 Entwicklung gewaltsamer politischer Konflikte weltweit zwischen 1986 und 2008.

M 3 2008: Mehr Kriege

Die Zahl der Kriege und bewaffneten Konflikte hat in diesem Jahr deutlich zugenommen. Weltweit habe es 30 schwere Krisen gegeben, verglichen mit 26 im Jahr 2007, teilte das Heidelberger Institut für Internationale Konfliktforschung bei der Veröffentlichung des aktuellen „Konfliktbarometers" mit. Als ausgewachsene Kriege gelten demnach neun Konflikte, drei mehr als im vergangenen Jahr. […] Die Zahl der Kriege im engen Sinne (habe) seit 2005, als es nur zwei waren, kontinuierlich zugenommen. […] Von den derzeit neun Kriegen würden je drei im Nahen Osten sowie in Afrika geführt, zwei in Asien und einer in Europa – der Konflikt zwischen Russland und Georgien, der im August zu einem Krieg eskaliert sei. Als Kriege werden neben dem Russland-Georgien-Konflikt die blutigen Auseinandersetzungen in Somalia, der sudanesischen Region Darfur und dem Tschad, die Angriffe von radikalislamischen Stammesführern in Pakistan, der Unabhängigkeitskampf tamilischer Rebellen in Sri Lanka sowie die Konflikte in Afghanistan, dem Irak und im Kurdengebiet der Türkei aufgelistet.

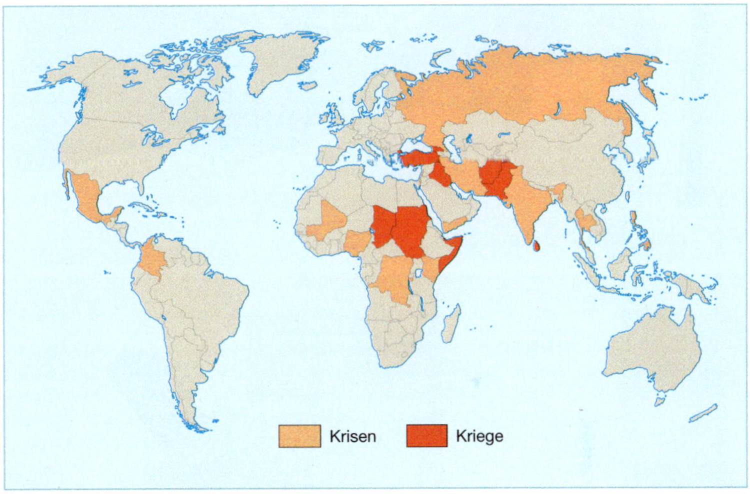

M 4 Gewaltsame Konflikte 2008.

1 Nennt Ursachen von Kriegen (M 1). Unterscheidet hierbei Kriege zwischen Staaten und Kriege innerhalb von Staaten.

2 Wertet M 2 und M 4 aus. Formuliert zentrale Aussagen der beiden Materialien.

3 Lest den Text M 3. Notiert Gründe, warum die Zahl der Konflikte im Jahr 2008 deutlich zugenommen haben könnte (vgl. M 1).

4 Verfolgt über eine Woche lang Nachrichten und notiert, über welche kriegerischen Auseinandersetzungen berichtet wird.

Die Vereinten Nationen – Weltfrieden als Aufgabe

M1 **Fahne der UNO.** Foto, 2009.

M2 **„Non Violence".** Bronzeskulptur des schwedischen Künstlers Carl Fredrik Reuterswärd vor dem UN-Sitz in New York. Foto, 2008.

Bemühungen um den Weltfrieden

Nach dem **Ersten Weltkrieg** (1914–1918) versuchte die Pariser Friedenskonferenz im Frühjahr 1919 auf Drängen der USA eine Einrichtung zu schaffen, die weltweit für die **Erhaltung des Friedens** sorgen sollte. Mit dem Völkerbund wollten die Siegermächte unter Führung der USA eine Weltfriedensordnung schaffen. Konflikte zwischen Staaten sollten nun durch eine internationale Einrichtung in einem geordneten Verfahren beigelegt werden. Der Völkerbund war jedoch von Anfang an schwach, denn er hatte außer wirtschaftlichen Maßnahmen keine wirklichen Machtmittel. Beim Ausbruch des **Zweiten Weltkrieges** (1939–1945) hat der Völkerbund keine bedeutsame Rolle mehr gespielt.

Vom Völkerbund zur UNO

Im Jahr 2005 feierte die Organisation der Vereinten Nationen (United Nations Organization, **UNO**) ihr 60-jähriges Bestehen. Als die UNO am 24. Juni 1945 ins Leben gerufen wurde, war dies eine Antwort auf die Schrecken des Zweiten Weltkrieges und das Versagen des Völkerbundes. Noch vor dem Ende des Zweiten Weltkrieges einigten sich die USA und die Sowjetunion darauf, eine Organisation zur Aufrechterhaltung des Weltfriedens zu schaffen. Die Vereinten Nationen sollten die Zusammenarbeit aller Länder fördern und über die Einhaltung des Friedens wachen. Grundlage der Vereinbarungen, die in der UN-Charta festgehalten worden sind, waren die Menschenrechte. Bewaffnete Konflikte durften nun auch mit militärischen Zwangsmaßnahmen beendet werden.

M 3 **Das UN-Gebäude in New York (im Vordergrund).** Foto, 2009.

M 4 Gründungserklärung der UNO vom 26. Juni 1945

[...] Die Vereinten Nationen setzen sich folgende Ziele:

1. den Weltfrieden und die internationale Sicherheit zu wahren und zu diesem Zweck wirksame Maßnahmen zu treffen, um [...] Angriffshandlungen und andere Friedensbrüche zu unterdrücken und internationale Streitigkeiten [...] durch friedliche Mittel nach den Grundsätzen der Gerechtigkeit und des Völkerrechts zu bereinigen oder beizulegen,
2. freundschaftliche, auf der Achtung vor dem Grundsatz der Gleichberechtigung und Selbstbestimmung der Völker beruhende Beziehungen zwischen den Nationen zu entwickeln [...],
3. eine internationale Zusammenarbeit herbeizuführen, um internationale Probleme wirtschaftlicher, sozialer, kultureller und humanitärer Art zu lösen und die Achtung vor den Menschenrechten und Grundfreiheiten für alle ohne Unterschied der Rasse, des Geschlechts, der Sprache oder der Religion zu fördern. [...]

Artikel 41

Der Sicherheitsrat kann beschließen, welche Maßnahmen – unter Ausschluss von Waffengewalt – zu ergreifen sind, um seinen Beschlüssen Wirksamkeit zu verleihen. [...] Sie können die vollständige oder teilweise Unterbrechung der Wirtschaftsbeziehungen, des Eisenbahn-, See- und Luftverkehrs [...] beschließen.

Artikel 42

Ist der Sicherheitsrat der Auffassung, dass die in Artikel 41 vorgesehenen Maßnahmen [...] sich als unzulänglich erwiesen haben, so kann er mit Luft-, See- oder Landstreitkräften die zur Wahrung oder Wiederherstellung des Weltfriedens und der internationalen Sicherheit erforderlichen Maßnahmen durchführen. [...]

1 Beschreibt die Zielsetzung der UNO mit eigenen Worten (M 4).

2 Erläutert die Möglichkeiten der UNO, in Konflikte einzugreifen (M 4).

3 Erklärt, was die Skulptur in M 2 aussagen soll.

Wie funktioniert die UNO?

M 1 **Die UN-Vollversammlung in New York.** Foto, 2008.

M 2 **UN-Generalsekretär Ban Ki Moon.** Foto, 2010.

Unterschiedliche Vorstellungen über die UNO

Die Vorstellungen über eine neue Weltfriedensordnung waren bei der Gründung der UNO recht unterschiedlich. Deswegen verständigte man sich darauf, dass die USA, die Sowjetunion, Großbritannien, Frankreich und China in der wichtigsten Einrichtung der UNO, dem **Sicherheitsrat**, ein Vetorecht erhielten. Jedes Mitglied im Sicherheitsrat hat das Recht, durch einen Einspruch einen Beschluss zu verhindern. Entscheidungen können also im Sicherheitsrat nur einstimmig gefasst werden.

Zudem wurde beschlossen, dass diese fünf Staaten ständige Mitglieder des Sicherheitsrates sein sollten. Nach Auflösung der Sowjetunion hat nun Russland einen ständigen Sitz im Sicherheitsrat. Neben den fünf genannten ständigen Mitgliedern gehören zum Sicherheitsrat zehn weitere, nichtständige Mitglieder, die alle zwei Jahre von der **Generalversammlung** gewählt werden: fünf aus Afrika und Asien, je zwei aus Lateinamerika und der Gruppe der westeuropäischen und sonstigen Staaten, ein osteuropäisches Land.

Die Vollversammlung ist das organisatorische Zentrum der UNO. Sie tritt einmal im Jahr in New York zur Beschlussfassung über die wichtigsten Fragen der Weltpolitik zusammen. Alle Mitgliedsstaaten der UNO sind in der Vollversammlung nach dem Prinzip „Ein Staat – eine Stimme" gleichberechtigt vertreten.

Die UNO – eine Weltorganisation

Im Jahr 2010 gehörten der UNO 192 Staaten an. Das waren praktisch alle Staaten der Erde. Eine der Lehren, welche die Siegermächte aus dem Zweiten Weltkrieg gezogen hatten, war die Einsicht, dass der Weltfriede nicht nur durch Kriege, sondern auch durch Armut und Elend bedroht wird. Sonderorganisationen widmen sich daher den Problemen der Entwicklungsländer, z. B. die **WHO** (Weltgesundheitsorganisation), die Infektionskrankheiten und Seuchen in der Welt ausrotten will, oder die **FAO** (Ernährungsorganisation). Mehr als 16 000 Menschen arbeiten heute für UN-Einrichtungen. Der Haushalt der UNO im Haushaltsjahr 2008/2009 betrug über vier Milliarden US-Dollar.

Bildet Gruppen und versucht, die nachstehenden Fragen mithilfe von M4 zu beantworten. Notiert Kürzel und Bedeutung. Für jede richtige Lösung gibt es einen Punkt.

Wer ist zuständig?
1. Flüchtlinge müssen versorgt werden.
2. Absprachen zu weltweiten Gesundheitsfragen.
3. Einsatz von Friedenstruppen.
4. Anklagen von Kriegsverbrechern.
5. Übersicht über die Welternährung.
6. Ideenaustausch zur industriellen Entwicklung.
7. Entwicklungshelfereinsatz.
8. Asiatische Staaten verhandeln über Wirtschaftsfragen.
9. Der Generalsekrektär wird gewählt.
10. Umweltfragen sollen gelöst werden.
11. Sorge für Kinder in aller Welt.
12. Forschungen zur landwirtschaftlichen Entwicklung.
13. Weltweite Wirtschafts- und Sozialfragen.
14. Frauenförderung.
15. Menschenrechtsfragen.
16. Fragen des internationalen Postwesens.
17. Welthandelsprobleme.
18. Waffenverminderung in aller Welt.
19. Schule und Erziehung in aller Welt.
20. Atomenergiefragen.

M3 **Das UN-Spiel.**

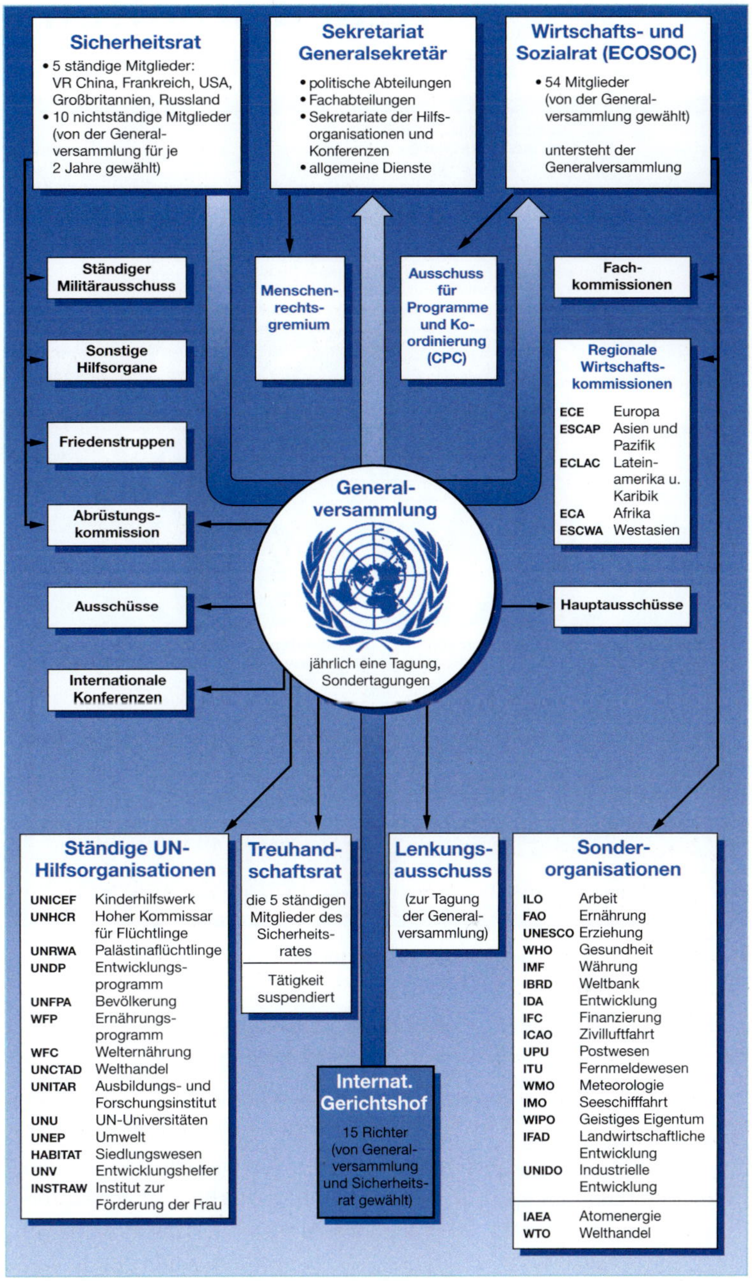

M4 **Organisationen der UNO.**

1 Erklärt den Begriff Vetorecht. Überlegt, welche Vor- und welche Nachteile mit diesem Recht verbunden sein können.

2 Schreibt zu den im Autorentext genannten Einrichtungen der UNO jeweils eine kurze Definition (M4).

3 Spielt das UNO-Spiel (M3).

Frieden schaffen – ohne Waffen?

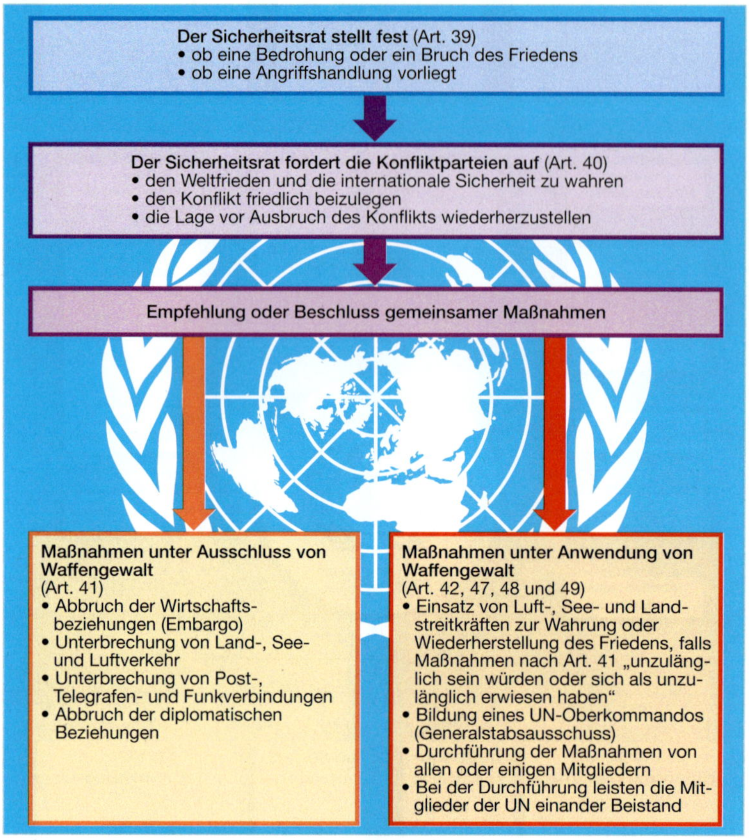

M 1 Was kann der Sicherheitsrat entscheiden?

***Golfkriege**
1. Golfkrieg: Irak–Iran 1980–1988;
2. Golfkrieg: Irak gegen eine von den USA angeführte westliche Ländergruppe 1990/1991;
3. Golfkrieg: Irak gegen eine von den USA angeführte westliche Ländergruppe 2003.

M 2 Blauhelmtruppen

Zur Friedenssicherung eingesetzte multinationale Beobachtergruppen oder Truppenkontingente der Vereinten Nationen, wegen ihrer blauen Helme auch als UN-Blauhelme bezeichnet. Beobachtergruppen bestehen aus unbewaffneten Soldaten, die z. B. die Einhaltung von Waffenstillstandsvereinbarungen kontrollieren oder eine Pufferzone zwischen den Konfliktparteien bilden. Von den beteiligten Truppenverbänden wird daher strikte Neutralität erwartet. Sie dürfen, außer zur Selbstverteidigung, keine Gewalt anwenden. 1988 wurde den UN-Friedenstruppen der Friedensnobelpreis verliehen.

Konfliktbewältigung nach der UN-Charta

Mit ihrem Beitritt zur UNO haben 192 Staaten ihren Willen bekundet, gemeinsam an der Sicherung des Weltfriedens zu arbeiten. Die UN-Charta verpflichtet die Unterzeichnerstaaten, jede Androhung oder Anwendung von Gewalt gegen andere Staaten zu unterlassen. Wenn Staaten dennoch gegen die UN-Charta verstoßen und den Frieden gebrochen haben, kann der UN-Sicherheitsrat Maßnahmen zur Konfliktbewältigung ergreifen. Dabei gilt es zu unterscheiden zwischen

- friedenssichernden Maßnahmen sowie
- militärischen
- und nichtmilitärischen Zwangsmaßnahmen.

Keine eigenen Truppen

Als letzte und äußerste Maßnahme zur Konfliktbewältigung kann der Sicherheitsrat den Einsatz von Luft-, See- oder Landstreitkräften beschließen. Nach der UN-Charta sind alle Mitgliedsstaaten verpflichtet, auf Ersuchen des Sicherheitsrates Streitkräfte zur Verfügung zu stellen und das Durchmarschrecht zu gewähren.
In der Praxis überlässt der Sicherheitsrat die Ausführung der beschlossenen militärischen Maßnahmen den Mitgliedern der UNO, die sich dazu bereit erklären. So beteiligten sich 1950 bis 1953 fünfzehn Staaten, um Frieden zu stiften im Krieg zwischen Nord- und Südkorea. Im Jahr 1991 waren es dreizehn Staaten, die im zweiten **Golfkrieg*** die Eigenständigkeit Kuwaits gegenüber dem Irak durchsetzten. Das Oberkommando über die Truppen lag in beiden Einsätzen bei den USA.

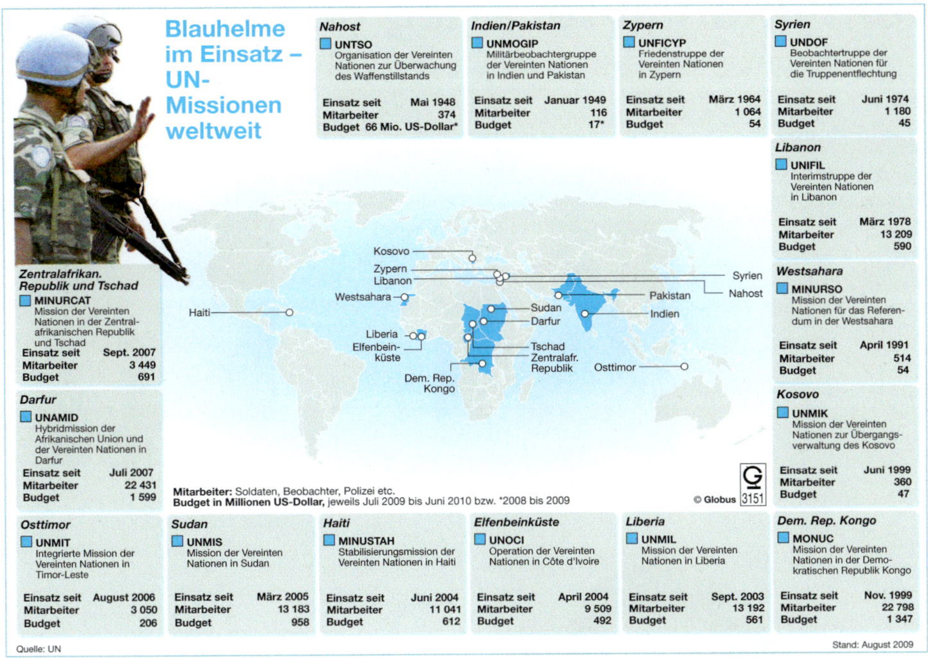

M 3 UN-Einsätze.

Unerfüllte Hoffnung auf Frieden?

Zum ersten Mal in der Geschichte der Menschheit ist durch die UN-Charta anerkannt worden, dass militärische Maßnahmen der Völkergemeinschaft gegen einen Angreifer legitim (erlaubt) sind.

Doch während der Zeit des **Kalten Krieges** zwischen Ost und West (1949–1989) wurden viele notwendige Friedensinitiativen der UNO durch den Kalten Krieg der Großmächte USA und Sowjetunion verhindert. Bis 1990 machten die USA und die Sowjetunion mehr als 200-mal von ihrem Vetorecht im Sicherheitsrat Gebrauch. In vielen kriegerischen Konflikten konnte die UNO nur Friedenstruppen, die sogenannten Blauhelmtruppen, entsenden, um die Kampfhandlungen zu beobachten oder Waffenstillstands- und Friedensverträge zu überwachen.

Darüber hinaus ist die UNO auch in der Lage, über Resolutionen Kriegsverbrechertribunale wie den **Internationalen Strafgerichtshof** für das ehemalige Jugoslawien einzurichten, die für eine möglichst gerechte Strafe für Kriegsverbrechen sorgen sollen.

M 4 Sitzung des UN-Sicherheitsrates. Foto, 2009.

1 Ordnet die Maßnahmen, die der UNO zur Konfliktbewältigung zur Verfügung stehen, in einer Tabelle. Unterscheidet dabei zwischen friedenssichernden Maßnahmen, militärischen Zwangsmaßnahmen und nichtmilitärischen Zwangsmaßnahmen (M 1, M 2).

2 Erklärt den Anstieg der Zahl von UN-Einsätzen nach Beendigung des Ost-West-Konflikts (M 3).

3 Informiert euch über aktuelle UN-Einsätze und berichtet in der Klasse (M 3, Internet).

METHODE

Konfliktanalyse: Krieg oder Frieden?

M 1 Was Schülerinnen und Schüler einer 10. Klasse zur Frage in der Überschrift denken, könnt ihr in den Sprechblasen lesen.

Konflikte

Begriffe wie „Konflikt“, „Frieden“ oder „Krieg“ gebrauchen wir häufig. Doch was genau meint man damit?

Unter einem Konflikt versteht man allgemein einen Gegensatz zwischen Personen, Werten oder Ideen. Konflikte sind auf politischer, wirtschaftlicher oder gesellschaftlicher Ebene möglich. Sie können sich dann in einen kriegs- oder bürgerkriegsähnlichen Zustand steigern, wenn die Konfliktparteien miteinander unvereinbare Interessen vertreten und sie unbedingt durchsetzen wollen.

Zu den großen Konflikten des 20. Jahrhunderts (Weltkriege, Kalter Krieg, Nord-Süd-Konflikt) sind in den letzten Jahrzehnten im Zusammenhang mit der Globalisierung neue Konfliktherde hinzugekommen, wie z. B. grenzüberschreitende Umweltbelastungen.

Sicher ist euch in den Fernsehnachrichten oder in der Zeitung aufgefallen, dass es fast täglich Meldungen über den Konflikt zwischen Israelis und Palästinensern gibt. Wegen seiner Aktualität möchten wir ihn daher als Fallbeispiel für die Methode „Konfliktanalyse“ verwenden, mit deren Hilfe ihr Konflikte selbstständig untersuchen könnt.

In diesem Fall handelt es sich um einen offenen Konflikt, dessen Lösung zum heutigen Zeitpunkt noch nicht absehbar ist.

M2 Checkliste: Konfliktanalyse

1. Schritt: Beschreibung der Ausgangssituation (historischer oder/und aktueller Art)

- Was ist wann und wo passiert?
- Wer ist an dem Geschehen beteiligt?

2. Schritt: Informationsbeschaffung und -auswertung

a) Ursachen:

- Gibt es ein auslösendes Ereignis?
- Um welche Streitfragen geht es?
- Was sind deren Hintergründe?

b) Verlauf:

- Welche wichtigen Ereignisse geschahen bisher?
- Ergeben sich aus dem Verlauf indirekt Beteiligte?

c) Ziele:

- Welche Ziele haben die Beteiligten?
- Gibt es einen Unterschied zwischen „offiziell" vertretenen und „unterschwellig" verborgenen Motiven?

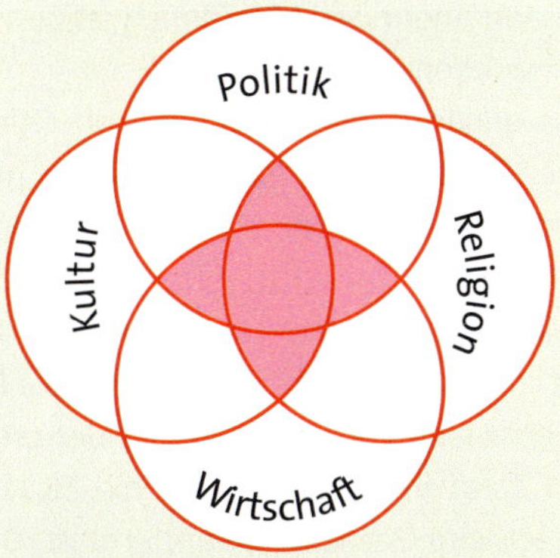

3. Schritt: Diskussion der Lösungsansätze

- Welche Lösungsansätze werden entwickelt?
- Sind Kompromisse denkbar und nötig?

4. Schritt: Wertung und Beurteilung

- Wie realistisch ist eine Friedenslösung?

M3 Friedensdemonstration von über 50 000 Israelis und Palästinensern. Foto, 1997.

M4 Tipps zur Informationsbeschaffung, -auswertung und -präsentation:

Informationsquellen:

- Zeitungen, Bücher
- politische Magazine
- Radionachrichten
- Fernsehdokumentationen
- Internetrecherche
- Experten

Auswertung:

- Quellenanalyse
- Expertenbefragung

Präsentation:

- Kurzvortrag
- Wandzeitung
- Power-Point-Präsentation

Auf den Seiten 326–331 findet ihr Materialien zum Nahostkonflikt. Mithilfe der methodischen Schritte kann dieses Thema beispielhaft bearbeitet werden. Da es sich beim Nahostkonflikt um einen zurzeit noch offenen Konflikt handelt, ist vielleicht nicht jede Frage zu beantworten. Im Gegensatz zu einem abgeschlossenen Konflikt stehen nicht alle Informationen und Ergebnisse zur Verfügung (z. B. Dauerhaftigkeit der Friedenslösung).

1 Lest die einzelnen Äußerungen zu den Begriffen Krieg, Frieden und Konflikt aufmerksam durch. Formuliert zunächst in Einzelarbeit eine eigene Definition dieser Begriffe. Diskutiert die verschiedenen Vorschläge und erarbeitet dann eine gemeinsame Definition. Haltet diese auf einem Plakat fest und hängt es in der Klasse auf.

Der Nahostkonflikt – Ursachen

M 1 Israel und seine Nachbarn 2010.

M 2 In einem Zeitungsartikel vom Dezember 2008 heißt es:

Gaza versinkt in Chaos und Blut

Nach palästinensischen Angaben kamen bei den Angriffen [Ende 2008, Anmerkung d. Verf.] etwa 280 Menschen ums Leben, zumeist Angehörige der Hamas-Sicherheitskräfte, aber auch Zivilpersonen. Mehr als 600 wurden verletzt. Die Hamas kündigte blutige Vergeltung an, militante Palästinenser schossen Dutzende Raketen und Mörsergranaten auf Israel ab. Ein Israeli wurde getötet.

Der israelische Ministerpräsident Ehud Olmert sagte am Sonntag, der zu erwartende Krieg werde „lang, schmerzhaft und schwierig" sein. Die Offensive begann am Samstagmittag mit einer ersten Angriffswelle, bei der nach Militärangaben Bomben mit einem Gewicht von insgesamt mehr als 100 Tonnen abgeworfen wurden.

Das erklärte Ziel der israelischen Offensive, die ständigen Raketenangriffe militanter Palästinenser auf Israel zu stoppen, wurde zunächst verfehlt. Militante Palästinenser setzten am Sonntag den Beschuss Israels fort. Eine Rakete schlug in der Nähe von Aschdod ein, der größten Stadt im Süden Israels, die 38 Kilometer vom Gazastreifen entfernt ist. Dies ist die bislang größte Reichweite palästinensischer Raketen. Am Samstag wurde ein Bewohner der israelischen Ortschaft Netivot getötet. Sechs Menschen wurden verletzt. [...]

Palästina

Palästina wird das Land von der arabischen Bevölkerung genannt, die seit Jahrhunderten auf dem Gebiet des heutigen Israel ansässig ist. Es wurde von 1919 bis 1947 von den Briten verwaltet. Danach beschloss die UN-Vollversammlung, Pa-

M 3 **Wir waren schon immer hier!"** Karikatur von Fritz Behrendt.

lästina zu teilen. Mit einer Bevölkerung von 1,3 Millionen Arabern und 608 000 Juden sollten ein **arabisch-palästinensischer** und auch ein **jüdischer** Staat entstehen.

Die Stadt Jerusalem sollte unter internationale Kontrolle gestellt werden, um Juden, Muslimen und Christen den freien Zugang zu ihren heiligen Stätten zu gewährleisten. Dieser Plan wurde von den Juden begrüßt, von den Arabern aber strikt abgelehnt. Es kam zu kriegerischen Auseinandersetzungen und am 14. Mai 1948 zu einer einseitigen Ausrufung des Staates Israel durch den Jüdischen Nationalrat unter Vorsitz von David Ben-Gurion.

Wem gehört Palästina?

Q 1 Zum UN-Teilungsplan für Palästina von 1947 nahm der PLO-Führer Jassir Arafat 1974 vor der Vollversammlung der Vereinten Nationen Stellung:

[…] Sie [die jüdischen Siedler] erbauten ihre Siedlungen und Kolonien […] auf unseren Feldern und Gärten. Hier liegen die Wurzeln des palästinensischen Problems, das heißt, dass die Grundlagen dieses Problems nicht in religiösen oder nationalistischen Widersprüchen zweier Religionen oder zweier Nationalitäten zu suchen sind und nicht im Streit um Grenzen zwischen benachbarten Staaten. Es ist das Problem eines Volkes, dessen Land gewaltsam geraubt, das von seinem Boden vertrieben wurde und dessen Mehrheit in der Verbannung in Zelten lebt. […]

Die Gründung eines eigenen jüdischen Staates erstrebte schon seit dem Ende des 19. Jahrhunderts die von dem Juden Theodor Herzl (1860–1904) geführte national-jüdische Bewegung des Zionismus („Zion" heißt der Tempelberg in Jerusalem). Für die in aller Welt zerstreuten und in den Gastländern oft angefeindeten Juden wurde eine „Heimstätte" gefordert, die ihnen Zuflucht und Schutz bieten sollte. Dies sollte das Heilige Land sein.

Q 2 Auszüge aus der Unabhängigkeitserklärung des Staates Israel vom 14. Mai 1948:

Im Lande Israel entstand das jüdische Volk. […] Beseelt von der Kraft der Geschichte und Überlieferung, suchten Juden aller Generationen in ihrem alten Lande wieder Fuß zu fassen. […] Die Katastrophe, die in unserer Zeit über das jüdische Volk hereinbrach und in Europa Millionen von Juden vernichtete, bewies unwiderleglich aufs Neue, dass das Problem der jüdischen Heimatlosigkeit durch die Wiederherstellung des jüdischen Staates im Lande Israel gelöst werden muss. […]

1 Auf den Seiten 326–331 erhaltet ihr wichtige Informationen zum Nahostkonflikt. Teilt euch in der Klasse in fünf Gruppen auf. Ordnet jeder Gruppe einen der Arbeitsschritte zu, die auf den Methodenseiten S. 324/325 vorgestellt werden (Schritte 1, 2 a, 2 b, 2 c und 3. Schritt 4 solltet ihr nach den Kurzreferaten gemeinsam bearbeiten). Versucht eure Fragen mithilfe der Informationen der Texte zu erarbeiten und nutzt auch das Internet oder andere Informationsquellen. Präsentiert eure Ergebnisse als Kurzreferat der ganzen Klasse.

Der Nahostkonflikt – Verlauf und Ziele

M 1 Palästinenserin im Lager Rafah im Gazastreifen. Viele leben heute noch mit ihren Familien in Flüchtlingslagern im Libanon, in Syrien und Jordanien. Foto, 2009.

M 2 Israelische Soldaten nach der Eroberung Ost-Jerusalems im Sechs-Tage-Krieg 1967. Foto.

1948	Gründung des Staates Israel; Erster arabisch-israelischer Krieg („Unabhängigkeitskrieg") endet mit dem Sieg Israels. Flucht und Vertreibung von ca. 650 000 Palästinensern.
1956–1973	1956 Zweiter Nahostkrieg um den Sueskanal und Sinai; 1967 Dritter Nahostkrieg („Sechs-Tage-Krieg"). Israel nimmt Ost-Jerusalem ein, besetzt das Westjordanland, den Gazastreifen, die Golanhöhen; 1973 Vierter Nahostkrieg („Yom-Kippur-Krieg").
1964	Gründung der PLO („Palestine Liberation Organization"), des politischen Vertretungsorgans der Palästinenser.
1979	Friedensschluss zwischen Ägypten und Israel auf der Grundlage des Camp-David-Abkommens.
1987	Beginn der ersten „Intifada" (arab.: Abschüttelung): offener Volksaufstand der Palästinenser im Gazastreifen, Westjordanland und Ost-Jerusalem.
1988	Der Palästinensische Rat verkündet im Exil die Gründung eines unabhängigen Palästinenserstaates.
1994/1995	Abkommen in Oslo zwischen Israel und der PLO. Die Parteien vereinbaren die gegenseitige Anerkennung.
1995	Ermordung des israelischen Ministerpräsidenten Rabin durch einen jüdischen Extremisten.
2002/2003	Der Friedensplan „Road-Map" wird von der palästinensischen und israelischen Regierung bestätigt.
2004	Tod Yassir Arafats.
2005	Mahmut Abbas wird zum neuen Präsidenten der Palästinenser gewählt.
2006	Zweiter Libanonkrieg; Israel fliegt Angriffe auf Ziele der Hisbollah im Libanon und dringt mit Bodentruppen im Süden des Landes ein.
2008	(28. Dezember) Israel startet eine Luftoffensive auf Ziele im Gazastreifen.
2009	Vorläufiger Waffenstillstand zwischen Israel und den Palästinensern im Gazastreifen.
2010	Beginn erneuter Friedensgespräche zwischen Israelis und Palästinensern. Die radikale Hamas startet erneut blutige Überfälle auf Israelis.

M 3 Zeittafel zum Konflikt im Nahen Osten.

	Israel	Palästinensische Autonomiegebiete
Bevölkerung	7180000 Einwohner (2010)	4018332 Einwohner (2007; davon Westjordanland 2535927, Gazastreifen 1482405)
Fläche	Kernland 20991 km², besetzte Gebiete 6831 km²	6020 km²
Sprache	Hebräisch, Arabisch	Arabisch
Religion	76,7 % Juden	Westjordanland: 83 % paläst. Araber, 17 % Juden
	14,6 % sunnitische Muslime	Gazastreifen: 99 % palästinensischer Araber
	2,12 % Christen	
Armutsrate	24,5 % (Stand 2008)	60 % bis 70 % (weniger als 2 US-Dollar am Tag, Stand 2007)

M4 So könnten sich Israelis über Ziele äußern:

Wir haben in den besetzten palästinensischen Gebieten Möglichkeiten zur Ansiedlung von jüdischen Einwanderern geschaffen. Durch diese systematische Siedlungspolitik kontrollieren wir strategisch wichtige Gebiete und schützen unser Kernland – vor allem Jerusalem als religiöses Zentrum.

Die Hauptquellen unserer Wasserversorgung liegen in den besetzten palästinensischen Gebieten und auf den ehemals syrischen Golanhöhen unter staatlicher und militärischer Kontrolle. Wir können diese nicht aufgeben, da sonst die Wasserversorgung der Bevölkerung und der Landwirtschaft bedroht wäre.

Eine Rückkehr der palästinensischen Flüchtlinge lehnen wir ab. Sie sollen sich in arabischen Staaten ansiedeln. Eine Ausnahme soll die Zusammenführung von Familien sein. Unsere Bürger haben ein Recht, ohne Angst vor Terror und Gewalt zu leben. Wir wollen eine sichere Zukunft. Ost-Jerusalem und die Klagemauer gehören zu Israel.

Auch nach den neuerlichen Auseinandersetzung Ende 2008 können wir uns nicht klar zu einer Anerkennung Palästinas und einer Zwei-Staaten-Lösung durchringen. Den Friedensprozess wollen wir natürlich unterstützen, sehen ihn allerdings auch recht skeptisch. Die politische Situation innerhalb der palästinensischen Gebiete ist viel zu unsicher.

M5 So könnten sich Palästinenser über Ziele äußern:

Das Territorium unseres zukünftigen Staates „Palästina" sowie die Frage, ob Jerusalem unsere Hauptstadt wird, muss geklärt werden. Wir verlangen den Rückzug Israels aus dem 1967 besetzten Gazastreifen, Westjordanland und Ost-Jerusalem (vgl. Karte S. 326). Damit unser Staat lebensfähig ist, muss sein Territorium zusammenhängend sein. Wir kritisieren die jüdische Siedlungspolitik, die gemäß der Genfer Konvention unrechtmäßig ist.

Wir benötigen die Wasserressourcen in den besetzten Gebieten und des Golan, da wir an akutem Wassermangel leiden.

Etwa 3,9 Millionen registrierte Flüchtlinge leben in Lagern in Jordanien, Libanon, Syrien, im Westjordanland und im Gazastreifen.

Ost-Jerusalem und die muslimischen Pilgerstätten gehören den Palästinensern.

Nach den verheerenden Luftangriffen auf den Gazastreifen Ende 2008 ist es für uns elementar wichtig, dass Hilfsleistungen aus dem Ausland schnell in unser Gebiet kommen.

Israel muss einen Staat Palästina unbedingt anerkennen, damit wir gleichberechtigt in diesem Gebiet leben können.

M6 Benjamin Netanjahu, Ministerpräsident Israels seit 2009. Foto, 2008.

M7 Mahmut Abbas, Präsident der palästinensischen Autonomiegebiete seit 2005. Foto, 2010.

1 Berichtet über den Verlauf des Nahostkonflikts.

Der Nahostkonflikt – Diskussion der Lösungsansätze

Fahrplan („Road-Map“) zur Beilegung des israelisch-palästinensischen Konflikts

Ein ergebnisorientierter „Fahrplan“ für eine dauerhafte Zwei-Staaten-Regelung des israelisch-palästinensischen Konflikts des Quartetts (Europäische Union, USA, Russische Föderation und die Vereinten Nationen) vom 30. April 2003

Phase I

Noch 2003 stoppt die palästinensische Führung den Terror der Extremisten und erkennt das Existenzrecht Israels an. Die Palästinenser entwerfen eine Verfassung, reformieren ihre Institutionen und halten freie Parlamentswahlen ab. Im Gegenzug beendet Israel den Ausbau jüdischer Siedlungen und zieht seine Armee aus weiten Teilen der besetzten Gebiete zurück.

Phase II

2003 wird ein provisorischer, unabhängiger Palästinenserstaat in vorläufigen Grenzen gebildet. Unter der Regie des Nahostquartetts wird eine internationale Konferenz einberufen, die die Ziele der Road-Map überwacht. Auch das Verhältnis Israels zu seinen arabischen Nachbarländern steht auf der Tagesordnung.

Phase III

Von 2004 bis 2005 tagt eine zweite internationale Konferenz zur endgültigen Beilegung des Konflikts. In einer Schlussvereinbarung sollen das Verhältnis beider Staaten, die endgültigen Grenzen, der Status von Jerusalem sowie die Flüchtlings- und Siedlungsfrage geklärt werden.

M 1 Zeitungsartikel 2005.

„Als Reaktion auf den Gaza-Konflikt um den Jahreswechsel 2008/2009 verständigte sich die EU auf Vorschlag von Außenminister Steinmeier hin auf einen ‚Arbeitsplan‘ zu Gaza. Dieser Arbeitsplan umfasst sechs Punkte: sofortige humanitäre Hilfe, Verhinderung des illegalen Waffen- und Munitionshandels [in die palästinensischen Gebiete], dauerhafte Wiedereröffnung der Grenzübergänge, Instandsetzung und Wiederaufbau, innerpalästinensische Versöhnung sowie Wiederaufnahme des Friedensprozesses – und definiert die jeweils erforderlichen nächsten Schritte zur Bewältigung der politischen, humanitären und wirtschaftlichen Folgen des Gaza-Konfliktes und hat einen dauerhaften Waffenstillstand zum Ziel. Dieses Vorhaben wird die EU im Einklang mit ihrem umfassenden Konzept für die Region, einschließlich ihrer Bemühungen zum Staatsaufbau mit (...) anderen Akteuren voranbringen.“

M 2 Reaktion der EU 2009.

M 3 **„Berliner Konferenz zur Unterstützung der palästinensischen zivilen Sicherheit und Rechtsstaatlichkeit“**, 24. 06. 2008, v. l.: Dimitrij Rupel (slowenischer Außenminister), Javier Solana (EU-Außenbeauftragter), Salam Fajad (palästinensischer Ministerpräsident), Frank-Walter Steinmeier (Bundesaußenminister), Tony Blair (ehemaliger britischer Premierminister), Benita Ferrero-Waldner (EU-Kommissarin) und Amr Moussa (Generalsekretär der Arabischen Liga). Foto.

M 4 Scheckbuchdiplomatie 2009

Drei Milliarden Dollar für den Gazastreifen werden bei der Geberkonferenz in Scharm al-Scheich zusammenkommen.

In Scharm al-Scheich wird sich die Weltgemeinschaft – Vertreter von über 70 Staaten sind nach Ägypten gereist – verpflichten, erstmals für den kompletten Sachschaden eines Krieges aufzukommen. „Nach dieser Konferenz wird Geld im Überfluss da sein“, sagte Roy Dickinson, Leiter des Büros der Europäischen Kommission in Jerusalem. Das große Problem jedoch sei, die Spenden tatsächlich dorthin zu bringen, wo sie benötigt würden.

Da Israel nach wie vor seine Grenzen zu dem Küstengebiet fast durchgehend geschlossen halte, sei es derzeit unmöglich, dringend benötigtes Baumaterial und Waren in den Gazastreifen zu liefern.

Sind Kompromisse denkbar und nötig?

Auch wenn die genauen Zahlen je nach Quelle stark variieren, ist klar, dass die neuerlichen Auseinandersetzungen zwischen Israel und den palästinensischen Gebieten Ende 2008/Anfang 2009 deutlich über 1000 Todesopfer gefordert haben. Um diese Gewaltspirale zu stoppen, gibt es verschiedene Ansätze.

M5 Bedingungen für den Frieden:

- Israelis und Palästinenser müssen einen Kompromiss finden. Die Beendigung eines Konflikts ist nur möglich, wenn beide Seiten die Ansprüche der anderen Seite mit einbeziehen.
- Beide Konfliktparteien müssen Verständigungsbereitschaft, gegenseitige Akzeptanz und den Willen zur Zusammenarbeit zeigen.
- Beide Seiten müssen auf den Einsatz von Gewalt verzichten. Die Palästinenser müssen dabei insbesondere Angriffe auf israelische Zivilisten einstellen.
- Es muss Einigkeit darüber erzielt werden, wie die Grenze zwischen Israel und Palästina im Detail verlaufen wird.
- Dabei spielen vor allem die jüdischen Siedlungen, die Stadt Jerusalem und die Frage ausreichender Sicherheit für beide Staaten eine entscheidende Rolle. Umfragen zeigen, dass eine Mehrheit in der israelischen Bevölkerung bereit ist, die Siedlungen aufzugeben, um ein Friedensabkommen mit den Palästinensern zu ermöglichen.
- Die Grundlage für die Grenzziehung sollte die Waffenstillstandslinie von 1948 sein. Darüber hinaus ist durchaus ein gleichwertiger Gebietsaustausch vorstellbar.
- Die palästinensische Führung hat ihre Bereitschaft zu einem Landtausch signalisiert. Jerusalem sollte eine offene Stadt sein, zu der Israelis und Palästinenser Zugang haben.
- Israel und Palästina sind sich einig, dass Jerusalem nicht unter internationale Kontrolle gestellt werden soll.

M6 **Karikatur 2009.**

M7 **Die Altstadt von Jerusalem mit dem Felsendom und der Klagemauer.** Besonders der Status der Stadt Jerusalem ist zwischen den Konfliktparteien ungeklärt. Foto, 2010.

1 Beschreibt die Karikatur und erläutert, was sie aussagen soll (M6).

2 Teilt eure Klasse in zwei Gruppen – Israelis und Palästinenser. Versetzt euch in ihre Lage und notiert, welche Bedingungen ihr für den Frieden stellen würdet.

Veränderte Aufgaben der Bundeswehr

M 1 Junge Wehrpflichtige treten nach ihrer Einberufung den Dienst an. Foto, 2009.

***Wehrbeauftragter**
Der Wehrbeauftragte des Deutschen Bundestages ist eine Anlaufstelle für Beschwerden der Soldatinnen und Soldaten und ist speziell für den Schutz ihrer Grundrechte zuständig.

Lehren aus der Geschichte

Bei ihrer Staatsgründung 1949 besaß die Bundesrepublik Deutschland keine Armee. Nach dem Zweiten Weltkrieg konnten viele Menschen sich gar nicht mehr vorstellen, dass es jemals wieder deutsche Soldaten geben könnte. Doch mit dem Aufbau der feindlichen Militärbündnisse im **Kalten Krieg** wurden in der Bundesrepublik wie in der DDR neue Armeen aufgebaut.

Die neue Armee, die Bundeswehr, sollte eine demokratische Armee sein. Sie sollte aus einem neuen Typ von Soldaten bestehen: Die militärische Ausbildung und Einsatzbereitschaft sollten kombiniert sein mit staatsbürgerlichem Verantwortungsbewusstsein. Entsprechend hatte die politische Bildung der „**Staatsbürger in Uniform**" zumindest im Konzept einen hohen Stellenwert. Mit dem bzw. der vom Bundestag gewählten **Wehrbeauftragten*** wurde eine Instanz eingerichtet – als Anlaufstation bei Verstößen gegen die neuen demokratischen Grundsätze. Die **allgemeine Wehrpflicht** sollte die enge Verbindung zwischen Armee und Bevölkerung sicherstellen. Das **Recht auf Kriegsdienstverweigerung** aus Gewissensgründen war bereits durch die Verfassung garantiert. Für die Verweigerer wurde ein **ziviler Ersatzdienst** eingerichtet. 1957 rückten die ersten Wehrpflichtigen ein. Ihr Grundwehrdienst dauerte damals 12 Monate.

Frauen können erst seit 2001 – nach einem Urteil des **Europäischen Gerichtshofes** (EuGH) – auf freiwilliger Basis Dienst mit der Waffe leisten.

Die Aufgaben der Bundeswehr ändern sich

Bis 1990 war es die Aufgabe der Bundeswehr, im Rahmen der NATO die Bundesrepublik zu verteidigen bzw. NATO-Partnern im Falle eines Angriffs Beistand zu leisten. Mit dem Zerfall des Ostblocks und der deutschen Einheit 1990 gab es keine territoriale Bedrohung Deutschlands mehr. Sollte Deutschland nun nicht – wie andere souveräne Staaten auch – Verpflichtungen im Rahmen der zahlreicher werdenden UN-Einsätze wahrnehmen? Darüber entbrannte ein innenpolitischer Streit. Als die Bundesregierung beschloss, dass die Bundeswehr sich am UN-Einsatz in Somalia 1992–1994 mit humanitärer und technischer Hilfe beteiligt, zogen die Kritiker vor das Bundesverfassungsgericht. Mit dessen Urteil vom 12. Juli 1994 wurde klargestellt, dass **Bundeswehreinsätze aufgrund internationaler Verpflichtungen** (UNO, NATO, EU) verfassungsgemäß sind – aber nur bei vorheriger Zustimmung des Bundestags.

In der Hauptsache waren damit die Kritiker unterlegen, doch die Stellung des Bundestags wurde mit der Entscheidung gestärkt. Im Jahr 1996 stimmte der Bundestag mit großer Mehrheit dem Einsatz einer Kampfeinheit von 3300 Soldaten zur

Unterstützung des Friedensprozesses in Bosnien-Herzegowina zu. Seitdem hat es immer wieder deutliche Mehrheiten im Bundestag für anstehende Einsätze (M 3) gegeben.

Die Strukturreform

Die Bundeswehr entwickelt sich zurzeit von einer Territorialarmee (Verteidigung des eigenen Landes) zur **Krisenreaktionsstreitmacht** (globale Einsatzziele mit wechselnden Aufgaben).

Zur effektiven Bewältigung der neuen Aufgaben wurde die Bundeswehr in drei Bereiche gegliedert:

1. Eingreifkräfte für militärische Einsätze zur Sicherung oder Wiederherstellung des Friedens (ca. 35 000 Soldaten).
2. Stabilisierungskräfte für die Friedenssicherung (ca. 70 000 Soldaten).
3. Unterstützungskräfte für Versorgung und Nachschub (ca. 137 000). Ihre Aufgabe ist außerdem die Aufrechterhaltung des Grundbetriebes im Inland. Wehrpflichtige sollen nur noch in den Unterstützungsverbänden dienen.

Der Grundwehrdienst von sechs Monaten (ab 1. 12. 2010) soll so gehandhabt werden, dass die Bundeswehr eine Personalstärke von etwa 165 000 Soldaten erreicht.

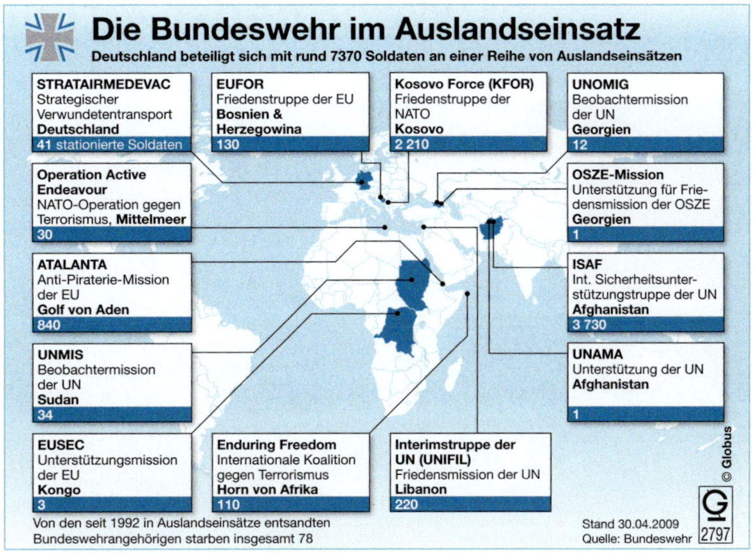

M 3 Auslandseinsätze der Bundeswehr. Stand 2009.

M 2 Die neuen Aufgaben der Bundeswehr (Auszug aus den verteidigungspolitischen Richtlinien)

Die Bundeswehr ist gefordert bei der Evakuierung deutscher Staatsbürger aus Notlagen und bei humanitären Einsätzen. Gemeinsam mit Streitkräften befreundeter Nationen und Partnern beteiligt sie sich an friedenserhaltenden, stabilisierenden und friedenserzwingenden Operationen. Durch diese Einsätze trägt die Bundeswehr dazu bei, gewaltsame Konflikte zu verhindern oder zu beenden. Sie wirkt durch Stabilisierung und Abschreckung gegen die Verschärfung von Krisen und Konflikten und ermöglicht die Konsolidierung von Friedensprozessen. Hinzu kommen Einsätze im Kampf gegen den internationalen Terrorismus, auch als Beiträge zur Unterstützung von Bündnispartnern.

1 Erläutert, wie sich die Aufgaben der Bundeswehr in den letzten Jahren verändert haben (M 1, M 2).

2 Beschreibt, welche neuen Aufgaben die Bundeswehr hat (M 2).

3 Informiert euch im Internet über aktuelle Bundeswehreinsätze (M 3, www.bundeswehr.de).

4 Deutschland ist ein vollwertiger Teil der internationalen Gemeinschaft. Trotzdem wird die historische Vergangenheit noch immer herangezogen, um deutsche Soldaten nicht in bestimmte Gefahrengebiete zu entsenden. Diskutiert in der Klasse, inwieweit ihr dieses Vorgehen für gerechtfertigt haltet.

Wehrdienst – Zivildienst

M 1 Grundausbildung beim Panzerartilleriebataillon in Dabel. Foto, 2008.

Grundgesetz Artikel 4

(3) Niemand darf gegen sein Gewissen zum Kriegsdienst mit der Waffe gezwungen werden. Das Nähere regelt ein Bundesgesetz.

M 2 Aus dem Grundgesetz

Artikel 12a

(1) Männer können vom vollendeten achtzehnten Lebensjahr an zum Dienst in den Streitkräften, der Bundespolizei oder in einem Zivilschutzverband verpflichtet werden.

(2) Wer aus Gewissensgründen den Kriegsdienst mit der Waffe verweigert, kann zu einem Ersatzdienst verpflichtet werden. Die Dauer des Ersatzdienstes darf die Dauer des Wehrdienstes nicht übersteigen. Das Nähere regelt ein Gesetz, das die Freiheit der Gewissensentscheidung nicht beeinträchtigen darf und auch eine Möglichkeit des Ersatzdienstes vorsehen muss, die in keinem Zusammenhang mit den Verbänden der Streitkräfte und der Bundespolizei steht.

M 3 Koalitionsvertrag CDU/FDP von 2009: Verkürzung von Wehrdienst und Zivildienst auf sechs Monate ab 2011

Für eine leistungsstarke und moderne Bundeswehr

Die Bundeswehr ist ein wesentliches Instrument deutscher Friedenspolitik. Wir wollen auch in Zukunft eine leistungsfähige Bundeswehr als unverzichtbares Instrument für den Schutz Deutschlands und seiner Menschen ebenso wie für die internationale Krisenvorsorge und Konfliktbewältigung erhalten.

Die Wehrpflicht hatte in den letzten Jahrzehnten ihre Berechtigung und sich bewährt. Seit dem Ende des Kalten Krieges haben sich die sicherheitspolitische Lage, Auftrag und Aufgabenspektrum der Bundeswehr grundlegend verändert. Diesen Veränderungen ist angemessen Rechnung zu tragen.

Die Koalitionsparteien halten im Grundsatz an der allgemeinen Wehrpflicht fest mit dem Ziel, die Wehrdienstzeit bis zum 1. Januar 2011 auf sechs Monate zu reduzieren.

Der Bundesminister der Verteidigung setzt eine Kommission ein, die bis Ende 2010 einen Vorschlag für Eckpunkte einer neuen Organisationsstruktur der Bundeswehr, inklusive der Straffung der Führungs- und Verwaltungsstrukturen, zu erarbeiten hat.

Zivildienst

Der Zivildienst entfaltet sozialpolitische Wirkungen. Wir fördern auch künftig die Möglichkeit, den Zivildienst mit den darin erworbenen Fähigkeiten für die weitere Ausbildung nutzbar zu machen. Eine mögliche Doppelableistung von Zivildienst und Freiwilligem Sozialen Jahr soll

künftig ausgeschlossen sein. Wir wollen den Lückenschluss zwischen Ende des Zivildienstes und dem Ausbildungsbeginn durch die Möglichkeit einer abschnittsweisen Ableistung des Zivildienstes prüfen.
Die künftige Struktur der Wehrpflicht wird sich im Zivildienst widerspiegeln, der Dienstleistungen der sozialen Einrichtungen weiter zu sichern hilft.

M4 Dienstgerechtigkeit?
In einer Veröffentlichung der Bundeswehr heißt es:

[...] In der Vergangenheit haben rund ein Drittel der erfassten Wehrpflichtigen keinen Grundwehrdienst oder einen hierauf anrechenbaren sonstigen Dienst geleistet, weil sie u. a.

- nicht wehrdienstfähig waren,
- aufgrund von Wehrdienstausnahmen oder trotz Verfügbarkeit nicht zum Wehrdienst herangezogen wurden.

Hieran wird sich auch in Zukunft nichts ändern. [...]

M5 Kriegsdienstverweigerung
Das Bundesamt für Zivildienst schreibt in einer Veröffentlichung:

Das Grundgesetz der Bundesrepublik Deutschland sieht kein Wahlrecht zwischen Wehr- und Zivildienst vor. Nur derjenige, der als Kriegsdienstverweigerer aus Gewissensgründen anerkannt ist, kann Zivildienst leisten. Einzelheiten des Anerkennungsverfahrens sind im Kriegsdienstverweigerungsgesetz (KDVG) geregelt. [...] Über die Berechtigung, den Kriegsdienst mit der Waffe zu verweigern, entscheidet das Bundesamt für den Zivildienst (Bundesamt) auf Antrag.
Der Antrag ist von der Antragstellerin oder dem Antragsteller schriftlich oder zur Niederschrift beim Kreiswehrersatzamt zu stellen. [...]
Der Antrag muss die Berufung auf das Grundrecht der Kriegsdienstverweigerung im Sinne des Artikels 4 Abs. 3 Satz 1 des Grundgesetzes enthalten. Ein vollständiger tabellarischer Lebenslauf und eine persönliche ausführliche Begründung für die Gewissensentscheidung sind dem Antrag beizufügen oder innerhalb eines Monats dem Bundesamt einzureichen.

M6 Zivildienstleistender betreut ein krebskrankes Kind. Foto, 2010.

Verkürzung des Grundwehrdienstes

Ab dem 1.12.2010 dauert der Grundwehrdienst sechs Monate. 2010 dauerte die politische Debatte um die Abschaffung der Wehrpflicht und die Verkleinerung der Bundeswehr auf 165 000 Mann noch an.

1 Untersucht die Materialien M1 bis M6 und beschreibt die Regelungen für den Wehrdienst und den Zivildienst.

2 Führt eine Pro-und-Kontra-Diskussion zum Thema „Dienstgerechtigkeit" (M4). Sollen alle jungen Männer einen Dienst gleich welcher Art ableisten? Sollen junge Männer und junge Frauen einen Dienst gleich welcher Art ableisten? Sollen alle Dienste nur freiwillig abgeleistet werden?

3 Ladet einen Jugendoffizier der Bundeswehr und einen Zivildienstleistenden in den Unterricht ein, um mehr zum Thema „Wehrdienst – Zivildienst" zu erfahren.

Check: Das kann ich schon …

Wichtige Begriffe erklären

- ✓ EU-Staaten
- ✓ Montanunion
- ✓ Ministerrat
- ✓ Europäischer Rat
- ✓ EU-Parlament
- ✓ Lissabonner Vertrag
- ✓ UNO
- ✓ Sicherheitsrat
- ✓ Friedensmissionen
- ✓ Nahostkonflikt
- ✓ Auslandseinsätze der Bundeswehr

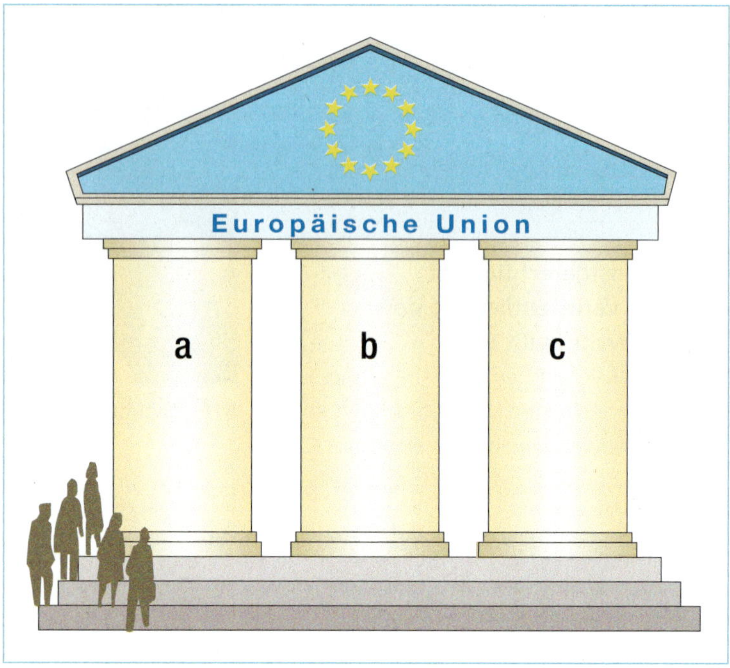

M 1 Die drei Säulen der Europäischen Union.

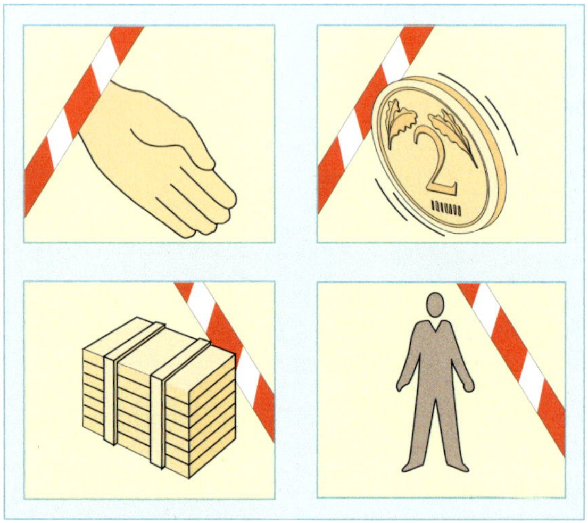

M 2 Die vier Freiheiten.

M 3 Zeitschriftentitel.

M4 Sitzung des UN-Sicherheitsrates. Foto, 2010.

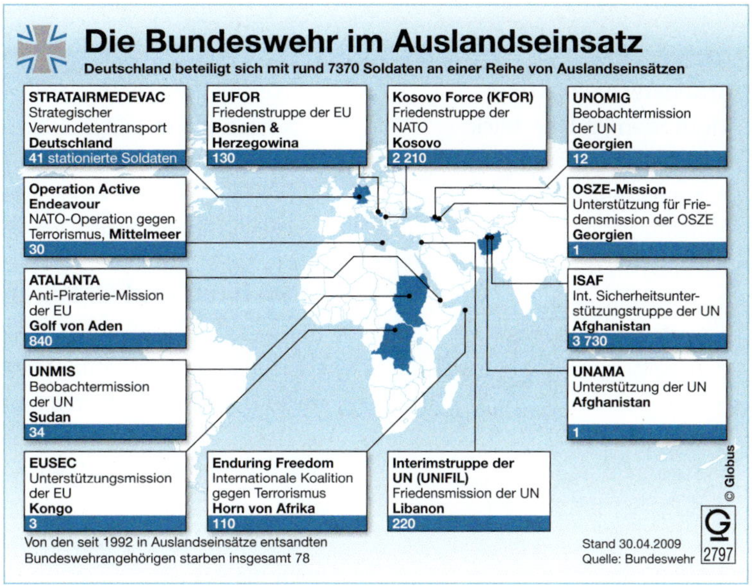

M5 Auslandseinsätze der Bundeswehr. Stand, 2009.

Fachliche Kompetenz

1 Erklärt euch gegenseitig die wichtigen Begriffe (Kasten) und schreibt die Bedeutung der Begriffe in eure Arbeitsmappe.

2 Erklärt, warum es zur Bildung der Europäischen Union gekommen ist und welches Ziel die Gemeinschaft hat.

3 Beschreibt mit M 1 die Hauptfelder der Zusammenarbeit der EU-Staaten.

4 Erläutert mit M 2 die „vier Freiheiten" und zeigt, was sie für das Alltagsleben der EU-Bürgerinnen und EU-Bürger bedeuten.

5 Beschreibt, wie die UNO versucht, weltweit den Frieden zu erhalten (M 4).

Methodenkompetenz

6 Zeigt an einem Beispiel, was ihr bei einer Konfliktanalyse beachten müsst, um diese fachgerecht durchzuführen.

Urteils- und Handlungskompetenz

7 Die Zeitschriftentitel M 3 machen auf Probleme der EU aufmerksam. Informiert euch in den Medien oder im Netz und beurteilt die aktuelle Situation.

8 Verfolgt in den Medien Berichte über aktuelle internationale Konflikte und stellt sie der Klasse vor.

9 Führt eine Pro-und-Kontra-Diskussion zu der Frage „Soll sich Deutschland an internationalen Einsätzen zur Friedenssicherung beteiligen?" durch.

Arbeitstechniken und Methoden

Arbeitstechniken und Methoden im Überblick:

- Quelleninterpretation
- Statistiken/Grafiken
- Referat
- Fotoanalyse
- Geschichtskarten
- Verfassungsschema
- Arbeitsergebnisse präsentieren
- Länderprofil
- Gruppenpuzzle
- Kartenabfrage
- Kugellager-/Karussellgespräch
- Zielscheibe
- Wirkungsgefüge
- Fishbowl

Quelleninterpretation

Berichte geben uns ein Bild von der Vergangenheit. Doch ist dieses Bild richtig? Entspricht der Bericht der Wahrheit oder übertreibt er, ist er einseitig oder gar falsch? Mithilfe verschiedener kritischer Fragen könnt ihr den Wahrheitsgehalt eines Textes überprüfen:

1. Fragen zum Text

- Wovon berichtet der Text?
- W-Fragen: Wer? Wo? Wann? Was? Wie? Warum?
- Wie ist der Text untergliedert? Welcher Gesichtspunkt steht im Mittelpunkt?
- Wie kann man den Inhalt kurz zusammenfassen?
- Welche Widersprüche, Übertreibungen oder Einseitigkeiten enthält der Text?

2. Fragen zum Verfasser (Autor)

- Welche Informationen besitzen wir über den Verfasser?
- Kannte der Schreiber die Ereignisse, über die er berichtete, aus eigener Anschauung?
- Welche Absichten verfolgte der Verfasser mit seinem Text?
- Versuchte der Autor möglichst neutral zu sein oder ergriff er Partei für bestimmte Personen?

Statistiken und Grafiken

Immer wieder arbeiten wir im Geschichtsunterricht mit Statistiken und Grafiken. Sie helfen uns, historische Entwicklungen anschaulich darzustellen und zu vergleichen.

Die folgenden Schritte erleichtern euch die Arbeit:

1. Angaben zusammentragen

Tragt die Angaben zu dem Thema, das ihr bearbeitet, zusammen. Stellt eine Tabelle dazu auf mit einem Gesamtergebnis, das wäre dann eine Statistik. Diese Arbeit ist eine notwendige Vorarbeit für eine grafische, also zeichnerische Darstellung der Daten.

2. Art der Grafik wählen

Grafiken sollen übersichtlich und aussagekräftig sein. Der ausgewählte Typ, z. B. Säulen- oder Kurvendiagramm, muss zum Inhalt passen.

3. Grafik anlegen

Hierfür ist es manchmal günstig, die absoluten Zahlenwerte in Prozente umzurechnen.

4. Interpretation

Hierzu werden die Grafiken „gelesen“ und in Worte übersetzt.

5. Kritik

Ihr werdet schnell feststellen, dass man durch die Art der Darstellung Dinge übertreiben oder abschwächen kann. Da hilft bei fremden Statistiken nur ein kritischer Blick auf die zugrunde liegenden Zahlenwerte. Eine seriöse Statistik muss nachvollziehbar und damit überprüfbar sein.

Referat

Referate sind eine der häufigsten Formen der Informationsvermittlung. Sie eignen sich vor allem dazu, Informationen eines Einzelnen an ein Publikum weiterzugeben. Hier einige Tipps:

1. Material sammeln und ordnen

Sucht in der Schul- und in der Stadtbibliothek unter bestimmten Stichwörtern nach Material zu eurem Thema. Notiert die Fundstellen und schreibt euch die Informationen auf oder kopiert die Seiten.

2. Materialien gliedern

Breitet euer Material auf einem großen Tisch aus; überlegt, welche Materialien zusammengehören, und ordnet sie nach Unterthemen. Erarbeitet daraus eine Gliederung für den Vortrag.

3. Eigene Texte formulieren

Verbindet nun die geordneten Materialien durch eigene Texte. Achtet darauf, dass eure Sätze klar und verständlich sind.

4. Vortrag zusammenstellen und Medien bereitstellen

Stellt dann euren Vortrag mit den Medien in der richtigen Reihenfolge zusammen. Sorgt für die technischen Medien, die ihr benötigt.

5. Vortrag üben

Übt das Referat laut und in freier Rede. Markiert im fertigen Text die wichtigen Stellen. Für den freien Vortrag schreibt euch Stichworte auf einen Merkzettel. Laut, langsam und deutlich sprechen.

6. Präsentation

Stellt als Erstes das Thema und die Planung vor. Haltet dann euer Referat. Haltet dabei Blickkontakt zu den Zuhörerinnen und Zuhörern. Plant noch Zeit für Fragen oder eine Diskussion ein.

Fotoanalyse

Außer Gegenständen und Textquellen können uns auch Fotos wichtige Informationen über die Geschichte geben. Doch aufgepasst: Ein Foto ist nicht einfach eine Abbildung der Wirklichkeit. Es ist wichtig, diese vermeintlich so objektiven Quellen kritisch zu betrachten. Wir müssen uns daher überlegen, unter welchen Bedingungen diese Quellen entstehen und welche Besonderheiten sie haben.

Daher fragen wir:

1. Fragen zum Foto

- Wann ist das Foto entstanden?
- Wer hat es aufgenommen?
- Warum ist das Foto aufgenommen worden?
- Gibt es eine Bilderklärung? Welche Informationen enthält sie?

2. Fragen zum Motiv

- Was ist dargestellt?
- Fallen euch wichtige Dinge ein, die mit dem Motiv zusammenhängen, aber nicht auf dem Bild zu erkennen sind?
- Welche weiteren Informationen wären zum besseren Verständnis nötig?

Geschichtskarten lesen und auswerten

Neben den geografischen Karten, die ihr aus dem Erdkundeunterricht kennt, gibt es auch Geschichtskarten. Um eine Karte richtig „lesen“ zu können, muss man sich vor allem die beigefügten Erklärungen (= Legende) ansehen. Eine Geschichtskarte will immer auf ganz bestimmte Ereignisse und Zusammenhänge hinweisen. Um eine Geschichtskarte zu verstehen, sollte man folgende Fragen stellen:

1. Welcher Raum ist dargestellt?

- Welche Flüsse, Meere oder Städte sind eingetragen?
- Welche heutigen Länder oder Hauptstädte liegen in dem dargestellten Raum?
- Wo findet sich auf dieser Karte Hamburg?
- Welche Ausdehnung hat das dargestellte Gebiet? (Achtet auf den Maßstab.)

2. Welche Zeit oder welche Entwicklung zeigt die Karte?

- Welche Zeitangaben finden sich in der Legende?
- Welche Veränderungen werden sichtbar? (Achtet auf die Farbgebung.)

Verfassungsschema

Strukturschemata und Grafiken helfen uns, komplizierte Sachverhalte zu verstehen wie z. B. eine Verfassung.

Ein Verfassungsschema kann man folgendermaßen auswerten:

1. Worum geht es?

Ein Schema steht meist in engem Zusammenhang mit einem Text. Seht euch genau an, wovon dieser berichtet.

2. Welche Farben, Linien, Symbole werden verwendet?

Jedes Strukturschema versucht durch einfache Zeichen komplizierte Zusammenhänge zu erklären. Diese Zeichen sind zumeist in einer Legende erklärt.

- Schafft euch einen Überblick über die Farben: Was bedeuten sie? Gibt es eine Farbe in verschiedenen Schattierungen? Werden Farben gemischt?
- Werden verschiedene Linien eingesetzt? Sind Kästchen verschiedenartig eingerahmt?
- Welche Symbole gibt es (z. B. Krone für König) und was bedeuten sie?

3. Beziehung der Elemente

Klärt nun, wie die einzelnen Elemente zusammenhängen.

- Was bedeuten die Verbindungslinien, Pfeile oder andere Zeichen zwischen den Elementen?
- Hat die Stellung der Elemente (oben, unten) eine Bedeutung?

4. Schlussfolgerungen

Haltet die Informationen, die ihr dem Schema entnehmt, fest: Wer hat welche Rechte, wer hat welche Pflichten? Zusätzliche Erkenntnisse:

- Gibt es ein Zentrum im Schema, wo besonders viele Pfeile zusammenlaufen? Was bedeutet das?
- Welche Elemente wirken ausgegrenzt? Welchen Grund könnte es dafür geben?

Arbeitsergebnisse präsentieren

Bilder und Zeichnungen können einprägsamer als Texte sein.

Dabei gibt es verschiedene Möglichkeiten:

1. Das Plakat: Auf einem Plakat könnt ihr zum Beispiel Bilder, Zeitungsschlagzeilen, Tabellen, Fotos und Grafiken befestigen. Auf lange Texte solltet ihr bei einem Plakat weitgehend verzichten. Oft wirkt ein Plakat besser, wenn es nicht rechteckig ist, sondern in einer interessanten Form das Thema wiedergibt.
2. Die Collage besteht vorwiegend aus Bildern. Diese sollten sehr aussagekräftig sein, Situationen überspitzen und auf ein Problem hinweisen. Besonders ihre Anordnung kann den Betrachter neugierig machen.
3. Die (gestaltete) Landkarte ist so etwas wie ein Plakat in Form eines Landes oder Kontinents. Sie bietet sich als Präsentationsform an, wenn das Thema sich auf ein Land oder einen Erdteil bezieht.
4. Die Ausstellung richtet sich meist an die gesamte Schule, manchmal auch an Eltern und Mitbürger. In der Vorbereitung sind folgende Fragen zu klären:

- Wo ist ein geeigneter Ort (Flur, Pausenhalle, Aula)?
- Wen könnte das Thema interessieren?
- Woher bekommen wir Pinn- und Stellwände sowie Schaukästen?
- Wie wollen wir das Thema präsentieren?
- Wie soll die Ausstellung angekündigt werden (Aushänge, Schüler- oder Lokalzeitung)?
- Wie erhalten wir eine Rückmeldung zu unserer Ausstellung (Buch für Eintragungen, Fragebögen)?

Länderprofil

Folgende Schritte solltet ihr beachten:

1. Thema festlegen

Welches Land soll untersucht werden? Was ist an diesem Land besonders interessant?

2. Informationen sammeln

Aktuelle Informationen findet ihr in jährlich neu erscheinenden Jahrbüchern (Almanachen), zum Beispiel Fischer Weltalmanach, Hardenberg Länderlexikon.

Daneben könnt ihr euch im Internet bei den jeweiligen Botschaften der Länder und Tourismuszentralen informieren. Ferner gibt es Länderberichte beim Statistischen Bundesamt.

3. Informationen ordnen

Erstellt eine Gliederung eures Länderprofils. Achtet auf eine übersichtliche Gliederung und Darstellung. Ein Länderprofil in Tabellenform ist übersichtlicher als eines in Textform.

Achtet darauf, dass ihr bei Zahlenangaben das Jahr nennt, aus dem die Zahlen stammen. Vergesst nicht anzugeben, woher ihr eure Informationen habt.

Gruppenpuzzle

Diese Arbeitsform bietet sich an, wenn ihr in einer Gruppe ein Thema bearbeiten wollt, das verschiedene Gesichtspunkte hat. Nachdem ihr das Thema und die Unterthemen (Gesichtspunkte) benannt habt, geht ihr so vor:

1. Setzt euch in Stammgruppen je nach Anzahl der Unterthemen zusammen, in diesem Beispiel vier.

Entscheidet euch in der Gruppe, welches der Unterthemen euch am meisten interessiert. Teilt euch entsprechend den Themen auf.

2. Jede Gruppe hat einen zukünftigen Experten für jedes Thema benannt. Die Experten setzen sich nun in den Expertengruppen zusammen. Hier eignen sie sich die Informationen über das Thema an. Anschließend diskutieren sie, wie sie das bearbeitete Thema am besten erläutern können. Hierzu können kleine Skizzen, Mindmaps etc. angefertigt werden.

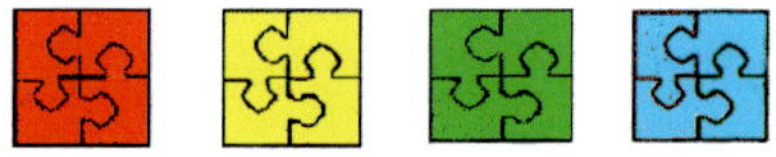

3. In der dritten Runde kehren die Experten wieder in ihre Stammgruppen zurück. Jeder Experte erläutert nun sein Spezialthema und klärt Rückfragen.

4. Sind die Stammgruppen fertig, kann das Hauptthema im Plenum diskutiert werden.

Kartenabfrage

1. Bestimmt in der Klasse ein Thema, zu dem ihr eine Kartenabfrage durchführen wollt. Schreibt das Thema groß in die Mitte der Tafel.

2. Teilt euch in Gruppen zu etwa vier Schülern ein. Schreibt eure Gedanken auf Karten auf. Immer nur ein Gedanke pro Karte – schreibt groß und deutlich!
3. Wählt ein Moderatorenteam (2 bis 3 Schüler). Dieses Team sammelt nach etwa 5 bis 10 Minuten die Karten ein und heftet sie an die Tafel.
4. Sortiert nun gemeinsam die Karten. Findet Doppelungen und legt die Karten nach Unterthemen zusammen, denen ihr Überschriften gebt.
5. Mit dem Ergebnis könnt ihr nun weiterarbeiten: Ihr könnt zum Beispiel die einzelnen Themen in Gruppen genauer untersuchen.

Kugellager- oder Karussellgespräch

Das Kugellagergespräch dient der Aktivierung aller Mitglieder einer Gruppe und dem Meinungsaustausch. Jeweils zwei Schüler kommen miteinander ins Gespräch, wobei die Diskussionspartner etwa alle fünf Minuten wechseln. Zur Durchführung eines Kugellagergespräches benötigt ihr eine gerade Zahl von Teilnehmern.
1. Alle Teilnehmer setzen sich in einem inneren und einem äußeren Kreis gegenüber.
2. Die Partner tauschen sich über das vereinbarte Thema zirka fünf Minuten aus.
3. Auf ein Signal des Spielleiters hin rutschen alle Schüler des Innenkreises im Uhrzeigersinn zwei Plätze weiter, sodass jeder einen neuen Gesprächspartner erhält.
4. Nach Ablauf weiterer fünf Minuten, in denen sich die Partner über eigene und zuvor erhaltene Informationen austauschen, unterbricht der Spielleiter erneut. Nun rutscht der Außenkreis entgegen dem Uhrzeigersinn zwei Plätze weiter und es beginnt ein erneuter Gedankenaustausch …

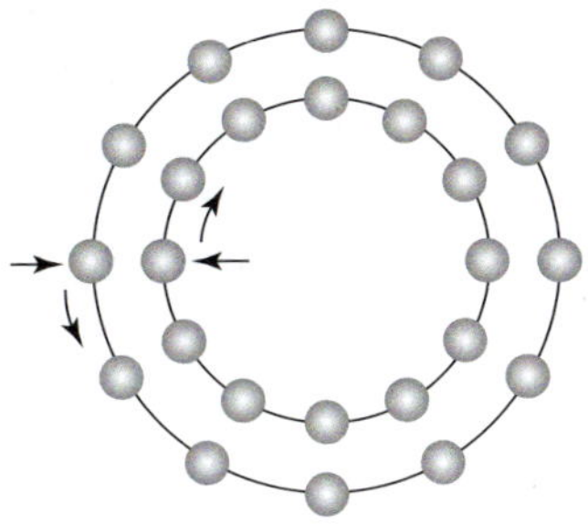

Zielscheibe

Ihr könnt mit einer Zielscheibe ein Meinungsbild in der Klasse bildlich darstellen und anschließend besprechen.
1. Beschriftet eine Zielscheibe an der Tafel mit verschiedenen Meinungsfragen. Zum Beispiel: Sind Schulnoten nötig? Sollen Schüler die Unterrichtsthemen bestimmen? usw.
2. Nun gibt jeder mit einer Markierung (nah in der Mitte = hohe Zustimmung, weit außen = Ablehnung) seine Stimme ab.
3. Betrachtet und besprecht gemeinsam das Ergebnis.

Ein Wirkungsgefüge erstellen

Ein Wirkungsgefüge kann Zusammenhänge grafisch darstellen. Es eignet sich besonders dazu, Verläufe von Handlungen und Entwicklungen zu verdeutlichen.
Diese Schritte haben sich zur Erarbeitung von Wirkungsgefügen bewährt:

1. Erfassen der Materialgrundlage

Lest z. B. den euch vorliegenden Text aufmerksam durch. Markiert die Schlüsselbegriffe. Fasst diese zu übergeordneten Begriffen zusammen.

2. Festlegen der Strukturelemente

a) Überlegt, ob das Wirkungsgefüge zu eurem Thema einen „Anfang“ und ein „Ende“ haben sollte oder eine Darstellung als „Kreislauf“ der Sache besser entspricht.
b) Gliedert schwierige Teilbereiche in weitere Unterbereiche auf.
c) Wählt die Darstellungsform aus (nur Schrift, Kästchen, Kreise usw.).
d) Überlegt die Art der Pfeildarstellung in eurem Wirkungsgefüge:
Ein Kausalpfeil weist auf Ursache und Wirkung hin.
Ein Prozesspfeil verdeutlicht z. B. die Umsetzung von Stoffen.
Ihr könnt die Aussagekraft der Pfeile durch ihre Stärke, Farbe oder mit den Zeichen plus (+) und minus (–) verstärken. Vermeidet Überschneidungen der Pfeile; diese beeinträchtigen die Anschaulichkeit.

3. Umsetzen in eine grafische Darstellung

a) Erarbeitet zunächst eine Skizze.
b) Fertigt dann euer Wirkungsgefüge an. Dazu könnt ihr z. B. Programme wie Word oder auch PowerPoint benutzen.

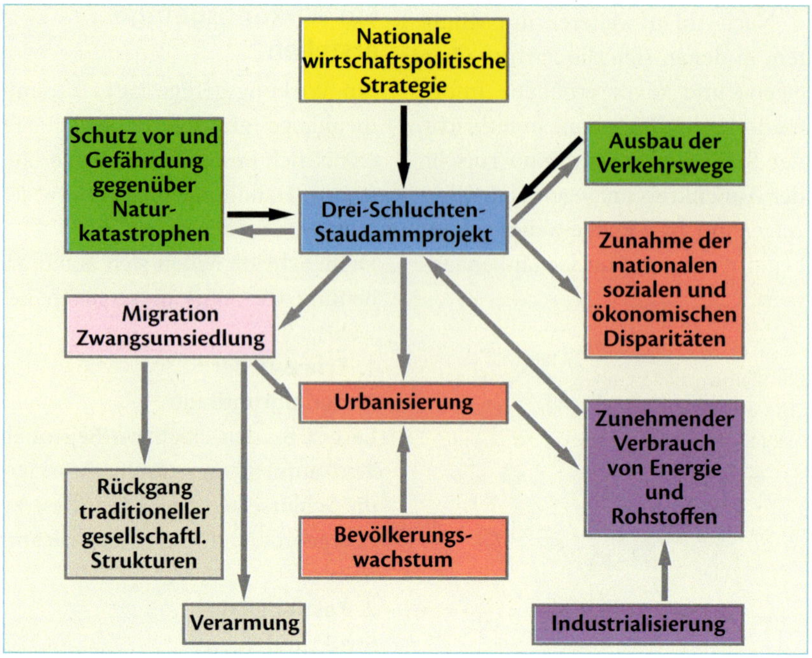

Wirkungsgefüge

Im Fishbowl diskutieren

A Vorbereitung

Zu einem strittigen Thema bildet die Klasse eine Pro- und eine Kontra-Gruppe. In der Mitte des Raumes stehen beiden Gruppen jeweils drei Stühle zur Verfügung, von denen zunächst nur jeweils zwei besetzt sind. Wie in einem Aquarium sitzen dort zwei Vertreter der jeweiligen Gruppe, alle anderen gruppieren sich um sie herum.

B Ablauf

Die beiden Vertreter der Pro- und der Kontra-Gruppe beginnen eine Diskussion, die keinen festen Regeln folgen muss. Die Personen im Außenkreis nehmen an der Diskussion zunächst nicht aktiv teil. Möchte sich jemand von ihnen in die Auseinandersetzung einmischen, kann er den leeren Stuhl seiner Gruppe besetzen und mitreden. Die neu hinzugekommene Person hat Redevorrecht, muss aber nach einer vereinbarten Zeit (z. B. zwei Minuten) wieder in den Außenkreis zurück, um den Platz für einen anderen Interessenten freizumachen. Wenn jemand im Außenkreis den Eindruck hat, dass im Innenkreis keine neuen Gesichtspunkte mehr entwickelt werden, kann er den Antrag stellen, die Diskussion zu beenden.

Über diesen Antrag stimmt die Gesamtgruppe ab.

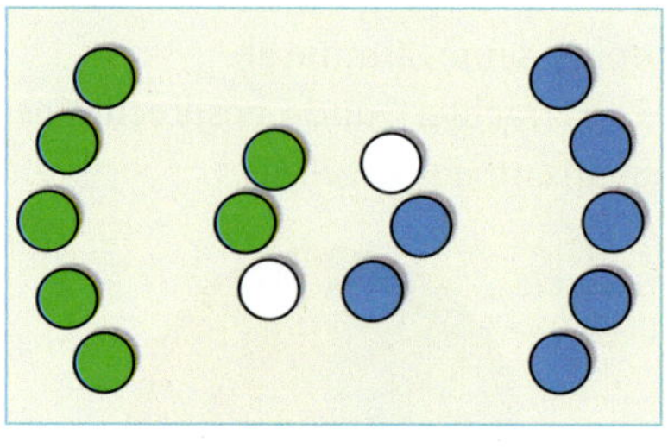

Begriffslexikon

A

Agenda 21: Handlungsprogramm zu Umwelt- und Entwicklungsvorhaben der UNO, das 1992 in Rio de Janeiro angenommen wurde.

Agglomeration: Vorgang der räumlichen Ballung von Bevölkerung und Arbeitsplätzen bzw. das Ergebnis dieser Entwicklung; in diesem Sinn weitgehend übereinstimmend mit Verdichtungsraum oder Ballungsgebiet.

Alternative Energie: Sammelbezeichnung für sogenannte „erneuerbare Energien“ wie die Sonnenenergie, Windenergie, geothermische Energie, Gezeitenenergie oder auch Biogasenergie.

Antisemitismus: Feindschaft gegenüber Juden. Der Begriff bezieht sich darauf, dass sich die Juden in ihrer geschichtlichen Abstammung von semitischen Stämmen des Nahen Ostens herleiten. Das Hebräische gehört zur semitischen Sprachgruppe.

Appeasement-Politik: (engl. = Beschwichtigung). Bezeichnet die britische Beschwichtigungspolitik gegenüber Hitler, wie sie vor allem im Münchener Abkommen 1938 zum Ausdruck kam, in dem dem Deutschen Reich ohne Mitsprache der Tschechen das Sudetenland zugeschlagen wurde, um einen darüber drohenden Krieg abzuwenden.

Arbeiter- und Soldatenräte: In den Fabriken von Arbeitern und in den Kasernen von Soldaten gewählte Vertretungen, die die bisherige Obrigkeit ersetzen sollen.

Arbeitslosenquote: Ist die wichtigste Kennzahl zur Darstellung des Ausmaßes der Arbeitslosigkeit. Sie bestimmt den prozentualen Anteil der registrierten Arbeitslosen an der Gesamtzahl der zivilen Erwerbspersonen (Arbeiter, Angestellte, Beamte, Selbstständige, registrierte Arbeitslose, Auszubildende). In Deutschland sind registrierte Arbeitslose Arbeitssuchende zwischen 15 und 65 Jahren, die sich beim Arbeitsamt gemeldet haben und der Arbeitsvermittlung zur Verfügung stehen.

Auschwitzlüge: Der Versuch, den Genozid an den europäischen Juden zu leugnen, ist das Herzstück der rechtsextremen Propaganda zur Rehabilitierung des Nationalsozialismus und der von ihm vertretenen Ideologie. Er steht als Tatbestand der Volksverhetzung unter Strafe.

B

Bevölkerungswachstum: Zunahme der Bevölkerung in einem Gebiet. Die natürliche Bevölkerungsentwicklung ergibt sich aus der Differenz der Geburten- und Sterbefälle.

Biotechnologie: Sammelbezeichnung für verschiedene Bereiche der angewandten Biologie; Biotechnologie wird oft mit Gentechnologie gleichgesetzt. Man versteht darunter Methoden der Schädlingsbekämpfung, aber auch der Rekultivierung von durch den Menschen genutzten Räumen.

Bizone: Zusammenschluss der britischen und amerikanischen Besatzungszone zum 1. 1. 1947.

Blauhelm-Truppen: Friedenstruppen der UNO, die nach ihren blauen Helmen benannt sind.

Blockade: Als politisches Druckmittel eingesetzte militärische Absperrung aller Zufahrtswege eines Landes oder einer Stadt.

Bolschewismus: Bezeichnung für das politische System in Russland, gemeint ist die Herrschaft der kommunistischen Partei.

Bodenerosion: Abtragung von Boden durch Wasser oder Wind. Heute häufig ausgelöst durch menschliche Eingriffe, wie Abholzung oder Überweidung.

Bruttoinlandsprodukt (BIP): Gesamtwert aller in einem Jahr im Inland produzierten Güter und Dienstleistungen.

C

CBD (Central Business District): Zentrales Geschäftsviertel mit Einzelhandel, Banken, Büros, Gaststätten usw.; Kennzeichen sind eine hohe Tagesbevölkerung und eine geringe Nachtbevölkerung, da nur in geringem Maße preiswerter Wohnraum zur Verfügung steht; in nordamerikanischen Städten auch Ballung von Hochhäusern.

City: Durch Einzelhandel, Dienstleistungen und kulturelle Einrichtungen geprägter Stadtkern großer Städte.

D

Dauerfeldbau: Bei ganzjährigem Pflanzenwachstum in den immerfeuchten Tropen sind mehrere Ernten im Jahr möglich.

Dauerfrostboden: Seit der Eiszeit bis 1500 Meter tief gefrorener Boden, der nur im Sommer oberflächlich auftaut.

Degradation: Abnahme der natürlichen Bodenfruchtbarkeit durch menschliche Einwirkung.

Demokratie: (griech. = Volksherrschaft). Staatsform, in der die Herrschaft vom Volk ausgeht. In einer parlamentarischen Demokratie üben gewählte Volksvertreter die höchste Staatsgewalt aus. Sie ist die Staatsform, die am ehesten den Missbrauch der Macht verhindert (durch Gewaltenteilung) und die Menschenrechte garantiert (Rechtsstaat).

Deportation: Zwangsweise Verschleppung, Verbannung.

Desertifikation: Ausbreitung der Wüste in angrenzende Gebiete. Häufig eine Folge zu starker Nutzung der Savannen oder Steppen durch Feldbau oder Weidewirtschaft.

Downtown: Im Stadtzentrum gelegene City nordamerikanischer Großstädte; eine Downtown umfasst die wichtigsten Handelseinrichtungen, Bürohochhäuser, Banken, öffentliche Verwaltungs-, Kultur- und Dienstleistungseinrichtungen, aber kaum Wohnungen.

E

Eiserner Vorhang: Der Eiserne Vorhang trennte während des Kalten Kriegs den Westblock vom Ostblock. Der britische Premierminister Winston Churchill prägte 1946 den Begriff für die Abschließung des sowjetischen Machtbereichs vom übrigen Europa.

Entwicklungsland: Ein Staat, in dem das durchschnittliche Pro-Kopf-Einkommen weit unter dem der Industrieländer liegt. Weitere Kennzeichen sind: geringe Lebenserwartung, schlechter Ausbildungsstand, wenig Industrie und unzureichend ausgebaute Infrastruktur.
Erwerbsarbeit: Diejenige Form der Arbeit, mit der Geld verdient werden soll. Gegensatz: Haus- und Familienarbeit, ehrenamtliche Arbeit, Hobbyarbeit.
EU: Europäische Union (seit 1992). Zusammenschluss von 27 Mitgliedsstaaten (2010-09-30). Vorläufer waren die EGKS (Europäische Gemeinschaft für Kohle und Stahl), die EWG (Europäische Wirtschaftsgemeinschaft, 1957) und die EG (Europäische Gemeinschaft, 1967). Ziel ist eine enge Zusammenarbeit in Wirtschaft und Politik.
Euthanasie: (griech. = schöner Tod). Herbeiführung des Todes von unheilbar Kranken durch Beendigung künstlich lebensverlängernder Maßnahmen. Im Nationalsozialismus sollte der Begriff die Tatsache der Ermordung zahlreicher geistig und körperlich behinderter Menschen verschleiern.
Extremistische Parteien: Parteien, die antidemokratische Programme haben, häufig nationalistisch sind und ihre Ziele mit Gewalt durchsetzen wollen. Man unterscheidet links- und rechtsextreme Parteien.

F

Fossile Süßwasserreserve: Vor langer Zeit entstandener Grundwasservorrat in größerer Tiefe.

G

Gestapo: Die Geheime Staatspolizei („Ge-Sta-Po“), 1933 von Hermann Göring und Heinrich Himmler geschaffen, diente als politische Polizei zur rücksichtslosen Unterdrückung aller Gegner des Nationalsozialismus. Dabei bediente sie sich u. a. der Folter, der Einweisungen in KZ und politischer Morde.
Gastarbeiter: In der Zeit des wirtschaftlichen Aufschwungs und der Vollbeschäftigung Mitte der 1950er-Jahre wurden Gastarbeiter im Ausland (z. B. Italien, Griechenland, Türkei, Portugal und Jugoslawien) angeworben, um den Mangel an Arbeitskräften in der westdeutschen Wirtschaft zu vermindern. Vor allem im Bergbau und in der Automobilindustrie sowie für andere arbeitsintensive Tätigkeiten benötigte man die Arbeitskräfte, weswegen hauptsächlich Männer ausgewählt wurden. Dem Großteil der Zugezogenen folgten ihre Familien und Deutschland wurde für sie zur neuen Heimat.
Gesellschaft: Die Gesamtheit der Ordnungen und Bewegungen, die aus dem Zusammenwirken der Menschen hervorgehen.
Gestein: Mehr oder weniger stark verfestigtes Gemenge von Mineralen.
Gleichschaltung: Das von den Nationalsozialisten verfolgte Ziel des Abbaus und schließlich der Beseitigung der Eigenständigkeit der Länder, Organisationen und Organe.
Globalisierung: Begriff für die zunehmende weltweite Verbreitung der Produktion, der Beschaffung und des Absatzes von Waren und Dienstleistungen.
Grundbedürfnisse: Bedürfnisse, die befriedigt werden müssen, damit der Mensch sein Überleben sichern kann. Dazu zählen z. B. Ernährung, Unterkunft und Bekleidung, aber auch lebenswichtige Dienstleistungen wie Trinkwasser, sanitäre Einrichtungen, Transportmittel, Gesundheits- und Bildungseinrichtungen, welche die Lebensqualität ausmachen. Mit der Sicherung der Grundbedürfnisse kann auch das Existenzminimum beschrieben werden. Daneben unterscheidet man weiterhin Kultur- und Luxusbedürfnisse.
Grundgesetz: Die Verfassung der Bundesrepublik Deutschland. Der Tag ihrer Verkündigung, der 23. Mai 1949, gilt als Gründungstag der Bundesrepublik.
Grundrechte: Sind die in den Verfassungen der jeweiligen Staaten aufgelisteten staatlich garantierten Freiheitsrechte des Individuums gegenüber der Staatsmacht. In Deutschland werden die Grundrechte in Abschnitt I des Grundgesetzes allen anderen grundgesetzlichen Regelungen vorangestellt. Die Grundrechte leiten sich von den → Menschenrechten her und sind für die Gesetzgebung, die vollziehende Gewalt sowie die Rechtsprechung bindend. Die Artikel 1–7, 10, 13, 14, 16 a, 17 des Grundgesetzes (GG) verweisen direkt auf die Menschenrechte, während Artikel 8, 9, 11, 12, 16 ausschließlich auf deutsche Staatsbürger bezogen sind.

H

Hartz-Gesetze: Gesetze, die im Sommer 2002 beschlossen wurden und auf den Vorschlägen einer Kommission um den ehemaligen VW-Manager Peter Hartz beruhen. Die Arbeitsmarktreformen basieren auf den Prinzipien „Fördern und Fordern“. Hartz I und II schreiben die Einrichtung von Personal-Service-Agenturen zur Unterstützung der Arbeitsämter, die Förderung von Mini-Jobs und Ich-AGs sowie die Verschärfung von Regeln über die Zumutbarkeit angebotener Arbeit vor. Hartz III veranlasste den Umbau der Arbeitsverwaltung zur Bundesagentur für Arbeit und Hartz IV beinhaltet die Zusammenlegung von Arbeitslosenhilfe und Sozialhilfe zum neuen Arbeitslosengeld II. Durch die Reform soll das Nebeneinander der Ämter beendet und Arbeitssuchende effektiver betreut werden.
Hightechindustrie: Bezeichnung für forschungs- und entwicklungsintensive Technologiebetriebe.
Hitlerjugend (HJ): Staatlich organisierter Jugendverband unter den Nationalsozialisten. Ziel war die vormilitärische Ausbildung und die Verbreitung der NS-Ideologie.

I

Industrieland: Staat mit hohem wirtschaftlichem Entwicklungsstand, in dem die meisten Erwerbstätigen in Industrie und Dienstleistungen beschäftigt sind.
Innovation: Neuerung; kann sich auf die Entwicklung neuer Produkte oder wesentlich verbesserter Produkte (Produktinnovationen), neuer bzw. besserer Produktionsprozesse (Prozessinnovationen) oder die Einführung organisatorischer Neuerungen (organisatorische

Innovation – z. B. Just-in-time-Produktion) beziehen.

K

Kalter Krieg: Die Zeit der Spannungen zwischen den USA und der UdSSR und ihren jeweiligen Verbündeten (1947 bis 1990). Streitpunkte waren u. a. die Gestaltung der Nachkriegspolitik und der Wettstreit um die Vorherrschaft in der Welt.
Klima: Fasst man die Wetterabläufe vieler Jahre zusammen, so erhält man das Klima eines Gebietes.
Klimawandel: Anthropogen verursachte Klimaänderung, im Gegensatz zu natürlichen Klimaschwankungen.
Klimazone: Gebiet mit gleichartigem Klima, das sich in einem Gürtel um die Erde erstreckt.
Koalition: Der Begriff bezeichnet ein Bündnis unabhängiger Partner oder Parteien, das sich für einen bestimmten Zweck zusammengefunden hat. Meist wird ein solches Koalitionsbündnis nur für eine bestimmte Zeit vereinbart, wenn zum Beispiel Parteien alleine nicht genügend Stimmen haben, um regieren zu können. Ein solches Regierungsbündnis, das eine breite Mehrheit im Parlament hat, schafft es leichter, Gesetze durchzusetzen.
Kollektivierung: Zusammenschluss von Bauern (oder Arbeitern) zu Produktionsgenossenschaften, in denen gemeinsam und unter Aufsicht des Staates gewirtschaftet wurde.
Kommissar: Beamter mit besonderem Auftrag, so etwa der Kriminalkommissar. In der Sowjetunion und vor allem im Zweiten Weltkrieg sollten die Politischen Kommissare der KPdSU die Truppen der Roten Armee ideologisch im Sinne Stalins führen.
Konzentrationslager: Massenlager, in denen Menschen ohne rechtliche Grundlage gefangen gehalten werden. Meist Bezeichnung für NS-Lager, in denen zwischen 1933 und 1945 die Menschen, die zu Gegnern erklärt wurden, inhaftiert und auch ermordet wurden.

L

Landschaftszone: Erdumspannende Zone, die sich aus dem Zusammenwirken von Klima, Boden und Vegetation ergibt.
Legislative: Die gesetzgebende der drei Staatsgewalten (daneben Judikative und Exekutive). In einer Demokratie ist dies das frei vom Volk gewählte Parlament.

M

Massenvernichtungswaffen: Waffen, die bei ihrem Einsatz sehr viele Menschen das Leben kosten würden, z. B. Atombomben, biologische Waffen (Krankheitserreger), chemische Waffen (Giftgas).
Megalopolis: Stadtlandschaft, verstädterte Zone in Nordamerika.
Menschenrechte: Sind die angeborenen unveräußerlichen Rechte eines jeden Menschen. Sie sind überstaatlich, d. h. höhergestellt als die Rechte des Staates. Sie können daher auch nicht vom Staat verliehen, sondern nur anerkannt werden. Die Menschenrechte wurden von den Vereinten Nationen (→ UNO) im Jahr 1948 aufgeschrieben und gehen auf die Erklärung der Bürger- und Menschenrechte während der Französischen Revolution 1789 zurück. Viele Staaten, auch Deutschland, haben diese Rechte in ihrer Verfassung als → Grundrechte festgeschrieben. Dazu gehören zum Beispiel das Recht auf Leben, auf Freiheit und körperliche Unversehrtheit. Dies heißt, dass niemand gefoltert werden darf. Jeder hat auch das Recht, seine Meinung frei zu sagen, ohne dafür bestraft zu werden. Jeder Mensch soll außerdem glauben können, was er will, und darf keine Nachteile wegen seiner Religion erfahren. Das Wahlrecht bestimmt, dass die Menschen in demokratischen Wahlen regelmäßig wählen dürfen; das Recht auf Bildung besagt, dass alle Menschen etwas lernen dürfen, und das Recht auf Eigentum stellt sicher, dass jeder etwas als sein Eigentum besitzen darf. In vielen Ländern der Welt werden die Menschenrechte von der Staatsmacht missachtet, was zeigt, dass die Anerkennung der Menschenrechte keineswegs selbstverständlich ist und jeder aufpassen muss, dass der Staat diese Rechte achtet.
Migration: Wanderungen von Bevölkerungsgruppen oder Personen aus wirtschaftlichen (z. B. Gastarbeiter), sozialen oder erzwungenen Gründen.
Militarismus: Bezeichnet eine Politik der Hochrüstung eines Staates, bei der alle anderen staatlichen Aufgaben zugunsten der Rüstungsaufgaben zurückgestellt werden. Das militärische Denken bestimmt dann auch weitgehend die zivile Gesellschaftsordnung.
Monokultur: Großflächiger Anbau einer einzigen Nutzpflanze viele Jahre hintereinander auf einer Fläche.
Monopol: Griechisch für Vorrecht und alleiniger Anspruch. Von einem Monopol spricht man, wenn eine Person, ein Händler, ein Unternehmen oder Hersteller als alleiniger Verkäufer einer Ware oder einer Dienstleistung auftritt. Der Verkäufer hat dann keine Konkurrenz und verfügt über eine große Macht.

N

Nachhaltigkeit: Nachhaltigkeit/nachhaltige Entwicklung (sustainable development) ist ein Leitbild für eine zukunftsfähige, langfristig für alle Menschen tragbare Entwicklung; wirtschaftliche Entwicklung, intakte Umwelt und sozialer Zusammenhalt werden als gleichrangige Ziele verstanden.
Nanotechnologie: Erforschung, Herstellung und Nutzung funktionaler Strukturen im Nanometerbereich (Nano = ein Milliardstel); Nanotechnologie ist vor allem im gesamten IT-Bereich und der Medizin wichtig.
Nationalismus: Bezeichnung für eine übersteigerte Wertschätzung der eigenen Nation im Vergleich mit anderen Nationen; beruht auch auf rassistischen Vorstellungen.
NATO: North Atlantic Treaty Organization. Westliches Verteidigungsbündnis, gegründet am 4. 4. 1949.
Niederschlagsvariabilität: Beträchtliche Unterschiede der jährlichen Niederschlagsmenge von Jahr zu Jahr. Die Jahre geringen Niederschlags beeinträchtigen die landwirtschaftliche Produktion erheblich und können zu Hungersnöten führen.

NSDAP: Nationalsozialistische Deutsche Arbeiterpartei (1919 bis 1945). Unter der Herrschaft des Nationalsozialismus von 1933 bis 1945 die einzige zugelassene Partei.
Nürnberger Prozesse: Gerichtsprozesse 1945/46 gegen die inhaftierten NS-Führer vor einem internationalen Gerichtshof in Nürnberg.

O

Ostblock: Während des Kalten Krieges politischer und militärischer Machtblock unter Führung der UdSSR.

P

Passiver Widerstand: Unter Verzicht auf Gewaltanwendung oder direkte Gegenmaßnahmen (aktiver Widerstand) besteht der passive Widerstand vor allem in Gehorsamsverweigerung, also der absichtlichen Nichterfüllung von Vorgaben und Anordnungen.
Planwirtschaft: Wirtschaftsordnung, in der durch zentrale Planungsbehörden Pläne für die gesamte Volkswirtschaft erarbeitet werden, die festlegen, wie viel in welcher Zeit produziert wird. Ab 1928 gab es Fünfjahrespläne in der Sowjetunion.
Pogrom: Ausschreitungen und gewaltsame Verfolgung aus religiösen oder in Vorurteilen begründeten Absichten.
Propaganda: Werbung für politische Ideen und Zwecke unter massivem Einsatz von Massenmedien aller Art.

R

Rassismus: Vorstellung, dass Menschen in Rassen eingeteilt wären, häufig verbunden mit der Überzeugung, die eigene Rasse sei überlegen. Rassistische Vorstellungen steigern sich oft zum Hass, der sich in Gewalt und Mord entladen kann.
Recycling: (engl.: Rückführung). Wiederverwertung von Abfallstoffen wie Glas, Metalle, Papier und Kunststoffe; da Rohstoffe zukünftig teurer werden, nimmt die Bedeutung des Recycling auch im Sinne der Nachhaltigkeit zu.
Reform: Umgestaltung, Veränderung oder Neuordnung mit dem Ziel, eine Verbesserung der Zustände zu erzielen. Oft sollen Reformen zu einer Senkung der Kosten und einer besseren Übersichtlichkeit führen. Beispiele: Gesundheits-, Steuerreform.
„Reichskristallnacht“: Von den Nationalsozialisten benutzte Bezeichnung für die von ihnen inszenierten Pogrome gegen die deutschen Juden in der Nacht vom 9. auf den 10. November 1938.
Reserven: In der Rohstoffwirtschaft diejenigen Ressourcen, für die nachgewiesen ist, dass sie sich wirtschaftlich gewinnen lassen.
Ressource: In der Wirtschaft vor allem die Rohstoffe sowie die für die Produktion zur Verfügung stehenden Mittel (z. B. Arbeitskräfte, Raum).
Rohstoff: Ausgangsmaterial für industrielle Produktion. Rohstoffe können tierischer, pflanzlicher und mineralischer Herkunft sein.

S

SA-Männer: Mitglieder der SA, der „Sturmabteilung“ der NSDAP. Die SA war eine nationalsozialistische Einsatztruppe für Straßenkämpfe und Aufzüge.
Schwellenland: Wirtschaftlich fortgeschrittenes Entwicklungsland, das an der Schwelle zum Industrieland steht.
Sozialismus und Kommunismus: Idee einer neuen Gesellschaftsordnung, in der nach der Diktatur des Proletariats die klassenlose Gesellschaft erreicht werden soll. Des Weiteren soll es keinen Privatbesitz an Produktionsmitteln und keine Ausbeutung von Schwächeren mehr geben.
SS: Abkürzung für „Schutzstaffel“. Kampfverband der NSDAP und ab 1934 Hauptträger des nationalsozialistischen Terrors nach innen und außen. Die SS dominierte die Gestapo, leitete die KZ und führte den „Rassenkampf“. Die „Waffen-SS“ kämpfte im Krieg auch im Rahmen des Heeres, war aber kein Teil der Wehrmacht.
Standortwahl: Aus Gründen der Wirtschaftlichkeit muss der günstigste Standort für einen Betrieb gewählt werden. Standortfaktoren sind: Angebot an Energie und Rohstoffen, Leistungsfähigkeit der Verkehrs-, Informations- und Kommunikationsnetze, Nähe zum Verbraucher, vorhandenes Arbeitskräftepotenzial.
Stasi: Abkürzung für den DDR-Staatssicherheitsdienst. Der Begriff stand für den Apparat der Geheimpolizei des MfS (Ministerium für Staatssicherheit).
Strukturwandel: Veränderungen bestehender Verhältnisse in Gesellschaft und Wirtschaft (wirtschaftlicher Strukturwandel) und in der Struktur von geographischen Räumen (städtischer, ländlicher Strukturwandel).

T

Terrorismus: (von lat. terror = Schrecken). Gesetzwidrige Androhung oder Anwendung von Gewalt zur Durchsetzung bestimmter politischer Ziele. Das kann durch Attentate, Selbstmordanschläge oder auch durch Entführungen geschehen.
Topographie: Sammelbegriff für geographische Objekte wie Berge, Flüsse, Siedlungen usw. in einem Gebiet.
Tragfähigkeit: In der Ökologie maximale Zahl an Organismen, Arten oder Populationen, die in einem Lebensraum existieren können, ohne diesen nachhaltig zu schädigen.
Treibhauseffekt: Er beschreibt den Einfluss von Kohlenstoffdioxid, Wasserdampf und weiteren Gasen auf den Wärmehaushalt der Erde. Treibhausgase lassen einen Teil der Sonnenstrahlung durch die Lufthülle und halten die reflektierte Wärmestrahlung zurück. Man unterscheidet den natürlichen vom durch den Menschen verursachten Treibhauseffekt.

U

UNO: (engl. United Nations Organization = Organisation der Vereinten Nationen). 1945 gegründete Weltorganisation zur Sicherung des Weltfriedens (in Nachfolge des Völkerbundes von 1920).
Unterernährung: Unzureichende Ernährung, häufig bei Bewohnern der Entwicklungsländer.

V

Vietnamkrieg: (1964–1973) Bürgerkrieg in Südvietnam zwischen der westlich eingestellten Regierung und der

kommunistischen Befreiungsfront, dem Vietcong. Die USA unterstützte das Land militärisch mit bis zu 500 000 Soldaten. Der Vietcong wurde unterstützt vom kommunistischen Nordvietnam, der UdSSR und China.
Verstädterung: Wachstum von Städten nach Anzahl, Bevölkerung und Fläche.
Volksbegehren: Das Recht einer Mindestzahl stimmberechtigter Bürger, dem Parlament einen Gesetzentwurf vorzulegen und dessen Erlass zu verlangen. Dies kann zum Beispiel in Form eines Volksentscheids erfolgen.

W

Währungsreform: Neuordnung eines Währungssystems, das in die Krise geraten ist.
Warschauer Pakt: Von 1955 bis 1991 der militärische Beistandspakt der Ostblockstaaten unter der Führung der UdSSR.
Wehrbeauftragter: Wenn sich eine Soldatin oder ein Soldat der Bundeswehr schlecht behandelt und in seinen Rechten beeinträchtigt fühlt, kann sie oder er sich an den Wehrbeauftragten des Deutschen Bundestages wenden. Die Einrichtung des Wehrbeauftragten ist speziell zum Schutz der Grundrechte der Soldaten da. Die Frau oder der Mann, die/der dieses Amt ausübt, wird für fünf Jahre vom Parlament gewählt und soll als Ansprechpartner für die Soldaten stets zur Verfügung stehen. Man könnte sagen, unsere Volksvertretung übt auf diese Weise auch eine Kontrolle über die Bundeswehr aus, denn der Wehrbeauftragte untersucht alle Beschwerden und sonstigen Fälle, die ihm vorgetragen werden. Er stellt sie in einem jährlichen Bericht dem Deutschen Bundestag vor. Der Artikel 45 b unserer Verfassung ist die Grundlage für diese Arbeit.
Weltbank: (Bank für Wiederaufbau und Entwicklung) ist eine Sonderorganisation der UNO. Sie wurde am 27. Dezember 1945 mit dem Ziel gegründet, den Wiederaufbau von zerstörten Städten, Brücken und Straßen nach dem Zweiten Weltkrieg zu unterstützen. Heute fördert sie die wirtschaftliche Entwicklung in vielen Staaten der Erde und bekämpft die Armut in der Welt. Sie vergibt an arme Länder Kredite, mit denen zum Beispiel Straßen oder Kraftwerke gebaut werden, und sie berät Regierungen.
Welthandelsorganisation (WTO): Die WTO (englisch „World Trade Organization“) ist eine Organisation der UNO. Sie hat ihren Sitz in Genf. Wie auch die Weltbank und der Internationale Währungsfonds ist die WTO eine wichtige Einrichtung, die zur Regelung und Erleichterung der weltweiten wirtschaftlichen Zusammenarbeit geschaffen wurde. Alle zwei Jahre treffen sich die Fachminister aus den fast 153 Mitgliedsländern der WTO und beraten, wie sie zum Beispiel die Zölle im Handel zwischen den Ländern niedriger halten können oder ob die Zölle sogar ganz wegfallen können. Denn das Hauptziel aller Regelungen und Kontrollen, die die WTO beschließt, ist es, die Handelsbeziehungen möglichst frei (liberal) und einfach zu gestalten und keine Länder dabei zu benachteiligen. Vor der Einrichtung der WTO gab es das sogenannte GATT („General Agreement on Tarifs and Trade“), ein allgemeines Zoll- und Handelsabkommen.
Widerstand: Als Widerstand wird die Verweigerung des Gehorsams (passiver Widerstand) oder das aktive Handeln gegen ein Regime (aktiver Widerstand) bezeichnet.
Wirtschaftssektor: Die Wirtschaft wird in drei Tätigkeitsschwerpunkte untergliedert; der primäre Sektor setzt sich aus der Land- und Forstwirtschaft, Fischerei sowie dem Bergbau zusammen; im sekundären Sektor werden Rohstoffe be- und verarbeitet (Industrie, Bauwesen); im tertiären Sektor werden Dienstleistungen zusammengefasst. Eine Dienstleistung ist ein immaterielles, nicht lagerfähiges Wirtschaftsgut. Es lassen sich haushaltsorientierte und unternehmensorientierte Dienstleistungsbereiche unterscheiden. Beispiele für haushaltsorientierte Dienstleistungen sind: Körperpflege, Gesundheitswesen, Bildungs- und Schulwesen sowie Verwaltung, für unternehmensorientierte Dienstleistungen: Finanzdienste, Transport, Ingenieurbüros usw.

Z

Zweiter Weltkrieg: Der Zweite Weltkrieg dauerte von 1939 bis 1945. Er begann am 1. September 1939, als deutsche Truppen das benachbarte Polen überfielen. Die Nationalsozialisten, die in Deutschland unter der Führung des Diktators Adolf Hitler 1933 die Macht erlangt hatten, wollten ganz Europa ihrer Macht unterwerfen. Sie wollten die Bestimmungen des Versailler Friedensvertrages, der nach dem Ersten Weltkrieg die Macht Deutschlands begrenzte, nicht mehr akzeptieren. Polen war das erste Land, das von den deutschen Truppen besetzt wurde. Zunächst gelang es den deutschen Truppen, die meisten europäischen Länder zu erobern. Mit der Niederlage bei Stalingrad in Russland im Februar 1943 zeichnete sich ab, dass Deutschland diesen von ihm begonnenen Krieg nicht gewinnen konnte. Im Jahr 1941 traten die USA in den Krieg gegen Deutschland ein. Zusammen mit den anderen Verbündeten (Alliierten) befreiten sie die Gebiete, die von den deutschen Armeen besetzt worden waren. Die deutschen Truppen wurden besiegt. Hitler beging am 30. April 1945 in Berlin Selbstmord. Deutschland kapitulierte und am 9. Mai 1945 trat ein Waffenstillstand in Kraft. Der Zweite Weltkrieg endete jedoch erst mit der Kapitulation Japans Anfang September 1945. Dem waren amerikanische Atombombenabwürfe auf die japanischen Großstädte Hiroshima und Nagasaki vorausgegangen. Insgesamt hat der Zweite Weltkrieg über 60 Millionen Tote gefordert. Mehr als 6 Millionen Juden sind von den Deutschen aufgrund der verbrecherischen Rassentheorie ermordet worden, auch andere Minderheiten, zum Beispiel Sinti und Roma, sind verfolgt und getötet worden.

Aus dem Grundgesetz der Bundesrepublik Deutschland

Artikel 1

(1) Die Würde des Menschen ist unantastbar. Sie zu achten und zu schützen ist Verpflichtung aller staatlichen Gewalt.
(2) Das Deutsche Volk bekennt sich darum zu unverletzlichen und unveräußerlichen Menschenrechten als Grundlage jeder menschlichen Gemeinschaft, des Friedens und der Gerechtigkeit in der Welt.
(3) Die nachfolgenden Grundrechte binden Gesetzgebung, vollziehende Gewalt und Rechtsprechung als unmittelbar geltendes Recht.

Artikel 2

(1) Jeder hat das Recht auf die freie Entfaltung seiner Persönlichkeit, soweit er nicht die Rechte anderer verletzt und nicht gegen die verfassungsmäßige Ordnung oder das Sittengesetz verstößt.
(2) Jeder hat das Recht auf Leben und körperliche Unversehrtheit. Die Freiheit der Person ist unverletzlich. In diese Rechte darf nur auf Grund eines Gesetzes eingegriffen werden.

Artikel 3

(1) Alle Menschen sind vor dem Gesetz gleich.
(2) Männer und Frauen sind gleichberechtigt. Der Staat fördert die tatsächliche Durchsetzung der Gleichberechtigung von Frauen und Männern und wirkt auf die Beseitigung bestehender Nachteile hin.
(3) Niemand darf wegen seines Geschlechtes, seiner Abstammung, seiner Rasse, seiner Sprache, seiner Heimat und Herkunft, seines Glaubens, seiner religiösen oder politischen Anschauungen benachteiligt oder bevorzugt werden. Niemand darf wegen seiner Behinderung benachteiligt werden.

Artikel 4

(1) Die Freiheit des Glaubens, des Gewissens und die Freiheit des religiösen und weltanschaulichen Bekenntnisses sind unverletzlich.
(2) Die ungestörte Religionsausübung wird gewährleistet.
(3) Niemand darf gegen sein Gewissen zum Kriegsdienst mit der Waffe gezwungen werden. (…)

Artikel 5

(1) Jeder hat das Recht, seine Meinung in Wort, Schrift und Bild frei zu äußern und zu verbreiten und sich aus allgemein zugänglichen Quellen ungehindert zu unterrichten. Die Pressefreiheit und die Freiheit der Berichterstattung durch Rundfunk und Film werden gewährleistet. Eine Zensur findet nicht statt. (…)
(3) Kunst und Wissenschaft, Forschung und Lehre sind frei. Die Freiheit der Lehre entbindet nicht von der Treue zur Verfassung.

Artikel 6

(1) Ehe und Familie stehen unter dem besonderen Schutze der staatlichen Ordnung.
(2) Pflege und Erziehung der Kinder sind das natürliche Recht der Eltern und die zuvörderst ihnen obliegende Pflicht. Über ihre Betätigung wacht die staatliche Gemeinschaft. (…)

Artikel 7

(1) Das gesamte Schulwesen steht unter der Aufsicht des Staates.
(2) Die Erziehungsberechtigten haben das Recht, über die Teilnahme des Kindes am Religionsunterricht zu bestimmen. (…)

Artikel 8

(1) Alle Deutschen haben das Recht, sich ohne Anmeldung oder Erlaubnis friedlich und ohne Waffen zu versammeln.
(2) Für Versammlungen unter freiem Himmel kann dieses Recht durch Gesetz (…) beschränkt werden.

Artikel 9

(1) Alle Deutschen haben das Recht, Vereine und Gesellschaften zu bilden.
(2) Vereinigungen, deren Zwecke oder deren Tätigkeit den Strafgesetzen zuwiderlaufen oder die sich gegen die verfassungsmäßige Ordnung oder gegen den Gedanken der Völkerverständigung richten, sind verboten. (…)

Artikel 10

(1) Das Briefgeheimnis sowie das Post- und Fernmeldegeheimnis sind unverletzlich.
(2) Beschränkungen dürfen nur auf Grund eines Gesetzes angeordnet werden. (…)

Artikel 11

(1) Alle Deutschen genießen Freizügigkeit im ganzen Bundesgebiet. (…)

Artikel 12

(1) Alle Deutschen haben das Recht, Beruf, Arbeitsplatz und Ausbildungsstätte frei zu wählen. Die Berufsausübung kann durch Gesetz (…) geregelt werden.

Artikel 12a

(1) Männer können vom vollendeten achtzehnten Lebensjahr an zum Dienst in den Streitkräften, im Bundesgrenzschutz oder in einem Zivilschutzverband verpflichtet werden.

(2) Wer aus Gewissensgründen den Kriegsdienst mit der Waffe verweigert, kann zu einem Ersatzdienst verpflichtet werden. (…)

Artikel 13

(1) Die Wohnung ist unverletzlich.

(2) Durchsuchungen dürfen nur durch den Richter, bei Gefahr im Verzuge auch durch die in den Gesetzen vorgesehenen anderen Organe angeordnet und nur in der dort vorgeschriebenen Form durchgeführt werden. (…)

Artikel 14

(1) Das Eigentum und das Erbrecht werden gewährleistet. Inhalt und Schranken werden durch die Gesetze bestimmt.

(2) Eigentum verpflichtet. Sein Gebrauch soll zugleich dem Wohle der Allgemeinheit dienen.

(3) Eine Enteignung ist nur zum Wohle der Allgemeinheit zulässig. (…)

Artikel 16

(1) Die deutsche Staatsangehörigkeit darf nicht entzogen werden. (…)

(2) Kein Deutscher darf an das Ausland ausgeliefert werden. (…)

Artikel 16a

(1) Politisch Verfolgte genießen Asylrecht.

(2) Auf Absatz 1 kann sich nicht berufen, wer aus einem Mitgliedstaat der Europäischen Gemeinschaften oder aus einem anderen Drittstaat einreist, in dem die Anwendung des Abkommens über die Rechtsstellung der Flüchtlinge und der Konvention zum Schutze der Menschenrechte und Grundfreiheiten sichergestellt ist. (…)

Artikel 17

Jedermann hat das Recht, sich einzeln oder in Gemeinschaft mit anderen schriftlich mit Bitten oder Beschwerden an die zuständigen Stellen und an die Volksvertretung zu wenden.

Artikel 18

Wer die Freiheit der Meinungsäußerung, insbesondere die Pressefreiheit (Artikel 5 Abs. 1), die Lehrfreiheit (Artikel 5 Abs. 3), die Versammlungsfreiheit (Artikel 8), die Vereinigungsfreiheit (Artikel 9), das Brief-, Post- und Fernmeldegeheimnis (Artikel 10), das Eigentum (Artikel 14) oder das Asylrecht (Artikel 16a) zum Kampfe gegen die freiheitliche demokratische Grundordnung missbraucht, verwirkt diese Grundrechte. Die Verwirkung und ihr Ausmaß werden durch das Bundesverfassungsgericht ausgesprochen.

Artikel 19

(2) In keinem Falle darf ein Grundrecht in seinem Wesensgehalt angetastet werden.

Artikel 20

(1) Die Bundesrepublik Deutschland ist ein demokratischer und sozialer Bundesstaat.

(2) Alle Staatsgewalt geht vom Volke aus. Sie wird vom Volke in Wahlen und Abstimmungen und durch besondere Organe der Gesetzgebung, der vollziehenden Gewalt und der Rechtsprechung ausgeübt.

(3) Die Gesetzgebung ist an die verfassungsmäßige Ordnung, die vollziehende Gewalt und die Rechtsprechung sind an Gesetz und Recht gebunden.

(4) Gegen jeden, der es unternimmt, diese Ordnung zu beseitigen, haben alle Deutschen das Recht zum Widerstand, wenn andere Abhilfe nicht möglich ist.

Artikel 20a

Der Staat schützt auch in Verantwortung für die künftigen Generationen die natürlichen Lebensgrundlagen und die Tiere im Rahmen der verfassungsmäßigen Ordnung durch die Gesetzgebung und nach Maßgabe von Gesetz und Recht durch die vollziehende Gewalt und die Rechtsprechung.

Artikel 21

(1) Die Parteien wirken bei der politischen Willensbildung des Volkes mit. Ihre Gründung ist frei. Ihre innere Ordnung muss demokratischen Grundsätzen entsprechen. Sie müssen über die Herkunft und Verwendung ihrer Mittel sowie über ihr Vermögen öffentlich Rechenschaft geben.

Sachregister

R

S

T

U

Textquellen

1. Familienpolitik – Politik mit der Familie

10M3 Autorentext | **11M4** Datenreport 2008: ein Sozialbericht für die Bundesrepublik Deutschland. Hg.: Statistisches Bundesamt u. a., Bonn: Bundeszentrale für pol. Bildung, 2008 (Auszug aus S. 32) | **11M5** Beck, Ulrich: Riskante Freiheiten, (Suhrkamp) Frankfurt a. M. 1994, S. 14 | **12/13M2–M4** Schwentker, Björn: DIE ZEIT Nr. 27/2006, 29. 06. 2006, (Zeitverlag) Hamburg | **13M5** Albert, Mathias; Hurrelmann, Klaus: 15. Shell-Jugendstudie – Jugend 2006, (Deutsche Shell Holding) Hamburg, S. 3 | **13M6** Hennis, Andrea: http://www.focus.de/schule/dissiers/nachhaltigkeit/gesellschaft/alleinerziehende-gefangen-in-der-armutsfalle_aid_402379.html, vom 25. 05. 2009, (Focus Online) München (Abruf: 27. 07. 2010) | **15M3** Schwentker, Björn: DIE ZEIT, 05. 01. 2006, (Zeitverlag) Hamburg | **17M5** http://www.bundesregierung.de/nn_66548/Content/DE/Artikel/2009/03/2009-03-11-ausbau-kinderbetreuung.html, Presse- und Informationsamt der Bundesregierung (Abruf: 30. 11. 2009, am 27. 07. 2010 nicht mehr im Netz) | **20M4** Autorentext | **21M6** Moenninger, Michael: DIE ZEIT Nr. 10, 26. 02. 2004, „Demografie als Volkssport“, (Zeitverlag) Hamburg | **22M2** http://bmfsfj.de/BMFSFJ/Presse/reden,did=132570.html, Rede von Ursula von der Leyen am 11. 11. 2009, (Abruf: 29. 12. 2009) | **23M3–M4** Deutscher Bundestag – 17. Wahlperiode – 4. Sitzung, Berlin, Mittwoch, den 11. 11. 2009, S. 253 und 257, Stenografische Berichte

2. Demokratisierung und NS-Diktatur

29Q1 Ritter, Gerhard Albert; Miller, Susanne (Hg.): Die deutsche Revolution 1918/19, (Hoffman & Campe) Hamburg 1975 | **29Q2** Schönbrunn, Günter (Bearbeiter): Geschichte in Quellen, Bd. 6, (BSV) München 1980, o. S. | **39M4** Die Texte zu den Zielen stammen aus den jeweiligen Programmen der einzelnen Parteien und sind zit. nach Schönbrunn, Günter: Weltkriege und Revolutionen 1914–1945, Reihe: Geschichte in Quellen, Bd. 5, (BSV) München, S. 167 ff. | **40Q1** Mommsen, Wolfgang J.: Flucht in den Führerstaat, in: Wendepunkte deutscher Geschichte, hg. v. Stern, Carola und Winkler, Heinrich August, (S. Fischer) Frankfurt a. M. 2001, S. 100 ff. | **40M3** Bullock, Allan: Hitler: Eine Studie über Tyrannei, (aus dem Engl. übertr. von Wilhelm und Modeste Pferdekamp), (Droste) Düsseldorf 1989, S. 251 (bearbeitet) | **41Q3** Michalka, Wolfgang (Hg.): Das Dritte Reich, Bd. 1, (dtv) München 1985, S. 33 ff. | **42–43Q1–Q3** Adolf Hitler: Mein Kampf, 66. Aufl., München 1973, S. 329 ff. | **44Q1** Zit. nach „Göttinger Tagblatt“ vom 04./05. 11. 1933 | **50Q1** Moss, Gerhard: Ein Augenzeuge, (GEW LVB) 1978, S. 22 f. | **51Q2–Q3** Reichsgesetzblatt 100 Jg., 1935, Teil 1, S. 1146 und Walther Hofer (Hg.): Der Nationalsozialismus – Dokumente, (S. Fischer) Frankfurt a. M. 1982, S. 285 | **52Q1** Gerstein, Kurt: Kriegserlebnis niedergeschrieben 4. 5. 1945, in: Hofer, Walther (Hg.): Der Nationalsozialismus, (S. Fischer) Frankfurt a. M. 1957, o. S. | **52Q2** Broszat, Martin (Hg.): Rudolf Höß, Kommandant in Auschwitz, (dtv) München 1963, o. S. | **56Q1** Meier-Benneckenstein, Paul (Hg.): Dokumente der deutschen Politik, 2. Aufl., 7 Bde. in 9 Teilen, (Junker & Dunnhaupt) Berlin 1937, o. S. | **59M2** Churchill, Winston: Der Zweite Weltkrieg, Übersetzer: Jacobsen, Hans Adolf, (Mönch Verlagsgesellschaft) Bonn 1965, S. 236 | **60Q1** Michalka, Wolfgang (Hg.): Das Dritte Reich, Bd. 2, (dtv) München 1985, S. 175 | **61Q2** Zit. nach Hubert Dörr: Zum Vorgehen der faschistischen Betriebsführung des ehemaligen Lauchhammerwerkes Gröditz im Flick-Konzern gegenüber Arbeitern und anderen Werktätigen sowie zwangsverschleppten ausländischen Arbeitskräften, Kriegsgefangenen und KZ-Häftlingen während des Zweiten Weltkriegs (Anlage 14), Dissertation, Dresden 1978, S. 70 | **62Q1** Esser, Brigitte; Venhoff, Michael (Hg.): Chronik des Zweiten Weltkrieges, (Random House Gruppe) Gütersloh 1994, S. 223 | **63Q2** Fetscher, Iring: „Wollt ihr den totalen Krieg?“, Josef Goebbels im Berliner Sportpalast 1943, (EVA) Hamburg 1998 | **64–65Q1–Q2** Hohlfeld, Johannes: Dokumente der deutschen Politik und Geschichte von 1848 bis zur Gegenwart, Band IV/V, (Dokumenten-Verlag) Berlin 1951, S. 401 ff. | **65Q3** Ahrens, Franz; Hübener, Helmuth: Vorbild, Opfer, Verpflichtung, (Hermes) Hamburg 1948, S. 17 | **66Q1** Ruge, Wolfgang; Schumann, Wolfgang: Dokumente zur Deutschen Geschichte, (Dt. Wiss.) Berlin 1977, S. 109 | **68M2** Autorentext | **69M3** Decker, Oliver; Brähler, Elmar: Vom Rand zur Mitte, Rechtsextreme Einstellungen und ihre Einflussfaktoren in Deutschland (Friedrich-Ebert-Stiftung), Bonn 2006, o. S. | **70M2** Möller, Kurt; Schuhmacher, Nils: Das Parlament; Ein- und Ausstiegsprozesse rechtsextremer Skinheads, in: ApuZ 37/2007 vom 01. 09. 2007, (Dt. Bundestag, Red. Parlament + Politik & Zeitung) S. 17 ff.

4. Rohstoffe nachhaltig nutzen

108M3 Autorentext | **110M3** Hüther, Michael: http://www.bundestag.de/dasparlament/2009/17/Titelseite/24154818.html, Auf der Jagd nach Energie, in: Das Parlament 17/2009 vom 20. 04. 2009, Online-Ausgabe, (Deutscher Bundestag und Bundeszentrale für politische Bildung) (Abruf: 23. 08. 2010)

5. Deutschland nach 1945

125Q1 Berger-von der Heide, Thomas; Müller, Karl-Heinz: Lebenssituationen 1945–1948, (Landeszentrale für politische Bildung) Hannover 1984, S. 78 | **129Q1** Kopf, Hinrich Wilhelm: Gründung des Landes Niedersachsen, (Staatskanzlei Niedersachsen (Hg.); Landeszentrale für politische Bildung, Niedersachsen), Hannover 1986, S. 49 f. | **130Q1** Grebing, Helga; Pozorski, Peter; Schulze, Rainer: Politik und Gesellschaft, Teil B (Direktive JCS 1067), (Metzler & Poeschel) Stuttgart 1980, o. S.; in: Info zur politischen Bildung, Heft 224: Die Entstehung der BRD, Bonn 1989, S. 5 | **132Q1** Potsdamer Abkommen, Dokumente zur Deutschland-Frage, 1943–1949, (Staatsverlag der DDR) Berlin 1970, S. 103 | **133Q2** Stammen, Theo (Bearb.): Einigkeit und Recht und Freiheit, (dtv), München 1965, S. 181 | **138Q1** Bahr, Egon: Begegnungen und Einsichten, (Hoffmann & Campe) Hamburg 1976, S. 28 | **138Q2** Zit. nach Krause, Helmut; Reif, Karlheinz (Übersetzer): Geschichte in Quellen, Bd. 7, (BSV) München 1980, S. 583 f. | **139Q3–Q4** zit. nach Ludwig, Michael: Polen und die deutsche Frage, (Europa Union) Bonn 1991, S. 27 | **141Q1** Hertle, Hans-Hermann: Chronik des Mauerfalls, Die dramatischen Ereignisse um den 9. November 1989, 3. Aufl., (Links Verlag), 1996, S. 166 | **141Q2** Hertle, Hans-Hermann: Chronik des Mauerfalls, Die dramatischen Ereignisse um den 9. November 1989, 3. Aufl., (Links Verlag), 1996, S. 155 | **142M3** Hennig, Eike: Demokratie in Deutschland 1949–1999, Wochenschau Nr. 1/2 1999, S. 32 | **144M2** Ragnitz, Joachim: http://zeit.de/online/2009/36/diw-aufbau-ost, (Abruf: 07. 04. 2010) | **148Q1** Angela Merkel: www.bundeskanzlerin.de/nn_683608/Content/DE/Rede/2009/10/2009-10-03-merkel-deutsche-einheit.html, vom 03. 10. 2009 (Presse- und Informationsamt der Bundesregierung), (Abruf: 19. 10. 2009)

6. Die politische Ordnung der Bundesrepublik Deutschland

153M2 Entscheidungen des Bundesverfassungsgerichts 2.1, S. 1 | **153M3** Pötzsch, Horst: Die deutsche Demokratie, Bundeszentrale für politische Bildung, Bonn 1995, S. 27 f. | **154M3** Bundespräsident Horst Köhler am 23. 10. 2005 in Saarbrücken | **161M3** Wahlaufruf des Bundespräsidenten Horst Köhler vom 21. 07. 2005, Fernsehansprache | **161M5** Süddeutsche Zeitung vom 15. 09. 2003 (Beitrag der Redaktion), S. 48 | **165M5** Esch, Christian: Berliner Zeitung vom 27. 08. 2005, S. 28 | **169M4** www.bundestag.de, Bundestag macht Schule, Zur Sache Politik 227, (Deutscher Bundestag, Pressestelle) | **179M3** Schmallenberg, Detlef: Die werden dann erschossen, in: Stern Nr. 34, 17. 08. 2000, (Gruner + Jahr), S. 30 f.

7. Wirtschafts- und Sozialpolitik

184M2 Autorentext | **188M4** Ministerium für Arbeit, Gesundheit und Soziales, NRW: Initiative Jugend in Arbeit plus, www.ja.nrw.de und www.arbeitsmarkt.nrw.de/ja/content.htm (Stand: 12/2008) | **189M5** Nach: D. Krafft u. a.: Arbeitslehre/Wirtschaft 9/10, Berlin 2007, S. 169 f. | **191M3** www.spiegel.de/schulspiegel/0,1518,558407,00.html, (Spiegel Verlag), (Abruf: vom 09. 06. 2008) | **193M4** Hans Schultz: www.topcomnet.de/praktik/sebabom/psebabor.htm (Topcom Datenverarbeitungsgesellschaft mbH) | **200M2** Autorentext

8. Weltmächte: Russland und USA

210Q1 Otto Böss (Hg.); Giterman, Valentin (Übersetzer): Russlandchronik, 2. Aufl.1986, (Bergland), Salzburg, S. 235 | **210Q2** Lenin, in: Geschichte des bolschewistischen Russland; Rauch, Georg von (Übersetzer), (Rheinische Verlags-Anstalt), Wiesbaden 1965 | **211M1** Autorentext | **217M3** Bathon, Roland; Bathon Irina: http://www.inrussland.net/index-nor.html, (Abruf: 10. 08. 2010) leicht bearbeitet | **218M2** Kolb, Matthias: http://sueddeutsche.de/politik/gazprom-ein-jahr-nach-der-gaskrise-an-den-reglern-der-macht-1.132618, vom 03. 01. 2010, (Süddeutsche-Online), (Abruf: 10. 08. 2010) | **219M3** Kolb, Matthias: http://sueddeutsche.de/politik/gazprom-ein-jahr-nach-der-gaskrise-an-den-reglern-der-macht-1.291755, vom 23. 01. 2010, (Süddeutsche-Online), (Abruf: 10. 08. 2010) | **219M4** dpa: http://spiegel.de/wirtschaft/unternehmen/0,1518,692143,00.html, Gazprom übertrifft alle Erwartungen, vom 29. 04. 2010, (Spiegel-Online), (Abruf: 10. 08. 2010) | **220M3** Gerberding, Eva: Moskau, (DuMont Reiseverlag), Ostfildern 2010, S. 8–9 | **224Q1** Englewood, Cliffs, NJ; Prentice-Hall: Documents of American history/ed. by Henry Steele Commager, New York 1973 | **225Q2** Roosevelt, Franklin D.; Day, Donald: Links von der Mitte, Briefe, Reden, Konferenzen; Stadelmayer, Peter; Hübener, Christian (Übersetzer); (Verlag der Frankfurter Hefte), Frankfurt 1951 | **226M2** United Nation: Resolution Nr. 1368 des Weltsicherheitsrates vom 12. 09. 2001, http://www.un.org/Depts/german/sr/sr_01-02/sr1368.pdf | **227M3** Angela Merkel: Deutscher Bundestag, 233. Sitzung am 08. 09. 2009, Rede von Bundeskanzlerin Angela Merkel, Berlin 2009 | **231M4–M5** Brinkbäumer, Klaus; Schulz, Thomas: Der Philosoph des 21. Jahrhunderts, DER SPIEGEL 17/2010, S. 69 + S. 77, http://www.spiegel.de/print/d-70228777.html, vom 26. 04. 2010, (Spiegel Online) | **234M3** Obama, Barack: http://amerikadienst.usembassy.de, Newsletter vom 11. 12. 2009, (Botschaft der Vereinigten Staaten von Amerika/Presseabteilung)

9. Projekt China

243M4 Steffen, Nora: Familienplanung in Chinas Provinz. http://www.norasteffen.de/?p_200)

10. Der globale Klimawandel

259M3 Roth, Wolfgang: http://www.sueddeutsche.de/politik/831/498130/text (Abruf: 22.03.2010) | **260/261M1** Illinger, Patrick: http://www.sueddeutsche.de/wissen/552/497853/text/, Süddeutsche Zeitung vom 17.12.2009, (Abruf: 22.03.2010) | **262/263M1** Schrader, Christopher: www.sueddeutsche.de/wissen/552/497853/text/, Süddeutsche Zeitung vom 17.12.2009, (Abruf: 22.03.2010)

11. Eine Welt – viele Welten?

278M5 Autorentext | **280M3** Meier-Braun, Karl-Heinz: Der Bürger im Staat. Zuwanderung und Integration. Ärmste Länder tragen die Hauptlast der Migration. Heft Nr. 4/2006; (Landeszentrale für politische Bildung Baden-Württemberg), S. 262 f. | **280M4** Herrmann, Axel: Menschenrechte in einer globalisierten Welt. Menschenrechtsorganisationen. Heft 297 vom 12.02.2008, (bpb), Bonn 2008 | **281M5** http://amnesty.de/presse/2009/3/4/aufnahme-irakischer-fluechtlinge-kann-nur-erster-schritt-sein vom 04.03.2009, (Amnesty International) | **283M3** Ralf Willinger, terre des hommes, www.tdh.de vom 20.01.2010 | **288M3** Unterrichtsmaterialien: Guten Appetit – schlechten Hunger. (Deutsche Welthungerhilfe, Red. Beitrag), Bonn 1997, S. 74 | **290M2** Post, Ulrich: Hunger. Ausmaß, Verbreitung, Ursachen, Auswege. (Deutsche Welthungerhilfe), Bonn 2005, S. 2 | **293M5** Autorentext | **297M2** Fiedler, Teja: www.stern.de, Ein Slum als Armenviertel, vom 26.09.2008, (gekürzt), (Stern Online)

12. Europäische Einigung und internationale Friedenssicherung

303M3 Victor Hugo, französischer Schriftsteller, 1849 | **303M3** Anna W., 43. Jahre, Hausfrau, im Juni 1945 | **305M2** Churchill, Winston: Rede am 19.09.1946 in der Züricher Universität (gekürzt), (Neue Zürcher Zeitung), 1949 | **305M3** Schumann, Robert: Europa Dokumente Bd. 2, Deutsche Gesellschaft für Auswärtige Politik e. V. (Übersetzer), (Oldenbourg), München 1962, S. 680 f. | **311M3** Autorentext | **313M3** Löffelholz, Thomas: Handelblatt, vom 22.08.2000 | **313M5** Büchner, Gerold: Berliner Zeitung, vom 27.09.2005, Wirtschaft, S. 10 | **314M2** Autorentext | **317M3** Kreye, Lars; Evangelischer Pressedienst; DPA: http://www.welt.de/politik/article2882149/Im-Jahr-2008-gab-es-wieder-mehr-Kriege.html, vom 15.12.2008, (DIE WELT) | **322M2** Wissen Media Verlag GmbH, Red. Beitrag, www.wissen.de, vom 23.11.2005 | **326M2** AP; AFP: http://www.focus.de/politik/ausland/nahost/nahost-konflikt-gaza-versinkt-in-chaos-und-blut_aid_358456.html, vom 28.12.2008 (Focus Online) | **327M4–M5** Arafat, Jassir: Von der zionistischen Vision zum jüdischen Staat. Zit. n. Timm, Angelika (Übers.), in: Informationen zur politischen Bildung 278, 2003 | **329M4–M5** Perthes, Volker; Asseburg, Murel: Informationen zur politischen Bildung 278/2003, S. 62 ff. und ergänzt | **330M1** DIE WELT (Red. Beitrag), vom 11.02.2005 (Axel-Springer-Verlag) | **330M4** DER SPIEGEL (Red. Beitrag), vom 02.03.2009, (gekürzt) (Spiegel Verlag) | **331M5** Asseburg, Muriel: Informationen zur politischen Bildung 278/2003 | **333M2** http://www.bundeswehr.de/PORTAL/A/BWDE/KCXML/04_SJ9SPYKSSY0XPLMNMZ0VM0Y_QJZKLD443CTYFSYGYXGEH-PEWSAC (Auszug aus den Verteidigungspolitischen Richtlinien, 2009) (Bundesministerium der Verteidigung) | **334M3** http://www.cdu.de/doc/pdfc/091026-koalitionsvertrag-cducsu-fdp.pdf, S. 124 und 81, (CDU Pressedienst, Pressestelle) (Abruf: 26.09.2009) | **335M4** http://www.terrwv.bundeswehr.de/portal/a, vom 03.12.2009 (Bundesministerium der Verteidigung) | **335M5** http://www.zivildienst.de/cln_007/lang_de/Navigation/Kriegsdienst Verweigern/Antragsverfahren, (Bundesamt für Zivildienst), (Abruf: 03.12.2009)

Bildquellen

Titelfoto Norddeutsche Luftbild, Barmstedt | **8/9** picture-alliance/ZB © ZB/Bernd Settnik | **8 u. l.** picture-alliance/dpa © dpa-Report | **9 o.** Cornelsen Verlagsarchiv | **9 u.** picture-alliance/maxppp © Francis Hammond | **10M1** picture-alliance/Globus-Infografik | **11M6** picture-alliance/dpa-infografik © dpa-infografik | **11M7** picture-alliance/dpa/dpaweb © dpa-Fotoreport | **14M1** picture-alliance/Globus-Infografik © Globus-Infografik | **14M2** picture-alliance/dpa-infografik © dpa-infografik | **16M1** Renate Alf/CCC, www.c5.net | **16M2–M3** picture-alliance/dpa-Grafik | **17M4** picture-alliance/dpa © dpa-Report, Foto: Waltraud Grubitzsch | **17M6** picture-alliance/Süddeutsche Zeitung Photo, Foto: Robert Haas | **17M7** picture-alliance/Globus-Infografik © Globus-Infografik | **20M1** picture-alliance/Globus-Infografik © Globus-Infografik | **21M5** picture-alliance/dpa-Grafik | **22M1** picture-alliance/dpa-infografik © dpa-infografik | **23M5** picture-alliance/dpa-infografik © dpa-infografik | **24M2** © Jím Unger | **24M3** akg-images | **25M4** picture-alliance/dpa-Grafik © dpa-infografik | **25M6** Peter Leger (Künstler)/Stiftung Haus der Geschichte, Bonn | **26/27** bpk-images/ © VG Bild-Kunst, Bonn 2010 | **27 o.** Süddeutsche Zeitung Photo/SZ Photo | **29M2–M3** ullstein bild | **30M1** ullstein bild | **31M2** Süddeutsche Zeitung Photo/Scherl | **31M3** ullstein bild | **32M1** ullstein bild | **33M4** picture-alliance/IMAGNO/Schostal Archiv | **35 o. r.** aus: „Fotografie als Medium des Führerkultes", hg. von Rudolf Herbst, München | **37M4** akg-images | **38M2** akg-images | **39M3** akg-images | **40M1** ullstein bild | **40M2** bpk-images | **41M4** Süddeutsche Zeitung Photo/SZ Photo | **42M1** bpk-images/Freistaat Bayern | **43M2** Langewiesche-Brandt, Ebenhausen | **44M1** Stadtarchiv Kiel | **45M2–M3** DHM Bildarchiv | **45M4** bpk-images/Knut Petersen | **46M1** bpk-images | **47M3** Bayerische Staatsbibliothek München/Archiv Hoffmann | **48M1** H. Weber, Köln | **48M2** akg-images | **48M3** H. Weber, Köln | **49M4** Keystone Pressedienst | **49M5** bpk-images/Arthur Grimm | **50M2** bpk-images | **51M3** Jüdisches Museum Rendsburg | **51M4** Sammlung W. Kleinknecht, Alzey | **52M1** bpk-images | **52M2** Süddeutsche Zeitung Photo/Scherl | **52M3** Petra Bowien, Geesthacht | **53M4** akg-images | **55M1** ullstein bild – ddp | **55M2** Petra Bowien, Geesthacht | **56M1** akg-images | **59M3** akg-images | **60M1** bpk-images | **61M3** DHM Bildarchiv | **61M4** Gemeinsames Archiv des Kreises Steinburg und der Stadt Itzehoe | **62M1** akg-images | **62M2** Süddeutsche Zeitung Photo/SZ Photo | **62M3** akg-images | **63M4–M5** ullstein bild | **64 o. l.** ullstein bild | **4 u. l.** Süddeutsche Zeitung Photo/SZ Photo | **65M1** ullstein bild – Wittenstein | **65M2** ullstein bild | **65M3** Gedenkstätte Deutscher Widerstand, Berlin | **66M1** Arbeitsgemeinschaft Schwarzenbek/William Boehar | **66M2** ullstein bild | **67M3** picture-alliance/dpa © dpa | **71(2)** akg-images/ © Arthur Kampf/Schroyen | **71(4)** akg-images | **72M1** bpk-images | **72M2** Langewiesche-Brandt, Ebenhausen | **72M3** akg-images | **73M5** ullstein bild | **73M6** bpk-images/Walter Hahn | **74/75** Das Fotoarchiv/ © Manfred Vollmer | **77M4** Technologiezentrum Dortmund/Blossey | **80M1** picture-alliance/dpa/dpaweb © dpa-Report | **80M2** picture-alliance/dpa © dpa-Fotoreport | **82M1** picture-alliance/dpa-infografik © dpa-infografik | **83M4** picture-alliance/KEYSTONE/Foto: Gaetan Bally | **84M1** © Leipziger Messe GmbH | **84M2** Flughafen Leipzig/Halle GmbH /Foto: Uwe Schoßig | **85M3** © Amazon | **85M4** © Profiluftbild Henry Pfeifer, Leipzig | **85M5** picture-alliance//ZB © dpa | **87M5** Volkswagen AG, Wolfsburg | **89M3** picture-alliance//ZB © dpa-Report | **92M1** picture-alliance/united-archives/mcphoto | **95M5** picture-alliance/ZB © ZB-Fotoreport | **97M4** picture-alliance/dpa-infografik © dpa-infografik | **97M5** Dr. Jan Tomaschoff, Düsseldorf | **98 o. l.** © Dubai Municipality | **98 u. r.** LOOK-Foto/age fotostock | **99** picture-alliance/dpa/dpaweb © dpa | **101M2** picture-alliance/dpa-infografik © dpa-infografik | **102 o.** Corbis/© Larry Lee Photography | **102 u.l.,u.r.** Deutsche BP AG | **103 o. r.** picture-alliance//dpa © dpa-Report | **103 l. M.** NWO Wilhelmshaven | **103M2** Transglobe Agency/Selekt | **104M1** picture-alliance/Nakheel/Paul Macleod | **104M2** National Geographic/Maggie Steber | **108M2** Corbis/© Stephanie Maze | **109M4** Corbis/© Joao Luiz Bulcao | **110M2** picture-alliance/dpa-Grafik © dpa-infografik | **112M1** picture-alliance/dpa-infografik © dpa-infografik | **114M1** Hans-Ragnar Steininger (Hintergrundfoto) | **114M2** picture-alliance/dpa-infografik © dpa-infografik | **115M4** argrarmotive Esser, Münster | **117M3** picture-alliance/dpa © dpa-Bildarchiv (Hintergrundfoto) | **118M1** picture-alliance/dpa-infografik © dpa-infografik | **120/121** picture-alliance/dpa © dpa-Bildarchiv | **121 u.** picture-alliance/dpa © dpa-Bildarchiv | **122M1** DHM Bildarchiv | **122M3** Süddeutsche Zeitung Photo/SZ Photo | **124M1** Süddeutsche Zeitung Photo/SZ Photo | **125M2** Süddeutsche Zeitung Photo/SZ Photo | **125M4** akg-images | **126M2** ullstein bild | **127M4** © Time & Life/Getty Images/John Florea | **127M5** Galerie Bilderwelt/John Vachon | **129M3** Landesarchiv Schleswig-Holstein (Sign. Abt. 2003.2, Nr. 1713) | **130M1** Süddeutsche Zeitung Photo/Scherl | **130M2** picture-alliance/dpa © dpa-Bildarchiv | **131M3** bpk-images/Kunstbibliothek, SMB | **131M4** picture-alliance/akg-images | **133M2** ullstein bild | **134M1** J. H. Darchinger/Friedrich-Ebert-Stiftung | **135M2** Hans-Martin Sewcz, Berlin | **136M1** bpk-images | **136M2** akg-images | **137M4** Stadtarchiv Geesthacht/Sammlung BGS Schwarzenbek | **138M1** Fritz Wolf/CCC, www.c5.net | **139M4** picture-alliance/dpa © dpa-Bildarchiv | **140M1** Jürgens Ost + Europa Photo, Berlin | **140M2** J. Kohlbrenner/CCC, www.c5.net | **141M3** ullstein bild – Röhrbein | **141M4** Heimatmuseum Boizenburg/K. Karls | **142M1** picture-alliance/dpa © dpa-Bildarchiv | **143M3** Jürgens Ost + Europa Photo, Berlin | **143M4** picture-alliance/dpa © dpa | **143M5** Stadtarchiv Geesthacht/Sammlung BGS Schwarzenbek | **143M6** Völker, Johannes, Geesthacht | **145M8** laif/Hermann Bredehorst/P. Caption | **146M1** Keystone Pressedienst | **147(1)** Süddeutsche Zeitung Photo/SZ Photo | **147(2)** ullstein bild – dpa-Bildarchiv | **147(3)** picture-alliance/dpa © dpa-Bildarchiv | **147(4)** picture-alliance/dpa © dpa-Bildarchiv | **148M1** picture-alliance/dpa © dpa-Bildarchiv | **149M4** Focus Hamburg | **150/151** picture-alliance/dpa © dpa | **150 u. l.** picture-alliance/dpa © dpa-Report | **151 o. + u.** picture-alliance/dpa | **153M4** picture-alliance/dpa © dpa-Report | **154M1** Henning Lüders, Berlin | **154M2** picture-alliance/dpa © dpa | **155M5** picture-alliance/dpa © dpa-Bildarchiv | **156M2** © Gerhard Mester, Wiesbaden | **159M3** picture-alliance/dpa-infografik © dpa-infografik | **159M4** picture-alliance/Globus-Infografik © Globus-Infografik | **160M1(1–3)** Henning Lüders, Berlin | **160M1(4)** picture-alliance/dpa © dpa-Bildarchiv, Foto: Andreas Altwein | **161M2** picture-alliance/dpa-infografik © dpa-infografik | **162M1A** picture-alliance/dpa © dpa | **162M1B** picture-alliance/dpa © dpa-Report | **162M1C** picture-alliance/ZB © dpa-Report | **162M1D** picture-alliance/dpa © dpa | **163M2(1+3)** Annette Müller, Berlin | **163M2(2)** picture-alliance/dpa © dpa | **163M2(4)** picture-alliance/dpa /dpaweb © dpa | **163M3** picture-alliance/Over images, Foto: allOver/TPH | **164M1** picture-alliance/dpa © dpa-Report | **164M2** picture-alliance/ZB © dpa-Report | **164M3** picture-alliance/ZB © dpa-Report | **164M4** picture-alliance/ZB © dpa-Report | **165M5** Vario Images | **166M1(1 o.)** Presse- und Informationsamt der Bundesregierung, Bundesbildstelle | **166M1(2 o.)** picture-alliance/ZB © ZB-Fotoreport | **166M1(3 o.)** Vario Images/Ulrich Baumgarten | **166M1(4 o.)** picture-alliance/dpa | **168M1** Presse- und Informationsamt der Bundesregierung, Bundesbildstelle/Hans-Christian Plambeck | **169M3** © Gerhard Mester, Wiesbaden | **170M3** picture-alliance/dpa © dpa-Report | **171M4** Bergmoser + Höller, Aachen | **174M1** Peter Ginter | **174M2** © Günther Kellner | **175M4** Jupp Wolter (Künstler)/Stiftung Haus der Geschichte, Bonn | **175M5** Spiegel Verlag Hamburg / DER SPIEGEL 35/2010 | **176M1–M3** Bergmoser + Höller, Aachen | **177M5** picture-alliance/dpa © dpa, Foto: Angelika Warmuth | **178M1** picture-alliance/dpa © dpa-Report | **178M2** picture-alliance/dpa © dpa-Bildarchiv | **179M3** picture-alliance/dpa © dpa | **181M5** picture-alliance/dpa © dpa/Foto: Angelika Warmuth | **182/183** picture-alliance/ZB © dpa-Report | **182 o. l.** picture-alliance/dpa © dpa-Fotoreport | **182 u. l.** picture-alliance/dpa © dpa-Fotoreport | **183 u.** picture-alliance/dpa © dpa-Bildarchiv | **184M1 l.** Süddeutsche Zeitung Photo/Zscheile | **184M1o.r.** Westermann Bildarchiv, Braunschweig | **184M1 u. r.** O. Strutz, Salzgitter | **185M3** picture-alliance/dpa © dpa-Bildarchiv, Foto: Harry Melchert | **185M5l.** picture-alliance/akg-images | **185M5 r.** picture-alliance/dpa © dpa-Bildarchiv/Popp | **186M1** © Norbert Sdunzig | **187M3** picture-alliance/Globus-Infografik © Globus-Infografik | **188M1** picture-alliance/dpa-infografik © dpa-infografik | **188M2** picture-alliance/Globus-Infografik © Globus-Infografik | **188u.r.** Ministerium für Arbeit, Gesundheit und Soziales, NRW | **189M7** © Thomas Plassmann, Essen | **190M1** Gerhard Glück/CCC, www.c5.net | **190M2** picture-alliance/dpa-infografik © dpa-infografik | **190M4** picture-alliance/Globus-Infografik © Globus-Infografik | **191M5** picture-alliance/dpa-infografik © dpa-infografik | **192M1** picture-alliance/dpa/dpaweb © dpa | **192M2** picture-alliance/ZB © ZB-Fotoreport | **193M5** Bergmoser + Höller, Aachen | **194M1** picture-alliance/dpa-infografik © dpa-infografik | **194M4** Horst Haitzinger/CCC, www.c5.net | **195M5** Bergmoser + Höller, Aachen | **198M1** AP Associated Press | **199M2** picture-alliance/dpa-infografik © dpa-infografik | **200M1** picture-alliance/dpa © dpa-Report/Waltraud Grubitzsch | **201M3** Focus Magazin Nr. 43/1995, München | **201M4** © Gerhard Mester, Wiesbaden | **201M5** picture-alliance/Globus-Infografik © Globus-Infografik | **203M2 (1)** picture-alliance/dpa © dpa | **203M2(2)** picture-alliance/ZB © dpa-Report | **204M2** Michael Teßmer, Hamburg | **204M4** © Roger Schmidt, Brunsbüttel | **205M5** picture-alliance/dpa-infografik © dpa-infografik | **206/207** Nicole Krohn/Christoph Drösser: Grafik „Arsenal des Schreckens“, DIE ZEIT, 2010. 02. 18 | **209M2** RIA Nowosti/ © VG Bild-Kunst, Bonn 2010 | **211M2** Süddeutsche Zeitung Photo/Scherl | **212M1** Memorial Moskau | **215M2** picture-alliance/dpa © dpa-Fotoreport | **217M2** picture-alliance/Helga Lade Fotoagentur/P. Meissner | **217M4–M5** Achim Norweg, Fürstenzell | **218M1** GAZPROM Germania GmbH, Berlin | **220M1** picture-alliance/Bildagentur Huber | **223M2** © AXA GALLERY/ © VG Bild-Kunst, Bonn 2010 | **224M2** picture-alliance/dpa © dpa-Bildarchiv, Foto: UPI | **226M1** Corbis/© Sean Adair/Reuters | **227M4** picture-alliance/Ton Koene | **228M2** Foto & Wort Steenmans, Mönchengladbach | **229M3** Corbis/© Lester Lefkowitz | **230M3** picture-alliance/dpa © dpa | **231M6** Spiegel Verlag Hamburg /DER SPIEGEL 17/2010 | **232M1** Wikimedia/Autor/Fotograf: Diliff/Lizenz: Creative Commons Atributtion 2.5 (http://creativecommons.org/licenses/by/2.5) | **233M5** Wikimedia/eborutta/GNU FDL | **234M1** Memorial Moskau | **235M5** AP Associated Press | **236/237** Corbis/© Nik Wheeler | **236 u.** Oliver Sandig, Berlin | **238M2** picture-alliance/dpa © dpa | **240M1+M3** Cornelsen Verlagsarchiv | **242M1** picture-alliance/dpa © dpa-Report | **245M3** picture-alliance/dpa/dpaweb © dpa | **246M1** picture-alliance/ dpa © dpa-Bildarchiv | **247M5** picture-alliance/dpa © dpa-Report | **248M1** picture-alliance/dpa © dpa-Report | **248M2** picture-alliance/Photosho | **250/251** NASA | **251 u.** picture-alliance/dpa © dpa | **252M1** picture-alliance/akg-images | **253M2** AWI Alfred-Wegener-Institut/© Hans Oerter | **255M2** picture-alliance/dpa © dpa | **255M3** Kommission für Glazologie der Bayerischen Akademie der Wissenschaften, München | **259M4** picture-alliance/dpa © dpa | **261M2** picture-alliance/dpa © dpa | **263M2** Spiegel Verlag Hamburg/Grafik aus DER SPIEGEL 33/2010, S. 111 | **264M1** picture-alliance/Globus-Infografik © Globus-Infografik | **165M3** picture-alliance/dpa © dpa-Fotoreport | **266M1** Waldemar Mandzell/CCC, www.c5.net | **266M2** picture-alliance/Globus-Infografik | **268/269** Focus/SPL, Hamburg | **268 o. r.** Mauritius Images/Beck | **268 u.** picture-alliance/chromorange | **269 u.** AP Associated Press/Sarah EL Deep | **274M1** picture-alliance/Globus-Infografik | **275M3** picture-alliance/dpa-infografik © dpa-infografik | **275M4** picture-alliance/Globus-Infografik © Globus-Infografik | **277M3** picture-alliance/Globus-Infografik | **278M1** picture-alliance/dpa/Jörg Schierenbeck | **278M2** picture-alliance/Lonely Planet Images/Tom Cockrem | **279M6–M7** © Deutsche Welthungerhilfe, Bonn | **280M2** UNHCR/Sternjeklar, Genf | **281M6** dpa-infografik © dpa-infografik | **282M1–M2** picture-alliance/dpa © dpa-Report | **282M3** laif/ChinaFotoPress | **283M4** picture-alliance/Philipp Ziser | **284M1** Nora Coenenberg, Christoph Drösser, Magdalena Hamm: Grafik „Unser Weltdorf“, DIE ZEIT, 2009. 11. 05 | **288M1** Cornelsen Verlagsarchiv | **292M1** Mauritius Images/Vidler | **294M1** picture-alliance/dpa © dpa-Fotoreport | **294M4** Cornelsen Verlagsarchiv | **295M6(1)** picture-alliance/Ursula Düren | **295M6(2)** picture-alliance/dpa © dpa-Fotoreport/epa afp Singh | **297M3** picture-alliance/dpa © dpa | **297M4** picture-alliance/dpa © dpa | **298M1** picture-alliance/dpa-infografik © dpa-infografik | **298M3** picture-alliance/Caroline Penn/

Impact Photos | **299M6** Jupp Wolter (Künstler)/Stiftung Haus der Geschichte, Bonn | **300/301** Europäische Kommission Bildarchiv | **301 o.** Corbis/© Steve Sands/New York Newswire | **301 u.** picture-alliance/dpa © dpa-Fotoreport | **302M1** Henning Lüders, Berlin | **305M2** Münchner Stadtmuseum | **307M2 o. l.** picture-alliance/dpaweb © dpa-Fotoreport | **307M2 o. r.** © Council of the EU | **307M2 M.** Europäischer Gerichtshof, Luxemburg | **307M2 u.** Europäische Kommission Bildarchiv | **308M1** picture-alliance/dpa/dpaweb © dpa-Report/Adam Berry | **308M2** Europäisches Parlament/Architecture Studio Europe/SERS | **308M3** picture-alliance/dpa-Grafik © dpa-infografik | **309M4** ullstein bild – Bonn Sequenz | **310** images.de Digital Foto GmbH, Schulten | **312M1** © Gerhard Mester, Wiesbaden | **313M4** picture-alliance/dpa/Ralf Vennenbernd | **313M6** picture-alliance/ZB © dpa, Foto: Wolfgang Thieme | **318M1** Cornelsen Verlagsarchiv | **318M2** VISUM/Alfred Büller/© VG Bild-Kunst, Bonn 2010 | **319M3** Cornelsen Verlagsarchiv | **320M1** picture-alliance/dpa © dpa/Arno Burgi | **320M2** picture-alliance/dpa © dpa-Report/Justin Lane | **323M3** picture-alliance/dpa-infografik © dpa-infografik | **323M4** AP Associated Press/Gregor Bull | **324M1(1 o.)** Corbis/© Royalty Free | **324M1(2 o.)** Avenue Images/Index Stock/Koontz Jerry | **324M1(3 o.)** Avenue Images/Index Stock/Kaiser Henryk | **324M1(1 u.)** Köster, Elisabeth, Bonn | **324M1(2 u.)** Köster, Elisabeth, Bonn | **324M1(3 u.)** Avenue Images/Index Stock/HIRB | **325M3** picture-alliance/dpa-Fotoreport/AFP Nackstrand | **327M3** Fritz Behrendt/CCC, www.c5.net | **328M1** ullstein bild – AP | **328M2** picture-alliance/dpa © dpa-Report, Foto: epa David Rubinger Via Israeli Government Press Office | **329M6** picture-alliance/landov/blomberg | **329M7** picture-alliance/dpa-Report/EPA | **330M3** picture-alliance/dpa © dpa-Report | **331M6** © Klaus Stuttmann, Berlin | **331M7** picture-alliance/dpa © dpa-Fotoreport | **332M1** picture-alliance/dpa/dpaweb © dpa | **333M3** picture-alliance/dpa-infografik © dpa-infografik | **334M1** Das Fotoarchiv/Sebastian Bolesch | **335M6** picture-alliance/dpa © dpa-Fotoreport | **336M3(1)** stern/Picture Press, Hamburg | **336M3(2)** Spiegel Verlag Hamburg/DER SPIEGEL 23/2005 | **337M4** AP Associated Press/Gregor Bull | **337M5** picture-alliance/dpa-infografik © dpa-infografik | **339** Häußler, Elke, Neuenstein

Zeichnungen

Klaus Becker, Oberursel; Binder, Thomas, Magdeburg; Michael Teßmer, Hamburg; Wunderlich, Hans, Berlin

Karten und Grafiken

Klaus Becker, Oberursel; Binder, Volkhard, Berlin; Carlos Borrell, Berlin; Elisabeth Galas, Bad Neuenahr

Nicht in allen Fällen war es möglich, die Rechteinhaber der Abbildungen ausfindig zu machen. Für eventuell entstandene Fehler oder Auslassungen bitten wir um Verständnis.
Berechtigte Ansprüche werden selbstverständlich im Rahmen der üblichen Vereinbarungen abgegolten.